마하승기율 중

摩訶僧祇律 中

漢譯 | 佛陀跋陀羅・法顯
불타발타라(佛陀跋陀羅, 359~429). 북인도 출신의 비구. 출가하여 경전을 두루 섭렵했으며, 특히 선율(禪律)에 정통했다. 406년 중국 장안에 들어간 뒤 역경에 종사했으며, 동진(東晉)의 역경 삼장으로 불린다. 마하승기율을 비롯하여, 총 13부 125권을 번역했다. 429년 세수 71세의 나이로 입적했다. 여산(廬山) 18현(賢)의 하나로 꼽힐 만큼 이름을 떨쳤으며, 수많은 제자에게 영향을 주었다. 불대발타(佛大跋陀), 각현(覺賢), 불현(佛賢), 발타라(跋陀羅)라고도 함.
법현(法顯, ?~?). 최초로 인도를 순례한 중국 동진의 승려. 399년에 중국을 떠나 402년 인도에 도착하여 중국과 인도 교류의 기반을 닦았다. 그의 여행 기록인 〈불국기〉는 수세기 동안의 인도 불교의 역사에 관한 귀중한 정보를 담고 있다.

國譯 | 釋 普雲(宋法燁)
대한불교조계종 제2교구본사 용주사에서 출가하였고, 문학박사이다. 현재 대한불교조계종 교육아사리(계율)이고, 제방의 율원 등에도 출강하고 있다.
논저 | 논문으로 「율장을 통해 본 주불전의 장엄과 기능에 대한 재해석」 등 다수.
번역서로 『십송율』(상·중·하), 『보살계본소』, 『근본설일체유부비나야약사』, 『근본설일체유부비나야파승사』, 『근본설일체유부비나야잡사』(상·하), 『근본설일체유부비나야』, 『근본설일체유부필추니비나야』, 『근본설일체유부백일갈마 외』, 『안락집』(상·하) 등이 있다.

마하승기율 중 摩訶僧祇律 中
佛陀跋陀羅・法顯 漢譯 | 釋 普雲 國譯

2022년 5월 30일 초판 1쇄 발행

펴낸이 · 오일주
펴낸곳 · 도서출판 혜안
등록번호 · 제22-471호
등록일자 · 1993년 7월 30일

주　소 · ⓟ04052 서울시 마포구 와우산로 35길3(서교동) 102호
전　화 · 3141-3711~2 / 팩시밀리 · 3141-3710
E-Mail · hyeanpub@hanmail.net

ISBN 978-89-8494-682-8 03220

값 40,000 원

마하승기율 중
摩訶僧祇律 中

佛陀跋陀羅·法顯 漢譯 | 釋 普雲 國譯

혜안

추천의 글
대한불교조계종 포교원장 범해

수행자가 걸어가는 길은 험난한 과정이 이어지는 머나먼 길이고 불도를 장애하는 걸림돌이 많이 널려있는 산길을 달빛 아래에서 걷는 고독한 모습과 같습니다. 이러한 수행의 과정 속에서 수행자는 스스로의 지식이나, 세상을 바라보는 관념이 고착화될 수 있으므로, 유연한 믿음으로서 경장과 율장을 수지하지 않는다면 어긋난 사유를 인연하여 불도를 장애하는 인과가 일어날 수 있습니다.

수행자들은 사부대중을 이끌어가면서 부처님의 정법이 이 세상에 영원토록 유지하기 위하여 정법구주(正法久住)의 실천행으로서 몇 가지를 노력하고 있습니다. 세간의 중생들에게 삶이 고통스럽다면 즐거움으로 향하게 이끌어주는 이고득락(離苦得樂)을 행하고 있고, 그릇됨을 막고 악함을 멈추게 하기 위하여 방비지악(防非止惡)를 행하고 있으며, 어리석은 미혹함을 돌이켜서 깨달음의 세계로 나아가도록 전미개오(轉迷開悟)를 행하고 있습니다.

이러한 여러 방편행은 여러 경전에서도 강조되는 것입니다.『화엄경(華嚴經)』에서는 "믿음은 도의 근원이고 공덕의 어머니이며, 일체의 모든 선근(善根)을 자라나게 한다."라고 설하고 있는데, 그 가운데에서도 근원에 율장이 하나로 자리잡고 있습니다. 일반적으로 지혜는 지식에서 나온다고 말하고 있으나, 수행자는 지식에서 나오는 것이 아니고 자기 마음속에서 나와야 하고, 자기 마음에서 나오려고 한다면 수행자의 위의가 확립되어야 하며, 율장에 대한 확고한 신념이 있어야 합니다.

계율은 수행자들이 앞으로 나아가는 삶의 지침서이고, 어두운 무명(無

明)의 길에서 어둠을 밝혀주는 횃불과 같습니다. 육도의 세간에서 스스로가 존재의 중심이 되기 위하여서는 율장의 하나하나의 계목이 행주좌와의 근원이라는 믿음을 의지한다면, 사대의 움직임을 따라서 뒤에 스스로에게 신념이 생겨나고, 그 다음으로 신념이 공덕의 어머니로 이루어질 것이며, 또한 도의 근원이 성취되고 공덕의 어머니가 성취될 것입니다.

한국불교에서 계율의 중요성을 강조한 문헌이 많지 않은 것은 수행자들에게 계율에 의지하여 왔던 수행이 일상적이어서 세세하게 강조할 필요성이 대두되지 않았던 것입니다. 이러한 전통이 오랜 시간에 걸쳐서 이어져 오고 있는 것은 한국에서 불교가 중추적인 역할을 할 수 있었던 배경이 아닐까 합니다. 율장을 번역한다는 것은 그 당시의 문화와 역사 및 시대의 사상을 이해야 하는 지식의 축적과 문구를 이해하고 재구성하는 많은 고뇌와 노력이 필요한 어려운 일입니다. 여러 현실적인 문제를 잘 헤쳐오면서 여러 년도에 걸쳐 율장의 번역에 노력하여 주신 보운 스님에게 찬사를 전하며 추천의 글을 맺습니다.

불기 2566년(2022) 2월의 끝자락에

역자의 말
보운

　번역한 원고를 여러 번의 교정을 마친 시점에서 앞뜰을 바라보니 매화의 꽃잎이 하얀 눈처럼 흩날리고 있고, 앞의 산자락에는 푸르른 빛깔이 드러나고 있어 한해의 봄이 다시 가슴에 시리게 다가온다. 작년의 초여름에 시작하였던 번역이 끝자락에 서 있고, 오늘도 육신을 괴롭히는 고통은 지금까지 쌓아왔던 업력을 따라다니는 인과를 다시 되새기게 한다.

　다른 때보다도 육신의 고통을 마주하였던 시간이 길었고 어려웠던 순간순간이 지나가면 하루는 길고 지루하였으나, 한해는 매우 빠르게 지나간다. 고통을 잊고자 몸부림쳤던 시간은 번역에 대한 발원을 멈추게 하지 못하였으며, 2014년부터 시작하였던 번역의 시간도 9년의 세월이 지난 가운데에서 한역은 269권의 번역으로서 마무리하고자 한다. 처음으로 시작하던 마음은 즐거운 열정으로 시작하였으나, 어느덧 스스로가 되돌아보아도 인식하지 못할 정도의 많은 분량으로 쌓여가는 것을 따라서 번민도 증가하였으며, 육신의 고통보다도 더욱 두려운 것은 번역의 오류가 일어날 수 있다는 마음의 가운데에 자리잡고 있는 번뇌로서 수행자의 존재의미를 성찰하라고 화두를 던졌던 시간이었다.

　율장의 번역과정에서 절박하였던 마음은 부처님의 앞에서 번역불사의 끝맺음을 마칠 수 있는 시간의 연장을 위한 발원이 남겨진 생명의 불꽃을 태우는 것으로 승화되었고, 한 장 한 장의 원고를 넘기면서 번역을 마치는 때에는 따스한 부처님의 손길이 나의 차가운 마음을 따스하게 어루만져 주신다고 믿음을 지나온 시간을 봄의 꽃향기처럼 회향할 때이다.

수행자로서 번역의 길을 걸어왔던 시간은 한 비구의 작은 몸짓이었더라도 스스로가 정법에 다가가는 다른 과정이었고, 스스로가 비구의 정체성을 확인하는 과정이었으며, 무지와 고뇌를 참회하고 청정하고 큰 발원을 일으킬 수 있는 삶의 지침이었다. 여러 년도에 걸쳐서 이루어진 역출은 불보살님들과 제대성중님들의 많은 가피를 받아서 원만하게 이루어졌으므로, 일체의 각자(覺者)들께 회향한다. 또한 번역불사의 과정에서 시주로 동참하신 대중들에게 현세에서 여러 이익이 충만하게 하시고, 세간의 삼재팔난의 장애의 파도를 넘어가게 하시며, 하나의 생(生)을 마치신 영가들은 극락정토에 왕생하시기를 간절하게 발원드린다.

　번역의 과정에서 스스로의 관점에서는 열정적인 노력이었으나, 부족함이 남아있을 것이다. 5부의 광율 가운데에서『오분율』과『사분율』은 이전부터 여러 승가의 구성원들에 의하여 번역되었고 유통되고 있어서 번역의 필요성이 부족하여 이후의 상념으로 남겨두면서, 더욱 수승(殊勝)한 새로운 번역이 나타나기를 기대한다. 지금부터는 일상적인 비구의 삶의 모습으로 되돌아가는 것을 기대하면서 은사이신 세영 스님과 죽림불교문화연구원의 사부대중들께 감사드리고, 불보살들의 가피가 항상 가득하기를 발원하면서 감사의 글을 마친다.

　　　　　　　　　　　　불기 2566년(2022) 3월의 끝자락에
　　　서봉산 자락의 죽림불교문화연구원에서 사문 보운이 삼가 적다

출판에 도움을 주신 분들

경 국丘	현 혜丘	설 안尼	정영우	홍완표	이수빈	손영덕
손영상	손민하	윤민기	윤영기	윤여원	김병희	허완봉
이명자	허윤정	허남욱	장은지	허다은	이창우	이윤승
이승욱	김용곤	강석호	박혜경	강동구	박미라	강현구
채두석	황명옥	채수학	정송이	홍순학	최재희	홍지혜
홍기표	박순남	이재준	이소원	황선원	황창현	황유정
김혜진	고재형	고현주	조선행	이순호	권혁률	임춘웅
정종옥	정해관	최선화	정하연	이동현	구재용	구서윤
김경희	하명춘	하혜수	강 운	정혜련	김성도	김도연
김소연	함인혜	권태임	허 민	허 승		
김윤여靈駕	김진태靈駕	이지순靈駕	송재일靈駕	박복녀靈駕	김항영靈駕	박순형靈駕
김경준靈駕	최종갑靈駕	이선우靈駕	강성규靈駕	정호임靈駕	김하연靈駕	고장환靈駕
유순이靈駕	정현숙靈駕					

차 례

추천의 글 | 대한불교조계종 포교원장 범해 5
역자의 말 7
출판에 도움을 주신 분들 9
일러두기 12

마하승기율 제14권 13
    3) 단제(單提) 92사(事)의 법을 밝히다 ③ 13

마하승기율 제15권 52
    4) 단제 92사의 법을 밝히다 ④ 52

마하승기율 제16권 97
    5) 단제 92사의 법을 밝히다 ⑤ 97

마하승기율 제17권 144
    6) 단제 92사의 법을 밝히다 ⑥ 144

마하승기율 제18권 195
    7) 단제 92사의 법을 밝히다 ⑦ 195

마하승기율 제19권 250
    8) 단제 92사의 법을 밝히다 ⑧ 250

마하승기율 제20권 304
    9) 단제 92사의 법을 밝히다 ⑨ 304

마하승기율 제21권 360
    10) 단제 92사의 법을 밝히다 ⑩ 360
  6. 4바라제제사니(波羅提提舍尼)의 법을 밝히다 371
    1) 4바라제제사니(波羅提提舍尼)의 법을 밝히다 ① 371
  7. 중학법(衆學法)을 밝히다 388
    1) 중학법(衆學法)을 밝히다 ① 388

마하승기율 제22권 415
    2) 중학법을 밝히다 ② 415

건도(犍度) 479

마하승기율 제23권 481
  1. 잡송(雜誦)의 발거법(跋渠法)을 밝히다 481
    1) 잡송(雜誦)의 발거법(跋渠法)을 밝히다 ① 481

마하승기율 제24권 527
    2) 잡송의 발거법을 밝히다 ② 527

마하승기율 제25권 575
    3) 잡송의 발거법을 밝히다 ③ 575

마하승기율 제26권 621
    4) 잡송의 발거법을 밝히다 ④ 621

일러두기

1. 이 책의 저본(底本)은 고려대장경(高麗大藏經) 21권 『마하승기율』이다.
2. 번역의 정밀함을 위하여 여러 시대와 왕조에서 각각 결집되었던 북전대장경과 남전대장경을 대조 비교하며 번역하였다.
3. 원문 속의 주석은 [ ]으로 표시하였다. 또 원문에는 없으나 독자의 이해를 위해 번역자의 주석이 필요한 경우 본문에서 ( ) 안에 삽입하여 번역하였다.
4. 원문의 한자 음(音)과 현재 불교용어로 사용되는 음이 다른 경우 현재 용어의 발음으로 번역하였다.
   예) 파일제(波逸提) → 바일제, 파라제제사니(波羅提提舍尼) → 바라제제사니
5. 원문에서 사용한 용어 중에 현재는 뜻이 통하지 않는 용어가 상당수 있다. 원문의 뜻을 최대한 살려 번역하였으나 현저하게 의미가 달라진 용어의 경우 현재 사용하는 단어 및 용어로 바꾸어 번역하였고, 원문은 괄호 안에 표시하여 두었다.

마하승기율 제14권

동진 천축삼장 불타발타라·법현 공역
석보운 번역

3) 단제(單提) 92사(事)의 법을 밝히다 ③

세존께서는 사위성에 머무셨으며, 자세한 설명은 앞에서와 같다.
그때 어느 거사가 대중의 많은 지식인 비구들을 청하였다. 이 여러 비구들의 가운데에 어느 한 장로 비구가 마나타(摩那陀)1)를 행하여 아랫줄에 앉아 있으니, 단월인 우바이가 보고서 물어 말하였다.
"존자가 앉았던 곳이 이전에는 위에 있었는데, 지금은 무슨 까닭으로 이 가운데에 앉았습니까?"
대답하여 말하였다.
"앉을 곳에 앉았습니다. 어찌하여 묻습니까?"
우바이가 말하였다.
"나는 존자가 앉을 곳을 알고 있습니다. 바로 마땅히 이곳에 앉아야 합니다. 나는 역시 여러 존자들도 앉을 곳을 모두 알고 있습니다."
이때 난타(難陀)가 그 우바이에게 말하였다.
"그대는 무슨 까닭으로 그대의 아사리를 불러서 윗자리에 앉히고자 히는가? 그대의 아사리는 어렸던 때의 상난을 오히려 아직 없애지 않은 까닭이오."

---

1) 산스크리트어 Mānāpya의 음사이다. 13가지 승잔죄(僧殘罪)를 어긴 승려의 속죄법으로 6일 낮과 6일 밤을 참회와 근신을 한다.

우바이는 듣고서 마음이 환희하지 않았고 이렇게 생각을 지었다.
'우리들의 아사리가 작고 작은 계율을 범하였던 까닭으로, 이 아랫자리에 앉았구나.'
곧 밥그릇과 음식을 잡고 땅에 던졌으며 떠나가면서 이렇게 말을 지었다.
"존자여. 스스로가 이 가운데서 취하여 드세요."
이렇게 말을 짓고서 방 안에 들어갔고 문을 닫고서 한 번을 부채질하고 게송을 설하여 말하였다.

출가는 이미 오래되었고
범행을 수습하였는데
동자의 장난을 멈추지 못하였으니
어떻게 믿음의 보시를 받겠는가?"

여러 비구들이 이러한 인연으로써 세존께 가서 아뢰었고, 세존께서는 말씀하셨다.
"난타를 불러오라."
왔으므로 세존께서는 난타에게 물으셨다.
"그대가 진실로 그러하였는가?"
대답하여 말하였다.
"진실로 그렇습니다. 세존이시여."
세존께서 말씀하셨다.
"이것은 악한 일이니라. 범행인이 중간에 방일(放逸)하였어도 다시 여법하게 짓는데, 어찌하여 구족계를 받지 않은 사람을 향하여 그의 추죄(麤罪)[2]를 말하여 비웃고 희롱하게 말하는가? 오늘부터 이후에는 구족계를 받지 않은 사람에게 다른 사람의 추죄를 말하는 것을 허락하지

---

2) 바라이나 승가바시사와 같은 무거운 죄를 가리킨다.

않겠노라.”

다시 세존께서는 사위성에 머무셨으며, 자세한 설명은 앞에서와 같다.
이때 어느 걸식하는 비구가 때에 이르자 취락에 들어가는 옷을 입고 발우를 지니고 성에 들어가서 차례대로 걸식하면서 한 집에 이르렀다. 이때 남편이 곧 아내에게 말하였다.
“그대는 출가한 사람에게 음식을 베푸시오.”
여인이 물어 말하였다.
“무슨 도에 출가하였습니까?”
대답하여 말하였다.
“석종에 출가하였습니다.”
여인이 물어 말하였다.
“나는 음식을 주지 않겠습니다.”
물어 말하였다.
“무슨 까닭으로 주지 않습니까?”
대답하여 말하였다.
“이들은 범행하지 않는 사람이니, 이러한 까닭으로 주지 않겠습니다.”
비구가 여인에게 말하였다.
“자매여. 나는 범행인입니다.”
여인이 말하였다.
“존자여. 가로(迦盧) 비구는 크게 이름과 덕이 있었던 사람이었어도 오히려 능히 범행을 닦지 않았습니다. 그대는 지금 어찌하여 스스로가 ‘나는 범행인입니다.’라고 말합니까?”
비구는 이러한 악한 말을 듣고서 마음에 근심과 번뇌를 품었고, 다시 걸식하지 않고 곧 정사로 돌아와서 하부를 단식(斷食)하였다. 단식하였던 까닭으로 4대(四大)가 수척하고 약해졌으나, 세존의 처소에 가서 머리숙여 발에 예경하고 물러나서 한쪽에 머물렀다. 세존께서는 아시면서도 일부러 물으셨다.

"그대는 지금 무슨 까닭으로 4대가 수척하고 여위었는가?"
앞의 인연으로써 갖추어 세존께 아뢰었고, 세존께서는 비구에게 말씀하셨다.
"비구여. 그대는 어찌하여 그녀에게 '설령 가로 비구가 범행이 아니었더라도, 어찌하여 나의 범행의 수행에 방해되겠는가?'라고 말하지 않았는가?"
대답하여 말하였다.
"세존이시여. 저는 능히 그녀를 향하여 말할 수 있었습니다. 다만 세존께서 계율을 제정하시어 '구족계를 받지 않은 사람을 향하여는 다른 사람의 추죄를 말하지 말라.'고 설하셨고, 이러한 까닭으로 말하지 않았습니다."
세존께서 말씀하셨다.
"옳도다. 옳도다. 선남자여. 또한 그대는 능히 목숨을 위하여 고의로 세존께서 가르침인 계율을 어기지 않았구나."
세존께서는 여러 비구들에게 알리셨다.
"이 가로 비구는 재가인과 출가인이 모두 범행이 아니라고 알고 있으니, 승가는 마땅히 비범행갈마(非梵行羯磨)를 지어서 주어야 하느니라."
작법자(作法者)는 마땅히 이렇게 말을 지어야 한다.
"대덕 승가께서는 허락하십시오. 이 가로 비구는 재가인과 출가인이 모두 범행이 아니라고 알고 있습니다. 만약 승가께서 때에 이르렀다면 승가께서는 가로 비구가 범행이 아니라고 말하는 것을 인정하십시오. 이와 같이 아룁니다."
이와 같이 아뢰고서 백사갈마를 지어야 한다.
세존께서는 여러 비구들에게 물으셨다.
"가로 비구에게 이미 범행이 아니라고 말하는 갈마를 지었는가?"
대답하여 말하였다.
"이미 지었습니다."
세존께서는 여러 비구들에게 알리셨다.

"사위성을 의지하여 머무르는 비구들을 모두 모이게 하라. 열 가지의 이익을 까닭으로써 여러 비구들을 위하여 계율을 제정하겠나니, 나아가 이미 들었던 자들도 마땅히 거듭하여 들을지니라. 만약 비구가 다른 비구의 추죄를 알고서 구족계를 받지 않은 사람을 향하여 말한다면 승가의 갈마를 제외하고는 바야제이니라."

'비구'는 앞의 설명과 같다.

'알다.'는 만약 스스로가 알았거나, 만약 다른 사람을 쫓아서 들은 것이다.

'추죄'는 4사(事)와 13사가 있다.

'구족계를 받지 않은 자'는 비구와 비구니를 제외한 것이고, 비록 비구니는 구족계를 받았어도 다른 사람을 향하여 설법하지 못한다.

'말하다.'는 앞의 사람에게 말하여 알게 하는 것이다.

'승가의 갈마를 제외하다.'는 갈마자가 만약 아뢰는(白) 것이 성취되지 않았고, 대중이 성취되지 않았으며, 갈마가 성취되지 않았다면, 이것은 갈마라고 이름하지 않는다. 만약 아뢰는 것이 성취되었고 대중이 성취되었으며 갈마가 성취되었다면, 이것을 갈마라고 이름하고, 세존께서 무죄라고 말씀하셨다.

'바야제'는 앞의 설명과 같다.

만약 비구가 다른 사람의 추죄를 알았어도 승가가 갈마를 짓지 않았다면, 그의 추죄를 말할 수 없다. 만약 어느 사람이 "누구 비구가 음욕과 음주를 범하였습니까?"라고 물었다면, 마땅히 "그가 스스로 알 것입니다."라고 말할 것이고, 만약 승가에서 이미 갈마를 지었어도 골목을 돌아다니면서 외쳐서 말할 수 없다. 만약 어느 사람이 "누구 비구가 음욕과 음주를 범하였습니까?"라고 물었다면, 비구는 마땅히 그에게 "그대는 어느 곳에서 들었습니까?"라고 물어 말할 것이고, "나는 어느 곳에서 들었습니다."라고 대답하여 말하였다면, 비구는 마땅히 "나도 역시 이와 같이 그곳에서 들었습니다."라고 대답하여 말해야 한다.

만약 비구가 구족계를 받지 않는 자를 향하여 비구의 4사와 13사를 말한다면 바야제를 얻고, 30종류의 니살기죄와 92종류의 바야제를 말한다면 월비니죄를 얻으며, 4바라제제사니법과 중학위의(衆學威儀)를 말한다면 월비니죄를 마음으로 참회해야 하고, 비구니의 8바라이와 19승잔죄를 말한다면 투란차죄를 얻으며, 30니살기죄와 141바야제와 8바라제제사니와 중학위의를 말한다면 월비니죄를 마음으로 참회해야 하고, 사미와 사미니의 10계를 말한다면 월비니죄를 얻으며, 아래로 속인의 5계에 이르렀다면 월비니죄를 마음으로 참회해야 한다.

이러한 까닭으로 설하였노라.

세존께서는 사위성에 머무셨으며, 자세한 설명은 앞에서와 같다.
그때 존자 타표마라자는 승가의 갈마에서 9사(事)를 전지(典知)하였던 일은 13사의 가운데에서 자세히 설명하였다. 그때 사나(舍那)[3]의 분소의(糞掃衣)를 나눌 수 없었고, 이 타표마라자가 승단에 아뢰면서 이렇게 말을 지었다.

"이 사나의 분소의를 나눌 수 없으니, 장로 마하가섭(摩訶迦葉)에게 주겠습니까?"

여러 비구들이 함께 말하였다.

"주십시오."

이 타표마라자는 뒤에 투쟁의 말이 있는 것이 두려웠던 까닭으로 곧 다시 승가의 가운데에서 창언하여 말하였다.

"이 분소 사나의(舍那衣)를 장로 마하가섭에게 주겠습니다."

이와 같이 세 번을 창언하였다. 창언하여 마치자 육군비구들이 자리에서 일어나서 이렇게 말을 지었다.

"누구에게 주겠다고 말하였습니까? 육군비구에게 주겠습니까? 그대가 이렇게 창언하여 지었으니 평등한 마음이 아닙니다. 그대가 개인적으로 서로 친근하여 사랑하는 까닭으로 승가의 물건을 되돌려서 주는 것입니

---

3) 산스크리트어 śāṇa의 음사로서 삼베(麻)와 비슷한 풀이고, 줄기의 껍질은 옷감의 재료로 사용한다.

다."
이 인연으로써 가서 세존께 아뢰었고, 세존께서는 말씀하셨다.
"육군비구들을 불러오라."
왔으므로 세존께서는 육군비구들에게 물으셨다.
"그대들이 진실로 그러하였는가?"
대답하여 말하였다.
"진실로 그렇습니다. 세존이시여."
세존께서 말씀하셨다.
"이것은 악한 일이니라. 이와 같은 범행인은 그대들의 가죽과 고기와 피와 골수도 오히려 마땅히 주어야 하는데, 하물며 이 분소의를 나누지 못하겠는가? 승가의 가운데에서 주겠다고 창언하였는데, 다시 돌려서 막았고 그대들에게 이전에 묵연하게 주었던 때에는 귀인(貴人)의 모습과 같았으나, 지금 반대로 다시 막았으니 천박한 사람의 모습과 같다. 이것은 비법이고, 계율이 아니며, 세존의 가르침이 아니니라. 이것으로써 선법을 크게 장양하지 못하느니라."
세존께서는 여러 비구들에게 알리셨다.
"사위성을 의지하여 머무르는 비구들을 모두 모이게 하라. 열 가지의 이익을 까닭으로써 여러 비구들을 위하여 계율을 제정하겠나니, 나아가 이미 들었던 자들도 마땅히 거듭하여 들을지니라. 만약 비구가 승가가 마땅히 나누어야 할 물건을 먼저 화합하여 주겠다고 허락하고서 뒤에 반대로 막는 자는 바야제이니라."

'비구'는 앞의 설명과 같다.
'승가'는 8종류가 있고, 앞의 설명과 같다.
'물건'은 8종류가 있고, 시약(試藥)과 나아가 청정한 것과 부정한 것이다.
'먼저 허락히다.'는 승가에서 나누어야 할 물선을 먼저 승가의 가운데에서 함께 화합하여 주는 것이다.
'뒤에 막다.'는 "장로여. 친근(親厚)함을 따라서 승가의 물건을 주었습니까?"라고 이렇게 말을 지었다면, 바야제를 범한다.

'바야제'는 앞의 설명과 같다.

'승가에서 나누어야 할 물건'은 승가리·울다라승·안타회·니사단·부창의·우욕의(雨浴衣)·요대(腰帶)·편승(編繩)[4]·발우·작은 발우·구리 발우·부채·산개(傘蓋)·기름의 가죽 주머니·작은 칼·가죽신·물병(澡甁) 이와 같은 등의 일체는 마땅히 나누어야 할 물건이니, 와서 마땅히 차례로 마땅히 취해야 한다. 만약 뜻으로 취하지 않았다면 취하지 않고 지나가는 것을 허락하겠노라.

만약 사람이 "그대는 무슨 까닭으로 취하지 않는가?"라고 물어 말한다면, 마땅히 "이것은 내가 필요한 물건이 아닙니다."라고 대답하여 말할 것이며, 다른 물건을 취하려고 하였거나, 뒤에 필요한 것을 마땅히 취하였어도 무죄이다. 만약 물건을 행하는 자가 "뜻을 따라서 스스로가 마음대로 취하십시오."라고 말하였다면, 비구는 그때 필요를 따라서 스스로가 마음대로 취하였어도 무죄이다.

'막다.'는 세 종류가 있으니, 혹은 주었는데 막았거나, 혹은 주는 때에 막았거나, 혹은 주지 않았어도 막는 것이다. 주었는데 막는 자는 바야제를 범하고, 주는 때에 막는 자는 월비니죄를 범하며, 주지 않았어도 막는 자는 월비니죄를 마음으로 참회해야 한다.

이러한 까닭으로 설하였노라.

세존께서는 사위성에 머무셨으며, 자세한 설명은 앞에서와 같다.

그때 육군비구들은 보름마다 『바라제목차경』을 외우는 때에, 4사(事)를 외우는 때에는 묵연하였고, 13사를 외우는 때는 성내었으며, 30사를 외우는 때는 곧 말하였고, 92사를 외우는 때는 곧 일어나서 이렇게 말을 지었다.

"여러 장로들이여. 누가 능히 이 계율을 수지하고 수용하고자 이것을 외우겠습니까? 여러 천인(天人)들이 이러한 계율을 능히 수지하는 것이

---

4) 엮어서 만든 노끈을 가리킨다.

오. 여러 비구에게 의혹이 생겨나지 않게 하시오."

그때 바라제목차를 외우던 자는 부끄러워하였다. 여러 비구들이 이 인연으로써 가서 세존께 아뢰었고, 세존께서는 말씀하셨다.

"육군비구들을 불러오라."

왔으므로 세존께서는 육군비구들에게 물으셨다.

"그대들이 진실로 그러하였는가?"

대답하여 말하였다.

"진실로 그렇습니다. 세존이시여."

세존께서 말씀하셨다.

"이것은 악한 일이니라. 여래는 요익(饒益)하게 하려는 까닭으로 여러 제자들을 위하여 보름마다 바라제목차를 설하게 하였느니라. 그대들은 어찌하여 설하는 가운데에서 가볍다고 꾸짖고 설하는 것을 막았는가?"

세존께서는 비구들에게 말씀하셨다.

"이것은 비법이고, 계율이 아니며, 세존의 가르침이 아니니라. 이것으로써 선법을 크게 장양하지 못하느니라."

세존께서는 여러 비구들에게 알리셨다.

"사위성을 의지하여 머무르는 비구들을 모두 모이게 하라. 열 가지의 이익을 까닭으로써 여러 비구들을 위하여 계율을 제정하겠나니, 나아가 이미 들었던 자들도 마땅히 거듭하여 들을지니라. 만약 비구가 보름마다 『바라제목차경』을 외우는 때에 '장로여. 보름마다 계율을 번잡하게 나누었고 외우게 하며 여러 비구들에게 의혹이 생겨나게 합니까?'라고 이렇게 말을 지으면서, 이와 같이 계율을 가볍게 생각하고 꾸짖는 자는 바야제를 범하느니라."

'비구'는 앞의 설명과 같다.

'보름'은 매월 14일과 15일이니라.

'바라제목차'는 10종류의 수다라이다.

'말하다.'는 화합승가가 보름·보름에 말하는 것이다.

'번잡하게 나누었던 계'는 4사와 13사를 제외한 나머지이다. 여러 비구들에게 의혹과 후회가 생겨나게 하는 자는 바야제를 범한다.
 '바야제'는 앞의 설명과 같다.
 가볍다고 꾸짖는 것에 세 종류가 있으니, 설하지 않았던 때에 꾸짖었거나, 설하는 때에 꾸짖었거나, 설하여 마쳤는데 꾸짖는 것이다. '설하지 않았던 때에 꾸짖다.'는 먼저 "장로여. 이것을 번잡하게 나누어서 계율을 말하지 마십시오. 내가 빨리빨리 마치고자 합니다."라고 이와 같이 말을 지었다면, 이것을 말하지 않았던 때에 꾸짖었다고 이름한다.
 '설하는 때에 꾸짖다.'는 계율을 설하는 때에 "장로여. 이것을 번잡하게 나누어서 계율을 설하여 여러 비구들에게 의혹이 생겨나게 하지 마십시오."라고 이와 같이 말을 지었다면, 이것을 말하는 때에 꾸짖었다고 이름한다.
 '설하여 마쳤는데 꾸짖다.'는 설하여 마쳤는데 "그대가 이전에 번잡하게 나누어서 계율을 설하였는데, 그대는 무슨 까닭으로 자세하게 설하여 나에게 오래 앉아있게 하였고 매우 피로하여서 죽음에 이르게 하였는가?"라고 이와 같이 말을 지었다면, 이것을 설하여 마쳤는데 꾸짖었다고 이름한다.
 설하지 않았던 때에 꾸짖었다면 월비니죄를 범하고, 설하는 때에 꾸짖었다면 바야제를 범하며, 설하여 마쳤는데 꾸짖었다면 월비니죄를 마음으로 참회해야 한다.
 이러한 까닭으로 설하였노라.

 망어와 여러 부류와
 양설(兩舌)과 다시 들추는 것과
 청정함이 없는 것과 구법(句法)과
 과인법을 설하는 것과 추죄와
 친근한 것과 계율을 가볍다고 꾸짖는 것이 있다.

 [첫 번째의 발거를 마친다.]

세존께서는 광야정사에 머무셨으며, 자세한 설명은 앞에서와 같다.

그때 일을 경영하는 비구가 스스로 손으로 나무를 베었고 가지를 잘랐으며 스스로가 꽃과 열매를 꺾었으므로 세상 사람들이 비난하면서 이렇게 말을 지었다.

"그대들은 보건대 사문입니다. 구담은 무량한 방편으로 살생(殺生)을 꾸짖었고, 살생하지 않는 것을 찬탄하였습니다. 그러나 지금 스스로가 나무를 베고서 꽃을 꺾으면서 물건들의 목숨을 살상(殺傷)하였습니다. 사문법을 잃었는데 무슨 도가 있겠습니까?"

여러 비구들이 이 인연으로써 가서 세존께 아뢰었고, 세존께서는 말씀하셨다.

"일을 경영하는 비구를 불러오라."

왔으므로 세존께서는 비구에게 물으셨다.

"그대가 진실로 그러하였는가?"

대답하여 말하였다.

"진실로 그렇습니다. 세존이시여."

세존께서 말씀하셨다.

"이것은 악한 일이니라. 이 가운데에 비록 목숨이 없더라도 마땅히 사람들에게 악한 마음이 생겨나게 하여서는 아니된다. 그대들은 역시 사업(事業)을 적게 짓고 여러 인연의 소임을 버리도록 하라. 오늘부터는 스스로가 종자(種子)를 베고 자르며 귀촌(鬼村)을 파괴하는 것을 허락하지 않겠노라."

세존께서는 여러 비구들에게 알리셨다.

"광야정사를 의지하여 머무르는 비구들을 모두 모이게 하라. 열 가지의 이익을 까닭으로써 여러 비구들을 위하여 계율을 제정하겠나니, 나아가 이미 들었던 자들도 마땅히 거듭하여 들을지니라. 만약 비구가 종자를 파괴하고 귀촌을 파괴하는 자는 바야제를 범하느니라."

'비구'는 앞의 설명과 같다.

'종자'는 다섯 종류가 있으니, 뿌리 종자·줄기 종자·심(心) 종자·마디

(節) 종자·씨(子) 종자이니, 이것을 다섯 종류의 종자라고 이름한다.

'귀촌'은 나무와 풀이다.

'파괴하다.'는 자르고 베어서 훼손하고 상하게 하는 것이다. 자르고 베어서 훼손하고 상하게 하는 자는 바야제를 범한다.

'바야제'는 앞의 설명과 같다.

'뿌리 종자'는 생강 뿌리·연근 뿌리·토란 뿌리·무우 뿌리·파 뿌리 등이니, 이와 같은 것들은 뿌리 종자를 사용하여 불에 작정하거나 만약 칼로 가운데를 잘라서 작정하는 것이다. 이것을 뿌리 종자라고 이름한다.

'줄기 종자'는 니구율(尼拘律)[5]·비발라(秘鉢羅)[6]·우담발라(優曇鉢羅)[7]·버드나무 등이니, 이와 같은 줄기 종자를 사용하여 불에 작정하거나 만약 칼로 가운데를 잘라서 작정하는 것이다. 이것을 줄기 종자라고 이름한다.

'마디 종자'는 대나무·갈대·감자(甘蔗)[8] 등이다. 이와 같은 것들은 마땅히 불에 작정하거나 만약 칼로 가운데를 잘라서 작정하는 것이고, 만약 껍질을 벗겼다면 새싹의 눈을 없애는 것이다. 이것을 마디 종자라고 이름한다.

'심 종자'는 나복(蘿蔔)[9]과 교람(蓼藍)[10]이니, 이와 같은 것들은 심지로

---

5) 산스크리트어 nyagrodha의 음사로 니구류수(尼拘類樹)·니구타(尼拘陀)·니구율(尼拘律)·니구류타(尼拘類陀)로 음역되고 무절(無節)·종광(縱廣)으로 번역된다. 인도에서 자라는 교목으로, 잎은 긴 타원형에 끝이 뾰족함. 나무 줄기는 수직으로 자라지만 가지는 밑으로 드리우며, 그 가지가 땅에 닿으면 뿌리가 생겨 또 한 그루의 나무로 성장한다.

6) 보리수를 가리킨다. 산스크리트어로는 아슈바타(Aśvattha) 또는 피팔라(Pippala)라고 하며, 한역불전에서는 각각 아설타(阿說他), 필발라(畢鉢羅)라고 음사된다.

7) 산스크리트어 udumbara의 음사로 우담바라(優曇鉢羅)·우담화(優曇華)·우발화(優鉢華)라고도 한다. 인도와 스리랑카 등지에서 자생하는 뽕나무과에 속하는 무화과 나무이다.

8) 사탕수수를 가리킨다.

9) 채소인 무우를 가리킨다.

10) 염색약으로 사용하는 쪽을 가리킨다. 괴람(槐藍)·남옥(藍玉)·남청(藍靑)·다람

생겨나며 불에 작정하거나, 만약 손으로 문질러서 작정하는 것이다. 이를 심의 종자라고 이름한다.

'씨 종자'는 17종류의 곡식들이니, 제2계(第二戒)의 가운데 말한 것과 같다. 불에 작정하거나, 만약 껍질을 벗겨서 작정하는 것이니, 이것을 씨 종자라고 이름한다. 씨를 감싼 종자·살 속의 종자·껍질 속의 종자·겨 속의 종자·뿔 속의 종자·앵무새가 쪼았던 것·완전히 나왔던 것·불에 탔던 것·때인 심은 것·때가 아닌 때에 심은 것·물의 종자·땅의 종자·먼저 지었고 다시 생겨난 종자 등이다.

'씨를 감싼 종자'는 가리륵(呵梨勒)[11]·비혜륵(鞞醯勒)[12]·아마륵(阿摩勒)[13]·거수라(佉殊羅)·멧대추(酸棗) 등이다. 이와 같은 것은 마땅히 손톱으로 작정하여 씨를 없애고서 먹는다. 만약 씨를 합쳐서 먹고자 한다면 마땅히 불로 작정해야 한다. 이것을 씨를 감싼 종자라고 이름한다.

'살 속의 종자'는 비발라·파구(破求)·우담발라·이내(梨奈) 등이니, 이와 같은 씨 등은 마땅히 불로 작정해야 하고, 만약 익는 때에 썩었고 나무 위에서 스스로가 아래로 떨어지는 때에 나무와 돌에 부딪혀서 껍질에 모기의 다리와 같게 상하였다면 작정되었다고 이름한다. 씨를 먹기에는 합당하지 않는데, 만약 씨를 먹고자 한다면 마땅히 불로 작정해야 한다. 이것을 살 속의 씨라고 이름한다.

'껍질 속의 씨'는 야자(椰子)·호두(胡桃)·석류(石榴)이니, 이와 같은 것들의 껍질 속의 씨는 마땅히 불로 작정해야 한다. 만약 깨졌다면 이것을 껍질 속의 씨라고 이름한다.

(茶藍)·대람(大藍)·대청(大靑)·요람(蓼藍) 등으로 불리고, 고대부터 대표적으로 이용되었던 것은 인도남(印度藍)·대청(大靑)·요람(蓼藍) 등이다.
11) 산스크리트어 harītakī의 음사로 인도의 고원지역에서 자라는 낙엽 교목이다. 달걀 모양의 과일은 시고 쓰며 변비약으로 쓰인다.
12) 산스크리트어 vibhītaka의 음사로 모양이 복숭아와 비슷한 검은색 과일이다. 맛은 달고, 먹으면 문둥병에 효험이 있다고 한다.
13) 산스크리트 amalaka, dhatri의 음사로 암라(Amla)를 가리킨다. 중소형 크기의 낙엽 교목으로 인도 전역에 자생하며 재배되기도 한다.

'겨 속의 씨'는 향채(香菜)14)와 소임(蘇荏)15)이니, 이와 같은 것들이 만약 씨가 없다면 손으로 문질러서 작정하고, 만약 씨가 있으면 불로 작정해야 한다. 이것을 겨 속의 씨라고 이름한다.

'뿔 속의 씨'는 콩·팥·마사두(摩沙豆)이니, 이와 같은 것들은 만약 씨가 이루어지지 않았다면 손으로 문질러서 작정해야 하고, 만약 씨가 이루어졌다면 불로 작정해야 한다. 이것을 뿔 속의 씨라고 이름한다.

'앵무새가 쪼았던 것'은 만약 새가 쪼아서 깨졌고 땅에 떨어져서 모기의 다리와 같게 상하였다면 작정되었다고 이름한다. 씨를 없애고 먹어야 하고 만약 씨를 먹고자 한다면 마땅히 불로 작정해야 한다. 이것을 앵무정(鸚鵡淨)이라고 이름한다.

'완전히 나왔던 것'은 먹었는데 똥을 따라서 나오는 것이니, 소·말·원숭이의 똥의 가운데에서 나온 것이다. 이것을 완전히 나왔다고 이름하고, 곧 작정되었다고 이름한다.

'불에 탄 것'은 만약 나무 열매가 들판의 불에 타서 땅에 떨어진 것이니, 작정되었다고 이름한다. 이것을 불에 타서 작정되었다고 이름한다.

'때에 심는 것'은 곡식의 때에는 곡식을 심고 보리의 때에는 보리를 심나니, 이러한 종자는 마땅히 불을 사용하여 작정하거나, 만약 껍질을 벗겨서 작정한다. 구린제(拘鱗提)의 국토에서는 곡식을 지어서 쌓고서는 비인(非人)들이 훔치는 것을 두려워하면서 재(灰)의 불로써 흙의 위를 둘러싸고 표시하는데, 이것은 곧 작정된 것이다. 마마제(摩摩帝)가 창고의 곡식은 작정되지 않았고 나이가 젊은 비구들이 법을 알지 못하는 것이 두려워서 정인에게 불로 작정하게 시키면서 창고의 곡식에 모두 이르게 하는 것이다. 비구들은 항상 "봄이 지나가면 죄를 범하지 않는다."라고

---

14) 녹색 채소의 일종으로 고수풀을 가리킨다. 색깔이 선명하고 향이 특별해 요리와 탕에 사용한다.
15) 『석잠풀』은 꿀풀과 석잠풀속 식물을 말하며 귀 또는 이삭이라는 뜻을 나타내는 희랍어에서 유래하며, 물기(水)가 많은 땅에서 자라며, 땅속줄기에서 마치 죽순처럼 여기저기 자라난다. 석잠풀 속(屬)은 세계에 약 200종이 분포하고, 한국에는 석잠풀, 개석잠풀, 털석잠풀 그리고 함경북도 이북에 우단석잠풀이 자란다.

말하였다. 이것을 때에 심는다고 이름한다.

'때가 아닌 때에 심는 것'은 곡식을 보리 때에 이르러 심고, 보리를 곡식 때에 이르러 심는 것이니, 마땅히 불로 작정하거나, 만약 껍질을 벗겨서 작정해야 한다. 이것을 때가 아닌 때에 심는 것이라고 이름한다.

'물의 종자'는 우발라화(優鉢羅花)[16]·구물두화(拘物頭花)[17]·향정화(香亭花) 등이니, 이와 같은 것들의 뿌리는 마땅히 불로 작정하거나, 칼로 쪼개야 한다. 이것을 물의 종자라고 이름한다.

'먼저 지었고 뒤에 생겨났다.'는 갱미(粳米)[18]가 있었거나, 만약 나복의 뿌리라면 마땅히 불로 작정하거나, 칼로 쪼개야 한다. 이것을 먼저 지었고 뒤에 생겨났다고 이름한다.

'땅의 종자'는 17종류의 곡식이니, 마땅히 껍질을 벗겨서 작정하거나, 만약 불로 자정해야 한다. 이것을 땅의 종자라고 이름한다.

만약 스스로가 잘랐거나, 만약 사람을 시켜서 잘랐거나, 스스로가 깨뜨렸거나, 사람을 시켜서 깨뜨렸거나, 스스로가 파괴하였거나, 사람을 시켜서 파괴하였거나, 스스로가 부셨거나, 사람을 시켜서 부셨거나, 스스로가 불태웠거나, 사람을 시켜서 불태웠거나, 스스로가 껍질을 벗겼거나, 사람을 시켜서 껍질을 벗기는 것이다.

'스스로가 자르다.'는 만약 스스로가 방편으로 다섯 종류의 살아있는 종자를 자르는 것이다. 하루를 멈추지 않고 자른다면 하나의 바야제를 얻고, 만약 중간에 쉬고서 다시 자른다면 쉬는 것을 따라서 하나·하나의 바야제를 얻는다.

'사람을 시켜서 자르다.'는 하나의 방편으로 말하였고 사람을 시켜서 하루를 멈추지 않고 자른다면 하나의 바야제를 얻고, 만약 중간에 빨리빨리 자르라고 말한다면 하나·하나의 말을 따라서 바야제를 얻는다.

---

16) 연못에 서식한다고 우발라라고 이름하며, 청련(青蓮)을 뜻한다.
17) 산스크리트어 kumuda의 음사로서 흰색이나 붉은색의 꽃이 피는 수련(睡蓮)으로 홍련화의 한 종류이다.
18) 멥쌀을 가리킨다.

이와 같이 일체를 깨뜨리고 부수며 불태우고 껍질을 벗겼던 네 가지의 일을 스스로가 지었거나, 만약 사람을 시켜서 지었거나, 역시 이와 같이 승가를 위하여 지사인(知事人)이 짓더라도, 일체를 정인(淨人)에게 "이것을 자르십시오, 이것을 깨뜨리십시오, 이것을 부수십시오, 이것을 불태우십시오, 이것을 껍질을 벗기십시오."라고 말할 수 없나니, 만약 그러한 자는 유죄이다. 모두 마땅하게 "이것을 알아서 작정하십시오."라고 말하였다면 이것은 무죄이다.

다섯 가지의 살아있는 종자로써 연못의 물속에 던졌거나, 만약 우물 속에 던졌거나, 만약 대소변에 던졌거나, 분소(糞掃) 속에 던졌다면 월비니죄를 얻고, 만약 종자가 썩어 파괴되었다면 바야제를 얻는다. 만약 비구가 풀이 생겨나지 않게 하려는 까닭으로 가운데에서 경행하였다면 경행하는 때에 월비니죄를 얻고, 만약 풀이 모기의 다리와 같게 상하였어도 바야제를 얻으며, 이와 같이 서 있거나, 앉거나, 누웠어도 역시 이와 같다.

만약 송곳으로써 그렸고 나무가 모기의 다리와 같게 상하였어도 바야제를 얻는다. 만약 돌 위의 옷에서 생겨났는데 비구가 옷을 빨고자 하였다면, 스스로 없앨 수 없고 마땅히 정인을 시켜서 알리고 그러한 뒤에 옷을 빨아야 한다. 만약 햇빛에 구워서 말렸다면 스스로가 벗겨서 없애도 무죄이다. 만약 비가 왔고 뒤에 재목들이 땅에 쓰러졌다면 비구가 스스로 들어 올릴 수 없고, 스스로 들어 올리는 자는 월비니죄를 얻는다. 만약 풀이 모기의 다리와 같게 상하였어도 바야제를 얻는다. 만약 정인이 먼저 들었고 비구가 뒤에서 도왔다면 무죄이다.

만약 비구의 승가리·울다라승·안타회·니사단·베개·요·가죽신·옷 위에 곰팡이가 생겨났다면 정인에게 알리고 햇빛에 말려서 스스로가 문질러서 없애며, 만약 떡 위에 곰팡이가 생겨났어도 마땅히 정인에게 알리고서 그러한 뒤에 먹어야 한다. 만약 승가의 가운데에서 팥·깨·과일·박(瓠)·사탕수수와 같은 것들을 돌렸다면 상좌는 마땅히 작정하였는가를 묻고 만약 작정하지 않았다고 말한다면, 마땅히 작정해야 한다. 만약 작정하였다고 말한다면 마땅히 먹을지니라.

만약 하나의 그릇 안에 여러 많은 과일이 있었고, 만약 한 과일을 작정한다면 나머지는 역시 통하여 작정을 얻으며, 만약 다른 그릇에 있었다면 마땅히 별도로 하나·하나의 그릇을 작정해야 한다. 만약 사탕수수가 잎이 달렸다면 마땅히 줄기·줄기를 별도로 작정해야 하고, 만약 잎이 없어서 합쳐서 묶는다면 과일과 같아서 모두를 작정할 수 있다.

만약 어느 비구의 아련야 주처에서 하안거의 가운데에 풀이 생겨나서 길을 덮었으므로 길을 잃는 것이 두려워서 두 곳의 풀을 붙잡아 서로를 묶었다면 월비니죄를 얻는다. 만약 다른 물건으로 풀을 묶어 표시하고서 떠나갔고 돌아와서 풀었다면 무죄이다. 만약 어느 비구의 산중 주처에서 비가 와서 진흙이 미끄러웠는데 다니면서 땅에 넘어지려고 하였으며, 풀을 붙잡아서 끌어당겼는데 끊어졌으므로 다시 잡아당겼다면 이와 같은 비구는 무죄이다. 만약 비구가 물에 떠내려가면서 만약 풀을 잡아당겼는데 따라서 끊어졌다면 역시 무죄이다.

만약 진흙을 짓는 때에 목이 말라서 물을 마시고자 하는 자는 만약 손에 진흙이 있었다면 나뭇잎의 가운데로 마실 수 있다. 만약 정인이 없이 나뭇잎을 취하는 자는 나무 위에 올라가서 취하여 살아있는 잎의 가운데로 물을 마셔야 하고, 다만 나무를 잡아당겨서 끊어지지 않게 하며, 높아서 살아있는 잎을 얻을 수 없는 자는 나뭇가지를 두드려서 떨어지는 마른 잎을 취하여 물을 마셔야 한다. 만약 비구가 새롭게 생겨나는 푸르고 연한 잎을 자른다면 바야제를 얻는다.

만약 길게 뻗었고 단단하고 강한 잎을 잘라도 바야제를 얻고, 만약 잎이 이미 시들고 누른 것을 자른 자는 월비니죄를 얻으며, 만약 바람이 불어서 서너 개의 잎이 떨어졌고 취하여 사용한다면 무죄이다. 만약 비구가 익지 않은 과일을 꺾었다면 바야제를 얻고, 절반이 익은 것을 꺾었다면 월비니죄를 얻으며, 익은 것을 땄다면 무죄이다.

만약 비구가 도로를 다니면서 밤에 묵는 때에 살아있는 풀을 붙잡고서 마른 풀이라고 생각하였다면 월비니죄를 얻고, 마른 풀을 싱싱한 풀이라고 생각하였다면 월비니죄를 얻으며, 싱싱한 풀을 싱싱한 풀이라고 생각하였다면 바야제를 얻으나, 마른 풀을 마른 풀이라고 생각하였다면 무죄이다. 만약 성이거나, 만약 취락의 가운데에서 사람들이 나뭇가지나 나뭇잎에 제사를 지냈다면 비록 말랐어도 꺾어서 취하지 않아야 한다. 꺾는 자는 월비니죄를 얻는다. 나무의 4구(句)도 역시 앞의 살아있는 풀의 가운데에서 설한 것과 같다.

만약 비구가 대소변을 행하면서 물이 필요한 자는 마땅히 연못의 물에 나아가야 한다. 물의 가운데에 만약 부평초(浮萍草)가 가득하게 있었으나 물을 취하여 사용하고자 하는 자는 손으로써 밀쳐서 열고서 물을 취하여 사용할 수 없고, 마땅히 소와 말이 다니는 곳이거나, 만약 뱀이거나, 만약 새우이거나, 개구리가 다니는 곳을 찾아서 물을 취하여 사용해야 한다.

만약 여러 다니는 곳이 없다면 흙덩이를 잡고서 위로 던지면서 이렇게 말을 지어야 한다.

"범천(梵天)의 위에까지 올라가십시오."

만약 흙덩이나 돌이 떨어지는 때에 물을 때려서 열린 곳에서 물을 얻어 사용하였다면 무죄이다.

만약 물속의 가운데에서 부평초를 뒤집었다면 월비니죄를 얻고, 만약 부평초를 잡고서 언덕 위에 던졌다면 바야제를 얻는다. 물에 들어가서 목욕하는 때에 수초(水草)가 몸에 붙었으면 마땅히 물로써 씻어서 물에 들어가게 하여야 하고, 만약 아침에 버섯을 잘랐다면 월비니죄를 얻으며, 만약 마른 쇠똥을 줍는 때에 살아있는 풀과 합치는 자는 바야제를 얻는다.

이러한 까닭으로 설하였노라.

세존께서는 구섬미국에 머무셨으며, 자세한 설명은 앞에서와 같다. 그때 승가가 모여서 갈마를 짓고자 하였으나, 존자 천타(闡陀)가 오지 않았으므로 승가는 사람을 보내어 천타에게 말하였다.

"승가는 모여서 갈마의 일을 짓고자 합니다. 장로께서는 오십시오."

천타는 이렇게 생각을 지었다.

'지금 나를 부르는 것은 바로 마땅히 나의 죄를 다스리려고 하는 것이고, 다시 다른 일은 없다.'

다시 이렇게 사유를 지었다.

'내가 지금 마땅히 누구를 요란(擾亂)시키고, 능히 일체의 승가를 모두 함께 요란시켜야 갈마를 짓지 못하겠는가? 존자 대목건련(大目揵連)을 바로 마땅히 요란시켜도 이 일을 판결할 것이다. 그러나 목련은 대신력(大神力)이 있으니 나의 옳지 못한 일을 알았다면, 혹은 능히 나를 잡아서 타방세계로 던질 것이다. 이 일은 옳지 않다.'

곧 다시 사유하였다.

'만약 대가섭(大迦葉)을 요란시켜도 이 일을 판결할 것이다. 그러나 대가섭은 대위덕(大威德)이 있으니, 혹은 능히 대중 가운데에서 절복시켜 나를 욕보일 것이다. 이 일은 옳지 않다.'

다시 이렇게 사유를 지었다.

'존자 사리불은 마음이 유연하고 질직하여 함께 말하기 쉽다. 만약 그를 요란시킨다면 일체의 승가를 요란시킬 수 있어서 나에게 갈마를 지어서 주지 못한다.'

천타는 왔고 승가의 가운데에 들어왔으며 이렇게 말을 지었다.

"존자 사리불이여. 나는 뜻을 묻고자 합니다."

사리불이 말하였다.

"지금 다른 일을 위하여 승가를 모았으니, 뜻을 물을 때가 아닙니다."

천타가 다시 존자 사리불에게 말하였다.

"세존의 정법과 같다면 때가 아닌 것은 없습니다. 현법(現法)의 가운데에서 선한 과보는 번뇌의 열을 제거하여 얻고, 여러 현성들의 즐거움은 끝이 없어서 때를 선택하지 않습니다."

존자 사리불이 말하였다.

"묻는 일을 허락하겠소."

천타가 말하였다.

"세존께서 4념처(念處)19)를 말씀하셨는데, 무엇들이 4념처입니까?"

이때 존자 사리불은 그를 위하여 4념처를 설명하였고, 천타가 다시 말하였다.

"나는 4념처를 물은 것이 아니고, 나는 4정근(正勤)[20]을 물었습니다. 장로여. 다만 나를 위하여 4정근을 설명하여 주십시오."

사리불이 말하였다.

"그대가 4정근을 듣고자 하니 들으시오."

곧 4정근을 말하였는데, 천타가 다시 말하였다.

"내가 물은 것은 4여의족(如意足)[21]입니다."

이와 같이 5근(根)[22]·5력(力)[23]·7각지(覺支)[24]·8성도분(聖道分)[25]·4념처 등을 반복하여 세 번을 물었다. 이때 여러 비구들이 오래 앉아서

---

19) 깨달음을 얻기 위한 37조도품(三十七助道品) 가운데에서 첫 번째의 수행법이다. 사념주(四念住)·사의지(四意止)·사념(四念)이라고도 한다. 첫째는 신념처(身念處)이고, 둘째는 수념처(受念處)이며, 셋째는 심념처(心念處)이고, 넷째는 법념처(法念處)이다.

20) 산스크리트어 catvāri prahāṇāni의 번역으로 깨달음에 이르기 위한 네 가지 바른 노력을 가리킨다. 첫째는 단단(斷斷)이고, 둘째는 율의단(律儀斷)이며, 셋째는 수호단(隨護斷)이고, 넷째는 수단(修斷)이다.

21) 산스크리트어 catvāra-ṛddhipādā의 번역으로 자유자재한 신통력을 일으키는 다리와 같다는 의미이다. 첫째는 욕여의족(欲如意足)이고, 둘째는 정진여의족(精進如意足)이며, 셋째는 심여의족(心如意足)이고, 넷째는 사유여의족(思惟如意足)이다.

22) 산스크리트어 pañca-indriya의 번역으로 깨달음에 이르게 하는 다섯 가지의 뛰어난 능력을 가리킨다. 첫째는 신근(信根)이고, 둘째는 정진근(精進根)이며, 셋째는 염근(念根)이고, 넷째는 정근(定根)이며, 다섯째는 혜근(慧根)이다.

23) 산스크리트어 pañca balāni의 번역으로 깨달음에 이르게 하는 다섯 가지의 힘을 가리킨다. 첫째는 신력(信力)이고, 둘째는 정진력(精進力)이며, 셋째는 염력(念力)이고, 넷째는 정력(定力)이며, 다섯째는 혜력(慧力)이다.

24) 산스크리트어 sapta-bodhy-aṅgāni의 번역으로 불도를 수행하면서 지혜로써 선택하는 일곱 가지의 능력을 가리킨다. 첫째는 택법각지(擇法覺支):이고, 둘째는 정진각지(精進覺支)이며, 셋째는 희각지(喜覺支)이고, 넷째는 제각지(除覺支)이며, 다섯째는 경안각지(輕安覺支)이고, 여섯째는 정각지(定覺支)이며, 일곱째는 염각지(念覺支)이다.

25) 팔정도를 다르게 부르는 말이다.

피로하였고 각각 흩어져서 나갔으며 승가가 화합하지 못하여 마침내 갈마는 성립되지 않았다. 여러 비구들은 이 인연으로써 가서 세존께 아뢰었고, 세존께서는 말씀하셨다.

"천타를 불러오라."

왔으므로 세존께서는 천타에게 물으셨다.

"그대가 진실로 그러하였는가?"

대답하여 말하였다.

"진실로 그렇습니다."

세존께서는 말씀하셨다.

"천타여. 이것은 악한 일이니라. 내가 항상 그대를 위하여 무량한 방편으로 요란스러운 말을 꾸짖고 수순하는 말을 찬탄하지 않았는가? 그대는 지금 어찌하여 요란스러운 일을 지었는가? 이것은 비법이고, 계율이 아니며, 세존의 가르침이 아니니라. 이것으로써 선법을 크게 장양하지 못하느니라."

"구섬미를 의지하여 머무르는 비구들을 모두 모이게 하라. 열 가지의 이익을 까닭으로써 여러 비구들을 위하여 계율을 제정하겠나니, 나아가 이미 들었던 자들도 마땅히 거듭하여 들을지니라. 만약 비구가 다른 말로 다른 사람을 괴롭혔다면 바야제를 범하느니라."

'비구'는 앞의 설명과 같다.

'다른 말로 다른 사람을 괴롭히다.'는 여덟 가지의 일이 있으니, 무엇이 여덟 가지인가? 첫째는 갈마를 짓는 때이고, 둘째는 여법하게 논(論)하는 때이며, 셋째는 아비담(阿毘曇)을 하는 때이고, 넷째는 비니를 논하는 때이며, 다섯째는 다르게 논하지 않고, 여섯째는 다른 사람이 아니며, 일곱째는 의논을 멈추는 것이고, 여덟째는 다른 말로 다른 사람을 괴롭히는 것이다.

'갈마를 짓다.'는 비구가 화합하고 모여서 절복갈마(折伏羯磨), 나아가 별주갈마(別住羯磨)를 짓는 것이다. 이것을 갈마를 짓는다고 이름한다.

'여법하게 논하다.'는 상견(常見)[26]도 아니고 단견(斷見)[27]도 아니다.

이것을 여법하게 논한다고 이름한다.

'아비담'은 9부(部)의 수다라이다. 이것을 아비담이라고 이름한다.

'비니'는 광본(廣)과 약본(略)의 바라제목차이다. 이것을 비니라고 이름한다.

'다르게 논하지 않다.'는 근본으로 의논할 것을 벗어나서 다시 다른 일을 의논하지 않는 것이다. 이것을 다르게 논하지 않는다고 이름한다.

'다른 사람이 아니다.'는 이전에 물은 사람을 벗어나서 다시 다른 사람에게 묻는 것이 아니다. 이것을 다른 사람이 아니라고 이름한다.

'의논을 멈추다.'는 마땅히 설법하는 때에 뒤에 머무르면서 다시 의논하겠다고 말하는 것이다. 이것을 의논을 멈춘다고 이름한다.

'다른 말로 다른 사람을 괴롭히다.'는 존자 천타가 다른 말로 다른 사람을 괴롭히는 것과 같은 것이다. 이것을 여덟 가지의 일이라고 이름한다.

그 가운데서 다른 말로 다른 사람을 괴롭히는 자는 바야제의 죄를 범한다. 이러한 여덟 가지의 일을 벗어났다면 바야제는 아니다.

만약 사람이 비구에게 물어 말하였다.

"어느 곳에서 왔습니까?"

대답하여 말하였다.

"과거의 가운데에서 왔습니다."

"어느 곳으로 갑니까?"

대답하여 말하였다.

"미래를 향하여 가겠습니다."

"어느 곳에서 잠자겠습니까?"

---

26) 세계(世界)나 모든 존재(存在)는 영겁(永劫) 불변(不變)의 실재(實在)이며, 사람은 죽으나 자아(自我)는 없어지지 않으며, 5온(蘊)은 과거(過去)나 미래(未來)에 상주(常住) 불변(不變)하여 영구(永久)히 존재(存在)한다는 망신(妄信)을 말한다.

27) 세상(世上) 만사의 단멸(斷滅)을 주장(主張)하여 인과(因果) 응보(應報)를 인정(認定)하지 아니하는 견해(見解)이다.

"여덟 나무의 위에서 자겠습니다."
"그대는 오늘 어느 곳에서 먹겠습니까?"
대답하여 말하였다.
"다섯 손가락으로 먹겠습니다."
이와 같이 물었고 정확하지 않게 대답하는 자는 월비니죄를 범한다.
만약 도둑이 사찰에 들어와서 비구에게 물어 말하였다.
"나에게 승가의 물건을 보여주십시오."
비구가 그때에 진귀한 보물 등의 여러 물건들은 보여줄 수 없고, 다시 망어할 수 없으며, 마땅히 방사와 평상과 자리 등을 보여주어야 한다. 도둑이 만약 "나에게 탑의 물건을 보여주십시오."라고 말한다면, 역시 탑의 보물들을 보여줄 수 없고, 역시 망어할 수 없으며, 마땅히 탑 주변의 공양구와 여러 기물(器物) 등을 보여주어야 한다. 도둑이 만약 "나에게 청정한 부엌을 보여주십시오."라고 말한다면, 비구는 망어할 수 없고, 다시 금전과 물건이 있는 곳을 보여줄 수 없으며, 마땅히 가마솥과 옹기그릇을 보여주어야 한다.
만약 백정집(屠家)의 축생들이 달아났고 비구에게 보았는가를 물었다면, 비구는 망어하여서는 아니되고, 다시 달아난 곳을 보여주어서도 아니되며, 마땅히 간지압(看指押), 간지압[범음(梵音)은 '함께 보지 못하였습니다.'라는 것과 같다.]이라고 말해야 한다.
만약 비구가 아련야의 주처에 있었는데, 달아났던 죄수가 있어서 비구에게 물었다면, 앞에 축생의 가운데에서 대답한 것과 같다. 만약 비구가 승가의 가운데서 묻는 것도 다르고 대답하는 것도 다르다면 바야제를 얻는다. 많은 대중의 가운데이거나, 화상과 아사리의 앞에서, 여러 장로 비구들 앞에서 묻는 것이 다르고 대답하는 것도 다르다면 월비니죄를 얻는다.
이러한 까닭으로 설하였노라.

세존께서는 사위성에 머무셨으며, 자세한 설명은 앞에서와 같다.

그때 세상 사람들은 믿고 공경함이 깊고 두터웠으므로 많은 음식들을 가지고 세존께 공양하였고 아울러 대중 승가에도 받들었으며, 존자 사리불과 목련은 공양하는 자와 시봉하는 자들을 섭수(收攝)하였다. 대중 승가와 사리불과 목련은 혹은 돌렸거나, 혹은 돌리지 않았고 요리(料理)하는 사람이 없어서 버려두었으므로 냄새나고 더러웠다. 그때 존자 타표는 학지(學地)28)에 있었으므로 이렇게 생각을 지었다.

'만약 내가 무학(無學)을 얻는다면 마땅히 승가의 일을 경영하고 관리하여 안락하게 하겠다.'

이렇게 생각을 짓고서 초야부터 후야까지 정근하며 도를 행하였고 곧 아라한을 성취하여 3명(明)29)과 6통(通)30)을 얻고서 이렇게 생각을 지었다.

'내가 어찌하여 유위(有爲)의 일을 짓는 것이 필요하겠는가? 나는 마땅히 욕심이 적고 일이 없는 것에서 즐거움을 수습해야겠다.'

세존께서 타표에게 말씀하셨다.

"그대는 본래 학지에 있던 때에 이와 같은 말을 지었네. '만약 내가 무학(無學)을 얻는다면 마땅히 승사를 요리하겠다.' 그대는 이와 같은 말을 짓지 않았던가?"

대답하여 말하였다.

"진실로 그렇습니다. 세존이시여."

세존께서 말씀하셨다.

"타표여. 그대가 먼저 발원하였던 것을 지금 마땅히 지어야 하느니라."

대답하여 말하였다.

"마땅히 세존의 가르침과 같이 짓겠습니다."

그때 승가는 곧 예배하고 먼저 말하였던 아홉 가지의 일을 맡겼고

---

28) 아직 번뇌가 남아있어서 아라한(阿羅漢)을 성취하기 위해서 수행해야 하는 견도(見道)나 수도(修道)의 계위를 뜻한다.
29) 육신통(六神通)의 가운데에서 천안통·숙명통·누진통을 가리킨다.
30) 육신통을 가리키는 말이다.

앞에서 설한 것과 같다. 그때 마땅히 차례를 따라서 음식을 주면서, 만약 장로인 상좌들에게는 상(上)의 음식을 주었고, 중좌에게는 중간의 음식을 주었으며, 하좌에게는 거친 음식을 주었는데, 육군비구들이 원망하고 마음으로 싫어하며 원한을 가졌다. 이 일로써 가서 세존께 아뢰었고, 세존께서는 타표에게 말씀하셨다.

"일반적으로 출가인의 법은 마땅히 평등하게 음식을 주어야 한다. 그대는 마땅히 적게 얻었다면 부족하다고 알아야 하고, 많이 얻었어도 역시 싫어하지 말라. 좋은 것을 얻었거나, 나쁜 것을 얻었더라도 함께 모두에게 두루하지 못하느니라."

장로 타표는 곧 3품의 음식을 지었고 세밀하고 거친 것을 차례로 두루 나누고서 다시 시작하였다. 그때 난타와 우파난타는 새벽에 일어나서 취락에 들어가는 옷을 입고 발우를 지니고 갔으며 식가(食家)31)에 이르러 우바이에게 말하였다.

"나에게 음식을 주시오."

우바이가 말하였다.

"존자여. 음식의 때에 이르지 않아서 나는 얼굴도 씻지 않았고 아울러 그릇들도 씻지 않았으므로, 아직 출가인의 음식을 짓지 못하였습니다."

그때 단월의 딸은 약하고 어렸는데 비로소 일어나서 씻고 목욕하면서 벌거벗은 형체를 드러냈다. 이때 난타 비구는 여러 근(根)을 섭수하지 못하여 방종하게 여색(女色)을 보았으며, 우바이는 이렇게 생각을 지었다.

'이 비구는 비니의 사람이 아니니, 혹은 허물과 악이 생겨날 것이다. 중간에 오래 머물게 할 수 없다. 작인(作人)32)들의 거친 음식을 주어서 빠르게 내보내고 떠나가게 해야겠다.'

이렇게 생각을 짓고서 작인의 거친 음식을 주었으며, 이 비구는 그 음식을 얻고서 곧 정시로 돌아왔다. 그때 어느 장로 비구가 때에 이르자 취락에 들어가는 옷을 입고 발우를 지니고 위의가 상서(庠序)33)하게

---

31) 음식을 조리하는 재가인의 집을 가리킨다.
32) 일꾼들을 가리키는 말이다.

식가(食家)에 이르렀고, 단월은 여러 종류의 맛있는 음식을 발우에 가득히 베풀었으며, 돌아왔다. 이때 난타와 우파난타가 보고서 이렇게 말을 지었다.

"장로 타표여. 세존께서는 '평등하게 나누어 먹어라.'고 말씀하셨소. 이 두 음식을 보시오. 평등하오?"

타표가 말하였다.

"그대가 너무 빠르게 갔고 음식의 때가 아니었습니다."

다음 날에 난타는 취락에 들어가는 옷을 입고 발우를 지니고 사위성에 들어갔고, 도로의 중간에서 코끼리 싸움을 보았으며, 말 싸움을 보았고, 세속 사람들의 논의를 들었다. 이때 우바이가 생각하면서 말하였다.

'아사리가 어제는 일찍 와서 음식을 얻지 못하였다. 지금 마땅히 일찍이 준비해야겠다.'

단월의 집에서 음식을 오래전에 지어서 준비하였으나 때에 이르렀어도 오지 않았다. 우바이가 다시 이렇게 생각을 지었다.

'존자가 어제는 일찍 왔는데 오늘은 무슨 까닭으로 오지 않는가? 기원정사의 가운데에서 혹은 승가께 공양이 있었고, 이러한 까닭으로 오지 않는구나.'

곧 남편과 아이들과 함께 음식을 모두 먹었다. 이때 난타는 배고픔에 고통받는 가운데에서 비로소 왔으며 우바이에게 말하였다.

"나에게 음식을 주시오."

우바이가 말하였다.

"우리는 음식을 일찍이 지어서 준비하고서 존자를 기다렸으나, 오지 않았으며, 기원의 가운데에서 승가께 공양하는 사람이 있었고, 그의 청을 받았다고 생각하여 이 공양하려던 음식을 모두 먹었습니다."

난타가 말하였다.

"그대는 나의 음식을 끊고자 하오?"

---

33) '적정하고 순서가 알맞다.'는 뜻이다.

그때 우바이는 곧 집안의 작인이 남겼던 묵은 밥을 그에게 주었고, 얻고서 돌아와서 정사로 나아갔으며, 자세한 설명은 앞에서와 같다. 타표가 말하였다.

"그대가 너무 늦게 갔습니다."

이때 존자 타표는 이 인연으로써 가서 세존께 아뢰었고, 세존께서는 말씀하셨다.

"난타를 불러오라."

왔으므로 세존께서는 난타에게 물으셨다.

"그대가 진실로 그러하였는가?"

대답하여 말하였다.

"진실로 그렇습니다."

세존께서는 말씀하셨다.

"이것은 악한 일이니라. 그대는 항상 내가 무수한 방편으로써 욕심이 많음을 꾸짖고 욕심이 적음을 찬탄하는 것을 듣지 않았는가? 이것은 비법이고, 계율이 아니며, 세존의 가르침이 아니니라. 이것으로써 선법을 크게 장양하지 못하느니라."

세존께서는 여러 비구들에게 알리셨다.

"사위성을 의지하여 머무르는 비구들을 모두 모이게 하라. 열 가지의 이익을 까닭으로써 여러 비구들을 위하여 계율을 제정하겠나니, 나아가 이미 들었던 자들도 마땅히 거듭하여 들을지니라. 만약 비구가 싫어하고 꾸짖는 자는 바야제를 범하느니라."

'비구'는 앞의 설명과 같다.

'싫어하면서 꾸짖다.'는 만약 사람에게 예배하였거나, 부촉할 사람에게 예배하였거나, 부촉받은 사람이 부촉하며 예배하는 것이 있다.

'사람에게 예배하다.'는 존자 디표와 같다. 이것을 사람에게 예배한다고 이름한다.

'부촉할 사람에게 예배하다.'는 타표마라자와 같은 다른 사람을 청하여 승사(僧事)의 일을 요리하는 것이다. 이것을 부촉할 사람에게 예배한다고 이름한다.

　'부촉한 사람에게 부촉하며 예배하다.'는 부촉받은 사람이 다시 전전하여 사람에게 부촉하여 승사를 요리하게 하는 것이다. 이것을 부촉받은 사람이 부촉하며 예배한다고 이름한다. 이러한 사람을 싫어하고 꾸짖는 자는 바야제를 범한다.

　'바야제'는 앞의 설명과 같다.

　만약 승가의 가운데에서 여러 종류의 떡을 돌렸다면 마땅히 차례로 와서 취해야 하고, 만약 마음속으로 취하지 않겠다면 지나가야 한다. 만약 정인이 "무슨 까닭으로 취하지 않습니까?"라고 물었다면, "이것을 수용하지 않으려고 경계하였습니다."라고 대답하고서 다시 다른 것을 취한다면 무죄이다. 만약 우유죽·소락죽·깨죽·어육죽과 같은 여러 종류의 죽을 돌리는 때에 만약 표주박에 가득하게 상좌에게 주었다면 상좌는 마땅히 받을 수 없으며, 상좌는 마땅히 "평등하게 주십시오."라고 말해야 한다.

　만약 어육의 죽을 돌리는 때에 치우쳐서 상좌에게 많이 주었다면 상좌는 마땅히 "일체가 모두 그러한가?"라고 물어야 하고, "아닙니다. 상좌에게 많이 주었습니다."라고 대답한다면, 상좌는 마땅히 "평등하게 주십시오."라고 말하여야 한다. 만약 많이 필요하지 않다면 조금 취하고서 "다른 사람에게는 평등하게 주십시오."라고 말해야 한다. 이와 같이 좋은 음식은 마땅히 평등하게 주어야 한다. 만약 사미가 음식을 돌리는 때에 치우쳐서 스승에게 많이 주었다면 지사인은 마땅히 "평등하게 주게."라고 말해야 한다.

　만약 사미가 "그대가 무슨 까닭으로 스스로 돌리지 않습니까?"라고 말한다면 이 지사인은 마땅히 이 사미를 밀어내고 다시 다른 사람에게 돌리게 해야 한다. 만약 음식을 돌리는 사람이 승가의 가운데에서 대덕인 사람을 보고 곧 많이 주었고, 다른 사람에게 곧 적게 주었다면, 지사인은 마땅히 음식을 돌리는 사람에게 "승가의 가운데에는 고하(高下)가 없으니, 그대는 평등하게 주십시오."라고 말해야 한다.

혹은 싫어하면서 꾸짖지 않았거나, 혹은 꾸짖으면서 싫어하지 않았거나, 혹은 싫어하면서 꾸짖었거나, 혹은 싫어하지 않고 꾸짖지 않는 것이 있다.

'싫어하면서 꾸짖지 않다.'는 자기가 지닌 그릇 가운데의 음식을 앉은 사람의 그릇 가운데의 음식과 비교하면서 "이것이 평등합니까?"라고 이렇게 말을 짓는 것이다. 이것을 싫어하면서 꾸짖지 않는다고 이름한다. 이와 같이 4구(句)로 자세히 설명하였다. 싫어하면서 꾸짖지 않는다면 월비니죄를 얻고, 꾸짖으면서도 싫어하지 않아도 월비니죄를 얻으며, 싫어하고 꾸짖었다면 바야제를 얻고, 싫어하지 않고 꾸짖지도 않는다면 무죄이다.

이러한 까닭으로 설하였노라.

세존께서는 발지국(跋祇國)의 인간세상을 유행하시면서 비구들과 함께 하나의 오래된 강변에 이르셨다.

이때 여러 어부(捕魚人)들이 그물로써 물고기를 잡았다. 여러 비구들은 보고서 세존께 아뢰어 말하였다.

"세존이시여. 이 어부들은 마땅히 이러한 일을 짓지 않아야 하는데, 부지런히 짓고 있습니다."

세존께서는 여러 비구들이 물었던 인연으로 곧 게송을 설하여 말씀하셨다.

이미 얻기 어려운 몸을 얻었는데
어찌하여 여러 악을 짓는가?
염애(染愛)가 몸에 붙은 까닭으로
목숨을 마치면 악도에 들이기리라.

이때 어부들은 큰 그물을 잡았고 돌로 잠기게 하였고, 표주박으로 뜨게 하면서 물을 따라서 위쪽으로 올라갔으며, 강변에 각각 250명씩 크게 떠들면서 그물을 끌고서 언덕을 향하였다. 여러 비구들은 보고서 아뢰어 말하였다.
"세존이시여. 이 사람들이 만약 불법의 가운데에서 이와 같이 정진한다면 크게 법의 이익을 얻을 것입니다."
그때 세존께서는 일을 인연하여 설하여 말씀하셨다.

이를테면, 부지런히 정진한다면
일체의 욕망이라고 이름하지 않나니
능히 여러 악도를 벗어났다고 말하며
법으로써 스스로 목숨을 살아간다네.

[『가비라본생경(迦毘羅本生經)』의 가운데에서 자세히 설한 것과 같다.]
그때 여러 물고기들이 그물 안에 떨어져 있었고, 한 마리의 큰 고기가 있었는데, 100개의 머리가 있었고 머리들이 각각 달랐다. 세존께서 그를 보고 그 이름을 부르니 곧 세존께 대답하였다.
세존께서 물어 말씀하셨다.
"그대의 어머니는 지금 어느 곳에 있는가?"
대답하여 말하였다.
"어느 측간의 가운데에 벌레로 있습니다."
세존께서 말씀하셨다.
"이 큰 물고기는 가섭불의 때에 삼장(三藏) 비구를 지었는데 악구(惡口)를 까닭으로 여러 부류의 머리인 과보를 받았고, 그의 어머니는 그의 이양(利養)을 받았던 까닭으로 지금 측간의 벌레가 되었느니라."
세존께서 이러한 인연을 말씀하셨고, 이때 5백의 사람들은 곧 그물질을 그만두고 출가하여 수도하였으며, 모두 아라한을 성취하여 발거하(跋渠河)의 주변에 머물렀다. 세존께서는 아난에게 알리셨다.
"여러 객비구들을 위하여 평상과 자리를 펼치게."
나아가 아난은 세존께 아뢰었다.

"원하옵건대 세존께서는 객비구들을 안위하여 주십시오."

세존께서는 아난에게 알리셨다.

"그대는 스스로 알지 못하더라도 나는 이미 4선(禪) 가운데 들어가서 객비구들을 안위하고 있느니라."

그때 각자 노지(露地)에서 걸상과 요를 펴고 있으면서 걸식하고자 하였다. 때에 이르자 이 여러 비구들은 각자 신력으로써 북쪽의 울단월(鬱單越)에 이르는 자도 있었고, 33천(天)에 이르는 자도 있었으며, 용왕(龍王)의 궁전에 이르는 자도 있었는데, 평상과 요가 노지에 있었으므로 햇빛에 달구어졌고 바람에 먼지가 날려서 더러워졌다. 세존께서는 아시면서도 일부러 물으셨고, 여러 비구들은 앞의 인연으로써 갖추어 세존께 아뢰었다. 세존께서는 말씀하셨다.

"이 여러 비구들이 돌아오는 것을 기다려라."

왔으므로 세존께서는 여러 비구들에게 물으셨다.

"그대들이 진실로 그러하였는가?"

대답하여 말하였다.

"진실로 그렇습니다."

세존께서는 말씀하셨다.

"오늘부터 그대들을 인연하여 여러 비구들을 위하여 계율을 제정하겠노라."

세존께서는 여러 비구들에게 알리셨다.

"발거하를 의지하여 머무르는 비구들을 모두 모이게 하라. 열 가지이 이익을 까닭으로써 여러 비구들을 위하여 계율을 제정하겠나니, 나아가 이미 들었던 자들도 마땅히 거듭하여 들을지니라. 만약 비구 승가가 주처의 노지에서 와상(臥床)·좌상(坐床)·요·베개 등을 만약 스스로 펼쳤거나, 만약 사람을 시켜서 펼치고서 떠나가는 때에 스스로 들어 올리시 않고 사람을 시켜서 들어 올리지 않았다면 바야제를 범하느니라."

'비구'는 앞의 설명과 같다.

'승가의 주처'는 만약 아련야의 주처이거나, 만약 취락의 주처이다.

'와상과 좌상'은 14종류가 있으니, 단각(團脚) 와상과 단각 좌상·와욕(臥褥)과 좌욕(坐褥)·개등(開藤) 와상과 개등 좌상·오나타(烏那陀) 와상과 오나타 좌상·타미(陀彌) 와상과 타미 좌상 등이다.

'요'는 겁패(劫貝) 요·모취(毛毳)34) 요·모직물(氀) 요·가시(迦尸) 요·풀(草) 요 등이다.

'베개'는 겁패 베개·모취 베개·모직물 베개·가시 베개 등이다.

'펼치다.'는 만약 스스로가 펼치거나, 사람을 시켜서 펼치는 것이다.

'떠나가다.'는 다른 곳으로 가는 것이다.

'들어 올리지 않다.'는 스스로가 들어 올리지 않고 사람을 시켜서 들어올리지 않는 것이니, 바야제를 범한다.

'바야제'는 앞의 설명과 같다.

만약 노지에서 설법하는 자가 평상과 요의 지사인이 평상과 요를 펼쳤던 것을 알았으나, 만약 25주(肘)를 벗어나 떠나가면서 부촉하지 않는 자는 바야제를 범한다. 만약 두 사람이 함께 알았고 첫째의 사람이 떠나가고자 하는 때이라면 마땅히 둘째의 사람에게 부촉해야 하고, 둘째의 사람이 떠나가고자 하였다면 마땅히 첫째의 사람이 돌아오는 것을 기다리고 부촉하고서 그러한 뒤에 떠나가야 한다. 만약 평상과 요를 펼쳐서 마쳤고, 뒤에 사람이 와서 앉은 것을 알았으며, 펼쳤던 사람이 버려두고 떠나갔다면 무죄이다.

만약 봄에 노지에 펼쳐서 놓아두었는데, 나이 젊은 비구가 그 위에 앉아 졸았다면 곧 그 비구에게 부촉해야 한다. 만약 평상 위에 비구가 없었고, 만약 비구가 밤에 일어나서 대소변을 행하면서 승가의 평상에 접촉하였고, 하나·하나를 접촉하고서 버려두고 떠나갔다면 접촉하였던 하나·하나를 따라서 바야제를 범한다. 만약 평상 위에 비구가 있었고, 곧 그에게 부촉하였다면 무죄이다.

만약 승가의 지사인이 평상과 요를 부촉하려는 까닭으로 노지에 내어놓

---

34) '취(毳)'는 솜털, 배밑털, 모직물 등을 뜻하고, 모직물의 한 종류이다.

고 버려두고서 25주를 벗어났다면 바야제를 범한다. 만약 승가의 평상과 요를 받아서 햇볕에 말리는 때에 버려두고서 25주를 벗어났다면 역시 바야제를 범한다. 만약 비구가 병들어 노지에 있으면서 잠을 잤고 제자가 와서 스승께 예배하였는데, 만약 스승이 일어나서 떠나갔다면 제자는 마땅히 덮었던 곳에서 들어 올려야 한다.

만약 두 사람이 함께 하나의 평상에 앉았는데, 만약 상좌가 떠나가고자 하는 때라면 마땅히 하좌에게 부촉해야 하고, 하좌가 떠나가고자 하는 때라면 마땅히 상좌에게 "나는 이 평상에서 떠나가고자 합니다. 이 평상을 마땅히 어느 곳으로 들어야 합니까?"라고 말할 것이고, 상좌가 만약 "그대가 스스로 떠나가게. 이 평상은 내가 스스로 마땅히 들겠네."라고 말하였으며, 그때에 떠나갔다면 무죄이다. 만약 비구가 화상과 아사리를 위하여 평상과 요를 펼치고서 떠나가는 자는 월비니죄를 범한다. 만약 화상과 아사리가 "나를 위하여 펼쳐두게."라고 알렸다면 떠나가는 때에 마땅히 부촉해야 한다. 만약 부촉하지 않고 떠나가는 자는 월비니죄를 범한다.

'25주(肘)'는 매우 큰 비가 오는 때에도 양중의(兩重衣)가 젖지 않는 까닭이다. 만약 비구가 대중 승가의 평상 위에 (세존의) 형상을 안치하였는데, 다른 비구가 와서 예배하고 손으로 접촉하면서 들어 올리지 않는다면 바야제이다.

만약 대중의 많은 비구가 차례로 예배하고 손으로 접촉하면서 마지막 사람에게 부촉하였다면, 혹은 부촉하고 주었어도 이것은 부촉한 것이 아니거나, 혹은 부촉하였어도 이것은 부촉한 것이 아니거나, 혹은 역시 부촉하였고 역시 부촉하였거나, 혹은 부촉하지 않았고 부촉이 아닌 것이 있다.

'부촉하여 주었어도 부촉이 아닌 것'은 사미가 이것이고, '부촉하였어도 부촉이 아닌 것'은 상좌의 비구가 이것이며 '역시 부촉하였고 역시 부촉인 것'은 하좌의 비구가 이것이고, '부촉하지 않았고 부촉도 아닌 것'은 세속 사람이다.

만약 대덕 비구가 제자가 많이 있어서 평상과 요를 펼쳤는데, 만약 스승이 자기를 위하여 펼쳤다고 알고서 떠나가는 때에는 마땅히 사람에게 부촉하여 들어 올리도록 할 것이니, 부촉하지 않는 자는 월비니죄를 범한다. 만약 승가의 평상과 요가 승가의 주처인 노지에 펼쳐져 있었는데 떠나가는 때에 들어 올리지 않았다면 바야제를 범한다. 대중 승가의 평상과 요가 개인적으로 주처인 노지에 펼쳐져 있었는데 떠나가는 때에 들어 올리지 않았다면 바야제를 범한다.

만약 개인적인 평상과 요가 승가의 노지에 펼쳐져 있었는데 떠나가는 때에 들어 올리지 않았다면 바야제를 범한다. 만약 개인적인 평상과 요가 개인적인 노지에 펼쳐져 있었는데 떠나가는 때에 들어 올리지 않았다면 바야제를 범한다. 승가의 평상과 요가 백의가(白衣家)의 노지에 펼쳐져 있었는데 떠나가는 때에 들어 올리지 않았다면 바야제를 범한다. 속인의 평상과 요가 노지에 펼쳐져 있었다면 떠나가는 때에는 마땅히 말하여 알게 해야 한다.

이러한 까닭으로 설하였노라.

세존께서는 사위성에 머무셨으며, 자세한 설명은 앞에서와 같다.
이때 어느 바라문이 일찍이 대중 승가를 청하여 음식을 베풀고 옷을 보시하였는데, 여러 비구들은 승방의 안에 승의 좌구(坐具)를 펼쳐두고 거두지 않고 곧 빠르게 떠나갔다. 세존께서는 다섯 일의 이익을 까닭으로 5일마다 한 번을 여러 비구들의 방을 다니면서 살피셨는데, 여러 비구들의 방 안에 펼쳐놓은 좌구 위에 벌레와 쥐들의 똥으로 더러웠고 먼지와 흙이 쌓여서 깨끗하지 않았다.

세존께서 아시면서도 일부러 물으셨고, 여러 비구들은 이러한 인연을 갖추어 세존께 아뢰었다. 세존께서 여러 비구들에게 알리셨다.

"그대들은 출가인이고 다시 그대들을 위하여 뒷일을 요리할 급사(給使)가 없는데, 떠나가는 때에 무슨 까닭으로 들어 올리지 않았는가? 이것은 비법이고, 계율이 아니며, 세존의 가르침이 아니니라. 이것으로써 선법을 크게 장양하지 못하느니라."

세존께서는 여러 비구들에게 알리셨다.

"사위성을 의지하여 머무르는 비구들을 모두 모이게 하라. 열 가지의 이익을 까닭으로써 여러 비구들을 위하여 계율을 제정하겠나니, 나아가 이미 들었던 자들도 마땅히 거듭하여 들을지니라. 만약 비구가 안의 가려진 곳에 스스로가 평상과 요를 펼쳤거나, 만약 사람을 시켜 펼치고서 떠나가는 때에 스스로 들어 올리지도 않았고, 사람을 시켜서 들어 올리지 않았다면 바야제를 범하느니라."

'비구'는 앞의 설명과 같다.

'안'은 가려진 곳이다.

'평상과 자리'는 14종류가 있고, 앞의 설명과 같다.

'베개와 요'는 앞의 설명과 같다.

'펼치다.'는 만약 스스로 펼쳤거나, 만약 사람을 시켜서 펼치는 것이다.

'가다.'는 다른 곳으로 떠나가는 것이다.

'스스로가 들어 올리지 않다.'는 스스로가 들어 올리지 않는 것이다.

'사람을 시켜서 들어 올리지 않다.'는 사람을 시켜서 들어 올리지 않는 것이니, 바야제를 범한다.

'바야제'는 앞의 설명과 같다.

만약 비구가 다른 곳으로 떠나가려고 하는 때에는 방사의 안을 물을 뿌려서 쓸고 땅을 깨끗하게 하며, 거마(巨磨)로써 땅에 바르고 요와 베개를 햇볕에 쪼여서 말리고, 평상과 요의 지사인에게 이와 같이 말을 지어야 한다.

"장로여. 이 걸상과 요와 베개 일체를 마땅히 부촉합니다."

보여주면서 말하는데, 만약 평상과 요의 지사인이 하좌라면 마땅히 말해야 한다.

"마땅히 이 걸상과 요를 섭수하십시오."

대답하여 말한다.

"그렇게 하겠습니다."

만약 상좌가 이 걸상과 요를 부촉하였고, "그렇게 하겠습니다."라고 대답하였다면 떠나가야 한다. 알리지 않는다면 바야제를 범한다.

만약 비구가 떠나가는 때에 비구가 있었고 곧 방에서 머물러서 비우지 않은 까닭이라도 월비니죄를 범한다. 만약 이미 떠나갔으나 옷과 발우를 잊었으므로 돌아와서 취하면서 알리는 자는 무죄이다. 만약 비구가 도로를 따라서 다니는데 하늘이 흐리고 비가 오려고 하였으므로 나이가 젊은 비구가 먼저 떠나가서 정사에 이르렀고 화상과 아사리를 위하여 평상과 요를 취하였으며, 하늘이 맑아져서 떠나가고자 하는 자는 마땅히 알릴 것이며, 알리지 않고 떠나가면 바야제를 범한다.

만약 대중의 많은 비구들이 취락의 정사 가운데에 묵었다면 함께 승가의 평상과 요를 받았고, 각각 '누가가 일부러 마땅히 부촉하였다.'라고 이렇게 생각을 지었으며, 떠나갔고 도로의 중간에서 전전(展轉)하여 서로가 물었으나, 모두가 부촉한 자가 없었다면, 여러 비구들은 마땅히 두 사람을 뽑아서 보내고 다시 부촉해야 한다. 만약 비구가 도로를 다니면서 정사의 가운데에 이르러 묵었고 떠나면서 평상과 요를 부촉하지 않았는데, 멀리 가서 전전하여 서로에게 물었으나 모두 부촉한 자가 없었으며, 길에서 비구를 만났으므로 곧 물어 말하였다.

"장로여. 어느 곳으로 떠나고자 하십니까?"

대답하여 말하였다.

"내가 어느 곳에 가고자 합니다."

이 비구는 곧 알려 말하였다.

"내가 어젯밤에 그곳에서 묵었는데 오는 때에 잊어버리고 평상과 요를 부촉하지 않았습니다. 장로가 그곳에 이른다면 마땅히 나를 위하여 부촉하여 주십시오."

이 비구도 다시 말하였다.

"나도 오는 때에 잊어버리고 평상과 요를 부촉하지 않았습니다. 장로가 그 정사에 이른다면 마땅히 나를 위하여 부촉하여 주십시오."

이와 같이 두 사람이 전전하여 서로에게 부촉하였고, 나아가 가지런히 정사의 경계에 들어갔다면 부족하였다고 이름한다.
 만약 비구가 속인의 집에서 묵으면서 평상·요·와구들을 얻었다면, 떠나가는 때에 마땅히 보여주고 떠나간다고 말해야 한다. 만약 풀을 얻어서 펼쳤다면 떠나가는 때에 마땅히 말해야 한다.
 "이 풀을 어느 곳에 놓아두어야 합니까?"
 주인의 말을 따라서 마땅히 그곳에 놓아두어야 하고, 만약 단월이 "다만 떠나십시오. 내가 스스로 마땅히 요리하겠습니다."라고 말하였다면, 비구는 마땅히 한쪽의 모서리를 조금 거두고서 떠나가야 한다. 만약 비구가 길을 다니면서 흐트러진 풀을 끌어당겨서 펼치고 앉았다면, 떠나가는 때에 모아두고서 떠나가야 한다.
 이러한 까닭으로 설하였노라.

 세존께서는 사위성에 머무셨으며, 자세한 설명은 앞에서와 같다.
 이때 어느 객비구가 와서 육군비구들의 방안에 이르렀다. 육군비구들이 말하였다.
 "잘 오셨소. 장로여."
 이렇게 말을 짓고서 발을 씻을 물과 발에 바르는 기름과 비시장(非時漿)을 주어서 쉬게 하면서, 객비구에게 말하였다.
 "장로여. 그대는 어느 곳에 머물고자 하시오?"
 대답하여 말하였다.
 "이 방에서 머물고자 합니다."
 육군비구들이 말하였다.
 "그대는 이곳이 누구 방인지 아시오?"
 대답하여 말하였다.
 "니는 이곳을 대중 승가의 방으로 알고 있습니다."
 육군비구들이 말하였다.
 "이곳은 비록 승가의 방사이지만 우리들의 육군비구가 먼저 이곳에 있었고 이곳에 머물고 있소."

객비구가 말하였다.

"이 방은 사방승가(四方僧伽)의 방사입니다. 설사 16군비구들이 먼저 이곳에 있었고 이곳에 머물렀더라도 나는 역시 마땅히 차례에 의지하여 머물겠습니다. 하물며 육군비구들이겠습니까?"

육군비구들이 비구에게 말하였다.

"만약 장로가 머물고자 한다면 곧 머무시오."

객비구가 머물렀는데, 육군비구들이 각각 그 비구의 손과 다리를 붙잡았고, 혹은 머리를 붙잡고서 높이 들어서 내보내고자 하였다. 이때 세존께서 신족(神足)으로 허공에 머무시면서 오셨다. 육군비구들은 세존을 보고서 곧 땅에 내려놓고 떠나갔으며, 세존께서 객비구에게 말씀하셨다.

"그대는 다만 방사의 안에 머무르게."

다시 존자 난타는 우파난타의 형이었는데, 난타가 그의 공행제자를 나아가 방에서 밖으로 내쫓았다. 방에서 쫓겨나서 제자가 크게 소리쳤고, 여러 비구들은 소리를 듣고 모두 놀라서 나왔으며, 보고서 이와 같이 말을 지었다.

"이 비구가 오늘은 두 종류의 이익을 잃었으니, 음식을 잃은 것과 방에서 쫓겨난 것이다."

여러 비구들이 이 인연으로써 가서 세존께 아뢰었고, 세존께서는 말씀하셨다.

"육군비구들을 불러오라."

왔으므로 세존께서는 난타와 우파난타에게 물으셨다.

"그대들이 진실로 그러하였는가?"

대답하여 말하였다.

"진실로 그렇습니다."

세존께서는 말씀하셨다.

"그대들은 사방승가의 방사 가운데에 머무르면서 객비구를 끌어내고자 하였는가? 이것은 악한 일이니라. 그대들은 항상 내가 무량한 방편으로 범행인이 마땅히 자비한 몸의 행을 수습하고, 자비한 입으로 수습하며 뜻의 행을 닦으며, 항상 공양하고 공급하는 것을 찬탄하면서 설하는 것을 듣지 않았는가? 이것은 비법이고, 계율이 아니며, 세존의 가르침이 아니니라. 이것으로써 선법을 크게 장양하지 못하느니라."

세존께서는 여러 비구들에게 알리셨다.

"사위성을 의지하여 머무르는 비구들을 모두 모이게 하라. 열 가지의 이익을 까닭으로써 여러 비구들을 위하여 계율을 제정하겠나니, 나아가 이미 들었던 자들도 마땅히 거듭하여 들을지니라. 만약 비구가 승가의 방사에 있으면서, 만약 스스로가 끌어냈거나, 만약 사람을 시켜서 끌어냈거나, 나아가 '비구여. 그대는 떠나가시오.'라고 이렇게 말을 짓는 자는 바야제의 죄를 범하느니라."

'비구'는 앞의 설명과 같다.

만약 비구가 비구를 끌어내는 때에 그 비구가 만약 기둥을 안았거나, 만약 문을 붙잡았거나, 만약 벽을 기대었는데, 이와 같이 끌어내어 내보냈다면 하나·하나의 처소에서 하나·하나의 바야제를 범한다. 만약 입으로 꾸짖고 야단치면서 비구를 내보냈다면 하나·하나의 말하였던 처소를 따라서 하나·하나의 바야제를 범한다. 만약 방편으로 쫓아내서 문밖으로 나가게 하였다면 하나·하나의 바야제를 범한다.

만약 비구가 성내면서 뱀과 쥐를 쫓아냈다면 월비니죄를 범한다. 만약 "이것들은 무익(無益)한 물건이므로 내쫓겠다."라고 이렇게 말을 지었다면 무죄이다. 만약 낙타와 소와 말들이 탑과 사찰의 가운데에 있으면서 탑과 사찰을 더럽히고 파괴하는 것이 두려워서 쫓아냈다면 무죄이다.

만약 비구가 비구를 쫓아냈다면 바야제를 얻고, 만약 비구니를 쫓아냈다면 투란차죄를 얻으며, 만약 식차마니와 사미와 사미니를 쫓아냈다면 월비니죄를 얻고, 이에 이르리 속인을 쫓아냈다면 월비니죄를 마음으로 참회해야 한다.

이러한 까닭으로 설하였노라.

마하승기율 제15권

동진 천축삼장 불타발타라·법현 공역
석보운 번역

4) 단제 92사의 법을 밝히다 ④

세존께서 구섬미국의 인간세상을 유행하시면서 머무르셨다.
그때 세존께서는 초야에 여러 성문들을 위하여 설법하셨고, 설법을 마쳤으므로 여러 비구들은 각각 머무르는 방사로 돌아왔다. 그때 육군비구들이 다른 곳에서 담화(談話)하였고 오래 지나서 돌아왔으며 방문을 두드렸다. 방 안의 사람이 물었다.
"누구십니까?"
대답하여 말하였다.
"우리들은 육군비구요. 이곳에서 묵고자 하오."
비구들이 말하였다.
"이 방사는 이미 채워졌습니다."
육군비구들이 다시 부드러운 말로 괴롭게 구하였다.
"우리들이 앉을 조그마한 곳이라도 허락해 주시오."
이와 같이 괴롭게 구하여도 얻지 못하였고, 다시 다른 방에 갔어도 역시 얻지 못하였으며, 다시 여러 하좌의 비구가 묵는 곳이나, 만약 온실(溫室)이거나, 만약 선방(禪坊)이거나, 만약 강당의 문을 두드렸으므로, 강당 안의 비구가 물었다.
"누구십니까?"

육군비구들이 말하였다.

"우리들이 와서 이곳에 묵고자 하오."

강당 안의 비구들이 말하였다.

"이 강당은 이미 만원입니다."

육군비구들이 다시 거듭하여 괴롭게 구하면서 멈추지 않았으므로 강당 안의 비구가 곧 문을 열어 주었다. 방에 들어와서는 가로와 세로로 몸을 평상 위에 눕혔고, 혹은 손과 팔꿈치와 무릎을 주변의 사람에게 밀치고 얹으면서 또한 이렇게 말을 지었다.

"여러 장로들께서 하나의 색깔을 지었으니 떠나가시오."

이렇게 말하고서 등불을 불어 껐으며, 다시 밖의 반려인 비구들을 부르면서 말하였다.

"여러 범행인이여. 들어오시오"

들어와서 앞에 있는 자는 무릎으로 차고, 뒤에 있는 자는 팔꿈치로 때리면서 방일한 기운으로 조롱하고 희롱하였다. 여러 비구들이 이렇게 생각을 지었다.

'누가 능히 이렇게 위의가 아닌 자와 함께 한 처소에 있겠는가?'

곧 니사단을 가지고 떠나갔다. 여러 비구들이 이 인연으로써 가서 세존께 아뢰었고, 세존께서는 말씀하셨다.

"내가 교살라국(憍薩羅國)을 유행하고 사위성에 돌아오는 때를 기다려서 다시 이 일을 아뢰도록 하라. 마땅히 여러 비구들을 위하여 계율을 제정하겠노라."

다시 세존께서는 사위성에 머무셨으며, 자세한 설명은 앞에서와 같다.

먼저의 객비구가 차례로 육군비구들의 방을 얻고서 묵었고, 밤에 문을 닫고 잠잤다. 이때 육군비구들이 합쳐서 먼저 싫어하였던 까닭으로 도둑처럼 미끄러운 진흙으로써 문지방 위에 발랐고, 마땅히 다니는 곳에 미끄러운 진흙을 발랐으며 벽돌과 돌을 붙여두었다. 이 비구들이 밤에 나가면서 미끄러운 곳을 밟았고 벽돌과 돌 위에 넘어졌으며, 이렇게 말을 지었다.

"여러 장로들이여. 육군비구들이 나를 죽이려고 내 목을 부러트리려는 까닭으로 이와 같은 일을 지어서 나를 요란시키려고 하였습니다. 누가 이자들과 함께 머물겠습니까?"

여러 비구들이 이 인연으로써 가서 세존께 아뢰었고, 세존께서는 말씀하셨다.

"육군비구들을 불러오라."

왔으므로 세존께서는 육군비구들에게 물으셨다.

"그대들이 진실로 그러하였는가?"

대답하여 말하였다.

"진실로 그렇습니다."

세존께서는 말씀하셨다.

"이것은 악한 일이니라."

여러 비구들이 세존께 아뢰었다.

"육군비구들은 다만 이렇게 하나의 악한 일이 아닙니다. 세존께서 교살라국을 유행하시던 때에도 여러 비구들을 요란시켰고, 나아가 각자 니사단을 들고서 나갔습니다."

세존께서는 육군비구들에게 물으셨다.

"그대들이 진실로 그러하였는가?"

대답하여 말하였다.

"진실로 그렇습니다."

세존께서는 말씀하셨다.

"그대들은 어찌하여 다른 사람이 먼저 펼쳐놓았다고 알고서도 뒤에 와서 요란시켜서 다른 사람들을 떠나가게 하였는가? 이것은 비법이고, 계율이 아니며, 세존의 가르침이 아니니라. 이것으로써 선법을 크게 장양하지 못하느니라."

세존께서는 여러 비구들에게 알리셨다.

"사위성을 의지하여 머무르는 비구들을 모두 모이게 하라. 열 가지의

이익을 까닭으로써 여러 비구들을 위하여 계율을 제정하겠나니, 나아가 이미 들었던 자들도 마땅히 거듭하여 들을지니라. 만약 비구가 다른 비구가 먼저 평상과 요를 펼쳐놓았다고 알고서도 뒤에 와서는 요란시키고자 일부러 펼쳐놓으면서, '즐겁지 않은 자는 스스로가 마땅히 나갈 것이다.'라고 이렇게 생각을 지었고, 이와 같은 인연을 짓는 것과 다르지 않은 자는 바야제를 범하느니라."

'비구'는 앞의 설명과 같다.

'알다.'는 스스로 알았거나, 만약 다른 사람을 따라서 들은 것이다.

'먼저 펼치다.'는 처음으로 펼친 것이다.

'평상과 요'는 앞의 설명과 같다.

'뒤에 와서 펼치다.'는 요란시켜서 다른 사람을 나가게 하려는 까닭이고, 이와 같은 인연을 짓는 것과 다르지 않은 자는 바야제를 범한다.

'바야제'는 앞의 설명과 같다.

만약 주처가 적다면 한 비구는 마땅히 한 기둥의 사이에 평상과 요와 니사단을 펼쳐서 위를 덮어야 한다. 화상과 아사리에게 향하였거나, 혹은 예배하고 문신하였거나, 혹은 염송법을 받고서 갔는데, 뒤의 비구가 와서 먼저 펼쳤던 니사단을 걷어놓고 스스로가 니사단을 펼치고 앉아서 작은 소리로 범패를 지었으며, 먼저 머물렀던 비구가 와서 보았고 '누가 능히 다른 사람을 법으로 판결할 수 있겠는가?'라고 이렇게 생각을 지으면서, 곧 자기의 니사단을 가지고 떠나갔다면 이 비구는 바야제를 범한다. 좌선하였거나, 송경하였거나, 병든 자도 역시 이와 같다.

만약 뒤에 와서 다른 사람의 평상 위에서 잠잤는데, 만약 상좌라면 마땅히 "장로여, 세존께서 계율을 제정하신 것을 알지 못합니까?"라고 말해야 하고, 만약 잠잤던 비구가 하좌라면 마땅히 "그대는 계의 상을 잘 알지 못하는가? 그대는 세존께서 계율을 제정하신 것을 알지 못하는가? 어찌하여 뒤에 와서 다른 사람의 평상 위에서 잠자는가?"라고 꾸짖어야 한다.

만약 비구가 다른 곳에서 경행하면서 먼저의 비구가 오는 것을 보았다면 마땅히 피하여 떠나가야 한다. 만약 비구가 밤에 잠자는 때에 비록 요란스럽게 잠꼬대하였으나, 다른 사람을 요란시키려는 뜻이 없었다면 무죄이지만, 비구를 시키려는 뜻이 있었다면 바야제를 범하고, 비구니라면 투란차죄를 범하며, 식차마니와 사미와 사미니라면 월비니죄를 범하고, 세속 사람은 월비니죄를 마음으로 참회해야 한다.

이러한 까닭으로 설하였노라.

세존께서는 광야정사에 머무르셨다.

어느 두 비구가 함께 머무르면서 상좌는 누각의 아래에 머물렀고, 하좌는 누각의 위에 머물렀으며, 하좌는 좌선하였고 상좌는 송경하였다. 상좌는 때에 이르자 취락에 들어가는 옷을 입고 발우를 지니고 광야의 취락에 들어가서 걸식하였고 빠르게 얻고서 돌아왔는데, 하좌는 비로소 떠나갔다.

상좌는 음식을 먹고서 발우를 씻어서 항상 놓는 곳에 놓아두고서 발을 씻고 가부좌를 맺었는데, 하좌는 늦게 음식을 얻어서 돌아왔다. 돌아와서 위의 발우를 항상 놓는 곳에 놓아두고서, 아울러 심하게 탄식하여 말하면서 곧 몸을 던지며 앉았는데, 평상 다리가 밑으로 떨어졌고 상좌는 머리를 다쳤으며, 머리에서 피가 흘렀으므로 상좌는 이렇게 말을 지었다.

"나를 죽이는구나. 나를 죽이는구나."

여러 비구들이 이 소리를 듣고 곧 와서 모였으며 물었다.

"무슨 까닭으로 이와 같습니까?"

상좌는 그 일을 갖추어 말하였고, 여러 비구들이 이 인연으로써 가서 세존께 아뢰었다. 세존께서는 말씀하셨다.

"그 비구를 불러오라."

왔으므로 세존께서는 그 비구에게 물으셨다.

"그대가 진실로 그러하였는가?"

대답하여 말하였다.

"진실로 그렇습니다."

세존께서는 비구에게 물으셨다.

"그대는 어찌하여 방안의 위에서 뾰족한 다리의 평상을 펼치면서 힘을 사용하여 앉았는가? 오늘부터는 누각의 위에서 뾰족한 발의 평상을 펼치고서 앉는 것을 허락하지 않겠노라."

세존께서는 여러 비구들에게 알리셨다.

"광야정사를 의지하여 머무르는 비구들을 모두 모이게 하라. 열 가지의 이익을 까닭으로써 여러 비구들을 위하여 계율을 제정하겠나니, 나아가 이미 들었던 자들도 마땅히 거듭하여 들을지니라. 만약 비구가 누각의 위에 있으면서 뾰족한 다리의 평상을 펼치고서, 만약 앉았거나, 만약 누웠다면, 바야제를 범하느니라."

'비구'는 앞의 설명과 같다.

'누각'은 2층(層)이 겹쳐진 집이고, 세존께서 허락하신 것이다.

'뾰족한 다리'는 말뚝과 같은 것이다.

'평상'은 14종류가 있으며, 앞의 설명과 같다. 만약 앉거나 눕는다면 바야제를 범한다.

'바야제'는 앞의 설명과 같다.

만약 진흙으로써 지었고 땅처럼 굳고 튼튼하거나, 만약 판자로 지어서 촘촘하거나, 만약 둥근 다리이거나, 만약 끝의 방이어서 아래에 앉은 사람이 없었다면 무죄이다. 만약 성기게 땅에 지었거나, 뾰족한 다리의 와상과 좌상에서 만약 앉거나 눕는다면 바야제를 범한다. 만약 평상을 뒤집어서 앉는 자는 월비니죄를 범하고, 만약 가로로 붙여서 앉는 자도 월비니죄를 범하며, 만약 하나의 다리가 뾰족하고 세 개의 다리가 둥글다면 바야제를 범한다. 이와 같이 만약 두 개의 다리가 뾰족하거나, 세 개의 다리가 뾰족하거나, 네 개이 다리가 뾰족하다면 바야제를 범한다. 네 개의 다리가 둥글다면 무죄이다.

이러한 까닭으로 설하였노라.

세존께서는 광야정사에 머무르셨다.
 이때 일을 경영하는 비구가 벌레가 있는 물로써 풀과 진흙에 부었으므로, 세상 사람들이 비난하였다.
 "사문 구담은 무량한 방편으로 살생을 꾸짖고, 살생을 벗어남을 찬탄하였는데, 지금 사문이 벌레가 있는 물로써 풀과 진흙에 붓는구나. 이자는 패배하고 무너진 사람인데, 무슨 도가 있겠는가?"
 여러 비구들이 듣고서 이 인연으로써 가서 세존께 아뢰었고, 세존께서는 말씀하셨다.
 "일을 경영하는 비구를 불러오라."
 왔으므로 세존께서는 앞의 일을 갖추어 물으셨다.
 "그대가 진실로 그러하였는가?"
 대답하여 말하였다.
 "진실로 그렇습니다."
 세존께서는 말씀하셨다.
 "이것은 악한 일이니, 바로 마땅히 세상 사람들이 싫어하느니라. 이것은 비법이고, 계율이 아니며, 세존의 가르침이 아니니라. 이것으로써 선법을 크게 장양하지 못하느니라. 오늘부터는 벌레가 있는 물로 풀과 진흙에 부어서는 아니되느니라."
 세존께서는 여러 비구들에게 알리셨다.
 "광야정사를 의지하여 머무르는 비구들을 모두 모이게 하라. 열 가지의 이익을 까닭으로써 여러 비구들을 위하여 계율을 제정하겠나니, 나아가 이미 들었던 자들도 마땅히 거듭하여 들을지니라. 만약 비구가 벌레가 있는 물로 풀과 진흙에 부었거나, 다른 사람을 시켜서 부었다면 바야제를 범하느니라."
 '비구'는 앞의 설명과 같다.
 '알다.'는 만약 스스로 알았거나, 만약 다른 사람에게 들어서 아는 것이다.
 '벌레'는 나아가 매우 작아도 생명이 있는 것이다.

'물'은 열 종류가 있고, 앞의 설명과 같다.

'풀'은 띠풀이나, 억새풀이다.

'진흙'은 풀 진흙·벼껍질 진흙·코끼리와 말똥 진흙·쇠똥 진흙 등이다.

'물을 붓다.'는 스스로가 물을 부었거나, 다른 사람을 시켜서 물을 붓는 것이다.

'바야제'는 앞의 설명과 같다.

만약 비구가 물에 벌레가 있는 것을 알면서도 방편으로 물로 부으면서 한 번을 쉬었다면 하나의 바야제를 범하고, 쉬는 것의 많고 적음을 따라서 하나·하나의 바야제를 범한다. 다른 사람을 시켜서 물을 붓는 자가 방편으로 한 번을 말하였다면 하나의 바야제를 범하고, 다시 말하면서 빨리빨리 물을 부으라고 말하였다면 말하는 것을 따라서 말과 말에 바야제를 범한다. 만약 비구가 방사와 온실을 경영하여 지으면서 물이 필요하였고, 만약 연못이거나, 만약 강물이거나, 만약 우물물을 걸러서 취하였고 그릇에 채웠다면 벌레가 없는지 살펴보고 그러한 뒤에 사용해야 한다.

만약 벌레가 있는 까닭이라면 마땅히 두 겹의 주머니로 거르고 자세히 살펴야 하고, 만약 벌레가 있는 까닭이라면 세 겹의 주머니로서 걸러야 하며, 만약 벌레가 있는 까닭이라면 마땅히 우물물을 다시 떠서 이전과 같이 살펴야 하고, 만약 벌레가 있는 까닭이라면 마땅히 경영하던 일을 멈추고 다른 곳으로 떠나가야 한다.

'물을 거르는 법'은 마땅히 세 개의 막대기를 마주하게 세워서 위의 머리를 묶고 물을 거르는 주머니를 잡아매어서 물그릇을 주머니 아래의 가운데에 받쳐 놓는다.

항상 고여있는 물은 자주 우물 속에 이르러 살펴야 하나니, 벌레가 생기는 것이 항상 변하여 혹은 먼저는 없었으나 지금은 있으며, 혹은 지금은 있더라도 뒤에는 없어진다. 이리힌 끼닭으로 비구는 닐마다 자세히 살펴서 벌레가 없다면 곧 사용한다.

만약 비구가 벌레가 있는 물을 알면서도 풀과 진흙에 부었거나, 다른 사람을 시켜서 부었다면 바야제를 범한다. 만약 벌레가 있는 물을 화상과 아사리에게 주어서 목욕하게 한다면 바야제를 범한다. 만약 그릇 씻는 물·쌀 씻는 물·여러 장(漿)·일체의 고주(苦酒)[1]에 여러 벌레가 있는 것을 사용하거나, 풀과 진흙에 부었다면 바야제를 범한다.

　이러한 까닭으로 설하였노라.

　다시 세존께서는 구섬미국에 머무셨으며, 자세한 설명은 앞에서와 같다.
　그때 존자 천타(闡陀)는 권화(勸化)하여 방사를 지었다. 이때 천타는 집을 덮을 도구를 모았고, 풀과 나무와 대나무 등을 준비하고서 집을 덮는 사람에게 가서 말하였다.
　"내가 여러 일을 이미 준비하였으니, 내집을 덮어주시오."
　집을 덮는 사람이 말하였다.
　"아사리여. 나에게 음식값과 품값을 주십시오."
　그때 천타는 그 값(價)을 따라서 판단하여 그에게 주었고, 이때 집을 덮는 사람은 곧 집이 있는 곳으로 나아갔다. 천타가 집을 덮는 사람에게 말하였다.
　"이것이 집 덮을 도구이오."
　집을 덮는 사람이 말하였다.
　"집을 덮는 것에 세 가지의 두껍고 엷음이 있어서 같지 않습니다. 어떤 것 등으로 덮고자 하십니까?"
　천타가 말하였다.
　"그대는 사용하는 세 가지의 두꺼움과 엷음을 물었는데 현재에 소유한 풀과 나무들을 모두 마땅히 사용하여 덮으시오."
　집을 덮는 사람이 말하였다.
　"마땅히 제한이 있습니다. 어떻게 모두를 사용하겠습니까?"
　이렇게 집 덮는 사람이 세 번을 다시 말하였다.

---

1) 식초를 다르게 부르는 말이다.

"일체의 세간에서는 모두 법도의 제한이 있으며, 법도의 제한과 같다면 세상에서 칭찬을 받습니다."

천타가 말하였다.

"다만 모두 사용하여 덮으시오. 무슨 많은 말이 필요하시오."

집을 덮는 사람은 그의 말에 따라 모두를 사용하여 덮었으나, 풀이 많고 두꺼웠던 까닭으로 얽어매어서 묶을 수 없었다. 처음으로 비가 왔던 때에 모두가 끊어지고 풀어져서 꽃이 피어난 것과 같았고 밤새워 비를 맞아서 옷과 발우가 모두 젖었다. 천타는 날이 밝았으므로 집을 덮는 사람의 집에 가서 이렇게 말을 지었다.

"그대가 어떻게 내집을 덮었고, 나아가 이와 같은가?"

집을 덮는 사람이 말하였다.

"왜 그러십니까?"

천타가 말하였다.

"밤새워 비를 맞아서 옷과 발우가 모두 젖었소."

집을 덮는 사람이 말하였다.

"내가 먼저 아사리에게 말하지 않았습니까? 집을 덮는 데는 세 종류의 두꺼움과 얇음이 있어서 같지 않다고 하였는데, 나아가 일체의 말을 따라서 모두 사용했습니다."

천타가 말하였다.

"그대는 마땅히 다시 나를 위하여 집을 덮으시오."

집을 덮는 사람이 말하였다.

"다시 나에게 음식값과 품값을 주십시오."

천타가 말하였다.

"값은 그대가 먼저 받았소."

집을 덮는 사람이 말하였다.

"저번에 받은 것은 이전에 이미 지어서 마쳤습니다. 다시 덮으려면 값이 먼저의 세 배입니다."

나아가 천타는 스스로가 왕의 힘을 믿고서 강제로 다시 덮게 시켰으며 값을 주지 않았고, 천타가 다시 그 방을 돌아보면서 나쁜 말로 꾸짖어 말하였다. 그때 길을 가던 사람이 있었으므로 집을 덮는 사람이 말하였다.
"여러분. 이것을 보십시오. 사문 석자가 왕의 세력을 믿고 나에게 강제로 집을 덮게 시키면서 값을 주지 않습니다."
길을 가던 사람들이 곧 싫어하였다.
"어찌하여 석자가 왕의 세력을 믿고 강제로 집을 덮게 시키고서 값을 주지 않는가? 매우 옳지 못한데, 스스로 집을 돌아보면서 그에게 욕하니, 오히려 말이 돌아다니면서 살아있는 풀을 상하게 하고 죽이는 것과 같구나. 이자는 패배하고 무너진 사람인데 무슨 도가 있겠는가?"
여러 비구들이 이 인연으로써 갖추어 세존께 아뢰었고, 세존께서는 말씀하셨다.
"천타를 불러오라."
왔으므로 세존께서는 천타에게 물으셨다.
"그대가 진실로 그러하였는가?"
대답하여 말하였다.
"진실로 그렇습니다."
세존께서는 천타에게 알리셨다.
"이것은 악한 일이니라. 이것은 비법이고, 계율이 아니며, 세존의 가르침이 아니니라. 이것으로써 선법을 크게 장양하지 못하느니라."
세존께서는 여러 비구들에게 알리셨다.
"구섬미국을 의지하여 머무르는 비구들을 모두 모이게 하라. 열 가지의 이익을 까닭으로써 여러 비구들을 위하여 계율을 제정하겠나니, 나아가 이미 들었던 자들도 마땅히 거듭하여 들을지니라. 만약 비구가 큰 방사·문·창문을 짓는다면 두 번·세 번에 한정하여 경영(經營)해야 하고, 마땅히 풀이 적은 땅의 가운데에서 머물러야 하며, 지나치는 자는 바야제를 범하느니라."
'비구'는 앞의 설명과 같다.
'짓다.'는 만약 스스로 짓거나, 만약 사람을 시켜서 짓는 것이다.

'크다.'는 양을 지나치는 것이다.

'방사'는 세존께서 허락하신 것이다.

'문을 짓다.'는 사람이 통하여 나가고 들어가는 곳이다.

'창문'은 밝음이 통하는 곳이다.

'경영하다.'는 가르쳐 말하고 지시하는 것이다.

'덮다.'는 10종류가 있으니, 만약 풀로 덮었거나, 만약 진흙으로 덮었거나, 만약 판자로 덮었거나, 만약 석회(石灰)로 덮었거나, 만약 아반두국(阿槃頭國)의 덮는 것이거나, 만약 마갈제국(摩竭提國)의 덮는 것이거나, 구섬미국(拘睒彌國)의 덮는 것이거나, 산국(山國)의 덮는 것이거나, 공경국(恭敬國)의 덮는 것이거나, 장어국(藏語國)의 덮는 것 등이다.

'두·세 번'은 다섯 여섯 번이 아니고, 최대 세 번으로 제한하는 것이다.

'풀이 적은 땅'은 풀이 적게 자라나는 곳이다.

'바야제'는 앞의 설명과 같다.

집을 덮는 사람의 값을 판단하는 때에는 마땅히 실제의 값과 같아야 하고, 비싸거나 값싸다고 하여서는 아니된다. 마땅히 집을 덮는 사람에게 "그대가 만약 이와 같이 알아서 덮는다면 마땅히 이와 같은 값을 주겠습니다. 만약 이와 같이 알아서 덮지 않는다면 이와 같이 값을 주지 않겠습니다."라고 이와 같이 약속하고서 분명하게 세 번을 말해야 한다. 처분을 마치고서 비구가 '마땅히 방편을 짓고서 풀·나무·대나무를 가지고 그에게 간다면, 그가 만약 나를 본다면 마땅히 빠르게 잘 덮어줄 것이다.'라고 이렇게 생각을 지었는데, 집을 덮는 사람이 보고서 잘 덮어주었거나, 잘 덮어주지 않았어도 바야제를 얻는다.

이와 같이 방편을 짓고서 집을 덮는 사람에게 보게 하려는 까닭으로 가서 화상과 아사리를 예배하고 경을 받아서 독송하거나, 만약 경행하거나, 만약 취락에 들어가면서 '집을 덮는 사람이 나를 본다면 마땅히 빠르게 잘 덮어줄 것이다.'라고 이렇게 생각을 지었는데, 집을 덮는 사람이 보고서 잘 덮어주었거나, 잘 덮어주지 않았어도 바야제를 얻는다. 이와 같이 일체의 방편을 짓는다면 바야제를 범하고, 만약 방편을 짓지 않고 가서 보았는데 빠르게 잘 덮어주었다면 무죄이다.
　이러한 까닭으로 설하였노라.

　종자(種子)와 다른 말(異語)과
　싫어하면서 꾸짖는 것과 노지에 펼치는 것과
　안에 펼치는 것과 아울러 끌어내는 것과
　먼저 펼쳐두는 것과 누각과
　벌레가 있는 물과 큰 방을 짓는 것이 있다.

[두 번째의 발거를 마친다.]

　세존께서는 사위성에 머무셨으며, 자세한 설명은 앞에서와 같다.
　그때 장로 비구들이 차례대로 비구니를 교계(教誡)하였다. 이때 난타와 우파난타는 차례로 가르치지 못하였으므로 스스로 서로에게 의논하여 말하였다.
　"여러 장로 비구들이 다 차례대로 비구니를 교계하였는데, 우리들은 교계하는 차례를 얻지 못하였네. 우리들이 오늘 마땅히 스스로가 먼저 교계해야겠네."
　곧 이렇게 생각을 지었다.
　'우리들은 마땅히 누구의 차례에 의지하여 떠나갈 것인가? 마땅히 존자 대목건련의 차례에 의지하여 떠나간다면, 그 존자는 대신력이 있으니, 옳은 것을 벗어난다면 혹시 우리들을 잡아서 타방세계로 멀리 던질 것이다. 마땅히 존자 대가섭의 차례에 의지하여 떠나간다면, 그 존자는 대위덕이 있으니, 만약 이치에 합당하지 않다면 혹은 대중 가운데에 있으면서 우리들을 절복시켜 욕보일 것이다. 존자 사리불은 유연하고 온화하며 단아하므로, 마땅히 그의 차례에 의지해야겠다.'
　이렇게 생각을 짓고서 곧 그의 차례에 의지하여 이른 아침에 옷을 입고 비구니의 정사에 나아가서 이렇게 말을 지었다.

"여러 자매들이여. 화합하고서 모이시오. 우리들이 왔으니 서로를 교계하겠소."

이때 여러 비구니들은 곧 모였다. 그 난타 비구는 들은 것이 많았고 변재가 많아서 설법을 잘하였으므로 곧 비구니 대중을 따라서 마땅히 설법하였다. 이때 존자 사리불은 비구니를 교계할 때에 이르자 옷을 입고 비구니의 사찰의 문 앞에 이르러 설법하는 소리를 들었다. 이때 여러 비구니들은 멀리서 존자 사리불을 보았으나 공경법으로써 고의로 일어나지 않았고 거슬러서 맞이하였다. 이때 존자 사리불은 이 일을 보고서 이렇게 생각을 지었다.

'나는 지금 설법을 끊지 않아야겠다.'

곧 돌아왔고 세존의 처소로 나아가서 머리숙여 발에 예경하고 물러나서 한쪽에 머물렀다. 세존께서는 아시면서도 일부러 사리불에게 물으셨다.

"그대는 이미 비구니들을 교계하였는가?"

대답하여 말하였다.

"교계하지 못하였습니다. 세존이시여."

세존께서 말씀하셨다.

"무슨 까닭인가?"

사리불이 앞의 인연으로써 갖추어 세존께 아뢰었고, 세존께서는 말씀하셨다.

"난타와 우파난타를 불러오라."

왔으므로 세존께서는 난타와 우파난타에게 물으셨다.

"그대들이 진실로 그러하였는가?"

대답하여 말하였다.

"진실로 그렇습니다."

세존께서는 난타와 우파난타에게 알리셨다.

"그대들은 어찌하여 승가에서 뽑지 않았는데 비구니들을 교계하였는가? 이것은 비법이고, 계율이 아니며, 세존의 가르침이 아니니라. 이것으로써 선법을 크게 장양하지 못하느니라."

세존께서는 여러 비구들에게 알리셨다.

"사위성을 의지하여 머무르는 비구들을 모두 모이게 하라. 열 가지의 이익을 까닭으로써 여러 비구들을 위하여 계율을 제정하겠나니, 나아가 이미 들었던 자들도 마땅히 거듭하여 들을지니라. 만약 비구가 승가에서 뽑지 않았는데 비구니들을 교계하는 자는 바야제를 범하느니라."

'비구'는 앞의 설명과 같다.

'뽑지 않았다.'는 승가에서 갈마를 짓지 않았다면 뽑지 않았다고 이름하고, 12종류의 일이 성취되지 않았다면 뽑지 않았다고 이름하며, 대중이 성취되지 않았고, 아뢰는 것이 성취되지 않았으며, 갈마를 짓는 것이 성취되지 않았다면 역시 뽑지 않았다고 이름한다.

'교계하다.'는 만약 아비담이거나, 만약 비니를 가르치는 것이다.

'바야제'는 앞의 설명과 같다.

비구를 승가에서 뽑지 않았는데 비구니를 교계하는 자는 바야제를 범한다.

이러한 까닭으로 설하였노라.

세존께서는 사위성에 머무셨으며, 자세한 설명은 앞에서와 같다.

이때 장로 비구들이 차례대로 비구니를 교계하였다. 그때 존자 난타는 차례로 마땅히 비구니를 교계해야 하였으나, 즐거이 떠나가지 않았다. 그때 대애도교담미(大愛道憍曇彌) 비구니가 세존의 처소로 가서 머리숙여 발에 예경하고, 세존께 아뢰어 말하였다.

"세존이여. 존자 난타가 비구니를 교계해야 하는데, 즐거이 떠나가려고 하지 않습니다. 누가 마땅히 떠나가게 하겠습니까?"

이렇게 말을 짓고서, 머리숙여 발에 예경하고 떠나갔다. 세존께서 여러 비구들에게 말씀하셨다.

"난타를 불러오라."

왔으므로 세존께서는 난타에게 물으셨다.

"그대는 차례에 마땅히 비구니를 교계해야 하는데, 무슨 까닭으로 떠나가지 않는가?"

난타가 세존께 아뢰어 말하였다.

"세존이시여. 아직 승가의 갈마를 받지 못하였습니다. 이러한 까닭으로 떠나가지 않았습니다."

세존께서 여러 비구들에게 말씀하셨다.

"12종류의 일을 성취하였다면 승가는 마땅히 예배하고 비구니를 교계하는 사람으로 지어야 하느니라. 무엇이 12종류인가? 첫째는 지계가 청정한 것이고, 둘째는 아비담을 많이 들은 것이며, 셋째는 비니를 많이 들은 것이고, 넷째는 계율을 배웠으며, 다섯째는 정(定)을 배웠고, 여섯째는 혜(慧)를 배웠으며, 일곱째는 능히 사람을 위하여 악사(惡邪)를 제거하고, 여덟째는 스스로가 비니에 능하고 다른 사람을 비니에 능하게 하며, 아홉째는 말을 잘해야 하고, 열째는 범행을 더럽히지 않으며, 열한째는 비구니의 무거운 계율을 무너뜨리지 않게 하고, 열두째는 법랍(法臘)이 20세이거나, 20세를 넘어야 한다. 이것을 12종류의 법이라고 이름하느니라.

갈마인은 마땅히 이렇게 말을 지어야 한다.

'대덕 승가께서는 허락하십시오. 존자 난타는 12종류의 법을 성취하였습니다. 만약 승가께서 때에 이르렀으면 승가는 예배하고 비구니를 교계하는 사람으로 짓겠습니다. 이와 같이 아룁니다.'

'대덕 승가께서는 허락하십시오. 존자 난타는 12종류의 법을 성취하였으므로 승가는 지금 난타를 뽑아서 비구니를 교계하겠습니다. 여러 대덕들께서 난타가 비구니를 교계하는 것을 인정하신다면 묵연하시고, 인정하지 않으신다면 곧 말씀하십시오. 승가시여. 난타를 비구니들을 교계하는 사람으로 뽑는 것을 마쳤습니다. 승가께서 인정하신 것은 묵연하였던 까닭입니다. 이 일을 이와 같이 지니겠습니다.'"

그때 존자 난타는 여러 비구니들을 위하여 자세하게 설법하였는데, 마침내 해가 저물었다. 여러 비구니들은 날의 저물녘에 사위성으로 돌아왔으며, 세상 사람들에게 비난받았다.

"사문 석자가 이 비구니들을 데리고 하루를 마치도록 스스로가 오락하고서 날이 저물었는데 돌려보냈구나. 여인들이 자재(自在)하지 못하여 불쌍하고, 나아가 이와 같이 무너지고 패배한 사람에게 무슨 도가 있겠는가?"

여러 비구들은 이 인연으로써 가서 세존께 아뢰었고, 세존께서는 말씀하셨다.

"난타를 불러오라."

왔으므로 세존께서는 난타에게 물으셨다.

"그대가 진실로 그러하였는가?"

대답하여 말하였다.

"진실로 그렇습니다."

세존께서는 난타에게 알리셨다.

"이것은 악한 일이니라. 이것은 비법이고, 계율이 아니며, 세존의 가르침이 아니니라. 이것으로써 선법을 크게 장양하지 못하느니라."

세존께서는 여러 비구들에게 알리셨다.

"사위성을 의지하여 머무르는 비구들을 모두 모이게 하라. 열 가지의 이익을 까닭으로써 여러 비구들을 위하여 계율을 제정하겠나니, 나아가 이미 들었던 자들도 마땅히 거듭하여 들을지니라. 만약 승가에서 뽑아서 비구니를 교계하면서 날이 저물었고, 나아가 밝은 모습이 나타나지 않았다면 바야제를 범하느니라."

'비구'는 앞의 설명과 같다.

'승가에서 뽑다.'는 12법이 성취되었고, 대중이 성취되었으며, 아뢰는 것이 성취되었고, 갈마가 성취된 것이다.

'교계하다.'는 만약 아비담이거나, 만약 비니이다.

'어둡다.'는 날이 저무는 것부터 밝은 모습이 나타나지 않은 것이니, 바야제를 범한다.

'바야제'는 앞의 설명과 같다.

날이 저물었는데 저물지 않았다고 생각하여 교계하는 자는 월비니죄를 범하고, 날이 저물지 않았는데 날이 저물었다고 생각하여도 월비니죄를 범하며, 날이 저물었는데 날이 저물었다고 생각하여도 월비니죄를 범하고, 날이 저물지 않았는데 날이 저물지 않았다고 생각하였다면 무죄이다. 밝은 모습의 4구(句)도 역시 이와 같다.

비구니를 식차마니로 생각하고 교계하였어도 바야제를 범하고, 식차마니를 비구니라고 생각을 지었다면 월비니죄를 범하며, 식차마니를 식차마니라고 생각하고 교계하였다면 무죄이다. 비구니를 비구니라고 생각하고 교계하였다면 바야제를 범하고, 사미니와 외도에 출가한 니승(尼僧)과 우바이 등의 4구도 역시 이와 같다.

만약 비구니가 밤에 비구의 발에 예배하였고 비구가 "괴로움이 모두 없애서 해탈하십시오."라고 말하였다면 바야제를 범하지만, 만약 "잘 왔습니다."라고 말하였다면 무죄이다. 만약 일체의 사부대중이 모여서 밤새워 설법하는 때에 비구가 방편을 지어서 비구니를 위하여 『대애도출가경(大愛道出家經)』, 『흑구담미경(黑瞿曇彌經)』, 『법예비구니경(法豫比丘尼經)』을 설하는 자는 바야제의 죄를 범하지만, 만약 바로 이 경을 외우면서 다른 경을 알지 못하여 차례대로 외우는 자는 무죄이다. 만약 밤에 비구가 높은 자리 위에 있으면서 설법하는 때에 "일체의 자리에 앉았다면 분명히 들으십시오."라고 말하였다면 바야제를 얻는다. 만약 이러한 말을 짓지 않고 설하는 자는 무죄이다.

이러한 까닭으로 설하였노라.

세존께서는 사위성에 머무셨으며, 자세한 설명은 앞에서와 같다.

이때 여러 장로 비구들이 차례로 비구니를 교계하였다. 이때 육군비구들은 이렇게 생각을 지었다.

'여러 장로 비구들이 차례대로 비구니를 교계하는데, 우리들은 교계하지 못하는구나. 우리들이 마땅히 먼저 앞서 떠나가서 비구니들을 교계해야겠다.'

누가 말하였다.

"세존께서 계율을 제정하시어서 승가에서 뽑지 않았다면 비구니들을 교계할 수 없소."

육군비구들이 말하였다.

"우리들은 갈마사(羯磨事)를 짓는 것을 알고 있소."

곧 경계를 나가서 갈마를 지었고 전전하여 서로에게 예배하고서 곧 비구니의 정사로 가서 이렇게 말을 지었다.

"자매들이여. 그대들이 화합승가라면 우리들이 마땅히 교계하겠소."

이때 육군비구니들이 빠르게 모였으나, 대중의 가운데에서 여법한 자가 이렇게 말을 지었다.

"누가 이렇게 비니가 아닌 사람의 교계를 받겠는가?"

이때 육군비구니들은 곧 스스로가 모여서 세속의 일을 논설(論說)하고서 곧 떠나갔다. 이때 존자 난타는 설법하는 때에 이르자 옷을 입고 비구니들의 정사에 가서 이렇게 말을 지었다.

"여러 자매들은 모두 모이십시오. 내가 마땅히 교계하겠습니다."

이때 여러 선한 비구니들은 곧 화합하였으나, 육군비구니들은 오지 않았으므로 난타가 물어 말하였다.

"비구니 승가는 화합하였습니까?"

대답하여 말하였다.

"아닙니다."

다시 물었다.

"누가 오지 않았습니까?"

대답하여 말하였다.

"육군비구니들이 오지 않았습니다."

고 사자를 보내서 불렀으나, 다시 오지 않으면서 이렇게 말을 지었다.

"우리들은 먼저 육군비구를 쫓아서 교계를 받았습니다."

난타가 말하였다.

"비구니 승가가 화합하지 않았으니, 교계할 수 없습니다."

말을 마치고서 곧 돌아왔고 세존의 처소에 이르러 머리숙여 발에 예경하고 물러나서 한쪽에 머물렀다. 세존께서는 아시면서도 일부러 물으셨다.

"그대는 이미 비구니들을 교계하였는가?"

난타는 곧 앞의 인연으로써 갖추어 세존께 아뢰었고, 세존께서는 말씀하셨다.

"육군비구들을 불러오라."

왔으므로 세존께서는 앞의 일을 갖추어 물으셨다.

"그대들이 진실로 그러하였는가?"

대답하여 말하였다.

"진실로 그렇습니다."

세존께서는 말씀하셨다.

"육군비구여. 그대들은 어찌하여 승가에서 뽑지 않았는데 비구니들을 교계하였는가?"

대답하여 말하였다.

"저희들은 이미 뽑아서 마쳤습니다."

세존께서는 말씀하셨다.

"어리석은 사람들이여. 누가 그대들을 뽑았는가?"

대답하여 말하였다.

"저희들이 경계를 나가서 스스로가 전전하여 서로 뽑았습니다."

세존께서는 말씀하셨다.

"지금부터는 경계를 나가서 전전하여 서로 뽑고서 비구니의 정사에 가는 것을 허락하지 않겠노라."

다시 세존께서는 사위성에 머무르셨다.

대애도 구담미(大愛道瞿曇彌)가 병들었고, 이때 존자 아난은 가서 문신하며 이렇게 말을 지었다.

"체력(體力)은 어떻습니까? 병환은 줄어들고 증가하지는 않습니까?"

대답하여 말하였다.

"존자여. 병에 시달려서 줄어들지 않습니다. 옳으신 존자여. 나를 위하여 설법하십시오."

아난이 말하였다.

"세존께서 계율을 제정하시어 경계 안의 비구에게 아뢰지 않았다면 비구니를 위하여 설법할 수 없습니다."

비구니가 말하였다.

"화남(和南)합니다. 존자여."

대답하여 말하였다.

"안은하게 머무십시오."

이렇게 말을 짓고서 정사에 돌아왔으며 세존의 처소에 이르러 머리숙여 발에 예경하고 물러나서 한쪽에 머물렀다. 세존께서는 아시면서도 일부러 물으셨고, 아난은 곧 앞의 일을 세존께 갖추어 아뢰었다. 세존께서는 말씀하셨다.

"그대가 만약 설법하였더라면, 그의 병이 곧 나았고 몸이 안락함을 얻었을 것이다. 오늘부터는 병든 비구니를 위하여 설법하는 것을 허락하겠노라."

세존께서는 여러 비구들에게 알리셨다.

"사위성을 의지하여 머무르는 비구들을 모두 모이게 하라. 열 가지의 이익을 까닭으로써 여러 비구들을 위하여 계율을 제정하겠나니, 나아가 이미 들었던 자들도 마땅히 거듭하여 들을지니라. 만약 비구가 비구니의 주처로 가서 교계하고자 하면서 선한 비구에서 아뢰지 않는 자는 다른 때를 제외하고는 바야제를 범하느니라. 다른 때는 병든 때이니라."

'비구'는 앞의 설명과 같다.

'교계하다.'는 가르쳐서 알리는 것이다.

'선한 비구'는 경계 안의 현전(現前)이고, 권속의 현전이 아니다.

'아뢰지 않다.'는 만약 내가 때가 아닌 때에 취락에 들어간다고 말하였거나, 만약 같은 곳을 떠나서 음식을 먹겠다고 말하였다면 아뢴다고 이름하지 않는다.

'아뢰다.'는 마땅히 이렇게 말을 짓는 것이다

"장로여. 억념(憶念)하십시오. 비구니의 정사에 들어가서 교계하는 것을 아룁니다."

그는 마땅히 말한다.

"방일하지 마십시오."

'다른 때를 제외하다.'에서 다른 때는 비구니가 병든 때이니, 세존께서 무죄라고 말씀하셨다.

'바야제'는 앞의 설명과 같다.

만약 두 사람이 아련야의 주처에 있었고, 만약 한 사람이 비구니의 정사에 들어가고자 하였다면, 마땅히 다른 사람에게 아뢰면서 이렇게 말을 지어야 한다.

"장로여. 억념하십시오. 비구니의 정사에 들어가서 교계하고자 합니다."

그는 마땅히 말하여야 한다.

"방일하지 마십시오."

대답하여 말한다.

"정대(頂戴)하여 받들겠습니다."

만약 두 사람이 함께 가고자 한다면 마땅히 바꾸어서 서로에게 아뢰어야 한다. 만약 한 사람이 이미 갔고, 다른 한 사람도 뒤에 다시 가고자 하면서 마땅히 '내가 만약 도중에 이 비구를 본다면 마땅히 아뢰어야겠다.'라고 이렇게 생각을 지었고, 만약 취락의 가운데에서 보았다면 마땅히 아뢰어야 하며, 만약 비구니 정사의 문 앞에 이르렀다면 곧 들어갈 수 없고, 마땅히 "비구가 안에 있습니까?"라고 물어야 하며, 만약 있다면 불러서 나오게 하여 아뢰고서 마땅히 들어가야 한다. 만약 아뢰지 않고서 한 발이라도 비구니 정사의 문에 들어간다면 월비니죄를 얻고, 두 발이 들어간다면 바야제를 얻는다.

만약 비구니가 비구에게 음식을 청하였다면 대중 승가의 상좌는 마땅히

"비구니의 주처에 들어가서 교계하고 떠나가십시오."라고 이와 같이 아뢰어야 하고, 만약 제1의 상좌가 능히 대답하지 못하였다면 제2의 상좌에게 마땅히 아뢰어야 한다. 만약 승가가 이미 들어가서 앉았고 비구니가 일을 물었고, 대중의 가운데에서 젊은 비구가 변재가 있어서 현전에서 대답하고 설법하였다면 무죄이다.

만약 비구니가 비구의 주처와 담장으로 막히고 서로가 마주하였는데, 비구가 작고 묘한 소리로 창패(唱唄)를 지었고, 비구니가 멀리서 "존자여. 누가 이러한 창패를 짓습니까?"라고 물어 말하였으며, "내가 창패하였습니다."라고 대답하여 말하였고, 비구니가 "존자께서 능히 이와 같이 좋은 창패를 짓습니까?"라고 말하였으며, "그대는 다시 듣고자 합니까?"라고 말하였고, "듣고자 합니다."라고 대답하여 말하였으며, 비구가 곧 다시 창패한다면 바야제를 범한다. 만약 비구니가 병이 있었고 비구가 그녀를 위하여 창패하였다면 무죄이다.

만약 비구니가 이미 죽었으므로 비구니의 제자가 "스승께서 이미 죽었습니다."라고 말하였다면, 비구는 마땅히 창패를 멈추어야 한다. 만약 그녀를 위해 무상(無常)의 창패를 짓는 자는 바야제를 범한다. 만약 비구니가 비구의 발에 예배하는 때에 비구가 "그대에게 일체의 괴로움이 모두 없어져서 해탈을 얻게 하십시오."라고 축원한다면, 바야제를 범한다. 마땅히 "잘 오셨습니다."라고 말해야 한다.

이러한 까닭으로 설하였노라.

세존께서는 사위성에 머무셨으며, 자세한 설명은 앞에서와 같다.
그때 육군비구들이 이른 아침에 옷을 입고서 기원정사의 문 아래에 머물렀다. 이때 누가 비구니를 교계하고 성문을 나왔는데, 육군비구들이 보고서 이렇게 말을 지었다.

"그대들은 지금 성안에 들어가서 여러 근(根)은 방자하였고, 다른 일은 하지 않고 좋은 음식을 먹으려고 떠나갔습니까?"

그때 비구니를 교계하였던 여러 비구들은 부끄러워하였다. 여러 비구들은 듣고서 이 인연으로써 가서 세존께 아뢰었고, 세존께서는 말씀하셨다.

"육군비구들을 불러오라."

왔으므로 세존께서는 육군비구에게 물으셨다.

"그대들이 진실로 그러하였는가?"

대답하여 말하였다.

"진실로 그렇습니다."

세존께서는 말씀하셨다.

"이것은 악한 일이니라. 이것은 비법이고, 계율이 아니며, 세존의 가르침이 아니니라. 이것으로써 선법을 크게 장양하지 못하느니라."

세존께서는 여러 비구들에게 알리셨다.

"사위성을 의지하여 머무르는 비구들을 모두 모이게 하라. 열 가지의 이익을 까닭으로써 여러 비구들을 위하여 계율을 제정하겠나니, 나아가 이미 들었던 자들도 마땅히 거듭하여 들을지니라. 만약 비구가 비구에게 '장로여. 음식을 위한 까닭으로 비구니를 교계합니까?'라고 말한다면, 바야제를 범하느니라."

'비구'는 앞의 설명과 같다.

'음식'은 미숫가루·국수·밥·어육 등이고, 다시 다음으로 색깔·소리·냄새·맛·촉감이 있으면 음식이라고 이름한다.

'교계하다.'는 만약 아비담이거나, 만약 비니이다.

'바야제'는 앞의 설명과 같다.

만약 비구가 비구에게 "지금 음식을 위한 까닭으로 비구니를 교계한다."라고 이렇게 말을 짓는다면 바야제를 얻는다. 만약 "의약(醫藥)을 위한 까닭으로 비구니를 교계한다."라고 이렇게 말을 짓는다면 월비니죄를 얻는다. 만약 비구가 비구니에게 "그 비구가 음식을 위한 까닭으로 그대들을 교계한다."라고 이렇게 말을 짓는다면 월비니죄를 얻는다. 만약 비구가 비구니에게 "그 비구가 의약을 위한 까닭으로 비구니를 교계한다."라고 이렇게 말을 짓는다면 월비니죄를 마음으로 참회해야 한다. 만약 비구가 비구에게 "그대는 음식을 위한 까닭으로 식차마니와 사미니를 교계한다."
라고 이렇게 말을 짓는다면 월비니죄를 얻는다. 만약 "의약을 위한 까닭으
로 교계한다."라고 이렇게 말을 짓는다면 월비니죄를 마음으로 참회해야
한다.

이와 같이 자세히 설명하였고, 나아가 우바새와 우바이에게 "음식을
위한 까닭으로 비구니를 교계한다."라고 이렇게 말을 짓는다면 월비니죄
를 얻고 "의약을 위한 까닭으로 비구니를 교계한다."라고 이렇게 말을
짓는다면 월비니죄를 마음으로 참회해야 한다.

이러한 까닭으로 설하였노라.

세존께서는 사위성에 머무셨으며, 자세한 설명은 앞에서와 같다.
그때 존자 우타이는 선생(善生) 비구니의 출가 전의 남편이었다. 선생
비구니가 존자 우타이에게 말하였다.

"내가 내일은 방을 지키는 차례이니, 오시어 함께 이야기를 하시지요."
이튿날 여러 비구니들은 각각 취락에 들어가서 걸식하였고, 이때 우타
이는 선생 비구니 처소의 가려진 곳에서 쭈그리고 서로 향하였는데,
전전하여 음욕심이 생겨났고 몸의 생지(生支)가 일어났으므로 서로를
바라보면서 머물렀다. 그때 늙고 병든 비구니가 밖으로 나와서 다니면서
보고서 마음에 부끄러움이 생겨났고, 곧바로 물러나서 돌아왔다. 병든
비구니는 곧 이 일로써 여러 비구니들을 향하여 말하였고, 여러 비구니들
이 선생 비구니에게 말하였다.

"그대는 출가인인데 어찌하여 나아가 이러한 비법의 일을 지었는가?
매우 부끄럽구나."

선생 비구니가 곧 성내면서 말하였다.

"기이하구나! 기이하구나! 이 사람은 나의 친족인 비구로서 때때로
와서 나를 살펴봅니다. 만약 내가 그와 함께 서로가 오락하지 않는다면
누가 다시 마땅히 그렇게 하겠는가? 이것은 우리의 가법(家法)인데, 무슨
괴이함이 있겠는가?"

이와 같이 여러 비구니들이 하나·하나를 힐난(詰難)하였으나, 이 선생 비구니는 변재가 능하여 하나·하나를 대답하였다. 여러 비구니들이 곧 이 일로써 대애도(大愛道) 비구니에게 알렸고, 대애도 비구니는 곧 세존께 아뢰었다. 세존께서는 말씀하셨다.

"우타이를 불러오너라."

왔으므로 세존께서는 우타이에게 물으셨다.

"그대들이 진실로 그러하였는가?"

대답하여 말하였다.

"진실로 그렇습니다."

세존께서는 말씀하셨다.

"이것은 악한 일이니라. 그대는 항상 내가 무량한 방편으로 범행을 찬탄하고 음욕을 꾸짖는 것을 듣지 못하였는가? 그대가 어찌하여 이러한 악하고 선하지 않은 일을 지었는가? 이것은 비법이고, 계율이 아니며, 세존의 가르침이 아니니라. 이것으로써 선법을 크게 장양하지 못하느니라."

세존께서는 여러 비구들에게 알리셨다.

"사위성을 의지하여 머무르는 비구들을 모두 모이게 하라. 열 가지의 이익을 까닭으로써 여러 비구들을 위하여 계율을 제정하겠나니, 나아가 이미 들었던 자들도 마땅히 거듭하여 들을지니라. 만약 비구가 한 명의 비구니와 함께 비어있고 가려진 곳에 앉았다면 바야제를 범하느니라."

'비구'는 앞의 설명과 같다.

'한 명'은 한 비구와 한 비구니이다. 비록 사람이 있었어도 미쳤거나, 마음이 어리석었거나, 잠을 잤거나, 비인(非人)과 축생 등은 비록 이와 같은 사람이 있었더라도 사람이 없다고 이름하는 까닭이다.

'비어있는 곳'은 치우치고 고요한 곳이나.

'앉다.'는 두 사람이 함께 앉은 것이다.

'바야제'는 앞의 설명과 같다.

만약 비구니가 한 비구에 음식을 청하였고, 한 비구니가 비구와 함께 앉았으며, 한 비구니가 오고 가면서 음식을 주었는데, 음식을 주었던 비구니가 가는 때라면 비구는 하나·하나의 때를 따라서 바야제를 얻는다. 만약 비구니가 앉았다면 비구는 그때 마땅히 일어나야 하고, 묵연히 일어나서 비구니가 비법의 일을 지으려고 하지 않게 하면서 마땅히 "나는 일어나고자 합니다."라고 말해야 한다. 만약 그 비구니가 "무슨 까닭으로써 일어납니까?"라고 물어 말하였다면, 마땅히 "세존께서 계율을 제정하시어 비구니와 함께 앉지 못하도록 하셨습니다."라고 대답하여 말해야 한다.

만약 그 비구니가 "존자여. 다만 앉으십시오. 내가 마땅히 일어나겠습니다."라고 말하였고, 비구가 그때에 앉았다면 무죄이다. 나아가 사미니와 누각 계단의 올라가는 판자의 위에 앉으면서 하나·하나의 올라가는 판자의 위로 옮겨서 앉는다면 비구는 그때 하나·하나를 옮겨서는 앉을 때를 따라서 바야제를 얻는다. 만약 사미니와 나아가 7살의 이하인 자에게도 역시 바야제를 얻는다.

비구가 비구니와 함께 혼자서 가려진 곳에 앉았다면 바야제죄를 얻는다. 만약 정사의 문이 도로를 향하였거나, 만약 도로를 다니는 사람이 끊어지지 않았거나, 일체의 여인에게 설법의 가운데에서 자세히 설한 것과 같다. 이 죄는 덮인 곳이고 드러난 곳이 아니었거나, 역시 밤이거나, 역시 낮이거나, 한 사람이고 많은 사람이 아니었거나, 가까운 곳이고, 멀지 않은 곳이다.

이러한 까닭으로 설하였노라.

세존께서는 사위성에 머무셨으며, 자세한 설명은 앞에서와 같다.
그때 육군비구들이 육군비구니와 함께 도로를 다니면서 날이 저물었고, 취락에 이르고자 연못의 주변에서 쉬면서 묵을 곳을 구하였다. 이때 육군비구니들이 육군비구에게 말하였다.
"존자들이여. 이곳에서 머무신다면 우리들이 마땅히 취락에 들어가서 묵을 곳을 찾아보겠습니다."

곧 취락에 들어가서 묵을 곳을 구하였고, 집주인은 크게 말하였다.
"안락한 곳을 따르십시오."
묵을 곳을 얻었으므로 곧바로 나와서 육군비구들을 맞이하면서 알려 말하였다.
"존자들이여. 우리가 이미 머물 곳을 얻었으니, 함께 들어가서 안은하십시오."
비구들이 머물렀고, 알려 말하였다.
"존자들이여. 우리들이 취락에 들어가서 내일의 음식을 권화(勸化)하고자 합니다."
여러 여인들의 처소에 이르러서 이렇게 말을 지었다.
"비구와 비구니의 2중(衆)의 범행인 승가가 함께 이르렀으니 그대들은 마땅히 내일 음식과 비시장(非時漿)과 발에 바르는 기름을 준비하세요."
여러 여인들이 듣고서 혹은 한 사람이 준비하였고, 함께 두 사람이 준비하는 자가 있어서 이와 같이 여러 여인들이 함께 준비하였으며, 그 음식을 배부르게 먹었고, 나머지는 가지고 떠나갔다. 길에 있으면서 다니는 때에 함께 말하고 웃으면서 희롱하였으므로, 세상 사람들이 싫어하였다.
"그대들은 사문 석자들을 보시오. 모두 나이가 젊고 같이 함께 머리를 깎았는데, 음녀와 같이 서로가 희롱하고 있으니, 이러한 패배한 무리의 사람들에게 무슨 도가 있겠습니까?"
여러 비구들이 듣고서 가서 세존께 아뢰었고, 세존께서는 말씀하셨다.
"육군비구들을 불러오라."
왔으므로 세존께서는 육군비구들에게 물으셨다.
"그대들이 진실로 그러하였는가?"
대답하여 말하였다.
"진실로 그렇습니다."
세존께서는 말씀하셨다.
"이것은 악한 일이니라. 이것은 비법이고, 계율이 아니며, 세존의 가르침이 아니니라. 이것으로써 선법을 크게 장양하지 못하느니라. 지금부터는 비구가 비구니와 약속하고 함께 도로를 다니는 것을 허락하지 않겠노라."

다시 다음으로 세존께서는 사위성의 비사리(毘舍離)에 머무르셨다.
여러 비구들은 하안거를 마치고 세존께 와서 예경(禮覲)하고자 하였다. 여러 비구니들이 듣고서 곧 비구들에게 물어 말하였다.
"여러 대덕께서는 세존께 가서 예배하고자 하시면서 어느 날에 마땅히 출발합니까?"
여러 비구들은 곧 떠나는 날짜를 말하였고, 여인의 장점인 감정으로 날짜를 계산하였으며, 곧 먼저 도로에 가서 차례로 머무르면서 여러 비구들을 기다렸다. 여러 비구들이 보고서 물어 말하였다.
"자매들이여. 어디를 가고자 하십니까?"
대답하여 말하였다.
"기원정사에 가서 세존께 예배하고자 합니다."
여러 비구들은 듣고서 계율을 범함이 두려웠던 까닭으로 곧 빠르게 버리고 떠나갔다. 여러 비구니들의 가운데에서 나이가 젊은 자는 곧 옷을 걷어붙이고 뒤를 따라서 빠르게 쫓아갔으나, 여러 비구니의 가운데에서 여위고 늙은 자는 다니면서 반려가 없었으므로 도둑들에게 겁탈을 당하였다. 여러 비구니들이 앞의 인연으로써 대애도(大愛道) 비구니에게 알렸고, 대애도 비구니는 곧 세존의 처소로 가서 머리숙여 발에 예경하고 물러나서 한쪽에 머물렀으며 앞의 인연을 갖추어 세존께 아뢰었다.
"나아가 여러 비구들이 여러 비구니들을 데려가고 맞아들이지 않는다면, 누가 마땅히 데려가고 맞이하겠습니까?"
세존께서 말씀하셨다.
"오늘부터는 두려운 때에는 함께 다니는 것을 허락하겠노라."
세존께서는 여러 비구들에게 알리셨다.
"사위성을 의지하여 머무르는 비구들을 모두 모이게 하라. 열 가지의

이익을 까닭으로써 여러 비구들을 위하여 계율을 제정하겠나니, 나아가 이미 들었던 자들도 마땅히 거듭하여 들을지니라. 만약 비구가 비구니와 약속하고 함께 도로를 다니면서 다른 때를 제외하고는 바야제를 범하느니라. 다른 때는 두려운 때이니라."

'비구'는 앞의 설명과 같다.

'함께 약속하다.'는 만약 오늘이거나, 만약 내일이거나, 만약 반 달이거나, 만약 한 달이다.

'도로'는 만약 3유연(由延)이거나, 만약 2유연이거나, 만약 1유연이거나, 만약 1구로사(拘盧舍)이다.

'다른 때를 제외하다.'는 두려운 때이고, 세존께서 무죄라고 말씀하셨다.

'두렵다.'는 잠깐 사이에 목숨을 빼앗기거나, 만약 물건을 잃거나, 범행을 훼손하고자 하는 것이다. 비록 이러한 일이 없더라도 만약 이 가운데에서 잠깐 사이에 목숨을 빼앗기거나, 만약 물건을 잃거나, 범행이 훼손된다는 의심이 있는 것이다.

'바야제'는 앞의 설명과 같다.

만약 비구가 비구니와 함께 하나의 도로를 다니면서 한 취락의 안에 있다면 하나의 바야제를 범하고, 만약 공지(空地)이고 취락이 없는데 1구로사라면 하나의 바야제를 범한다. 만약 비구가 어머니의 자매와 함께 출가하였고, 함께 수레를 따라서 반려로 다녔는데, 수레와 반려가 멈추고 쉬었다가 떠나가는 때에 비구기 비구니를 부르면서 "빨리 오시어 반려를 잃지 마십시오."라고 이렇게 말을 짓는 자는 바야제를 범한다. 만약 "가십시오. 가십시오. 자매여. 반려를 잃지 마십시오."라고 말한다면 무죄이다.

만약 비구니가 내려서 길에서 멈추고 쉬었는데 비구가 부르면서 "오십시오. 오십시오. 자매여."라고 말한다면, 이것을 약속하였다고 이름한다. 만약 한 발을 들었다면 월비니죄를 범하고, 두 발을 들었다면 바야제를 범한다. "가십시오. 가십시오. 반려를 잃지 마십시오."라고 말한다면 무죄이다.

  비구가 상인과 함께 도로를 따라서 다녔는데 상인이 먼저 취락에 들어갔고, 비구는 길을 물을 곳을 알지 못하였으므로 비구니를 보고서 "자매여. 나에게 길을 가르쳐 주겠다면 오십시오."라고 말한다면, 이것을 약속하였다고 이름한다. 만약 비구니가 오면서 발을 들었다면 월비니죄를 범하고, 두 발을 들었다면 바야제를 범한다. "가십시오. 가십시오. 나에게 길을 가르쳐 주십시오"라고 말한다면 무죄이다.

  만약 취락의 가운데에서 비구에게 음식을 청하였고, 비구가 단월의 집을 알지 못하였으며, 비구니를 보고서 곧 "어느 단월의 집을 아십니까? 나에게 그곳을 가르쳐 주겠다면 오십시오."라고 말한다면, 이것을 약속하였다고 이름한다. 만약 비구니가 오면서 한 발을 들었다면 월비니죄를 범하고, 두 발을 들었다면 바야제를 범한다. "가십시오. 가십시오. 나에게 길을 가르쳐 주십시오"라고 말한다면 무죄이다.

  만약 비구니와 약속하고서 떠나가지 않는 자는 월비니죄를 범하고, 약속하지 않고서 묵연히 떠나가는 자는 무죄이다. 함께 약속하고 함께 떠나가는 자는 바야제를 범하고, 약속하지 않고 떠나가지 않는 자는 무죄이다. 함께 떠나가서 별도로 들어갔다면 월비니죄를 범하고, 별도로 떠나서 함께 들어갔어도 월비니죄를 범하며, 함께 떠나가서 함께 들어갔다면 바야제를 범하고, 별도로 떠나가서 별도로 들어갔다면 무죄이다.

  이러한 까닭으로 설하였노라.

  세존께서는 사위성에 머무셨으며, 자세한 설명은 앞에서와 같다.
  그때는 길상(吉祥)한 날이었고, 날이 밝았으므로 남녀들은 아기라하(阿耆羅河) 주변에 있으면서 음식과 기악(伎樂)을 유람(遊觀)하였다. 이때 육군비구들은 새벽에 일어나서 취락에 들어가는 옷을 입고서 육군비구니들의 처소에 가서 물어 말하였다.
  "오늘이 길상의 날인데, 그대들은 음식이 있는가? 마땅히 함께 강변에 나아가서 유람하세."

육군비구니들이 말하였다.
"바로 그것을 준비하겠습니다. 대덕들께서는 배를 구하고 아울러 배에 올라서 유람하시지요."
육군비구들은 곧 왕가(王家)의 배의 관리에게 좋은 배를 청하여 취하였고, 더불어 여러 종류로 장엄하였으며 곧 음식을 가져다가 배 위에 놓아두고서 육군비구니들과 같이 몸을 싣고서 물결을 따라서 올라가고 내려가면서 말하면서 희롱하고 웃었으므로 세상 사람들이 비난하였다.
"그대들은 이 사문인 석자들을 보시오. 방일하여 도가 없으니 오히려 세속 사람들이 본래 함께 교통(交通)2)하는 것과 같소. 이렇게 무너지고 패배한 사람들에게 무슨 도가 있겠습니까?"
여러 비구들은 듣고서 이 인연으로써 가서 세존께 아뢰었고, 세존께서는 말씀하셨다.
"육군비구들을 불러오라."
왔으므로 세존께서는 육군비구에게 물으셨다.
"그대들이 진실로 그러하였는가?"
대답하여 말하였다.
"진실로 그렇습니다."
세존께서는 말씀하셨다.
"이것은 악한 일이니라. 오늘부터는 비구가 비구니와 함께 약속하고 배를 타는 것을 허락하지 않겠노라."

다시 다음으로 세존께서는 사위성에 머무르셨다.
그때는 아기라하의 저쪽 언덕에서 2부의 승가인 비구와 비구니들을 청하였고, 마땅히 청을 받아들여 건너가는 때에 비구니들이 배에 오르는 것을 허락하시지 않았다. 그러나 비구들은 혹은 한 사람이 하나의 배를 탔거나, 혹은 두 사람이 하나의 배를 타면서 이와 같이 셋째의 배와

---

2) '서로의 관계가 막힘이 없어서 긴밀하게 교류한다.'는 뜻으로 남녀간의 사이를 간접적으로 비난하는 말이다.

나아가 넷째의 배도 매우 가벼웠어도 비구니는 태우지 않았고, 여러 비구들이 건너가고 비로소 비구니를 건네주었다.
　비구니들이 건너가서 함께 먹는 곳에 이르렀고 법랍의 차례로 이와 같이 중간부터는 날의 때가 지나가서 모두의 음식이 끊어졌으며, 대애도 구담미도 음식을 잃었다. 곧 세존의 처소에 이르러 머리숙여 발에 예경하고 물러나서 한쪽에 머물렀다. 세존께서는 아시면서도 일부러 물으셨다.
　"구담미여. 무슨 까닭으로 매우 수척합니까?"
　대애도 비구니는 곧 앞의 인연을 갖추어 세존께 아뢰었고, 세존께서는 말씀하셨다.
　"오늘부터는 비구니를 태우고 곧 건너가는 것은 허락하겠노라."
　세존께서는 여러 비구들에게 알리셨다.
　"사위성을 의지하여 머무르는 비구들을 모두 모이게 하라. 열 가지의 이익을 까닭으로써 여러 비구들을 위하여 계율을 제정하겠나니, 나아가 이미 들었던 자들도 마땅히 거듭하여 들을지니라. 만약 비구가 비구니와 약속하고서 함께 배를 타고서 물을 오르고 내려간다면 곧 건너가는 것을 제외하고는 바야제를 범하느니라."
　'비구'는 앞의 설명과 같다.
　'약속하다.'는 만약 오늘이거나, 만약 내일이거나, 만약 반 달이거나, 만약 한 달이다.
　'곧 건너가는 것은 제외하다.'는 세존께서 무죄라고 말씀하셨다.
　'바야제'는 앞의 설명과 같다.
　만약 비구가 비구니와 함께 약속하고 같은 배를 타고서 한 취락을 지났다면 하나의 바야제를 범하고, 만약 취락이 없는 공지에서 1구로사를 지났다면 하나의 바야제를 범한다. 비구가 비구니와 함께 탔던 배가 언덕의 주변에 머물렀고, 비구니가 배에서 내려서 대·소변을 행하는 때에 배가 떠나고자 하였으므로 비구가 비구니에게 "자매들이여. 오십시오."라고 말하였다면, 약속하였다고 이름한다. 만약 비구니가 한 발을 들었다면 월비니죄를 범하고, 두 발을 들었다면 바야제를 범한다. 만약 함께 약속하고서 떠나가지 않는 자는 월비니죄를 얻고, 약속하지 않고서 떠나가는 자는 무죄이다. 함께 약속하고 함께 떠나가는 자는 바야제를 범하고, 약속하지 않고 떠나가지 않는 자는 무죄이다. 뒤의 4구(句)도 역시 앞의 설명과 같다.

이러한 까닭으로 설하였노라.

세존께서는 사위성에 머무셨으며, 자세한 설명은 앞에서와 같다.
그때 법랍이 없는 비구가 있었는데, 새롭고 좋게 염색한 옷을 입고 와서 세존의 처소에 이르렀으며, 머리숙여 발에 예경하고서 떠나갔다. 나아가 7년이 지나서 찢어지고 낡은 옷을 입고 왔으며, 세존의 처소에 이르러 머리숙여 발에 예경하고 물러나서 한쪽에 머물렀다. 세존께서는 아시면서도 일부러 물으셨다.

"비구여. 그대는 이전에 법랍이 없던 때에 새롭고 좋게 염색한 옷을 입고 왔었는데 지금은 무슨 까닭으로 찢어지고 낡은 옷을 입고 왔는가?"
대답하여 말하였다.
"저는 7년 동안 좋은 옷이 생기면 비구니에게 주었습니다."
세존께서는 여러 비구들에게 알리셨다.
"설사 친족인 비구가 이와 같이 찢어지고 낡은 옷을 입으면서 좋은 옷으로써 친족인 비구니에게 주었다면 마땅히 취하겠는가?"
대답하여 말하였다.
"취하지 않습니다."
"설사 친족인 비구라도 이와 같이 찢어지고 낡은 옷을 입으면서 능히 좋은 옷으로써 친족인 비구니에게 주겠는가?"
대답하여 말하였다.
"주지 않습니다."
세존께서 말씀하셨다.
"오늘부터는 친족이 아닌 비구니에게 옷을 주는 것을 허락하지 않겠노라."

다시 다음으로 세존께서는 사위성에 머무르셨다.

그때 남방에서 어느 한 비구가 왔는데 옷과 발우가 있었다. 이 비구의 누이가 불법의 가운데에 출가하였으므로 곧 존자 아난에게 말하였다.

"나를 보내 주십시오. 누이인 비구니를 보려고 떠나고자 합니다."

존자 아난은 부탁에 약하였으므로, 곧 보내었고, 비구니의 정사 문 앞에 이르러 머물러서 물었다.

"어느 비구니가 있습니까?"

비구니가 말하였다.

"부르는 분은 누구입니까?"

대답하여 말하였다.

"우리는 아난과 누구 비구입니다."

비구니가 말하였다.

"존자여. 잠시 기다리세요."

곧 평상과 요를 펼쳐놓고 안에 들어가서 문을 절반을 열고 부르면서 말하였다.

"존자여. 들어와서 앉으세요."

곧 들어와서 앉았고 서로 문신하고서 잠시 후에 곧 나갔다. 그때 그 비구가 존자 아난에게 말하였다.

"제가 고의로 멀리 와서 누이를 보려고 하였는데, 나와서 나를 보지 않으니 무슨 까닭입니까?"

존자 아난은 형상의 법을 잘 알았으므로 그 비구에게 말하였다.

"그대는 그대의 누이가 나오지 않는 뜻을 알지 못하는가?"

대답하여 말하였다.

"알지 못합니다."

아난이 말하였다.

"그대의 누이는 옷이 낡고 찢어졌으므로 부끄러운 까닭으로 나오지 못하는 것이네. 그대에게는 옷이 많이 있는데 무슨 까닭으로 주지 않았는가?"

"세존께서 계율을 제정하시어 비구니에게 옷을 주지 못하도록 하셨습니다."

아난이 말하였다.

"그대는 다만 옷을 주시게. 내가 그대를 위하여 세존을 쫓아서 허락하시도록 애원하겠네."

아난은 곧 세존의 처소로 가서 머리숙여 발에 예경하고 물러나서 한쪽에 머물렀으며 앞의 인연을 갖추어 세존께 아뢰었다.

"세존이시여. 친족인 비구니에게 옷 주는 것을 허락하여 주십시오."

세존께서 말씀하셨다.

"오늘부터는 친족인 비구니에게 옷을 주는 것을 허락하겠노라."

세존께서는 여러 비구들에게 알리셨다.

"사위성을 의지하여 머무르는 비구들을 모두 모이게 하라. 열 가지의 이익을 까닭으로써 여러 비구들을 위하여 계율을 제정하겠나니, 나아가 이미 들었던 자들도 마땅히 거듭하여 들을지니라. 만약 비구가 친족이 아닌 비구니에게 옷을 주었다면 무역하는 것을 제외하고는 바야제를 범하느니라."

'비구니'와 '친척'과 '옷'은 앞의 설명과 같다.

'무역하는 것을 제외하다.'는 세존께서 무죄라고 말씀하셨다.

'바야제'는 앞의 설명과 같다.

앞의 30사(事)에서 비구니의 옷을 취하는 가운데에서 자세하게 설한 것과 같다.

이러한 까닭으로 설하였노라.

세존께서는 사위성에 머무셨으며, 자세한 설명은 앞에서와 같다.

그때 선생(善生) 비구니는 존자 우타이의 출가 전의 아내였으므로 옷의 재료를 가지고 우타이에게 주면서 말하였다.

"존자여. 나를 위하여 옷을 지어 주십시오."

우타이가 곧 받아서 옷을 지어서 마쳤으며, 남녀가 서로 화합하는 형상을 지었고 여러 겹으로 접어서 상자 속에 넣어두고 선생 비구니에게 주었다. 선생 비구니는 가지고 정사에 돌아왔으며, 열어서 보고는 환희하며 여러 비구니들에게 보여주면서 말하였다.

"여러 아이(阿夷)들께서는 보십시오. 이것은 존자 우타이가 지었던 일인데 솜씨가 묘합니다."

여러 비구니들이 싫어하면서 말하였다.

"이것은 숨기고 감추어야 할 물건인데 어찌하여 드러내 사람들에게 보이는가?"

여러 비구니들이 보고 가서 대애도 비구니에게 알렸고, 대애도는 곧 이 인연으로써 가서 세존께 아뢰었다. 세존께서는 말씀하셨다.

"우타이를 불러오라."

왔으므로 세존께서는 우타이에게 물으셨다.

"그대가 진실로 그러하였는가?"

대답하여 말하였다.

"진실로 그렇습니다."

세존께서는 말씀하셨다.

"이것은 악한 일이니라. 이것은 비법이고, 계율이 아니며, 세존의 가르침이 아니니라. 이것으로써 선법을 크게 장양하지 못하느니라."

세존께서는 여러 비구들에게 알리셨다.

"사위성을 의지하여 머무르는 비구들을 모두 모이게 하라. 열 가지의 이익을 까닭으로써 여러 비구들을 위하여 계율을 제정하겠나니, 나아가 이미 들었던 자들도 마땅히 거듭하여 들을지니라. 만약 비구가 친족이 아닌 비구니에게 옷을 지어서 주었다면 바야제를 범하느니라."

'비구니'와 '친척'과 '옷'은 앞의 설명과 같다.

'옷을 짓다.'는 만약 스스로가 잘랐거나, 만약 다른 사람을 시켜서 자르는 것이니, 바야제를 범한다.

'바야제'는 앞의 설명과 같다.

친족이 아닌 비구니에게는 옷을 잘라서 꿰매줄 수 없나니, 바느질하였다면 월비니죄를 범하고, 모두 꿰매고서 바늘이 벗어났다면 바야제를 범한다. 다른 사람을 시켜서 자르는 것도 역시 이와 같다.
　이러한 까닭으로 설하였노라.

　세존께서는 사위성에 머무셨으며, 자세한 설명은 앞에서와 같다.
　그때 어느 단월이 일찍이 존자 사리불·대목련·이파다(離波多)·겁빈나(劫賓那)·아야교진여(阿若憍陳如) 등을 청하였으나, 오직 존자 대가섭은 일찍이 청을 받지 못하였다. 다음날 때에 이르자 취락에 들어가는 옷을 입고 발우를 지니고 차례로 걸식을 행하면서 그 집의 문 앞에 이르렀다. 이때 단월의 아내가 보고 환희하였고 곧 앞에서 머리숙여 발에 예배하고 물러나서 머무르면서 알려 말하였다.
　"여러 대덕이신 비구들이 오늘은 모두 모여서 우리 집의 청을 받았습니다. 오직 원하건대 존자께서도 역시 우리들의 청을 받아주십시오."
　이때 대가섭이 이렇게 생각을 지었다.
　'이는 현전에서 곧 그들의 청을 받은 것이니, 다시 다른 곳에 가지 않겠다.'
　곧 먼저 그 집안에 들어가 앉았다. 그때 투란난타(偸蘭難陀) 비구니도 걸식을 행하면서 그의 집안에 이르렀는데, 뜰에서 단월의 아내가 물을 뿌리며 땅을 쓸었고 그릇을 삶고 여러 공양구를 준비하는 것을 보고서, 곧 물어 말하였다.
　"우바이여. 그대는 무엇을 지으세요?"
　이때 부인은 일의 경영에 바빠서 대답하지 못하였고, 이와 같이 두 번·세 번을 물었어도 대답이 없었으므로 투란난타가 말하였다.
　"그대는 지금 기이하게 일하면서 크게 스스로 교만하기에 거듭하여 불러도 대답하지 않네요."
　부인이 대답하여 말하였다.
　"우리들은 오늘 여러 대덕 성문이신 사리불과 목련 등을 청하였고, 이러한 일에 바빠서 대답하지 못하였습니다."

투란난타 비구니가 곧 말하였다.

"그대가 지금 청한 큰 코끼리 무리의 가운데에서 큰 코끼리는 취하지 않고 작은 코끼리만 취하였으며, 큰 새의 무리에서 공작은 취하지 않고 늙은 새를 취하였네요. 이를테면, 큰 코끼리는 천타(闡陀)·가류타이(迦留陀夷)·삼문타달다(三文陀達多)·마혜사만다(摩醯沙滿多)·마사만숙(馬師滿宿) 및 시자인 대덕 아난입니다. 그대가 만약 나에게 청하게 하였다면, 내가 마땅히 그대를 위하여 이와 같은 대덕을 청하였을 것이오."

이때 존자 대가섭은 듣고서 크게 기침소리를 지었다. 투란난타 비구니는 듣고서 물어 말하였다.

"이것이 누구의 소리예요?"

부인이 대답하여 말하였다.

"이 분은 장로 대가섭입니다."

비구니가 곧 찬탄하여 말하였다.

"그대가 크고 좋은 이익을 얻었으니, 나아가 이와 같은 대용상(大龍象)입니다. 내가 만약 마땅히 청하였어도 역시 이러한 장로를 청하였을 것입니다."

이때 존자 대가섭은 이러한 말을 듣고, 마음이 기쁘지 않아서 곧 물어 말하였다.

"누이여. 그대는 앞에서 '작은 코끼리이고 늙은 새이다.'라고 말하였고, 지금 다시 용상인 대덕이라고 말하는데, 만약 이전의 말이 진실이라면 뒤의 말은 거짓이고, 만약 뒤의 말이 진실이라면 이전의 말은 거짓인데, 두 말의 가운데 무슨 말이 진실입니까?"

존자 대가섭의 위덕이 존중되었으므로 이 두 구절로써 투란난타 비구니를 힐책(詰責)하였다. 비구니는 두려워서 곧 달아났고 땅에 넘어져서 몸에 상처를 입었다. 천타 비구가 보고서 곧 물어 말하였다.

"그대가 누구와 부딪쳤고, 나아가 몸에 이와 같은 상처를 입었소?"

대답하여 말하였다.

"대가섭이 나를 뇌란(惱亂)시켰습니다."

곧 말하였다.

"그대가 접촉하지 않을 자를 접촉하였구려."

여러 비구들이 듣고 이 인연으로써 가서 세존께 아뢰었고, 세존께서는 여러 비구에게 말씀하셨다.

"이 가운데에서 찬탄하지 않는다면 오히려 허물과 걱정이 있는데 하물며 다시 찬탄한 것이겠는가! 오늘부터는 비구는 비구니가 찬탄한 음식을 먹는 것을 허락하지 않겠노라."

다시 다음으로 존자 아난은 사위성에서 복덕이 있다고 명성을 들렸다. 세존께서도 세 가지의 일을 구족하였다고 말씀하셨으니, 성(姓)과 이름과 권속이 성취되었고, 학지(學地)에서 다문(多聞)의 제일(第一)이며, 급시(給侍)도 제일이었다. 사위성의 복덕이 있는 취락들이 새롭게 집을 짓는 곳에는 모두 아난을 청하였고, 만약 새로운 집에 들어갈 때와 머리를 깎을 때와 귀를 뚫는 때의 일체에 모두 아난을 청하였다.

이때 어느 장자가 존자 아난을 청하여 새로운 집에서 모임을 베풀었다. 무엇이 새로운 것인가? 새로운 집·새로운 걸상·새로운 그릇·새로운 밥·새로운 소유(酥油)·새로운 며느리·새로운 옷·새로운 부채를 가지는 것이다.

아난이 음식을 먹는 때에 한 걸식하는 비구가 밖에 있었고, 아난은 곧 단월에게 말하여 밖에 있는 걸식 비구에게 음식을 주도록 하였다. 단월은 아난의 가르침을 듣고 환희하면서 여러 종류의 맛있는 음식을 가지고 발우에 가득히 채워주었다. 그 걸식 비구는 얻고서 서 있으며 아난이 기다렸고, 아난은 음식을 먹고서 축원(呪願)하고 곧 나왔다. 그 걸식 비구는 아난을 보고 물어 말하였다.

"존자여. 음식을 먹었습니까?"

대답하여 말하였다.

"이미 먹었습니다."

다시 아난에게 물었다.

"음식이 마음에 맞고 좋았습니까?"
아난이 물어 말하였다.
"그대는 무슨 까닭으로 먹지 않고, 아울러 나의 음식이 맞는가? 맞지 않는가를 묻습니까?"
걸식비구가 말하였다.
"존자가 먹은 음식은 비구니가 찬탄한 것입니다."
아난이 말하였다.
"그것이 진실인가?"
대답하여 말하였다.
"이와 같습니다."
아난은 곧 새 깃털로써 목구멍에 넣고서 토하였으므로 이날의 음식을 잃었고 4대(大)가 굶주리고 수척하게 세존의 처소에 가서 머리숙여 발에 예경하고 물러나서 한쪽에 머물렀다. 세존께서는 아시면서도 일부러 물으셨다.
"아난이여. 그대는 무슨 까닭으로 4대가 굶주려서 수척한가?"
아난은 곧 앞의 인연으로써 갖추어 세존께 아뢰었고, 세존께서는 아난에게 물으셨다.
"그대는 알고 있었는가?"
대답하여 말하였다.
"알지 못하였습니다."
"이것은 알았다면 죄이고 알지 못하였다면 무죄이니라."
여러 비구들이 세존께 아뢰었다.
"세존이시여. 어찌하여 이 걸식 비구는 아난을 즐겁지 않게 하였습니까?"
세존께서 말씀하셨다.
"다만 오늘에 아난에게 즐겁지 않게 한 것이 아니니라."
[『현조생경(賢鳥生經)』에서 자세하게 설한 것과 같다.]

다시 다음으로 세존께서는 사위성에 머무르셨다.
그때 장로 비구는 때에 이르자 취락에 들어가는 옷을 입고 발우를 지니고 사위성에 들어가서 차례대로 걸식을 행하였는데, 오고 가며 굽히고 펴는 위의가 상서(庠序)로웠다. 이때 어느 한 장자가 이렇게 말을 지었다.
"옳습니다. 대덕이시여. 이와 같은 출가인에게 의복과 음식과 질병(病瘦)에 의약을 보시한다면 크고 좋은 이익을 얻습니다."
또한 다시 이렇게 생각을 지었다.
'내가 만약 인력(人力)이 있다면 역시 마땅히 이와 같은 출가인에게 공양하겠다.'
이때 어느 비구니가 이러한 말을 듣고 그 장자에게 말하였다.
"장수여. 그대는 다만 음식값을 지출하십시오. 내가 마땅히 서로를 위하여 요리하겠습니다."
이 단월은 신심으로 환희하여 곧 음식값을 주었고, 비구니는 말하였다.
"장수여. 그대는 마땅히 비구들을 청하십시오."
대답하여 말하였다.
"나는 알지 못하니, 원하건대 나를 위하여 청하여 주십시오."
그 비구니가 곧 여러 종류의 음식을 준비하고서 단월에서 말하였다.
"장수여. 음식과 그릇은 이미 준비되었습니다. 그대가 비구의 처소로 가서 때에 이르렀다고 알리십시오."
단월이 말하였다.
"나는 알지 못하니, 비구니께서 다만 나를 위하여 가서 때에 이르렀다고 말해 주십시오."
비구니는 곧 가서 때에 이르렀다고 알렸고 비구들은 단월의 집에 들어와서 앉았다. 비구들이 앉았으므로 비구니가 단월에게 말하였다.
"이 여러 종류의 공양할 음식을 그대가 스스로 주십시오."
단월이 말하였다.
"아이(阿姨)여. 나를 위하여 주십시오."

여러 비구들은 이렇게 생각을 지었다.
'이것은 비구니가 이곳에서 찬탄한 음식이 아닌가?'
의심하고서 밖으로 나왔고 이와 같이 한 사람, 두 사람, 나아가 일체의 대중이 모두 밖으로 나왔다. 단월이 비구니에게 물어 말하였다.
"여러 존자들은 무슨 까닭으로 모두 나갔고 다시 돌아오지 않습니까?"
비구니가 말하였다.
"나는 까닭을 알지 못합니다. 그대가 세존의 처소에 가서 이 일을 자세하게 묻는다면 마땅히 그대에게 자세히 말씀하실 것입니다."
이 단월은 곧 세존의 처소로 가서 머리숙여 발에 예경하고 물러나서 한쪽에 머무르면서 앞의 인연으로써 자세히 세존께 아뢰었다. 세존께서는 말씀하셨다.
"여러 비구들을 불러오라."
왔으므로 세존께서는 여러 비구들에게 앞의 일을 자세히 물으셨다.
"그대들이 진실로 그러하였는가?"
대답하여 말하였다.
"진실로 그렇습니다."
세존께서는 말씀하셨다.
"오늘부터는 옛날의 단월은 제외하는 것을 허락하겠노라."
세존께서는 여러 비구들에게 알리셨다.
"사위성을 의지하여 머무르는 비구들을 모두 모이게 하라. 열 가지의 이익을 까닭으로써 여러 비구들을 위하여 계율을 제정하겠나니, 나아가 이미 들었던 자들도 마땅히 거듭하여 들을지니라. 만약 비구가 비구니의 찬탄한 음식인 것을 알았다면 옛날의 단월을 제외하고는 바야제를 범하느니라."

'비구'는 앞의 설명과 같다.
'알다.'는 만약 스스로가 알았거나, 만약 다른 사람에게 들어서 아는 것이다.
'찬탄하다.'는 그 덕을 아름답게 칭찬하는 것이다.

'음식'은 5종류가 있으니, 미숫가루·국수·밥·물고기·고기 등이다.

'옛날의 단월을 제외하다.'는 세존께서 무죄라고 말씀하셨다.

'바야제'는 앞의 설명과 같다.

평등한 공양을 외칠 때에 찬탄하고, 처음으로 음식을 나누는 때에 찬탄하며, 처음으로 음식을 짓는 때에 찬탄하고, 음식을 짓고 준비하여 마쳤는데 찬탄하며, 청함이 있는 때에 찬탄한 것이 있다.

'평등한 공양을 외칠 때에 찬탄하다.'는 음식을 나누는 것을 모두 마치고서 평등한 공양을 외치는 때에 다시 어느 다른 비구가 왔으므로 비구니가 우바이에게 "다시 어느 비구가 왔습니다."라고 말하였고, 우바이가 "옳습니다. 내가 환희하였던 까닭으로 사자를 보내어 청하여도 오히려 능히 오지 않았는데, 어찌하여 오히려 스스로 오셨겠습니까?"라고 말한다면 찬탄이라고 이름하지 않는다. 만약 비구니가 "이분은 아련야에서 걸식하고 분소의를 입으며 풀의 자리에서 드러내고 앉습니다."라고 말한다면 이것을 찬탄한 음식이라고 이름하고, 먹는 자는 바야제를 범한다.

'음식을 나누는 때'는 처음으로 음식을 나누는 때에 다시 어느 다른 비구가 왔고, 역시 앞에서 설한 것과 같다.

'음식을 짓는 때에 찬탄하다.'는 처음으로 음식을 짓는 때에 다시 어느 다른 비구가 왔고, 역시 앞에서 설한 것과 같다. 일체의 공양을 지었고 준비하여 마쳤는데, 다시 어느 다른 비구가 왔으므로 비구니가 우바이에게 "다시 어느 비구가 왔습니다."라고 말하였고, 우바이가 "옳습니다. 내가 환희하였던 까닭으로 사자를 부내어 청하여도 오히려 능히 오지 않았는데, 어찌하여 오히려 스스로 왔겠습니까?"라고 말한다면 찬탄이라고 이름하지 않는다. 우바이가 "마땅히 미숫가루와 떡과 밥을 주겠습니다."라고 말하였고, 좋은 음식을 평등하게 주었다면 찬탄이라고 이름하지 않는다. 만약 음식이 적어서 다시 단월에서 말하여 한 주벅의 미숫가부를 짓는다면 바야제를 범한다.

'청하다.'는 이름을 부르면서 청하는 것이다. 비구니가 단월에게 "어느 도중(徒衆)은 다문(多聞)으로 정진하니, 마땅히 통하여 일체를 청합시다."

라고 말한다면, 찬탄식(讚歎食)이라고 이름하고, "어느 도중의 주인은 다문으로 정진하니, 이 비구를 위한 까닭으로 통틀어 20명을 청합시다."라고 말한다면, 이 한 명은 찬탄식이라고 이름하며, 나머지는 범함이 없다. 만약 이와 같은 찬탄식이 있다면 마땅히 전전하여 음식을 바꾸어야 하고, 음식을 버리고 가서는 아니된다.

만약 비구의 자리가 때가 묻어서 더럽고 부정하여 함께 바꾸는 자가 기뻐하지 않았으므로, '이 발우 안의 음식은 어느 비구가 나에게 허락하였으니 내가 마땅히 먹겠다.'라고 마땅히 이렇게 생각을 지었다면 무죄이다. 만약 비구니가 우바이에게 "존자 누구에게 길게 공양을 청하십시오."라고 말하였다면, 이것을 곧 찬탄이라고 이름하고, 만약 "존자 누구는 항상 걸식한다."라고 말한다면 찬탄이라고 이름하지 않는다.

이러한 까닭으로 설하였노라.

승가에서 뽑지 않은 것과, 날이 어두운 것과
아뢰지 않은 것과 음식을 위한 까닭인 것과
함께 앉은 것과 함께 도로를 다니는 것과
배 위와 옷을 주는 것과
옷을 짓는 것과 찬탄식이 있다.

[세 번째의 발거를 마친다.]

마하승기율 제16권

동진 천축삼장 불타발타라 법현 공역
석보운 번역

5) 단제 92사의 법을 밝히다 ⑤

세존께서는 사위성에 머무셨으며, 자세한 설명은 앞에서와 같다.
이때 어느 비구가 취락의 가운데에 있으면서 안거를 마치고서 사위성을 향하여 왔으며 세존께 예경하고자 하였다. 이때 어느 거사가 취락의 가운데에 있으면서 복사(福舍)를 짓고 사방승가에게 한 끼의 음식을 베풀었는데 이 비구가 왔으므로 거사가 보고서 환희하면서 말하였다.
"잘 오셨습니다. 대덕이여."
곧 평상과 요를 펼치고 물을 주어서 발을 씻게 하였으며 발에 바르는 기름과 비시장(非時漿)을 공급하였으며, 밤에는 등불을 켜서 밝혔고, 와구를 펼쳐놓아서 안은하게 잠을 자도록 하였으며, 새벽에 일어나서는 또한 양지(楊枝)와 깨끗한 물을 주었고, 몸에 알맞고 맛있는 음식으로써 베풀었다. 비구는 음식을 먹고서 곧 이렇게 생각을 지었다.
'내가 멀리서 오면서 굶주리며 핍박을 받았고, 오늘에 이와 같은 몸에 알맞는 음식을 얻었으니, 또한 잠시 머무르며 몸을 쉬고서, 그러한 뒤에 마땅히 떠나가서 세존께 받들어 예경하겠다.'
이와 같이 생각하고서 낮에는 아련야의 주처에서 머물고 밤에는 곧 복사에 돌아왔으며, 단월이 그를 보고 이전과 같이 환희하였으며, 이와 같았다. 3일이 지나 단월이 물어 말하였다.

"대덕이여. 오늘은 어느 먹을 곳이 있습니까?"
대답하여 말하였다.
"이곳입니다."
또한 물었다.
"어제는 어디에서 드셨습니까?"
또한 말하였다.
"이곳입니다."
또한 말하였다.
"먼저 날은 어느 곳에서 드셨습니까?"
또한 말하였다.
"이곳입니다."
단월이 싫어하면서 말하였다.
"우리 집은 가난하지만 스스로의 힘으로 이곳에서 사방승가를 위하여 한 끼의 음식을 베풀고자 지었습니다. 대덕은 마땅히 오래 머물 수 없습니다. 만약 우리 집이 풍요롭다면 마땅히 마음대로 일체의 승가께 베풀 것입니다."
비구는 생각하며 말하였다.
"단월이 이렇게 원망하는 소리를 하였으니, 나는 스스로가 마땅히 떠나야겠다."
비구는 점차 앞으로 다니면서 세존의 처소에 이르러서 머리숙여 발에 예경하고, 물러나서 한쪽에 머물렀다. 세존께서는 아시면서도 일부러 물으셨다.
"그대가 어느 곳에서 안거하였는가?"
대답하여 말하였다.
"어느 취락에서 있었고, 어느 때에 떠나왔습니다."
대답하여 말씀하셨다.
"그러하였구려."
이때 세존께서는 비구에게 물으셨다.

"무슨 인연이 있어서 도로와 취락이 멀지 않았는데, 오는 날이 오래 걸렸는가?"

비구가 곧 앞의 일을 세존께 갖추어 아뢰었고, 세존께서 말씀하셨다.

"이 일은 옳지 못하느니라. 그대는 어째서 몸과 입을 까닭으로 단월의 혐오를 받았는가? 오늘부터는 한 번의 음식을 베푸는 곳에서 비구는 한 끼의 음식을 넘겨서 얻을 수 없느니라."

다시 다음으로 세존께서는 사위성에 머무르셨다.

그때 어느 비구가 어느 취락의 가운데에서 하안거를 마치고서 사위성에 나아가서 세존께 예경하고자 하였다. 이때 어느 단월이 취락의 가운데에 있으면서 복사를 짓고 사방승가에게 한 끼의 음식을 베풀었는데 이 비구가 다니면서 이 집을 지나갔으므로 필요하다면 공급한 것은 앞에서 말한 것과 같다. 비구가 음식을 먹고서 나갔다가 풍병이 일어났으므로 스스로가 생각하였다.

'내가 능히 다닐 수 없으나, 세존께서 계율을 제정하시어 한 번의 음식을 베푸는 곳에서 한 끼의 음식을 지나치는 것을 허락하지 않으셨다. 나는 잠시 머무르겠으나 다만 그의 음식을 받지 않겠다.'

생각하고서 돌아와서 복사에 들어갔고 단월이 처음과 같이 필요한 것을 공급하였으나 비구는 받지 않았다. 다음날에 이르러 다시 이전의 음식을 주었으나 역시 다시 받지 않았고 이곳에서 곧 떠나가면서 마음으로 생각하였다.

'내가 어느 취락에 이른다면 마땅히 걸식하겠다.'

비구가 취락에 이르렀으나 곧 먹을 때를 잃었으므로 몸이 굶주려서 수척하였다. 세존의 처소에 이르러 머리숙여 발에 예경하고 물러나서 한쪽에 머물렀다. 세존께서는 아시면서도 일부러 불으셨고, 앞의 일을 갖추어 세존께 아뢰었다. 세존께서 말씀하셨다.

"옳도다. 옳도다. 비구여. 그대는 정법을 수순하여 신심으로 출가하였고 욕심이 적어서 수순하는 행으로 목숨을 위하지 않은 까닭으로 세존이 제정한 계율을 지키고 범하지 않았구나."

세존께서 말씀하셨다.

"지금부터는 복덕사의 가운데에서 만약 병든 비구라면 한 끼의 공양을 넘기는 것을 허락하겠노라."

세존께서는 여러 비구들에게 알리셨다.

"사위성을 의지하여 머무르는 비구들을 모두 모이게 하라. 열 가지의 이익을 까닭으로써 여러 비구들을 위하여 계율을 제정하겠나니, 나아가 이미 들었던 자들도 마땅히 거듭하여 들을지니라. 만약 비구가 한 번의 음식을 베푸는 곳에서 병들지 않은 비구라면 마땅히 한 번을 받을 것이고, 만약 한 번을 넘기는 자는 바야제를 범하느니라."

'비구'는 앞의 설명과 같다.

'한 번의 음식을 베푸는 곳'은 세존께서 허락하신 곳이다.

'음식'은 다섯 가지의 음식이니, 앞의 설명과 같다.

'병들지 않다.'는 몸에 질환(疾患)이 없는 것이다. 몸에 질환이 있어서 능히 도로에 나아갈 수 없다면 머물러서 먹더라도 무죄이다. 만약 병이 없는데 한 번을 넘기는 자는 바야제를 범한다.

'바야제'는 앞의 설명과 같다.

만약 16칸 집의 한 칸의 가운데에서 한 집이 한 번의 음식을 베푸는 곳에서 "만약 우리 집 안에 있으면서 묵는 자에게 내가 마땅히 음식을 주겠다."라고 하였고, 비구가 만약 승사(僧事)를 위하거나, 탑사(塔事)를 위하거나, 스스로의 일을 위하여 한 칸의 가운데에 묵으면서 한 번을 먹고서 일을 요리(料理)하고자 하였으나 일을 마치지 않았다면, 마땅히 제2칸의 가운데에서 묵으면서 음식을 먹고서 마땅히 떠나가야 한다.

만약 일을 다시 마치지 못하였다면, 나아가 16칸의 가운데에서 묵으며 먹고서 일을 마쳤다면 마땅히 떠나갈 것이다. 만약 다시 일이 마치지 못하였다면 다시 먹을 수 없고 걸식해야 한다. 걸식하는 때에 마땅히 다른 곳에서 걸식할 것이고, 얻지 못하였다면 돌아와서 그 집에서 걸식해야 한다.

만약 다시 복사를 짓는 때에 같은 취락에서 서로 도왔다면 역시 쫓아서 걸식할 수 없고, 마땅히 다른 취락의 가운데에 가서 걸식하고서, 마땅히 그 취락의 가운데에서 묵어야 하며, 묵고서 다시 와서 일을 요리할 것이며, 만약 일을 마치지 못했다면 다시 앞에서와 같이 16칸 집의 가운데에서 음식을 얻어야 하고, 만약 일을 마치지 못했다면 다시 떠나가서 다른 곳에서 한 번을 묵고서, 다시 음식을 얻으며 일을 요리해야 한다.

만약 그 집에서 여인을 보냈고 아내를 맞이하여 새로운 집에 들이면서 "내가 사자를 보내어 스승께 가서 청하면서 오히려 얻기 어려운 것을 두려워하였습니다. 하물며 지금 보았는데 떠나가고자 합니까?"라고 이와 같이 말하였으며, 비구가 그때 청을 받아들여서 먹었다면 무죄이다.

이러한 까닭으로 설하였노라.

세존께서는 사위성에 머무셨으며, 자세한 설명은 앞에서와 같다.

그때 승원(僧園)의 백성들이 해마다 곡식과 보리가 새롭게 익는 때라면 승가에게 공양하였다. 무엇을 해마다 새롭게 익는다고 말하는가? 벼가 익을 때이거나, 보리가 익을 때이거나, 콩이 익을 때이거나, 소유와 석밀의 때이니, 각기 조금씩 취하여 허락된 양을 한곳에 모아놓고서 대중 승가에게 공양하는 때에 승원의 백성들이 비구에게 말하였다.

"우리들은 마땅히 해마다 새로운 곡식이 익는 때에 승가께 보시합니다. 만약 기원에 공양하는 사람이 없는 날이라면 오직 원하건대 말씀하십시오. 우리들이 마땅히 공양을 베풀어서 승가께서 스스로가 마음대로 배부르게 하겠습니다."

그때 여러 거사들은 신심으로 여러 종류의 음식을 공양하였으며, 전식(前食)과 후식(後食)에 적게 있거나, 없는 하루의 중간에 비어있는 날이 민닌다면, 곧 단월에게 가서 말하였나.

"장수여. 내일은 기원에 공양이 없으니, 그대가 먼저 공양을 베풀고자 한다면 지금 때에 이르렀습니다."

승원의 백성들이 듣고서 곧 기원에 나아가서 머리숙여 발에 예배하고 오른 무릎을 땅에 꿇고 합장하고서 아뢰어 말하였다.

"우리 승원의 백성들은 누구는 내일에 공양을 베풀고자 일체의 승가를 청합니다. 오직 원하건대 청을 받아주십시오."

승가는 곧 청을 받아들인다.

그때 어느 장자가 옛날의 500금전을 사용하여 두 마리의 소를 샀고 시험하고자 하였으므로 멍에를 씌워서 수레의 가운데에 붙이고서 때려서 달리게 하였으며 1유연을 돌아오게 하였다. 수레의 가슴걸이가 조였던 까닭으로 소 한 마리가 곧 죽었으며, 곧 크게 근심하고 번민하며 괴롭게 머무르면서 즐겁지 않았다.

"어찌하여 비싼 값으로 소를 샀는데 사용하지 못하고 죽였는가?"

지식인 어느 거사가 말하였다.

"그대가 무슨 까닭으로 이와 같이 즐겁지 않은가?"

거사는 앞의 일을 갖추어 말하였으므로 곧 말하였다.

"그대가 무슨 까닭으로 견고한 방법을 짓지 않았는가?"

물었다.

"무엇을 견고한 법이라 말합니까?"

대답하여 말하였다.

"견고한 법은 그대가 기원에 나아가서 승가를 청하여 이 고기를 가지고 음식으로 대중 승가에게 공양하는 것이오."

그 사람은 듣고서 기원정사에 이르렀고 승가의 가운데에 들어가서 머리숙여 승가의 발에 예배하고 호궤 합장하고 이와 같이 말을 지었다.

"나 누구는 내일 승가를 청하여 작은 공양을 약간 베풀고자 합니다. 원하건대 저의 청을 받아 주십시오."

옛 지식이었던 비구가 곧 가서 말하였다.

"그대는 청하는 법을 알지 못하는구려. 어찌하여 먼저 나에게 말하지 않았소? 내가 마땅히 그대에게 승가를 청하는 법을 가르치겠소."

그가 곧 대답하여 말하였다.

"아사리여. 내가 옛날의 500금전을 사용하여 두 마리의 소를 샀는데 한 마리가 죽었습니다. 내가 지금 이 쇠고기로써 견고한 법을 짓고자 합니다."

비구가 말하였다.

"승가는 이미 다른 사람의 청을 받아들였소."

단월이 말하였다.

"내가 이미 음식을 준비하였는데, 지금 마땅히 어떻게 해야 합니까?"

지식인 비구가 말하였다.

"내가 그대에게 가르쳐주겠으니, 다시 가서 대중 승가들께 아뢰시오. '내가 승가께 내일 전식(前食)을 청하겠습니다.' 만약 '그대는 내일 어떤 것들의 전식을 짓겠는가?'라고 묻는다면, 그대가 마땅히 '보리밥과 육단(肉段)을 짓겠습니다.'라고 대답하시오."

가르쳤으므로 곧 승가의 처소에 이르러 머리숙여 발에 예배하고 호궤합장하고서 이와 같이 말을 지었다.

"나 누구는 승가를 청하여 내일 전식을 베풀고자 합니다. 원하건대 나의 청을 받아 주십시오."

비구가 물어 말하였다.

"장수여. 그대는 무슨 전식 등을 짓겠습니까?"

대답하여 말하였다.

"보리밥과 육단을 짓겠습니다."

말하였다.

"장수여. 그대는 내일 이른 아침에 준비하십시오."

대답하여 말하였다.

"그렇게 하겠습니다. 원하건대 여러 존자들께서는 내일 아침에 일찍이 오십시오."

곧바로 집에 들어와서 밤새워 고기를 굽고 여러 종류 음식을 준비하였으며, 날이 밝았으므로 평상과 요를 펼치고 깨끗한 물로 뿌렸으며 승가에 가서 시간에 이르렀다고 알렸다. 승가는 옷을 입고 발우를 가지고 그의 집에 이르러 차례대로 앉았으며, 단월은 스스로가 여러 가지 맛있는 음식을 주었고, 스스로가 마음대로 배부르게 먹고서 장사로 돌아왔다. 승원의 백성들은 이렇게 생각을 지었다.

'아사리들은 한 번을 먹는 사람이니, 마땅히 빨리 먹는 것이 필요하다.'

밤새워 여러 종류 음식을 준비하고서 평상과 요를 펴서 깨끗한 물로 뿌렸으며 기원에 가서 머리숙여 승가의 발에 예배하고 호궤 합장하여 알려 말하였다.

"때에 이르렀습니다."

그때 여러 비구들은 전식을 배부르게 먹었던 까닭으로 비록 청이 이르렀던 것을 보았어도 오히려 듣지 못한 것과 같았다. 그때 승원의 백성들은 이렇게 생각을 지었다.

'매우 이상하구나. 매우 이상하구나.'

여러 아사리들은 한 번을 먹는 사람이니, 이치로는 마땅히 굶주린 생각인데, 지금 음식을 청하는 것을 들었어도 오히려 듣지 못한 것과 같구나. 만약 외도가 음식을 청하는 것을 들었다면 곧 의지하는 세 가지의 지팡이와 군지(軍持)를 잡고서 앞에서 떠나갔을 것이다.'

이와 같이 두 번·세 번을 찬탄하였으므로 여러 비구들은 비로소 일어나서 거짓으로 대·소변을 행하면서 찡그리고 하품하며 허리띠를 풀면서 위의가 안상(安詳)하게 가서 그의 집에 이르렀으며 차례대로 앉았다. 그 승원의 백성은 스스로가 음식을 돌리면서 국자에 채워서 상좌에게 주었는데, 그가 손을 들어 조금 부으라는 모습을 나타내었다. 승원의 백성은 다시 이렇게 말을 지었다.

"여러 아사리들은 한 번을 먹는 사람들인데, 이러한 여러 종류의 음식 가운데에서 전혀 탐내는 생각이 없습니다."

승원의 백성은 이렇게 생각을 지었다.

'만약 상좌가 적게 먹더라도 하좌는 마땅히 많이 먹을 것이다.'

이와 같이 두 번·세 번을 생각하였고, 나아가 젊은 비구에게 이르렀다. 승원의 백성은 다시 이렇게 말을 지었다.

"여러 아사리들은 한 번을 먹는 사람들인데, 이러한 음식에 전혀 탐내는 생각이 없습니다."

그때 하좌의 가운데에서 만학(晩學)인 마하라(摩訶羅)가 이렇게 말을 지었다.

"우리들은 오늘 음식을 위하여 왔던 것이 아니고, 그대의 뜻을 위하였던 까닭으로 왔소. 우리들은 이미 다른 곳에서 배부르게 먹었소. 그대가 만약 믿어지지 않는다면 나의 다리 위의 육즙(肉汁)을 보시오."

승원의 백성은 듣고서 마음속으로 기쁘지 않아서 곧 음식 그릇을 땅에 버려두고 싫어하면서 원망하며 말하였다.

"여러 아사리들이여. 먼저 나의 청을 받았는데 어찌하여 다시 다른 곳에서 드셨습니까?"

마음의 혐오가 멈추지 않아서 곧 세존의 처소에 갔고 머리숙여 발에 예경하고 한쪽에 물러나서 세존께 아뢰어 말하였다.

"어찌하여 여러 비구들은 먼저 저의 청을 받았는데, 다른 곳에서 드셨습니까?"

세존께서는 승원의 백성을 위하여 수순하여 설법하시어 보여주셨고 가르치셨으며 이익되고 기쁘게 하셨다. 곧 세존께 아뢰어 말하였다.

"세존이시여. 제가 승가께 공양했던 남은 음식을 마땅히 어느 곳에 놓아두어야 합니까?"

세존께서 말씀하셨다.

"그대가 어느 연못 위에 이르러 깨끗이 땅을 쓸고 음식을 가지고 그곳에 놓아두시오. 파사닉왕(波斯匿王)은 미니찰제리(彌尼利帝利)의 군대와 서로 싸워서 이익되지 못하였고, 지금 물러나서 돌아오는데 마땅히 그곳에서 머물 것이오. 그대가 이 음식으로써 그에게 받드시오."

파사닉왕은 와서 연못에 들어가서 목욕하고서 다시 새 옷을 입었고, 곧 이전의 여러 종류의 음식을 가지고 봉헌(奉獻)하였다. 대왕과 아울러 장사(將士)들이 배고프고 목말랐던 가운데에 왔고 이러한 여러 종류의 음식을 얻었으므로 크게 환희하였고, 칙명하여 여러 종류의 진귀한 보물을 상으로 하사하였다. 승원의 백성은 현재에서 선한 이익을 얻었으므로 기쁨과 경사가 무량하였다. 세존께서 말씀하셨다.

"그의 음식을 먹었던 비구들을 불러오라."

곧 불렀고 왔으므로, 세존께서는 비구들에게 물으셨다.

"그대들이 어찌하여 먼저 사람의 청을 받고서 다른 곳에서 먹었는가? 비구들이여. 그대들은 알지 못하는가? 사람이 섬기는 택신(宅神)과 수신(樹神)들도 만약 다른 곳에 가고자 한다면, 먼저 마땅히 주인의 음식을 먹고서 다른 곳에서 먹느니라. 그대들은 수순하여 행하지 않고 먼저 사람의 청을 받고서 다른 곳에서 먹었으니, 지금부터는 여러 곳에서 먹는 것을 허락하지 않겠노라."

세존께서는 사위성에 머무셨으며, 자세한 설명은 앞에서와 같다.

세존께서 다섯 가지 일의 이익을 까닭으로 5일마다 한 번을 여러 비구들의 방사를 다니셨고 병든 비구가 있는 것을 보셨다. 세존께서는 아시면서도 일부러 물으셨다.

"비구여. 그대가 아픈 것은 어떠한가? 지금 심해졌는가? 나아졌는가?"

대답하여 말하였다.

"저에게 병의 고통은 줄어들지 않습니다. 제가 이전에 자주 먹었던 때에는 몸이 안락하였으나, 세존께서 계율을 제정하시고서 자주 먹을 수 없는 까닭으로, 저의 병이 낫지 않습니다."

세존께서 말씀하셨다.

"오늘부터는 병든 때에는 자주 먹는 것을 허락하겠노라."

다시 세존께서는 사위성에 머무르셨다.

비사거록모(毘舍佉鹿母)는 해마다 승가를 청하여 음식을 주었고 옷을 보시하였다. 이때 기원정사에서 60명의 병든 비구가 있었고, 와서 그녀의 집에 이르렀다. 비사거록모가 말하였다.

"아사리여. 기원정사에는 500의 대중 승가가 있는데, 지금 무슨 인연이 있어서 60명의 비구만 오셨습니까?"

여러 비구들이 우바이에게 말하였다.

"세존께서 계율을 제정하시어 여러 곳에서 먹지 못하도록 하셨고, 오직 병자에게 허락되었습니다. 이러한 까닭으로 여러 병든 비구들이 왔습니다."

비사거록모가 말하였다.

"아사리여. 세상 사람들은 바로 음식으로써 청하는 것을 제한하지만, 만약 저의 음식을 먹는 자에게 저는 마땅히 옷을 보시합니다. 만약 음식을 먹지 않는 자는 제가 옷을 보시하지 않습니다. 아사리여. 이러한 옷을 보시하는 때에 세존께 가서 아뢴다면 혹은 열어서 허락하실 것입니다."

여러 비구들은 이 인연으로써 세존께 가서 아뢰었고, 세존께서는 여러 비구들에게 알리셨다.

"비사거록모는 지혜가 매우 총명하느니라. 오늘부터는 옷을 보시할 때는 허락하겠노라."

다시 세존께서는 사위성에 머무르셨다.

그때 많은 사람들이 권화(勸化)하여 큰 대회를 베풀면서 96종류의 출가한 사람에게 음식을 공양하고자 하였다. 어느 우바새의 처소에 이르러 권화하여 물건을 구걸하여 구하는 자가 있었는데, 우바새가 말하였다.

"내가 약속을 짓고자 합니다. 만약 우리의 스승들을 상좌에 앉게 하겠다면 마땅히 그대에게 물건을 드리겠습니다."

권화하는 사람이 말하였다

"그대에게 들어주었는데, 만약 외도를 향(向)하여 믿는 자도 역시 말하기를 '만약 우리의 스승들을 상좌에 앉게 시키겠다면 마땅히 그대에게 물건을 드리겠습니다.'라고 이렇게 말을 짓는다면, 나는 마땅히 어떻게 사람과 사람을 잇을 것이고 그에게 상좌를 허락하겠소? 그대는 다만 나에게 물건을 주시오. 내가 어느 달, 어느 날에 아기하(阿耆河)의 언덕 위에서 그곳을 장엄하여 당번(幢幡)을 세우고, 펼쳐놓은 보배 나무의 사이에 묘한 자리를 펼쳐서 매우 부드럽고 쾌락하게 할 것이며, 밥과 반찬을 공급하고 베풀면서 이렇게 대회를 지으면서 여러 출가인 가운데에서 먼저 이르는 자를 곧 상좌로 삼겠습니다."

여러 우바새들은 세존과 승가가 좋은 복전(福田)이었던 까닭으로 물건들을 주었다. 물건을 주고서 존자 아난의 처소로 가서 머리숙여 발에 예배하고 앞의 일을 갖추어 말하였다.

"존자여. 마땅히 무슨 방편으로써 여러 비구들에게 상좌를 얻게 하고 외도들을 치욕(恥辱)스럽게 하겠습니까?"

존자 아난은 곧 세존의 처소에 이르러 머리숙여 발에 예경하고 물러나서 한쪽에 있으면서 앞의 인연을 갖추어 세존께 아뢰었다.

"여러 권화하는 사람이 도구를 준비하고서 96종류의 여러 출가인들을 청하였으며, 다시 파사닉왕과 여러 신하들 및 태자와 여러 취락의 주인, 나이가 많은 장자와 아울러 살박주(薩薄主)[1] 등이 어느 때에 모두가 아기하 언덕 위의 대회의 처소에 와서 우리들에게 공양을 받으라고 청하였습니다."

먼저 하루 전에 세존께서 목련에게 알리셨다.

"마땅히 이것의 때를 알게."

존자 목련은 곧 신족(神足)으로써 강물이 심하게 불어나서 물거품이 언덕에 가득하게 하였으므로, 여러 외도들은 각자 이렇게 말을 지었다.

"우리들은 마땅히 먼저 건너가서 제일의 자리인 곳을 취해야겠다."

여러 외도들이 각각 밤을 새워 다투어 뗏목을 묶고서 모두가 먼저 건너가고자 하였으나, 물이 심하게 요동하며 빠르게 흘렀으므로 언덕으로 건너고자 하였어도 반대로 다시 표류하여 돌아왔다. 밤이 지나도록 피로하고 괴로웠으며 묶었던 뗏목은 흩어지고 파괴되었으며 물에 빠져서 추위에 떨면서 언덕 위에 햇빛을 향하여 쭈그리고 앉아 있었고, 나아가 음식의 때에도 능히 건너가는 자가 없었다. 그때 기원정사에는 어느 사람이 승가께 공양하였으므로 세존께서는 머무시며 때를 기다리셨다.

---

1) 살박은 상인(商人)들의 우두머리를 가리키는 말이다.

여러 비구들 가운데에 나이 젊은 비구가 있었는데 이렇게 말을 지었다.

"세존이시여. 지금 떠나시면 어떻게 너무 늦지 않겠습니까? 여러 외도들이 상좌인 곳을 얻을까 두렵습니다."

그때 세존께서는 때에 이르자 옷을 입으시고 발우를 지니셨으며 위의가 상서롭게 대중과 함께 아기하의 위로 나아가셨다. 여러 외도들이 보고서 각기 서로에 의논하여 말하였다.

"우리들이 밤새워 여러 방편을 지었어도 이와 같이 고뇌하였고 능히 건너가는 자가 없었다. 이 머리를 깎은 사문들이 마땅히 어찌하여 건너가겠는가?"

그때 세존께서 목련에게 알리셨다.

"그대가 스스로 때를 알아서 여러 비구들이 안온하게 건너가게 시키게."

그때 목련이 곧 신력으로써 일곱 보배의 다리를 지었는데, 여러 종류를 섞어서 보배로써 난간을 지었고, 다리 위에는 보배로 장식한 비단을 펼쳤으며, 일곱의 보배를 얽어서 그 위를 덮었고, 많은 이름 있는 꽃들이 비처럼 내렸으며, 여러 기악(伎樂)을 지었고, 여러 좋은 향을 태웠으므로 향의 연기가 구름과 같았다. 여러 외도들은 이 다리를 보고서 모두 크게 기뻐하며 각자 이렇게 말을 지었다.

"여러 사문들은 서서히 오시오. 우리들이 마땅히 먼저 건너가서 제일의 자리가 있는 곳을 취하겠소."

곧 모두가 빠르게 달려갔고 다투면서 다리에 나아가서 각자 먼저 건너고자 하였고 발이 다리 위를 밟았으나 모두 물속에 떨어졌다. 여러 외도들의 옷과 삼기장(三奇杖)과 군지 등의 물건이 물속에 떨어졌고 물살을 따라서 떠내려갔으나, 세존의 신력을 까닭으로 죽은 자는 없게 하셨다. 세존께서는 여러 비구와 함께 위의가 상서롭고 엄연(儼然)하게 나아가셨는데, 세존께서 가장 앞에 계셨고, 여러 비구들이 차례로 나섰으며, 목련은 가장 뒤를 따라서 나아갔으며 걷는 곳에서 다리가 곧 없어졌다. 세존께서는 여러 비구들과 함께 건너셨으며 목련에게 알리셨다.

"그대는 강을 다시 이전과 같이 돌려놓게."

여러 외도들은 각각 방편으로 뗏목을 타고 건너왔다. 세존께서 건너가시고 일체의 몸을 돌리셨으며 게송을 설하여 말씀하셨다.

먼저 이 언덕에서 건너가는 대중은
이미 생사의 바다를 건넜으므로
세간의 표류를 당하지 않고서
바른 지혜로 그 언덕에 건너가네.

세존께서 게송을 설하시고서 안상(安詳)하게 나아가 앉으셨고, 여러 비구들도 역시 차례로 앉았으며, 여러 외도들은 뒤에 건너왔으므로 비구들의 하좌에 가서 앉았다. 그때 단월들은 스스로가 손으로 여러 가지 음식을 가져와 세존과 제자 대중을 공양하게 하였다. 그때 여러 비구들은 마음으로 의심하였다.

'세존께서는 계율을 제정하시어 여러 곳에서 먹지 못하도록 하셨다. 우리들이 어떻게 다시 먹을 수 있겠는가?'

곧 일어나서 세존께 아뢰었고 세존께서는 말씀하셨다.

"시식법(施食法)을 짓도록 허락하겠나니, 마땅히 이와 같이 말을 짓도록 하라. '우리들이 오늘 얻은 음식을 어느 비구와 나아가 사미니에게 베풀겠습니다. 그가 나에게 헤아리지 않는다면 내가 마땅히 먹겠습니다.' 이와 같이 세 번을 말해야 하느니라."

그때 단월들이 각자 생각하면서 말하였다.

"누가 마땅히 축원(呪願)할 것인가?"

혹은 니건자(尼乾子)라고 말하였고, 혹은 불란가섭(不蘭迦葉)이라고 말하였으며, 이와 같이 외도 등이 각자 마땅히 축원해야 한다고 말하였다. 그때 많은 사람들의 말이 있었다.

"사문 구담이 상좌이니, 법으로 마땅히 축원해야 합니다."

그때 세존께서는 96종류의 외도 가운데에서, 스스로 고고함을 나타내지 않으셨고 다른 사람을 경시하지 않으셨으며 수순하여 축원하셨고,

[『생경(生經)』의 가운데에서 자세하게 설한 것과 같다.]

그때 세존께서는 다시 널리 여러 사람들을 위하여 수순하여 설법하시어 보여주셨고 가르치셨으며 이익되고 기쁘게 하셨으므로, 모두 환희하며 떠나갔다. 세존께서는 기원에 돌아오시어 여러 비구들에게 알리셨다.

"사위성을 의지하여 머무르는 비구들을 모두 모이게 하라. 열 가지의 이익을 까닭으로써 여러 비구들을 위하여 계율을 제정하겠나니, 나아가 이미 들었던 자들도 마땅히 거듭하여 들을지니라. 만약 비구가 여러 곳에서 먹는다면 다른 때를 제외하고는 바야제를 범하느니라. 다른 때는 병든 때와 옷의 때이다. 이것을 다른 때라고 이름하느니라."

'비구'는 앞의 설명과 같다.

'여러 곳에서 먹다.'는 자주자주 먹는 것이다.

'다른 때를 제외하다.'는 병든 때이다.

'병'은 열병(熱病)과 풍병(風病)과 냉병(冷病) 등과 같은 병이다. 만약 먹고서 다시 먹었는데 몸에 안온함을 얻는 자는 무죄이다.

'옷의 때'는 가치나의(迦稀那衣)가 없다면 한 달이고, 가치나의가 있다면 5개월 동안에 얻고서 5계를 버리더라도 무죄이다. 이를테면, 별중식(別衆食)과 여러 곳에서 먹는 것과 아뢰지 않고 같이 먹는 곳을 떠나는 것과 여분의 옷을 저축하는 것과 옷을 떠나서 묵는 것이다.

'다른 때'는 세존께서 무죄라고 말씀하셨다.

'바야제'는 앞의 설명과 같다.

비구는 마땅히 날짜의 숫자를 알아서 마땅히 시식(施食)에 대응하는 것이 필요하고, 법랍의 숫자를 기억하고서 옷을 수지하는 것이다.

'별중식'은 병이 있거나, 병이 없거나, 만약 사람이 "오늘이 며칠입니까?"라고 묻거나, 거꾸로 "어제가 며칠입니까?"라고 물을 수 없고, 마땅히 달의 1일과 2일과 나아가 14일과 15일을 일아아 하고, 달이 크고 작은 것을 모두 마땅히 알아야 한다. 비구가 이른 아침에 마땅히 음식을 베푼다고 생각을 짓고서 "오늘 음식을 얻으면 누구에게 베풀겠습니다. 누가 나를 헤아리지 않는다면 내가 마땅히 먹겠습니다."라고 이와 같이 세 번을 말해야 한다. 날마다 약간(若干)의 법랍의 숫자를 스스로가 기억해야 하고, 마땅히 3의를 수지하였거나, 받지 못한 날짜와 작정하여 베풀었는가를 기억해야 한다.

'별중식을 생각하다.'는 만약 병이 있거나, 만약 병이 없거나, 어떻게 비구의 음식이라고 이름하는가를 헤아려야 한다. 만약 보리밥이 세 발우이거나, 미숫가루가 두 발우이거나, 한 발우의 쌀로 밥을 짓거나, 어육(魚肉)이 한 발우이거나, 반 발우라면, 이 가운데서 만약 하나·하나를 얻었다면, 이것을 비구의 음식이라고 이름한다. 만약 승가람(僧伽藍)의 가운데에서 음식을 지으면서 음식이 익지 않았는데, 만약 비구가 미숫가루를 받아서 미숫가루의 음료를 마신다면 '여러 곳에서 먹는 것'을 범하여 바야제를 얻는다. 만약 시식법을 지었거나, 병이라면 범함이 없다. 만약 옷의 때라면 모두 범함이 아니다.

만약 밖에서 청하는 집이 있다면 곧 비구의 음식이라고 이름한다. 비구가 그때 사람에게 음식을 맞이하는데, 맞이하는 음식이 이르지 않아서 비구가 만약 미숫가루를 받아 미숫가루의 음료를 지었는데 보냈던 음식이 이르렀고, 비구가 만약 음식을 계상(戒相)을 아는 자라면 마땅히 잠시 머물러서 그 비구가 시식법을 짓기를 기다리며, 그러한 뒤에 음식을 주어야 한다. 만약 음식을 보냈던 비구가 계상을 알지 못하여서 곧 빠르게 음식을 주었고 시식법을 짓는 것이 허용되지 않았고, 비구는 그때 입안에 음식이 있었다면 마땅히 음식을 머금고서 시식법을 말하여야 하나니, 가벼운 것으로써 무거운 것을 바꾸는 까닭이다.

만약 비구가 한 집에 이르렀는데 단월이 "아사리여. 오늘은 우리 집에서 드십시오."라고 말하였다면, 이곳을 곧 먹는 곳이라고 이름한다. 비구가 '이집의 음식이 아직 익지 않았으니 나는 다른 집에 가야겠다.'라고 생각하였다면, 그때는 마땅히 알리고서 떠나가야 한다. 만약 알리지 않고 떠나가면 바야제를 범한다. 만약 그 집의 가운데에서 다섯의 정식(正食)과 다섯의 잡정식(雜正食)을 얻고서 먹는 자는 두 가지의 바야제를 범한다. 여러 곳에서 먹었거나, 먹는 곳을 떠나면서 알리지 않았으나, 만약 병든 자이거나, 시식법을 짓고 먹은 자는 무죄이다. 옷의 때에는 두 가지가 모두 무죄이다.

만약 단월이 "아사리여. 만약 음식이 없는 때라면 우리 집에 와서 드십시오."라고 이와 같이 말하였고, 비구가 그 집에 갔고 이르러 "장수여. 나는 오늘은 마땅히 이곳에서 먹겠습니다."라고 이렇게 말하였으며, 우바이가 "좋습니다. 바로 그것을 마땅히 준비하겠습니다."라고 말하였는데, 만약 음식이 익지 않아서 비구가 다른 집에 가고자 한다면 마땅히 알리고 떠나가야 한다. 만약 알리지 않는다면 앞에서 설한 죄를 얻는다.

만약 비구가 차례대로 걸식을 행하여 한 집에 이르렀는데, 단월이 "오늘은 이곳에서 여러 비구들에게 음식을 청합니다. 원하건대 아사리께서도 역시 우리의 청을 받으시고 다시 다른 집에 드시지 마십시오."라고 말하였다면, 만약 비구가 청을 받았으면 곧 먹는 곳이라고 이름한다. 만약 걸식하는 비구가 청을 받고서 '누가 이렇게 무거운 신심으로 베푸는 음식을 받겠는가?'라고 이렇게 생각을 짓고서, 만약 버리고서 떠나가고자 하는 자는 마땅히 알리고 떠나가야 한다. 만약 알리지 않는다면 앞에서 설한 죄를 얻는다.

만약 비구가 큰 공덕과 명성에 찬탄이 있어서 여러 많은 사람들이 음식을 보낸 것이 있었고, 여러 단월들의 뜻을 취하고자 일체의 음식을 받는다면 '여러 곳에서 먹는 것'을 범하여 바야제를 얻는다. 만약 시식법을 지었거나, 병이라면 무죄이며, 옷의 때라면 두 가지가 모두 무죄이다.

어느 두 비구가 각각 별도로 한 명이 가장(家長)에게 청을 받았는데, 첫째의 비구가 둘째의 비구에게 "장로여. 오늘은 함께 나의 단월의 집에서 먹으러 떠납시다."라고 말하였다면, 둘째의 비구는 마땅히 알리고 떠나가야 한다. 만약 알리지 않는다면 앞에서와 같고, 둘째의 비구가 청하는 것도 역시 이와 같다.

'비구가 먹는 곳'은 보리밥이 세 발우이거나, 미숫가루가 두 발우이거나, 한 발우의 쌀로 밥을 짓거나, 어육이 한 발우이거나, 절반의 발우이라면, 이 가운데서 하나·하나가 비구의 음식이다. 만약 한 집에서 혹은 세

되를 얻었거나, 혹은 두 되이거나, 혹은 한 되이거나, 혹은 반 되이며, 이와 같이 여러 집에서 구걸하여 얻었다면 무죄이다. 만약 한 집에서 세 발우의 보리밥이거나, 미숫가루 두 발우이거나, 만약 한 발우의 쌀로 지은 밥이거나, 어육을 만약 한 발우나 반 발우를 얻었다면 다른 집에서 다시 얻을 수 없다.

이 가운데에서 무엇이 범하는 것이고 무엇이 범하지 않는 것인가? 만약 죽이 처음으로 솥에서 나왔고 그려서 글자가 이루어지면 범하고, 만약 글자가 이루어지지 못한다면 범한 것은 아니다. 일체의 나물·일체의 미숫가루·일체의 떡·일체의 과일을 여러 곳에서 먹지 않고, 별중식이 아니며, 만족하게 먹지 않고 집과 취락에 많이 쌓아두어도 무죄이다.

이러한 까닭으로 설하였노라.

세존께서는 사위성에 머무셨으며, 자세한 설명은 앞에서와 같다.
이때 어느 바라문이 승가를 청하여 음식을 베풀었다. 그때 여러 음식을 준비하고, 청정한 물을 걸렀으며 평상과 요를 펴놓고 이와 같이 생각을 지었다.

'아사리는 한 끼를 먹는 사람들이니, 마땅히 일찍 음식이 필요할 것이다.'
곧 기원에 이르러 승가의 발에 예배하고 호궤 합장하고서 이와 같이 말을 지었다.

"나 누구는 승가를 청하여 음식을 주고자 음식을 이미 준비하였습니다. 원하건대 승가께서는 때를 아십시오."

그때 비구들은 때에 이르러 옷을 입고 발우를 지니고 그의 집으로 가서 차례로 앉았다. 이때 바라문은 스스로가 손으로 여러 종류의 음식을 주어서 스스로가 마음대로 배부르게 먹게 하였고, 바라문이 다시 스스로 음식을 가지고 돌아다니면서 강제로 권하였으므로, 여러 비구들이 모두 말하였다.

"필요하지 않습니다. 배부르게 먹었습니다."
여러 비구들이 음식을 먹고서 인연이 없는 자는 빠르게 정사로 돌아갔고, 인연이 있는 자는 여러 단월들의 집을 지나갔다. 단월들이 보고서 환희하고 예배하며 문신하면서 이렇게 말을 지었다.

"아사리여. 전식(前食)이 필요합니까? 과일과 채소가 필요합니까? 죽이 필요합니까? 만약 아사리께서 필요하시다면 우리들이 마땅히 짓겠습니다."

비구가 말하였다.

"우리들은 어느 바라문의 집에서 이미 배불리 먹었습니다."

이때 단월들은 비구들의 음식의 때가 아직 지나지 않은 것을 알고서 이렇게 말을 지었다.

"아사리여. 날이 이른 까닭이니, 이 떡을 가지고 정사로 돌아가서 드십시오."

비구들은 곧 주었으므로 발우에 떡을 가득 담아서 돌아왔고 기원의 문간에 앉아서 이 떡을 먹었으며, 다시 다른 비구들도 불러서 함께 먹었다. 이때 바라문은 스스로가 음식을 먹고서 그의 아내에게 말하였다.

"남아있는 음식으로써 여러 인근(隣近)에 대접하시오. 나는 세존의 처소에 나아가서 예배하고 문신하겠소."

멀리서 비구들을 보았는데, 기원사의 문간에 앉아서 함께 떡을 먹고 있었다. 보고서 한 명의 경행하는 비구의 처소로 가서 물었다.

"이들은 객비구입니까?"

대답하여 말하였다.

"아닙니다."

"수행하는 비구입니까?"

대답하여 말하였다.

"아닙니다."

또한 물있다.

"우리 집에서 먹었던 비구입니까?"

대답하여 말하였다.

"그렇습니다."

다시 물어 말하였다.
"무엇을 짓고 있습니까?"
비구가 말하였다.
"바라문이여. 그대는 알지 못합니까?"
대답하여 말하였다.
"알지 못합니다."
"이 비구들은 음식이 적었으므로 배부르게 만족하려는 것입니다."
이때 바라문의 마음이 곧 기쁘지 않아서 이렇게 말을 지었다.
"사문 석자들은 진실하게 말하는 사람인데, 지금은 진실하지 않구나. 부족한 것을 만족한다고 말하고, 사용하면서 사용하지 않는다고 말하며, 배부르지 않은데 배부르다고 말하였으니, 이렇게 무너지고 패배한 사람들에게 무슨 도가 있겠는가?"
마음이 싫었던 까닭으로 결국 세존께 나아가지 않고 곧바로 돌아갔다. 여러 비구들이 듣고서 가서 세존께 아뢰었고, 세존께서는 말씀하셨다.
"이 비구들을 불러오라."
왔으므로, 세존께서 그들에게 물으셨다.
"그대들이 진실로 그러하였는가?"
대답하여 말하였다.
"진실입니다. 세존이시여."
"비구들이여. 그대들은 어찌하여 만족하게 먹고 일어나서 앉은 곳을 벗어나서 다시 먹었는가? 지금부터 이후에는 만족하게 먹고 일어났다면 앉은 곳을 벗어나서 다시 먹는 것을 허락하지 않겠노라."

다시 세존께서는 사위성에 머무셨으며, 자세한 설명은 앞에서와 같다.
그때 여러 비구들이 나물을 먹고서 만족하다고 말하였고, 소금을 먹고서 만족하다고 말하였으며, 물을 마셨어도 모두 만족하다고 이름하였으며, 앉은 자리를 벗어나서 다시 먹지 않았으므로 신체가 야위고 수척해졌다. 여러 비구들이 이러한 인연으로써 세존께 가서 아뢰었고, 세존께서는 말씀하셨다.

"지금부터는 다섯의 정식(正食)과 다섯의 잡정식(雜正食)을 먹는 것은 허락하겠나니, 이것을 만족한다고 이름하느니라."

그때 여러 비구들이 앉은 곳에 있으면서, 음식을 조금 얻고서도 음식에 만족하였다고 이름하였고, 다시 먹지 않았으므로, 오히려 이전처럼 야위고 수척해졌다. 여러 비구들이 이러한 인연으로써 세존께 가서 아뢰었고, 세존께서는 말씀하셨다.

"한곳에 앉아서 먹는데, 다섯의 정식과 다섯의 잡정식을 스스로가 마음대로 주었다면 이것을 만족한다고 이름하느니라."

다시 세존께서는 사위성에 머무르셨다.

그때 기원정사에 60명의 비구가 병들었으므로 비구가 60명분의 음식을 맞이하여 병든 비구들에게 먹였으나, 남아서 없어지지 않아서 담장의 주변에 버렸다. 까마귀와 새들이 함께 먹으려고 싸우면서 소리를 지었다. 세존께서는 아시면서도 일부러 물으셨다.

"비구들이여. 이 여러 새들은 무슨 까닭으로 크게 우는가?"

여러 비구들이 세존께 아뢰어 말하였다.

"60명의 비구들이 병들었으므로 병자를 위하여 음식의 양을 맞이하였으나, 음식을 능히 먹지 못하여서 담장의 주변에 버렸습니다. 여러 새들이 다투면서 이 남은 음식을 먹는 까닭으로 큰 소리가 있습니다."

세존께서 여러 비구들에게 말씀하셨다.

"만약 병든 비구가 음식을 먹지 못한다면 간병하는 비구가 잔식법(殘食法)을 짓고서 음식을 먹는 것을 허락하겠노라."

다시 다음으로 세존께서는 사위성에 머무르셨다.

그때 간병하는 비구들이 잔식법을 지어서 먹었어도 오히려 먹지 못하였으므로 담장의 주변에 버렸다. 여러 새들이 서로 싸운 것은 앞에서 말한 것과 같다.

세존께서는 아시면서도 일부러 물으셨다.
　"여러 새들은 무슨 까닭으로써 싸우는가?"
　여러 비구들이 세존께 아뢰어 말하였다.
　"간병하는 비구들이 잔식법을 지어서 먹었어도 오히려 먹지 못하여서 담장의 주변에 버렸습니다. 이러한 까닭으로 여러 새들이 싸우면서 먹으므로 소리를 지었습니다."
　세존께서 말씀하셨다.
　"오늘부터는 한 사람이 잔식법을 짓는다면 나머지의 사람들이 모두 먹는 것을 허락하겠노라."
　세존께서는 여러 비구들에게 알리셨다.
　"사위성을 의지하여 머무르는 비구들을 모두 모이게 하라. 열 가지의 이익을 까닭으로써 여러 비구들을 위하여 계율을 제정하겠나니, 나아가 이미 들었던 자들도 마땅히 거듭하여 들을지니라. 만약 비구가 음식을 먹고서 만족하였고 자리에서 일어나서 자리를 떠나갔는데, 잔식법을 짓지 않고서 먹는 자는 바야제를 범하느니라."
　'비구'는 앞의 설명과 같다.
　'음식'은 다섯 종류가 있으니, 미숫가루·밥·보리밥·물고기·고기이다. 다시 다섯 가지의 잡정식이 있으니, 이것을 음식이라고 이름한다.
　'만족하다.'는 여덟 종류가 있으니, 첫째는 자자(自恣)의 만족이고, 둘째는 소욕(少欲)의 만족이며, 셋째는 예오(穢汚)의 만족이고, 넷째는 잡(雜)스러운 만족이며, 다섯째는 불편(不便)의 만족이고, 여섯째는 아침의 만족이며, 일곱째는 정주(停住)의 만족이고, 여덟째는 자기(自己)의 만족이 있다.
　'자자의 만족'은 단월이 스스로가 마음대로 미숫가루·밥·보리밥·물고기·고기 등을 주었거나, 더불어 잡정식을 스스로가 마음대로 먹도록 권유하였고, 비구가 "나는 이미 만족하였습니다."라고 말하고서 이와 같이 일어나서 자리를 벗어났다면 잔식법을 짓지 않아야 한다. 만약 먹는 자는 바야제를 범한다. 이것을 자자의 만족이라고 이름한다.
　'소욕의 만족'은 단월이 스스로가 마음대로 다섯의 정식과 다섯의 잡정식을 주었다면, 비구가 손을 움직여서 조금 취하는 모습을 짓는 것이다. 이와 같이 자리를 벗어났는데, 잔식법을 짓지 아니하고 먹는 자는 바야제를 범한다. 이것을 소욕의 만족이라고 이름한다.

'예오의 만족'은 음식을 돌리는 때에 정인(淨人)의 손에 개창(疥瘡)이 있거나, 더불어 여러 부정한 때에 비구가 보고서 더럽다고 말하면서 과거를 수용하지 않고 일어나서 자리를 떠나갔는데, 잔식법을 짓지 않고서 먹는 자는 바야제를 범한다. 이것을 예오의 만족이라고 이름한다.

'잡스러운 만족'은 정인이 유락(乳酪)의 그릇을 가지고 보릿가루와 밥을 담아 돌리는 때에 비구가 보고서 싫다고 말하면서 과거를 수용하지 않고 일어나서 자리를 벗어났는데, 잔식법을 짓지 않고서 먹는 자는 바야제를 범한다. 이것을 잡스러운 만족이라고 이름한다.

'불편의 만족'은 정인이 음식을 돌리는데 비구가 "이것은 무엇입니까?" 물어 말하였고, "미숫가루입니다."라고 대답하여 말하였으며, 비구가 "이것은 나에게 풍병(風病)을 일으키므로 나에게 불편합니다."라고 말하였으며, 이와 같이 자리를 벗어났는데, 잔식법을 짓지 않고서 먹는 자는 바야제를 범한다.

만약 밥을 돌리는 때에 비구가 "밥이 단단합니까? 부드럽습니까?"라고 물어 말하였고, "단단합니다."라고 대답하여 말하였으며, 비구가 "이 단단한 쌀은 소화시키기 어렵고 나에게 불편하니 떠나겠습니다."라고 말하였거나, 만약 "부드럽습니다."라고 대답하였고, 비구가 "이것은 너무 부드러워서 먹기 어렵고 나에게 불편하니 떠나겠습니다."라고 말하였거나, 만약 고기를 돌리는 때에 비구가 "이것은 무슨 고기입니까?"라고 말하였고, "쇠고기입니다."라고 말하였으며, 비구가 "쇠고기는 성질이 뜨거워서 나에게 불편합니다."라고 말하면서 내려놓고 떠나갔거나, 만약 "물소의 고기입니다."라고 말하였고, 비구가 "성질이 차서 소화시키기 어렵습니다."라고 말하면서 내려놓고 떠나갔거나, 만약 "사슴의 고기입니다."라고 말하였고, 비구가 "이 고기는 바람의 성품이 있습니다"라고 말하면서 내려놓고 떠나갔다면, 이것을 불편의 만족이라고 이름한다. 이와 같이 일어나서 자리를 벗어났는데, 잔식법을 짓지 않고서 먹는 자는 바야제를 범한다. 이것을 불편의 만족이라고 이름한다.

'아첨의 만족'은 정인이 다섯의 정식과 다섯의 잡정식을 돌리는 때에 비구가 여러 입이 두려워서 만족하다고 말하지 않고 손으로 모습을 지어서 나타내거나, 만약 머리를 흔들거나, 만약 발우를 거두는 모습을 짓거나, 일어나서 자리를 벗어났는데, 잔식법을 짓지 않고서 먹는 자는 바야제를 범한다. 이것을 아첨의 만족이라고 이름한다.

'정주(停住)의 만족'은 정인이 다섯의 정식과 다섯의 잡정식을 돌리는데, 비구가 "장수여. 주먹밥을 먼저 돌리지 마십시오. 발에 부딪히는 것이 두렵습니다. 마땅히 채소와 소금과 냉수를 먼저 내려놓으십시오."라고 말하였고, 이와 같이 일어나서 자리를 벗어났는데, 잔식법을 짓지 않고서 먹는 자는 바야제를 범한다. 만약 직월(直月)2)과 유나(維那)3) 등의 지시로 모습을 나타냈다면 만족하였다고 이름하지 않는다. 이것을 정주의 만족이라고 이름한다.

'자기의 만족'은 비구가 걸식하여 한 집에 이르러 미숫가루의 자루를 한곳에 내려놓고서 단월을 쫓아서 물을 구걸하여 마시고자 하였는데, 단월이 '이 비구는 마땅히 미숫가루가 필요할 것이다.'라고 이렇게 생각하였고, 곧 "미숫가루가 필요합니까?"라고 물었으며, 이 비구는 '이 단월이 반드시 집안의 미숫가루를 취하여 나에게 줄 것이다.'라고 이렇게 생각을 짓고서, "필요합니다."라고 대답하였다. 그때 단월이 곧 비구의 미숫가루 자루에서 붙잡고 비구에게 주었고, 비구는 자기의 미숫가루가 아까운 까닭으로 곧 "놓아두십시오. 놓아두십시오."라고 말하였으며, 이렇게

---

2) 오늘날의 간사(幹事)와 같은 역할을 하는 자이다.
3) 산스크리트어 karma-dāna의 번역으로 사찰에서 대중을 보살하는 소임을 맡은 비구(니)이다. 중국에서는 강유(綱維)의 유(維)와, 갈마타나의 나(那)를 따서 유나(維那)라는 소임을 도입했다. 유나는 도유나(都維那)라고도 하는데, 각 종파에서도 승가의 소임을 구체적 또는 상징적으로 나타내는 용어이며, 선종에서는 육지사(六知事)의 하나로서 대중의 수행을 독려하고 대중의 법열을 일으키므로 열중(悅衆)이라고도 한다.

말하고서 일어나서 자리를 벗어났는데, 잔식법을 짓지 않고서 먹는 자는 바야제를 범한다. 이것을 자기의 만족이라고 이름한다.

'일어나서 자리를 벗어나다.'는 떠나는 것에 여덟 가지가 있으니, 행(行)·주(住)·좌(坐)·와(臥)·장상(長床)·좌상(坐床)·배(船)·수레(乘) 등이 있다.

'머무르다.'는 비구가 서서 먹었거나, 스스로가 마음대로 주었던 것을 먹으면서 마땅히 발을 중간을 세우고서 만약 갔거나, 만약 앉았거나, 만약 누웠다면 모두 본래의 처소를 떠나는 것이니, 잔식법을 짓지 않고서 먹는 자는 바야제를 범한다. 갔거나, 앉았거나, 누웠어도 역시 이와 같다.

만약 비구가 장상 위에 앉아 있으면서 스스로가 마음대로 주는 것을 먹는데, 만약 상좌이거나, 만약 화상과 아사리를 왔고 일어나서 자리를 벗어나 피하지 못하였거나, 몸을 이끌어 평상을 벗어나 피하지 못하였거나, 만약 평상 다리가 부러졌다면 본래의 처소를 벗어났다고 이름한다. 만약 잔식법을 짓지 않고서 먹는 자는 바야제를 범한다. 이것을 장상이라고 이름한다.

'좌상'은 만약 비구가 혼자 평상 위의 자리에 앉아 있으면서 스스로가 마음대로 먹었는데, 만약 앉고서 비로소 등 뒤에 탑이 있었거나, 만약 승가가 있었거나, 만약 화상과 아사리가 있는 것을 깨달았다면 마땅히 평상을 떠나지 않고 몸을 돌려야 하고, 만약 비가 온다면 마땅히 일산을 가지고 위를 덮어야 하며, 만약 일산이 없다면 합쳐진 평상을 들어서 덮어진 곳에 놓아두어야 한다. 만약 드는 때에 땅에 넘어지면 본래의 처소를 벗어났다고 이름한다. 만약 잔식법을 짓지 않고서 먹는 자는 바야제를 범한다. 이것을 좌상이라고 이름한다.

'배'는 만약 비구가 배 위에 있으면서 스스로가 마음대로 주는 것을 먹는데, 만약 배가 제방(築岸)에 부딪쳤거나, 만약 나무와 돌에 부딪쳤거나, 만약 물결에 휩쓸려 돌아왔다면 비구의 몸이 본래의 처소를 벗어나는 것이니, 잔식법을 짓지 않고서 먹는 자는 바야제를 범한다.

'수레'는 만약 비구가 수레 위에 있으면서 스스로가 마음대로 주는 것을 먹는데, 만약 수레가 언덕을 올라갔거나, 언덕을 내려가면서, 만약 수레가 뒤집혀서 몸이 본래의 처소를 벗어나는 것이니, 잔식법을 짓지 않고서 먹는 자는 바야제를 범한다. 이것을 수레라고 이름한다.

다섯 가지의 비법이라면 잔식법을 지었다고 이름할 수 없다. 무엇이 다섯 가지인가? 처소(處)를 떠나고, 음식을 벗어나며, 경계를 벗어나고, 펼친 손을 벗어나며, 말(語)을 벗어나는 것이 있다.

'처소를 벗어나다.'는 만약 잔식법을 짓고 비구가 다니는 때에 음식을 주어서 먹었거나, 머무는 때, 앉는 때, 눕는 때에 잔식법을 말하는 것이니, 잔식법을 지었다고 이름할 수가 없고, 이와 같이 머물고 앉으며 눕는 때에 주어서 먹었거나, 다니는 때, 머무는 때와 앉는 때에 잔식법을 말하는 것이다. 이것을 처소를 떠났다고 이름한다.

'음식을 벗어나다.'는 주지 않았는데 먹으면서 잔식법을 짓고, 곧 다시 주었다고 말하는 것으로 지었다고 이름하지 않는다. 이것을 음식을 떠났다고 이름한다.

'경계를 벗어나다.'는 음식을 땅에 내려놓고 잔식법을 짓는 것이니, 손의 안에 있지 않으므로 잔식법을 지었다고 이름하지 않는다. 이것을 경계를 떠났다고 이름한다.

'펼친 손을 벗어나다.'는 펼친 손의 밖에서 잔식법을 짓는 것이니, 펼친 손의 안이 아니므로 잔식법을 지었다고 이름하지 않는다. 이것을 펼친 손을 떠났다고 이름한다.

'말을 떠나다.'는 입으로 "내 손 안의 발우 속의 음식은 내가 지금 일체가 필요하지 않으므로, 잔식을 장로에게 주겠습니다."라고 이렇게 말을 짓지 않는 것이다. 이것을 말을 떠났다고 이름하고, 지었다고 이름하지 않는다. 이것을 다섯의 비법이라고 이름하나니, 잔식법을 짓는 것이 성립되지 않는다.

다섯 가지의 여법한 것이 있으니, 여법하게 잔식법을 지었다고 이른다. 무엇이 다섯 가지인가? 처소를 벗어나지 않거나, 음식을 벗어나지 않거나, 경계를 벗어나지 않거나, 펼친 손을 벗어나지 않거나, 말을 벗어나지 않는 것이 있다.

'처소를 벗어나지 않다.'는 만약 잔식법을 짓고 비구가 다니는 때에 음식을 주어서 먹었고, 곧 다니는 때에 잔식법을 말하였다면, 잔식법을 지었다고 이름한다. 이와 같이 머무는 때에, 앉는 때에, 눕는 때에, 역시 이와 같다. 이것을 처소를 벗어나지 않았다고 이름한다.

'음식을 벗어나지 않다.'는 음식을 먹고서 곧 잔식법을 말하고 주는 것이다. 이것을 음식을 벗어나지 않았다고 이름한다.

'경계를 벗어나지 않다.'는 손의 가운데에 있으면 잔식법을 짓고서, 땅에 놓아두는 것이 아니다. 이것을 경계를 떠나지 않았다고 이름한다.

'펼친 손을 벗어나지 않다.'는 손을 펴는 안에서 잔식법을 지었는데, 펼친 손이 밖이 아닌 것이다. 이것을 펼친 손을 벗어나지 않았다고 이름한다.

'말을 벗어나지 않다.'는 음식을 먹고서 말하기를 "내 손 안의 발우 가운데에 소유한 음식은 내가 지금 일체가 필요하지 않으므로, 잔식을 장로에게 주겠습니다."라고 이렇게 말을 짓는 것이다. 이것을 말을 벗어나지 않았다고 이름한다. 이것을 다섯 가지로 여법하게 잔식법을 지었다고 이름한다.

만약 다섯 가지의 비법을 성취하면 목숨을 마치도록 잔식법을 짓고 먹을 수 없다. 무엇이 다섯 가지인가? 처소가 선(善)하지 않거나, 음식이 선하지 않거나, 경계가 선하지 않거나, 펼친 손이 선하지 않거나, 막는 것에 선하지 않은 것이다.

'처소에 선하지 않다.'는 다니는 때에 먹으면서 다니는 만족함을 알지 못하고, 머무는 때에 먹으면서 머무는 만족함을 알지 못하며, 앉은 때에 먹으면서 앉는 만족함을 알지 못하고, 눕는 때에 먹으면서 눕는 만족함을 알지 못하는 것이다. 이것을 처소가 선하지 못하다고 이름한다.

'음시에 선하지 않다.'는 다섯 가지의 정식과 다섯 기지의 잡정식이니, 이것에 만족하고 다른 것에 만족하지 않음을 알지 못하는 것이다. 이것을 음식에 선하지 못하다고 이름한다.

'경계가 선하지 않다.'는 손의 가운데 있는 것에 만족하고 땅에 있는 것에 만족하지 못함을 알지 못하는 것이다. 이것을 경계가 선하지 못하다고 이름한다.

'펼친 손이 선하지 않다.'는 펼친 손의 안에 있는 것은 만족하고 펼친 손의 밖에 있는 것은 만족하지 않음을 알지 못하는 것이다. 이것을 펼친 손이 선하지 못하다고 이름한다.

'막는 것에 선하지 않다.'는 막으면 만족하고 막지 않으면 만족하지 않음을 알지 못하는 것이다. 이것을 막음이 선하지 못하다고 이름한다.

이와 같이 다섯 가지의 비법을 성취하면 목숨이 마치도록 잔식법을 짓고서 먹는 것을 허락하지 않고, 만약 다섯 가지의 여법함을 성취하면 목숨을 마치도록 잔식법을 짓고서 먹는 것을 허락한다. 무엇이 다섯 가지인가? 선한 처소, 선한 음식, 선한 경계, 선하게 펼친 손, 선하게 막는 것이다.

'선한 처소'는 다니는 때에 먹으면서 만족함을 아는 것이니, 서 있던 때에 먹으면서 서 있는 것에 만족함을 알고, 앉는 때에 먹으면서 앉는 것에 만족함을 알며, 눕는 때에 먹으면서 눕는 것에 만족함을 아는 것이다. 이것을 선한 처소라고 이름한다.

'선한 음식'은 다섯 가지의 정식과 다섯 가지의 잡정식이 만족함을 알고 다른 것에 만족하지 않음을 아는 것이다. 이것을 선한 음식이라고 이름한다.

'좋은 경계'는 음식이 손의 가운데 있다면 이것을 만족하고, 땅에 있다면 만족하지 않음을 아는 것이다. 이것을 선한 경계라고 이름한다.

'선하게 펼친 손'은 펼친 손의 안을 이것에 만족하고, 펼친 손의 밖이 만족하지 않음을 아는 것이다. 이것을 선하게 펼친 손이라고 이름한다.

'선하게 막은 것'은 막은 이것에 만족하고, 막지 않는 것에 만족하지 않음을 아는 것이다. 이것을 선하게 막은 것이라고 이름한다. 이 다섯 가지의 법을 성취하면 목숨이 마치도록 잔식법을 짓고서 먹는 것을 허락한다.

만약 비구가 음식을 가지고 와서 잔식법을 짓고자 하는 때에, 곧 발우

위의 그릇 안에서 잔식법을 짓는 자는 곧 그릇의 안에서 잔식법을 지었다고 이름할 수 있으나, 발우 안의 음식은 잔식법을 지었다고 이름하지 않는다. 만약 그릇 가운데의 음식 즙(汁)이 발우 가운데 흘러 들어왔다면 함께 잔식을 얻었다고 이름한다. 만약 비구가 함께 두 발우에서 잔식법을 짓고자 구하는데, 만약 앞의 사람이 곧 한 발우 안의 밥을 먹었다면, 바로 한 발우에서 잔식법을 지을 것이고, 만약 두 발우 위에, 만약 떡이거나, 만약 나물로 발우의 옆과 위를 통하여 덮었다면, 두 발우를 함께 잔식법을 지었다고 이름한다. 나머지 여러 종류의 그릇도 역시 이와 같다.

만약 비구가 만족하게 먹고서 단월의 집에 갔는데, 주인이 "아사리여. 능히 떡을 먹을 수 있습니까?"라고 말하였고, 비구가 "나는 이미 만족하게 먹었습니다."라고 대답하면, 만약 법을 아는 우바새라면 "어느 집에는 만족하지 못한 비구가 있으니, 만약 음식이 필요하면 내가 마땅히 가서 잔식법을 짓겠습니다."라고 이렇게 말을 지어야 한다. 비구가 만약 필요하다면 마땅히 "그렇게 하겠습니다."라고 대답한다면, 단월은 그릇을 깨끗이 씻고 가운데에 여러 종류의 맛있는 음식을 채우고, 비구는 받아서 취하고 좋고 세밀한 면직물에 싸서 밖의 티끌이나 흙이 들어가지 않게 할 것이며, 정인의 손 안에 쥐어주면서 "그대가 가서 잔식법을 짓고서 가지고 오십시오."라고 이렇게 말을 지어야 한다.

정인은 음식을 가지고 그 비구의 처소에 이르러서 "존자여. 우리 집 안에는 음식에 만족하지 못한 비구가 있으니, 원하건대 존자께서는 우리들을 위하여 잔식법을 지어 주십시오."라고 이와 같이 말을 지어야 한다. 비구는 마땅히 손을 깨끗이 씻고서 이 음식을 받아서 그 정인에게 "그대는 나의 주변에 가까이 있으면서 펼친 손으로 안에 서 있으시오."라고 말하면서, 비구가 발우 가운데에서 한 입을 먹고서 "나의 손안의 그릇의 가운데 소유한 음식은 일체가 필요하지 않으니, 잔식법을 짓고서 그대에게 주겠습니다."라고 말한다. 정인이 가지고 와서 비구에게 준다면, 비구는 음식을 먹으며, 만약 다시 만족하고서 남은 것은 다른 비구가 필요하면 역시 함께 먹을 수 있다.

만약 국토에 비구의 처소가 적은 나라에서 비구가 음식을 먹었는데, 어느 큰 단월이 여러 종류의 음식을 가지고 이르렀으나, 비구가 이미 일어나서 떠나갔다면 마땅히 어떻게 해야 하는가? 만약 그곳에 직월이거나, 유나이거나, 여러 지사인이 있었고, 아직 먹은 자가 만족하지 않는다면, 마땅히 그 사람의 주변을 따라가면서 잔식법을 짓고서 먹는다.

만약 그들이 이미 만족하게 먹었고, 만약 상좌가 만족하지 못하였다면 마땅히 상좌의 주변에서 잔식법을 짓고서 먹게 하고, 만약 상좌가 부끄러워서 능히 사람들의 가운데에서 잔식법을 짓지 못한다면 마땅히 여럿이 거들어서 상좌의 가려진 곳에 이르러 잔식법을 짓고서 먹게 하며, 만약 상좌가 이미 만족하게 먹었고, 어느 객비구가 왔다면 마땅히 물어야 한다.

"장로여. 오늘 스스로가 마음으로 만족합니까?"

만약 객비구가 "나는 아직 하안거를 얻지 못했는데 어떻게 자자(自恣)를 만족하겠습니까?"라고 대답하여 말하였고, 마땅히 이 사람이 율상(律相)을 알지 못함을 알았다면, 다시 마땅히 "그대는 음식을 먹었습니까?"라고 묻는다. 만약 "이미 먹었습니다."라고 말한다면, 다시 "단월이 자자로 주었습니까?"라고 묻고, 만약 "장로여. 어느 곳에서 자자의 음식을 얻었겠습니까? 물과 나물도 오히려 부족하였는데, 하물며 다시 나머지의 음식이 겠습니까?"라고 말하면, 마땅히 이 비구가 부족하다고 알 것이다. 마땅히 그 비구를 쫓아서 잔식법을 지을 것이고, 만약 "나는 단월의 집에서 자자로 주었습니다."라고 말한다면, 마땅히 만족하였다고 알 것이다.

승가는 방편을 지어서 마땅히 단월의 선한 마음을 깨뜨릴 수 없으므로, 만약 대중의 가운데에 대사미(大沙彌)가 있다면, 데리고 계장(戒場) 위에 이르러 곧 구족계를 주고 잔식법을 가르쳐서 짓게 하고서 그러한 뒤에 마땅히 먹도록 한다. 만약 비구가 다섯 가지의 잡정식을 먹었고, 다섯 가지의 정식을 벗어났으며, 잔식법을 지었더라도 지었다고 이름하지 않는다. 만약 부족하여 다시 먹었다면 무죄이다. 만약 만족하고 일어나서 자리를 벗어났으며 다시 먹었다면 월비니죄를 범한다.

만약 비구가 다섯 가지 정식을 먹었고, 다섯 가지의 잡정식을 벗어났으며, 잔식법을 지었더라도 지었다고 이름하지 않는다. 만약 부족하여 다시 먹었다면 무죄이다. 만약 만족하고 일어나서 자리를 벗어났다가 다시 먹었다면 월비니죄를 범한다. 만약 비구가 다섯 가지의 정식을 벗어났고 다섯 가지의 잡정식을 벗어났으며, 잔식법을 지었더라도 지었다고 이름하지 않는다. 만약 부족하여 다시 먹었다면 무죄이다. 만약 만족하고 일어나서 자리를 벗어났다가 다시 먹었다면 월비니죄를 범한다.

만약 비구가 다섯 가지의 정식과 다섯 가지의 잡정식을 먹고서 잔식법을 지었다면 여법하게 잔식법을 지었다고 이름한다. 만약 부족하여 다시 먹었다면 무죄이다. 만약 만족하고 일어나서 자리를 벗어났다가 다시 먹었다면 월비니죄를 범한다.

이 가운데에서 무엇이 범한 것이고, 무엇이 범하지 않은 것인가? 만약 일체의 죽이 새롭게 솥에서 나왔고 글자를 써도 글자가 이루어지지 않는 것·일체의 과일·일체의 나물·별중식(別衆食)이 아닌 것과 처처식(處處食)이 아닌 것·족식(足食)이 아닌 것·집 안에 많이 쌓아두었다면 범한 것이 없다.

이러한 까닭으로 설하였노라.

세존께서는 사위성에 머무셨으며, 자세한 설명은 앞에서와 같다.
그때 아난에게 두 명의 공행제자가 있었는데, 첫째는 만도(滿茶)라고 이름하였고, 둘째는 아비기(阿毘耆)라고 이름하였다. 존자 대목련에게도 두 명의 공행제자가 있었는데, 첫째는 아사도(阿闍都)라고 이름하였고, 둘째는 사사도(舍舍都)라고 이름하였다. 각각 이와 같이 말을 지었다.
"누가 다문(多聞)이고, 누가 변재(辯才)인가?"
이때 아난의 공행세사는 번새가 예리한 근기었고, 목련의 세사는 논의(論議)가 같지 못하였으므로 행·주·좌·와에 항상 좌우를 따라다니면서 좌우에서 그의 단점을 엿보았다. 혹은 때에 두 사람이 하나의 청을 받았다. 이때 존자 목련의 제자는 떡을 얻어서 절반은 먹었고, 절반은 가지고 밖에 나와서 아난의 제자에게 이와 같이 말하였다.
"장로여. 그대가 떡을 먹고자 합니까?"
물어 말하였다.
"그대는 어느 곳에서 떡을 얻었습니까?"
대답하여 말하였다.
"내가 그곳에서 먹고 가지고 왔습니다."
곧바로 취하여 먹었고, 먹었으므로 곧 이렇게 말을 지었다.
"장로여. 그대는 죄를 범하였습니다."
물어 말하였다.
"무슨 죄입니까?"
대답하여 말하였다.
"세존께서 계율을 제정하시어 비구들이 만족하게 먹고 자리를 벗어나서 잔식법을 짓지 않고 다시 먹는 것을 허락하지 않으셨습니다."
아난의 제자가 말하였다.
"그대는 어찌하여 내가 잔식법을 짓지 않은 가운데에 내가 먹게 시켰습니까?"
목련의 제자가 말하였다.
"그대는 이전의 논의하는 때에 무슨 까닭으로 변재로써 강제로 나를 절복(折伏)하여 나를 욕보였습니까?"
마침내 함께 서로 다투면서 세존의 처소로 가서 머리숙여 발에 예경하고 물러나서 한쪽에 머물렀으며 앞의 인연으로써 세존께 갖추어 아뢰었고, 세존께서 말씀하셨다.
"여러 비구들의 뜻은 어떠한가? 내가 여러 성문들을 위하여 9부법(九部法)을 말하였나니 이를테면, 수다라(修多羅)·기야(祇夜)·수기(授記)·가타(伽陀)·우타나(優陀那)·여시어(如是語)·본생(本生)·방광(方廣)·미증유(未曾有)이니라. 여러 성문들이 귀로 이 9부의 법을 설하는 것을 들었는데, 여러 제자들이 논의하며 승부를 투쟁하게 시키고자 하였는가?"
대답하여 말하였다.

"아닙니다. 세존이시여."

세존께서 여러 비구들에게 말씀하셨다.

"만약 그렇지 않다면 내가 여러 성문들을 위하여 이 9부의 법을 설한 것을 들었는데, 여러 성문들에게 말씀과 같게 수행하고자 하려는 것이었는가?"

대답하여 말하였다.

"이와 같습니다. 세존이시여."

이때 두 비구는 곧 세존의 앞에서 서로를 향하여 참회하였고, 세존께서는 말씀하셨다.

"스스로가 아는 법을 믿고서 다른 사람을 경시하지 않아야 하고, 역시 비구가 이미 만족하게 먹은 것을 알고서 잔식법을 짓지 않았는데, 강제로 권하여 먹게 하는 것을 허락하지 않겠노라."

세존께서는 여러 비구들에게 알리셨다.

"사위성을 의지하여 머무르는 비구들을 모두 모이게 하라. 열 가지의 이익을 까닭으로써 여러 비구들을 위하여 계율을 제정하겠나니, 나아가 이미 들었던 자들도 마땅히 거듭하여 들을지니라. 만약 비구가 그가 만족하게 먹고서 자리를 벗어났으며, 잔식법을 짓지 않은 것을 알고서도 괴롭히려는 까닭으로 권유하여 먹게 하는 자는 바야제를 범하느니라."

'비구'는 앞의 설명과 같다.

'알다.'는 스스로 알았거나, 다른 사람에게 들어서 아는 것이다.

'먹다.'는 다섯 가지의 정식과 다섯 가지의 잡정식이다.

'만족하다.'는 여덟 가지가 있으며, 앞의 설명과 같다.

'본래의 처소에서 떠나다.'는 여덟 가지가 있으며, 앞의 설명과 같다.

'괴롭히다.'는 앞의 사람과 부딪쳐서 시끄럽게 하여서 즐겁지 않게 하는 것이다.

'잔식법을 짓지 않다.'는 다섯 가지의 비법을 성취하면 잔식법을 지었다고 이름하지 않고, 다섯 가지의 법을 성취하면 여법하게 잔식법을 지었다고 이름한다. 강제로 음식을 권유하여 먹게 하는 자는 바야제를 범한다.

'바야제'는 앞의 설명과 같다.

다섯 가지의 비법을 성취한 비구는 목숨이 마치도록 잔식법을 짓고서 먹을 수 없고, 다섯 가지의 법을 성취하면 목숨이 마치도록 잔식법을 짓고서 먹을 수 있다. 중간을 자세히 말한 것은 앞에서와 같다. 나아가 만족하였으나 만족하지 못하였다고 생각하고 권유하여 먹게 하였다면 월비니죄를 범하고, 만족하지 못하였으나 만족하였다고 생각하고 권유하여 먹게 하였다면 월비니죄를 범하며, 만족하였고 만족하였다고 생각하고 권유하여 먹게 하였다면 바야제를 범하고, 만족하지 못하였고 만족하지 못하였다고 생각하고 권유하여 먹게 하였다면 무죄이다.

이 가운데 죄를 범하지 않는 것은 만약 일체의 죽이 새롭게 솥에서 나왔고 글자를 써도 글자가 이루어지지 않는 것·일체의 과일·일체의 나물인 이것은 범함이 없다.

이러한 까닭으로 설하였노라.

세존께서는 사위성에 머무셨으며, 자세한 설명은 앞에서와 같다.

그때 존자 아나율(阿那律)은 일체가 분소(糞掃)이었으니, 분소 발우·분소 옷·분소 음식·분소 가죽신이다. 무엇을 분소 발우라고 이름하는가? 비구가 깨진 발우를 다섯 번을 꿰매고 버렸다면 아나율이 취하였고 다시 꿰매어 수지한 것이다. 이것을 분소 발우라고 이름한다.

'분소 옷'은 취락이나 거리에 버렸던 찢어지고 낡은 옷을 취하여 깨끗이 빨아 꿰맸으며 염색하여 수지한 것이다. 이것을 분소 옷이라고 이름한다.

'분소 음식'은 만약 다른 사람이 버린 음식이거나, 제사를 지내서 귀신이 먹는 것을 이 장로가 스스로 취하여 먹는 것이니, 수지한 것이다. 이것을 분소 음식이라고 이름한다.

'분소 가죽신'은 여러 비구들이 신었던 가죽신이 찢어지고 닳아서 버린 것을 주워서 취하였고 다시 수선해서 신으면서 수지한 것이다. 이것을 분소 가죽신이라고 이름한다.

이 아나율 장로는 때에 이르러 옷을 입고 발우를 지니고 사위성에 들어가서 걸식하고자 처음으로 성문에 들어가면서 한 부인과 딸이 광주리를 끼고 밥을 가지고 풀과 쇠똥과 아울러 불에 제사할 도구를 가지고 나오는 것을 보았다. 이때 존자 아나율은 보고서 이렇게 생각을 지었다.
 '이 가운데에서 음식을 얻을 이치가 있어서 나에게 즐거움이 되겠으나 마땅히 다시 구해야겠다.'
 곧바로 버리고 떠나가서 이 골목에서 저 골목에 이르렀으나 두루 얻는 것이 없었고 연못의 물가에 이르러서 다시 보았는데, 이전의 그 부인이 물을 뿌려서 쓸었고 땅을 바르고서 깨끗한 풀을 펼쳤고 제사 도구를 놓아두고 제사를 마쳤으며 밥을 사방에 뿌리면서 이와 같이 말을 지었다.
 "어진 새는 와서 먹으세요. 어진 새는 와서 먹으세요."
 그때 존자 아나율은 한 나무 아래에 서 있었는데 존자의 위신력(威神力)을 까닭으로 여러 새들이 와서 먹지 않았다. 이때 이 부인이 존자를 보고서 이와 같이 말을 지었다.
 "그대는 애꾸눈 새와 같이 항상 사람을 따라다니네요."
 부인이 꾸짖고서 돌아갔고 이때 존자는 제사 음식을 거두어서 정사를 향하여 돌아왔다. 여러 비구들이 보고서 다시 서로가 의논하여 말하였다.
 "이 존자가 음식을 구하면서 매우 고통스럽고 얻지 못하는구나."
 여러 비구들이 물어 말하였다.
 "존자여. 음식을 얻었습니까?"
 대답하여 말하였다.
 "얻었습니다. 다만 그 가운데에서 허물이 많아서 즐겁지 않습니다."
 곧 물었다.
 "무슨 허물이 있습니까?"
 대답히어 말히였디.
 "이와 같고, 이와 같았습니다."
 여러 비구들이 듣고 세존께 가서 아뢰었다.
 "이 꾸짖은 여인은 어떠한 죄를 얻습니까?"

세존께서 말씀하셨다.
"많은 죄를 얻느니라."
비구들이 다시 물었다.
"어느 한계로 많습니까?"
"이 여인은 5백세(百世) 가운데에서 항상 애꾸눈의 새가 되고, 일체의 받는 몸은 모두 굶어서 죽을 것이니라."
세존께서 말씀하셨다.
"아나율을 불러오라."
왔으므로, 세존께서 아나율에게 물으셨다.
"그대가 진실로 그러하였는가?"
대답하여 말하였다.
"진실로 그렇습니다."
세존께서 아나율에게 말씀하셨다.
"그대가 비록 작은 일을 하고자 하였으나, 오늘부터는 다른 사람이 주지 않는 것을 스스로가 손으로 취하는 것을 허락하지 않겠노라."

다시 세존께서는 사위성에 머무르셨다.
그때 세존께서는 "주지 않는다면 스스로가 손으로 취하지 못하도록 제정하셨다."라고 여러 비구들은 들었으므로 물과 치목(齒木)을 모두 다른 사람을 쫓아서 받았다. 정인이 있다면 얻었으나 정인이 없다면 능히 얻을 수 없어 고통스러웠다. 그때 세존께서 대중들을 위하여 설법하셨고 비구가 입에 냄새가 난다는 것을 듣고서 대중이 머무는 바람의 아래에 앉아서 입의 냄새가 여러 범행인에게 퍼지지 않게 하고자 하였다. 세존께서는 아시면서도 일부러 물으셨다.
"비구여. 무슨 까닭으로 그곳에 앉아서 진한(瞋恨)의 사람과 같은가?"
여러 비구들이 세존께 아뢰어 말하였다.
"세존께서 계율을 제정하시어 다른 사람이 주지 않으면 취하지 못하도록 하셨습니다. 여러 비구들은 물과 치목을 모두 다른 사람에게 받아야 합니다. 정인이 있다면 얻을 수 있으나 정인이 없다면 능히 얻을 수 없어 고통스럽습니다. 입안에서 냄새가 풍겼고, 냄새가 여러 범행인에게 퍼지는 것이 두려워서 바람의 아래에 앉아 있습니다."

세존께서 말씀하셨다.

"오늘부터는 물과 치목은 제외하는 것을 허락하겠노라."

세존께서는 여러 비구들에게 알리셨다.

"사위성을 의지하여 머무르는 비구들을 모두 모이게 하라. 열 가지의 이익을 까닭으로써 여러 비구들을 위하여 계율을 제정하겠나니, 나아가 이미 들었던 자들도 마땅히 거듭하여 들을지니라. 만약 비구가 다른 사람이 주지 않았는데, 취하여 입안에 넣었다면 물과 치목을 제외하고는 바야제를 범하느니라."

'비구'는 앞의 설명과 같다.

'주지 않는 것'은 다른 사람이 주지 아니한 것이고, 앞사람을 따라서 받지 않은 것이다.

'입 안에 넣고서 먹다.'는 물과 치목을 제외한 것이다.

'물'은 열 가지가 있으며, 앞의 설명과 같다. 만약 물이 혼탁하다면 마땅히 받을 것이고, 만약 물의 성질이 노란색이라면 마셔도 무죄다.

'치목'은 두 가지가 있으니, 첫째는 쪼갰던(擗) 것이고, 둘째는 둥근 것이다. 만약 비구가 입 안에 열기(熱氣)가 있어서 부스럼이 생겨났고 의사(醫師)가 "마땅히 치목을 씹어서 즙을 삼켜야 합니다."라고 말하면, 마땅히 물과 치목을 제외하고서 받았더라도, 세존께서는 무죄라고 말씀하셨다.

'바야제'는 앞의 설명과 같다.

음식의 위·나무의 위·우물의 가운데·집의 위·청정한 부엌·그릇·그릇이 아닌데 받는 것·걸상에서 받는 것·배(船)에서 받는 것·수레(車)에서 받는 것·마음으로 생각하고 받는 것·도로(道)에서 받는 것이 있다.

'음식의 위'는 만약 먹는 때에 평상을 펼치거나, 긴 판자를 펼치거나, 만약 사탕수수(甘蔗)의 묶음이거나, 만약 무우의 묶음이거나, 만약 곡식과 콩의 자루의 위이거나, 여러 종류의 자리를 펴고서 평상과 요로 위를 덮는 것이니, 비구가 앉는 때는 마땅히 몸을 움직일 수 없고 마땅히 물을 수 없다. 만약 움직이거나, 만약 "이것이 무엇입니까?"라고 물었다면 이것을 부정하다고 이름한다.

만약 비구가 먹는 때에 바람이 불어와서 먼지를 발우에 뿌렸고 아래의 채소에 뿌리지 않았는데, 먹는 자는 채소의 잎은 마땅히 받아서 먹을 수 있으나, 만약 채소와 음식에 먼지를 뿌렸다면 일체를 다시 받아야 한다. 비구가 먹는 때에 만약 소이거나, 만약 낙타 등이 다니면서 발의 아래에 먼지를 오면서 뿌렸어도 음식을 더럽히지 않았다면 먹을 수 있으나, 채소에 먼지를 뿌렸다면 마땅히 다시 받아야 하고, 만약 야채와 음식에 먼지를 뿌렸다면 모두를 다시 받아야 한다. 만약 축생들이 몸을 움직여서 먼지를 뿌렸어도 만약 뜻을 지어서 받았다면 이것을 받는다고 이름한다. 만약 여러 새들이 먼지와 함께 오는 것도 역시 이와 같다. 만약 비구가 먹는 때에 여인이 다니면서 옷이 땅에 끌려 먼지를 일으키며 와서 뿌렸어도 역시 이와 같다.

만약 정인이 야채를 돌리는 때에는 비구는 마땅히 "멀리 내려놓으시오."라고 말해야 하고, 만약 소금과 과일과 채소를 돌리는 때에도 비구는 마땅히 "멀리 내려놓으시오."라고 말해야 한다. 만약 정인이 과일을 돌리면서 풀 위에 떨어트렸고, 곧 돌아서 떠나갔다면 받았다고 이름할 수 없고, 잠시 머물렀다면 받았다고 이름한다. 과일이 단단한 것은 취해서 씻고서 먹을 수 있으나, 문드러진 것은 취할 수 없다.

만약 정인이 미숫가루를 돌리면서 미숫가루 그릇을 떨어트렸고 미숫가루 그릇 가운데에 떨어졌는데, 만약 뜻을 지어서 받았다면 곧 받았다고 이름하고, 만약 뜻을 짓지 않았다면 마땅히 다시 받아야 한다. 만약 정인이 그릇을 가지고 돌리면서 미숫가루 그릇이 비구의 발우 가운데에 떨어졌고, 떨어진 때에 곧 손으로 꺼냈다면 그릇인 까닭으로 청정하다고 이름하며, 만약 잠시 머물렀다면 청정하다고 이름하지 않는다. 만약 이것이 구리 그릇이라면 마땅히 깨끗이 씻고서 사용해야 하고, 만약 이것이 나무 그릇이고 때가 가운데에 들어갔다면 마땅히 버려야 하며, 때가 들어가지 않았다면 깎아내고서 사용할 수 있다.

만약 밥을 돌리는 때에 그릇을 떨어뜨렸고, 밥이 공중에 흩어져 왔는데, 비구가 받을 뜻을 지었다면 받았다고 이름하고, 만약 받을 마음을 짓지 않았다면 마땅히 다시 받아야 한다. 소(酥)·우유·낙(酪)·고기·채소·장(漿) 등을 돌리는 것도 역시 이와 같다.

만약 5년 대회(大會)를 짓는 때·세존의 강탄일·득도일(得道日)·전법륜일(轉法輪日)·아난 대회의 때·라후라 대회의 때에, 만약 정인을 얻기가 어렵다면, 비구는 마땅히 채소가 쌓인 주변에서 채소를 받아야 하고, 소금과 미숫가루와 밥을 돌려도 역시 이와 같다. 만약 정인이 들어서 땅을 벗어나지 않았어도 역시 받았다고 이름할지라도, 다만 위의(威儀)는 아니다. 비구는 마땅히 정인에게 "그대가 들어 땅에서 옮기고 나에게 주십시오."라고 말해야 하고, 만약 정인이 어려서 능히 들지 못한다면 마땅히 "그대가 조금씩 나누어서 나에게 주십시오."라고 말해야 한다. 국과 떡의 음식을 받는 때에도 역시 이와 같다.

만약 소(酥)의 병을 받는 때에 노끈이 땅에 닿았다면 마땅히 "이 노끈을 합쳐서 들어 주십시오."라고 말해야 하고, 만약 정인이 어려서 능히 들지 못한다면 마땅히 "그대가 조금씩 줄여서 나에게 주십시오."라고 말해야 하며, 이와 같은 일체를 만약 노구솥(鐺)[4]이나 가마솥이 뜨거워서 받을 수 없다면, 마땅히 두 나무를 가로질러 땅에 놓아두고서 비구가 다리의 위를 밟고서 마땅히 "받겠습니다. 받겠습니다."라고 이렇게 말을 지었다면, 이것을 음식의 위라고 이름한다.

'나무 위'는 정인의 나무 위에서 과일을 먹고 있으므로 비구가 "나에게 과일을 주십시오."라고 말하였고, 정인이 곧 나무를 흔들어서 과일을 떨어뜨렸는데, 비구의 그릇 가운데에 떨어졌다면 이것을 받았다고 이름할지라도, 다만 위의는 아니다. 이와 같이 만약 발로써, 만약 손으로써,

---

4) 놋쇠로 만든 작은 솥을 가리킨다.

만약 입으로써 과일을 떨어뜨리는 때에 과일이 가지와 잎에 부딪혔다면 비구가 마땅히 다시 마음이 생겨나서 "받겠습니다. 받겠습니다."라고 말하였다면, 받았다고 이름한다. 만약 노끈에 매달아서 아래로 내렸는데, 만약 발이거나, 만약 손으로 노끈을 놓으면서 내려주었고 가지와 잎에 부딪힌 것을 역시 마땅히 "받겠습니다. 받겠습니다."라고 말하였다면, 이것을 받았다고 이름한다.

만약 정인이 미숫가루와 콩을 먹는 때에 비구가 얻고자 하였고 따라서 구하면서 "나에게 보릿가루와 콩을 주십시오."라고 이렇게 말하였는데, 정인이 비구에게 주려고 하지 않았으므로, 정인의 손을 때려서 옷자락의 가운데에 쏟아지게 하면서 "받겠습니다. 받겠습니다."라고 말하였다면, 받았다고 이름할지라도, 다만 위의가 아니다.

원숭이가 나무 위에서 과일을 먹는 때에 비구가 과일을 얻고자 하여서 원숭이에게 "나에게 과일을 주게."라고 말하였고, 원숭이가 나무를 흔들어 과일을 떨어트렸으며, 비구가 그릇으로 받아서 취하였다면 그릇의 가운데에 떨어진 것은 받았다고 이름할지라도, 다만 위의는 아니다. 이와 같이 만약 발로써, 만약 손으로써, 만약 입으로써 과일을 떨어트리는 때에 과일이 가지와 잎에 부딪혔으나, 마땅히 다시 마음이 생겨나서 "받겠네. 받겠네."라고 말하였다면, 받았다고 이름한다. 이것을 나무 위라고 이름한다.

'우물의 가운데'는 만약 비구가 아련야의 처소에 머물렀는데 우물의 물이 가득하였고 정인이 없다면 비구가 스스로 물을 퍼내야 한다. 이때 어느 비구가 때에 이르자 "우물에서 나와서 먹읍시다."라고 말하였고, 우물 안에 있는 비구가 "내가 만약 나간다면 물이 다 가득할 것이니, 나는 이곳에서 먹겠습니다. 음식을 내려보내 주십시오."라고 말하였다. 정인이 마땅히 음식을 한 그릇에 담아서 노끈으로 묶어서 음식을 내려보내는 때라면 우물에 있는 비구는 마땅히 정인에게 "노끈을 내려보내면 손으로 잡겠습니다."라고 말하였고, 만약 우물 주변에 살아있는 풀과 나무가 있다면 마땅히 그것을 피하게 가르쳐야 한다.

내려와서 우물 바닥에 닿았다면 비구는 마땅히 한 손으로 노끈을 잡고 한 손으로 받으면서 "받겠습니다. 받겠습니다."라고 말하였다면, 이것을 받았다고 이름한다. 만약 우물의 물이 맑으면 스스로 취하여 마실 수 있고, 만약 흐리면 정인에게 말하여 새로 깨끗한 병에 물을 담아 노끈으로 매달아서 물을 내려보내는 것은 앞에서 설한 것과 같다. 이것을 우물의 가운데라고 이름한다.

'집의 위'는 만약 비구가 아련야의 주처에 머무는데 정인이 없다면 비구가 스스로 지붕을 덮어야 한다. 어느 비구가 지붕 위에 있는 비구에게 "먹을 때에 이르렀으니, 내려와서 먹읍시다."라고 말하였고, 그 비구가 "작업을 멈추고 오르고 내려가는 것은 역시 다시 어려우므로 이곳에서 먹고자 합니다. 음식을 올려보내 주십시오."라고 말하였다. 정인에게 말하여서 음식을 가지고 그릇 가운데에 넣고서 올려놓는다면, 비구가 장대에 갈고리를 늘어트려서 정인에게 "이 갈고리에 걸으십시오."라고 말하면서 "받겠습니다. 받겠습니다."라고 이렇게 말을 지었다면, 이것을 받았다고 이름한다. 노끈을 내려보내는 것도 역시 이와 같고, 이것을 집의 위라고 이름한다.

'청정한 부엌'은 만약 승가람을 새롭게 지으면서 마땅히 동쪽 벽이나 북쪽 벽에는 부엌을 지을 수 없고, 마땅히 남쪽 벽이나 서쪽 벽에는 부엌을 지어서 연다면 바람의 길이 통하여 이익되고 수도(水道)가 흘러서 그릇을 씻게 해야 한다. 부엌 가운데에는 음식의 선반을 짓고 음식 짓는 때에 정인이 어리다면 비구가 스스로 구리 솥을 물로 깨끗이 씻어서 놓아두고 마땅히 정인에게 "그대가 쌀을 씻을 수 있습니까?"라고 말하며, 만약 정인이 작아서 능히 짓지 못한다면, 손을 잡고 씻는 것을 가르치고, 밥을 담는 것을 가르치며, 만약 식기(食器)를 덮지 않았다면 말하여 덮게 해야 한다. 만약 정인이 없다면 만약 깨끗한 지리이거니, 깨끗한 모직물이거나, 깨끗한 판자를 얻어서 스스로가 덮을 것이고, 다만 멀리 매달아서 위를 덮는다.

만약 곡식을 볕에 쪼이는 때라면 비구는 곡식 위에 있고 행자는 밑이 있는 곳에 있다면 정인을 시켜서 비비게 해야 한다. 만약 사자·호랑이·늑대가 여인을 쫓다가 문득 비구를 쫓고자 하였다면 버리고 달아나면서 돌아보지 않고 비록 밟았더라도 무죄이다. 만약 곡식 더미에 비가 내리면 마땅히 정인을 시켜서 덮어야 하고, 정인이 없다면 깨끗한 자리를 멀리 던져서 위를 덮고, 깨끗한 벽돌이나 돌을 잡고 집어던져서 그 위를 눌러둔다.

만약 새롭게 승가람을 지었다면 청정한 부엌 안에 여러 종류의 물건이 있으니, 정유(淨油)가 있고, 7일유(日油)가 있으며, 미숫가루 병·석회(石灰) 병·소금 병·풀가루 병·석밀 병·진흙 병·사탕수수 묶음·대나무 묶음·포(脯) 묶음·염수피(染樹皮)의 묶음 등이 청정한 부엌 가운데의 한 곳에 있었다.

비구가 "그대가 7일유를 취하여 가져오십시오."라고 말하였는데, 비구가 잘못하여 정유를 가져오면, 비구는 비록 멀리서 보고서 이것이 정유인 것을 알았어도 곧 말하지 않아야 하나니, 그가 놀라서 그릇과 물건을 깨뜨리는 것이 염려되는 까닭이다. 오는 것을 기다려서 이르면 "장로여. 이것이 무슨 기름입니까?"라고 물어 말하면, "7일유입니다."라고 대답하여 말하면 마땅히 "내려놓으십시오. 내려놓으십시오."라고 말하면서 '7일유'라고 이름을 짓고서 7일유로 받을 수 없다.

만약 "장로여. 그대가 정유를 가져오십시오"라고 말하였고, 비구가 잘못하여 7일유를 가져왔다면 곧 말하지 말고 마땅히 기다려서 이르렀다면 "장로여. 이것이 무슨 기름입니까?"라고 물어 말하며, "정유입니다."라고 대답하였다면, 마땅히 "내려놓으십시오. 내려놓으십시오."라고 말해야 한다. 이러한 까닭으로 7일유라고 이름한다.

이와 같이 석회 병을 취하라고 말하였는데 잘못하여 미숫가루의 병을 가져왔거나, 풀가루 병을 취하라고 말하였는데 잘못하여 소금 병을 가져왔거나, 진흙 병을 취하라고 말하였는데 잘못하여 석밀의 병을 가져왔거나, 대나무 묶음을 취하라고 말하였는데 잘못하여 사탕수수의 묶음을 가져왔거나, 염수피의 묶음을 취하라고 말하였는데 잘못하여 포의 묶음을 가져왔다면, 자세한 설명은 앞에서와 같다.

　비구가 비구에게 "장로여. 그대가 가서 모든 석회 병을 자세히 살펴보고서 가지고 오십시오."라고 말하였고, 이 비구가 안으로 가서 병의 가운데에서 미숫가루를 잡고서 이 병을 살폈던 까닭이라면 이것은 청정하며, 만약 미숫가루 잡고서 병의 가운데에 놓아두었다면 곧 부정하다고 이름한다. 이와 같이 풀가루 병이나 진흙 병도 역시 이와 같다.

　만약 "그대가 모든 대나무를 자세히 살펴보고서 가지고 오십시오."라고 말하였고, 이 비구가 안으로 가서 사탕수수를 뽑아내어 살폈던 까닭이라면 이것은 청정하며, 만약 묶음의 가운데에 찔러넣고 그 묶음을 들고서 왔다면 곧 부정하다고 이름한다. 이와 같이 포의 묶음도 역시 그러하다.

　만약 부엌이 부서지고 뚫려서 샌다면 정인에게 말하여 부엌 안의 일체의 물건을 꺼내야 하고, 꺼냈다면 마땅히 쥐구멍을 막고 땅을 쓸며 거마(拒磨)5)를 반죽한 것으로 벽을 바르고 안에 벽돌을 쌓으면서 차례로서 큰 것은 아래에 놓고 작은 것은 위에 놓을 것이며, 그 비구가 중앙에 서 있으면서 지시하여 안치(安置)하게 한다. 유(乳)·낙(酪)·소(酥)·기름·석밀·소금 등이 보이지 않거나, 부엌이 부서졌는데, 수리하지 않았다면 마땅히 법과 율을 따라서 일을 다스려야 한다. 이것을 부엌이라고 이름한다.

　'그릇으로 받거나, 그릇이 아닌 것으로 받다.'는 일체의 잎이 만약 감겨있다면 그릇이고, 펼쳐졌다면 그릇이 아니며, 만약 쟁반에 테두리가 있고 깊어서 광맥(穬麥)6)이 잠기다면 그릇이라고 이름하고, 만약 평상이거나, 만약 좌상이거나, 승상(繩床)을 촘촘하게 짰다면 그릇이고, 만약 성기게 짰다면 그릇이 아니며, 배가 물속에 있다면 그릇이 아니고, 언덕에 있다면 그릇이며, 만약 수레가 소에 멍에를 씌웠던 때라면 그릇이 아니고, 소가 없는 때리면 그릇이다.

　만약 비구가 걸식하는 때에 상점가(店肆家)에서 말(斗)로써 미숫가루를

---

5) 쇠똥을 가리키는 말이다.
6) 보리를 가리키는 말이다.

담아서 비구에게 주었는데 말에 가루가 여러 되(升)에 이어졌고, 혹은 다섯 되이거나, 혹은 네 되이거나, 세 되이거나, 두 되이거나, 한 되에 서로가 이어졌다면, 비구가 그때 마땅히 시주에게 "뒤의 되를 털어내고서 서로를 떨어트리고 나에게 주십시오."라고 말해야 하고, 만약 가루를 털어낼 수 없다면 비구는 마땅히 나뭇잎을 구하여 잎으로 위를 쓸어내고서 받아야 한다. 이것을 그릇으로 받고 그릇이 아닌 것으로 받는다고 이름한다.

'평상으로 받다.'는 만약 비구가 평상 위에 앉아서 만약 참선하였거나, 만약 잠을 잤는데 정인이 음식을 가지고 와서 품 안에 두었으며, 만약 깨어났다면 받았다고 이름하고, 만약 깨어나지 않은 자가 깨어나는 때에 먹고자 하였다면 마땅히 정인을 쫓아서 다시 받아야 하며, 만약 먹지 않고자 하는 자는 마땅히 스스로가 잡고서 정인에게 주어야 한다. 평상 위에 놓아두거나, 평상 주변에 매달아 놓는 것도 역시 이와 같다.

만약 비구가 잔각(棧閣) 위에 청정한 음식이 있었고, 만약 옷과 발우를 취하면서 옷과 발우가 때에 움직였다면 청정한 물건 일체가 모두 부정하며, 만약 견고하여 움직이지 않았다면 무죄이다. 만약 비구의 옷걸이 위에 소유(酥油)의 병이 있었고, 비구가 옷을 취하는 때에 움직이는 것도 역시 이와 같다. 이것을 평상이라고 이름한다.

'배'는 배 위에 17종류의 곡식을 싣고서 곡식 위에 대나무 돗자리를 펼쳐서 만약 자리의 위를 덮었는데, 비구가 위에 앉아 있으면서 마땅히 이름을 붙일 수 없나니, 만약 이름을 붙였다면 이것은 부정하다고 이름한다. 만약 이 배에 갑자기 바람에 불어서, 만약 떠내려갔거나, 물결이 휘돌아서 배가 표류하여 언덕에 올라왔다면 일체가 모두 부정한 것이다. 만약 밧줄이거나, 만약 죽고(竹篙)[7]가 물에서 떠나지 않았다면 이것은 청정하다고 이름한다. 이것을 배라고 이름한다.

'수레'는 만약 큰 수레의 위에 17종류의 곡식을 싣고서 곡식 위에 대나무

---

7) 노를 저을 때 쓰는 대나무로 만든 막대를 가리킨다.

돗자리를 펼쳐서 자리의 위를 덮었는데, 비구가 위에 앉아 있으면서 마땅히 이름을 붙일 수 없나니, 만약 이름을 붙였다면 곧 부정한 것이다. 만약 작은 수레 위에 청정한 물건이 있거나, 만약 옷이나 발우가 있었는데 비구가 옷과 발우를 취하는 때에 청정한 물건을 움직였다면 일체가 부정하나니, 마땅히 정인에게 "나에게 옷과 발우를 취하여 주십시오."라고 말해야 하고, 소(牛)로써 작정할 수 없다.

오르는 때에는 마땅히 정인이 먼저 오르게 시키고서 그러한 뒤에 비구가 오르며, 내리는 때에는 비구가 먼저 내려가고, 정인이 뒤에 내려야 한다. 만약 물건을 싣고 언덕을 내려오는 때에 수레가 뒤집혀서 땅에서 벗어났고 소에서 벗어났다면 일체가 모두 부정하다. 만약 언덕을 내려오는 때에 수레가 뒤집혔어도 소의 몸과 밧줄의 꼬리가 수레를 벗어나지 않았다면 일체가 청정하다. 이것을 수레라고 이름한다.

'마음으로 생각하며 받다.'는 등구국(登瞿國)은 변방 지역이어서 삿된 견해의 사람과 악한 비구가 있으므로 고의로 음식을 주지 않았다. 그때는 마땅히 만다라(滿茶邏)의 규칙(規地)으로 모습(相)을 짓는데, 만약 잎이 발우를 덮고서 내려오면 멀리서 "받겠습니다. 받겠습니다."라고 이렇게 말을 지어야 한다. 내려오는 때는 깨닫고 발우의 가운데에 떨어지는 때에 깨닫지 못하면, 받는다고 이름할지라도, 다만 위의가 아니다. 떨어지는 때는 깨달았지만 처음으로 내려오는 때에 깨닫지 않았어도 받는다고 이름할지라도, 다만 위의가 아니다. 내려오는 때와 발우의 가운데에 떨어지는 때에 모두 깨달았다면 잘 받았다고 이름한다.

만약 비구가 걸식하는 때에 만약 새들이 고깃덩이를 비구 발우의 가운데에 떨어뜨렸을 때 내려오는 때는 깨닫고 떨어지는 때는 깨닫지 못하였어도, 이것을 받았다고 이름할지라도, 다만 위의가 아니다. 떨어지는 때에 깨닫고, 내려오는 때에 깨닫지 못하였어도 이것을 받았다고 이름할지라도, 다만 위의가 아니다. 내려오는 때에 깨닫고 떨어지는 때에도 깨달았다면 이것을 잘 받았다고 이름한다. 이것을 마음으로 생각하며 받는다고 이름한다.

'도로에서 받다.'는 만약 비구가 상인과 함께 도로를 다니고자 하였으므로 그 상인에게 말하였다.

"나에게 정인을 빌려주십시오."

상인은 말하였다.

"그렇게 하겠습니다."

떠나는 때에 이르러 곧 말하였다.

"나는 정인이 없고 소가 있습니다. 존자께서 필요하시면 마땅히 취하십시오."

정인을 시켜서 큰 자루에 여러 종류의 양식을 담으면서 날마다 음식의 분량을 계산하여 한 꾸러미로 지었고, 노끈으로 소의 위에 묶고서 음식의 때에 이르면 마땅히 정인을 시켜서 취하게 하고 정인이 없으면 한 사람은 노끈을 잡고 한 사람은 입으로 취하면서 "받겠습니다. 받겠습니다."라고 말한다면, 이것을 받았다고 이름한다.

만약 자루 안의 양식을 모두 먹었고, 도로는 취락에 아직 있을 곳에 이르지 못한 곳에 있었다면 마땅히 자루를 풀어서 깨끗이 씻고서 다시 양식을 구하여 자루 가운데에 넣고서 끈으로 이전과 같이 묶고서 도로를 다니는 때에는 마땅히 때를 따라서 소에게 먹이를 주고 시원한 곳에 두어서 고뇌스럽게 하지 않을 것이고, 이미 이르렀다면 소를 주인에게 돌려주어야 한다.

만약 비구가 도로를 따라서 다니면서 사탕수수밭의 주변을 지나간다면 사탕수수밭을 지키는 사람을 쫓아서 구걸하면서 "장수여. 나에게 사탕수수를 베푸십시오."라고 이렇게 말을 지을 것이고, "존자여. 스스로가 취하십시오."라고 대답하여 말하였다면, 비구는 "장수여. 나는 스스로가 취하여 얻을 수 없습니다."라고 말해야 한다. 또한 다시 "만약 먹고자 한다면 곧 스스로가 취할 것이고, 만약 먹고자 하지 않는다면 곧 떠나십시오."라고 말한다면, 비구는 그때 노끈으로 좋은 사탕수수를 묶어서 소의 머리 위에 얹고서 "이것을 중생은 사탕수수인 것을 아시오."라고 이와 같이 말을 지어야 한다.

사탕수수 밭의 주변에 불더미가 있다면 곧 소를 몰아서 불을 지나가고 소가 불에 닿지 않게 한다. 사탕수수를 얻고서 작정하고서 한 사람은 소의 머리를 들게 하고, 한 사람은 노끈을 풀면서 "받겠습니다. 받겠습니다."라고 말한다면, 이것을 받았다고 이름한다. 무우 뿌리도 역시 이와 같다.

　만약 소가 무우 뿌리를 먹는 때에는 비구가 소의 머리를 잡고서 겸허하게 "받으시오. 받으시오."라고 말한다면, 받았다고 이름할지라도 다만 위의는 아니다. 비구가 도로를 따라서 다니는 때에 정인의 주변에서 자루를 합쳐서 미숫가루를 받는데 자루의 끈이 땅을 벗어나지 않았다면 받았다고 이름할지라도 다만 위의는 아니다. 마땅히 끈을 합쳐서 받아야 한다.

　이러한 까닭으로 설하였노라.

마하승기율 제17권

동진 천축삼장 불타발타라·법현 공역
석보운 번역

6) 단제 92사의 법을 밝히다 ⑥

세존께서는 사위성에 머무셨으며, 자세한 설명은 앞에서와 같다. 그때 세존께서는 여러 비구들에게 알리셨다.

"여래는 한 끼만 음식을 먹는 까닭으로써 신체가 가볍고 편안하여 안락을 얻으며 머무르느니라. 그대들도 역시 한 끼만 먹도록 하라. 한 끼를 먹는 까닭으로 신체가 가볍고 편안하여 안락하게 머물 수 있느니라."

그때 존자 발타리(跋陀利)가 세존께 아뢰어 말하였다.

"세존이시여. 저는 한 끼의 음식만으로 견디지 못하겠습니다. 왜 그러한가? 저는 아침과 저녁을 먹어야 비로소 안락을 얻습니다."

세존께서는 발타리에게 알리셨다.

"그대가 한 끼만 먹을 수 없다면 새벽에 일어나서 두 개의 발우를 지니고 취락에 들어가서 걸식하라. 하나의 발우는 아침의 음식이고 하나의 발우는 낮의 음식인 까닭이니라. 이것이 두 번을 먹는 것이니라."

이와 같이 두·세 번을 가르쳤으나, 오히려 견디지 못하겠다고 말하였다. 그때 여러 제자들은 모두 세존의 가르침을 받아들였으나, 오직 발타리는 제외되었고, 발타리는 부끄러웠던 까닭으로 3개월을 세존의 처소에 이르지 못하였으며, [『발타리선경(跋陀利線經)』의 가운데에서 자세히 설하였다.]

다시 다음으로 세존께서는 사위성에 머무르셨다.

그때 여러 비구들이 때가 아닌 때에 걸식하였으므로 세상 사람들이 비난하였다.

"어찌하여 사문 석자는 때가 아닌 때에 걸식하여 도과(道果)를 망실(亡失)하였는데, 무슨 도가 있겠는가?"

여러 비구들이 듣고서 이 인연으로써 세존께 가서 아뢰었고, 세존께서는 여러 비구들에게 말씀하셨다.

"그대들은 출가인으로 때가 아닌 때에 걸식하여 마땅히 세상 사람들의 비난을 받았으므로, 오늘부터는 때가 아니라면 걸식하는 것을 허락하지 않겠노라."

이것도 역시 [『우타이선경(優陀夷線經)』의 가운데에서 자세히 설한 것과 같다.]

다시 다음으로 세존께서는 사위성에 머무셨으며, 자세한 설명은 앞에서와 같다.

그때 비구들이 날이 어두웠는데 음식을 먹었으므로, 세상 사람들이 비난하였다.

"어찌하여 사문 석자가 저녁에 음식을 먹는가? 우리들 재가인들도 오히려 저녁에 음식을 먹지 않는다. 이 무리들은 사문법을 잃었는데, 무슨 도가 있겠는가?"

여러 비구들이 듣고서 이 인연으로써 세존께 가서 아뢰었고, 세존께서는 여러 비구들에게 알리셨다.

"그대들이 저녁에 음식을 먹었고 곧 마땅히 세상 사람들이 싫어하였으니, 오늘부터는 하루 오전(前半)에 마땅히 시간을 취하여 음식을 먹도록 허락하겠노라. 만약 다리의 그림자로 짓거나, 만약 각루(刻漏)[1]로 짓도록

---

1) 물을 넣은 항아리에 담고서 구멍을 뚫어서 물이 일정한 속도로 떨어트리면서, 고이는 물의 양이나 줄어드는 물의 양을 헤아려서 시각을 알게 하는 기구를 가리킨다.

하라."

다시 다음으로 세존께서는 사위성에 머무셨으며, 자세한 설명은 앞에서와 같다.

그때 여러 비구들이 식전(食前)에 취락에 들어가서 걸식하였고, 음식을 먹고서 뒤에 세상 사람들이 유희하는 여러 동산과 연못 위에 나아가서 걸식하였으므로 세상 사람들이 비난하였다.

"그대들을 보니 사문 석자이고, 우리들의 집에서 걸식하였는데, 연못 위에 와서 다시 우리들에게 구걸하는구나. 도법(道法)을 무너뜨리고 잃었는데, 무슨 도가 있겠는가?"

여러 비구들이 듣고서 이 인연으로써 세존께 가서 아뢰었고, 세존께서는 말씀하셨다.

"이 비구들을 불러오라."

곧 불렀고 왔으므로, 세존께서는 앞의 일을 물으셨다.

"그대들이 진실로 그러하였는가?"

대답하여 말하였다.

"진실로 그렇습니다. 세존이시여."

세존께서는 비구들에게 물으셨다.

"그대들이 새벽 일찍이 걸식하여 무엇을 하였는가?"

대답하여 말하였다.

"때에 먹었습니다."

다시 물으셨다.

"그대들이 식후(食後)에 걸식하여 다시 무엇을 지었는가?"

대답하여 말하였다.

"모두 내일 먹고자 준비하였습니다."

세존께서는 비구들에게 알리셨다.

"그대들이 어찌하여 음식을 묵혀서 먹었는가? 오늘 이후부터는 때가 아니라면 음식을 먹는 것을 허락하지 않겠으며, 음식을 묵혀서 먹는 것도 허락하지 않겠노라."

다시 다음으로 세존께서는 사위성에 머무셨으며, 자세한 설명은 앞에서와 같다.
그때 존자 발타리는 부끄러운 마음을 얻었던 까닭으로 취락에 들어가는 때에 군진(軍陣)에 들어가는 것과 같았다. 그때 두 발우를 잡고 취락에 들어가서 걸식하여 하나의 발우로는 오늘의 음식을 지었고, 하나의 발우로는 내일의 음식을 지었다. 이때 여러 비구들이 취락에 들어가서 걸식하고자 하면서 발타리를 불러 말하였다.
"장로여. 함께 취락에 들어가서 걸식하고 떠나서 오시지요."
대답하여 말하였다.
"그대들은 스스로가 가시오. 나는 능히 갈 수 없습니다."
비구들이 말하였다.
"장로께서는 선한 이익을 크게 얻으셨습니다. 그대는 능히 한 끼의 음식으로 2일을 안락하십니다."
대답하여 말하였다.
"나는 한 끼의 음식으로 2일의 안락을 얻지 않았습니다. 내가 취락에 들어가는 때는 군진에 들어가는 것과 같은 까닭으로 곧 두 개의 발우를 가지고서 아울러 2일의 음식을 걸식합니다."
여러 비구들이 듣고서 이 인연으로써 세존께 가서 아뢰었고, 세존께서는 말씀하셨다.
"발타리를 불러오라."
곧 불렀고 왔으므로, 세존께서는 발타리에게 물으셨다.
"그대가 진실로 그러하였는가?"
대답하여 말하였다.
"진실로 그렇습니다. 세존이시여."
세존께서 말씀하셨다.
"그대가 비록 여러 인연의 일을 살폈으나, 오늘부터는 그대가 때가 아닌 때에 먹는 것을 허락하지 않겠으며, 음식을 묵혀서 먹는 것도 허락하지 않겠노라."

[『발타리선경(跋陀利線經)』의 가운데에서 자세하게 설한 것과 같다.]

다시 다음으로 세존께서는 사위성에 머무셨으며, 자세한 설명은 앞에서와 같다.

그때 아나율은 선인산(仙人山)의 자락에 있으면서 흑방석(黑方石) 위에 더럽고 문드러진 보리밥을 말리고 있었다. 세존께서는 곧 신력으로 가셨고 그곳에 이르셨으며, 아시면서도 일부러 물으셨다.

"그대는 무엇을 짓고 있는가?"

대답하여 말하였다.

"세존이시여. 성문제자가 신심으로 환희하고 있는데, 내일 와서 귀의하고자 합니다. 이러한 까닭으로 취락에 들어가서 걸식할 수 없습니다."

세존께서 말씀하셨다.

"그대가 비록 여러 인연을 살피고자 하였으나 오늘부터는 그대가 때가 아닌 때에 음식을 먹는 것과 묵혀서 먹는 것을 허락하지 않겠노라."

세존께서는 신력으로써 곧 사위성으로 돌아오셨고, 여러 비구들에게 말씀하셨다.

"사위성을 의지하여 머무르는 비구들을 모두 모이게 하라. 열 가지의 이익을 까닭으로써 여러 비구들을 위하여 계율을 제정하겠나니, 나아가 이미 들었던 자들도 마땅히 거듭하여 들을지니라. 만약 비구가 때가 아닌 때에 음식을 먹었다면 바야제를 범하고, 만약 비구가 묵혀서 먹었어도 바야제를 범하느니라."

'비구'는 앞의 설명과 같다.

'때가 아니다.'는 만약 때가 털끝과 순간과 같이 지나갔거나, 만약 풀잎처럼 지나갔어도 이것을 때가 아니라고 이름한다.

'먹다.'는 미숫가루·밥·보리밥·어육이다. 만약 섞어서 먹었다면 바야제를 범한다.

'바야제'는 앞의 설명과 같다.

'비구'는 앞의 설명과 같다.

'묵혀 먹다.'는 지나간 시간이 수유(須臾)인 것을 이름한다.

'수유'는 20념(念)을 한 순간(瞬頃)이라고 이름하고, 20순간을 1탄지(彈指)라고 이름하며, 20탄지를 1라예(羅豫)라고 이름하고, 20라예를 1수유라고 이름한다. 해가 매우 긴 때에는 18수유가 있고, 밤이 매우 짧은 때에는 12수유가 있으며, 밤이 매우 긴 때에는 18수유가 있고, 해가 매우 짧은 때에는 12수유가 있다.

'먹다.'는 다섯 가지의 정식과 다섯 가지의 잡정식이다. 만약 하나·하나의 음식을 묵혀서 먹었다면 바야제를 범한다.

'바야제'는 앞의 설명과 같다.

때에 받았거나, 때가 아닌 때에 받았거나, 고의로 받았거나, 고의로 받지 않았거나, 적게 받았거나, 많이 받았거나, 빨리빨리 받았거나, 천천히 받았거나, 눈(雪)과 얼음(氷)을 받는 것이 있다.

때에 받아서 때에 먹었다면 무죄이나, 만약 때가 털끝이나 순간을 지났거나, 만약 풀잎과 같이 지난 때 먹는다면 첫째의 바야제를 범하고, 묵혀서 놓아두고서 수유를 지나서 먹었다면 둘째의 바야제를 범하나니, 때가 아닌 때에 먹어서 범하였고, 음식을 묵혀서 먹었으므로 범한 것이다.

'때가 아닌 때에 받았다.'는 때가 아닌 때 받아서 때가 아닌 때에 먹는 것이니, 첫째의 바야제를 얻고, 묵혀서 놓아두고서 수유를 지나서 먹었다면 둘째의 바야제를 얻나니, 때가 아닌 때에 먹었고, 음식을 묵혀서 먹은 것이다. 이와 같이 받았거나, 고의로 받았거나, 고의로 받지 않았거나, 적게 받았거나, 많이 받았거나, 빨리빨리 받았거나, 천천히 받았던 것에 이와 같은 여러 종류의 차별이 있다.

'눈을 받다.'는 비구가 눈을 먹고자 하였다면 마땅히 정인을 쫓아서 받아야 하고, 만약 정인이 없었다면 마땅히 손을 씻어 깨끗하게 하고 스스로 취하여 먹어야 한다. 얼음과 우박도 역시 이와 같나니, 이것을 얼음과 눈이라고 이름한다.

비구는 새벽에 일어나서 마땅히 손을 깨끗하게 씻어서 곧 추루해서는 아니되고, 다섯 손가락을 씻고서 다시 겨드랑이까지는 씻지 않으며, 마땅히 팔꿈치 아래까지 깨끗하게 씻으면서 대충 씻지 않아야 하며, 씻으면서 문질러서 피를 흘려서는 아니되고, 마땅히 거마초(巨磨草)의 가루이거나, 만약 재(灰)나 흙으로 손을 깨끗하게 씻으며 문지르면서 소리가 없도록 해야 한다. 깨끗이 손을 씻고서 만약 다시 서로를 문질렀다면 곧 부정하다고 이름하나니, 마땅히 다시 씻어야 한다. 만약 발우를 씻고서 젖은 때에 거듭 문질러서 닦았다면 부정하다고 이름하나니, 마땅히 멈추고 다시 말려야 한다.

비구가 음식을 먹기 전의 때에는 마땅히 보호하여 손을 깨끗하게 해야 한다. 만약 머리를 만졌거나, 만약 입적한 사문의 가죽신을 만졌거나, 소유(酥油)를 담은 가죽 주머니를 만졌다면 마땅히 다시 깨끗하게 씻어서 이전과 같아야 한다. 만약 승가리나 울다라승을 잡았다면 마땅히 다시 물로써 씻어야 한다. 비구가 나가서 걸식하고자 하는 때에는 마땅히 깨끗이 손을 씻고서 취락에 들어가는 옷을 입어야 하며, 취락에 들어가는 옷을 입고서 다시 손을 씻고 발우를 지니고 취락에 들어가야 한다.

만약 겨울의 추운 때라면 발우를 주머니 가운데 넣어야 하고, 취락의 주변에 이르고자 하였다면, 만약 연못의 물이거나, 만약 흐르는 물 위에서 마땅히 깨끗이 손을 씻어야 하고, 만약 물이 없다면 마땅히 취락의 가운데에 들어가서 비구의 주처에 이르러 물을 구걸하여 손을 씻어야 하며, 만약 다시 없다면 비구니 정사의 가운데에서 구해야 하고, 만약 다시 없다면 마땅히 신심있는 우바새의 집에 이르러 깨끗한 물을 구해야 하며, 만약 다시 없다면 마땅히 발랑(鉢囊)을 열고 발우를 꺼내어 지니고 한곳에서 걸식해야 한다.

음식을 얻고서 돌아온다면 취락을 나와서 연못의 물이나, 만약 흐르는 샘물에서 마땅히 발우를 깨끗한 풀 위에 놓고서 그러한 뒤에 손을 깨끗하게 씻고 돌을 깨끗하게 씻으며, 만약 풀잎으로 발우를 씻고서 가운데의 손가락과 접촉하였던 밥을 씻어 마땅히 골라서 취하여 버려야 하고,

밥을 돌 위에 쏟거나, 풀 위에서 밥을 쏟는 때에는 깨끗하지 않은 손으로 잡고서 쏟을 수 없다. 밥을 쏟고서 마땅히 다시 발우를 깨끗하게 씻고서 거꾸로 발우 안에 담아서 먹어야 하며, 먹었는데 만약 남은 밥이 있다면 마땅히 돌 위에 쏟고 모으고서 버리고 떠나가야 한다.

비구가 다음날 다시 취락에 들어가서 걸식하여 모두 얻은 것이 없었고, 빈 발우로 나왔어도 본래의 길로 돌아왔다고 마음을 지을 수 없고, 본래의 돌 위에 밥이 아직 있는데, 만약 정인이 있다면 마땅히 정인을 시켜서 먹을 것이고, 만약 정인이 없는데 까마귀와 새가 먹는 곳이 있다면 마땅히 깨끗이 골라서 곧 스스로가 취하여 먹을 수 있다.

만약 정인이 부정한 손을 가지고 미숫가루를 나누어 승가에게 주었는데, 상좌가 부정한 것을 얻었다면 남은 자들은 청정하다고 이름한다. 만약 정인이 청정한 미숫가루를 부정한 미숫가루의 위에 쏟았으므로 그 위를 가려내어 건져냈거나, 만약 부정한 미숫가루를 청정한 미숫가루 위에 쏟았다면 일체가 부정한 것이다. 만약 청정한 미숫가루를 가지고 쏟아서 부정한 그릇의 가운데에 담아두고 중앙(中央)을 가려내어 건져내면서 만약 광주리를 털어냈다면 일체가 부정한 것이다. 만약 비구가 미숫가루를 먹을 때에 손으로써 입을 만졌다면, 곧 부정하다고 이름하나니, 마땅히 다시 손을 씻어야 한다. 만약 두 손으로써 서로를 비비면서 만지는 것도 곧 부정하다고 이름하나니, 마땅히 다시 손을 씻어야 한다.

만약 비구가 병들어 죽이 필요하다면 마땅히 정인을 시켜서 끓여야 한다. 만약 아련야의 처소이고 정인을 얻기 어렵다면 스스로 깨끗이 씻어서 때가 없는 솥이나 냄비에 물을 붓고 자연스러운 불로 끓일 수 있다. 정인을 시켜서 쌀을 알아서 넣게 하였다면 비구가 다시 끓일 수 없으며 마땅히 정인을 시켜서 끓이게 할 것이고, 만약 정인이 떠나고자 하였다면 저절로 끓이고 익혀서 익은 죽을 병자에게 주어야 한다.

만약 비구가 토하거나 설사하는 약을 복용하였고, 의사가 마땅히 "맑은 죽을 주십시오. 만약 죽을 얻지 못한다면 곧 죽을 것입니다."라고 말하였다면 어떻게 하는가? 그때 마땅히 쌀을 씻은 쌀뜨물을 물통에 담아 병든 비구를 적셔 주며, 만약 병자가 이를 견디지 못한다면 부서지지 않는 벼나 보리를 취하여 7번 이상 깨끗이 씻고서 주머니 안에 담아 머리를 베어 주고 깨끗하게 그릇을 씻고서 끓여서 벼의 끝부분이 부서지지 않게 한다. 만약 부서졌다면 병든 비구에게 주지 못한다.

만약 아련야에서 정인이 병들었으면 다른 정인을 시켜서 죽을 끓여서 주어야 하고, 만약 정인이 없으면 깨끗한 곡식을 얻어서 비구가 스스로 방아를 찧고 죽을 끓여서 정인에게 주어야 하며, 정인이 만약 죽을 모두 먹지 못한다면 비구가 스스로 먹지 못하고, 역시 다른 비구에게도 주지 못한다.

이러한 까닭으로 설하였노라.

다시 다음으로 세존께서는 사위성에 머무르셨으며, 자세한 설명은 앞에서와 같다.

이때 어느 거사가 한 명의 딸을 낳았는데 단정하여 비교할 짝이 없었다. 부모들은 환희하였고, 보름달(滿月)이 되자 길상(吉祥)의 모임을 지었으며, 부모가 이렇게 생각을 지었다.

'이 딸은 단정하여 세상에 희유(希有)하므로, 만약 국왕이 듣는다면, 혹은 능히 강제로 취할 것이다. 내가 마땅히 불길한 이름으로 짓겠다.'

곧 애꾸눈으로 이름을 지었다.

이 여인이 점점 장대하였으므로 왕의 관상가가 그녀를 보고서 곧 물어 말하였다.

"이 여인은 어느 집의 딸입니까?"

어느 사람이 대답하여 말하였다.

"어느 거사의 딸입니다."

왕의 관상가는 이렇게 생각을 지었다.

'이 여인의 상은 마땅히 왕의 대부인이 될 것이다.'

관상가는 곧 왕에게 아뢰어 말하였다.

"누구에게 딸이 있는데 귀한 상으로 마땅히 왕후가 될 수 있습니다.

곧 그녀를 맞이하십시오."
왕은 곧 사람을 보내었고 가서 물었다.
"이 여자의 이름이 무엇인가?"
곧 대답하여 말하였다.
"애꾸눈이라고 합니다."
곧 돌아와서 왕에게 알렸고, 왕은 말하였다.
"이 이름이 불길하다. 나에게 필요하지 않다."
그 뒤에 어느 사람이 그 집에 장가들었고, 부모가 불러서 집안에 돌아갔으며, 남편이 사람을 보내어 아내를 불렀다. 여인의 집에서 대답하여 말하였다.
"마땅히 보내겠네."
곧 여인을 보낼 예물(禮具)을 준비하였고 여러 종류의 떡을 만들었다. 비구가 차례대로 걸식하여 그녀의 집에 이르렀고, 여인의 어머니가 비구를 보고서 신심으로 환희하며 말하였다.
"존자여. 떡이 필요합니까?"
대답하여 말하였다.
"필요합니다."
곧 여러 종류의 떡을 발우에 가득히 채웠고 가지고 떠나갔다. 이 비구는 이 떡을 얻고 정사에 돌아와서 여러 지식인 비구들을 불러서 함께 먹으니, 여러 비구들이 말하였다.
"장로여. 이 떡은 매우 맛있습니다. 그대가 어느 곳에서 얻었습니까?"
대답하여 말하였다.
"애꾸눈 여인의 집에서 얻었습니다."
여러 비구들이 듣고서 다시 그 집에 갔고, 이전과 같이 얻었으며, 이와 같이 한 명·한 명이 가서 떡을 구하였으므로, 여인의 살림이 모두 없어졌다. 둘째·셋째 날도 이와 같았고 남편이 다시 사람을 보내어 불렀으나 다시 말하였다.
"조금만 기다리시오. 예물을 준비하겠소."

여러 비구들이 날마다 가서 모두 구걸하였고, 아내는 때에 돌아오지 못한 까닭으로 그 남편은 크게 성내면서 이렇게 말을 지었다.

"내가 지금 사람을 보내어 가서 불렀어도 다만 예물을 준비하지 못하였다고 말하고, 마침내 오지 않으니, 반드시 다른 마음이 있구나."

곧바로 버리고서 다시 다른 여자를 구하였다. 애꾸눈의 어머니는 딸이 쫓겨났다는 것을 듣고서 곧 크게 슬피 울었고, 딸도 역시 어머니가 때에 보내지 않은 까닭으로 쫓겨났으므로 근심하고 고뇌하며 앉아 있었다. 여러 이웃 사람들이 물어 말하였다.

"그대들은 무슨 까닭으로 근심하면서 울고 있소?"

곧 앞의 일을 갖추어 이웃 사람들에게 대답하였고, 이웃 사람들은 꾸짖어 말하였다.

"그대는 어찌하여 먼저 딸을 보낸 뒤에 따로 음식을 지어서 여러 비구들에게 베풀지 않았는가?"

여러 비구들이 듣고서 이 인연으로써 세존께 가서 아뢰었고, 세존께서는 말씀하셨다.

"이 여러 비구들을 불러오라."

왔으므로, 세존께서는 비구들에게 물으셨다.

"그대들이 진실로 그러하였는가?"

대답하여 말하였다.

"진실로 그렇습니다."

세존께서 말씀하셨다.

"오늘부터는 딸을 보내는 음식을 받는 것을 허락하지 않겠노라."

다시 다음으로 세존께서는 왕사성에 머무셨으며, 자세한 설명은 앞에서와 같다.

그때 왕사성 가운데에 어느 상인(估客)의 주인은 무외(無畏)라고 이름하였으며, 여러 상인들과 함께 멀리 길을 떠나고자 하였다. 그때 상인의 아내들은 집안에서 여러 종류의 길을 떠날 양식을 준비하였는데, 여러 비구들이 차례로 걸식하여 그들의 집에 이르렀다. 상인의 아내들이 보고서 신심으로 환희하여 물었다.

"존자여. 미숫가루가 필요합니까?"

대답하여 말하였다.

"필요합니다."

곧 길을 떠날 양식을 나누었고 발우에 채워서 비구들에게 베풀었다. 비구들은 얻고 가란타사(迦蘭陀舍)의 죽원정사(竹園精舍)로 가지고 돌아와서 여러 지식인 비구들을 불러 함께 먹었다. 여러 비구들이 물어 말하였다.

"그대들은 어느 곳에서 이렇게 좋은 음식을 얻었습니까?"

대답하여 말하였다.

"어느 상인의 집에서 얻었습니다."

여러 비구들은 듣고서 곧 그의 집으로 갔고, 이와 같이 사람·사람이 가서 구걸하였으므로 길을 떠날 양식이 모두 없어졌다. 이와 같이 둘째·셋째 날에 준비한 양식을 여러 비구들이 따라서 왔고 구걸하였고, 나아가 넷째 날에 양식을 준비하여 떠났으나, 동료들에게 미치지 못하였고 도둑들에게 겁탈을 당하여 재물이 모두 없어졌다. 상인의 아내는 듣고 근심하고 번뇌하여 슬프게 울었으므로 이웃 사람들이 물어 말하였다.

"그대는 무슨 까닭으로 이와 같은가?"

곧 앞의 일을 갖추어 이웃 사람들에게 대답하였고, 이웃 사람들이 말하였다.

"그대는 어찌하여 먼저 길을 떠날 양식을 준비하여 사람을 보내고서, 그러한 뒤에 별도로 지어서 여러 비구들에게 베풀지 않았는가?"

여러 비구들이 듣고서 이 인연으로써 세존께 아뢰었고, 세존께서는 말씀하셨다.

"이 여러 비구들을 불러오라."

왔으므로, 세존께서는 비구들에게 물으셨다.

"그대들이 진실로 그러하였는가?"

대답하여 말하였다.

"진실로 그렇습니다."

세존께서 말씀하셨다.

"이것은 악한 일이니라. 베푸는 자가 설사 양(量)을 알지 못하더라도 받는 자는 마땅히 양을 알아야 하느니라. 이것은 법이 아니고, 율이 아니며, 세존의 가르침도 아니니라. 이것으로써 선법을 장양(長養)하지 못하느니라. 오늘부터는 길을 떠나는 양식을 구걸하는 것을 허락하지 않겠노라."

세존께서는 여러 비구들에게 알리셨다.

"왕사성을 의지하여 머무르는 비구들을 모두 모이게 하라. 열 가지의 이익을 까닭으로써 여러 비구들을 위하여 계율을 제정하겠나니, 나아가 이미 들었던 자들도 마땅히 거듭하여 들을지니라. 만약 비구가 백의(白衣)의 집에 갔고 스스로가 마음대로 떡과 미숫가루를 주었다면 두·세 발우를 받고 밖으로 나와서 병들지 않은 비구와 함께 먹을지니라. 만약 지나치게 받고 밖으로 나와서 병들지 않은 비구와 함께 먹지 않는 자는 바야제를 범하느니라."

'비구'는 만약 한 명이거나, 만약 두 명이거나, 만약 많은 대중이다.

'백의의 집'은 찰리(刹利)의 집이거나, 바라문의 집이거나, 비사(毘舍)의 집이거나, 수다라(首陀羅)의 집이다.

'스스로가 마음대로 주다.'는 만약 떡이거나, 만약 미숫가루이다.

'떡'은 이를테면, 보리·밀·쌀·콩·팥 등과 같은 여러 종류의 떡이다.

'미숫가루'는 보리·밀·쌀·콩·팥 등과 같은 여러 종류의 가루이다.

'세 발우'는 많아도 세 발우를 얻는 것이다.

'가지고 밖으로 나오다.'는 뜻을 따라서 향하는 것이다.

'병들지 않은 비구'는 힘이 있어 능히 그의 집에 가는 자이다.

'병들지 않은 비구와 함께 먹다.'는 재식(齋食)에 와서 마땅히 함께 먹는 것이고, 만약 함께 먹지 않는 자는 바야제를 범한다.

'바야제'는 앞의 설명과 같다.

보내는 음식과 길을 떠나는 양식의 떡과 미숫가루는 비구를 위해서 보내는 양식이 아니고 스스로가 마음대로 주는 것이니, '보내는 음식'은 애꾸눈 여인 등을 보내는 것과 같고, '길을 떠나는 양식'은 무외라는 상인의 주인 등과 같은 것이며, '떡과 미숫가루'는 앞의 설명과 같다.

'비구를 위하지 않다.'는 본래 다른 사람을 위하여 보내는 양식을 짓는 것이다.

'스스로가 마음대로 주다.'는 애꾸눈 여인과 애꾸눈의 어머니가 스스로가 마음대로 주는 것과 같고, 상인과 상인의 아내가 스스로가 마음대로 주는 것과 같은 것이다. 비구는 세 발우를 얻어서 가지고 밖으로 나와서 마땅히 병들지 않은 비구와 함께 먹어야 한다.

비구가 '누가 능히 많은 일을 지을 것인가?'라고 이렇게 생각을 짓고서, 우바이를 위하여 "한 발우를 채워서 그릇의 가운데 놓아두고, 다시 한 발우를 채워서 다른 그릇에 놓아두시오."라고 말하였으며, 스스로가 한 발우를 받고서 여인에게 "만약 어느 비구가 온다면 이 한 발우를 주고, 다시 어느 비구가 온다면 두 번째의 발우를 주며, 뒤에 만약 오는 자가 있으면 다시 주지 마십시오. 만약 주었다면 당신의 복덕이 적을 것입니다."라고 말하면서, 비구가 음식을 가지고 밖으로 나갔고, 도중에서 만약 비구를 만났다면 마땅히 이와 같이 말을 지어야 한다.

"어느 집에 음식이 있으니, 그대가 마땅히 스스로의 몫을 취하십시오."

두 번째의 비구에게도 역시 다시 이와 같아서, 딸을 보내는 떡이 아니거나, 길을 떠나는 양식이 아니라면 비구를 위한 것이고, 보내는 양식이 아니므로 스스로가 마음대로 주는 것이 아니다.

'딸을 보내는 떡이 아니다.'는 애꾸눈의 여인을 보내는 것과 같지 않고, '길을 떠나는 양식이 아니다.'는 무외라는 상인 등과 같지 않으며, '비구를 위하다.'는 비구를 위하여 지은 것이고 다른 사람을 위한 것이 아니며, '보내기 위한 양식이 아니다.'는 다른 사람을 위하여 지은 두 가지의 일을 제외한 것이니, 취하여 얻더라도 범한 것은 없다. 스스로가 마음대로 주는 것이 아니고 얻고서 따라서 가지고 떠나갔거나, 만약 애꾸눈 딸이 떠나가고 뒤에 애꾸눈의 어머니가 주었다면 취하여 얻었다면 무죄이다.

만약 여인이 남편의 집에 이르고서 주었고 취하여 얻었다면 무죄이다. 만약 상인이 떠나가고서 상인의 아내가 주었다면 취하여 얻었다면 무죄이다. 만약 상인이 장소에 이르렀고 주었다면 취하여 얻었다면 무죄이다.

만약 그 집에서 딸을 시집보내거나, 아내를 맞이한 음식이거나, 절일(節日)에 비구가 가서 이르렀고 그 집의 주인이 "존자여. 내가 서신을 보내어 청하여도 오지 않을까 염려하였는데, 하물며 스스로가 오셨으니 이와 같이 청하였습니다."라고 이렇게 말을 지었고, 스스로가 마음대로 취하였다면 무죄이다.

이러한 까닭으로 말하였노라.

세존께서는 사위성에 머무셨으며, 자세한 설명은 앞에서와 같다.

그때 육군비구들이 소(酥)의 집에 이르러 소를 구걸하였고, 기름의 집에서 기름을 구걸하였으며, 우유의 집에서 우유를 구걸하였고, 낙(酪)의 집에 가서는 낙을 구걸하였으며, 꿀의 집으로 가서 꿀을 구걸하였고, 석밀의 집에서는 석밀을 구걸하였으며, 생선의 집에서 생선을 구걸하였고, 고기의 집에서 고기를 구걸하였으므로, 세상 사람들이 비난하면서 이와 같이 말을 지었다.

"구담 사문은 무량한 방편으로 욕심이 적어 만족을 알면 공양이 쉽고 충족이 쉽다고 찬탄하셨고, 욕심이 많아 싫어함을 모르면 공양이 어렵고 충족이 어렵다고 꾸짖으셨다. 그러나 지금의 이 사문들은 능히 거친 음식을 구걸하지 않고, 소의 집을 쫓아서 소를 구걸하고, 나아가 고기의 집을 쫓아서 고기를 구걸하는데, 이렇게 무너지고 패배한 사람에게 무슨 도가 있겠는가?"

여러 비구들이 듣고서 이 인연으로써 세존께 가서 아뢰었고, 세존께서는 말씀하셨다.

"이 육군비구들을 불러오라."

왔으므로, 세존께서는 육군비구에게 물으셨다.

"그대들이 진실로 그러하였는가?"

대답하여 말하였다.

"진실로 그렇습니다."

세존께서 육군비구에게 말씀하셨다.

"이것은 악한 일이니라. 그대들은 항상 내가 무량한 방편으로 욕심이 적음을 찬탄하고 욕심이 많음을 꾸짖는 것을 듣지 못하였는가? 이것은 법이 아니고, 율이 아니며, 세존의 가르침도 아니니라. 이것으로써 선법을 장양(長養)하지 못하느니라. 오늘부터는 좋은 음식을 구걸하여 먹는 것을 허락하지 않겠노라."

다시 세존께서는 가유라위국(迦維羅衛國)의 석씨 니구율수정사(釋氏尼拘律樹精舍)에 머무르셨다.

세존께서는 다섯 가지 일의 요익(饒益)을 까닭으로 5일에 한 번을 여러 비구들의 방을 다니시면서 병든 비구를 보셨다. 세존께서는 아시면서도 일부러 물으셨다.

"그대의 병은 어떠한가? 병은 줄어든 것과 같은가?"

대답하여 말하였다.

"줄어들지 않았습니다."

세존께서 말씀하셨다.

"그대는 능히 병을 따라서 음식을 구하고 병을 따라서 약을 구하지 않는가?"

대답하여 말하였다.

"능히 구걸하고 있습니다. 다만 세존께서 계율을 제정하시어 좋은 음식을 구걸하는 것을 허락하지 않으신 까닭으로 감히 구걸하지 못합니다. 저는 단월이 없고, 주는 자도 없습니다."

세존께서 말씀하셨다.

"오늘부터는 병든 비구가 좋은 음식을 구걸하는 것을 허락하겠노라."

세존께서는 여러 비구들에게 알리셨다.

"가유라위성을 의지하여 머무르는 비구들을 모두 모이게 하라. 열 가지의 이익을 까닭으로써 여러 비구들을 위하여 계율을 제정하겠나니, 나아가 이미 들었던 자들도 마땅히 거듭하여 들을지니라. 만약 여러 집의 가운데에 이와 같은 좋은 음식인 소·기름·꿀·석밀·우유·낙·생선·고기 등이 있었고, 이와 같은 맛있는 음식을 병이 없는 비구가 몸을 위하여 구하는 자는 바야제를 범하느니라."

'집'은 앞의 설명과 같다.

'소·기름·꿀·석밀·우유·낙·생선·고기' 등은 앞의 제2도계(盜戒)의 가운데에서 설한 것과 같고, 이와 같다면 좋은 음식이라고 이름한다. 병자는 세존께서 무죄라고 말씀하셨다.

'병'은 황란(黃爛)·옹좌(癰痤)·치병(痔病)·불금(不禁)·황병(黃病)·학병(瘧病)·해수(咳嗽)·소리(痟羸)·풍종(風腫)·수종(水腫) 등의 이와 같은 여러 종류이고 이것을 병이라고 이름한다.

'몸을 위하다.'는 자기를 위하여 구하면서 만약 스스로가 구하거나, 만약 사람을 시켜서 찾았고 먹는 자는 바야제를 범한다.

'바야제'는 앞의 설명과 같다.

만약 비구가 열병이었고 의사가 "이 병은 마땅히 소를 복용하십시오."라고 말하였다면, 소를 구걸하면서 불신하는 집으로 가서 구하여 얻을 수 없다. 왜 그러한가? 구하는 때에 "다만 맛있는 맛을 탐하는 까닭으로 소를 구한다."라고 비구를 비난할 것이니, 비구의 장·단점을 비난하고 싫어하는 자에게는 가서 구할 수 없고, 마땅히 신심있는 우바새의 집에 이르러 구해야 하며, 얻는 때에는 마땅히 스스로가 양을 헤아려야 한다.

만약 비구가 풍병(風病)이었고 의사가 "마땅히 기름을 복용하십시오."라고 말하였다면, 그때는 기름을 구걸하여 얻을 수 있으나, 기름을 짜는 집을 쫓아서 구할 수 없고, 역시 불신(不信)하는 집에 이르러 구걸하여 얻을 수 없으며, 소의 가운데서 설한 것과 같다.

만약 비구가 풍병(風病)이었고 의사가 "마땅히 꿀을 복용하십시오."라고 말하였다면, 그때는 꿀을 구걸하여 얻을 수 있으나, 꿀을 채집하는 집을 쫓아서 구할 수 없고, 역시 불신하는 집에 이르러 구걸하여 얻을 수 없으며, 소의 가운데서 설한 것과 같다.

만약 비구가 마르고 수척한 병이었고 의사가 "마땅히 석밀을 복용하십시오."라고 말하였다면, 그때는 석밀을 구걸하여 얻을 수 있으나, 사탕수수를 짜내는 집을 쫓아서 구걸할 수 없고, 역시 불신하는 집에 이르러 구걸하여 얻을 수 없으며, 소의 가운데서 설한 것과 같다.

만약 비구가 냉증이 있었고 의사가 "마땅히 석밀과 낙의 두 종류를 복용하십시오."라고 말하였다면, 불신하는 집에 이르러 구걸하여 얻을 수 없으며, 소의 가운데서 설한 것과 같다.

만약 비구가 설사병(下病)이었고 의사가 "이것은 마땅히 우유를 복용하십시오."라고 말하였다면, 그때는 우유를 구걸하면서 소를 방목하는 사람의 주변을 쫓아서 우유를 구걸할 수 있고, 얻는 때는 마땅히 양을 헤아려서 취해야 한다.

비구가 만약 토하고 설사하고자 하였고 토하고 설사하는 약을 복용하는데, 의사가 "마땅히 먼저 생선즙(漁汁)을 복용하십시오."라고 말하였다면, 그때에 생선즙을 얻고자 물고기 잡는 집에 가서 구걸할 수 없고, 역시 불신하는 집에 이르러 구걸하여 얻을 수 없으며, 앞에서 설한 것과 같다.

만약 비구가 머리를 찔러서 피를 짜내고자 하였고, 만약 토하고 설사하는 약을 복용하는데, 의사가 "이 병은 반드시 육즙(肉汁)을 복용하십시오."라고 말하였다면, 그때 육즙을 얻고자 도살하는 집이거나, 불신하는 집에 가서 구걸할 수 없으며, 앞에서 설한 것과 같다.

만약 비구가 걸식하며 다니면서 소를 헤아려서 파는 사람의 곁에 이르렀는데, 소를 헤아려서 파는 자가 "존자여. 어떤 것을 구하고자 합니까?"라고 말하였고, "걸식하고자 합니다."라고 대답하여 말하였으며, "음식은 없고 다만 이 소가 있습니다. 만약 필요하시면 마땅히 주겠습니다."라고 말하였고, 비구가 그때 소가 필요하여 발우에 채워서 받았다면 무죄이다. 만약 반려가 있어서 주라고 권유하여 얻었어도 무죄이다. 기름·꿀·석밀·우유·낙을 헤아리는 것도 역시 이와 같다.

만약 비구가 걸식하여 미숫가루와 밥을 발우에 가득히 얻었으나, 건자

(鍵鎡) 속에 얻은 것이 없어서 장(漿)을 쫓아서 구하였고, 만약 단월이 "장은 없고 곧 육즙이 있으니 필요하다면 마땅히 주겠습니다."라고 말하였다면, 그때는 취하여 얻을 수 있다. 만약 단월이 다시 "역시 고기도 있습니까? 필요하다면 마땅히 주겠습니다."라고 말하였으며, 그때 발우에 취하여 채워서 얻더라도 무죄이다.

또는 사탕수수를 짜내는 집을 쫓아서 사탕수수의 장을 구하였는데 만약 "사탕수수의 장은 없고, 곧 석밀이 있는데 필요하면 마땅히 주겠습니다."라고 말하였고, 비구가 필요하여 발우에 취하여 채워서 얻었어도 무죄이다. 역시 반려에게 주도록 권유하여 얻더라도 역시 무죄이다.

기름을 짜는 집에 이르러 삼(麻)의 찌꺼기를 구걸하였고, 만약 주인이 "나에게 삼의 찌꺼기는 없으니, 기름이 필요하면 마땅히 주겠습니다."라고 말하였으며, 필요하면 발우에 취하여 채워서 얻더라도 무죄이고, 역시 반려에게 주도록 권유하여 얻을 수 있다.

낙의 가라앉은 맑은 즙을 구걸하였고, 만약 "나에게는 낙의 가라앉은 맑은 즙은 없고, 유락(乳酪)이 있으니, 필요하면 마땅히 주겠습니다."라고 말하였으며, 필요하면 발우에 취하여 채워서 얻더라도 무죄이고, 역시 반려에게 주도록 권유하여 얻을 수 있으며, 사탕수수를 구걸하여 얻을 수 있다.

객비구가 되어 멀리 다니면서 비구가 맛있는 음식을 걸식하거나, 만약 스스로 도로에 있는 때라면 역시 걸식하여 얻을 수 있다. 만약 비구가 한곳에서 여덟 종류의 맛있는 음식을 구걸하였고 각각 별도로 먹었다면 여러 많은 바야제를 얻고, 만약 비구가 여덟 종류의 맛있는 음식을 다른 곳에서 구걸하였고 한곳에서 먹었다면 하나의 바야제를 얻는다. 여러 곳에서 걸식하였고 각자 별도로 먹었다면 여러 많은 바야제를 얻고, 한곳에서 아울러 여러 종류의 음식을 구하여 얻었고 합하여 한때에 먹었다면 하나의 바야제를 얻는다.

병들지 않은 때에 구걸하여 병든 때에 먹었다면 월비니죄를 얻고, 병든 때에 구걸하여 병들지 않은 때에 먹었다면 무죄이며, 병든 때에 구걸하여 병든 때에 먹었다면 무죄이고, 병들지 않은 때에 구걸하여 병들지 않은 때에 먹는 것은 바야제를 얻는다. 병을 따르지 않고 끓인 음식을 병의 증상을 따라 먹었다면 무죄이고, 병을 따라서 끓인 음식을 병을 따르지 않고 먹었다면 월비니죄를 얻는다. 병을 따라서 끓인 음식을 병을 따라서 먹었다면 무죄이고, 병을 따르지 않고 끓인 음식을 병을 따르지 않고 먹었다면 무죄이다. 왜 그러한가? 출가인은 다른 사람을 인연하여 목숨을 살리는 까닭이다.
 이러한 까닭으로 설하였노라.

 한 번의 음식을 베푸는 것과 여러 곳과
 만족하게 먹었는데 강제로 그에게 권유하는 것과
 음식을 받지 않고서 먹은 것과
 비시(非時)와 정식(停食)을 먹는 것과
 두세 발우와 맛있는 음식과
 별중식은 뒤에 있다.

 [네 번째의 발거를 마친다.]

● [기원정사 가운데의 범본(梵本)에서 '벌레가 씹었다.'는 이 별중식의 계율에는 없다.]

 세존께서는 사위성의 기수급고독원에 머무르셨다.
 그때 세상 사람들은 돈독하게 믿고 공경하며 존중하고 옷·음식·평상·와구·질병(病瘦)의 의약품을 공양하였다. 그때 출가한 외도들도 역시 사위성에 머물렀으나, 세상 사람들은 공경하지 않고 존중하지 않아서 옷·음식·평상·와구·질병의 의약품을 공양하지 않았다. 그때 어느 많은 출가외도들이 논의당(論議堂)에 모여서 이와 같이 의논하였다.

"이 사문 구담이 사위성의 기수급고독원에 머물렀으므로 세상 사람들이 깊이 믿고 공경하고 존중하며 옷·음식·평상·와구·질병의 의약품을 공양하오. 우리들은 공경받지 못하여 옷·음식·평상·와구·질병의 의약품의 공양을 얻지 못하니, 누가 능히 사문 구담의 법 가운데에 가서 출가하고 범행을 닦으면서 그들의 법을 외우고 익히고서 우리들의 법 가운데에 돌아와서 우리들에게 전전하여 서로를 가르치고, 역시 마땅히 공양을 다시 얻게 하여서 그들과 다르지 않게 하겠는가?"

이때 외도들이 이와 같이 의논하고서 모두가 말하였다.

"수심마(須深摩)라는 자는 우리들의 가운데에서 최고로 제일이니, 보내어 사문 구담의 법의 가운데에 출가시키고 그들의 율의(律儀)를 받고 돌아와서 이곳에 들어오게 합시다."

이때 그 외도들이 수심마에게 이와 같이 말을 지었다.

"사문 구담이 기원정사에 있어서 많은 사람들이 공양하고 존중하는데, 우리들은 이러한 이익을 얻지 못하오. 그대가 지금 가서 사문 구담의 의법 가운데에 출가하여 범행을 닦고 그들의 경을 받아 외우고서 우리의 법에 돌아와서 전전하여 서로를 가르쳐서 역시 마땅히 다시 공양을 얻는 것이 그들과 다르지 않게 하시오."

수심마가 이러한 말을 듣고서 사위성을 나왔고 기원정사로 갔으며 정사의 문간(門間)에서 여러 비구들이 경행하고 좌선하는 것을 보았다. 수심마는 곧 여러 비구들의 처소로 가서 함께 서로에게 문신하고 한쪽에 앉아서 이렇게 말을 지었다.

"나는 본래 외도였으나 지금 여래의 법 가운데에 출가하여 구족계를 받고자 합니다. 이 가운데에서 마땅히 무엇을 지어야 합니까?"

여러 비구들이 대답하여 말하였다.

"만약 본래 외도였고 여래의 법 가운데에 출가하고자 하는 자는 마땅히 그를 4개월을 시험하오. 4개월이 지나서 여러 비구들의 뜻을 얻었다면 마땅히 출가시켜 주는 것이오."

이때 수심마가 곧 4개월의 가르침을 받아서 행하였고, 4개월이 지나서 여러 비구들의 뜻을 얻었으므로 곧 구족계를 주었다. 구족계를 받고서 세존의 처소에 가서 머리숙여 발에 예경하고 물러나서 한쪽에 머물렀다. 그때 여러 많은 비구들이 세존의 처소에 와서 이르렀고 머리숙여 발에 예경하고 물러나서 한쪽에 있으면서 이렇게 말을 지었다.

"저희들은 이미 증득하여 저희들의 생(生)을 이미 마쳤고 범행이 이미 섰으니, 다시는 후유(後有)를 받지 않습니다."

이렇게 말하고서 머리숙여 세존의 발에 예경하고 물러갔다. 이 여러 비구들이 떠나가고 오래지 않아서 수심마가 머리숙여 세존의 발에 예경하고 그 비구들의 처소에 나아가서 함께 서로를 문신하였고 문신을 마치고서 한쪽에 앉아 있으면서 여러 비구들에게 물어 말하였다.

"장로들이여. 이전에 세존의 처소에 있으면서 스스로 '저희들은 이미 증득하여 저희들의 생을 이미 마쳤고 범행이 이미 섰으니, 다시는 후유를 받지 않습니다.'라고 말씀하셨습니까?"

대답하여 말하였다.

"이와 같소."

이때 수심마가 다시 물어 말하였다.

"장로들이여. 이와 같이 아시고 이와 같이 보셨으니 청정한 천안을 얻어서 중생들이 이곳에 죽고 저곳에 태어나고, 좋은 색깔과 나쁜 색깔, 선취(善趣)와 악취(惡趣)를 보실 것이고, 중생들이 몸으로 악을 행하고 입으로 악을 행하며 뜻으로 악을 행하고, 현성(賢聖)을 비방하며 스스로 삿된 견해를 행하고 사람을 가르쳐서 삿된 견해를 행하게 하여 몸이 무너지고 목숨을 마치면 3악도(惡道)에 떨어지는 것을 보실 것입니다.

또한 중생들이 몸으로 선(善)을 행하고 입으로 선을 행하며 뜻으로 선을 행하고 스스로 바른 견해를 행하고 사람을 가르쳐서 바른 견해를 행하게 하여서 몸이 무너지고 목숨을 마치면 선한 곳인 천상과 인간의 가운데에 태어남을 보실 것입니다. 이와 같은 것을 사람을 넘는다면 청정한 천안이라고 합니다. 장로들은 얻었습니까?"

대답하여 말하였다.

"얻지 못하였소."

다시 물었다.

"존자들이여. 이와 같이 알았고, 이와 같이 보았다면 숙명지(宿命智)를 얻어서 과거의 한 생(生)·2생·3생·4생·5생·10생·100생·1000생, 나아가 겁의 성립과 겁의 파괴, 성종족(姓種族)의 이름과 이곳에서 죽고 저곳에서 태어나며 저곳에서 죽고 이곳에서 태어나는 무수한 겁의 일을 알아야 합니다. 장로들은 아십니까?"

대답하여 말하였다.

"알지 못하오."

다시 물었다.

"색(色)을 떠나고 색을 지나며 색이 없는 적멸해탈신증구족주(無色寂滅解脫身證具足住)의 이러한 여러 해탈을 장로들은 얻었습니까?"

대답하여 말하였다.

"얻지 못하였소."

수심마가 말하였다.

"이전에 물은 모든 법을 모두 얻지 못하였다고 말하면서, 어찌하여 세존의 앞에서 스스로 '저희들은 이미 증득하여 저희들의 생을 이미 마쳤고 범행이 이미 섰으니, 다시는 후유를 받지 않습니다.'라고 말씀하셨습니까? 누가 마땅히 믿겠습니까?"

여러 비구들이 대답하여 말하였다.

"장로여. 나는 지혜롭고 해탈한 사람이오."

수심마가 말하였다.

"말씀하신 것이 간략하고 뜻의 모습이 나타나지 않았으니, 다시 자세하게 말씀하여 주십시오."

비구들이 말하였다.

"비록 뜻의 모습이 나타나지 않았으나, 나는 스스로가 지혜롭고 해탈한 사람을 명료하게 아는 것이오."

이때 수심마가 여러 비구들의 말을 듣고 이렇게 생각을 지었다.
'나는 마땅히 세존의 처소에 나아가서 이와 같은 일을 물어 보아야겠다. 세존께서 풀어서 말씀하시는 것이 있다면 나는 마땅히 수지하겠다.'
자리에서 일어났고 가서 세존의 처소에 나아갔으며 머리숙여 발에 예경하고 한쪽에 물러나서 앞의 일을 갖추어 세존께 자세하게 아뢰었다.
"이러한 일들은 무엇입니까?"
세존께서 수심마에게 알리셨다.
"먼저가 법지(法智)이고 뒤가 비지(比智)이니라."
수심마가 또한 세존께 아뢰어 말하였다.
"세존의 말씀이 은유이고 간략(隱略)하여 저는 오히려 이해하지 못하겠습니다."
세존께서 수심마에게 알리셨다.
"그대가 비록 이해하지 못하는 까닭이라도 먼저가 법지이고, 뒤에는 비지이니라."
수심마가 세존께 아뢰어 말하였다.
"옳으십니다. 세존이시여. 제가 오히려 이해하지 못하옵니다. 오직 원하옵건대 세존께서는 저를 위하여 자세히 말씀하여 주십시오."
세존께서 수심마에게 알리셨다.
"내가 반대로 그대에게 묻겠으니, 그대는 아는 것을 따라서 나에게 대답하라. 수심마여. 그대의 뜻은 어떠한가? 생(生)을 인연하는 까닭으로 늙고 죽음이 있는가?"
대답하여 말하였다.
"이와 같습니다. 세존이시여."
세존께서 말씀하셨다.
"옳구나. 수심마여. 그대의 뜻은 어떠한가? 무명을 인연하는 까닭으로 여러 행이 생겨나는가?"
대답하여 말하였다.
"이와 같습니다."

"옳구나. 수심마여. 그대의 뜻은 어떠한가? 생의 인연이 멸하는 까닭으로 늙고 죽음이 멸하는 것은 아닌가? 나아가 무명이 멸하는 까닭으로 여러 행이 멸하지 않겠는가?"

대답하여 말하였다.

"이와 같습니다."

"옳구나. 수심마여."

세존께서 수심마에게 알리셨다.

"만약 비구들이 이 법의 가운데에서 바르게 관하였고 바르게 알았다면 마땅히 얻을 것을 모두 얻지 않았는가?"

대답하여 말하였다.

"이와 같습니다."

또한 수심마에게 물으셨다.

"그대는 생을 인연하는 까닭으로 늙음과 죽음이 있음을 아는가?"

대답하여 말하였다.

"이와 같습니다."

또한 말씀하셨다

"무명을 인연하기 때문에 여러 행이 있음을 아는가?"

대답하여 말하였다.

"이와 같습니다."

또한 물으셨다.

"생의 인연이 멸하는 까닭으로 늙음·질병·죽음·근심·슬픔·괴로움·번뇌·성음(盛陰)이 멸하는 것을 아는가?"

대답하여 말하였다.

"이와 같습니다."

"무명이 멸하므로 여러 행이 멸하지 않겠는가?"

대답하여 말하였다.

"이와 같습니다."

세존께서 수심마에게 알리셨다.

"그대가 이와 같은 법을 알았다면 그대는 천안과 숙명의 지혜를 얻어서 여러 해탈을 얻지 않았겠는가?"

대답하여 말하였다.

"얻지 못하였습니다. 세존이시여."

세존께서 수심마에게 알리셨다.

"그대는 스스로가 이와 같은 여러 법을 안다고 말하면서 다시 얻지 못하였다고 스스로 말하는데, 이러한 여러 공덕을 누가 마땅히 믿겠는가?"

수심마가 세존께 아뢰어 말하였다.

"세존이시여. 제가 무명과 악하고 삿된 것에 얽히고 결박되었던 까닭으로 이와 같은 삿된 견해가 생겨났습니다. 저는 세존의 처소를 쫓아서 널리 정법을 듣고 악하고 삿된 견해를 없애서 법안정(法眼淨)을 얻겠습니다."

수심마는 곧 머리숙여 세존의 발에 예경하고 호궤 합장하고서 세존께 아뢰어 말하였다.

"세존이시여. 저는 여래의 정법 가운데에 도둑의 마음으로 출가하였는데, 법을 훔치려는 까닭이었습니다. 세존께서 대자비로 오직 원하옵건대 저의 참회를 받아주십시오."

세존께서 수심마에게 알리셨다.

"그대의 어리석음은 어린아이와 같구나. 세존의 정법 가운데에 법을 훔치려는 까닭으로 도둑의 마음으로 출가하였구나. 나는 그대의 참회를 받아주겠노라."

세존께서 수심마에게 알리셨다.

"비유한다면 왕에게 죄를 범한 사람이 있다면, 왕이 사람을 시켜서 몸의 마디를 찢고 자르며, 귀를 자르고 코를 자르며, 톱으로 끊고 칼로 베면서 토막토막 끊고 꺾으며, 코끼리가 밟고 말이 밟는 등의 만약 이와 같은 여러 종류의 독으로 목숨을 끊게 하는 것과 같이, 그대가 불법의 가운데에 도둑의 마음으로 출가하였으니, 법을 훔치려는 까닭이므로 죄는 이것을 넘어갔느니라. 나는 그대의 참회를 받아들여 현성의 법 가운데에서 증장을 얻게 하려는 까닭이니, 오늘부터는 다시 거듭하여 짓지 말라."

세존께서 수심마를 제도하신 까닭으로써, 비사리의 전단(栴檀) 발우로 외도를 항복시키면서 목련이 신족(神足)을 지었던 까닭으로써, 백성들이 두 배로 공경하고 믿어서 이익을 얻었다. 이것의 인연을 까닭으로 여러 외도들이 세존을 방자하게 비방한 것은 [『손타리경(孫陀利經)』의 가운데에서 자세히 설한 것과 같다.]

세존께서 세상에 출현하시지 않았던 때에는 외도들이 여러 종류의 공양을 얻었으나, 세존께서 세상에 출현하셨으므로 일체의 외도들은 모두 이양을 잃었다. 왜 그러한가? 불법이 깊고 미묘함을 알았던 까닭이다. [『공작조본생경(孔雀鳥本生經)』의 가운데에서 자세히 설한 것과 같다.]

그때 세존께서는 세상의 공양을 싫어하시어 사위성으로 돌아오셨다. 때에 이르자 취락에 들어가는 옷을 입고 발우를 지니고 사위성에 들어가서 차례로 걸식하셨고, 음식을 먹고서 돌아다니면서 경행하셨으며, 스스로가 평상과 요를 거두셨고, 대중 승가와 시자에게 말씀하지 않으셨으며, 세존께서는 혼자서 교살라국(憍薩羅國)을 유행하셨다. 그때 여러 비구들이 아난의 처소에 가서 아난에게 말하였다.

"장로여. 세존께서는 식후에 돌아다니면서 경행하셨고, 스스로가 평상과 요를 거두셨으며, 대중 승가와 시자에게 말씀하지 않으셨고, 세존께서는 혼자서 교살라국으로 유행가셨습니다."

아난이 대답하여 말하였다.

"장로들이여. 여래·응공·정변지께서는 식후에 돌아다니면서 경행하셨고, 스스로가 평상과 요를 거두셨으며, 대중 승가와 시자에게 말씀하지 않으셨고, 혼자서 교살라국으로 유행하신 것은 적정(寂靜)을 구하는 까닭입니다. 여러 비구들은 마땅히 따라갈 수 없습니다."

그때 세존께서 교살라국에서 유행하셨고 파리야사라림(波利耶娑羅林)의 현수(賢樹) 아래에 이르러 머무르셨다. 이때 5백의 코끼리들이 돌아다녔고 코끼리의 왕이 항상 뒤에 있으면서 흐린 물과 남은 풀을 얻었는데,

여러 무리들을 싫어하였던 까닭으로 역시 다시 홀로 왔고, 나아가서 이 나무 아래에 이르렀다. 코끼리 왕은 이미 나무 아래에 이르러서 세존을 보았고 곧 코로써 풀을 뽑고 땅을 밟아 평평하게 하고서 코로써 물을 뿌려서 땅의 먼지를 덮었으며, 또한 부드러운 풀을 취하여 펼쳐서 자리를 만들고서 무릎을 굽혀 세존을 청하여 앉게 하였고 세존께서 앉으시는 것을 보고서 곧바로 세존께 3개월의 공양을 청하였다. 세존께서 코끼리 왕의 뜻을 아시고서 곧 그의 청을 받아들이셨다.

세존께서는 이러한 일을 인연하여 게송을 설하여 말씀하셨다.

홀로 선(善)하여 근심이 없고
빈 들판의 코끼리와 같으며
계학(戒學)을 즐거이 행하는데
어찌 반려가 소용이 있겠는가?

그때 코끼리 왕은 연뿌리를 취하여 깨끗이 씻어서 세존께 주었고, 세존께서는 3개월을 머무시면서 코끼리 왕의 공양을 받으셨다. 그때 500명의 비구들이 3개월을 세존을 보지 못하였던 까닭으로 가서 존자 아난의 처소로 나아갔으며 알려 말하였다.

"장로여. 우리들은 오랫동안 세존을 보지 못하였고, 또한 법을 듣지 못하였습니다. 우리들은 지금 가서 세존께 예경하고 법의 가르침을 듣고서 받아들이고자 합니다."

아난은 대답하여 말하였다.

"여러 장로들이여. 이곳에서 잠시 머무르며 내가 돌아오는 것을 기다려 주십시오."

대답하여 말하였다.

"좋습니다."

아난은 곧 존자 대목련의 처소에 가서 이와 같이 말을 지었다.

"장로여. 500의 비구들이 나의 처소에 와서 '오랫동안 세존을 보지 못하였고, 정법을 듣지 못하였으므로 나아가서 세존께 예경하고 공양하며 법의 가르침을 듣고서 받아들이고자 합니다.'라고 말하였습니다. 장로여. 세존께서 어느 곳에 머무시는가를 관찰하여 주십시오."

목련은 곧 삼매에 들어가서 일체의 세간을 관찰하였고, 세존께서 파리야사라림의 현수 아래에 머무시면서 코끼리 왕의 공양을 받는 것을 보았다. 보고서 곧 아난을 향하여 이러한 게송을 설하여 말하였다.

연화지(蓮華池)를 버리고 떠났으나
신체는 선명하여 만족하시고
몸에는 때가 없어 청정하시며
숲의 가운데에서 홀로 적정을 즐기신다네.

감로의 깊은 법을 얻었으므로
상호와 몸을 구족하시고서
마음이 청정하여 때가 없으시며
대중을 버리고서 적정한 수풀을 즐기신다네.

목련이 이러한 게송을 설하고서 존자 아난에게 말하였다.
"세존께서는 지금 파리야사라림 현수 아래에 머무시면서 코끼리 왕의 공양을 받으십니다. 그대가 가고자 한다면 지금이 바로 때입니다."
존자 아난은 여러 비구들의 처소에 이르러 이와 같이 말을 지었다.
"세존께서는 지금 파리야사라림 현수 아래에 머무시면서 코끼리 왕의 공양을 받고 있습니다. 우리들은 지금 함께 세존의 처소로 가서 예경하고 문신합시다."
여러 비구들은 아난의 말을 듣고서 곧바로 함께 떠나갔고, 파리야사라림의 현수 아래로 갔으며, 세존과 거리가 멀지 않은 곳으로 떠나갔다. 아난이 여러 비구들에게 말하였다.
"장로들이여. 여래·응공·정변지께서는 아련야의 처소에 머무시므로 마땅히 쉽게 갈 수 없습니다. 장로 등은 이곳에서 잠시 머무십시오. 내가 마땅히 먼저 가겠습니다."

대답하여 말하였다.

"좋습니다."

아난은 곧 세존께 나아갔고, 세존께서는 멀리서 아난이 오는 것을 보시고 이와 같이 말을 지으셨다.

"잘 왔느니라. 아난이여. 오랫동안 그대를 보지 못하였구나."

존자 아난은 머리숙여 세존의 발에 예경하고서 이와 같이 말을 지었다.

"세존이시여. 병이 없으시고 번뇌가 적으시며 안락하게 머무십니까?"

세존께서 말씀하셨다.

"여래는 병이 적고 번뇌가 적으며 안락하게 머물고 있고, 코끼리 왕의 공양을 받고 있느니라."

아난에게 물어 말씀하셨다.

"비구 승가는 병이 적고 번뇌가 적으며 안락하게 머물렀고 걸식에 피곤하지 않았으며 도로를 다니면서 여법하였는가?"

대답하여 말하였다.

"세존이시여. 비구 승가는 병이 적고 번뇌가 적으며 안락하게 머물렀고 걸식에 피곤하지 않고 도로를 다니면서 여법하였습니다."

곧 다시 아뢰어 말하였다.

"500의 비구들이 지금 숲의 밖에 있으며 와서 받들어 예경하고자 합니다. 오직 원히옵건대 희락히여 주십시오."

세존께서 말씀하셨다.

"들어오도록 허락하겠노라."

아난은 곧 여러 비구들이 있는 곳에 가서 말하였다.

"장로들이여. 크고 선한 이익을 얻었습니다. 세존께서 들어오도록 허락하셨습니다."

여러 비구들은 곧 아난을 따라서 함께 세존의 처소에 이르러 머리숙여 발에 예경하고 물러나서 한쪽에 머물렀다. 그때 앉은 가운데에서 어느 한 비구가 이와 같이 생각을 지었다.
'어찌하여 비구는 이와 같이 알았고, 이와 같이 보았다면 차례로 누진(漏盡)을 얻는가?'
이와 같이 묵연히 생각하였으나 감히 세존께 묻지를 못하였다. 세존께서는 그 비구가 마음으로 생각하는 것을 아셨고, 곧 아난에게 알리셨다.
"이 앉은 가운데에서 어느 한 비구가 이와 같이 생각을 지었느니라. '어찌하여 비구는 이와 같이 알았고, 이와 같이 보았다면 차례로 누진을 얻는가?' 묵연히 이렇게 생각을 지으면서도 감히 세존에게 묻지 못하는구나."
세존께서 아난에게 알리셨다.
"나는 먼저 여러 비구들을 위하여 5음(陰)·18계(界)·12입(入)·12인연관(因緣觀)을 설하였느니라. 만약 비구가 이와 같이 알고, 이와 같이 본다면 여러 누(漏)를 없애는 것을 얻느니라."
이 비구는 세존의 말씀을 듣고 이와 같은 생각을 지었다.
'색신이 나(我)이구나.'
그때 세존께서는 그 비구가 마음속으로 생각하는 것을 아시고서 곧 아난에게 알리셨다.
"이 비구는 이렇게 생각을 지었느니라. '색신은 나이구나.' 아난이여. 마땅히 알라. 만약 어느 비구가 '색은 일체의 제행이다.'라고 이와 같이 관을 지었다면 무명(無明)·촉(觸)·수(受)가 애(愛)를 생겨나게 하느니라. 아난이여. 애는 무엇으로 인(因)하고 무엇으로 연(緣)하며 무엇으로 생겨나고 무엇으로 전전(轉)하는가? 아난이여. 마땅히 알라. 애는 수의 인이고, 수(受)의 연이며, 수로 생겨나고, 수로 전전하느니라. 아난이여. 마땅히 알라. 수는 촉의 인이고, 촉이 연이며, 촉으로 생겨나고, 촉으로 멸하느니라. 아난이여. 마땅히 알라. 촉은 6입(入)이 인이며, 6입이 연이며, 6입으로 생겨나고, 6입으로 전전하느니라.
아난이여. 마땅히 알라. 6입은 유위(有爲)의 법(法)이고 인연이 화합하여 생겨나며, 무상(無常)하여 마멸(摩滅)하는 법이니라. 촉은 유위의 법이고 인연이 화합하여 생겨나고 무상하여 마멸하는 법이니라. 수는 유위의 법이고 인연이 화합하여 생겨나고 무상하여 마멸하는 법이니라. 애는 유위의 법이고 인연이 화합하여 생겨나고 무상하여 마멸하는 법이니라. 행(行)은 유위의 법이고 인연이 화합하여 생겨나고 무상하여 마멸하는 법이니라. 무명은 유위의 법이고 인연이 화합하여 생겨나고 무상하여 마멸하는 법이니라. 이와 같이 아난이여. 만약 비구가 이와 같이 알고 이와 같이 관한다면 차례로 유루(有漏)를 마치는 것을 얻느니라."

이 비구는 이러한 말씀을 듣고서 이와 같은 생각을 지었다.

'색은 내가 아니고 색은 나의 소유(所有)이다.'

그때 세존께서는 그 비구가 마음속으로 생각하는 것을 아시고서 곧 아난에게 알리셨다.

"이 비구는 이렇게 생각을 지었느니라. '색은 내가 아니고 색은 나의 소유이다.' 아난이여. 마땅히 알라. 만약 비구들이 이와 같이 색을 관하면 일체의 제행과 무명·촉·수가 애를 생겨나게 하느니라. 애는 무엇으로 인하고 무엇으로 연하며 무엇으로 생겨나고 무엇으로 전전하는가? 아난이여. 마땅히 알라. 애는 수를 인하고 수를 연하며 수로 생하고, 수로 전전하며, 나아가 무명도 유위의 행이고 인연이 화합하여 생겨나며, 무상하여 마멸하는 법이니라."

이 비구는 이러한 말씀을 듣고서 이와 같은 생각을 지었다.

'색은 내가 아니고 나의 소유도 아니다. 나 가운데에 색이 있구나.'

세존께서는 이 비구가 마음 속으로 생각하는 것을 아시고서 **말씀하셨** 다.

"나아가 무명도 유위의 행이고 인연이 화합하여 생겨나며, 무상하여 마멸하는 법이니라."

이 비구는 이러한 말씀을 듣고서 이와 같은 생각을 지었다.

'색은 내가 아니고, 나의 소유도 아니며, 역시 나의 가운데에 색이 있는 것도 아니고, 색의 가운데에 내가 있는 것도 아니다.'

세존께서는 이 비구가 마음 속으로 생각하는 것을 아시고서 말씀하셨다.

"나아가 무명도 유위의 행이고 인연이 화합하여 생겨나며, 무상하여 마멸하는 법이니라."

이 비구는 이러한 말씀을 듣고서 이와 같은 생각을 지었다.

'만약 색이 내가 아니라면 나의 소유도 아니고, 나의 가운데에 색이 있는 것도 아니고, 색의 가운데 내가 있는 것도 아니다. 나는 수가 나이고, 상(想)·행(行)·식(識)도 역시 이와 같다. 만약 5음(陰)이 내가 아니라면 나의 소유도 아니고, 나의 가운데에 5음이 있는 것도 아니고, 5음의 가운데 내가 있는 것이 아니라면 어찌하여 내가 있는가?'

세존께서는 아난에게 알리셨다.

"만약 이와 같이 관하면 5음과 일체의 제행은 무명·촉·수가 애를 생겨나게 하느니라. 아난이여. 애는 무엇으로 인하고 무엇으로 연하며 무엇으로 생겨나고 무엇으로 전하는가? 애는 수를 인하고 수를 연하며 수로 생하고, 수로 전하느니라. 아난이여. 마땅히 알라. 수는 촉을 인하고 촉을 연하며 촉으로 생겨나고 촉으로 전하느니라. 아난이여. 마땅히 알라. 촉은 6입을 인하고 6입을 연하며 6입으로 생겨나고 6입으로 전하느니라.

아난이여. 마땅히 알라. 6입은 유위의 행이고 인연이 화합하여 생겨나고 무상하여 마멸하는 법이며, 나아가 무명도 유위의 행이고 인연이 화합하여 생겨나고 무상하여 마멸하는 법이니라. 이와 같이 아난이여. 만약 비구가 이와 같이 알고 이와 같이 관한다면 차례로 유루를 마치는 것을 얻느니라."

이 비구는 이러한 말씀을 듣고서 법안정(法眼淨)을 얻었다. 비구가 다시 거듭하여 사유하였다.

'일체의 제법은 모두 공적(空寂)하니 내가 없고 나의 소유도 없구나.'

세존께서는 아난에게 말씀하셨다.

"이 비구가 이렇게 사유를 짓는 때에 일체의 법을 받지 않고서 유루를 마치는 것을 얻었느니라."

세존께서 비구를 위하여 이러한 법을 설하시는 때에 5백의 비구들이 마음에서 해탈을 얻었고 모두 아라한을 성취하였다.
 그때 세존께서는 여러 비구들과 함께 머무셨는데 가을철이었고 때가 아닌 추운 비가 왔으므로, 비구들이 안이 비어있는 큰 나무를 가지고 불을 피웠다. 나무 속에는 먼저 큰 뱀이 있었고 뱀이 뜨거운 불을 만났으므로 곧 밖으로 나와 머리를 쳐들고 여러 비구들을 쫓았다. 여러 비구들이 전전하여 서로 말하면서 높은 소리로 크게 외쳤다.
 "뱀이 나왔습니다. 나왔습니다."
 세존께서는 아시면서도 일부러 물으셨다.
 "여러 비구들이 무슨 까닭으로 높은 소리로 크게 외치는가?"
 대답하여 말하였다.
 "때가 아닌 추운 비가 내렸고 여러 젊은 비구들이 비어있는 큰 나무를 가지고 불을 피웠습니다. 나무 속에 뱀이 있었고 뜨거웠던 까닭으로 밖으로 나와서 여러 비구들을 쫓았으며, 여러 비구들이 보고서 전전하여 서로 말하였습니다. 이러한 까닭으로 크게 소리를 질렀습니다."
 세존께서 말씀하셨다.
 "이 비구들을 불러오라."
 왔으므로 세존께서는 여러 비구들에게 알리셨다.
 "불을 피우면 일곱 가지의 이익되지 않은 일이 있느니라. 무엇이 일곱 가지인가? 첫째는 눈을 파괴하고, 둘째는 빛깔을 파괴하며, 셋째는 몸이 야위고, 넷째는 옷이 더러워지며, 다섯째는 평상과 요를 파괴하고, 여섯째는 계율을 범하는 인연이 생겨나고, 일곱째는 세속의 언론(言論)이 증가하는 것이다. 이러한 일곱 가지의 허물이 있는 까닭으로 오늘부터 이후에는 불을 피우는 것을 허락하지 않겠노라."

 다시 다음으로 세존께서는 사위성에 머무셨으며, 자세한 설명은 앞에서와 같다.
 세존께서 다섯 가지 일의 이익을 까닭으로 5일마다 한 번을 여러 비구들의 방을 돌아보셨으며 한 비구가 옴병으로 고생하는 것을 보셨다.

세존께서는 아시면서도 일부러 물으셨다.
"비구여. 몸이 조적(調適)²⁾하는가? 고통스럽지 않은가?"
대답하여 말하였다.
"저는 옴병으로 즐겁지 못합니다. 불로 몸을 데우면 몸이 편할 것인데, 세존께서 계율을 제정하시어 불을 피우지 못하도록 하셨습니다. 이러한 까닭으로 즐겁지 않습니다."
세존께서 말씀하셨다.
"오늘부터는 병든 비구에게 불을 피우는 것을 허락하겠노라."

다시 다음으로 세존께서는 사위성에 머무셨으며, 자세한 설명은 앞에서와 같다.
그때 존자 난제(難提)와 금비로(金毘魯)와 발제(跋提)는 탑산(塔山)에 머물면서 안거를 마치고서 사위성에 이르러 세존께 예경하였는데, 입었던 우의(雨衣)의 염색이 벗겨져 있었다. 세존께서는 아시면서도 일부러 물으셨다.
"비구여. 무슨 까닭으로 탈색된 우의를 입었는가?"
대답하여 말하였다.
"세존께서 계율을 제정하시어 불을 피우지 못하도록 하셨습니다. 이러한 까닭으로 물감을 끓이지 못하였고 염색하지 못하였습니다."
세존께서 말씀하셨다.
"오늘부터는 인연이라면 제외하겠노라."
세존께서는 여러 비구들에게 알리셨다.
"사위성을 의지하여 머무르는 비구들을 모두 모이게 하라. 열 가지의 이익을 까닭으로써 여러 비구들을 위하여 계율을 제정하겠나니, 나아가 이미 들었던 자들도 마땅히 거듭하여 들을지니라. 만약 병이 없는데 스스로가 불을 피우면서, 만약 풀과 나무와 쇠똥으로, 만약 스스로가

---

2) 적절하게 조화시킨 상태를 가리킨다.

피우거나, 만약 다른 사람을 시켜서 피운다면 바야제를 범하며, 인연은 제외하겠노라."

'비구'는 앞의 설명과 같고, 병든 자는 무죄이다.

'병'은 옴병이거나, 황란이거나, 풍병이거나, 이와 같은 여러 종류의 병으로서 불이 필요하고 안락을 얻는다면 불을 피우는 것을 허락하겠노라.

'풀'은 일체의 풀과 갈대 및 대나무 등이다.

'나무'는 일체의 나무로 만약 부서졌거나, 만약 완전하였거나, 쇠똥 등으로 만약 스스로 피웠거나, 만약 다른 사람을 시켜서 피웠더라도 인연은 제외하나니, 세존께서는 무죄라고 말씀하셨다.

'인연'은 만약 직월(直月)3)이거나, 만약 음식의 일을 맡은 지사인이거나, 만약 불을 피우고 등불을 켜는 차례이거나, 온실의 가운데에 불을 피웠거나, 만약 화상과 아사리를 위하여 불을 피웠거나, 만약 물을 데웠거나, 만약 발우를 말렸거나, 옷에 염색하기 위하여 불을 피웠다면 무죄이다. 인연을 제외하고는 바야제를 범한다.

'바야제'는 앞의 설명과 같다.

만약 땔감의 불을 가지고 땔감에 붙이거나, 풀 위에 붙이거나, 쇠똥 위에 붙이거나, 목찰(木札)4) 위에 붙이거나, 분소(糞掃) 위에 붙였다면 바야제를 범한다. 이와 같이 나아가 분소의 불을 가지고 땔감에 위에 붙이거나, 풀 위에 붙이거나, 쇠똥 위에 붙이거나, 목찰 위에 붙이는 역시 이와 같고, 비구가 풀과 나무의 불외 가운데 항히였는데, 이미 탄 것도 있고 아직 타지 않은 것이 있어도 역시 이와 같으며, 비구가 불더미를 밟으면 바야제를 범한다. 만약 불을 밟아서 떨어졌으나 아직 땅을 태우지 못하였다면 월비니죄를 범한다. 쇳덩이와 기왓장을 가지고 불더미를 밟는 것은 무죄이나, 만약 불을 놀려서 바퀴를 지었다면 바야제를 범한다.

---

3) 여러 일을 맡아보던 소임의 하나를 가리킨다.
4) 나무를 깎거나 다듬을 때 생기는 잔 조각을 가리킨다.

만약 비구가 불을 향하여 불 위에 풀을 꺾어서 불의 가운데 던졌다면 꺾는 것의 하나·하나를 따라서 바야제를 범한다. 만약 풀과 나무를 불에 태웠다면 바야제를 범하고, 만약 줄기와 종자를 태웠다면 두 가지의 바야제를 범한다. 불에 태워서 종자를 죽이면서 만약 씨를 깨뜨렸거나, 만약 화정(火淨)을 하였거나, 만약 인연의 일이 있어서 태웠다면 무죄이다. 만약 볏짚에 곡식이 있었고, 만약 볏짚에 곡식이 있었는데 태우는 자는 두 가지의 바야제를 범한다. 불에 태워서 종자를 죽이려면 마땅히 불로 작정해야 하고, 인연이 있어서 태웠다면 무죄이다.

만약 머리털을 태우거나, 말의 털을 태우거나, 낙타의 털 등을 태웠다면 월비니죄를 얻고, 만약 가죽을 태웠어도 월비니죄를 얻으며, 만약 떡을 태웠다면 월비니죄를 얻고, 독약이나 숯을 태웠어도 월비니죄를 얻는다. 만약 음식이 소화되지 않아서 철을 달구어 다리를 녹이거나, 배를 문질렀다면 무죄이다. 만약 가죽신으로 불을 밟아서 껐다면 월비니죄를 얻는다.

이러한 까닭으로 설하였노라.

세존께서는 광야정사에 머무셨으며, 자세한 설명은 앞에서와 같다.
그때 일을 경영하는 비구가 인부를 고용하여 벽돌과 쌓는 진흙을 지었다. 이 인부들은 혹은 승가의 식당의 가운데에서 묵었고, 혹은 선방의 가운데에서 묵었으며, 혹은 온실의 가운데에서 묵으면서 눈물·콧물·부정한 대·소변으로 여러 곳을 더럽혀서 여러 비구들이 좌선과 행도(行道)를 방해하였다. 여러 비구들이 이 인연으로써 가서 세존께 아뢰었고, 세존께서는 말씀하셨다.

"일을 경영하는 비구를 불러오라."
왔으므로, 세존께서는 비구에게 물으셨다.
"그대가 진실로 인부를 고용하였고 여러 곳을 더럽혀서 여러 비구들의 좌선과 행도를 방해하였는가?"
대답하여 말하였다
"진실입니다."

세존께서 말씀하셨다.
"무슨 까닭으로 그러하였는가?"
대답하여 말하였다
"저는 인부들이 일찍 시작하고 늦게 끝내서 여러 가치(價値)를 얻게 시켰습니다."
대답하여 말하였다
"비록 그렇더라도 오늘부터는 구족계를 받지 않은 사람과 같은 방에서 묵을 수 없느니라."

다시 다음으로 세존께서 보살이 되어 집에 계실 때에 부왕(父王)은 사랑하셨고 전륜왕(轉輪王)의 종자가 없어지는 것이 두려워서 근심하고 눈물을 흘리면서 출가를 허락하지 않았으나, 라후라(羅睺羅)를 회임(懷妊)하였던 까닭으로 곧 버리고서 출가하셨다. 세존께서는 여러 비구들에게 알리셨다.
"여래에게 유연하고 즐거운 사람으로 능히 부왕을 넘어갈 수 없었느니라. 나를 위하여 봄과 여름과 겨울의 세 때의 궁전을 지으셨고, [『유연선경(柔軟線經)』의 가운데에서 자세히 설한 것과 같다.] 나아가 여래는 등정각(等正覺)을 성취하였느니라."
여러 비구들이 세존께 아뢰어 말하였다.
"세존이시여. 무슨 까닭으로, 나아가 6년을 이와 같이 고행하셨습니까?"
세존께서 말씀하셨다.
"다만 오늘에 그러한 것이 아니니라."
[『조본생경(鳥本生經)』의 가운데에서 자세히 설한 것과 같다.]
여러 비구들이 세존께 아뢰어 말하였다.
"어찌하여 마(魔)의 파순(波旬)은 항상 세존을 무너트리고 어지럽혔습니까?"
"다만 오늘에 그러한 것이 아니니라."

[『별본생경(鱉本生經)』의 가운데에서 자세히 설한 것과 같다.]
　가유라위국(迦維羅衛國)에서 부자(父子)가 서로 만난 것은 마땅히 이 가운데에서 자세히 설명하겠고, 나아가 대애도(大愛道)·야수다라(耶輸陀羅)·나운(羅云)이 출가하였던 것도 마땅히 이 가운데에서 자세히 설명하겠다.
　세존께서 친족을 위하셨던 까닭으로 가유라위국에 돌아오시니, 여러 청정하게 믿었던 사람들이 세존을 위하여 측옥(厠屋)을 지었으므로, 세존께서는 비록 필요하시지 않았으나 세간 사람들을 수순하시는 까닭으로 받으셨다.
　이때 존자 라후라는 노지(露地)에서 잠을 잤는데, 그날 밤에 바람이 불고 비가 왔으므로 곧 존자 사리불의 방 앞에 가서 문을 두드리니 물었다.
　"그대는 누구인가?"
　대답하여 말하였다
　"화상이여. 저는 라후라입니다."
　대답하여 말하였다.
　"그대는 다만 그곳에 머무르게."
　다시 존자 대목련의 방 앞에 이르러 문을 두드리니 물어 말하였다.
　"그대는 누구인가?"
　대답하여 말하였다
　"화상이여. 저는 라후라입니다."
　말하였다.
　"그대는 다만 그곳에 머무르게."
　이와 같이 다시 다른 방에 이르렀어도 모두 "그곳에 머무르게."라고 말하였다. 곧 세존의 측옥으로 가서 이르렀고 가운데에서 측옥의 판자를 베고 누웠다. 밤에 검은 뱀이 있었고 역시 바람과 비가 두려웠던 까닭으로 측옥의 가운데에 들어오고자 하였다. 세존께서는 항상 중생들을 관찰하시면서 보셨는데, 이 검은 뱀이 측옥에 들어오고자 하였다. 뱀이 라후라를 괴롭히는 것이 염려되었던 까닭으로 곧 광명을 놓으시고 스스로 측옥에 이르러 이렇게 말을 지으셨다.

"그대는 누구인가?"

"세존이시여. 저는 라후라입니다."

세존께서 말씀하셨다.

"라후라여. 그대는 어찌하여 이곳에 있는가?"

대답하여 말하였다

"세존이시여. 제가 이곳을 얻은 것도 지나치게 많습니다."

세존께서는 곧 금색세활(金色細滑)의 손으로 붙잡아 일으키셨고, 세존께서는 몸 위의 먼지와 흙을 털어주셨으며, 데리고 스스로가 방으로 들어가셨고 평상 앞을 가리키면서 말씀하셨다.

"그대는 이 가운데에서 머무르게."

이때 여래께서는 이미 제자들에게 계율을 제정하여 주셨던 이러한 까닭으로, 이러한 순행하시려는 이러한 까닭으로, 세존께서는 가부좌하고 땅이 명료한 때에 이르러 여러 비구들에게 알리셨다.

"여래는 자비한 마음을 까닭으로 라후라를 인연하여 여러 제자들을 안락하게 머무르게 하고자 하겠노라. 오늘부터는 구족계를 받지 않은 사람과 3일 밤을 같은 방에서 묵도록 허락하겠으나, 4일 밤의 때에는 마땅히 별도로 머물러야 하느니라."

여러 비구들이 세존께 아뢰어 말하였다.

"세존이시여. 무슨 인연이 있어서 라후라는 6년을 태에 있었습니까?"

세존께서는 여러 비구들에게 알리셨다.

"지나간 옛날에 어느 선인은 이파도(梨波都)라고 이름하였고, 왕에게 나아가서 서로가 보고자 구하였는데, 왕이 선인에게 알렸느니라.

"그대는 잠시 무우원(無憂園) 안에 머무시오. 잠깐이면 마땅히 함께 서로를 볼 것이오."

이렇게 교명(敎命)을 지었고, 나아가 6일을 서로가 함께 보지 않았느니라. 그때의 왕이 라후라이고, 이 인연의 까닭으로 6년을 태에 있었느니라."

[『생경(生經)』의 가운데에서 자세히 설한 것과 같다.]

세존께서는 여러 비구들에게 알리셨다.

"가유라위성을 의지하여 머무르는 비구들을 모두 모이게 하라. 열 가지의 이익을 까닭으로써 여러 비구들을 위하여 계율을 제정하겠나니, 나아가 이미 들었던 자들도 마땅히 거듭하여 들을지니라. 만약 비구가 구족계를 받지 않은 사람과 같은 방에서 3일을 넘겨서 묵는 자는 바야제를 범하느니라."

'비구'는 앞의 설명과 같다.

'구족계를 받지 않은 사람'은 비구와 비구니를 제외한다. 비구니는 비록 구족계를 받았어도 함께 3일 밤을 묵는 것을 허락하지 않으셨다.

'3일 밤을 묵다.'는 3일 밤으로 묵는 것을 제한하셨다.

'같은 방'은 함께 하나로 덮이고, 하나로 막힌 것이다. 묵는 자는 바야제이다.

'바야제'는 앞의 설명과 같다.

하나의 방이라도 별도의 문이고 막은 것이 있다면 무죄이고, 별도의 방이라도 같은 문이라면 바야제를 범하고, 하나의 방에 하나의 문이라면 바야제를 범한다. 다른 방이고 다른 문이라면 무죄이다. 막힌 것이 있고 덮개가 있다면 바야제를 범하고, 막힌 것이 있고 덮개가 절반이라면 월비니죄를 범하며, 막힌 것이 있고 덮개가 없다면 무죄이고, 덮개가 있고 막힌 것이 있다면 바야제를 범하며, 덮개가 있고 막힌 것이 절반이라면 월비니죄를 범하고, 덮개가 있어도 막힌 것이 없다면 무죄이다.

비구가 방안에서 묵었고 구족계를 받지 않은 사람이 방안에서 묵었다면 바야제를 범하고, 비구가 방안에서 묵었고 구족계를 받지 않은 사람의 몸의 절반이 방안에 있었다면 월비니죄를 범하며, 만약 모두 방밖으로 나갔다면 무죄이다. 구족계를 받지 않은 사람이 방안에서 묵었고 비구가 방안에서 묵었다면 바야제를 범하고, 구족계를 받지 않은 사람이 방안에서 묵었고 비구의 몸의 절반이 방안에 있었다면 월비니죄를 범하며, 만약 모두 방밖으로 나갔다면 무죄이다.

만약 비구가 방안에서 먼저 드러누웠고, 구족계를 받지 않은 사람이 뒤에 들어와서 누웠다면 하나·하나가 바야제를 범한다. 만약 비구와 만약 구족계를 받지 않은 사람이 밤중에 일어나서 대소변을 보고자 일어났거나, 만약 일어났으나 다시 잠잤다면 이와 같이 하나·하나가 바야제를 범한다. 만약 여러 많은 구족계를 받지 않은 사람들이 먼저 들어와서 잠을 잤고 비구가 뒤에 와서 잠잤다면 하나의 바야제를 범하지만, 중간에 만약 일어나서 대소변을 보고서 다시 누웠다면 일어나는 것을 따라서 하나·하나의 바야제를 범한다.

만약 구족계를 받지 않은 사람과 3일 밤을 같은 방에서 묵었다면 넷째 밤의 때에는 마땅히 다른 방을 사용해야 하나, 만약 노지(露地)이고 노지의 하늘에 큰바람과 비와 눈으로 추운 때에는 마땅히 방에 들어와서 땅이 명료한 때까지 앉아 있어야 한다. 만약 비구가 늙고 병들어서 앉는 것을 견디지 못하는 자는 마땅히 만장(縵障)5)으로써 만약 이마와 가지런하게 하거나, 만약 겨드랑이와 가지런하게 하며, 만장이 내려와 땅에 닿도록 빽빽한 물건을 사용하여 고양이가 지나가지 못하도록 해야 한다.

만약 어느 비구가 도로를 다니는 때에 구족계를 받지 않은 사람과 같은 집에서 3일 밤을 잤다면 넷째 밤에는 마땅히 따로 묵어야 하고, 만약 노지에서 묵으면서 하늘이 바람과 비와 눈으로 추운 때에는 마땅히 방에 들어와서 이와 같고 이와 같이 만장으로써 칸막이를 지어야 하며, 만약 만장이 없다면 앉아서 땅이 명료한 때에 이르러야 하고, 만약 늙고 병들어서 앉을 수 없거나, 만약 구족계를 받지 않은 사람이면 믿을 수 있는 자라면 마땅히 말해야 한다.

"그대는 잠자십시오. 나는 마땅히 앉아 있겠습니다."

만약 비구가 잠자고자 하는 때에는 마땅히 그를 불러서 깨어나게 하고 "내가 잠자는 때에 그대는 앉아 있으십시오. 만약 그대가 잠자면 복덕(福德)이 없을 것입니다."라고 말해야 한다.

이렇게 같은 집에서 묵은 것의 죄를 참회하지 않고, 다시 함께 묵는

---

5) 천이나 장막으로 칸막이를 만드는 것이다.

자는 죄가 더욱 증장할 것이지만, 허물을 참회하고서 마땅히 별도의 방에서 잠잔다면, 다시 함께 묵을 수 있다.
 이러한 까닭으로 설하였노라.

 세존께서는 사위성에 머무셨으며, 자세한 설명은 앞에서와 같다.
 그때 비구승가는 모여서 갈마를 짓고자 하였으나, 그때 우파난타가 오지 않았으므로 곧 사자를 보내어서 부르며 말하였다.
 "장로여. 승가가 모여서 갈마를 짓고자 장로를 부릅니다."
 우파난타는 계율과 갈마의 상(相)을 알았으므로 갈마의 욕(欲)을 주었다. 갈마의 욕을 주었고 욕을 취한 비구가 말하였다.
 "그대는 욕을 주고서 뒤에서 다시 다른 말을 하지 마십시오."
 이때 우파난타의 공행제자가 승가의 가운데에서 거갈마(擧羯磨)를 받고 와서 화상의 옆에 이르러 이렇게 말을 지었다.
 "화상이시여. 무슨 까닭으로 이러한 욕을 주셨습니까?"
 스승이 말하였다.
 "무슨 까닭인가?"
 제자가 말하였다.
 "대중 승가가 나에게 거갈마를 지었습니다."
 스승이 말하였다.
 "나는 알지 못하였네."
 이 말을 듣고서 곧바로 이렇게 말하였다.
 "장로여. 나는 욕을 주지 않았습니다. 선하지 않습니다. 선하지 않습니다. 함께 갈마도 성취되지 않습니다. 나는 이 갈마의 욕을 주지 않았습니다."
 이때 여러 비구들이 듣고서 부끄럽고 즐겁지 않았으며, 이 인연으로써 가서 세존께 가서 아뢰었다. 세존께서는 말씀하셨다.
 "우파난타를 불러오라."
 왔으므로, 나아가 세존께서 말씀하셨다.

"이것은 악한 일이니라. 그대는 어찌하여 욕을 주고서 다시 말하였는 가? '주지 않았고 갈마가 성취되지 않습니다. 나는 이러한 욕을 주지 않았습니다.' 그대는 어찌하여 묻지 아니하고 곧 욕을 주었는가? 오늘부터는 일을 묻지 않고 욕을 주는 것을 허락하지 않겠노라."

세존께서는 여러 비구들에게 알리셨다.

"사위성을 의지하여 머무르는 비구들을 모두 모이게 하라. 열 가지의 이익을 까닭으로써 여러 비구들을 위하여 계율을 제정하겠나니, 나아가 이미 들었던 자들도 마땅히 거듭하여 들을지니라. 만약 비구가 욕을 주고서 뒤에 성내고 기뻐하지 않으면서 '나는 욕을 주지 않았고, 좋아하지 않으며, 갈마도 함께 성취되지 못하였습니다. 나는 이러한 욕을 주지 않았습니다.'라고 이와 같이 말을 지었다면, 바야제를 범하느니라."

'비구'는 앞의 설명과 같다.

'욕을 주다.'는 두 종류가 있으니, 묻지 않고 주는 것이고, 묻고서 주는 것이다.

'묻고서 주다.'는 욕을 취하는 사람에게 '무엇 등의 일을 짓고자 합니까?'라고 묻고, '절복갈마(折伏羯磨)를 짓겠습니다.'라고 대답하여 말하였다면 절복갈마의 욕을 주는 것이고, 나아가 '거갈마를 짓겠습니다.'라고 대답하여 말하였다면 거갈마의 욕을 주는 것이니, 이와 같이 하나·하나의 갈마를 묻고서 욕을 주는 것이다. 이것을 묻고서 준다고 이름한다.

'묻지 않고 주다.'는 "내가 갈마의 욕을 주겠습니다."라고 이와 같이 세 번 말하고, 이와 같이 얻었다면 통틀어 일체 갈마의 욕이라고 이름한다. 오직 포살(布薩)과 자자(自恣)는 제외하나니, 이것을 묻지 않고서 욕을 준다고 이름한다.

'뒤'는 갈마를 지어서 마쳤는데 성내고 기뻐하지 않는 것이다.

'성내고 기뻐하지 않다.'는 아홉 가지의 번뇌 및 치소가 아닌데 성냄을 일으키는 것이고, 열 번째의 성냄은 학인(學人)과 범부에게 있다고 이름하며, 나아가 아라한도 역시 기뻐하지 않음이 있다고 이름한다. "나는 욕을 주지 않았고, 주었던 것도 좋아하지 않았으므로 갈마가 성취되지 않았습니다. 나는 이 욕을 주지 않았습니다."라고 이렇게 말을 지었다면 바야제를 범한다.

'바야제'는 앞의 설명과 같다.

만약 비구승가가 모여서 갈마를 짓고자 하였다면 일체의 승가는 마땅히 모두가 모여야 하고, 만약 인연의 일이 있거나, 만약 발우를 훈증하거나, 옷을 염색하거나, 만약 병들었거나, 탑의 일이거나 승가의 인연의 일이 있다면 그때 마땅히 욕을 주어야 한다. 욕을 주고서 뒤에 "내가 만약 그에게서 들었으나, 이 일을 마땅히 이와 같이 짓지 않았습니다."라고 이와 같이 말을 지을 수 없다. 만약 먼저 이미 욕을 주었고 갈마하였다면 뒤에 마땅히 따라서 기뻐해야 하고, 만약 승가의 가운데에서 욕을 주고서 뒤에 다시 어기는 자는 바야제를 범한다. 만약 여러 많은 사람들의 가운데이거나, 만약 장로 비구의 앞이거나, 만약 화상 아사리의 앞에서 욕을 주고서 다시 어기는 자는 월비니죄를 범한다.

이러한 까닭으로 설하였노라.

세존께서는 사위성에 머무셨으며, 자세한 설명은 앞에서와 같다.

그때 우파난타는 난타의 아우였는데, 난타의 공행제자에게 이와 같이 말을 지었다.

"그대와 함께 취락에 들어가겠으며, 그곳에 이르러 마땅히 그대에게 맛있는 음식을 주겠네. 내가 만약 위의가 아닌 일을 짓더라도 그대는 사람을 향하여 말하지 말게. 나는 그대의 숙부(叔父)이네."

이것 가운데의 일은 마땅히 30사(事)의 가운데 자세히 설한 것과 같소, 나아가 난타에게 말하였다.

"그대의 제자는 어찌하여 범행인의 앞에서 나의 허물을 말합니까?"

난타가 곧 제자를 싫어하며 말하였다.

"그대는 폐악(弊惡)한 물건이구나. 어찌하여 범행인의 앞에서 내 아우의 허물을 말하는가?"

여러 비구들이 이 인연으로써 세존께 가서 아뢰었고, 세존께서는 말씀하셨다.

"우파난타를 불러오라."

왔으므로, 나아가 세존께서 우파난타에게 물으셨다.

"그대가 진실로 그러하였는가?"

대답하여 말하였다.

"진실로 그렇습니다."

세존께서 말씀하셨다.

"우파난타여. 이것은 악한 일이니라. 그대는 어찌하여 비구에게 '함께 취락에 들어가서 그곳에 이르면 마땅히 맛있는 음식을 주겠네.'라고 이와 같이 말을 짓고서 이르자 떠나보내어 돌아가게 하였는가? 오늘부터는 돌려보내는 것을 허락하지 않겠노라."

세존께서는 여러 비구들에게 알리셨다.

"사위성을 의지하여 머무르는 비구들을 모두 모이게 하라. 열 가지의 이익을 까닭으로써 여러 비구들을 위하여 계율을 제정하겠나니, 나아가 이미 들었던 자들도 마땅히 거듭하여 들을지니라. 만약 비구가 비구에게 '함께 취락에 들어가서 그곳에 이르면 마땅히 그대에게 맛있는 음식을 주겠다.'라고 이와 같이 말을 짓고서, 만약 스스로가 주었거나, 만약 다른 사람을 시켜서 주고서 뒤에 쫓아 떠나보내고자 하면서 '그대는 떠나가시오. 나는 그대와 함께 머물고 함께 말하는 것이 즐겁지 않소. 나는 혼자 머물고 혼자 말하는 것이 즐겁소.'라고 이와 같이 말을 지으면서, 이러한 인연을 지어서 쫓아내는 것과 다르지 않은 자는 바야제를 범하느니라."

'비구'는 앞의 설명과 같다.

'취락'은 앞의 도계(盜戒)에서 설한 것과 같다.

'뒤에 주지 않다.'는 스스로가 주지 않거나, 또한 다른 사람을 시켜서 주지 않으면서 "장로여. 그대는 가시오. 나는 그대와 함께 머물고 함께 말하는 것을 즐겁지 않습니다. 나는 혼자 머물고 혼자 말하는 것을 좋아합니다."라고 이와 같이 말을 지으면서, 쫓아내는 자는 바야제를 범한다.

'바야제'는 앞의 설명과 같다.

도로의 가운데에서 위의가 아닌 일을 짓고자 하였고, 곧 정사의 가운데에 머무는 자는 월비니죄를 범하고, 도로의 가운데에서 위의가 아닌 일을 짓고자 하였고 도로의 가운데에서 돌려보내는 자는 월비니죄를 범하며, 취락의 가운데에서 위의가 아닌 일을 짓고자 하였고 취락의 가운데에서 돌려보내는 자는 바야제를 범하나니, 데리고 떠나가고서 쫓아서 돌려보낼 수 없다. 만약 힘으로 두 사람의 음식을 능히 얻을 수 없어서 돌려보냈다면 무죄이다. 만약 능히 두 사람의 먹을 것을 얻었다면 마땅히 함께 먹어야 하며, 약에 취하기 위하여, 의사를 부르고자 보냈다면 무죄이다.

만약 얻을 수 없다면 마땅히 때에 떠나보내야 하고, 만약 음식을 청하는 5곳이 있다면 마땅히 음식을 청하는 곳으로 보내어 먹게 하며, 만약 음식을 청하는 곳은 없고 정사의 가운데에 음식이 있다면 정사의 가운데에 돌려보내어 먹게 해야 하며, 만약 음식을 청하는 곳도 없고 정사의 가운데에도 음식이 없다면 그에게 말해야 한다.

"장로여. 그대가 스스로 다니면서 음식을 구하시오."

만약 그가 위의가 아닌 일을 지었고, 살펴보아도 단정하지 않아서 떠나보낸다면 무죄이다. 만약 발우를 말리거나, 옷을 염색하는 일을 지으면서 떠나보내는 자는 무죄이지만, 비구를 쫓아 보내는 자는 바야제를 범하고, 비구니를 쫓아 보내는 자는 투란차죄를 범하며, 계율을 배우는 비구니·사미·사미니를 쫓아 보내는 자는 월비니죄를 범하고, 아래로 속인(俗人)에 이르렀다면 월비니죄를 마음으로 참회해야 한다.

이러한 까닭으로 설하였노라.

세존께서는 사위성에 머무셨으며, 자세한 설명은 앞에서와 같다.

그때 존자 아리타(阿利吒)가 계경(契經)을 비방하면서 이와 같이 말을 지었다.

"여래께서 말씀하신 것을 나도 알고 있습니다. 세존께서 도를 장애하는 법이라고 말씀하셨으나, 이 법을 익히더라도 능히 도를 장애하지 않습니

다."
이때 여러 비구들이 이와 같이 말을 지었다.
"장로 아리타여. 계경을 비방하지 마십시오. 이것은 악한 견해이고, 선하지 못한 견해이므로 악도에 떨어지고 니리(泥犁)의 가운데에 들어갈 것입니다."
한 번을 충고하였고 두 번을 충고하였으며 세 번을 충고하여도 멈추지 않았으므로, 여러 비구들이 이 인연으로써 가서 세존께 아뢰었다.
"아리타가 계경을 비방하면서 '여래께서 말씀하신 것을 알고 있습니다. 세존께서 도를 장애하는 법이라고 말씀하셨으나, 이 법을 익히더라도 능히 도를 장애하지 않습니다.'라고 이와 같이 말을 지었습니다. 한 번을 충고하였고 두 번을 충고하였으며 세 번을 충고하여도 멈추지 않았습니다."
세존께서는 여러 비구들에게 알리셨다.
"이 아리타가 계경을 비방하면서 '여래께서 말씀하신 것을 알고 있습니다. 세존께서 도를 장애하는 법이라고 말씀하셨으나, 이 법을 익히더라도 능히 도를 장애하지 않습니다.'라고 이렇게 말을 지었고, 한 번을 충고하였고 두 번을 충고하였으며 세 번을 충고하여도 멈추지 않았다면, 그대들은 마땅히 가려진 곳에서 세 번을 충고하고, 많은 사람 가운데에서 세 번을 충고하며, 대중 승가의 가운데에서 세 번을 충고하라."
가려진 곳에서 충고하는 자는 마땅히 이와 같이 말을 지어서 물어야 한다
"장로 아리타여. 계경을 비방하면서 '여래께서 말씀하신 것을 알고 있습니다. 세존께서 도를 장애하는 법이라고 말씀하셨으나, 이 법을 익히더라도 능히 도를 장애하지 않습니다.'라고 이렇게 말을 지었고, 세 번을 충고하여도 멈추시 않았습니까?"
"진실로 그렇습니다."라고 대답하여 말하였다면, 그때 가려진 곳에서 마땅히 이와 같이 충고하여 말해야 한다.
"아리타여. 그대는 계경을 비방하지 마십시오. 이것은 악한 견해이고,

착하지 못한 견해이므로 악도에 떨어지고 니리의 가운데에 들어갈 것입니다. 장로여. 내가 자비한 마음으로 충고하나니, 그대를 요익하게 하려는 까닭입니다. 그대는 마땅히 이러한 일을 버리십시오. 한 번의 충고는 이미 지나갔고 두 번의 충고가 남아있습니다. 그대는 마땅히 이러한 일을 버리십시오."

아리타가 "이것은 좋은 견해이고, 착한 견해입니다. 내가 서로를 계승한 이래로 부모와 지식들이 항상 이러한 견해를 이용하였으므로, 능히 내가 부모와 지식들에게 묻지 않고는 이러한 견해를 버릴 수 없습니다."라고 말하였으며, 만약 두 번째·세 번째에도 이와 같이 충고하였어도 오히려 일부러 멈추지 않는다면, 나아가 많은 대중 가운데에서 세 번을 충고하고, 만약 그래도 멈추지 아니하면, 마땅히 대중의 가운데에서 구청갈마(求聽羯磨)를 지어야 한다.

"대덕 승가께서는 허락하십시오. 아리타가 계경을 비방하여 이렇게 말을 지었습니다. '여래께서 말씀하신 것을 알고 있습니다. 세존께서 도를 장애하는 법이라고 말씀하셨으나, 이 법을 익히더라도 능히 도를 장애하지 않습니다.' 이미 가려진 곳에서 세 번을 충고하였고, 많은 사람들의 가운데에서 세 번을 충고하였어도 이 일을 버리지 않았습니다. 만약 승가께서 때에 이르렀으면 승가께서 지금 다시 세 번을 충고하여 이 일을 버리게 하십시오."

대중 승가의 가운데에서 물어야 한다.

"장로 아리타여. 그대가 진실로 계경을 비방하면서 '여래께서 말씀하신 것을 알고 있습니다. 세존께서 도를 장애하는 법이라고 말씀하셨으나, 이 법을 익히더라도 능히 도를 장애하지 않습니다.'라고 이렇게 말을 지었고, 세 번을 충고하였어도 버리지 않았습니까?"

"진실로 그렇습니다."라고 대답하여 말하였다면, 그때 가려진 곳에서 마땅히 이와 같이 충고하여 말해야 한다.

"아리타여. 그대는 계경을 비방하지 마십시오. 이것은 악한 견해이고, 착하지 못한 견해이므로 악도에 떨어지고 니리의 가운데에 들어갈 것입니다. 장로여. 승가는 그대를 요익하게 하려는 까닭으로 그대는 마땅히 승가의 말을 받아들이십시오. 그대는 마땅히 이러한 일을 버리십시오."

아리타가 "이것은 좋은 견해이고, 착한 견해입니다. 내가 서로가 계승한 이래로 부모와 지식들이 항상 이러한 견해를 이용하였으므로, 능히 내가 부모와 지식들에게 묻지 않고는 이러한 견해를 버릴 수 없습니다."라고 말하였으며, 만약 두 번째·세 번째에도 이와 같이 충고하였어도 오히려 일부러 멈추지 않았고, 두 번·세 번을 충고하였으나, 오히려 고의로 멈추지 않았다.

여러 비구들은 이 인연으로써 세존께 가서 아뢰었고, 세존께서는 여러 비구들에게 말씀하셨다.

"아리타가 계경을 비방하면서 '여래께서 말씀하신 것을 알고 있습니다. 세존께서는 도를 장애하는 법이라고 말씀하셨으나, 이 법을 익히더라도 능히 도를 장애하지 않습니다.'라고 이렇게 말을 지었고, 이미 가려진 곳에서 세 번을 충고하였고, 많은 사람들 가운데에서 세 번을 충고하였으며, 승가의 가운데에서 세 번을 충간하였어도 이 일을 버리지 않았다면, 그대들은 마땅히 아리타 비구에게 거갈마를 짓도록 하라."

세존께서는 여러 비구들에게 알리셨다.

"사위성을 의지하여 머무르는 비구들을 모두 모이게 하라. 열 가지의 이익을 까닭으로써 여러 비구들을 위하여 계율을 제정하겠나니, 나아가 이미 들었던 자들도 마땅히 거듭하여 들을지니라. 만약 비구가 '장로들이여. 세존께서는 도를 장애하는 법이라고 말씀하셨으나, 이 법을 익히더라도 능히 도를 장애하지 않습니다.'라고 이렇게 말을 지었고, 여러 비구들이 마땅히 이 비구에게 '장로여. 그대는 세존을 비방하지 마십시오. 세존을 비방하는 자는 선하지 않습니다. 세존께서는 이러한 말을 짓지 않았습니다. '세존께시는 도에 장애하는 법을 설하였고, 신실로 능히 도를 장애합니다. 그대는 이 악한 일을 버리십시오.' 여러 비구들이 이 비구에게 충고하여도 고의로 굳게 지니면서 버리지 않는다면, 두 번·세 번째도 이와 같이 충고하여 버리는 자는 좋으나, 만약 버리지 않는다면, 승가는 마땅히 거갈마를 지어서 주도록 할 것이고, 이미 바야제를 얻었느니라."

'비구'는 앞의 설명과 같다.

'세존'은 일체지(一切智)의 사람이고, 일체견(一切見)의 사람이다.

'법'은 세존께서 말씀하신 것이거나, 세존께서 인가(印可)하신 것이다.

'세존께서 설하신 것'은 세존께서 스스로가 말씀하신 것이다.

'인가'는 여러 제자들이 말하였고 세존께서 인가하신 것이다.

'말씀'은 구절·구절에 분별하여 설하신 것이다.

'알다.'는 등지(等智)에서 아는 것이다.

'도를 장애하는 법'은 5욕(欲)이니, 눈으로 색(色)을 보고서 애념(愛念)하고 마음에서 기뻐하며 욕망과 애착이 생겨나는 것이다. 이와 같아서 귀·코·혀·몸에 세활(細滑)한 것도 역시 이와 같다.

'익히다.'는 이 일을 행하는 것이다.

'능히 도를 장애하지 않는다.'는 초선(初禪)·이선(二禪)·삼선(三禪)·사선(四禪)·수다원(須陀洹)·사다함(斯陀含)·아나함(阿那含)·아라한(阿羅漢)의 과(果)를 장애하지 않는 것이다.

'여러 비구'는 만약 한 사람이거나, 만약 여러 많은 사람이거나, 만약 승가이다.

'이 비구'는 아리타 비구와 같다.

'세존을 비방하다.'는 진실하지 않은 것을 취하고 좋지 않은 것을 취하는 것이다.

'세 번을 충고하다.'는 만약 한 사람이거나, 만약 여러 많은 사람이거나, 만약 승가이다.

'바야제'는 앞의 설명과 같다. 나아가 세 번을 충고하여서 만약 버린다면 좋으나, 만약 버리지 않는 자는 승가에서 마땅히 거갈마를 짓고서 바야제를 참회시켜야 한다.

이러한 까닭으로 설하였노라.

마하승기율 제18권

동진 천축삼장 불타발타라·법현 공역
석보운 번역

7) 단제 92사의 법을 밝히다 ⑦

세존께서는 사위성에 머무셨으며, 자세한 설명은 앞에서와 같다.
이때 아리타 비구는 악한 견해를 버리지 않았고, 대중 승가는 거갈마를 지어서 마쳤다. 존자 난타와 우파난타의 처소에 갔는데 보고서 찬탄하여 말하였다.
"잘 오셨소."
곧 일어나서 맞이하였고 작은 평상을 주어서 앉게 하였고, 발을 씻을 물·발에 바르는 기름·비시장(非時漿)을 주었으며, 방사·평상·요·와구(臥具)를 주었고, 법식(法食)과 미식(味食)을 함께 먹었다. 아리타 비구는 기원정사의 문 앞에 이르러서 여러 비구들에게 말하였다.
"장로들이여. 그대들이 이리타 비구에게 거갈마를 지어서 주면서 다시 머물 처소가 없을 것이라고 말하였으나, 나는 다시 여러 범행 비구와 함께 머물고 있소. 나에게 방사·평상·요·와구를 주었고, 법식과 미식을 함께 하였소. 그대들이 일찍이 나에게 거갈마를 주었다면 마땅히 일찍이 이와 같은 좋은 주처(住處)를 얻었을 것이오."
여러 비구들이 이러한 말을 듣고서 부끄럽고 즐겁지 않았으며, 곧 이 인연으로써 가서 세존께 아뢰었다. 세존께서 말씀하셨다.
"난타 등을 불러오라."

왔으므로, 나아가 세존께서 난타에게 물으셨다.

"그대 등이 진실로 그러하였는가?"

대답하여 말하였다.

"진실로 그렇습니다. 세존이시여."

세존께서 말씀하셨다.

"이것은 악한 일이니라. 그대는 어찌하여 대중승가가 거갈마를 지은 것을 알면서도 다시 함께 법식과 미식을 먹었는가? 이것은 법이 아니고, 율이 아니며, 세존의 가르침도 아니니라. 이것으로써 선법을 장양하지 못하느니라."

세존께서는 여러 비구들에게 알리셨다.

"사위성을 의지하여 머무르는 비구들을 모두 모이게 하라. 열 가지의 이익을 까닭으로써 여러 비구들을 위하여 계율을 제정하겠나니, 나아가 이미 들었던 자들도 마땅히 거듭하여 들을지니라. 만약 비구가 다른 비구가 악한 견해를 짓고 버리지 않았으므로 승가에서 거갈마를 지었고, 만약 여법하게 짓지 않았는데 함께 먹고 함께 같은 방에서 머물렀다면 바야제를 범하느니라."

'비구'는 앞의 설명과 같다.

'알다.'는 만약 스스로 알았거나, 만약 다른 사람에게 들어서 아는 것이다.

'악한 견해'는 아리타 등이 계경을 비방함과 같은 것이다.

'여법하게 짓지 않다.'는 승가에서 거빈갈마(擧擯羯磨)로 풀어주지 않은 것이다.

'함께 먹다.'는 함께 법식과 미식을 먹는 것이다.

'함께 머무르다.'는 같은 경계이다.

'같은 집'은 함께 하나로 같이 덮이고, 하나로 막힌 것이다.

'바야제'는 앞의 설명과 같다.

만약 어느 한 비구가 화상과 아사리의 처소에서 미움을 받았고, 비구가 유인(誘引)을 받지 못하였는데, "내가 그대에게 옷과 발우와 질병의 의약품과 평상과 요와 와구들을 주겠으니, 그대는 마땅히 나의 주변에 머물면서 경을 받아서 송경하시오."라고 말하였고, 만약 그 비구의 인연을 관찰하였는데, 만약 이 비구가 반드시 마땅히 계를 버리고서 세속으로 떠나갈 자이라면 유인하여 취할 수 있으나, 유인하여 취하고서 마땅히 "그대는 화상과 아사리의 은혜가 매우 소중하여서 보답하기 어렵다고 아시오. 그대가 마땅히 그들의 눈 아래로 돌아가서 머무시오."라고 가르치면서 말하였다면 무죄이다.

거갈마를 거갈마가 아니라고 생각하고 함께 머물고 함께 먹는다면 월비니죄를 범하고, 거갈마가 아닌데 거갈마라고 생각하고 함께 머물고 함께 먹더라도 월비니죄를 범하며, 거갈마를 거갈마라고 생각하였다면 바야제를 범하고, 거갈마가 아닌데 거갈마가 아니라고 생각하였다면 무죄이다.

이러한 까닭으로 설하였노라.

세존께서는 사위성에 머무셨으며, 자세한 설명은 앞에서와 같다.

그때 아리타에게 사미가 있어서 법여(法與)라고 이름하였는데, 이렇게 말을 지었다.

"장로여. 여래의 설법을 제가 이해하여 알고 있습니다. 세존께서는 음욕이 도에 장애하는 법이라고 말씀하셨으나, 음법(婬法)을 익히더라도 능히 도를 장애하지 않습니다."

이때 여러 비구들이 이렇게 말을 지었다.

"사미여. 그대는 세존을 비방하지 말라. 세존을 비방하는 자는 선하지 않다. 그대는 세존께서 음법을 익힌다면 진실로 도를 장애한다고 말씀하신 것을 잘 취하지 못하였네."

한 번을 충고하였고 두 번을 충고하였으며 세 번을 충고하여도 멈추지 않았다. 여러 비구들은 이 인연으로써 가서 세존께 아뢰었고 세존께서는 여러 비구들에게 말씀하셨다.

"이 법여 사미가 '여래의 설법을 제가 이해하여 알고 있습니다. 세존께서는 음욕이 도에 장애하는 법이라고 말씀하셨으나, 음법을 익히더라도 능히 도를 장애하지 않습니다.'라고 이렇게 말을 지었다면, 그대들은 마땅히 가려진 곳에서 세 번을 충고하고, 많은 사람의 가운데에서 세 번을 충고하며, 승가의 가운데에서 세 번을 충고하여 이 일을 버리게 하라."

가려진 곳에서 마땅히 물어야 한다.

"그대 사미는 진실로 '여래의 설법을 제가 이해하여 알고 있습니다. 세존께서는 음욕이 도에 장애하는 법이라고 말씀하셨으나, 음법을 익히더라도 능히 도를 장애하지 않습니다.'라고 이렇게 말을 지었는가? 그대는 이미 세 번을 충고하였어도 멈추지 않았는가?"

"진실로 그렇습니다."라고 대답하여 말하였다면 그때 마땅히 가려진 곳에서 세 번을 충고해야 한다.

"사미여. 그대는 세존을 비방하지 말라. 세존을 비방하는 자는 선하지 못하다. '세존께서는 음욕을 익히면 진실로 도를 장애한다.'라고 말씀하셨는데, 그대가 잘 취하지 못하였네. 우리들이 지금 자비한 마음으로 그대에게 충고하나니, 그대를 요익하게 하려는 까닭이다. 그대는 우리들의 말을 취하라. 한 번의 충고는 이미 지나갔고 두 번의 충고가 있으니, 그대는 마땅히 이러한 일을 버리겠는가?"

만약 버리지 않는다면 두 번째·세 번째에도 충고하고 역시 대중의 많은 사람 가운데에서 세 번을 충고하며, 역시 이와 같이 만약 버리지 않는다면, 마땅히 승가의 가운데에서 구청갈마(求聽羯磨)를 지어야 한다.

"대덕 승가께서는 허락하십시오. 이 사미 법여는 '여래의 설법을 제가 이해하여 알고 있습니다. 세존께서는 음욕이 도에 장애하는 법이라고 말씀하셨으나, 음법을 익히더라도 능히 도를 장애하지 않습니다.'라고 이렇게 말을 지었으므로, 이미 가려진 곳에서 세 번을 충고하였고, 많은 사람의 가운데에서 세 번을 충고하였으며, 승가의 가운데에서 세 번을 충고하였어도 멈추지 않습니다. 만약 승가께서 때에 이르렀다면 승가께서는 지금 역시 마땅히 세 번을 충고하여 이 일을 버리게 하겠습니다."

승가의 가운데에서 마땅히 물어야 한다.

"사미여. 그대가 진실로 '여래의 설법을 제가 이해하여 알고 있습니다. 세존께서는 음욕이 도에 장애하는 법이라고 말씀하셨으나, 음법을 익히더라도 능히 도를 장애하지 않습니다.'라고 이렇게 말을 지었다면, 그대들은 마땅히 가려진 곳에서 세 번을 충고하고, 많은 사람의 가운데에서 세 번을 충고하며, 승가의 가운데에서 세 번을 충고하였어도 이 일을 버리지 않았는가?"

"진실로 그렇습니다."라고 대답하여 말하였다면 승가의 가운데에서 이렇게 충고해야 한다.

"사미여. 그대는 세존을 비방하지 말라. 세존을 비방하는 자는 선하지 못하다. '세존께서는 음욕을 익히면 진실로 도를 장애한다.'라고 말씀하셨는데, 그대가 잘 취하지 못하였네. 대중승가는 자비한 마음으로 그대에게 충고하나니, 그대를 요익하게 하려는 까닭이네. 그대는 마땅히 승가의 말을 취하게. 한 번의 충고는 이미 지나갔고 두 번의 충고가 있으니, 그대는 마땅히 이러한 일을 버리도록 하게."

만약 버리지 않는다면 두 번째·세 번째에도 이와 같이 충고해야 한다.

오히려 고의로 버리지 않았으므로 여러 비구들은 이 인연으로써 가서 세존께 아뢰었고, 세존께서 여러 비구들에게 말씀하셨다.

"이 법여 사미가 '세존께서는 음욕이 도에 장애하는 법이라고 말씀하셨으나, 나는 음법을 익히더라도 능히 도를 장애하지 않는다고 알고 이해하였습니다.'라고 이렇게 말을 지었으므로, 이미 가려진 곳에서 세 번을 충고하였고, 많은 사람의 가운데에서 세 번을 충고하였으며, 승가의 가운데에서 세 번을 충고하였어도 멈추지 않는다면, 마땅히 쫓아내어 대중 밖으로 쫓아내도록 하라."

밖으로 쫓겨났으므로 가서 육군비구의 처소에 이르렀는데, 보고서 칭찬하여 말하였다.

"잘 왔네."

비시장을 주었고 방사를 주었으며 평상·요·와구들을 주었고 옷·발우·

병들고 수척하면 필요한 의약품을 주었다. 사미는 이러한 여러 종류의 공급을 받고서 기원정사의 문 앞에 이르러 여러 비구들에게 말하였다.

"장로들이여. 나를 밖으로 내쫓으면서 대중들은 내가 다시 주처가 없을 것이라고 말하였으나, 나는 지금 다시 범행인들 함께 머물고 있습니다. 나에게 방사·평상·요·와구를 주었고, 법식과 미식을 함께 먹었으며, 나에게 옷·발우·병들고 수척하면 필요한 의약품을 주었습니다. 만약 일찍이 나를 쫓아냈다면 나는 마땅히 일찍 이와 같은 안락한 주처를 얻었을 것입니다."

여러 비구들이 이러한 말을 듣고서 마음이 즐겁지 않았고, 곧 이 인연으로써 가서 세존께 아뢰었다. 세존께서 말씀하셨다.

"육군비구를 불러오라."

왔으므로, 나아가 세존께서 난타에게 물으셨다.

"그대가 진실로 그러하였는가?"

대답하여 말하였다.

"진실로 그렇습니다."

세존께서 육군비구에게 알리셨다.

"이것은 악한 일이니라. 그대들은 어찌하여 사미가 악한 견해를 버리지 않아서 대중 승가가 여법하게 밖으로 쫓아냈던 것을 알면서도 그대들은 어찌하여 함께 머물고 법식과 미식을 함께 먹었는가? 이것은 법이 아니고, 율이 아니며, 세존의 가르침도 아니니라. 이것으로써 선법을 장양하지 못하느니라."

세존께서는 여러 비구들에게 알리셨다.

"사위성을 의지하여 머무르는 비구들을 모두 모이게 하라. 열 가지의 이익을 까닭으로써 여러 비구들을 위하여 계율을 제정하겠나니, 나아가 이미 들었던 자들도 마땅히 거듭하여 들을지니라. 만약 사미가 '여래의 설법은 음욕이 도에 장애하는 법이라고 말씀하셨으나, 내가 이해하여 아는 것은 음욕을 익히더라도 능히 도를 장애하지 않습니다.'라고 이와 말을 지었고, 여러 비구들이 마땅히 충고하면서 '그대 사미는 세존을 비방하지 말라. 세존을 비방하는 자는 선하지 못하다. 세존께서는 음욕을 익히면 진실로 도를 장애한다고 말씀하셨으니, 그대는 이러한 악한 견해를 버려라.'고 이와 같이 말을 지었으며, 여러 비구들이 이 사미에게 충고하였는데, 고의로 버리지 않는다면, 마땅히 이와 같이 두 번·세 번을 충고해야 한다.

만약 버리면 좋으나 만약 버리지 않는다면 여러 비구들이 마땅히 이와 같이 말해야 한다.

'오늘부터 그대 사미는 마땅히 세존께서는 나의 스승이라고 말할 수 없고, 역시 비구와 함께 3일 밤을 묵을 수 없으며, 그대는 떠나야 하고, 이 가운데에 머물 수 없느니라.'

만약 비구가 사미가 악한 견해를 버리지 않아서 쫓겨난 것을 알면서도 여법하게 짓지 않고, 유인하고 불러들여 양육하면서 함께 먹고 함께 같은 집에서 머물렀다면 바야제를 범하느니라."

'사미'는 법여 사미 등과 같다.

'세존'은 일체의 선량한 복전(福田)이고, 일체지의 사람이며, 일체견의 사람이다.

'법'은 세존께서 말씀하신 것이거나, 세존께서 인가(印可)하신 것이다.

'세존께서 설하신 것'은 세존께서 스스로가 말씀하신 것이다.

'인가'는 여러 제자들이 말하였고 세존께서 인가하신 것이다.

'말씀'은 구절·구절에 분별하여 말씀하신 것이다.

'알다.'는 등지에서 아는 것이다.

'도를 장애하는 법'은 5욕이니, 눈으로 색을 보고서 애념하고 마음에서 기뻐하며 욕망과 애착이 생겨나는 것이다. 이와 같아서 귀·코·혀·몸에 세활한 것도 역시 이와 같다.

'익히다.'는 이 일을 행하는 것이다.

'능히 도를 장애하지 않는다.'는 초선·이선·삼선·사선·수다원·사다함·아나함·아라한의 과를 장애하지 않는 것이다.

'여러 비구'는 만약 한 사람이거나, 만약 여러 많은 사람이거나, 만약 승가이다.

'이 사미'는 법여 사미 등이다.

'세존을 비방하다.'는 진실하지 않은 것을 취하고 좋지 않은 것을 취하는 것이다.

'세 번을 충고하다.'는 만약 한 사람이거나, 만약 여러 많은 사람이거나, 만약 승가이다.

'비구'는 앞의 설명과 같다.

'알다.'는 만약 스스로 알았거나, 만약 다른 사람에게 들어서 아는 것이다.

'쫓아내다.'는 승가람에서 쫓아내는 것이다.

'사미'는 법여 사미 등과 같은 것이다.

'여법하게 짓지 않다.'는 악한 견해를 버리지 않아서 승가에서 들어오는 것을 허락하지 않는 것이다.

'양육하다(畜).'는 의지하여 양육하는 곳을 주는 것이다.

'함께 먹다.'는 법식과 미식이다.

'함께 머무르다.'는 하나의 승가람에 함께 머무는 것이다.

'같은 집'은 함께 하나로 같이 덮이고, 하나로 막힌 것이다.

'바야제'는 앞의 설명과 같다.

만약 사미가 화상과 아사리의 처소에서 미움을 받았고, 비구가 유인하고 불러서 함께 머물면서 "내가 그대에게 옷과 발우와 의약품들을 주겠고, 마땅히 그대에게 경을 가르치겠네."라고 할 수 없으나, 만약 그 비구가 이 사미가 이 인연으로 환속할 자라면 부드러운 말로 유인하여 취할 수 있고, 유인하여 취하고서 마땅히 사미에게 "그대는 화상과 아사리의 은혜가 매우 소중하여서 보답하기 어려우니, 그대는 마땅히 그들의 눈 아래로 돌아가서 머물게."라고 말해야 한다.

만약 쫓겨났으나 쫓겨나지 않았다고 생각하였다면 월비니죄를 범하고, 쫓겨나지 않았으나 쫓겨났다고 생각하였어도 월비니죄를 범하고, 쫓겨났고 쫓겨났다고 생각하였다면 바야제를 범하고, 쫓겨나지 않았고 쫓겨나지 않았다고 생각하였다면 무죄이다.
이러한 까닭으로 설하였노라.

세존께서는 왕사성에 머무셨으며, 자세한 설명은 앞에서와 같다.
그때 여러 비구들이 실을 자르지 않은 첩의(疊衣)를 입었고, 외도들도 역시 실을 자르지 않은 옷을 입었다. 이때 우바새들이 비구에게 예배하고자 하면서 외도에게 예배하였고, 축원(呪願)을 듣고서 비로소 외도인 것 알았으며, 우바새들은 마음으로 부끄러움을 품었다. 외도의 제자들도 외도에게 예배하고자 하면서 비구에게 예배하였고, 축원을 듣고서 비로소 비구라고 알았으며, 외도의 제자들도 음으로 부끄러움을 품었다.
여러 비구들이 이 인연으로써 가서 세존께 아뢰었고, 세존께서는 말씀하셨다.
"오늘부터는 마땅히 옷을 다르게 지으면서 실을 자르고서 염색하도록 하라."
비구들이 실을 자르고 염색하여 다른 색으로 지었다. 이때 외도들도 적석(赤石)을 가지고 옷에 염색하여 색깔을 짓고 주라(周羅)[1]를 남겨두고 삼기(三奇)의 지팡이를 지녀서 모습을 다르게 지었다.

다시 다음으로 세존께서는 사위성에 머무셨으며, 자세한 설명은 앞에서와 같다.
그때 광야정사의 비구들이 교사야의(憍舍耶衣)를 얻고서 염즙(染汁)을 끓여서 염색하고자 하였다. 세존께서는 신족(神足)으로 허공을 타고 가셨고 비구의 처소에 이르러 아시면서도 일부러 물으셨다.
"비구여. 무엇 등을 짓고자 하는가?"
대답하여 말하였다.
"염즙을 끓여서 교사야의를 염색하고자 합니다."

---
1) 산스크리트어 cūḍā의 음사로서 계(髻)·소계(小髻)·정계(頂髻)라 번역된다. 삭발하면서 정수리에 몇 가닥 남겨두는 머리카락을 가리킨다.

세존께서 말씀하셨다.

"교사야는 섬세하고 부드럽고 섬세하며 염즙은 거칠고 껄끄러우므로 이 옷이 훼손되기 쉬우니라."

세존께서 말씀하셨다.

"오늘부터는 교사야의는 두 종류로 작정해야 하나니, 옷감의 올을 잘라서 작정하는 것과 푸르게 작정하는 것이니라."

다시 다음으로 세존께서는 사위성에 머무셨으며, 자세한 설명은 앞에서와 같다.

그때 비사리성의 비구들이 섬세하고 부드러운 흠바라의(欽婆羅衣)를 얻고서, 염즙을 끓여 염색하고자 하였다. 세존께서는 신족(神足)으로 허공을 타고 가셨고 비구의 처소에 이르러 아시면서도 일부러 물으셨다.

"비구여. 무엇 등을 짓고자 하는가?"

대답하여 말하였다.

"염즙을 끓여서 흠바라의를 염색하고자 합니다."

세존께서 말씀하셨다.

"흠바라는 섬세하고 부드럽고 섬세하며 염즙은 거칠고 껄끄러우므로 이 옷이 훼손되기 쉬우니라."

세존께서 말씀하셨다.

"오늘부터는 흠바라의는 두 종류로 작정해야 하나니, 옷감의 올을 잘라서 작정하는 것과 푸르게 작정하는 것이니라."

다시 다음으로 세존께서는 사위성에 머무셨으며, 자세한 설명은 앞에서와 같다.

그때 존자 손타라난타(孫陀羅難陀)는 세존 이모의 아들로서 대애도(大愛道)의 소생(所生)이다. 32상(相)이 있었으나, 백호상(白毫相)과 이수타상(耳垂埵相)은 없었다. 걸식을 마치고 사위성의 안에서 나왔는데, 그때 존자 아난의 뒤에 있었다. 여러 비구들은 음식을 먹고서 기원정사의 문간에서 경행하고 좌선하고 있었는데, 멀리서 그들이 오는 것을 보고, 곧 모두가 일어나서 영접하며 차수(叉手)하고 합장하며 말하였다.
"세존께서 오십니다. 세존께서 오십니다."
손타라난타도 역시 차수하고 합장하며 이렇게 말을 지었다.
"여러 장로들이여. 나는 손타라난타입니다. 나는 손타라난타입니다."
여러 비구들이 그의 말을 듣고서 각자 부끄러움을 품었고, 이 인연으로써 가서 세존께 아뢰었다. 세존께서는 말씀하셨다.
"오늘부터는 마땅히 점괴색(點壞色)의 옷을 짓도록 하라."
세존께서는 여러 비구들에게 알리셨다.
"사위성을 의지하여 머무르는 비구들을 모두 모이게 하라. 열 가지의 이익을 까닭으로써 여러 비구들을 위하여 계율을 제정하겠나니, 나아가 이미 들었던 자들도 마땅히 거듭하여 들을지니라. 만약 새 옷을 얻었으면 마땅히 세 종류의 괴색으로 지을 것이나, 만약 하나·하나의 괴색은 푸른색·검은 색·목란(木蘭) 색이다. 만약 세 종류를 하나·하나의 괴색으로 짓지 않고서 수용하는 자는 바야제를 범하느니라."

'비구'는 앞의 설명과 같다.
'얻다.'는 만약 남자이거나, 만약 여자이거나, 만약 재가이거나, 출가의 주변에서 얻는 것이다.
'새 옷'은 최초에 만들어진 것이다.
'옷'은 흠바라의·첩의·추마의·교사야의·사나의·마의·구모제의 등이다.
'세 종류의 괴색에서 하나·하나 괴색'은 푸른 색·검은 색·목란 색 등이다.
'푸른 색'은 동청(銅靑)과 장양청(長養靑)과 석청(石靑)이다.
'동청'은 구리 그릇을 가지고 고주(苦酒)의 항아리 위를 넢었던 그릇을 동청이라고 이름한다.
'장양청'은 쪽(藍)의 즙이 푸른 것이다.
'석청'은 공청(空靑)이다. 이것으로 균등하게 점정(點淨)을 지어야 한다.

'검은 색'은 진흙이라고 이름하거나, 진흙이라고 이름하지 않는 것이다.

'진흙이라고 이름하다.'는 가리륵(阿梨勒)·비혜륵·아마륵(阿摩勒)을 한 그릇에 철(鐵)과 합친 것이다. 이것을 진흙이라고 이름한다.

'진흙이라고 이름하지 않다.'는 진실로 진흙이니, 만약 연못의 진흙이거나, 우물의 진흙이거나, 이와 같은 일체의 진흙이다.

'목란 색'은 만약 가리륵이거나, 비혜륵이거나, 아마륵이거나, 이와 같은 것을 생철(生鐵) 위에 갈아서 가지고 점정을 지은 것이다. 이것을 목란의 색이라고 이름한다. 비구가 새 옷을 얻고 작정하지 않고, 수용하는 자는 바야제를 범한다.

'바야제'는 앞의 설명과 같다.

만약 새롭게 승가리를 얻고서 작정한 자는 좋지만, 작정하지 않은 자는 바야제를 범한다. 이와 같이 울다라승이거나, 안타회이거나, 우욕의(雨浴衣)이거나, 부창의(覆瘡衣)이거나, 니사단을 얻고서 작정한 자는 좋으나, 작정하지 않은 자는 바야제를 범한다.

흠바라의는 두 종류로 작정해야 하나니, 옷감의 올을 잘라서 작정하거나, 푸르게 점정하는 것이다. 옷감의 올을 잘라서 작정하였으나 푸르게 점정하지 않았다면 바야제를 범하고, 푸르게 점정하였으나 옷감의 올을 잘라서 점정하지 않았다면 월비니죄를 범하며, 푸르게 점정하지 않았고 옷감의 올을 잘라서 점정하지도 않았다면, 하나의 바야제와 하나의 월비니죄를 범하고, 옷감의 올을 잘라서 작정하였고 푸르게 점정하였다면 무죄이다.

첩의에는 세 종류로 작정해야 하나니, 옷감의 올을 잘라서 작정하거나, 염색하여 작정하거나, 푸르게 작정하는 것이다. 옷감의 올을 잘라서 작정하였고 염색하여 작정하였으나 푸르게 작정하지 않았다면 하나의 바야제를 범하고, 푸르게 작정하였으나 옷감의 올을 잘라서 작정하지 않았고 염색하여 작정하지 않았다면 두 개의 월비니죄를 범하며, 옷감의 올을 잘라서 작정하지 않았고 염색하여 작정하지 않았으며 푸르게 작정하지 않았다면 하나의 바야제와 두 개의 월비니죄를 범하고, 앞의 세 가지로 작정하였다면 무죄이다.
  추마의는 세 종류로 작정해야 하고, 앞의 첩의와 같다.
  교사야의는 두 종류로 작정해야 하고, 앞의 흠바라의와 같다.
  사나의·마의·구모제의는 세 종류로 작정해야 하고, 앞의 첩의와 같다.
  푸른 색과 검은 색과 목란의 색으로 작정하는 것도 역시 다시 이와 같다.
  작정하는 때에 크게 할 수 없고, 작게 할 수 없나니, 매우 크더라도 네 손가락과 가지런해야 하고, 매우 작은 것은 완두콩과 같게 한다. 만약 가리륵과 비혜륵과 아마륵을 철 위에서 갈고 즙을 취하여 점정을 지으면서 나란히 지을 수 없다. 혹은 하나이거나, 혹은 셋이거나, 혹은 다섯이거나, 혹은 일곱이거나, 혹은 아홉을 지을 것이고, 꽃의 모습과 같게 점정할 수 없다.
  만약 첩의를 세탁하는 때에 진흙이 위에 떨어져 있거나, 만약 까마귀들이 진흙 발로 위를 밟았다면 곧 작정하였다고 이름한다. 만약 여러 많이 섞이고 찢어진 새로운 물건으로 만약 합하여 한곳을 수선하였다면 한곳에서 작정해야 하고, 만약 각각 다르게 수선하였다면 하나·하나를 작정해야 한다. 만약 새롭게 지은 승가리는, 나아가 한 귀퉁이를 작정하였다면, 만약 1조(條)나 절반 조를 수선하였던 것도 역시 작정해야 한다. 울다라승과 안타회 및 일체의 옷, 나아가 새롭게 단추를 달았어도 역시 작정해야 한다.
  이러한 끼닭으로 설하였노라.

  세존께서는 왕사성에 머무셨으며, 자세한 설명은 앞에서와 같다.
  그때 위제희(韋提希)의 아들인 아사세왕(阿闍世王)이 15일 보름달의 때에 목욕하고 몸에 기름을 발랐으며 새로 깨끗한 옷을 입고서 여러 신하들과 정전(正殿) 위에 있었다. 이때 아사세왕이 한 대신에게 말하였다.
  "지금은 보름달의 날인데 우리들은 마땅히 어느 곳의 사문이나 바라문에 나아가야 능히 선근(善根)을 장양할 곳을 얻겠소?"

대신이 대답하여 말하였다.

"불란가섭(不蘭迦葉)이 지금 왕사성 안에 있습니다. 이 사람은 대사문이고 역시 대중도 있으니, 왕께서 마땅히 그곳에 가신다면 능히 선근을 장양할 수 있습니다."

왕은 묵연히 대답하지 않았다. 다시 어느 한 신하가 말하였다.

"살차니건자(薩遮尼乾子)가 지금 왕사성 안에 있습니다. 이 사람은 대사문입니다. 그곳에 나아가서 선근을 장양하십시오."

이와 같이 하나·하나의 대신들이 외도의 제자이었고 각자 그들의 스승을 칭찬하였으며, 모두가 말하였다.

"마땅히 그곳에 나가신다면 능히 선근을 장양하실 것입니다."

그때 기구(耆舊) 동자는 아사세왕의 뒤에 있으면서 일산을 잡고서 모시고 있었다. 이 동자에게 알렸다.

"여러 사람들은 모두가 말하였는데, 그대는 무슨 까닭으로 묵연히 말이 없는가? 오늘은 보름달이니, 마땅히 어느 곳으로 간다면 선근의 장양을 얻겠는가?"

동자가 왕에게 아뢰어 말하였다.

"세존께서는 지금 우리들의 암바라원(菴婆羅園)의 가운데에 머무시고, 1,250명의 비구들이 그곳에 머무르고 있습니다. 만약 그곳에 가신다면 선근을 장양하실 것입니다."

왕은 그의 말을 옳다고 생각하여 곧 기구 동자에게 알렸다.

"그대는 빠르게 500의 암컷 코끼리의 수레를 장엄하고 하나·하나의 코끼리 위에 한 명의 부인들을 태우게."

이때 기구 동자는 곧 하교와 같이 수레를 장엄하였고, 장엄을 마치고서 왕에게 가서 아뢰어 말하였다.

"수레의 장엄이 이미 끝났으니, 마땅히 때인 것을 아십시오."

이때 아사세왕이 500의 부인들과 함께 밤중의 때에 횃불을 잡았고 등불이 앞뒤로 둘러쌌다. 왕은 왕사성을 나와서 암바라원에 나아갔고 원문(園門)에 이르려는 때에 여러 비구들은 모두 좌선하고 있었으므로,

왕이 곧 송연(悚然)[2])하여 동자를 돌아보면서 말하였다.

"그대는 '1,250명의 비구가 있다.'라고 말하였는데, 그대의 동산 가운데에는 어찌하여 이와 같이 대중들이 고요하여 소리가 없는가? 그대가 장차 나를 속이려는 것은 없는가?"

동자가 알려 말하였다.

"진실로 왕을 속이지 않았습니다. 왕께서는 다만 마땅히 앞으로 가십시오."

동자는 곧 가리켜 보이면서 말하였다.

"이 큰 강당의 가운데에 등불이 밝은 곳에 세존께서 마땅히 가운데 앉아 계시니, 위엄과 덕이 특별히 존중되고 높고 높아서 무상(無上)합니다. 오히려 우왕(牛王)이 소의 무리 가운데에 있는 것과 같고, 사자의 왕이 여러 짐승의 가운데에 있는 것과 같으며, 설산(雪山)의 육아백상(六牙白象)의 왕이 코끼리 무리의 가운데에 있는 것과 같고, 오히려 항하(恒河)의 깊은 연못이 맑고 고요하여 소리가 없듯이 대중들이 묵연함이 역시 이와 같습니다. 또한 큰 바다에는 무량한 물이 돌아오듯이 세존과 대중은 공덕이 무량하여 역시 이와 같습니다."

그때 아사세왕이 조금 다시 앞으로 나아갔고 수레에서 내렸으며 걸어서 세존 처소에 이르러 세존과 대중들을 세 번을 돌고 머물렀고 동자에게 말하였다.

"세존과 대중이 고요하고 청정하여 공덕이 성취되었으니, 원하건대 나의 아들 우타이발타(優陀夷跋陀)의 공덕도 성취되어 역시 이와 같이 얻어지게 하십시오."

세존께서 대왕에게 알리셨다.

"구하고 원하는 것을 따라서 모두 마땅히 그것을 얻을 것입니다."

이때 왕은 자리를 펼쳐서 세존께 앉으시기를 청하였고, 세존께서 대왕에게 말하였다.

---

[2]) 소름이 끼치도록 두려워서 몸이 움츠려지는 것이다.

"스스로가 앉으시오. 세존은 스스로의 자리가 있습니다."
이때 왕은 머리숙여 세존의 발에 예경하고서 물러나서 한쪽에 앉았으며 세존께 아뢰어 말하였다.
"세존이시여. 물을 것이 있습니다. 오직 원하건대 허락하여 주십시오."
세존께서 대왕에게 알리셨다.
"마음대로 묻고자 한다면 물으시오. 마땅히 그대를 위하여 말하겠습니다."
"이 가운데에는 여러 종류의 기술자(工師)들이 세존의 법 가운데에 출가하였는데, 현세(現世)에 사문의 과를 얻을 수 있습니까?"
[『현법사문과경(現法沙門果經)』의 가운데에서 자세히 설한 것과 같다.]
그때 설법하는 시간이 오래 지나갔고 여러 부인들이 치장하였던 보물과 영락이 무거웠던 까닭으로 각자 자리의 앞에 풀어두었다. 이때 아사세왕은 부왕의 죽음에 죄가 있어서 마음이 항상 놀라고 두려웠는데, 성안의 북소리·소라를 부는 소리·코끼리 소리·말 소리 등을 듣고서 왕이 크게 두려웠으므로 곧 여러 부인들에게 알렸다.
"성으로 돌아갑시다. 성으로 돌아갑시다."
부인들이 빠르게 떠나가면서 영락을 취하는 것을 잊어버리고 궁중으로 돌아갔다. 밝은 아침에 이르러 왕의 대부인이 영락으로 치장하고자 하면서 찾았으나 찾을 수 없었다. 옷을 입혀주는 사람이 말하였다.
"어젯밤에 갑자기 돌아오면서 잊고서 그곳에 놓아두었던 것이 두렵습니다."
이와 같이 여러 부인들은 모두가 영락을 잊었다고 말하였고, 이와 같이 대중이 많았으며, 만약 왕에게 아뢴다면 왕이 혹은 싫어하여 꾸짖을 것이라고 말하였다. 그때 청의(青衣)가 왕에게 아뢰었다.
"여러 부인께서 어젯밤에 빠르게 돌아오면서 영락을 많이 잊었습니다."
이때 어느 외도인 바라문은 왕의 스승이므로 왕과 함께 앉아 있었으며 곧 왕에게 말하였다.
"만약 그곳에서 잊었다면 있으면 사문들이 모두 마땅히 감추었을 것이니, 가령 가서 찾더라도 반드시 얻지 못할 것입니다."

이때 왕은 믿는 사람을 보냈고 시험삼아 가서 대충으로 찾게 히였다. 세존과 대중들이 엄연(儼然)히 앉아 있었고, 더불어 여러 부인들의 영락이 모두 본래의 자리에 있었으며, 햇빛에 비추어져 광염(光焰)이 혁연(爀然) 하였다. 곧 거두었고 가지고 돌아와서 까닭을 갖추어 왕에게 아뢰었는데, 아사세왕이 크게 환희하면서 말하였다.

"세존과 여러 사문들은 진실로 좋은 복전이구려. 탐욕이 없으니 특별히 믿을 자는 이 대중을 넘어갈 수 없소. 원하건대 항상 우리나라의 가운데에 있다면 내가 마땅히 목숨을 마치도록 공양하겠소."

왕은 곧 여러 부인들에게 알렸다.

"이것은 그대들의 영락이오. 각자 취하여 돌아갈 것이고, 잡란(雜亂)하게 좋은 것을 취하고자 다투지 마시오."

여러 비구들은 왕과 외도인 스승의 이렇게 말을 지은 것을 듣고서 이 인연으로써 가서 세존께 아뢰었다. 세존께서 여러 비구들에게 알리셨다.

"보물이 모두 현재에 있었고 취하지 않았어도 사람들의 비방이 생겨났는데, 하물며 모두 취하였다면 어떻겠는가! 오늘부터는 보물을 취하는 것을 허락하지 않겠노라."

세존께서는 비사리성에 머무셨으며, 자세한 설명은 앞에서와 같다.

그때 리창(梨昌) 동자가 여러 가지 보물의 허리띠를 착용하였는데, 가치가 천만(千萬) 금전이었다. 네 마리의 말이 끄는 수레를 타고 성을 유희하였는데, 보물의 허리띠가 무겁고 미끄러워서 땅에 떨어졌으나 깨닫지 못하였다. 이때 어느 비구가 뒤를 따라서 왔고 보물의 허리띠가 땅에 있는 것을 보고서 곧 불러 말하였다.

"동자여. 동자여. 그대의 보배 띠를 취하시오."

수레의 소리를 까닭으로 동자는 듣지 못하였고, 이 비구는 뒤에 사람이 얻는 것이 두려웠던 까닭으로 옆에 서서 머물렀다. 동자가 앞으로 가다가 허리띠를 잃은 것을 깨닫고 곧 수레를 타고 돌아오면서 멀리서 비구를 보고 곧바로 물어 말하였다.

"그대는 뒤에서 오면서 허리띠를 보았습니까?"

비구가 대답하여 말하였다.

"내가 허리띠가 있는 것을 보고서 그대를 향하여 멀리서 불렀으나 그대가 스스로 듣지 못하였소."

동자는 곧 다시 물어 말하였다.

"어디에 있습니까?"

대답하여 말하였다.

"여기에 있소."

동자는 곧 앞에서 허리띠를 취하였고, 취하고서 비구를 붙잡고 손과 발로 심하게 때려서 붓게 하였으며 여러 종류로 비난하고 꾸짖으면서 말하였다.

"만약 내가 돌아오지 않았다면 그대는 허리띠를 가지고 떠났을 것이다."

여러 비구들이 이 인연으로써 가서 세존께 가서 아뢰었고, 세존께서는 말씀하셨다.

"취하지 않았어도 이미 허물과 근심이 생겨났으니, 하물며 마땅히 취하는 자라면 어떻겠는가!"

다시 다음으로 세존께서는 비사리성에 머무셨으며, 자세한 설명은 앞에서와 같다.

그때 어느 비구가 소하(蘇河) 위에서 옷을 벗고서 목욕하였다. 이때 어느 리차(梨車) 동자가 역시 소하에 나아가서 목욕하면서 곧 귀고리를 벗어놓고 자기의 옷으로 위를 덮고서 물에 들어가서 목욕하였으며, 언덕에 올라와서 옷을 입고서 귀걸이를 잊어버리고 떠나갔다. 비구가 뒤에 나와서 이 귀고리를 보고서 곧 멀리서 부르며 말하였다.

"동자여. 동자여. 그대의 귀고리가 땅에 떨어졌소."

동자는 빠르게 떠나가서 그를 부르는 소리를 듣지 못하고 갔으며 점차 멀어져서 귀고리가 없는 것을 깨닫고 곧바로 돌아와서 찾으면서 멀리서 비구에게 물어 말하였다.

"나의 귀고리를 보았습니까?"

비구가 대답하여 말하였다.

"내가 허리띠가 있는 것을 보고서 그대를 향하여 멀리서 불렀으나 그대가 스스로 듣지 못하였소."

동자는 곧 다시 물어 말하였다.

"어디에 있습니까?"

대답하여 말하였다.

"여기에 있소. 내가 이전에 보고서 곧 그대를 멀리서 불렀으나, 다만 그대가 빠르게 떠나가서 부르는 소리를 듣지 못했소."

이때 동자가 말하였다.

"지금 어느 곳에 있습니까?"

대답하여 말하였다.

"여기 있소."

동자가 곧 귀고리를 취하였고 걸고서는 비구를 붙잡아 반복하여 때리면서 꾸짖어 말하였다.

"이와 같고 이와 같은 자이구나. 내가 만약 돌아오지 않았다면 그대가 마땅히 나의 귀고리를 가져갔을 것이다."

여러 비구들이 이 인연으로써 세존께 가서 아뢰었고, 세존께서는 말씀하셨다.

"취하지 않았어도 이미 허물과 근심이 생겨났으니, 하물며 마땅히 취하는 자라면 어떻겠는가!"

다시 다음으로 세존께서는 가유라위국 석씨 니구율수원(尼俱律樹園)에 머무셨으며, 자세한 설명은 앞에서와 같다.

이때 어느 석자(釋子)가 여러 비구들에게 음식을 베풀었고 여러 종친(宗親)들과 함께 음식을 돌리면서 착용하였던 팔찌가 무거워서 음식을 돌리는 것이 불편하였으므로 곧 팔찌를 벗어서 비구의 다리 옆에 놓아두면서 이렇게 말을 지었다.

"이 팔찌는 아사리의 발의 옆에 놓아두겠습니다."

비구가 음식을 먹고 버려두고 일어났는데, 뒤의 사람이 그것을 보고 곧바로 가지고 떠나갔다. 이 석자는 음식을 나누어주는 것을 마치고서 곧 집에 돌아가면서 잊어버리고 팔찌를 취하지 않고 집으로 돌아갔고, 나아가 없는 것을 깨닫고 곧 본래의 처소에 돌아와서 찾아보았으나 보이지 않았다. 곧 다시 맡겼던 비구의 처소를 찾았으며 보고서 알려 말하였다.

"아사리여. 내가 이전에 맡겼던 팔찌를 돌려주십시오."

비구가 대답하여 말하였다.

"나는 그대가 맡겼던 것을 기억합니다. 본래 두었던 곳에 있었던 까닭으로 나는 취하여 오지 않았습니다."

석자가 말하였다.

"내가 맡겨두었던 곳에서 찾지 못하였으니, 이것은 잃은 것입니다."

마음에서 즐겁지 않아서 곧 세존 처소에 갔으며 머리숙여 발에 예경하고 곧 세존께 아뢰어 말하였다.

"제가 이전에 팔찌를 어느 비구에게 맡겼는데, 그가 맡아서 보살피지 않아서 지금 그것을 잃어버렸습니다."

세존께서는 그 석자를 위하여 수순하여 설법하시어 보여주셨고 가르치셨으며 이익되고 기쁘게 하셨다. 환희심이 일어나서 돌아갔고, 떠나고 오래지 않아서 세존께서는 말씀하셨다.

"그 비구를 불러오라."

왔으므로, 세존께서는 비구에게 물으셨다.

"그대가 진실로 그러하였는가?"

대답하여 말하였다.

"진실로 그렇습니다."

세존께서는 비구에게 알리셨다.

"그대가 만약 사람이 부탁한 것을 받았다면 마땅히 맡아서 살펴보아야 하고, 만약 받지 않았다면 마땅히 받지 않았다고 말해야 한다. 그대는 어찌하여 사람이 부탁한 물건을 받고서 맡아서 보살피지 않았는가? 오늘부터는 원내(園內)에서 만약 보물이거나, 만약 보물이라고 이름하는 것을 허락하겠나니, 만약 스스로 취하였거나, 만약 사람을 시켜서 취하였다면 드러내도록 하라."

세존께서는 여러 비구들에게 알리셨다.

"가유라위성을 의지하여 머무르는 비구들을 모두 모이게 하라. 열 가지의 이익을 까닭으로써 여러 비구들을 위하여 계율을 제정하겠나니, 나아가 이미 들었던 자들도 마땅히 거듭하여 들을지니라. 만약 비구가 만약 보물이거나, 만약 보물이라고 이름하는 것을 원내에서 만약 스스로 취하였거나, 만약 사람을 시켜서 취하였다면 나머지의 때를 제외하고는 바야제를 범하느니라. 나머지의 때는 만약 비구가 만약 보물이거나, 만약 보물이라고 이름한 것을 만약 스스로 취하였거나, 만약 사람을 시켜서 취하면서 '주인이나 구하는 자가 있다면 주겠다.'라고 이렇게 생각을 짓는 것이고, 이것을 나머지의 때라 이름한다."

'비구'는 앞의 설명과 같다.

'원내'는 탑원(塔園)의 내부이거나, 승원(僧院)의 내부이다.

'보물'은 이미 그릇이 이루어진 것이니 이를테면, 천관(天冠)·보개(寶蓋)·영락·불자(拂子)의 자루·보배 신(寶屨)이니, 이와 같은 보배 등으로 그릇이 이루어진 것이다.

'보물이라고 이름하는 것'은 금전(錢)·금·은·진주(眞珠)·유리(琉璃)·가패(珂貝)·산호(珊瑚)·호박(琥珀)과 파려(頗璃)·적보(赤寶)·구리·붉은 구리(赤銅)·아연(鉛)·주석(錫)·백랍(白鑞)·철(鐵) 등이다.

'취하다.'는 청정하다면 스스로 손으로 취하고, 만약 부정하다면 정인을 시켜서 취해야 한다.

'바야제'는 앞의 설명과 같다.

'나머지의 때'는 만약 탑원의 안이거나, 만약 승원의 안에서, 만약 보물이거나, 만약 보물이라고 이름하는 것을 보았다면, 청정하다면 스스로가 손으로 취하고, 만약 부정하다면 정인을 시켜서 취하면서 '주인이나 구하는 자가 있다면 주겠다.'라고 이렇게 생각을 짓는 것이고, 이와 같은 생각과 다르지 않아야 한다.

만약 세존께서 탄생하신 날의 대회이거나, 도를 얻으신 때이거나, 법륜을 굴리신 때이거나, 아난과 라후라 대회의 때이었거나, 그때 여러 사람들이 만약 옷과 장신구(嚴身具) 및 여러 종류의 물건을 잃어버렸거나, 비구가 옷과 발우들을 잃었는데, 만약 비구가 보았던 자라면 마땅히 취하여야 한다. 취하면서 마땅히 "이것들이 누구의 물건인가?"라고 큰소리로 물어야 하고, 만약 이것에 주인이 있다면 주어야 하며, 만약 아는 자가 없다면 마땅히 기둥 위의 잘 드러나는 곳에 매달아서 사람들이 그것을 보게 해야 한다.

만약 어느 사람이 "이것은 나의 물건입니다."라고 말한다면, 마땅히 "그대가 어느 곳에서 잃어버렸습니까?"라고 물어야 하고, 대답이 서로 마땅한 자라면 마땅히 주어야 하며, 만약 아는 사람이 없다면 마땅히 3개월까지 보관해야 한다. 만약 탑원의 가운데서 얻었다면, 곧 탑원의 용도로 짓고, 만약 승원의 가운데서 얻었다면 마땅히 사방승가의 물건으로 지어야 한다. 만약 이것이 귀중한 물건으로 보물과 영락과 금과 은이라면 그때 드러내지 말고, "보물을 얻었습니다."라고 큰소리로 알려야 하고, 비구는 마땅히 물건들을 숫자를 알아보고 어떠한 모습인가를 자세히 살펴보고서 그러한 뒤에 집어 들어야 한다.

만약 어느 사람이 와서 "나는 보물을 잃어버렸습니다. 보았던 자가 있습니까?"라고 물었다면, 비구는 그때 마땅히 "그대는 어느 곳에서 그 물건을 잃었고, 그대의 보물은 어떠한 모양입니까?"라고 물어야 한다. 만약 서로가 합당하지 않으면 마땅히 "이 승가람은 넓고 크므로 그대가 널리 찾아보십시오"라고 말해야 하고, 만약 서로가 합당하면 마땅히 그 보물을 꺼내어 보여주면서 "장수여. 이것이 그대의 물건입니까?"라고 말해야 하며, 만약 "그렇습니다."라고 말한다면, 비구는 한 사람 앞에서 주지 말고 마땅히 많은 대중 사람들을 모으고서 "그대는 불·법·승의 삼보에 귀의하십시오. 만약 세존께서 계율로 제정하지 않으셨다면 그대는 눈으로 오히려 보지도 못했을 것입니다."라고 가르쳐야 한다.

만약 "나는 이 보물 옆에 다시 다른 물건이 있었습니다."라고 말한다면, 마땅히 "장수여. 나는 바로 이것을 얻었고, 다시 나머지의 물건들은 보지 못하였습니다."라고 말해야 하고, 마땅히 "그대는 악한 사람이오. 그대가 다만 이것을 얻은 것이 이미 과분한데 어찌하여 곧 다시 다른 물건을 찾고자 하면서 사람을 비방합니까? 만약 세존께서 계율로 제정하지 않으셨다면 그대는 눈으로 오히려 보지도 못했을 것입니다."라고 말해야 한다.

만약 이와 같아도 오히려 명료하지 않은 자는 마땅히 데리고 우바새의 주변에 이르러 마땅히 "나는 본래 바로 이 물건을 얻었고, 모두를 돌려주었으나, 지금 곧 비방(誹謗)을 당했습니다."라고 이렇게 말을 지을 것이고, 그때 우바새는 마땅히 꾸짖으며 "이와 같고 이와 같구려. 그대가 이 물건을 얻은 것이 이미 과분한데 지금 반대로 비구를 비방하는구려. 그대는 마땅히 가십시오. 내가 마땅히 그에게 주겠고, 대신하여 이 일을 요리하겠습니다."라고 말해야 한다.

만약 어느 사람도 오는 사람이 없고 3년에 이르렀다면, 앞에서와 같이 얻은 곳을 따라서 마땅히 경계에서 그것을 수용해야 한다. 만약 비구가 취락에 들어가면서 땅에 옷과 물건이 있는 것을 보았어도 마땅히 취할 수 없고, 만약 어느 사람이 취하여 비구에게 주었다면, 주는 것을 받을 수 있으니, 곧 이것은 시주인 까닭으로 무죄이다. 만약 비구가 취락에 들어가면서 남겨진 옷과 물건이 있거나, 혹은 바람에 날려오는 것을 보았더라도 얻을 수 없으나, 곧 분소의를 짓겠다는 생각으로 취해야 하고, 만약 넓은 도로이고 보이는 사람이 없다면 옷과 물건을 마땅히 취해야 한다.

만약 옷 위에 보물이 있는 것을 보았다면, 마땅히 발로 밟아서 끊어 보물을 버리고 옷을 가지고 떠나가야 하고, 떠나가는 때는 마땅히 숨기고 감출 수 없으며, 마땅히 드러나게 잡아서 사람들이 보게 해야 한다.

만약 옷 위에 오물(穢汚)이 있어서 사람들에게 천박하게 보인다면 오물을 덮고 가지고 떠나가야 한다. 만약 취하는 때에 옷 안에 보물이 있던 것을 깨닫지 못하고 돌아와 주처에 이르러서 보았다면 마땅히 정인에게 주고 알려서 의약 값으로 맡겨야 한다. 만약 취락을 나오는 때이거나, 만약 도중에서 옷을 보았고 옷 위에 오래된 먼지와 흙이 있다면 마땅히 취할 것이고, 취하고서 덮거나 감추지 않고 마땅히 드러내고서 가지고 떠나가야 한다.

만약 어느 주인이 쫓아왔다면 비구는 마땅히 "장수여. 무슨 까닭으로 달려왔습니까?"라고 말해야 하고, "나는 옷을 잃어버렸습니다."라고 대답하여 말하였다면, 마땅히 "이것이 그대의 옷입니까?"라고 말해야 하며, 만약 "이것입니다."라고 말하였다면 마땅히 돌려주어야 하고, 마땅히 "그대는 불·법·승의 삼보에 귀의하십시오. 만약 세존께서 계율로 제정하지 않으셨다면 그대는 눈으로 설사 이것을 눈으로 보았어도 역시 얻지 못했을 것입니다."라고 이렇게 가르쳐서 말해야 한다.

만약 고의로 승방을 무너뜨리고 다시 땅을 파고 다져서 기초를 일으키는데 보장(寶藏)을 얻었고, 만약 정인을 믿을 수 없는 자라면 마땅히 왕에게 알려야 한다. 왕이 "이 물건은 마땅히 나에게 들어왔으나, 내가 지금 비구에게 베풀어 공덕을 짓겠습니다."라고 말하였다면, 곧 시주(施主)라고 이름한다. 만약 이미 절반을 수용하였고 절반이 남았는데, 왕이 "그대가 무슨 까닭으로 나의 물건을 수용하였소? 이미 수용하였던 것은 그만두고 남은 것을 보내시오."라고 말하였다면, 비구는 반드시 남은 것을 돌려주어야 한다.

왕이 "그대가 무슨 까닭으로 나의 물건을 수용하였소? 모두 보내시오."라고 말하였다면, 비구는 이미 수용한 물건을 마땅히 승물(僧物)을 이용하여 돌려주어야 하고, 만약 승가의 물건이 없다면 마땅히 물건을 구걸하여 돌려주어야 한다. 만약 "이미 수용하였던 것을 그만두시오. 공덕은 나한테 귀속되었소."라고 말하였다면, 이것을 그의 수용이라고 이름한다.

만약 옛날의 탑을 수리하면서 금·은과 보물을 얻었는데, 만약 정인을 믿을 수 없다면 마땅히 왕에게 알리고, 정인을 믿을 수 있다면 취하고 3년을 기다리고서 3년이 지났다면 마땅히 수용하여 탑을 짓는 여러 일에 사용해야 한다. 만약 왕가(王家)에서 알고서 비구에게 "그대가 이 가운데에서 보장을 얻었는가?"라고 말하였고, "얻었습니다."라고 말하였으며, 만약 이미 사용하였다면 마땅히 "얻었으나 이 탑을 짓는 일에 이미 사용하였습니다."라고 대답한다면, 왕은 "이미 사용한 것은 그만두시오. 이 공덕은 나에게 귀속되었소."라고 말할 것이다.

만약 이미 절반을 사용하고 절반이 남았는데, 왕이 "이미 사용한 것은 그만두시오. 남은 것을 마땅히 나에게 돌려보내시오."라고 말하였다면, 남은 것은 마땅히 왕에게 주어야 한다. 왕이 "그대는 땅속의 보물이 마땅히 나에게 귀속된다는 것을 알지 못하였소? 그대가 무슨 까닭으로 모두 사용하였는가? 나에게 돌려보내시오."라고 말하였다면, 비구는 그 때 마땅히 탑의 물건으로써 돌려주어야 하고, 만약 탑의 물건이 없다면 마땅히 탑을 위하여 구걸하여 물건을 돌려주어야 한다.

만약 왕이 "불법의 계율 가운데에서는 어떠하오?"라고 물어 말하였다면, 비구는 마땅히 "불법의 가운데에서는 탑지(塔地)의 가운데에서 물건을 얻었다면 곧 탑을 지으면서 사용하고, 승가의 땅에서 물건을 얻었다면 곧 승가를 위해 사용합니다."라고 대답하여 말하였으며, 왕이 만약 "불법을 따르시오."라고 말한다면 사용하는 것은 무죄이다.

만약 보장의 위에 철권(鐵券)³⁾의 성명(姓名)이 있었는데, 만약 그 왕이 "여러 대덕이시여, 그 보장 위에 이와 같은 성명이 있는 것을 보았습니까?"라고 물어 말하였고, 비구들이 마땅히 "보았습니다. 이미 탑을 지으면서 사용하였습니다."라고 대답하여 말하였으며, 만약 그 왕이 "이 분들은 우리 집안의 선대 인물들입니다. 그대가 무슨 까닭으로 사용하였습니까? 사용한 것을 마땅히 나에게 돌려주십시오."라고 말하면서, 만약 "이미 탑을 지어 완성되었다면 공덕은 나에게 귀속됩니다."라고 말하였다면

---

3) 왕이 공신(功臣)에게 나누어 주던 훈공(勳功)을 적은 서책(書冊)을 가리킨다.

무죄이다.

만약 "이미 절반을 사용하였고 절반이 남았다면 나에게 돌려주시오."라고 말하였다면, 비구는 그때 마땅히 왕에게 돌려주어야 한다. 만약 "그대는 무슨 까닭으로 우리 집안의 선대 인물들의 물건들을 사용하였는가? 일체의 모두를 나에게 돌려주시오."라고 말하였다면, 그때는 마땅히 모두 돌려주어야 한다. 만약 탑에 물건이 있다면 마땅히 사용하여 돌려줄 것이고, 만약 없다면 구걸하여 돌려주어야 한다. 만약 "이것은 선대 사람들의 물건이고, 선대 사람은 이미 죽었으니, 이 공덕은 곧 그분에게 귀속되오."라고 말하였다면 무죄이다. 새롭게 승가람을 짓거나, 새롭게 탑을 지으면서 얻은 물건도 역시 이와 같다.

이러한 까닭으로 설하였노라.

세존께서는 왕사성에 머무셨으며, 자세한 설명은 앞에서와 같다.

왕사성에 세 개의 온천이 있었으니, 왕의 온천과 비구의 온천 및 코끼리의 온천이었다. 왕의 온천은 왕과 왕의 후궁인 부인들 및 세존과 여러 비구들이 목욕하는 곳이었고, 비구의 온천은 세존과 비구승가가 목욕하는 곳이었으며, 코끼리의 온천은 코끼리와 일체 사람들이 목욕하는 곳이었다. 그때 여러 비구들이 왕의 온천에 들어가서 목욕하였는데, 이때 왕이 기름으로써 몸에 바르고 온천에 들어가서 목욕하고자 하면서 온천의 감독에게 물었다.

"온천은 비었는가?"

온천의 감독이 대답하여 말하였다.

"온천 안은 비어있지 않습니다. 여러 비구들이 목욕하고 있습니다."

왕이 말하였다.

"여러 비구들이 목욕을 마치도록 허락하겠노라. 나는 지금 먼저 세존께 나아가고 돌아와서 마땅히 목욕하겠노라."

세존의 처소에 이르러 머리숙여 발에 예경하고 돌아와서 다시 온천의 감독에게 물었다.

"온천은 비어있는가?"
대답하여 말하였다.
"아직 비지 않았습니다."
이와 같이 세 번에 이르렀으나 오히려 목욕을 멈추지 않았으므로, 왕이 말하였다.
"목욕을 허락하겠노라. 불러서 쫓아내지 말라. 내가 마땅히 궁중에 돌아가서 목욕하겠노라."
여러 사람들이 듣고서 모두 싫어하며 꾸짖어 말하였다.
"사문 석자들은 스스로가 선량하고 덕이 있다고 말하면서 완고하게 온천 안에서 대왕이 목욕하지 못하도록 하였는가?"
여러 비구들이 듣고서 이 인연으로써 가서 세존께 아뢰었고, 세존께서는 여러 비구들에게 말씀하셨다.
"어느 곳의 왕이 모두 이렇게 참겠는가? 오늘부터는 비구들의 목욕을 허락하지 않겠노라."

세존께서는 사위성에 머무셨으며, 자세한 설명은 앞에서와 같다.
그때 세존께서 계율을 제정하시어 목욕을 허락하지 않으셨고, 여러 비구들이 목욕하지 못하였던 까닭으로 몸에 때가 있어서 더럽고 냄새났다. 그때 세존께서는 여러 대중들을 위하여 설법하셨는데, 여러 비구들은 아래의 바람이 부는 곳에 앉아서 더러운 냄새가 여러 범행인에게 퍼지는 것을 두려워하였다. 세존께서는 아시면서도 일부러 물으셨다.
"여러 비구들이여. 무슨 까닭으로 한곳에 앉아 있으며, 원한이 있는 사람과 같이 비슷한가?"
여러 비구들이 세존께 아뢰어 말하였다.
"세존께서 계율을 제정하시어 목욕을 허락하지 않으셨던 까닭으로 비구들의 몸에 때가 있어서 더럽고 냄새가 나며, 범행인들에게 퍼지는 것을 두려워하는 까닭으로 아래의 바람이 부는 곳에 있습니다."
세존께서 말씀하셨다.

"오늘부터는 보름에 한 번을 목욕하는 것을 허락하겠노라."

다시 다음으로 세존께서는 사위성에 머무셨으며, 자세한 설명은 앞에서와 같다.

그때 여러 비구들은 봄의 달이어서 몸들이 뜨거웠으나, 씻을 수 없는 까닭으로 신체가 가려워서 번민하였다. 여러 비구들은 이 인연으로써 가서 세존께 아뢰었고, 세존께서는 말씀하셨다.

"오늘부터는 더운 때에 2개월 보름은 목욕하도록 허락하겠노라. 늦은 봄의 1개월 보름과 초여름의 1개월이다. 이것을 2개월 보름이라고 이름하느니라."

다시 세존께서는 사위성에 머무시면서 안거를 마치셨으며, 여러 비구들과 더불어 교살라국에 가시어 인간 세상을 유행하셨다.

도중에 풀과 나무가 깊고 우거져서 아래쪽은 뜨거운 열기를 빨아들였고, 위쪽은 햇빛이 달구어져서 큰 고뇌가 생겨났으므로, 낙타가 물을 향하여 달려가고 사슴이 연못으로 나아가는 것과 같았다. 세존께서는 아시면서도 일부러 물으셨고, 여러 비구들이 앞의 일을 갖추어 아뢰었다.

"이와 같은 괴로움의 까닭으로 여러 비구들이 다투어 달려가서 물로 나아갔습니다."

세존께서 말씀하셨다.

"오늘부터는 다니는 때에 목욕하는 것을 허락하겠노라."

다시 다음으로 세존께서는 사위성에 머무셨으며, 자세한 설명은 앞에서와 같다.

다섯 가지의 일의 이익이 있었던 까닭으로 세존께서 5일에 한 번을 여러 비구들의 방을 다니셨는데, 비구가 옴병이 있었다. 세존께서는 아시면서도 일부러 물으셨다.

"비구여. 그대는 조화(調適)로운가?"

대답하여 말하였다.

"편안하지 않습니다. 제가 옴병을 앓고 있어서 간지러워서, 자주자주 목욕한다면 곧 안락하겠으나, 세존께서 계율을 제정하시어 목욕하지 못합니다. 이러한 까닭으로 즐겁지 못합니다."

세존께서 말씀하셨다.

"오늘부터는 병든 비구가 목욕하는 것을 허락하겠노라."

세존께서는 광야정사에 머무셨으며, 자세한 설명은 앞에서와 같다.

그때 일을 영위하는 비구가 진흙을 짊어졌고 벽돌을 짊어지며 여러 종류의 일을 지었고, 감히 목욕할 수 없었던 까닭으로 곧바로 누웠으며, 다음 날 이른 아침에 다리 위에는 진흙이 묻은 곳이 있었다. 세존께서는 아시면서도 일부러 물으셨다.

"비구여. 그대는 다리 위에 무슨 까닭으로 진흙이 묻은 곳이 있는가?"

대답하여 말하였다.

"세존이시여, 제가 일을 영위하면서 진흙으로 몸을 더럽혔으나, 계율을 범함이 두려웠던 까닭으로 감히 목욕하지 못하였고, 이러한 까닭으로 다리에 진흙이 있었습니다."

세존께서 말씀하셨다.

"오늘부터는 작업하는 때에 목욕하는 것을 허락하겠노라."

다시 다음으로 세존께서는 사위성에 머무셨으며, 자세한 설명은 앞에서와 같다.

그때 여러 비구들이 큰 바람이 일어나는 것을 만나서 먼지와 흙이 몸을 더럽혔고, 다시 하늘의 비를 만났으나, 여러 비구들은 감히 목욕하지 못하고 곧바로 누웠다. 다음 날 이른 아침에 세존께 문신하였고, 세존께서는 아시면서도 일부러 물으셨다.

"비구들이여. 그대들의 몸 위에는 무슨 까닭으로 이와 같이 더러운 때로 가득한가?"

대답하여 말하였다.

"세존이시여. 어제 바람이 불어와서 먼지와 흙이 몸을 더럽혔고, 다시 하늘의 비를 만났으나 감히 목욕하지 못한 까닭으로 몸 위에 때와 더러움이 있습니다."

세존께서 말씀하셨다.

"오늘부터는 큰바람이 부는 때에는 목욕하는 것을 허락하겠노라."

다시 다음으로 세존께서는 사위성에 머무르셨으며, 자세한 설명은 앞에서와 같다.

그때 하늘이 맑았는데 적은 구름이 일어남이 있어서 잠깐 사이에 큰비가 왔다. 세존께서는 여러 비구들에게 알리셨다.

"이것은 염부제(閻浮提)에서 가장 처음으로 내리는 좋은 비이구나. 그대들이 마땅히 비의 가운데에서 목욕한다면 능히 몸 가운데의 여러 병과 부스럼과 옴을 없앨 것이다."

여러 비구들이 마음으로 의심하였다.

'세존께서 계율을 제정하시어 목욕할 수 없는데, 우리들이 어찌하여 마땅하게 목욕하겠는가?'

세존께서 말씀하셨다.

"오늘부터는 비가 오는 때에 목욕하는 것을 허락하겠노라."

세존께서는 여러 비구들에게 알리셨다.

"가유라위성을 의지하여 머무르는 비구들을 모두 모이게 하라. 열 가지의 이익을 까닭으로써 여러 비구들을 위하여 계율을 제정하겠나니, 나아가 이미 들었던 자들도 마땅히 거듭하여 들을지니라. 만약 비구가 보름이 되지 않았는데 목욕하였다면 다른 때를 제외하고는 바야제를 범하느니라. '다른 때'는 늦은 봄의 1개월 보름과 초여름의 1개월이니, 이것이 2개월의 보름이다. 이것이 더운 때이거나, 병의 때이거나, 작업하는 때이거나, 바람의 때이거나, 비의 때이거나, 다니는 때이니, 이것을 다른 때라고 이름하느니라."

'비구'는 앞의 설명과 같다.

'보름'은 만약 15일에 목욕하였으면 15일을 채워서 다시 마땅히 목욕해야 한다. 만약 14일이거나, 13일이거나, 12일이거나, 11일이거나, 10일이거나, 9일이거나, 8일이거나, 7일이거나, 6일이거나, 5일이거나, 4일이거나, 3일이거나, 2일이거나, 1일에 목욕하였으면 마땅히 목욕한 날을 세어서 따르고 15일을 반드시 채우고서 비로소 마땅히 다시 목욕한다.

'다른 때를 제외하다.'는 세존께서 무죄라고 말씀하셨다.

'더운 때'는 늦은 봄 1개월 보름과 초여름 1개월이니, 이것의 2개월 보름을 더운 때라고 이름한다. 앞과 그 뒤는 취할 수 없고 마땅히 현재에서 취하여야 한다.

'병의 때'는 만약 비구가 옴병으로 가렵거나, 종기가 생겨났거나, 이와 같은 여러 종류의 병으로 목욕이 필요하여 뜻에 맞는 자가 목욕함을 허락하는 것이다. 이것을 병의 때라고 이름한다. 앞과 그 뒤는 취할 수 없고 마땅히 현재에서 취하여야 한다.

'작업의 때'는 만약 승가의 일체를 작업하는 때이다. 비구가 진흙을 개었거나, 방사를 수리하였거나, 만약 물도랑(水溝)을 통하였거나, 우물을 퍼 올렸거나, 만약 방사에 진흙을 발랐거나, 만약 땅을 쓸었거나, 만약 화상과 아사리를 목욕시켰거나, 나아가 탑원(塔院)을 쓸었고 승원(僧院)을 쓸었거나, 아래에 내려가서 5·6명이 움직이며 청소하였다면 작업하는 때라고 이름하나니, 목욕하여도 무죄이다. 앞과 그 뒤는 취할 수 없고 마땅히 현재에서 취하여야 한다.

'바람의 때'는 만약 비구에게 바람이 불어와서 먼지와 흙이 몸을 더럽히는 것이니, 씻고 목욕하여도 무죄이다. 앞과 그 뒤는 취할 수 없고 마땅히 현재에서 취하여야 한다.

'비의 때'는 만약 하늘에서 비가 내리는 때이니, 목욕하여도 무죄이다. 앞과 그 뒤는 취할 수 없고 마땅히 현재에서 취하여야 한다.

'다니는 때'는 3유연이거나, 2유연이거나, 아래로 1구로사에 이르기까지 만약 왔거나, 만약 갔다면 이것을 다니는 때라고 이름하나니, 목욕하여도 무죄이다. 앞과 그 뒤는 취할 수 없고 마땅히 현재에서 취하여야 한다.
 '바야제'는 앞의 설명과 같다.
 만약 비구가 앞의 여러 때가 없다면 마땅히 도공(陶家)의 목욕법으로 지어야 한다. 먼저 두 넓적다리와 두 다리를 씻고서 뒤에 머리·얼굴·허리·등·팔·팔꿈치·가슴·겨드랑이를 씻어야 한다.
 이러한 까닭으로 설하였노라.

 불을 피우는 것과 3일밤을 묵는 것과
 욕(欲)을 주는 것과 취락에 들어가는 것과
 경을 비방하는 것과 머무는 것을 쫓아내는 것과
 사미와 세 가지 색깔의 옷과
 보배를 취하는 것과 보름에 목욕하는 것이 있다.

 [다섯 번째의 발거를 마친다.]

 세존께서는 비사리성에 머무셨으며, 자세한 설명은 앞에서와 같다.
 그때 존자 우타이가 다니면서 도로에서 갈증이 심하여 취락에 들어가서 여인에게 다가가서 물을 구하였다.
 "자매여. 나에게 물을 베푸시오."
 여인은 곧 그에게 물을 주었는데 물 안에 벌레가 있었다. 우타이는 보고서 이렇게 생각을 지었다.
 '나는 다만 벌레 없는 곳으로 마셔야겠구나.'
 물을 마시는 때에 벌레가 물을 따라서 입으로 들어갔고, 마시고서 마음에 의심이 생겨나서 곧 이 인연으로써 가서 세존께 아뢰었다. 세존께서는 말씀하셨다.
 "그대가 어찌하여 물에 벌레가 있다고 알고서도 마셨는가? 이것은 비법이고, 계율이 아니며, 세존의 가르침이 아니니라. 이것으로써 선법을 크게 장양하지 못하느니라. 오늘부터는 물에 벌레가 있다고 알고서 마실 수 없느니라."

세존께서는 사위성에 머무셨으며, 자세한 설명은 앞에서와 같다.
그때 남방의 바라지국(婆羅旨國)에 어느 두 비구는 함께 반려가 되어서 사위국으로 나아가서 세존께 문신하려고 왔는데, 도로의 중간에서 갈증에 시달렸으나 물이 없었다. 성 앞에 이르니 한 우물이 있었고 한 비구는 물을 걸러서 곧 마셨으나, 한 비구는 물에 벌레가 있는 것을 보고 마시지 않았다. 물을 마신 비구가 반려인 비구에게 물었다.
"그대는 어찌하여 물을 마시지 않는가?"
대답하여 말하였다.
"세존께서 계율을 제정하시어 벌레가 있는 물을 마시지 못하도록 하셨네. 이 물에는 벌레가 있었고, 이러한 까닭으로 마시지 않았네."
물을 마셨던 비구가 다시 거듭하여 권하면서 말하였다.
"장로여. 그대는 다만 물을 마시게. 갈증으로 죽어서 세존을 보지 못하지 않도록 하게."
대답하여 말하였다.
"나는 오히려 목숨을 잃더라도 세존의 계율을 훼손할 수 없네."
이렇게 말을 짓고서 마침내 곧 갈증으로 죽었다. 물을 마신 비구는 짐짐 갔고 세존의 처소에 이르러 머리숙여 발에 예경하고 물러나서 한쪽에 머물렀다. 세존께서는 아시면서도 일부러 물으셨다.
"비구여. 그대는 어디에서 왔는가?"
대답하여 말하였다.
"바라지국에서 왔습니다."
세존께서 말씀하셨다.
"비구여. 그대는 반려가 있었는가?"
대답하여 말하였다.

"어느 두 사람이 반려가 되었고 도중에 갈증으로 시달렸으나 물이 없었습니다. 한 우물에 이르러 우물에 벌레가 있었으나 저는 곧 그 물을 마셨고 물의 인연으로 기력을 얻어서 세존을 받들어 뵈었고, 그 비구는 계율을 지키고 그 물을 마시지 않아서 곧바로 갈증으로 죽었습니다."

세존께서 말씀하셨다.

"어리석은 사람이여. 그대는 나를 보지 못하였다고 말하였으나 그 죽은 비구는 이미 먼저 나를 보았느니라. 만약 비구가 방일하고 게을러서 여러 근(根)을 섭수하지 못한다면 이와 같은 비구는 비록 나와 한 처소에 있어도 그는 나를 멀리 떠난 것이고, 그가 비록 나를 만나 보았다고 말하지만 나는 그를 보지 않았으며, 만약 비구가 바다(海)의 언덕에 있더라도 능히 방일하지 않고 정진하여 게으르지 않으며 여러 근을 검교하고 섭수하였다면 비록 나와 멀더라도 내가 항상 그를 보는 것이니, 그는 항상 나에게 가까운 것이니라."

세존께서는 비구에게 알리셨다.

"이것은 비법이고, 계율이 아니며, 세존의 가르침이 아니니라. 이것으로써 선법을 크게 장양하지 못하느니라. 오늘부터는 물에 벌레가 있다고 알고서 마실 수 없느니라."

세존께서는 여러 비구들에게 알리셨다.

"사위성을 의지하여 머무르는 비구들을 모두 모이게 하라. 열 가지의 이익을 까닭으로써 여러 비구들을 위하여 계율을 제정하겠나니, 나아가 이미 들었던 자들도 마땅히 거듭하여 들을지니라. 만약 비구가 물에 벌레가 있다고 알고서 마시는 자는 바야제를 범하느니라."

'비구'는 앞의 설명과 같다.

'알다.'는 만약 스스로 알았거나, 만약 다른 사람을 쫓아서 들은 것이다.

'벌레'는 물고기와 자라와 실수마라(失收摩羅) 등이 아니고, 이를테면, 소소도혈(小小倒子)의 여러 벌레들이며, 나아가 지극히 미세한 모습이어도 눈으로 볼 수 있는 것이다.

'물'은 10종류가 있고, 앞의 설명과 같다.

'마시다.'는 가지런하게 배에 들어가는 것이다.
'바야제'는 앞의 설명과 같다.

비구가 구족계를 받고서 마땅히 녹수낭을 저축하여 마땅히 법으로 양치질해야 하고, 비구가 다니는 때에는 마땅히 녹수낭을 지녀야 한다. 만약 없이 하좌에 이르렀다면 울다라승의 한 귀퉁이 끝으로 수지(受持)할 것이고, 물을 보는 때에는 마땅히 천안(天眼)으로 보지 않을 것이며, 역시 눈이 어두운 사람이 볼 수 없고, 하좌에 이르렀다면 능히 손바닥 가운데의 세심한 무늬를 볼 수 있는 자에게 물을 보게 해야 한다.

물을 보는 때에 결과를 싫어할 수 없고, 마땅히 지극한 마음으로 볼 수 없으며, 너무 빠르게 볼 수 없고, 너무 오래도록 볼 수 없다. 마땅히 큰 코끼리가 한 번을 회전하는 시간과 같아야 하고, 대나무를 실은 마차가 한 번을 회전하는 시간과 같아야 하며, 벌레가 없다면 마땅히 사용할 것이고, 만약 벌레가 있다면 마땅히 걸러서 사용해야 한다. 물에는 세 가지의 단계가 있으니, 하·중·상이다.

만약 하분(下分)에 벌레가 없고 중분과 상분에 벌레가 있다면 마땅히 하분의 벌레가 없는 물을 취하여 사용해야 하고, 만약 중분에 벌레가 없고 상분과 하분에 벌레가 있다면 반드시 중분의 물을 취하여 사용해야 하며, 만약 상분에 벌레가 없으면 반드시 상분의 물을 취하여 사용해야 한다. 만약 상분에 벌레가 있다면 마땅히 손으로 물을 때려서 벌레들이 가라앉게 하고서 취하여 사용해야 하고, 세 부분에 모두 벌레가 있다면, 그때는 마땅히 물을 걸러서 사용해야 하며, 만약 물의 가운데에서 벌레가 지극히 미세한 것은 손과 얼굴을 씻거나, 대·소변을 행하면서 사용할 수 없다.

만약 단월의 집에서 비구에게 공양을 청하였다면, 그때 마땅히 "그대가 물을 걸렀습니까?"라고 물어야 하고, 만약 "거르지 않았습니다."라고 대답하였다면, 마땅히 앞의 사람을 보고 이자가 믿을 수 있는 사람이라면 마땅히 물을 거르게 시켜야 하며, 만약 믿을 수 없는 사람이라면 그에게 물을 거르라고 말할 수 없으며, 상하거나 죽게 할 수 없다. 비구는 스스로가 걸러서 사용하면서 벌레가 있는 물을 마땅히 자기의 그릇 안에 담고서 마땅히 "어느 곳을 쫓아서 취하였습니까?"라고 묻고 왔던 곳을 따라서 다시 벌레를 물 안에 쏟아야 한다.

만약 먼저 물을 취하였고 먼 곳이었고, 만약 연못의 물이 있는 것을 보았으며, 7일 안에 모두 없어지지 않았다면 벌레 있는 물을 그 안에 쏟아야 한다. 만약 연못의 물이 없다면 마땅히 그릇의 가운데 물을 채워 가지고 와서 그것을 걸러야 한다. 만약 큰 비가 와서 폭류(瀑流)의 물이 있다면 벌레로서 가운데 쏟고서 이와 같이 생각을 지어야 한다.

'너희들은 큰 바다로 들어가라.'

만약 비구가 도중에 다니면서 갈증으로 물이 필요하여 우물에 이르러 물을 취할 때에는 마땅히 자세히 살펴보아서 벌레가 없다면 사용하고, 만약 벌레가 있다면 앞에서와 같은 법으로 깨끗이 걸러서 사용해야 한다. 만약 물에 벌레가 있다고 알면서 물을 긷는 두레박이나 끈을 다른 사람에게 빌릴 수 없다. 만약 연못의 물이거나, 웅덩이의 물이라면 마땅히 살펴보고 사용해야 한다.

만약 벌레가 있는 것을 보았다면 얻을 수 없고 창언해야 한다.

"장로여. 이 물은 벌레가 있습니다. 벌레가 있습니다."

앞의 사람에게 의심이 생겨나서 즐기지 않게 하지 말라. 만약 앞의 사람이 "이 물에 벌레가 있습니까?"라고 물어 말하였다면, 마땅히 "장로여. 스스로 보십시오."라고 대답해야 한다. 만약 지식이거나, 화상과 아사리와 같은 자라면 마땅히 "이 물에 벌레가 있습니다. 마땅히 걸러서 사용하십시오."라고 말해야 한다.

만약 벌레가 있는데 벌레가 없다고 생각하면서 사용하면 월비니죄를 범하고, 벌레가 없는데 벌레가 있다고 생각하면서 사용하면 월비니죄를 범하며, 벌레가 있는데 벌레가 있다고 생각하면서 사용하면 바야제를 범하고, 벌레가 없는데 벌레가 없다고 생각하면서 사용하면 무죄이다.

이러한 까닭으로 설하였노라.

세존께서는 사위성에 머무셨으며, 자세한 설명은 앞에서와 같다.
그때 존자 아난은 이름이 길상(吉祥)을 구족하였고, 성품이 길상을 구족하였으며, 집안이 길상을 구족하였다. 이 세 가지의 일을 까닭으로 세상 사람들에게 존중받았고, 매번 길일(吉日)에 이르면 만약 새로운 집에 들어가거나, 장가들거나, 시집가거나, 귀를 뚫는 때에 항상 먼저 아난을 청하였다. 이때 어느 한 집이 존자 아난을 청하여 공양하였다. 한 외도의 출가인은 검은 빛깔이고 눈이 푸르며 배가 나왔는데, 아난의 처소에 와서 음식을 구하였고 아난은 곧 주었으므로 손으로 움켜잡고 먹고서 손으로써 몸을 닦고 떠나갔다. 다시 어느 한 외도가 와서 물어 말하였다.

"그대는 어느 곳에서 먹을 것을 얻었습니까?"

대답하여 말하였다.

"나는 이러한 머리를 깎은 거사를 쫓아서 얻었습니다."

아난이 이러한 말을 듣고서 마음이 즐겁지 않았고 뒤에 왔던 걸인(乞者)에게는 음식을 주지 않았다. 아난은 이 인연으로써 가서 세존께 아뢰었고, 세존께서는 아난에게 말씀하셨다.

"이 사람은 분수를 생각하지 않았고 알지 못하였구나. 오늘부터는 스스로가 손으로 무의외도(無衣外道)[4] 출가인에게 음식을 주는 것을 허락하지 않겠노라."

다시 다음으로 세존께서는 사위성에 머무셨으며, 자세한 설명은 앞에서와 같다.

그때 세존께서 4개월에 머리를 삭발(剃髮)하셨고, 세상 사람들은 세존께서 삭발하셨다고 들었던 까닭으로 여러 종류의 공양을 보냈다. 이때는

---

4) 산스크리트어 Nirgrantha의 음사로 노형외도(露形外道) 또는 나형외도(裸形外道)로 한역된다. 자이나교의 니건자외도(尼乾子外道)의 하나인 공의파(空衣派)를 가리키는데, 대공(大空)을 옷으로 삼는다고 하면서, 옷을 입지 않고 생활한 종파이다.

세상이 기아(飢儉)이었으므로 5백의 사람들이 있었는데, 항상 세존을 따르면서 잔식을 구걸하였다. 세존께서는 아난에게 물으셨다.

"남은 음식이 있는가?"

대답하여 말하였다.

"떡이 있습니다."

세존께서 말씀하셨다.

"걸식하는 사람들에게 나누어 주게."

아난은 곧 사람들에게 부촉하면서 떡 한 개씩을 주었다. 그 가운데 외도에 출가한 여인이 있었고, 아난이 떡을 집어서 주었는데, 이때 두 개가 서로 붙어서 갔다. 그들이 떡을 얻어서 한곳에 모여 먹으면서 이렇게 말을 지었다.

"이 떡은 의외로 매우 맛있는데 다만 부족하게 한 개로 그친 것이 유감이구나."

두 개를 얻은 자가 이렇게 말을 지었다.

"나는 두 개를 얻었습니다."

한 개를 얻은 자가 말하였다.

"아난이 고의였으니 그대의 신랑인가? 무슨 까닭으로 혼자인 그대에게 두 개를 주었는가?"

아난이 듣고서 마음이 즐겁지 않아서 이 인연을 갖추어 세존께 아뢰었고, 세존께서는 아난에게 말씀하셨다.

"오늘부터는 스스로가 손으로 무의외도에 출가한 남녀들에게 음식을 주는 것을 허락하지 않겠노라."

여러 비구들이 세존께 아뢰어 말하였다.

"어찌하여 이 외도들은 은혜와 분수를 알지 못합니까?"

세존께서 말씀하셨다.

"다만 오늘에 은혜와 분수를 알지 못하는 것이 아니고, 과거 세상의 때에서도 일찍이 이와 같았느니라."

[『선인미후본생경(仙人鏞猴本生經)』의 가운데에서 자세히 설한 것과

같다.]

세존께서는 여러 비구들에게 알리셨다.

"사위성을 의지하여 머무르는 비구들을 모두 모이게 하라. 열 가지의 이익을 까닭으로써 여러 비구들을 위하여 계율을 제정하겠나니, 나아가 이미 들었던 자들도 마땅히 거듭하여 들을지니라. 만약 비구가 무의외도에 출가한 남녀에게 스스로 손으로 음식을 주었다면 바야제를 범하느니라."

'비구'는 앞의 설명과 같다.

'무의(無衣)'는 만약 옷이 없이 들어가서 옷을 입고 나왔거나, 옷을 입고 들어가서 옷이 없이 나왔거나, 옷을 입고 들어가서 옷을 입고 나왔거나, 옷이 없이 들어가서 옷을 입고 나오는 것이다.

'출가'는 외도에게 출가한 것이니, 불란가섭(不蘭迦葉)[5]과, 나아가 니건자(尼揵子)[6]이다.

'스스로의 손'은 만약 손으로 주고 손으로 받았거나, 그릇으로 주고 그릇으로 받는 것이다.

'음식'은 다섯 가지의 정식(正食)과 다섯 가지의 잡정식이니, 주는 자는 바야제를 범한다.

'바야제'는 앞의 설명과 같다.

만약 비구에게 부모·형제·자매가 외도의 가운데에 출가한 자가 있었고, 왔더라도 역시 스스로의 손으로 음식을 줄 수 없으며, 마땅히 정인을

---

[5] 산스크리트어 pūraṇa-kassapa의 음사로서 부란나가섭(富蘭那迦葉) 또는 불란가섭(不蘭迦葉)으로 한역되며, 육사외도(六師外道)의 한 명이다. 도덕부정론자로서 인연을 부정하고 선악의 행위에 대한 과보도 인정하지 않았다.

[6] 육사외도(六師外道)의 한 명이고 자이나교의 개조이다. 본명은 바르다마나(Vardhamāna)이며, 출가하여 깨달음을 얻은 후에 승자(勝者, Jina), 대웅(大雄, Mahāvira) 등으로 불렸으며, 내세의 복락을 얻기 위해서는 현세에 고행해야 한다고 주장했다. 나형외도(裸形外道), 노행외도(露行外道), 니건타(尼乾陀), 니건타야제자(尼乾陀若提子), 야제자(若提子), 이계(離繫), 무결(無結), 무참(無慚), 대살차니건(大薩遮尼乾), 대살차니건자(大薩遮尼乾子) 등으로도 불린다.

시켜서 음식을 주어야 하며, 만약 정인이 없다면 말하여서 외도 스스로 음식을 취하게 해야 한다. 만약 외도가 모두 먹는 것이 염려되었다면 마땅히 "나에게 주십시오"라고 말하여 얻었다면 마땅히 뜻을 따라서 덜어내어서 취해야 한다. 만약 음식이 평상과 책상 및 땅 위에 있다면 마땅히 "그대가 스스로 취하여 먹으십시오."라고 말해야 하고, 만약 친척인 외도들이 싫어하면서 "그대는 지금 곧 전다라(旃陀羅)로 지어서 나를 맞이하는구려."라고 비난하여 말하였다면, 비구는 마땅히 "그대가 출가하였어도 처소를 얻지 못하였습니다. 세존께서 계율을 제정하시어 이와 같으니, 만약 그대가 먹겠다면 먹을 것이고, 만약 먹지 않겠다면 뜻을 따르십시오."라고 대답해야 한다. 만약 비구가 도를 시켜서 짓는 때에도 역시 스스로가 손으로 음식을 줄 수 없고 마땅히 정인을 시켜서 주어야 한다. 만약 정인이 없다면 앞의 주는 법과 같다.

만약 외도가 와서 쌀이거나, 쌀뜨물이거나, 밥뜨물이거나, 장(漿)을 구걸하여도 스스로가 손으로 음식을 줄 수 없다. 만약 외도가 승가의 가운데에서 걸식하더라도 스스로 손으로 음식을 줄 수 없고, 마땅히 땅에 놓아두고서 주어야 한다. 만약 외도가 신심이 있어서 공양하고자 하였어도 비구는 그때 스스로 손으로 음식을 줄 수 없고, 외도를 시켜서 음식을 짓게 하고서 음식을 주게 시킬 것이며, 음식을 먹고서 남았다면 주어야 한다. 주는 법은 앞에서 말한 것과 같다.

이러한 까닭으로 설하였노라.

세존께서는 사위성에 머무셨으며, 자세한 설명은 앞에서와 같다.
그때 존자 우타이는 지식인 바라문과 같은 취락에 머물렀다. 이 바라문의 딸은 시집가서 다른 취락에 살았는데, 서신을 보내면서 여전히 아버지에게 알려 말하였다.

"때때로 와서 나를 보십시오. 만약 아버님이 오시지 못한다면, 원하건대 아사리 우타이가 때때로 와서 나를 보게 하십시오."

[이전의 2부정(不定)의 가운데에서 자세히 말한 것과 같다.]

나아가 세존께서 우타이에게 말씀하셨다.

"이것은 악한 일이니라. 재가인도 오히려 사문의 위의와 법을 아는데, 그대들 출가인은 어찌하여 마땅히 앉을 곳과 앉지 못할 곳을 알지 못하는가? 이것은 비법이고, 계율이 아니며, 세존의 가르침이 아니니라. 이것으로써 선법을 크게 장양하지 못하느니라."

세존께서는 여러 비구들에게 알리셨다.

"사위성을 의지하여 머무르는 비구들을 모두 모이게 하라. 열 가지의 이익을 까닭으로써 여러 비구들을 위하여 계율을 제정하겠나니, 나아가 이미 들었던 자들도 마땅히 거듭하여 들을지니라. 만약 비구가 식가(食家)의 음욕하는 곳이라고 알고서도 함께 앉는 자는 바야제를 범하고, 만약 비구가 식가의 가려진 곳이라고 알고서도 함께 앉아 있는 자는 바야제를 범하느니라."

'비구'는 앞의 설명과 같다.

'알다.'는 만약 스스로 알았거나, 만약 다른 사람을 쫓아서 들은 것이다.

'음식'은 미숫가루·밥·보리밥·생선·고기 등이니, 이와 같은 여러 종류를 음식이라고 이름한다. 다시 '음식'이라는 이름이 있으니, 안식(眼識)이 색을 보고 애념(愛念)을 일으켜서 탐욕과 집착이 생겨났거나, 귀·코·혀·몸도 이와 같은 것이다. 다시 '음식'이라는 이름이 있으니, 솥은 뚜껑으로써 음식이라고 이름하며, 절구는 절구공이로써 음식이라고 이름하고, 휘(斛)7)는 말(斗)로써 음식이라고 이름한다. 이와 같다면 비교하여 음식이라고 이름한다. 다시 '음식'이라는 이름이 있으니, 남자는 여인의 음식이 되고, 여인은 남자의 음식이 된다.

'집'은 바라문·찰리·비사·수다라의 집이다.

'음욕의 처소'는 부부가 음욕을 행하는 곳이다.

'있다.'는 함께 한곳에 앉는 것이니, 바야제를 범한다.

'비구'는 앞의 설명과 같다.

---

7) 곡식의 분량을 헤아리는 데 쓰는 그릇의 하나로 말(斗)들을 넣을 수 있는 부피의 최댓값을 가리킨다.

'알다.'는 만약 스스로 알았거나, 만약 다른 사람을 쫓아서 들은 것이다.
'식가'는 앞의 설명과 같다.
'가려진 곳'은 남녀가 음욕을 행하고서 부끄러워하지 않는 곳이다. 다시 가려진 곳이라고 이름하는 것이 있으니, 만약 어두운 가운데이거나, 만약 문을 닫은 곳이라면 모두 가려진 곳이라고 이름한다.
'앉다.'는 함께 한 곳에 앉는 것이니, 바야제를 범한다.
'바야제'는 앞의 설명과 같다.
만약 비구가 그 부부와 한곳에 앉는 자는 하나의 바야제를 범하고, 밖에서 비구가 멀어서 보이지 않았다면 두 번의 바야제를 범하며, 음욕하는 곳에 앉았거나, 가려진 곳에 앉았거나, 문을 닫은 싸리문에 앉았거나, 밖에서 비구가 멀어서 보이지 않았다면 두 번의 바야제를 범하고, 밖에서 비구가 보였다면 하나의 바야제를 범한다. 함께 문간의 방에 앉는 것도 역시 이와 같다. 중정(中庭)이 만약 사탕수수의 더미로 가렸거나, 만약 곡식의 더미로 가렸거나, 만약 담장에 가렸어도 역시 이와 같다. 만약 비구가 반려라면 범함이 없고, 비록 여러 많은 백의(白衣)가 있더라도 역시 범하며, 일체가 남자이라면 무죄이고, 일체가 여자라면 무죄이다.
이러한 까닭으로 설하였노라.

세존께서는 사위성에 머무셨으며, 자세한 설명은 앞에서와 같다.
그때 교살라국의 대신은 미니(彌尼)라고 이름하였는데, 찰리였고 반란을 일으켰다. 이때 파사닉왕(波斯匿王)이 네 종류의 군사를 모았고 길일(吉日)을 선택하여 여러 대신들과 함께 종(鐘)을 치고 북을 울리면서 가서 토벌하고자 하였다. 그때 존자 난타와 우파난타는 군대의 앞에 가서 서 있었으므로 왕이 보고서 곧 일산을 접고서 몸을 굽혀 멀리서 예경하였다. 그때 여러 신하들이 보고서 곧 비난하면서 말하였다.
"보건대, 이 사문 석자는 어느 때인지 알지 못하는구나. 지금 대왕이 반역한 도둑을 토벌하고자 하는데, 어찌 군대의 앞에 서 있는가?"
또한 파사닉왕을 비난하였다.

"장사(將士)의 대중들이 이와 같은 길일에 이익을 구하였는데, 머리깎은 사문 한 명을 보고 곧 일산을 접고서 몸을 굽혀 멀리서 예경하는구나."
여러 비구들이 듣고 이 인연으로써 가서 세존께 아뢰었고, 세존께서는 말씀하셨다.
"난타와 우파난타를 불러오라."
왔으므로, 세존께서 물으셨다.
"그대들이 진실로 그러하였는가?"
대답하여 말하였다.
"진실로 그렇습니다."
세존께서 여러 비구들에게 알리셨다.
"어찌하여 일체의 왕들이 모두 이와 같은 신심이 있겠는가? 오늘부터는 군대의 가운데에 들어가서 함께 서로가 보는 것을 허락하지 않겠노라."
세존께서는 여러 비구들에게 알리셨다.
"사위성을 의지하여 머무르는 비구들을 모두 모이게 하라. 열 가지의 이익을 까닭으로써 여러 비구들을 위하여 계율을 제정하겠나니, 나아가 이미 들었던 자들도 마땅히 거듭하여 들을지니라. 만약 비구가 군대가 출정하는 것을 구경하였다면 바야제를 범하느니라."
'비구'는 앞의 설명과 같다.
'군대가 출정하다.'는 무기를 집지(執持)하고 다른 나라로 나아가는 것이다.
'군대'는 4종류가 있으니, 상군(象軍)·마군(馬軍)·거군(車軍)·보군(步軍)이다.
'상군'은 4명이 코끼리의 발을 보호하는 것이다. 이것을 상군이라고 이름한다.
'마군'은 8명이 말의 발을 보호하는 것이다. 이것을 마군이라고 이름한다.
'거군'은 8명이 수레를 보호하는 것이다. 이것을 거군이라고 이름한다.
'보군'은 33명이 병장기를 집지하는 것이다. 이것을 보군이라고 이름한다. 이것을 네 종류의 군대라고 이름한다.

만약 비구가 이 4종류 군대에서 하나·하나의 군대를 구경하였다면 바야제를 범한다. 만약 비구가 군대를 보고자 하면서 취락에서 아련야로 갔거나, 만약 아련야에서 취락으로 갔거나, 낮은 곳에서 높은 데에 이르렀거나, 높은 곳에서 낮은 곳에 이르렀거나, 가려진 곳에서 드러난 곳에 이르렀거나, 드러난 곳에서 가려진 곳에 이르렀으며 가서 구경하는 자는 바야제를 범한다.

만약 비구가 취락이나 성읍에 들어가는 도중에 군진(軍陣)을 만났으나 뜻을 지어서 구경하지 않았다면 무죄이다. 만약 마음을 짓고서 머리를 들었거나, 머리를 숙였거나, 엿보면서 구경하고자 하였고 보는 자는 바야제를 범한다. 만약 임금이 외출하였거나, 큰 코끼리가 외출하는 때에 골목의 가운데가 비좁았고, 비구는 그때 한곳에 머물면서 마음을 짓지 않고 구경하였다면 무죄이다. 만약 마음을 짓고서 보려고 구경하는 자는 월비니죄를 얻는다.

만약 비구가 코끼리와 말과 소 등의 싸움을 보았거나, 나아가 닭싸움을 구경하였다면 월비니죄를 얻는다. 만약 군대가 와서 정사로 나아갔고 마음을 짓지 않고 구경하였다면 무죄이고, 마음을 짓고서 구경하였다면 월비니죄를 얻는다. 아래에 이르러 사람들이 입으로 다투는 것을 구경하는 자는 월비니죄를 얻는다.

이러한 까닭으로 설하였노라.

세존께서는 사위성에 머무셨으며, 자세한 설명은 앞에서와 같다.

그때 교살라국에 어느 찰리의 대신은 미니(彌尼)라고 이름하였는데, 반역하여 순종하지 않았다. 이때 파사닉왕이 대신으로 정벌한 사람으로 달다(達多)를 보내면서 네 종류의 군대를 거느리고서 토벌하게 하였다. 그때 정벌하는 사람인 달다가 서신을 보내어 세존께 아뢰어 말하였다.

"제가 지금 정벌하고자 떠납니다. 원하건대 여러 비구들을 보내주시고 저를 위하여 묘법을 설하여 주십시오."

이때 세존께서 아난에게 알리셨다.

"그대가 군대의 가운데에 가서 정벌하는 사람인 달다를 위하여 설법하게."

아난이 이르렀고, 대신은 곧 여러 종류의 공양을 베풀었다. 그때 육군비구들은 아난을 위하여 여러 가지 공양을 베푸는 것을 알고서 다시 군대의 가운데에 가서 음식을 먹었고, 또한 병사를 시험하는 곳을 구경하면서 능숙(能熟)하지 못한 자를 구경하였던 인연으로 헐뜯어 말하였다.

"그대는 사람들의 코끼리를 타는 것을 본받았으나, 곧 돼지를 타는 것과 비슷하므로, 왕의 음식을 허비하는구려. 이것으로써 군진에 들어간다면 반드시 스스로 목숨을 잃을 것이고, 또한 왕의 코끼리도 잃을 것이오."

만약 능숙한 자를 구경하였던 인연으로 찬탄하여 말하였다.

"코끼리를 타는 것이 매우 능숙하고 갈고리를 잡는 것이 매우 공교(工巧)하며 좌우로 회전하면서 싸우는 법을 밝게 깨달았으니, 마땅히 관록(官祿)을 먹을 수 있소. 이것으로써 군진에 들어간다면 능히 스스로가 몸을 건질 것이고, 또한 왕의 코끼리도 잃지 않을 것이오."

만약 말을 타면서 능숙하지 못한 자를 구경하였다면 곧 헐뜯어 말하였다.

"그대는 사람들의 말을 타는 것을 본받았으나, 곧 나귀를 타는 것과 비슷하므로 왕의 음식을 허비하는구려. 이것으로써 군진에 들어간다면 반드시 스스로가 몸을 잃을 것이고, 또한 왕의 말도 잃을 것이오."

만약 능숙한 자를 구경하였다면 곧 찬탄하여 말하였다.

"말을 타면서 매우 능숙하여 고삐를 잡는 것이 매우 공교하며 좌우로 회전하면서 모두 방편이 있으니, 마땅히 왕의 녹봉을 받을 수 있소. 이것으로써 군진에 들어간다면 능히 스스로 목숨을 건질 것이고, 또한 왕의 말도 잃지 않을 것이오."

만약 수레를 타면서 능숙하지 못한 자를 구경하였다면 곧 헐뜯어 말하였다.

"그대는 사람들의 수레를 타는 것을 본받았으나, 평상 위의 법과 같으므로 왕의 음식을 허비하는구려. 이것으로써 군진에 들어간다면 반드시 자기 목숨을 잃을 것이고, 또한 왕의 수레도 잃을 것이오."

만약 능숙한 자를 구경하였다면 곧 찬탄하여 말하였다.

"공교가 능숙하게 수레를 제어하고 좌우로 회전하면서 깊은 방편이 있으니, 마땅히 왕의 녹봉을 받을 수 있소. 이것으로써 군진에 들어간다면 능히 자기 목숨을 건질 것이고, 또한 왕의 수레도 잃지 않을 것이오."

만약 보군을 보면서 활쏘기가 능숙하지 못한 자를 구경하였다면 곧 헐뜯어 말하였다.

"그대는 사람들의 활쏘기를 본받았으나, 곧 솜털을 붙여놓은 것과 비슷하며 헛되게 관록만 먹었으니, 이것으로써 군진에 들어간다면 반드시 자기 목숨을 잃을 것이고, 또한 관청의 활도 잃을 것이오."

활쏘기가 능숙한 자를 구경하였다면 찬탄하여 말하였다.

"공평하고 바르며 아름다움이 가득하며 진실로 활쏘기가 공교하니, 마땅히 관록을 받을 수 있소. 이것으로써 군진에 들어간다면 능히 자기 목숨을 건질 것이고, 또한 활도 잃지 않을 것이오."

칼과 방패를 지닌 자가 능숙하지 못한 것을 구경하였다면 곧 헐뜯어 말하였다.

"사람의 방패를 잡는 것을 본받았으나, 곧 옷감의 칼을 잡은 것과 같으니, 이것으로써 군진에 들어간다면 반드시 자기 목숨을 잃을 것이고, 또한 관청의 병장기도 잃을 것이오."

만약 능숙한 자를 구경하였다면 찬탄하여 말하였다.

"칼과 방패를 잘 사용하여 공교가 능숙한 것에 이르렀으니, 이것으로써 군진에 들어간다면 능히 자기 목숨을 건질 것이고, 또한 왕의 병장기도 잃지 않을 것이오."

이와 같이 네 종류의 군대를 헐뜯고 찬탄하였으므로, 헐뜯음을 당한 자들이 각각 성내면서 말하였다.

"어찌하여 다만 미니 찰리가 우리들의 원수이겠는가? 지금 이 사문도 역시 도둑이다. 우리를 헐뜯어 욕하였으니, 마땅히 함께 그들을 죽입시

다."
칭찬받은 자들이 헐뜯음을 당한 자들에게 말하였다.
"이 여러 사문들은 모두 왕의 종족이고, 혹은 대신의 종족이며, 혹은 찰리의 종족이오. 모두가 본래 병법을 익혔고 전쟁의 진법에도 매우 밝소. 그들의 말하는 것과 같이 그대들이 마땅히 배워야 하는데, 반대로 그를 원망하다니 매우 크게 어리석은 것이오."
헐뜯음을 당한 여러 사람들은 이러한 말을 듣고서 스스로가 깊이 부끄러워하였다. 존자 아난은 이 일을 보고 생각하면서 말하였다.
"나는 지금 마땅히 떠나가야겠다. 만약 이곳에 오래 머무른다면 혹은 허물과 근심이 생겨날 것이다."
곧 정사로 돌아왔으며, 세존께서는 아시면서도 일부러 물으셨다.
"아난이여. 그대는 이미 정벌하는 사람인 달다를 위하여 설법을 마쳤는가?"
아난이 곧 앞의 일로써 갖추어 세존께 갖추어 아뢰었고, 세존께서는 말씀하셨다.
"육군비구들을 불러오라."
왔으므로, 세존께서 물으셨다.
"그대들이 진실로 그러하였는가?"
대답하여 말하였다.
"진실로 그렇습니다."
세존께서 말씀하셨다.
"이것은 악한 일이니라. 이것은 비법이고, 계율이 아니며, 세존의 가르침이 아니니라. 이것으로써 선법을 크게 장양하지 못하느니라. 오늘부터는 인연이 있다면 군진 가운데에 들어가서 3일 밤을 묵는 것을 허락하겠노라."
세존께서는 여러 비구들에게 알리셨다.
"사위성을 의지하여 머무르는 비구들을 모두 모이게 하라. 열 가지의 이익을 까닭으로써 여러 비구들을 위하여 계율을 제정하겠나니, 나아가 이미 들었던 자들도 마땅히 거듭하여 들을지니라. 만약 비구가 인연이 있다면 군진의 가운데에 들어가서 3일 밤을 묵을 수 있으나, 만약 넘기는 자는 바야제를 범하느니라."

'비구'는 앞의 설명과 같다.

'인연'은 만약 승사(僧事)이거나, 탑사(塔事)이거나, 개인적인 일이다.

'군진'의 앞의 설명과 같다.

'3일 밤을 묵다.'는 최대로 3일 밤을 묵는 것으로 제한하는 것이다. 만약 넘기는 자는 바야제를 범한다.

'바야제'는 앞의 설명과 같다.

만약 비구가 첫날의 밤은 보군에 있었고, 둘째 날의 밤은 상군에 있었으며, 셋째 날의 밤은 마군에 있었고, 넷째 날의 밤은 거군에 묵었다면 바야제를 범한다. 만약 첫날의 밤은 상군에 있었고, 둘째 날의 밤은 마군에 있었으며, 셋째 날의 밤은 거군에 있었고, 넷째 날의 밤은 보군에 묵었다면 바야제를 범한다. 만약 첫날 밤은 마군에 있었고, 둘째 날의 밤은 거군에 있었으며, 셋째 날의 밤은 궁군(弓軍)에 있었고, 넷째 날의 밤은 삭군(槊軍)에 묵었다면 바야제를 범한다.

만약 첫날의 밤은 거군에 있었고, 둘째 날의 밤은 궁군에 있었으며, 셋째 날의 밤은 모군(矛軍)에 있었고, 넷째 날의 밤은 도군(刀軍)에서 묵었다면 바야제를 범한다. 만약 첫날의 밤은 궁군에 있었고, 둘째 날의 밤은 삭군에 있었으며, 셋째 날의 밤은 도군에 있었고, 넷째 날의 밤은 외라군(外邏軍)[8]에서 묵었다면 바야제를 범한다. 만약 첫날의 밤은 모군에 있었고, 둘째 날의 밤은 도군에 있었으며, 셋째 날의 밤은 외라군에 있었고, 넷째 날의 밤은 보고 듣는 곳을 떠나서 묵었다면 무죄이다.

만약 탑을 위하였거나, 승가를 위하여 경영하면서 마치지 못하였으면 마땅히 군진을 벗어나서 하룻밤을 묵고 다시 군진에서 묵을 수 있다. 만약 성읍이 멀어서 가지 못하는 자는 마땅히 군대의 보고 듣는 것을

---

8) 군진의 바깥 부분을 방어하는 군대이다.

떠난 곳에서 묵을 것이고, 묵는 때에는 마땅히 군진의 외라인(外邏人)에게 "내가 밤에 어느 곳에서 묵고자 하니, 다른 사람이라고 생각하지 마십시오."라고 말해야 한다. 만약 군인(軍人)이 와서 이르렀고 승가람의 가운데에 머물렀다면 마땅히 버리고 떠나지 말라. 비록 많이 묵더라도 무죄이다.
이러한 까닭으로 설하였노라.

세존께서는 사위성에 머무셨으며, 자세한 설명은 앞에서와 같다.
그때 육군비구들은 2·3일의 밤을 군진 가운데에서 묵었고 병사를 시험하는 곳에 이르러서 코끼리를 타면서 능숙하지 못한 자를 구경하였다면 곧 헐뜯어 말하였다.
"이 사람은 코끼리를 타면서 돼지를 타는 것과 같소. 만약 군진에 들어간다면 반드시 자기 목숨을 잃을 것이고, 다시 관가의 코끼리를 잃을 것이니, 왕은 창고의 녹봉을 허비하였구려."
능숙하게 타는 자를 구경하였다면 이와 같이 찬탄하여 말하였다.
"이 사람은 능숙하게 코끼리를 타면서 갈고리를 잡고서 끌고 당기며 왼쪽으로 돌고 오른쪽으로 도는데, 모두가 공교하고 편리하오. 만약 군진에 들어가면 반드시 도둑을 물리치고 또한 몸과 목숨이 완전할 것이니, 이와 같은 사람은 마땅히 왕의 녹봉을 먹을 수 있소."
말을 타거나, 수레를 타거나, 활·칼·방패·창·삭을 잡으면서 능숙하지 못한 이를 구경하였고, 나아가 한 명·한 명 헐뜯거나 칭찬하였고, 곧바로 가르치면서 말하였다.
"그대가 마땅히 이와 같고 이와 같이 지으면서 코끼리를 타야 하고 말을 타야 하며 수레를 제어해야 하고 활을 잡아야 하며 방패를 잡아야 하고 삭을 잡아야 하오."
여러 능숙하시 못한 자들이 이러한 말을 듣고서 곧 성내면서 말하였다.
"어느 곳에서 다시 원수와 도둑을 찾겠는가? 이들이 곧 도둑이니, 우리들은 마땅히 함께 죽입시다."
찬탄을 받은 자들이 이와 같이 말을 지었다.

"이 여러 비구들은 모두 왕의 종족이고, 혹은 대신과 찰리의 종족이오. 모두가 병법을 알고 있소. 그대들은 어찌하여 잘 배우지 않고, 반대로 다른 사람을 원망하는가?"

헐뜯음을 당한 자들은 이러한 말을 듣고서 성내는 마음이 없어졌으며, 마음속으로 스스로가 부끄러워하였다.

여러 비구들이 이러한 말을 듣고 가서 세존께 아뢰었고, 세존께서는 말씀하셨다.

"육군비구들을 불러오라."

왔으므로, 세존께서는 앞의 일을 갖추어 물으셨다.

"그대들이 진실로 그러하였는가?"

대답하여 말하였다.

"진실로 그렇습니다."

세존께서 말씀하셨다.

"이것은 악한 일이니라. 이것은 비법이고, 계율이 아니며, 세존의 가르침이 아니니라. 이것으로써 선법을 크게 장양하지 못하느니라."

세존께서는 여러 비구들에게 알리셨다.

"사위성을 의지하여 머무르는 비구들을 모두 모이게 하라. 열 가지의 이익을 까닭으로써 여러 비구들을 위하여 계율을 제정하겠나니, 나아가 이미 들었던 자들도 마땅히 거듭하여 들을지니라. 만약 비구가 인연이 있다면 군진의 가운데에 들어가서 3일 밤을 묵을 수 있으나, 만약 군대가 출정(發行)하는데, 아기(牙旗)를 보고서 세력과 투쟁하는 자는 바야제를 범하느니라."

'비구'는 앞의 설명과 같다.

'3일 밤을 묵다.'는 최대로 3일 밤을 묵는 것으로 제한하는 것이다.

'보다.'는 방편으로 고의로 가서 만약 높은 곳에서 낮은 곳에 이르고, 낮은 곳에서 높은 곳에 이르는 것이다.

'군대'는 네 종류의 군대이니, 앞의 설명과 같다.

'아기'는 만약 사자의 형체이거나, 만약 반달(半月)의 형체이다.

'다투다.'는 입으로 투쟁하는 것이다.
'싸우다.'는 두 대중 칼날의 교환하는 것이다.
'세력'은 강한가? 약한가를 서로가 잠시 그 일의 세력을 살펴보는 것이다. 이것을 세력이라고 이름한다.
'바야제'는 앞의 설명과 같다.
만약 비구가 도로를 다니면서 군대를 만났으나 고의로 보지 않는 자는 무죄이다. 만약 방편을 지어서 보는 자는 바야제를 범한다. 만약 약탈하여 빼앗았던 도둑들이 취락의 가운데에서 왔고 비구가 도중에서 서로 만났어도 고의로 보지 않았다면 무죄이다. 만약 방편을 지어서 보는 자는 바야제를 범한다. 만약 비구가 임야(林野)의 가운데에서 경행하는 때에 도둑의 무리가 왔으며, 고의로 보지 않는 자는 무죄이나, 만약 방편을 지어서 보는 자는 바야제를 범한다.

만약 비구가 숲속에서 경행하는 때에 도둑의 무리가 취락을 겁탈하고서 비구의 곁을 지나갔고, 뒤에 도적을 쫓아오던 사람들이 도둑을 찾아서 비구들의 처소에 이르렀으며 비구에게 "도둑을 보았습니까?"라고 물었다면, 비구는 망어를 할 수 없고, 다시 장소를 말할 수 없나니, "손가락을 누르는 곳을 보십시오."라고 말해야 한다. 만약 비구가 성안의 취락에 머물렀는데, 어느 도둑들이 와서 성을 둘러쌌으며, 왕이 비구들에게 "모두가 성 위로 나와서 많은 사람들이 있는 모습을 보이시오."라고 말하였으며, 고의로 보지 않았다면 무죄이나, 방편을 지어서 보는 자는 바야제를 범한다.

이러한 까닭으로 설하였노라.

세존께서는 사위성에 머무셨으며, 자세한 설명은 앞에서와 같다.
그때 육군비구들이 신방(禪坊)의 가운데에서 일어났고, 주먹으로써 16군비구(十六群比丘)의 머리를 때렸으므로 16군비구들이 곧바로 크게 울었다. 세존께서는 우는 소리를 들으시고 아시면서도 일부러 물으셨다.
"이 가운데에서 어찌하여 어린아이들의 우는 소리가 있는가?"

대답하여 말하였다.

"이것은 육군비구들이 선방의 가운데에서 일어났고, 주먹으로써 16군 비구의 머리를 때렸으며, 이러한 까닭으로 우는 소리입니다."

세존께서는 말씀하셨다.

"육군비구들을 불러오라."

왔으므로, 세존께서는 앞의 일을 갖추어 물으셨다.

"그대들이 진실로 그러하였는가?"

대답하여 말하였다.

"진실로 그렇습니다."

세존께서 말씀하셨다.

"무슨 까닭으로써 그러하였는가?"

대답하여 말하였다.

"희롱하고 즐기려는 까닭입니다."

세존께서 말씀하셨다.

"어리석은 사람들이여. 이것은 악한 일이니라. 여러 범행인들을 괴롭히고서 반대로 즐겁다고 말하는가?"

세존께서는 육군비구들에게 말씀하셨다.

"그 사람들을 가볍게 보지 말라. 그들이 만약 선정에 들어간다면 신족(神足)의 힘으로써 그대들을 타방세계로 던질 것이다. 그대들은 항상 내가 무량한 방편으로 범행인의 처소에서 마땅히 몸과 입과 뜻으로 자비의 행을 일으켜서 공경하며 공양하라는 것을 듣지 않았는가? 어찌하여 이렇게 악하고 선하지 않은 일을 지었는가? 이것은 비법이고, 계율이 아니며, 세존의 가르침이 아니니라. 이것으로써 선법을 크게 장양하지 못하느니라."

세존께서는 여러 비구들에게 알리셨다.

"사위성을 의지하여 머무르는 여러 비구들을 모두 모이게 하라. 열 가지의 이익을 까닭으로써 여러 비구들을 위하여 계율을 제정하겠나니, 나아가 이미 들었던 자들도 마땅히 거듭하여 들을지니라. 만약 비구가 비구를 때리는 자는 바야제를 범하느니라."

'비구'는 앞의 설명과 같다.

'때리다.'는 만약 몸이거나, 몸의 부분이거나, 몸의 방편이다.

'몸'은 일체의 몸이다. 이것을 몸이라고 이름한다.

'몸의 부분'은 만약 손이거나, 만약 다리이거나, 만약 팔꿈치이거나, 만약 무릎이거나, 만약 이빨이거나, 만약 손톱이다. 이것을 몸의 부분이라고 이름한다.

'몸의 방편'은 만약 막대기·나무·기와·돌 등을 잡고서 때리거나, 만약 멀리 던지는 것이다. 이것을 몸의 방편이라고 이름한다.

'바야제'는 앞의 설명과 같다.

만약 비구가 비구를 때리면 바야제를 범하고, 비구니를 때리면 투란차죄를 범하고, 식차마니·사미·사미니를 때리면 월비니죄를 얻는다. 아래에 이르러서 세속 사람을 때리면 월비니죄를 마음으로 참회해야 한다.

만약 사나운 코끼리·말·소·염소·개 등의 이와 같은 여러 사나운 짐승이 왔어도 때릴 수 없고, 막대기·나무·기와·돌 등을 잡고서 땅을 때려서 무서운 모습을 지어야 한다. 만약 축생들이 탑이나 사중에 들어와서 형상(形像)에게 부딪치고 꽃과 과일의 나무들을 파괴하여도 역시 막대기·나무·기와·돌 등을 잡고서 무섭게 하면서 떠나가도록 해야 한다.

이러한 까닭으로 설하였노라.

세존께서는 사위성에 머무셨으며, 자세한 설명은 앞에서와 같다.

세존께서 계율을 제정하시어 비구들이 서로 때리는 것을 허락하지 않으셨다. 그때 육군비구들이 선방에서 일어났고 장도(掌刀)로써 옆으로 위협하면서 16군비구들에게 이와 같은 말을 지었다.

"우리들이 이 정도로써 그대들에게 휘눌러서 얼굴을 베겠다."

그들이 두려웠던 까닭으로 곧바로 크게 울었다. 세존께서는 우는 소리를 들으시고 아시면서도 일부러 물으셨다.

"이곳에 어찌하여 어린아이들의 우는 소리가 있는가?"

대답하여 말하였다.

"이것은 육군비구들이 선방의 가운데에서 일어났고, 장도로써 옆으로 위협하면서 16군비구들에게 이와 같은 말을 지었습니다. '우리들이 이 장도로써 그대들에게 휘둘러서 얼굴을 베겠다.' 그들이 두려웠던 까닭으로 곧바로 크게 울었습니다."

세존께서는 말씀하셨다.

"육군비구들을 불러오라."

왔으므로, 세존께서는 앞의 일을 갖추어 물으셨다.

"그대들이 진실로 그러하였는가?"

대답하여 말하였다.

"진실로 그렇습니다."

세존께서 말씀하셨다.

"무슨 까닭으로써 그러하였는가?"

대답하여 말하였다.

"희롱하고 즐기려는 까닭입니다."

세존께서 말씀하셨다.

"어리석은 사람들이여. 이것은 악한 일이니라. 여러 범행인들을 괴롭히고서 반대로 즐겁다고 말하는가?"

세존께서는 말씀하셨다.

"그 사람들을 가볍게 보지 말라. 그들이 만약 선정에 들어간다면 신족(神足)의 힘으로써 그대들을 타방세계로 던질 것이다. 그대들은 항상 내가 무량한 방편으로 범행인의 처소에서 마땅히 몸과 입과 뜻으로 자비의 행을 일으켜서 공경하며 공양하라는 것을 듣지 않았는가? 어찌하여 이렇게 악하고 선하지 않은 일을 지었는가? 이것은 비법이고, 계율이 아니며, 세존의 가르침이 아니니라. 이것으로써 선법을 크게 장양하지 못하느니라. 오늘부터는 장도로써 서로를 위협하는 것을 허락하지 않겠노라."

세존께서는 여러 비구들에게 알리셨다.

"사위성을 의지하여 머무르는 비구들을 모두 모이게 하라. 열 가지의

이익을 까닭으로써 여러 비구들을 위하여 계율을 제정하겠나니, 나아가 이미 들었던 자들도 마땅히 거듭하여 들을지니라. 만약 비구가 장도로써 비구를 위협하는 자는 바야제를 범하느니라."

'비구'는 앞의 설명과 같다.

'장(掌)'은 손바닥이다.

'도(刀)'는 손가락이다.

'위협하다.'는 때리는 모습을 나타내는 것이다.

'바야제'는 앞의 설명과 같다.

하나의 손가락을 들어서 위협하여도 바야제를 범하고, 나아가 다섯의 손가락으로 위협하여도 역시 이와 같다. 일체의 손가락으로 위협하면 바야제를 범하고, 주먹으로 위협하면 투란차죄를 범하며, 장도로 비구를 위협하면 바야제를 범하고, 비구니를 위협하면 투란차죄를 범하며, 식차마니·사미·사미니를 위협하면 월비니죄를 범하고, 아래에 이르러서 세속 사람이라면 월비니죄를 마음으로 참회해야 한다.

만약 사나운 코끼리·말·소·염소·개 등의 이와 같은 여러 사나운 짐승이 왔어도 장도로 위협할 수 없고, 막대기·나무·기와·돌 등을 잡고서 땅을 때려서 무섭게 하여서 떠나가게 하라. 만약 축생들이 탑이나 사중에 들어와서 형상과 꽃과 과일의 나무들을 파괴하여도 역시 무섭게 하면서 떠나가도록 해야 한다.

이러한 까닭으로 설하였노라.

[59사를 마쳤노라.]

마하승기율 제19권

동진 천축삼장 불타발타라·법현 공역
석보운 번역

8) 단제 92사의 법을 밝히다 ⑧

세존께서는 사위성에 머무셨으며, 자세한 설명은 앞에서와 같다.
그때 우파난타가 형인 난타의 공행제자에게 이와 같이 말을 지었다.
"아부바(阿浮婆)여. 그대와 함께 취락에 들어간다면 그 사이에서 마땅히 그대에게 음식을 주겠네. 내가 만약 그곳에서 위의가 아닌 일을 짓더라도 그대는 마땅히 덮어서 숨겨주고 사람을 향하여 말하지 말게. 나는 그대의 숙부(叔父)이고, 나도 역시 그대 화상의 죄를 숨겨주었네."
대답하여 말하였다.
"설사 나의 아버지와 할아버지와 화상이 죄가 있더라도 오히려 숨겨줄 수 없는데 하물며 다시 숙부이겠습니까? 그대는 스스로가 우리 화상의 죄를 숨겨주었어도 나는 결국 그대의 죄를 덮어서 숨겨줄 수가 없습니다."
우파난타가 이러한 말을 듣고서 곧 이렇게 생각을 지었다.
'오늘은 마땅히 그대에게 괴롭고 번민하는 일을 얻게 하겠다.'
곧 함께 사위성에 들어가서 장자(長者)의 집에 이르렀다. 단월이 보고서 환희하여 문신하면서 곧 머물러서 음식을 먹도록 청하였다. 우파난타가 다시 이렇게 생각을 지었다.
'나는 마땅히 날의 때를 관망(觀望)하면서 때에 이르고자 한다면 정사로 돌려보내어 대중의 공양에 미치지 못하도록 하겠다. 다시 이 공양도

잃게 한다면 나아갔거나 물러섰어도 먹을 때를 잃을 것이니, 괴로움과 번뇌를 얻는 것에 충분하다.'

이렇게 생각을 짓고서 시간에 이르자 그를 돌려보냈다. 그는 음식의 때를 잃는 것이 두려웠던 까닭으로 해와 때를 아울러 보면서 빨리빨리 돌아왔으나, 대중들이 음식을 이미 먹었고, 기원의 문간으로 나와서 옆으로 천천히 경행하면서 멀리서 그가 오는 것을 보았다. 입과 입술이 말라서 음식을 얻지 못한 것과 비슷하였으므로 곧 그를 희롱하면서 말하였다.

"그대는 아침에 교화하는 비구를 따라서 성에 들어갔는데, 어떠한 여러 종류의 맛있는 음식을 얻었는가?"

대답하여 말하였다.

"오직 괴로움과 번뇌만 있었는데, 어느 곳에서 음식을 얻었겠습니까?"

여러 비구들은 듣고서 이 인연으로써 가서 세존께 아뢰었고, 세존께서는 말씀하셨다.

"우파난타를 불러오라."

왔으므로 세존께서는 앞의 일을 갖추어 물으셨다.

"그대가 진실로 그러하였는가?"

대답하여 말하였다.

"진실로 그렇습니다."

세존께서 말씀하셨다.

"이것은 악한 일이니라. 이것은 비법이고, 계율이 아니며, 세존의 가르침이 아니니라. 이것으로써 선법을 크게 장양하지 못하느니라. 오늘부터는 비구의 추죄(麤罪)를 알았다면 덮고서 감출 수 없느니라."

세존께서는 여러 비구들에게 알리셨다.

"사위성을 의지하여 머무르는 비구들을 모두 모이게 하라. 열 가지의 이익을 까닭으로써 여러 비구들을 위하여 계율을 제정하겠나니, 나아가 이미 들었던 자들도 마땅히 거듭하여 들을지니라. 만약 비구가 다른 비구가 추죄를 범한 것을 알고서도 덮어서 감추는 자는 바야제를 범하느니라."

'비구'는 앞의 설명과 같다.

'알다.'는 만약 스스로 알았거나, 만약 다른 사람을 쫓아서 듣고서 아는 것이다.

'추죄'는 4바라이와 13승가바시사이다. 이것을 추죄라고 이름한다.

'덮어서 감추다.'는 다른 사람이 알지 못하도록 하려는 것이다.

'바야제'는 앞의 설명과 같다.

비구가 다른 사람이 추죄를 범하는 것을 보았다면 덮어서 감출 수 없나니, 덮어서 감춘다면 바야제를 범한다. 마땅히 사람을 향하여 말해야 하고, 말하는 때는 곧 사람을 향하여 말하지 않을 것이며, 마땅히 선한 비구를 향하여 말해야 하나니, 만약 화상과 아사리와 같은 자이다. 만약 그 죄를 범한 비구가 흉폭하였거나, 만약 왕의 세력이나 대신의 세력이나 흉악한 사람의 힘을 의지하여서, 혹은 목숨을 빼앗는 인연을 일으켰거나, 범행자를 상하게 하였다면 마땅히 이렇게 생각을 지어야 한다.

'그의 죄와 행업(行業)은 반드시 과보가 있다고 그는 스스로가 알아야 한다. 비유하면 불이 났을 때는 다만 스스로가 몸을 구해야 하는데, 어찌하여 다른 일을 알겠는가? 그때는 다만 근(根)을 보호하는 것에 상응해야 하나니, 무죄이다.'

만약 비구가 다른 비구가 4바라이와 13승가바시사를 범한 것을 알았으나, 만약 하나·하나를 덮어서 감추는 자는 바야제를 범하고, 30니살기와 92바야제를 범한 것을 알았으나, 만약 하나·하나를 덮어서 감추는 자는 월비니죄를 범하며, 4바라제제사니와 중학법을 범한 것을 알았으나, 만약 하나·하나를 덮어서 감추는 자는 월비니죄를 마음으로 참회해야 한다.

비구니의 8바라이와 19승가바시사를 범하는 것을 알았으나, 만약 하나·하나를 덮어서 자는 투란차죄를 범하고, 30니살기와 141바야제를 범하는 것을 알았으나, 만약 하나·하나를 덮어서 감추는 자는 월비니죄를 범하며, 8바라제제사니와 중학법을 범하는 것을 알았으나, 만약 하나·하나를 덮어서 감추는 자는 월비니죄를 마음으로 참회해야 한다.

식차마니의 18행법에서 갱수학법(更受學法)을 범하는 것을 알았으나,

만약 하나·하나를 덮어서 감추는 자는 월비니죄를 범하고, 사미와 사미니의 10계를 범하는 것을 알았으나, 만약 하나·하나를 덮어서 감추었으며, 다시 출가법을 주는 자는 월비니죄를 범하고, 아래에 이르러 세속 사람이 5계를 범하는 것을 알았으나, 만약 하나·하나를 덮어서 감추는 자는 월비니죄를 마음으로 참회해야 한다.
이러한 까닭으로 설하였노라.

벌레가 있는 물과 무의외도와
음욕의 곳과 가려진 곳에 앉는 것과
군진을 가서 보는 것과 3일 밤을 자는 것과
장도로 때리는 것과 덮어서 감추는 것이 있다.

[여섯 번째의 발거를 마친다.]

세존께서는 비사리성에 머무셨으며, 자세한 설명은 앞에서와 같다.
그때 어느 사람이 갑옷을 입고 화살을 가지고서 정사의 가운데에 들어왔는데, 갑옷을 벗고 병장기를 내려놓고서 나무 아래에서 쉬고 있었다. 정사 중정 앞의 모래땅 안에서 집비둘기들이 희롱하며 모이를 먹고 있었다. 이때 존자 우타이가 집비둘기를 보고서 곧 말하였다.
"장수여 나에게 활과 화살을 빌려주고 시험삼아 나의 솜씨를 보시오."
대답하여 말하였다.
"그렇게 하겠습니다."
곧 활과 다섯 개의 화살을 잡았고 활을 당겨서 튕겼으며 다섯 마리의 집비둘기를 쏘아서 죽였고 곧 털을 뽑았으며 그것을 나무에 꿰었고 가지고서 세존께 주었다.
"이것은 새 고기입니다."
세존께서 말씀하셨다.

"어느 곳에서 얻었는가?"

대답하여 말하였다.

"사람이 갑옷을 입고 활과 화살을 가지고 정사의 뜰 앞에 이르렀고 나무 아래에 쉬고 있었으므로, 활과 화살을 빌려서 시험삼아 손으로 새를 쏘았습니다. 본래 익혔던 활쏘는 법이 오히려 고의로 잊어버리지 않았습니다."

세존께서 말씀하셨다.

"어리석은 사람이여. 이것은 악한 법이고 마땅히 일찍이 버려야 하였는데, '본래 익혔던 솜씨가 오히려 옛날처럼 있습니다.'라고 비로소 말하였구려. 그대는 내가 항상 무량한 방편으로 살생을 꾸짖고 살생하지 않음을 찬탄하는 것을 듣지 않았는가? 그러나 지금 이렇게 악하고 선하지 아니한 법을 지었구려. 이것은 악한 일이니라. 이것은 비법이고, 계율이 아니며, 세존의 가르침이 아니니라. 이것으로써 선법을 크게 장양하지 못하느니라."

여러 비구들이 세존께 아뢰어 말하였다.

"세존이시여. 중생에게 마땅히 자비한 마음을 일으켜서 구호해야 하는데, 어찌하여 우타이는 반대로 그들의 목숨을 빼앗고 자비한 마음이 없습니까?"

대답하여 말하였다.

"그가 오늘에 자비한 마음을 일으키지 않은 것이 아니고, 과거 세상의 때에도 일찍이 이와 같았느니라."

[『석제환인본생경(釋提桓因本生經)』의 가운데에서 자세히 설한 것과 같다.]

세존께서는 여러 비구들에게 알리셨다.

"사위성을 의지하여 머무르는 비구들을 모두 모이게 하라. 열 가지의 이익을 까닭으로써 여러 비구들을 위하여 계율을 제정하겠나니, 나아가 이미 들었던 자들도 마땅히 거듭하여 들을지니라. 만약 비구가 고의로 축생들의 목숨을 빼앗았다면 바야제를 범하느니라."

'비구'는 앞의 설명과 같다.

'고의'는 먼저 방편을 짓고서 축생들의 목숨을 뺏는 것이니, 만약 몸이거나, 몸의 부분이거나, 몸의 방편이다.

'몸'은 일체의 몸이고, 중생들의 몸 위에서 뛰면서 밟거나, 만약 밀고 눌러서 그들을 죽이는 것이니, 죽이는 자는 바야제를 범한다.

'몸의 부분'은 중생을 해치고자 하였던 까닭으로 만약 손이거나, 만약 다리이거나, 만약 팔꿈치이거나, 만약 무릎이거나, 만약 이빨이거나, 만약 손톱 등으로 하나·하나를 사용하여 죽이려는 것이다. 이것을 몸의 부분이라고 이름한다.

'몸의 방편'은 만약 손으로 막대기·나무·기와·돌 등을 잡고서 때리거나, 만약 나아가서 때리거나, 만약 멀리 던져서 죽이려는 것이니, 죽이는 자는 바야제를 범한다.

'바야제'는 앞의 설명과 같다.

만약 비구가 축생의 목숨을 끊고자 하면서 만약 칼이거나, 약이거나, 바르거나, 토하게 하거나, 설사하게 하거나, 태를 떨어트리는 것이다.

'칼'은 크고 작은 칼, 나아가 침이다. 만약 비구가 죽이려는 마음으로 칼을 잡았을 때는 월비니죄를 마음으로 참회해야 하고, 그것의 몸에 접촉하였으면 월비니죄를 범하며, 명근(命根)을 끊었다면 바야제를 범한다. 이것을 칼이라고 이름한다.

'약'은 세 종류가 있으니, 생(生)과 합(合)과 독(毒)이다.

'생'은 니루국(尼樓國)과 울시니국(鬱闍尼國)의 땅에는 독초가 있어서 가라(迦羅)라고 이름한다. 이것을 생이라고 이름한다.

'합'은 사냥꾼들이 약을 화합하는 것과 같이 만약 뿌리이거나, 만약 줄기이거나, 만약 잎이거나, 만약 꽃이거나, 만약 열매 등과 여러 풀을 약으로 화합(和合)한다. 이것을 합이라고 이름한다.

'독'은 뱀의 독·쥐의 독·늑대의 독·고양이의 독·개의 독·곰의 독·사람의 독이다. 이와 같은 여러 종류가 만약 생이거나, 만약 합이거나, 만약 독이라면, 이것의 일체를 약이라고 이름한다. 만약 비구가 죽이려는 마음에서 축생을 죽이고자 하였고 약을 화합한 때에는 월비니죄를 마음으로 참회해야 하고, 그것의 몸에 접촉하였다면 월비니죄를 범하며, 명근을 끊었다면 바야제를 범한다. 이것을 약이라고 이름한다.

'바르다.'는 만약 비구가 죽이려는 마음에서 축생을 죽이고자 하였고 축생에게 바르는 때에 '만약 머리와 다리와 몸에 발라서 말라서 죽게 해야겠다.'라고 이렇게 생각을 짓고서 약을 잡는 때에는 월비니죄를 마음으로 참회해야 하고, 그것의 몸에 접촉하였다면 월비니죄를 범하며, 이것을 인연하여 죽었다면 바야제를 범한다. 이것을 바른다고 이름한다.

'토하다.'는 만약 비구가 그것을 죽이려는 마음으로 토하는 약을 화합하여 피고름을 토하게 하거나, 장(腸)을 토하게 하여 죽이고자 하였다면 약을 화합하는 때에 월비니죄를 마음으로 참회해야 하고, 그것의 몸에 접촉하였다면 월비니죄를 범하며, 이것을 인연하여 죽었다면 바야제를 범한다. 이것을 토한다고 이름한다.

'설사하다.'는 만약 비구가 그것을 죽이려는 마음으로 설사하는 약을 지었고, 그것에게 피고름과 위와 장 안을 설사하게 하여서 죽였다면 약을 짓는 때에 월비니죄를 마음으로 참회해야 하고, 그것의 몸에 접촉하였다면 월비니죄를 범하며, 이것을 인연하여 죽었다면 바야제를 범한다.

'태(胎)를 떨어트리다.'는 만약 비구가 죽이려는 마음으로 축생의 태를 떨어트리고자 하였고 방편을 짓는 때에는 월비니죄를 마음으로 참회해야 하고, 그것의 몸에 접촉하였다면 월비니죄를 범하며, 어미를 죽이고자 하였는데 태를 떨어트리는 자는 월비니죄를 범하고, 태를 죽이고자 하였는데 어미를 죽인 자는 월비니죄를 범하며, 어미를 죽이고자 하였고 어미가 죽인 자는 바야제를 범하고, 태를 죽이고자 하였고 태를 죽인 자는 역시 바야제를 범한다. 만약 축생이 사람의 태를 회임하였다면 월비니죄를 범한다. 이것을 태를 떨어트린다고 이름한다.

가는 것(行)·비타라주(毘陀羅呪)·설말(屑末)·올가미(罥)·그물(弶)·구덩이(坑埳)·도로(道)·강(河)이 있다.

'가는 것'은 어느 축생이 만약 다섯 마리이거나, 만약 열 마리이거나,

만약 스무 마리가 행렬(行列)을 지어서 가는 때에 만약 앞의 것을 죽이고자 하였는데 잘못되어 중간 것을 죽이거나, 중간 것을 죽이고자 하였는데 잘못되어 뒤의 것을 죽이거나, 뒤의 것을 죽이고자 하였는데 잘못되어 중간 것을 죽이거나, 중간 것을 죽이고자 하였는데 잘못되어 앞의 것을 죽였다면 모두 월비니죄를 범한다. 앞의 것을 죽이고자 하였는데 앞의 것이 죽었고, 중간 것을 죽이고자 하였는데 중간 것이 죽었으며, 뒤의 것을 죽이고자 하였는데 뒤의 것이 죽었다면 모두 바야제를 범한다. 만약 일체가 마땅히 죽지 않았어도 바야제를 범한다. 이것을 가는 것이라고 이름한다.

'비다라주'는 만약 비구가 축생을 죽이기 위하여 비다라주를 읽어서 죽은 사람을 일으키는 것이니, 주문을 외우는 때에는 월비니죄를 마음으로 참회해야 하고, 마음이 놀라고 털이 곤두서면 월비니죄를 범하며, 이것을 인연하여 죽었다면 바야제를 범한다. 이것을 비다라주라고 이름한다.

'설말'은 만약 비구가 축생을 죽이기 위한 까닭으로 가루를 지어서 중생들의 몸에 뿌려서 말라서 죽게 하려는 것이니, 방편을 짓는 때에는 월비니죄를 마음으로 참회해야 하고, 그것의 몸에 접촉하였다면 월비니죄를 범하며, 이것을 인연하여 죽었다면 바야제를 범한다.

'올가미'는 만약 비구가 죽이려는 마음으로 축생들이 항상 다니는 곳과 먹는 곳과 물을 마시는 곳에 올가미를 설치하는 것이니, 설치하는 때에는 월비니죄를 마음으로 참회해야 하고, 그것의 몸에 접촉하였다면 월비니죄를 범하며, 이것을 인연하여 죽었다면 바야제를 범한다. 이것을 올가미라고 이름한다.

'그물'은 만약 비구가 죽이려는 마음으로 축생들이 항상 다니는 곳과 먹는 곳과 물을 마시는 곳에 그물을 설치하는 것이니, 설치하는 때에는 월비니죄를 마음으로 참회해야 하고, 그것의 몸에 접촉하였다면 월비니죄를 범하며, 이것을 인연하여 죽었다면 바야제를 범한다. 이것을 그물이라고 이름한다.

'구덩이'는 만약 비구가 죽이려는 마음으로 축생들이 항상 다니는 곳과 먹는 곳과 물을 마시는 곳에 구덩이를 짓고, 풀과 흙으로써 위를 덮는 것이니, 짓는 때에는 월비니죄를 마음으로 참회해야 하고, 그 가운데에 떨어지는 때에는 월비니죄를 범하며, 이것을 인연하여 죽었다면 바야제를 범한다. 이것을 구덩이라고 이름한다.

'도로'는 만약 비구가 도로의 앞을 경행하면서 축생이 오는 것을 보고서 '지금 마땅히 이것들을 하나도 벗어나지 못하도록 하겠다.'라고 이렇게 생각을 짓고서, 죽이려는 마음으로 사자와 호랑이와 늑대 등이 있는 무서운 곳으로 몰아서 넣었거나, 만약 국왕이 사냥하는 곳에 몰아넣는 것이니, 몰아넣는 때에는 월비니죄를 마음으로 참회해야 하고, 고통을 받는 때에는 월비니죄를 범하며, 이것을 인연하여 죽었다면 바야제를 범한다. 이것을 도로라고 이름한다.

'강'은 만약 승가람이 강과 가까운 주변에 있었고, 비구가 언덕 위에 있으면서 경행하였으며, 축생이 오고 있었으므로 비구가 보고서 '지금 마땅히 이 축생들을 한 마리도 살아남지 못하도록 하겠다.'라고 이렇게 생각을 짓고서, 죽이려는 마음으로 건너지 못할 곳으로 내몰았는데, 만약 물이 회전하고 굽이쳐서 배가 뒤집히는 곳이거나, 시수마라(尸收摩羅)[1]가 있는 곳이었고, 언덕을 건너가도 다시 사자와 호랑이와 늑대가 있는 곳이거나, 그밖에 왕이 사냥하는 곳으로, 거기로 내몰았던 때에는 월비니죄를 마음으로 참회해야 하고, 고통을 받는 때에는 월비니죄를 범하며, 이것을 인연하여 죽었다면 바야제를 범한다. 이것을 강이라고 이름한다.

한 비구가 죽이려는 마음으로 칼을 잡았을 때에는 월비니죄를 마음으로 참회해야 하고, 고통을 받는 때에는 월비니죄를 범하며, 이것을 인연하여 죽었다면 바야제를 범한다. 이와 같이 두 비구이거나, 여러 많은 비구도 역시 이와 같다.

만약 비구가 죽이기 위하여 고의로 칼을 주었고 사자를 보내는 때에

---

1) 산스크리트어 śiśumāra의 음사로서 실수마라(失收摩羅), 실수마라(失守摩羅), 실수마라(室獸摩羅) 등으로 음역되며, 항하강에 서식하는 악어의 한 종류이다.

만약 한 사람이거나, 만약 두 사람이거나, 나아가 여러 많은 사람이라도 역시 이와 같다. 사자를 다시 전전하여 보냈거나, 나아가 여러 많은 사람에게 칼을 주었던 때에는 월비니죄를 마음으로 참회해야 하고, 고통을 받는 때에는 월비니죄를 범하며, 이것을 인연하여 죽었다면 바야제를 범한다. 이와 같이 약·독·바르는 것·토하는 것·설사하는 것·태를 떨어트리는 것도 칼의 가운데에서 자세히 설한 것과 같다.

만약 비구가 5법을 성취하고 축생의 목숨을 끊는다면 바야제를 범한다. 무엇이 다섯 가지의 법인가? 축생을 축생이라고 생각하고, 마음으로 죽이고자 하였으며, 신업(身業)을 일으키고, 명근(命根)을 끊는 것이다. 이것을 5법이라 이름한다.

이러한 까닭으로 설하였노라.

세존께서는 사위성에 머무셨으며, 자세한 설명은 앞에서와 같다.

그때 육군비구들이 16군비구들에게 의심과 후회를 일으키려는 까닭으로 이렇게 말을 지었다.

"세존께서 계율을 제정하시어 나이가 20세를 채워야 구족계를 허락하셨네. 그대들은 20세를 채우지 않았으므로 구족계를 받았어도 구족계라고 이름하지 않네."

16군비구들이 이러한 말을 듣고서 곧바로 크게 울었다. 세존께서는 우는 소리를 들으셨고 아시면서도 일부러 물으셨다.

"이것은 어느 아이들의 울음소리인가?"

비구들이 대답하여 말하였다.

"이것은 육군비구들이 16군비구들을 의심하고 후회하게 하려는 까닭으로 이렇게 말을 지었습니다. '세존께서 계율을 제정하시어 나이가 20세를 채워야 구족계를 허락하셨네. 그대들은 20세를 채우지 않았으므로 구족계를 받았어도 구족계라고 이름하지 않네.'"

이러한 말을 들었고 이것을 까닭으로 울었습니다. 세존께서 말씀하셨다.

"육군비구들을 불러오라."
왔으므로 세존께서는 앞의 일을 갖추어 물으셨다.
"그대들이 진실로 그러하였는가?"
대답하여 말하였다.
"진실로 그렇습니다."
세존께서 말씀하셨다.
"무슨 까닭으로써 이와 같았는가?"
대답하여 말하였다.
"저희들은 희롱하고 즐기려는 까닭입니다."
세존께서 말씀하셨다.
"어리석은 사람들이여. 이것은 악한 일이니라. 여러 범행인들을 괴롭히고서 즐겁다고 말하는가?"
세존께서 말씀하셨다.
"그 사람들을 가볍게 보지 말게. 그들이 만약 선정에 들어간다면 신족(神足)의 힘으로써 그대들을 타방세계로 던질 것이네. 그대들은 항상 내가 무량한 방편으로 범행인의 처소에서 마땅히 몸과 입과 뜻으로 자비의 행을 일으켜서 공경하며 공양하라는 것을 듣지 않았는가? 이것은 비법이고, 계율이 아니며, 세존의 가르침이 아니니라. 이것으로써 선법을 크게 장양하지 못하느니라. 오늘부터는 다른 비구들을 의심하고 후회하게 하는 것을 허락하지 않겠노라."
세존께서는 여러 비구들에게 알리셨다.
"사위성을 의지하여 머무르는 비구들을 모두 모이게 하라. 열 가지의 이익을 까닭으로써 여러 비구들을 위하여 계율을 제정하겠나니, 나아가 이미 들었던 자들도 마땅히 거듭하여 들을지니라. 만약 비구가 고의로 다른 비구에게 의혹을 일으키게 하여 잠시라도 즐겁지 않게 하였다면 바야제를 범하느니라."
'비구'는 앞의 설명과 같다.
'고의'는 먼저 방편을 짓는 것이다.

'의혹하다.'는 일곱 가지의 일이 있으니, 일으키는 것·갈마·모습·병·죄·욕하고 꾸짖는 것·결사(結使) 등이다.

'바야제'는 앞의 설명과 같다.

'일으키다.'는 "장로여. 세존께서 계율을 제정하시어 나이를 20세를 채워야 구족계를 받도록 허락하였습니다. 그대는 20세를 채우지 않고 구족계를 받았으니, 구족계를 받았다고 이름하지 않습니다."라고 이렇게 말을 지으면서 의심을 생겨나게 하는 것이다. 앞의 사람이 만약 의혹하였거나, 만약 의혹하지 않았어도 모두 바야제를 범한다. 이것을 일으킨다고 이름한다.

'갈마'는 "장로여. 세존께서 계율을 제정하시어 일백삼갈마(一白三羯磨)의 무차법(無遮法)을 허락하셨으므로 그대의 백(白)이 성취되지 못하면 갈마도 성취되지 못하고, 대중이 성취되지 못하며, 이와 같이 하나·하나가 성취되지 못하면 구족계를 받은 것은 아니므로, 구족계를 받았다고 이름할 수 없습니다."라고 이렇게 말을 지으면서 다른 사람에게 의심과 후회를 일으키는 것이다. 앞의 사람이 만약 의혹하였거나, 만약 의혹하지 않았어도 모두 바야제를 범한다. 이것을 갈마라고 이름한다.

'모습'은 "장로여, 세존께서 계율을 제정하시어 신체를 성취하였다면 구족계를 받도록 허락하셨습니다. 그대는 꼽추(曲脊)이고, 다리 병신(跛蹇)이며, 장님(眼瞎)이고, 절름발이(尫脚)이며, 짱구 머리이고, 톱니 이빨이어서 몸을 구족하지 않았는데 구족계를 받았으니, 구족계를 받았다고 이름할 수 없습니다."라고 이렇게 말을 지으면서 다른 사람에게 의심과 후회를 일으키는 것이다. 앞의 사람이 만약 의혹하였거나, 만약 의혹하지 않았어도 모두 바야제를 범한다. 이것을 모습이라고 이름한다.

'병'은 "장로여. 세존께서 계율을 제정하시어 병이 없다면 구족계를 받도록 허락하셨습니다. 그대는 선개(癬疥)·황란(黃爛)·옹좌(癰痤)·치병(痔病) 등이 있습니다. 이와 같은 여러 종류의 여러 병이 있어도 구족계를 받았으니, 구족계를 받았다고 이름할 수 없습니다."라고 이렇게 말을 지으면서 다른 사람에게 의심과 후회를 일으키는 것이다. 만약 의혹하였거나, 만약 의혹하지 않았어도 모두 바야제를 범한다. 이것을 모습이라고 이름한다.

'죄'는 "장로여. 세존께서는. 계율을 제정하시어 청정한 자에게 구족계를 받도록 허락하셨습니다. 그대는 바라이·승가바시사·바야제·바라제제사니·월비니죄를 범하였어도 구족계를 받았으니, 구족계를 받았다고 이름할 수 없습니다."라고 이렇게 말을 지으면서 다른 사람에게 의심과 후회를 일으키는 것이다. 앞의 사람이 만약 의혹하였거나, 만약 의혹하지 않았어도 모두 바야제를 범한다. 이것을 죄라고 이름한다.

'욕하고 꾸짖다.'는 "장로여. 세존께서 계율을 제정하시어 환희하는 자에게 구족계를 받도록 허락하셨습니다. 그대는 환희하지 않았고 성내고 욕하고 꾸짖으면서도 구족계를 받았으니, 구족계를 받았다고 이름할 수 없습니다."라고 이렇게 말을 지으면서 다른 사람에게 의심과 후회를 일으키는 것이다. 앞의 사람이 만약 의혹하였거나, 만약 의혹하지 않았어도 모두 바야제를 범한다. 이것을 죄라고 이름한다.

'결사(結使)'는 "장로여. 세존께서 계율을 제정하시어 지혜로운 사람에게 구족계를 받도록 허락하셨습니다. 그대는 어리석고 지혜롭지 않아서 진흙 덩어리와 같고, 양의 뿔(羊角)과 같으며, 솔개(鴟)와 같고, 백곡(白鵠)[2])과 같은데 구족계를 받았으니, 구족계를 받았다고 이름할 수 없습니다."라고 이렇게 말을 지으면서 다른 사람에게 의심과 후회를 일으키는 것이다. 앞의 사람이 만약 의혹하였거나, 만약 의혹하지 않았어도 모두 바야제를 범한다. 이것을 결사라고 이름한다.

만약 어느 사람이 와서 구족계를 받고자 하였거나, 만약 20세를 채웠다면 구족계를 받을 수 있으나, 만약 20세를 채우지 못한 자이라면 "잠시 머무르면서 20세를 채우도록 기다리시오."라고 말할 것이고, 만약 그가 다른 곳에서 구족계를 받고 왔다면 그에게 말하여서 의심하고 후회하게 않게 할 것이며, 말하는 자는 월비니죄를 범한다.

---

2) 백조를 다르게 부르는 말이다.

만약 비구가 구족계를 받을 때가 이르렀는데 만약 갈마가 성취되지 않았다면 마땅히 손가락을 튕기면서 "장로여. 그대는 갈마가 성취되지 않았습니다."라고 말해야 한다. 만약 이르렀던 때에 말하지 않았다면 뒤에는 말하여 의심하고 후회하지 않게 하고, "그대가 구족계를 받는 때에 백(白)이 성취되지 않았고, 갈마가 성취되지 않았으며, 대중 성취되지 않았습니다."라고 말하지 말라. 말하는 자는 월비니죄를 범한다.

만약 눈이 멀었고 곱사등이며 절름발이어서 신체를 구족하지 못하여 구족계를 받지 못한 자에게는 마땅히 "잠시 그대는 저곳에 머무시오."라고 말할 것이고, 만약 그가 다른 곳에서 구족계를 받고 왔다면 그에게 말하여서 의심하고 후회하지 않게 할 것이며, 말하는 자는 월비니죄를 범한다.

만약 병이 있는 자가 와서 구족계를 받고자 하였다면 마땅히 "잠시 그대는 저곳에 머무시오."라고 말할 것이고, 만약 그가 다른 곳에서 구족계를 받고 왔다면 그에게 말하여서 의심하고 후회하지 않게 할 것이며, 말하는 자는 월비니죄를 범한다. 만약 비구를 의심하고 후회하게 하였다면 바야제를 범하고, 비구니를 의심하고 후회하게 하였다면 투란차죄를 범하며, 식차마니와 사미와 사미니를 의심하고 후회하게 하는 자는 월비니죄를 범하고, 만약 세속 사람을 의심하고 후회하게 하는 자는 월비니죄를 마음으로 참회해야 한다.

이러한 까닭으로 설하였노라.

세존께서는 사위성에 머무셨으며, 자세한 설명은 앞에서와 같다.

그때 육군비구들이 자주 옷을 갈아입으면서 식전에 하나의 옷을 입었고, 식후에 다른 옷을 입었다. 세존께서는 아시면서도 일부러 물으셨다.

"이것이 무슨 옷들인가?"

대답하여 말하였다.

"이것은 저의 정시(淨施)받은 옷입니다."

세존께서 말씀하셨다.

"그대들이 어찌하여 정시받은 옷이라 말하면서 다른 사람에게 주어서 버리지 않고 3의를 수용하는가? 오늘부터는 정시받은 옷을 버리지 않고 수용하는 것을 허락하지 않겠노라."

세존께서는 여러 비구들에게 알리셨다.

"사위성을 의지하여 머무르는 비구들을 모두 모이게 하라. 열 가지의 이익을 까닭으로써 여러 비구들을 위하여 계율을 제정하겠나니, 나아가 이미 들었던 자들도 마땅히 거듭하여 들을지니라. 만약 비구가 다른 비구·비구니·식차마니·사미·사미니가 옷을 주었는데 뒤에 버리지 않고 수용하는 자는 바야제를 범하느니라."

'비구'는 앞의 설명과 같다.

'주다'는 정시하면서 다섯 부류의 사람에게 주는 것이다.

'버리지 않다.'는 뒤에 버리지 않는 것이다.

'수용하다.'는 3의를 짓고서 수용하는 것이니, 바야제의 죄를 범한다.

'바야제'는 앞의 설명과 같다.

만약 비구가 여러 벌의 옷이 있었는데 잊어버리고 알지 못한다면, 마땅히 일체의 옷을 취하여 한곳에 모아두고서 마땅히 버리면서 이렇게 말을 지어야 한다.

"이 옷을 정시하여 누구에게 주겠습니다. 누구가 나의 뜻을 헤아리지 않겠다면 지금 반대로 버리십시오."

만약 이것이 3의라면 마땅히 별도로 버리면서 이렇게 말을 지어야 한다.

"이것은 나의 3의의 가운데에서 몇 개입니다. 이 승가리는 먼저 수지하였으나 지금 이 승가리를 버리겠습니다. 이것은 나의 3의의 가운데에서 몇 개입니다. 울다라승은 먼저 수지하였으나 지금 이 울다라승을 버리겠습니다. 이것은 나의 3의의 가운데에서 몇 벌입니다. 안타회를 먼저 수지하였으나 지금 이 안타회를 버리겠습니다. 이것은 나의 3의의 가운데에서 몇 벌입니다. 지금까지 수지하였습니다. 이것은 나의 3의의 가운데에서 몇 벌입니다. 지금까지 불리숙(不離宿)으로 수지하였습니다."

다른 옷이 길이 2주(肘)이고 넓이 1주 이상이라면 모두 마땅히 정시해야 한다.
정시하는 법은 이렇게 말을 지어야 한다.
"장로여. 나의 이 장의(長衣)를 누구에게 베풀어 주겠습니다. 누구가 나를 헤아리지 않겠다면 만약 빨아서 염색하는 때이거나, 꿰매는 때이거나, 인연의 일이 있다면 내가 마땅히 버리겠으니 수용하여 수지하십시오."
정시하였다면 옷을 옷걸이 위에 걸어두고서 날마다 억념(憶念)하면서 기억하고 알아야 한다. 만약 잊어버리는 자는 마땅히 공행제자와 의지제자에게 말해야 한다.
"이것은 나의 3의이니, 그대들이 날마다 나의 기억을 도와서 알게 하라."
만약 제자가 없다면 마땅히 옷자락의 끝에 글자를 써야 한다. 만약 자신이 얼굴을 마주하고 정시하였으나 버리지 않고 수용하는 자는 바야제를 범하고, 만약 얼굴을 마주하지 않고 스스로가 정시한다고 말하였으나 버리지 않고 수용하는 자는 월비니죄를 범하며, 만약 다른 얼굴을 마주하고 정시하였으나 버리지 않고 수용하는 자는 바야제의 죄를 범하고, 다시 다른 사람을 마주하고 버리지 않고 수용하는 자는 바야제를 범한다.
옷을 기억하지 못하는 자는 월비니죄를 범하고, 3의가 없다면 월비니죄를 범하며, 일시에 버리고서 일시에 받는다면 월비니죄를 범하고, 버리지 않고서 3의를 지어서 수용한다면 바야제를 범하고, 3의를 버리지 않고서 탑사를 짓는데 수용하고 승사에 수용하며 다른 사람에게 주었다면 월비니죄를 범한다. 얼굴을 마주하고 앞에서 정시를 말하지 않았다면 마땅히 다른 사람 주변에서 정시를 말해야 한다.
이러한 까닭으로 설하였노라.

세존께서는 사위성에 머무셨으며, 자세한 설명은 앞에서와 같다.
그때 육군비구들이 식전에 다른 사람의 승가리를 취하였고 다른 사람의 발우를 취하여 다른 곳에 감추었다. 이 비구가 걸식하는 때에 이르러 취락에 들어가고자 하였고 승가리를 찾았으나 찾을 수 없었으며, 다시 어느 비구가 발우를 찾았으나 찾지 못하였다. 이 비구들은 여러 비구들에게 물었다.

"장로여. 누가 나의 승가리를 가지고 떠나갔습니까?"

다시 물었다.

"누가 나의 발우를 가지고 떠나갔습니까?"

이때 육군비구들이 곧 웃으면서 말하였다.

"장로여. 이 승가람은 크니, 다만 찾아보시오."

곧 다니면서 찾았으나 오래도록 찾을 수 없었으므로 다시 말하였다.

"장로여. 나를 고용하시오. 어느 물건이라도 그대가 찾는 것을 도와주겠소."

이 말을 듣고서 그들이 이것을 감추었다고 알았다. 식후에 다시 니사단과 바늘통을 감추었고, 여러 비구들이 음식을 먹고서 숲속에서 좌선하고자 하여 니사단을 찾았으나 찾을 수 없었으므로 곧 말하였다.

"장로여. 누가 나의 니사단을 가지고 떠나갔습니까?"

다시 어느 비구가 말하였다.

"누가 나의 바늘통을 가지고 떠나갔습니까?"

이때 육군비구들이 곧 웃으면서 말하였다.

"장로여. 이 승가람은 크니, 다만 두루 찾아보시오."

곧 다니면서 찾았으나 오래도록 찾을 수 없었으므로 다시 말하였다.

"장로여. 나를 고용하시오. 어느 물건이라도 그대가 찾는 것을 도와주겠소."

여러 비구들이 이 인연으로써 가서 세존께 아뢰었고, 세존께서는 말씀하셨다.

"육군비구들을 불러오라."

왔으므로, 세존께서는 앞의 일을 갖추어 물으셨다.

"그대들이 진실로 그러하였는가?"

대답하여 말하였다.

"진실로 그렇습니다."

세존께서 말씀하셨다.
"무슨 까닭으로써 그러하였는가?"
대답하여 말하였다.
"저희들은 희롱하고 즐기려는 까닭입니다."
세존께서 말씀하셨다.
"어리석은 사람들이여. 이것은 악한 일이니라. 여러 범행인들을 괴롭히고서 즐겁다고 말하는가? 이것은 비법이고, 계율이 아니며, 세존의 가르침이 아니니라. 이것으로써 선법을 크게 장양하지 못하느니라."
세존께서 말씀하셨다.
"오늘부터는 희롱하며 웃고자 다른 사람의 승가리·발우·니사단·바늘통을 감추는 것을 허락하지 않겠노라."
세존께서는 여러 비구들에게 알리셨다.
"사위성을 의지하여 머무르는 비구들을 모두 모이게 하라. 열 가지의 이익을 까닭으로써 여러 비구들을 위하여 계율을 제정하겠나니, 나아가 이미 들었던 자들도 마땅히 거듭하여 들을지니라. 만약 비구가 다른 사람의 승가리·발우·니사단·바늘통을 감추었고, 나아가 희롱하고 웃었다면 바야제를 범하느니라."
'비구'는 앞의 설명과 같다.
'옷'은 일곱 종류의 옷이다.
'발우'는 질그릇 발우와 철 발우이다. 발우에는 세 가지가 있으니, 상·중·하이다.
'니사단'은 세존께서 허락하신 것이다.
'바늘통'은 통(筒)의 가운데에 바늘이 있는 것이다.
'감추다.'는 만약 스스로 감추었거나, 만약 사람을 시켜서 감추는 것이고, 나아가 희롱하고 웃었나면 바야제를 범한다.
'바야제'는 앞의 설명과 같다.
3의의 가운데에서 하나·하나의 옷을 감추는 자는 바야제를 범하고, 승기지(僧祇支)[3]와 다른 옷들은 월비니의 죄를 범한다. 세 종류의 발우 가운데에서 하나·하나를 감추었다면 바야제를 범하고, 건자(鍵磁)와 다른 그릇은 월비니죄를 범하며, 니사단을 감추는 자는 바야제를 범하고, 다른 부구(敷具)를 감추었다면 월비니죄를 범한다.

'바늘통'은 바늘과 통을 합하여 감추었다면 바야제를 범하고, 바늘이 없다면 월비니죄를 범하며, 실이 있었다면 바야제를 범하고, 실이 없었다면 월비니죄를 범하며, 실과 바늘이 있었는데 다만 실을 뽑아내고서 감추었다면 월비니죄를 범한다.

희롱하고 웃고자 비구의 옷을 감추었다면 바야제를 범하고, 비구니의 옷을 감추었다면 투란차죄를 범하며, 식차마니와 사미와 사미니의 승가리를 감추었다면 월비니죄를 범하고, 아래에 이르러 세속 사람의 옷을 감추었다면 월비니죄를 마음으로 참회해야 한다.

이러한 까닭으로 설하였노라.

세존께서는 사위성에 머무셨으며, 자세한 설명은 앞에서와 같다.

그때 육군비구들이 선방에서 일어나서 가려진 곳과 어두운 땅에 서 있으면서 귀를 세우고 얼굴을 찌푸리며 눈을 뒤집고 혀를 빼내며 '위위(嘩嘩)'의 소리를 짓고서 16군비구들을 두렵게 하였고, 16군비구들은 이 소리를 듣고 곧 마음에 두려워서 소리를 지르며 울부짖었다. 세존께서는 아시면서도 일부러 물으셨다.

"이것은 무엇인가? 어린아이들의 우는 소리인가?"

여러 비구들이 이 인연으로써 갖추어 세존께 아뢰었고, 세존께서는 말씀하셨다.

"육군비구들을 불러오라."

왔으므로, 세존께서는 육군비구에게 물으셨다.

"그대들이 진실로 그러하였는가?"

---

3) 산스크리트어 saṃkakṣikā의 음사로서 엄액의(掩腋衣) 또는 부박의(覆膊衣)라고 번역된다. 승가에서 비구니에게 삼의(三衣) 안에 입도록 규정한 옷으로 겨드랑이를 가리는 장방형의 속옷이다.

대답하여 말하였다.
"진실로 그렇습니다."
세존께서 말씀하셨다.
"무슨 까닭으로써 그러하였는가?"
대답하여 말하였다.
"희롱하고 즐기려는 까닭입니다."
세존께서 말씀하셨다.
"어리석은 사람들이여. 이것은 악한 일이니라. 여러 범행인들을 괴롭히고서 즐겁다고 말하는가?"
세존께서 말씀하셨다.
"그 사람들을 가볍게 보지 말게. 그들이 만약 선정에 들어간다면 신족(神足)의 힘으로써 그대들을 타방세계로 던질 것이네. 이것은 비법이고, 계율이 아니며, 세존의 가르침이 아니니라. 이것으로써 선법을 크게 장양하지 못하느니라."
세존께서는 여러 비구들에게 알리셨다.
"사위성을 의지하여 머무르는 비구들을 모두 모이게 하라. 열 가지의 이익을 까닭으로써 여러 비구들을 위하여 계율을 제정하겠나니, 나아가 이미 들었던 자들도 마땅히 거듭하여 들을지니라. 만약 비구가 다른 비구를 두렵게 하는 자는 바야제를 범하느니라."
'비구'는 앞의 설명과 같다.
'두렵게 하다.'는 색·소리·냄새·맛·접촉이니, 바야제를 범한다.
'바야제'는 앞의 설명과 같다.
'색'은 어두운 곳에 있으면서 귀를 세우고 얼굴을 찌푸리며 눈을 뒤집고 혀를 빼내며, 나아가 손가락을 구부리면서 위위의 소리로 두려운 모습을 짓는 것이니, 만약 두려워하였거나, 만약 두려워하시 않았어도 바야제를 범한다. 이것을 색이라고 이름한다.
'소리'는 코끼리 소리와 말 소리와 나귀 소리 등과 같은 여러 가지 소리를 짓거나, 혹은 긴 소리를 갑자기 멈추고서 소리를 길게 늘어트리며,

나아가 귀를 맞대고 소리내어 두려운 모습을 짓는 것이니, 만약 두려워하였거나, 만약 두려워하지 않았어도 바야제를 범한다. 이것을 소리라고 이름한다.

'냄새'는 "장로여. 이 가운데는 뱀의 냄새·부단나(富單那)와 악귀의 냄새·전갈의 냄새가 있습니다."라고 이렇게 말을 지었거나, 이렇게 여러 종류의 두려운 모습을 짓는 것이니, 만약 두려워하였거나, 만약 두려워하지 않았어도 바야제를 범한다. 이것을 냄새라고 이름한다.

'접촉'은 뜨거움·차가움·가벼움·무거움·매끄러움·껄끄러움이다.

'뜨거움'은 만약 불로써, 만약 햇빛으로써 옷·발우·건자 등을 데우거나, 열쇠를 문질러서 뜨거운 것을 그의 몸에 접촉하면서 "장로여. 불이 일어납니다. 불이 일어납니다."라고 이렇게 말을 지었거나, 이와 같은 두려운 모습을 짓는 것이니, 만약 두려워하였거나, 만약 두려워하지 않았어도 바야제를 범한다. 이것을 뜨거움이라고 이름한다.

'차가움'은 만약 부채로 바람을 일으키거나, 옷으로 바람을 일으키거나, 만약 물을 뿌리면서 "장로여. 비와 눈이 옵니다. 비와 눈이 옵니다.'라고 이렇게 말을 지었거나, 이와 같은 두려운 모습을 짓는 것이니, 만약 두려워하였거나, 만약 두려워하지 않았어도 바야제를 범한다. 이것을 차가움이라고 이름한다.

'무거움'은 만약 무거운 구섭(拘攝)4)과 무거운 전단을 가지고 위를 누르면서 "장로여. 벽이 무너집니다. 벽이 무너집니다."라고 이렇게 말을 지었거나, 이와 같은 두려운 모습을 짓는 것이니, 만약 두려워하였거나, 만약 두려워하지 않았어도 바야제를 범한다. 이것을 무거움이라고 이름한다.

'가벼움'은 여러 가볍고 세밀한 옷으로 위를 덮으면서 말하기를 "장로여. 구름이 떨어지오. 구름이 떨어지오."라고 이렇게 말을 지었거나, 이와 같은 두려운 모습을 짓는 것이니, 만약 두려워하였거나, 만약 두려워하지

---

4) 팔리어 koccha의 음사로, 풀로 만든 깔개이다.

않았어도 바야제를 범한다. 이것을 가벼움이라고 이름한다.

'매끄러움'은 만약 우발라화(優鉢羅花)의 줄기이거나, 구모두화(拘牟頭華)의 줄기이거나, 수건제화(須揵提花)의 줄기이거나, 만약 자물쇠로 그의 몸을 접촉하면서 "장로여. 이것은 뱀이오. 이것은 뱀이오."라고 이렇게 말을 지었거나, 이와 같은 두려운 모습을 짓는 것이니, 만약 두려워하였거나, 만약 두려워하지 않았어도 바야제를 범한다. 이것을 매끄러움이라고 이름한다.

'껄끄럽다.'는 발두마화(鉢頭摩花)의 줄기이거나, 분다리화(分陀利花)의 줄기로 그의 몸을 접촉하면서 "장로여. 이것은 백족(白足)의 벌레이오."라고 이렇게 말을 지었거나, 이와 같은 두려운 모습을 짓는 것이니, 만약 두려워하였거나, 만약 두려워하지 않았어도 바야제를 범한다. 이것을 껄끄러움이라고 이름한다.

비구를 두렵게 하는 자는 바야제를 범하고, 비구니를 두렵게 하는 자는 투란차죄를 범하며, 식차마니와 사미와 사미니를 두렵게 하는 자는 월비니죄를 범하고, 아래로 이르러 세속 사람을 두렵게 하는 자는 월비니죄를 마음으로 참회해야 한다.

이러한 까닭으로 설하였노라.

세존께서는 사위성에 머무셨으며, 여러 천인과 세상 사람들의 처소에서 공양하셨으므로 많은 곳이 이익이었다.

그때 사위성 안에 어느 자매 두 사람이 임신하였으나 아이를 낳기 전에 집에 있었는데, 신심이 있어서 도를 위하여 출가하였다. 여러 비구니들은 그녀의 배의 모습을 보고서 곧바로 쫓아냈고, 이 인연으로써 가서 세존께 아뢰었다. 세존께서 말씀하셨다.

"재가에서 임신하였다면 무죄이니라."

이 비구니가 뒤에 사내아이를 낳았고 동자를 가섭(迦葉)이라고 이름하였으며, 8살에 이르러 출가하여 도를 닦아서 아라한을 이루었다. 16군비구들과 함께 각각 조관(澡盥)5)을 가지고 아기라(阿耆羅) 강의 주변에 이르러 목욕하면서 물속에 들어갔고 나왔으며 숨었고 들뜨면서 희롱하였고 강을 건너서 오고 가며 물을 때리면서 목욕하였다.

그때 파사닉왕(波斯匿王)이 2층의 누각에 있으면서 사방으로 바라보았는데 왕이 세존의 법을 믿지 않을 때이었다. 이러한 일을 보고 두 배로 불신이 생겨나서 곧 말리부인(末利夫人)에게 말하였다.

"보시오. 그대가 섬기는 복전(福田)이오."

부인은 깊이 믿었고 장애가 없었으므로 돌아보지 않고서 곧 대답하여 말하였다.

"대왕이시여. 혹은 나이가 어려서 출가하였고 처음으로 구족계를 받았으므로 계율을 알지 못하거나, 혹은 세존께서 아직 이러한 계율을 제정하시지 않았습니다. 이러한 까닭으로 그렇습니다."

왕이 부인에게 말하였다.

"비유하면 가장(家長)이 말하는 때에는 권속들이 따르는 것이고, 화상과 아사리가 말하는 때에는 제자가 따르는 것이며, 사문 구담이 말하는 때에는 제자들이 모두 '그와 같습니다. 세존이시여. 그렇습니다. 수가타(修伽陀)시여.'라고 말하는 것이오. 내가 그대와 함께 말하여도 그대는 돌아보지도 않는구려."

그때 존자 동자가섭은 그 물속에서 제4선(禪)의 꼭대기에 들어갔고 천이(天耳)로써 왕이 말하는 소리를 들었으며, 곧 여러 도반(道伴) 비구에게 이렇게 말을 지었다.

"장로들이여. 왕이 두 배로 불신이 생겨났고 말리부인의 마음에 즐겁지 않음이 생겨났습니다. 지금 마땅히 그들에게 환희심을 일으켜야 합니다."

모두가 말하였다.

"옳습니다."

각각 곧 조관을 잡고서 물을 가득 채워서 앞에 놓아두고서 가부좌를 맺고 앉아서 차례로 열(列)을 맞추어 허공에 올랐고 떠나가면서 왕의

---

5) 물을 담는 그릇인 세숫대야를 가리킨다.

궁전 위의 공중으로 지나갔다. 이때 말리부인은 드러난 곳에 앉아 있으면서 그들이 앉아 있는 그림자를 보고서 곧바로 올려 보았는데, 차례로 열을 맞추어 가부좌를 맺고 앉았고 앞에는 모두 조관이 있었으며 허공을 타고 날아가는 것이 오히려 기러기의 왕과 같았다. 이러한 일을 보고 마음으로 크게 환희하며 곧 왕에게 아뢰어 말하였다.

"보십시오. 우리 집의 복전들은 신통과 위덕이 이와 같습니다."

왕이 보고서 마음으로 크게 환희하면서 이와 같이 말을 지었다.

"옳구려. 나는 선한 이익을 얻었구려. 원하건대 세존과 비구승들은 목숨을 마치도록 우리나라의 안에 머무시면서 선량한 복전이 되십시오."

여러 비구들은 왕의 싫어하는 것을 들었던 까닭으로 이 인연으로써 가서 세존께 아뢰었다. 세존께서는 말씀하셨다.

"16군비구들을 불러오라."

왔으므로, 세존께서는 앞의 일을 갖추어 물으셨다.

"그대들이 진실로 그러하였는가?"

대답하여 말하였다.

"진실로 그렇습니다."

세존께서 말씀하셨다.

"나는 지금 그대들을 벌하겠으며, 그대들로 인연하여 마땅히 여러 비구들에게 계율을 제정하겠노라."

세존께서는 여러 비구들에게 알리셨다.

"사위성을 의지하여 머무르는 비구들을 모두 모이게 하라. 열 가지의 이익을 까닭으로써 여러 비구들을 위하여 계율을 제정하겠나니, 나아가 이미 들었던 자들도 마땅히 거듭하여 들을지니라. 만약 비구가 물속에서 희롱하는 자는 바야제를 범하느니라."

'비구'는 앞의 설명과 같다.

'물'은 열 종류이다.

'희롱하다.'는 뛰어서 건너가고 다시 건너오며 들어가고 나오며 휘젓고 때리며 물을 뿌리고자 하였다면 바야제를 범한다.

'바야제'는 앞의 설명과 같다.

'뛰다.'는 희롱하려는 까닭으로 물속에 뛰어 들어가는 것이니, 바야제를 범한다. 만약 언덕을 지나가는데 무너져서 물에 떨어졌거나, 만약 배가 다니면서 언덕·나무·돌에 충돌하여 물속에 떨어졌다면 무죄이다. 이것을 뛴다고 이름한다.

'건너다.'는 희롱하려는 까닭으로 고의로 물을 건너가는 것이니, 바야제를 범한다. 만약 걸어서 건너고자 하였거나, 물건을 건네고자 하였거나, 만약 강의 저 언덕에 승사와 탑사가 있었고 자주 건넜던 이유이거나, 만약 물에 떠서 건너가는 것을 배우려고 하였던 자는 무죄이다.

'돌아오다.'는 희롱하려는 까닭으로 고의로 되돌아서 건너오는 것이니, 바야제를 범한다. 만약 잊어버렸던 물건을 위한 까닭으로 다시 건너와서 취하였다면 무죄이다.

'들어가다.'는 희롱하려는 까닭으로 고의로 목욕하면서 들어가는 것이니, 바야제를 범한다. 만약 발우·작은 발우·구리 토시·물건 등이 물에 떨어졌고 물속에 들어가서 취하는 것은 무죄이고, 목욕하려는 까닭이면 물에 들어가도 무죄이다.

'나오고 들어가다.'는 희롱하려는 까닭으로 고의로 물에 들어가고 물에서 나오는 것이니, 바야제를 범한다. 물건을 취하려는 까닭이라면 무죄이다.

'휘젓다.'는 희롱하려는 까닭으로 고의로 물을 휘젓는 것이니, 바야제를 범한다. 만약 물 위가 뜨거웠고 찬물을 취하려는 까닭으로 아랫물을 휘저어 취하였다면 무죄이다.

'때리다.'는 희롱하려는 까닭으로 고의로 물을 때리는 것이니, 바야제를 범한다. 만약 물 위에 도혈(倒子)의 벌레가 있어서 아래로 들어가게 하여서 벌레 없는 물을 취하였다면 무죄이다.

'물을 주다.'는 희롱하려는 까닭으로 고의로 물속에 있으면서 물을 언덕 위로 뿌리는 것이니, 월비니죄를 범하고, 언덕 위에서 물속으로 뿌렸다면 월비니죄를 범하며, 물속에서 물속으로 뿌렸다면 바야제를 범하고, 육지에서 육지로 뿌렸다면 월비니죄를 범한다. 만약 비구가 병으로 머리를 찔려서 피가 흘러나왔고 혼미하였거나, 만약 열병으로 혼미하여 냉수로써 뿌렸다면 무죄이다. 만약 비구가 경을 외우는 때에 졸렸고 냉수로써 뿌렸다면 무죄이다. 만약 비구의 음식 위에서 사미가 요란(搖亂)하여 세속 사람들의 불신이 두려웠던 까닭으로 지사인이 물로써 뿌렸다면 무죄이다. 이것을 물을 뿌린다고 이름한다.

만약 화상과 아사리가 씻기 위한 목욕을 까닭으로 물로써 등에 그림을 그리는 것은 월비니죄를 범한다. 만약 비구가 음식 위에서 희롱하였던 까닭으로 물로써 발우·건자·그릇 위에 그림을 그리거나, 글자를 짓는 것은 월비니죄를 범한다. 만약 다리에 물을 뿌리는 때에 물로써 나무 위에 그림을 그리거나 항아리·옹기·병에 그림을 그린다면 하나·하나가 월비니죄를 범한다. 손가락으로써 물을 튕겨서 소리를 짓는다면 월비니를 범하고, 물을 공중에 튕기고 접촉하여 취하면 월비니죄를 범한다. 이러한 까닭으로 설하였노라.

세존께서는 사위성에 머무셨으며, 자세한 설명은 앞에서와 같다.
그때 매월 8일과 14일과 15일의 재일(齋日)에 비구니들은 세존의 처소로 나아가서 머리숙여 예경하고 문신하였다. 이때 16군비구들은 세존과 멀지 않은 한 처소에 앉아 있었고, 우발라(優鉢羅) 비구니와 지리(脂梨) 사미니도 역시 와서 예경하고 문신하였으며 16군비구들의 처소로 갔다. 같은 나이였고 젊어서 서로 좋아하고 즐겼던 까닭으로 그의 가운데에 이르러 앉았는네 앉으면서 바르지 않았던 까닭으로 그들은 보고서 다시 서로가 가리키면서 웃었다.

그때 어느 바라문이 매우 추루(醜陋)하고 꼽추였으며 절름발이였다. 한 명의 젊고 단정한 부인을 데리고 오면서 여러 비구들이 웃는 것을 보고 이렇게 생각을 지었다.

'이 여러 사문들은 내가 추루한데 단정한 아내를 데리고 오는 것을 보았으므로 반드시 마땅하게 나를 비웃는 것이다.'

곧 성내면서 말하였다.
"사문 석자는 예의와 규칙을 알지 못하여 겉모습으로 나를 비웃는구나."
여러 비구들이 대답하여 말하였다.
"우리들은 그대를 비웃지 않았습니다."
바라문이 말하였다.
"그렇지 않더라도 곧 나를 비웃는 것이오."
이렇게 말을 짓고서 세존 처소로 갔으며 이르러서 이렇게 말을 지었다.
"기이합니다. 구담이여. 사문 석자는 예의와 규칙을 알지 못하여 내가 추루하였으나, 단정한 아내를 데리고 오는 모습을 보고 나를 비웃었습니다."
세존께서는 곧 바라문에게 수순하여 설법하시어 보여주셨고 가르치셨으며 이익되고 기쁘게 하셨으므로 환희(歡悅)하면서 떠나갔다. 떠나가고서 세존께서는 말씀하셨다.
"16군비구들을 불러오라."
왔으므로, 세존께서는 비구들에게 물으셨다.
"비구들이여. 어느 바라문이 매우 추루하였으나 단정한 부인을 데리고 왔으므로 그대들이 보고서 진실로 웃었는가?"
대답하여 말하였다.
"바라문에게 웃지 않았습니다."
"그대들은 누구를 웃었는가?"
대답하여 말하였다.
"세존이시여. 재일에 우발라 비구니와 지리 사미니가 저희들의 처소에 와서 이르렀는데 앉는 것이 바르지 않았던 까닭으로 저희들이 보고 서로가 가리켰습니다. 이러한 까닭으로 웃었습니다."
세존께서 말씀하셨다.
"범행의 사미니가 앉는 것이 바르지 않았다면 그대들이 마땅히 방편으로 일으켜야 하는데, 어찌하여 그들에게 웃었는가? 지금 마땅히 그대들을 벌하겠나니, 이것을 인연하여 여러 제자들을 위하여 계율을 제정하겠노라."

세존께서는 여러 비구들에게 알리셨다.

"사위성을 의지하여 머무르는 비구들을 모두 모이게 하라. 열 가지의 이익을 까닭으로써 여러 비구들을 위하여 계율을 제정하겠나니, 나아가 이미 들었던 자들도 마땅히 거듭하여 들을지니라. 만약 비구가 손가락으로 서로를 가리킨다면 바야제를 범하느니라."

'비구'는 앞의 설명과 같다.

하나의 손가락으로 가리키면 바야제를 범하고, 나아가 다섯의 손가락으로 가리켜도 역시 이와 같으며, 일체의 손가락으로 가리킨다면 바야제를 범하고, 주먹으로 가리킨다면 투란차죄를 범하며, 만약 나무이거나, 만약 대나무로 가리킨다면 월비니죄를 범한다.

만약 비구가 서로 싸우면서 손가락으로써 서로 가리킨다면 바야제를 범하고, 만약 월직(月直)이거나, 만약 지사인이 음식의 차례를 뽑으면서 손가락으로 가리키면서 "누가 떠나십시오."라고 말하였다면 바야제를 범하고, 만약 대나무이거나, 나무를 잡고서 가리킨다면 월비니죄를 범한다. 마땅히 "누구누구는 음식의 차례이니 떠나가십시오."라고 말해야 한다.

만약 사미가 잠자는데 불러서 일으키고자 하는 자는 마땅히 손가락을 튕겨야 하고, 만약 깨어나지 않더라도 손가락으로써 찌를 수 없고 마땅히 옷을 끌어당겨서 깨어나게 해야 한다. 만약 여러 비구들이 세속인의 집에 앉으면서 마하라 비구가 앉는 것이 바르지 않다면 나직히 "그대여. 바르게 있으십시오."라고 말해야 하고, 그래도 깨닫지 못하면 "그대의 옷을 바로 하십시오."라고 마땅히 말해야 하며, 만약 깨닫지 못하면 마땅히 "마하라여. 그대의 형체를 덮으시오."라고 말해야 한다.

만약 비구가 비구니 정사의 가운데에 이르러 앉았고, 비구니가 비구의 발에 예배하고서 비구의 앞에 앉아 있으면서 앉는 것이 바르지 못하였어도 말하여 부끄럽게 않을 것이고, 마땅히 방편을 지어서 일으켜서 물건을 취하게 해야 한다. 만약 단월의 집에 앉았고 부인과 딸들이 와서 비구의 발에 예배하였으며 앞에 앉은 것이 바르지 못하였어도 말하여 부끄럽게 않게 할 것이고, 마땅히 방편을 지어서 보내어 물건을 취하게 해야 한다. 만약 간음(奸婬)하는 여인이 와서 시험삼아 비구를 희롱하였던 까닭으로 바르지 않게 앉았다면 말하지 말고 다만 마땅히 피해서 떠나가야 한다.
이러한 까닭으로 설하였노라.

세존께서는 비사리성에 머무셨으며, 자세한 설명은 앞에서와 같다.
이때 어느 한 사람이 그의 아내와 뜻이 달라서 성내면서 심하게 때리고서 곧 나갔으며, 아내는 생각하였다.
'그가 성냄을 멈추지 않았으니 만약 다시 때린다면 내가 죽는다는 점은 분명할 것이다. 지금 마땅히 달아나서 피해야겠다.'
곧바로 문밖으로 나왔고 비구가 걸식하고서 돌아가고자 성을 나가고 있는 것을 보았다. 그 부인이 물어 말하였다.
"아사리여. 어느 곳으로 떠나고자 하십니까?"
대답하여 말하였다.
"성 밖으로 나가고자 합니다."
부인이 말하였다.
"저는 존자를 따라서 떠나가고자 합니다."
비구가 말하였다.
"자매여. 이곳은 왕도(王道)인데 무엇을 하고자 묻습니까?"
그 부인이 비구의 뒤를 따라갔는데, 그녀의 남편은 이렇게 생각을 지었다.
'나의 아내가 매를 맞았으니 혹은 능히 달아나서 떠났을 것이다.'
곧 들어갔고 그의 아내를 보지 못하여 곧 다른 사람에게 물어 말하였다.
"어느 곳으로 떠나갔습니까?"
대답하여 말하였다.
"바로 나가서 이 길을 따라서 떠났습니다."
곧 뒤를 따라 쫓아갔고 그의 아내가 비구의 뒤를 따라서 떠나가는 것을 보았으며, 곧 성내면서 이렇게 꾸짖는 말을 지었다.
"폐악(弊惡)한 사문이구나. 나의 아내를 유혹하여 떠나가는구나!"
곧 비구를 붙잡아 몹시 때렸고 데리고 단사관(斷事官)6)의 처소에 나아가서 이렇게 말을 지었다.
"이 비구가 나의 아내를 유혹하여 떠나갔습니다."
단사인(斷事人)이 말하였다.
"한 명·한 명을 데려오시오. 일의 사실을 검교하여 묻겠소."
곧 그 비구에게 물었다.
"그대는 출가인인데 어찌하여 다른 사람의 아내를 데리고 달아났는가?"
대답하여 말하였다.
"그렇지 않습니다."
"무슨 인연으로 서로가 따라갔소?"
대답하여 말하였다.
"나는 걸식하고서 돌아가고자 성을 나갔는데 부인이 나에게 '어느 곳으로 가고자 하십니까?'라고 물었고, 나는 '성을 나가고자 합니다.'라고 대답하여 말하였으며, 부인은 '나도 따라서 나가자 합니다.'라고 말하였고, 나는 '자매여. 이곳은 왕도인데 무슨 용도로 묻습니까?'라고 대답하였습니다. 사실은 이와 같습니다."
단사인이 말하였다.
"비구를 데리고 나가시오."
부인을 불렀고 왔으므로 물어 말하였다.
"이 사문이 그대를 유혹하여 떠나갔는가?"
대답하여 말하였다.
"그렇지 않습니다."
"무슨 까닭으로 서로를 따라갔는가?"
대답하여 말하였다.

---

6) 일을 판결하는 관리를 가리킨다.

"남편이 때리는 것을 보았고 남편의 노여움이 아직 멈추지 않은 까닭으로, 다시 심하게 때리는 인연으로 목숨을 잃는 것이 두려웠던 까닭입니다. 이곳을 까닭으로 피하여 달아나면서 비구를 보았고 곧 '존자여. 어느 곳으로 가고자 하십니까?'라고 물었고, 비구는 '나는 성 밖으로 나가고자 합니다.'라고 대답하여 말하였으며, 내가 '존자를 따라서 떠나고자 합니다.'라고 말하였으며, 비구는 '이곳은 왕도인데 무슨 용도로 묻습니까?'라고 말하였습니다. 사실은 이와 같고 그가 유혹한 것이 아닙니다."

곧 부인을 내보냈고, 다시 그 비구를 불러왔으며 물어 말하였다.

"그대는 출가인인데 다른 사람의 아내를 유혹하여 달아나고서 어찌하여 망어하면서 벗어나기를 바라는가? 이전에 여인은 '그대가 진실로 유혹하였다.'라고 말하였는데 그대가 어찌하여 아니라고 말하는가?"

비구가 대답하여 말하였다.

"그렇지 않습니다."

다시 거듭하여 물었어도 대답하는 말이 처음과 같았으므로 비구를 내보내고 다시 여자를 불러서 물어 말하였다.

"폐악하여 죽일 여인이로다. 남편을 버리고 도주하고도 망어로 관청을 속이면서 벗어나기를 바라는가? 이전에 비구가 '진실로 그대를 유혹하였다.'라고 말하였는데 그대는 어찌하여 아니라고 말하는가?"

대답하여 말하였다.

"진실로 그렇지 않습니다."

이와 같이 세 번을 물었고 대답이 처음과 같았으므로 곧 여인을 남겨두고 비구를 불러왔으며 마주하게 하고서 마음의 상태를 시험하였으며, 얼굴빛으로 그들의 거짓과 진실을 관망하였는데, 대답이 처음과 같았다.

관원이 비구에게 물었다.

"그대의 발우가 무슨 까닭으로 깨졌소?"

대답하여 말하였다.

"깨졌을 뿐입니다."

대답하여 말하였다.

"옷은 무슨 까닭으로 찢어졌소?"
대답하여 말하였다.
"찢어졌을 뿐입니다."
"그대의 팔꿈치와 무릎이 무슨 까닭으로 상하고 깨졌소?"
대답하여 말하였다.
"상했을 뿐입니다."
아내는 남편이 아직 노여움이 멈추지 않아 그 비구가 이와 같이 고통을 받고 있는데 관청에 말하지 않는 것을 연민(憐愍)하여 곧 관청을 향하여 말하였다. 관청에서 이것을 듣고서 크게 성내면서 이렇게 말을 지었다.
"폐악한 죄인이로다. 그대가 곧 왕이고 다시 나머지의 사람은 없구나."
곧 관인에게 칙명하여 비구를 요리하면서 그에게 탕약(湯藥)을 주었고, 옷과 발우를 주었으며, 곧 이 사람을 붙잡아 감옥에 가두었고 그 집의 재산을 몰수하여 관청의 창고에 넣었다. 여러 비구들이 이 인연으로써 가서 세존께 아뢰었고, 세존께서는 비구에게 말씀하셨다.
"어느 곳의 일체 왕가에서 이러한 신심을 얻겠는가? 이것은 함께 약속하지 않았어도 허물과 근심이 이와 같은데, 하물며 다시 함께 약속하고 따르는 것이겠는가! 오늘부터는 여인과 함께 도로를 다니겠다고 약속하는 것을 허락하지 않겠노라."
세존께서는 여러 비구들에게 알리셨다.
"비사리성을 의지하여 머무르는 비구들을 모두 모이게 하라. 열 가지의 이익을 까닭으로써 여러 비구들을 위하여 계율을 제정하겠나니, 나아가 이미 들었던 자들도 마땅히 거듭하여 들을지니라. 만약 비구가 여인과 함께 도로를 다니겠다고 약속하였고, 나아가 취락의 중간에 이르렀다면 바야제를 범하느니라."
'비구'는 앞의 설명과 같다.
'여인'은 만약 어머니이거나, 만약 자매이거나, 만약 늙었거나, 만약 젊었거나, 재가이거나, 출가한 사람이다.
'함께 약속하다.'는 만약 오늘이거나, 만약 내일이거나, 보름이거나,

한 달이다.

'도로'는 3유연이거나, 2유연이거나, 1유연이거나, 반 유연이거나, 1구로사이거나, 반 구로사이고, 나아가 취락의 중간에 이르렀다면 바야제를 범한다.

'바야제'는 앞의 설명과 같다.

만약 비구가 여인과 함께 약속하고 도로를 다니면서 하나·하나의 취락의 중간을 지나갔다면 하나·하나의 바야제를 범하고, 만약 돌아오는 자도 하나·하나가 바야제를 범한다. 나머지는 92번째의 세 번째 발거의 가운데에서 비구가 비구니와 함께 약속하고 도로를 다니는 가운데에서 자세히 설하였다. 이 가운데에서는 여인이 다른 것이다.

이러한 까닭으로 설하였노라.

세존께서는 사위성에 머무셨으며, 자세한 설명은 앞에서와 같다.
그때 존자 아나율은 탑산(塔山)에 있으면서 하안거를 마쳤고 사위성에 돌아와서 세존께 예경하고 문신하고자 하였다. 도로를 다니면서 중간에 날이 어두워졌으므로 취락에 들어가서 묵을 곳을 구하려고 하였다. 이때 취락의 가운데에 어느 한 어머니가 한 명의 딸을 데리고 취락을 나와서 물을 취하려고 하였다. 도로에서 서로 만났고, 딸은 비구의 얼굴과 모습이 단정하고 위의가 상서(庠序)로운 것을 보고서 음욕의 생각이 생겨났다. 비구는 취락에 들어가서 두루 묵을 곳을 구하였으나 얻지 못하였고 이렇게 생각을 지었다.

'마땅히 다시 밖으로 나가서 나무의 아래에서 묵어야겠다.'

곧바로 다시 나왔는데 다시 그 어머니와 딸을 만났다. 이때 딸이 어머니에게 물었다.

"이 사문이 어두움을 향하여 어느 곳으로 가려고 합니까?"

대답하여 말하였다.

"알지 못한다."

딸이 말하였다.

"어머니가 물어보세요."

어머니가 곧 물어 말하였다.

"사문이여. 어두움을 향해 취락에서 나왔는데 어느 곳으로 가고자 합니까?"

대답하여 말하였다.

"나는 취락에 들어가서 묵을 곳을 구했으나, 얻지 못하였으므로 밖으로 나가서 나무의 아래에서 묵고자 합니다."

딸이 어머니에게 말하였다.

"데리고 집으로 돌아가서 그가 묵을 곳을 빌려주세요."

어머니가 곧 말하였다.

"사문이여. 나를 따라서 우리 집으로 가시지요. 마땅히 묵을 곳을 빌려주겠습니다."

비구는 곧 따라갔고 다시 집에 이르러 하나의 방을 주면서 말하였다.

"사문이여. 이 가운데에서 묵으세요."

비구는 곧 풀의 자리를 펼치고 가부좌를 맺고 앉았다. 어머니와 딸은 음식을 먹고 스스로가 잠자는 곳에 돌아갔고, 이 비구는 도로를 다니면서 매우 피곤하였기에 쓰러져서 누웠다. 딸이 어머니가 깊이 잠드는 것을 엿보았고 서서히 조용히 일어나서 비구의 처소에 이르러 그의 풀의 자리를 끌어당겼으며, 비구는 깨어나서 일어나 몸을 바로 세우고 앉았다. 여인의 성격이 나약하여 물러갔고, 떠나갔으므로 비구는 다시 누웠으며 이 여인이 잠시 뒤에 다시 왔던 것은 세존께서 말씀하신 것과 같다.

다섯 종류의 사람은 밤에 잠자지 못하나니, 무엇이 다섯 가지인가? 여인이 음욕의 생각을 일으켜서 남자를 생각하는 까닭으로 밤에 잠자지 못하는 것이고, 남자가 음욕의 생각을 일으켜서 여인을 생각하는 까닭으로 밤에 잠자지 못하는 것이며, 도둑이 훔치려는 마음이 있는 까닭으로 밤에 잠자지 못하는 것이고, 왕이 나라의 일을 근심하며 생각하는 까닭으로 밤에 잠자지 못하는 것이며, 정진하는 비구가 도업(道業)을 수습하는 까닭으로 밤에 잠자지 못하는 것이다. 이 여인은 잠자지 못하였고, 다시 조용히 일어나서 왔으며 그의 풀의 자리를 당겼으므로, 비구 깨어났고 일어나서 몸을 바르게 앉았으므로 나아가 밤이 밝았다. 다음날 세존의 처소에 이르니, 세존께서 멀리서 보셨고 아시면서도 일부러 물으셨다.

"누가 번거롭게 그대를 접촉하여 안색이 즐겁지 않은가?"

곧 앞의 일을 갖추어 세존께 아뢰었고, 세존께서는 여러 비구들에게 알리셨다.

"사위성을 의지하여 머무르는 비구들을 모두 모이게 하라. 열 가지의 이익을 까닭으로써 여러 비구들을 위하여 계율을 제정하겠나니, 나아가 이미 들었던 자들도 마땅히 거듭하여 들을지니라. 만약 비구가 여인과 함께 같은 집에서 묵었다면 바야제를 범하느니라."

'비구'는 앞의 설명과 같다.

'여인'은 만약 어머니이거나, 만약 자매이거나, 만약 늙었거나, 만약 젊었거나. 재가이거나, 출가한 사람이다.

'집'은 같이 막혔고, 같이 덮인 것이다.

'묵다.'는 함께 잠자는 것이니, 바야제의 죄를 범한다.

'바야제'는 앞의 설명과 같다.

함께 하나의 방이고 막혀 있으며 별로의 문이라면 무죄이다. 다른 방이고 막히지 않았다면 바야제를 범하고, 같은 방이고 함께 막혔어도 바야제를 범하며, 다른 방이고 다른 문이라면 무죄이다. 덮여 있고 칸막이가 있어도 바야제를 범하고, 덮여 있고 절반의 칸막이라면 월비니죄를 범하며, 덮여 있고 칸막이가 없다면 무죄이다. 칸막이가 있고 덮이지 않았다면 바야제를 범하고, 칸막이가 있고 절반이 덮였다면 월비니죄를 범하며, 칸막이가 있고 덮이지 않았다면 무죄이다.

비구가 여인과 함께 집안에 있다면 바야제를 범하고, 비구는 집안에 있고 여인 절반의 몸이 집안에 있다면 월비니죄를 범하며, 비구는 집안에 있고 여인이 집 밖에 있다면 무죄이다. 여인이 비구와 함께 집안에 있다면 바야제를 범하고, 여인은 집안에 있고 비구 절반의 몸이 집안에 있다면 월비니죄를 범하며, 여인은 집안에 있고 비구가 집밖에 있다면 죄가 없다.

　만약 세존 탄신일의 대회이거나, 득도일의 대회이거나, 전법륜일의 대회이거나, 라후라의 대회이거나, 아난의 대회이거나, 반차우슬(般遮于瑟)의 대회이었고, 만약 밤새워 설법하는 자는 마땅히 노지(露地)에 있어야 한다. 만약 바람이 불고 비가 왔거나, 만약 눈이 오면서 몹시 추웠다면 마땅히 집안에 들어가서 몸을 바르게 앉아야 하며, 만약 늙었거나 만약 병들어서 능히 앉지 못하는 자는 마땅히 칸막이로 막아야 하고, 칸막이로 막으면서 엉성한 것을 사용하지 않을 것이고, 물건의 높이는 어깨와 겨드랑이에 가지런하게 해야 한다.

　만약 비구가 도로를 다니면서 취락에 들어가서 묵을 때에는 별도로 방과 별도의 칸막이여야 하고, 만약 집이 없다면 마땅히 노지에서 묵어야 하며, 만약 바람이 불고 비가 오며 춥고 눈이 왔다면 마땅히 집 안에 들어가서 몸을 바르게 앉아야 하고, 만약 늙고 병들고 열등하고 약하여 능히 앉을 수 없다면 마땅히 칸막이로 막아야 하고, 만약 칸막이가 없었으며 여인이 믿을 수 있었다면 마땅히 "우바이여. 그대가 먼저 잠자십시오. 나는 앉겠습니다."라고 말해야 하고, 비구가 잠자려고 하는 때에는 "일어나십시오. 내가 잠자려고 하니 그대는 잠자지 마십시오. 잠잔다면 복이 없습니다."라고 말해야 한다.

　만약 암컷 코끼리와 닭, 낙타와 소와 나귀와 같이 머리를 들었던 때라면 죄를 얻지 않으나, 머리를 숙이고 잠자는 자는 바야제를 범한다. 만약 암컷 개처럼 머리를 펴는 때에는 무죄이니, 머리를 숙이고 잠자는 때에는 바야제를 범한다. 거위나 공작이나 닭처럼 머리를 펴는 때에는 무죄이나, 머리를 숙여서 날개의 아래에 놓아두었다면 바야제를 범한다. 코끼리처럼 바로 서 있는 때에는 무죄이지만, 기우는 때에는 바야제를 범한다.

　만약 대중의 여러 비구가 방 안에서 잠자는 때에 어머니가 잠자는 여자아이를 안고서 들어왔다면 일체의 잠잤던 비구는 바야제를 범한다. 유나(維那)와 지시인은 마땅히 어머니에게 "그대가 바르게 아이를 세워서 안고 들어오십시오."라고 말해야 한다.

이러한 까닭으로 설하였노라.

세존께서는 사위성에 머무셨으며, 자세한 설명은 앞에서와 같다.
그때 존자 우타이는 함께 한 지식인 바라문과 같은 취락에 있었다. 그 바라문의 딸이 시집가서 다른 취락에 이르렀는데, 서신을 보내어 아버지에게 말하였다.
"만약 아사리라도 때때로 와서 나를 보십시오."
[이부정법(二不定法) 가운데의 인연에서 자세히 설명하였다.]
세존께서 우타이에게 말씀하셨다.
"어리석은 사람이여. 재가의 세속 사람도 오히려 출가인의 마땅한 행법(行法)과 마땅하지 않은 행법을 아는데, 그대는 신심으로 출가하였으나 출가인의 마땅한 행법을 알지 못하는가? 이것은 비법이고, 계율이 아니며, 세존의 가르침이 아니니라. 이것으로써 선법을 크게 장양하지 못하느니라. 오늘부터는 여인과 함께 혼자서 텅비고 고요한 곳에 앉는 것을 허락하지 않겠노라."
세존께서는 여러 비구들에게 알리셨다.
"사위성을 의지하여 머무르는 비구들을 모두 모이게 하라. 열 가지의 이익을 까닭으로써 여러 비구들을 위하여 계율을 제정하겠나니, 나아가 이미 들었던 자들도 마땅히 거듭하여 들을지니라. 만약 비구가 여인과 함께 혼자서 텅비고 고요한 곳에 앉았다면 바야제를 범하느니라."
'비구'는 앞의 설명과 같다.
'여인'은 만약 어머니이거나, 만약 자매이거나, 만약 늙었거나, 만약 젊었거나. 재가이거나, 출가한 사람이다.
'혼자'는 홀로 한 여인이고 다시 다른 사람이 없는 것이다. 설사 다른 사람이 있더라도 만약 잠잤거나, 어리석었거나, 미쳤거나, 마음이 어지러웠거나, 고통을 받았거나, 어린이이거나, 비인(非人)이거나, 축생이라면 비록 이러한 있었어도 혼자라고 이름한다.
'텅비고 고요하다.'는 적정(寂靜)한 처소이다.

'앉다.'는 함께 앉는 것이니, 바야제를 범한다.

'바야제'는 앞의 설명과 같다.

만약 비구가 여인과 함께 앉아서 하루를 지냈다면 앉아 있는 자는 하나의 바야제를 범하고, 만약 비구와 여인이 중간에 일어났다가 다시 앉았다면 하나·하나가 바야제를 범한다. 만약 비구가 청을 받고서 단월의 집에 이르러 앉았는데, 여인이 음식을 돌리고서 비구의 앞에 앉았고 다시 일어나서 음식을 더하여 주었으며, 이와 같이 다시 일어나고 다시 앉았다면 하나·하나가 바야제를 범한다.

한 여인은 비구 옆에 앉았고, 한 여인은 오고 가면서 음식을 더하여 주었다면, 여인이 나가는 때는 비구는 마땅히 일어나야 한다. 일어나는 때에는 갑자기 일어나지 않을 것이니, 그 여인이 비구가 다른 생각이 있다고 생각하면서 의심하는 것이 두렵느니라. 마땅히 먼저 "자매여. 내가 일어나고자 합니다."라고 말해야 한다. "무슨 까닭으로 일어나십니까?"라고 물어 말한다면, "세존께서 계율을 제정하시어서 여인과 함께 혼자서 텅비고 고요한 곳에 앉는 것을 허락하지 않으셨고, 이러한 까닭으로 일어납니다."라고 대답하여 말해야 한다. 여인이 "존자여. 일어나지 마십시오. 내가 스스로 일어나겠습니다."라고 말하고서 일어났다면 무죄이다.

일곱 살 아래인 여자애와 계단의 첫 판자 위에 앉았고, 다시 둘째 판자 위에 앉았으며, 다시 일어나서 셋째 판자 위에 앉으면서 이와 같이 하나·하나의 장소를 옮겨서 앉았다면 하나·하나가 바야제를 범한다. 만약 집 안에 작업(作務)하는 정인이 오고 가면서 끊어지지 않았다면 무죄이다. 만약 문이 도로를 향하였으며 도로 가운데에 행인이 비구가 걸식하는 것과 같이 잠시도 끊이지 않는다면 그들은 곧 마땅히 정인이므로 무죄이다.

만약 비구와 여인이 누각 위에 함께 앉았는데 누각 아래의 정인이 멀리서 비구를 보고 비구도 또한 정인을 보았다면 무죄이다. 비구와 여인이 누각 아래에 앉았는데 누각 위에서 사람이 보았다면 역시 이와 같다. 혹은 보았으나 듣지 못하였고, 혹은 들었으나 보지 못하였으며, 역시 보았고 역시 들었으며, 보지도 못하였고 듣지도 못한 것이 있다.

'보았으나 듣지 못하다.'는 정인이 멀리서 비구와 여인이 함께 앉은 것을 보았으나 그들의 말소리는 듣지 못하는 것이니, 월비니죄를 범한다.

'들었으나 보지 못하다.'는 말소리는 들었으나 그 사람들을 보지 못하는 것이니, 월비니죄를 범한다.

'보았고 들었다.'는 함께 앉은 것을 보았고 말소리도 들은 것이니, 무죄이다.

'보지 못하였고 듣지 못하다.'는 바야제이니, 장님인 정인이라면 월비니죄를 범하고, 귀머거리인 정인이라면 월비니죄를 범하며, 장님이고 귀머거리인 정인이라면 바야제를 범하고, 한 명은 장님이고 한 명은 귀머거리인 정인이라면 무죄이다.

만약 정인이 잠자는 때라면 마땅히 흔들어서 깨워야 한다. 이 죄는 역시 취락이거나, 역시 아련야이거나, 역시 때이거나, 역시 때가 아니거나, 역시 낮이거나, 역시 밤이거나, 이것은 가려진 곳이고, 드러나지 않은 곳이며, 텅비어 고요한 곳이고, 대중이 많은 곳이 아니며, 가까운 곳이고 먼 곳이 아니다.

이러한 까닭으로 설하였노라.

고의로 목숨을 뺏는 것과 의심하게 하는 것과
버리지 않는 것과 감추는 것과 두렵게 하는 것과
물에서 희롱하는 것과 손가락으로 위협하는 것과
함께 가는 것과 같은 집에서 묵는 것과
텅비어 고요한 곳도 역시 그러하다.

[일곱 번째의 발거를 마친다.]

세존께서는 사위성에 머무셨으며, 자세한 설명은 앞에서와 같다.

그때 비사거록모는 길게 기원정사의 승가를 청하였으므로 차례로 그의 집에 이르러 음식을 먹는 때에 비사거록모가 머리숙여 승가의 발에 예경하면서 차례로 내려가면서 16군비구들이 있는 곳에 이르렀다. 그들을 보았는데 나이가 젊고 신색(身色)이 유연하였으나, 능히 집을 버려 출가하였으므로 여인이 많은 자비를 일으켜서 아들같이 생각하였고, 역시 법을 존경하였던 까닭으로 곧바로 물어 말하였다.

"기원정사의 대중 승가는 공양이 없는 때에 존자들은 어느 곳에서 음식을 얻습니까?"

대답하여 말하였다.

"때에 이르면 옷을 입고 발우를 지니고 집집마다 걸식합니다."

곧 말하였다.

"존자들이여. 만약 공양이 없는 때라면 우리 집에 와서 먹으세요. 나는 스스로가 오늘 이후에 만약 공양하는 날이 없다면 마땅히 음식을 베풀겠습니다."

나이가 젊은 비구들은 이러한 말을 듣고서 곧바로 청을 받아들여서 공양이 없는 날에는 그녀의 집에 이르러 음식을 먹었다. 녹모가 길게 세존을 청하는 때에 존자 아난이 날마다 그곳에 이르러 음식을 청하였던 까닭으로 16군비구들이 그 집에 있으면서 음식을 먹는 것을 보았다. 이 여러 비구들은 나이가 젊어서 교만한 마음이 일어나서 방자하게 말하였다.

"녹모여. 이 음식이 너무 많습니다."

대답하여 말하였다.

"그대가 그것을 덜어내세요."

다시 말하였다.

"너무 적습니다."

대답하여 말하였다.

"그대가 마땅히 많이 주세요."

이와 같이 혹은 차다거나, 뜨겁다거나, 단단하다거나, 연하다거나,

달다거나, 시다거나, 짜다거나, 싱겁다고 싫어하였고, 이와 같이 여러 종류에서 가히 맞추는 것이 어려웠으나 녹모는 신심이 있고 자비가 많았으므로 대답하여 말하였다.

"그대가 찾는 것을 따라 주겠습니다."

아난은 보고서 이렇게 생각을 지었다.

'만약 이곳이 불신하는 집이었다면 곧 악심을 일으켰을 것이다.'

이 인연으로써 가서 세존께 아뢰었다.

"옳습니다. 세존이시여. 원하옵건대 오늘부터는 어린 아이들에게 구족계를 주지 마십시오."

세존께서 말씀하셨다.

"오늘부터는 나이가 20세를 채우지 못하였다면 구족계를 주거나, 받을 수 없느니라."

세존께서는 사위성에 머무셨으며, 자세한 설명은 앞에서와 같다.

그때 마하라인 아버지와 아들의 두 사람이 재가에서 신심이 있어서 집을 버리고 출가하였다. 그의 아들은 사미로서 500의 비구들을 공급하였는데 여러 비구들이 혹은 양지(楊枝)를 찾았고, 혹은 나뭇잎을 찾았으며, 이와 같이 대중이 많아서 능히 공급할 수 없었다. 이때 마하라가 생각하면서 말하였다.

"나에게 오직 하나뿐인 아들인데 500의 비구들에게 공급하면서, 찾는 대중이 많아서 능히 공급하기 어렵구나. 이와 같다면 오래지 않아서 반드시 병이 날 것이다. 세존께서는 계율을 제정하시어 나이 20세를 채우지 못하였다면 구족계를 주거나 받을 수 없다. 비록 마땅하지 않다고 알겠으나 우선 구족계를 주어서 그를 고통에서 벗어나게 해야겠다."

곧 비구를 데리고 나가서 계장(戒場)에 이르렀고 구족계를 주었다. 구족계를 받았어도 여러 비구들은 오히려 이전의 법과 같이 부르면서 말하였다.

"사미여. 나에게 깨끗한 양지와 풀, 나아가 나뭇잎을 알아서 주게."

그가 곧 대답하여 말하였다.

"나는 이미 구족계를 받았는데 어찌하여 고의로 사미라고 부릅니까?"

여러 비구들이 말하였다.

"누가 그대에게 받게 하였는가?"

대답하여 말하였다.

"아바루혜(我婆樓醯)입니다."

여러 비구들이 이 인연으로써 갖추어 세존께 아뢰었고, 세존께서는 말씀하셨다.

"마하라를 불러오라."

왔으므로, 세존께서는 앞의 일을 갖추어 물으셨다.

"그대가 진실로 그러하였는가?"

대답하여 말하였다.

"진실로 그렇습니다."

세존께서 말씀하셨다.

"이것은 악한 일이니라. 마하라여. 그대는 어찌하여 사람이 나이가 20세를 채우지 않은 것을 알면서도 구족계를 받게 하였는가?"

세존께서 말씀하셨다.

"오늘부터는 나이가 20세를 채우지 못하였다면 구족계를 받게 하는 것을 허락하지 않겠노라."

세존께서는 여러 비구들에게 알리셨다.

"사위성을 의지하여 머무르는 비구들을 모두 모이게 하라. 열 가지의 이익을 까닭으로써 여러 비구들을 위하여 계율을 제정하겠나니, 나아가 이미 들었던 자들도 마땅히 거듭하여 들을지니라. 만약 비구가 20세를 채우지 않은 것을 알고서도 구족계를 받게 하였다면 바야제를 범하느니라. 여러 비구들은 마땅히 꾸짖(訶責)을 것이며, 이 사람은 구족계를 받았다고 이름할 수 없느니라."

'비구'는 앞의 설명과 같다.

'알다.'는 만약 스스로 알았거나, 만약 다른 사람에게 들어서 아는 것이다.

'채우지 않았다.'는 20년의 우기를 채우지 않았고, 20년이 모자라면 이것을 채우지 않았다고 이름하고, 20년의 우기가 모자라고 20년이어도 이것을 채우지 않았다고 이름하며, 20년의 우기가 모자라고 20년이 지났어도 이것을 채우지 않았다고 이름한다.

겨울에 태어나서 겨울이 돌아오는 때에 받았고 지난 안거를 마치지 않았다면 이것을 채우지 않았다고 이름한다. 봄에 태어나서 봄이 돌아오는 때에 받았고 지난 안거를 마치지 않았다면 이것을 채우지 않았다고 이름한다. 전안거에 태어나서 전안거가 돌아오는 때에 받았고 전안거를 마치지 않았다면 이것을 채우지 않았다고 이름한다. 후안거에 태어나서 후안거가 돌아오는 때에 받았고 후안거를 마치지 않았다면 이것을 채우지 않았다고 이름한다.

이 사람의 나이가 20세가 안 되는 때에 사람들이 절반은 모자란다고 말하고 절반은 채웠다고 말한다면, 절반이 모자란다고 말하는 자는 바야제를 범하고, 채웠다고 말하는 자는 무죄이며, 이 사람은 구족계를 받았다고 이름한다. 이 사람의 나이가 20세가 안 되는 때에 사람들이 모두가 모자란다고 말하는데, 구족계를 주었다면 일체가 바야제를 범하고, 이 사람은 구족계를 받았다고 이름할 수 없다.

이 사람의 나이가 20세가 안 되는 때에 사람들이 모두가 채웠다고 말한다면 구족계를 주었어도 모두가 무죄이고, 이 사람은 구족계를 받았다고 이름한다. 20년의 우기를 채웠다면 20년이 모자라도 채웠다고 이름하고, 20년의 우기를 채웠고 20년을 채웠다면 20년을 채웠다고 이름하며, 20년의 우기를 채웠고 20년이 지나갔다면 채웠다고 이름한다.

20년 겨울의 때에 태어나서 지나간 안거를 마치고 구족계를 받았다면 채웠다고 이름하고, 20년 봄의 때에 태어나서 지나간 안거를 마치고 구족계를 받았다면 채웠다고 이름하며, 20년 전안거의 때에 태어나서 지나간 안거를 마치고 구족계를 받았다면 채웠다고 이름하고, 20년 후안거의 때에 태어나서 지나간 안거를 마치고 구족계를 받았다면 채웠다고 이름한다.

　20년의 우기를 채웠고 20년 우기의 때에 사람들이 절반은 채웠다고 말하고, 절반은 채우지 않았다고 말한다면, 채우지 않았다고 말하는 자는 월비니죄를 범하고, 채웠다고 말하는 자는 무죄이니, 이 사람은 구족계를 받았다고 이름한다. 20년의 우기를 채우는 때에 사람들 일체가 채우지 않았다고 말한다면 일체가 월비니죄를 범하니, 이 사람은 구족계를 받았다고 이름하지 않는다. 20년의 우기를 채웠고 일체가 채웠다고 말한다면 일체가 무죄이니, 이 사람은 구족계를 잘 받았다고 이름한다. 만약 비구가 사람의 나이가 20세를 채우지 않은 것을 알고서도 구족계를 주었으면, 이 여러 비구들을 마땅히 꾸짖고서, 바야제를 참회시켜야 한다.

　'바야제'는 앞의 설명과 같다.

　만약 어느 사람이 와서 구족계를 받고자 하였다면 달을 채웠던 자에게는 마땅히 구족계를 주어야 하고, 채우지 못한 자는 마땅히 그에게 말하여 채우는 것을 기다려야 한다. 만약 앞의 사람이 알지 못한다면 마땅히 그의 부모와 친족에게 물어야 하고, 만약 다시 알지 못한다면 마땅히 생년(生年)의 판(板)을 보아야 하고, 만약 다시 알지 못한다면 마땅히 얼굴의 상태를 관찰해야 한다.

　관찰하는 때에 똑바로 형체를 관찰할 수 없고, 혹은 귀하고 즐거운 집의 아들인가? 형체가 큰가? 나이가 젊은가를 관찰할 수 없으며, 마땅히 그의 손발이 정상이었는가를 관찰해야 한다. 만약 이와 같았어도 알지 못한다면 마땅히 어느 왕인가? 어느 해에 풍년이었는가? 흉년이었는가? 가뭄이었는가? 장마였는가의 시절을 물어야 한다.

　이러한 까닭으로 설하였노라.

　세존께서는 사위성에 미무셨으며, 자세한 설명은 앞에서와 같다.

　그때 사위국과 비사리국의 두 나라는 싫어하였고 해마다 서로가 침략하였다. 이때 비사리의 사람들이 사위국에 와서 침략하고 백성들을 겁탈하여 떠났으며 본래의 경계에 돌아와서 안은하다는 생각이 생겨나서 무기를 풀어놓고 쉬었다. 사위국의 왕은 이렇게 생각을 지었다.

'내가 나라의 왕이므로 마땅히 이웃의 적들을 물리치고 백성을 편안하게 해야 하는데, 어찌하여 도둑들이 사람과 물건을 겁탈하고 약탈하게 하겠는가?'

곧 장사(將士)들에게 칙명하였다.

"바라건대 그대들은 추적(追捕)하여 반드시 도둑을 잡아오라. 만약 잡지 못하고 빈손으로 돌아와서는 아니된다."

장사들은 생각하며 말하였다.

"왕의 하교가 엄중하므로 마땅히 신속히 해야겠다."

곧 병사들을 모았고 자취를 찾아서 엄습(掩襲)하였다. 그때 사위국의 비구들이 안거를 마치고 비사리성으로 나아가고자 하였고, 여러 비구들이 길을 잃어 그 도둑들의 가운데에 떨어졌다. 도둑들이 곧 크게 놀라서 비구들에게 물었다.

"비구여. 그대들은 무슨 사람입니까?"

대답하여 말하였다.

"우리는 출가한 사람입니다."

"어느 도에 출가하였습니까?"

대답하여 말하였다.

"석종(釋種)에 출가하였습니다."

물어 말하였다.

"대덕들이여. 그대는 어디로 떠나고자 합니까?"

대답하여 말하였다.

"비사리성으로 향하면서 길을 잃었고 이곳에 이르렀습니다."

곧 그 길을 가르쳐 주었다. 이때 비구들이 도둑들에게 물었다.

"장수여. 그대들은 어디로 떠나고자 합니까?"

대답하여 말하였다.

"비사리성으로 향하고 있습니다."

비구들이 다시 말하였다.

"마땅히 함께 반려를 지읍시다."
그들이 곧 대답하여 말하였다.
"우리들은 도둑이고 다른 사람의 물건들을 겁탈하였으므로 지름길로 다니고 가시덤불을 다니므로 길을 선택하지 않습니다. 그대들은 선한 사람들인데, 어찌하여 우리를 따르겠습니까? 이 길은 곧은 길이니 이 길을 따라서 떠나십시오."
비구들이 다시 청원(請願)하였다.
"우리들을 데리고 떠나가서 다시 우리들이 거듭하여 길을 잃지 않게 해주십시오."
도둑들은 처음과 같이 대답하였고 이와 같이 청이 두·세 번에 이르렀다. 비구들의 말이 끝나지 않았으나 추적하고 찾으면서 이르렀고 비구들을 합하여 붙잡았으며 데리고 왕의 처소에 이르러 이와 같이 말을 지었다.
"대왕이시여. 이자들이 도둑의 무리입니다."
왕이 말하였다.
"먼저 비구들을 데려오라."
왔으므로, 왕이 말하였다.
"그대들은 출가한 사람으로서 어찌하여 도적이 되었는가?"
비구들이 대답하여 말하였다.
"우리들은 도둑이 아닙니다."
"무슨 까닭으로 서로를 따랐는가?"
비구들이 앞의 일을 갖추어 왕을 향하여 말하였고, 왕은 말하였다.
"이 비구들을 데려가고 그 도둑들을 데려오라."
왔으므로, 도둑들에게 물어 말하였다.
"이 출가인들이 그대들의 반려인가?"
대답하여 말히었다.
"반려가 아닙니다."
"무슨 까닭으로 서로를 따랐는가?"
도둑들이 앞의 일을 갖추어 왕을 향하여 말하였고, 왕은 말하였다.

"도적들을 데려가고 다시 그 비구들을 불러오라."

왔으므로, 왕이 물어 말하였다.

"그대들은 출가한 사람으로서 어찌하여 도둑이 되었는가? 거짓말로 관청을 속이고 벗어나기를 바랐는가? 도둑들은 그대들이 반려라고 말하였는데 무슨 까닭으로 아니라고 말하는가?"

비구들의 대답이 처음과 같았다. 왕은 곧 하교로 금관(禁官)에게 칙명하여 비구들은 풀어주었고 도둑들은 여법하게 죄를 다스렸다. 곧 500의 도둑들에게 가비라(迦毘羅)의 화만(華鬘)을 씌우고 북을 두드렸으며 방울을 흔들고 네거리의 도로 끝에서 소리쳐 불렀고 나아가 장차 그들을 죽이고자 하였으므로, 도둑들이 크게 울었다. 세존께서는 아시면서도 일부러 물으셨다.

"비구들이여. 이것은 어느 여러 사람들의 소리인가?"

비구들이 대답하여 말하였다.

"세존이시여. 이것은 500의 도둑 무리들의 소리입니다. 왕의 교령(敎令)을 받고 데려가서 그들을 죽이려고 하였고 이것은 그들의 소리입니다."

세존께서 아난에게 알리셨다.

"그대가 가서 왕에게 말하게. '그대는 사람들의 왕이므로 마땅히 백성에게 자비스러움이 자식과 같아야 하는데, 어찌하여 한꺼번에 500의 사람을 죽이고자 하십니까?'라고 말하게."

아난이 하교를 받고 곧 왕의 처소에 나아가서 세존의 말씀을 갖추어 말하였고, 왕은 말하였다.

"존자 아난이여. 나도 이러한 일을 알고 있습니다. 만약 한 사람을 죽이라도 죄의 과보가 매우 많은데 하물며 500명이겠습니까? 다만 이 도둑들이 자주자주 와서 우리 취락을 습격하여 백성들을 겁탈하였습니다. 만약 세존께서 능히 이 사람들이 다시 도둑질하지 못하도록 하시겠다면 풀어주고 살려주겠습니다."

아난은 곧 돌아와서 왕이 말한 것을 갖추어 세존께 아뢰었고, 세존께서는 말씀하셨다.

"아난이여. 다시 가서 왕에게 말하게. '왕은 다만 그들을 풀어주어 보내십시오. 내가 능히 이 사람들을 오늘부터는 다시 도둑질하지 못하도록 하겠습니다.'"

아난은 하교를 받고 먼저 형을 집행하는 곳에 이르러서 사형을 감독하는 자에게 말하였다.

"이 여러 죄인들을 세존께서 이미 구제하였으니, 곧 죽이지 마십시오."

다시 도적들에게 말하였다.

"그대들이 능히 출가하겠는가?"

도둑들이 말하였다.

"존자여. 저희들이 본래 만약 출가하였다면 이러한 고통을 만나지 않았을 것입니다. 지금 매우 원하고 즐겁지만, 무슨 이유로 출가하겠습니까?"

아난은 곧 왕의 처소에 이르러 이렇게 말을 지었다.

"세존께서 왕에게 말씀하셨습니다. '내가 능히 이 사람들을 오늘부터는 다시 도둑질하지 못하도록 하겠습니다.' 왕께서는 곧 감독하는 관리에게 칙명하여 생명을 용서하시고 잠시 결박을 풀지 않고 세존께 보내시면 세존께서 스스로 그들을 풀어주실 것입니다."

그때 세존께서는 그 사람들을 제도하고자 하였던 까닭으로 노지에 앉으셨다. 도둑들이 멀리서 세존을 보았는데, 결박이 스스로가 풀어졌으므로 머리숙여 발에 예경하고 한쪽에 물러나서 머물렀다. 세존께서는 그들의 숙연(宿緣)을 관찰하셨고 수순하여 보시와 지계와 행업의 과보와 마땅히 고습진도(苦習盡道)와 사진제법(四眞諦法)을 설법하셨다. 곧 이때 수다원의 도를 얻었으므로, 물어 말씀하셨다.

"그대들은 출가가 즐겁겠는가?"

대답하여 말하였다.

"세존이시여. 저희들이 이전에 만약 출가하였다면 이러한 고통을 만나지 않았을 것입니다. 오직 원하옵건대 지금 저희들을 제도하여 출가시켜 주십시오."

세존께서는 말씀하셨다.

"잘 왔느니라. 비구들이여."

이와 같이 말씀하셨던 때에 500의 도둑들의 몸에 걸쳤던 옷이 3의로 변하였고, 자연스럽게 발우와 그릇들의 위의가 갖추어져 오히려 100세의 오랜 비구와 같았고 모두가 아라한을 성취하였다. 여러 비구들이 세존께 아뢰었다.

"세존이시여. 어찌하여 500의 도둑들은 세존의 은혜를 입고서 자연스럽게 해탈을 이루었습니까?"

세존께서는 말씀하셨다.

"다만 오늘에 나에게 해탈을 얻은 것이 아니고, 과거 세상의 때에서도 일찍이 나에게 해탈을 얻었느니라."

[『미후본생경(獼猴本生經)』의 가운데에서 자세히 설한 것과 같다.]

세존께서는 여러 비구들에게 알리셨다.

"사위성을 의지하는 여러 비구들을 모두 모이게 하라. 열 가지의 이익을 까닭으로써 여러 비구들을 위하여 계율을 제정하겠나니, 나아가 이미 들었던 자들도 마땅히 거듭하여 들을지니라. 만약 비구가 도둑과 함께 약속하고서 도로를 다니거나, 나아가 취락의 중간에 이르렀다면 바야제를 범하느니라."

'비구'는 앞의 설명과 같다.

'도둑'은 겁탈하는 도둑이다.

'약속하다.'는 만약 오늘이거나, 내일이거나, 하루이거나, 보름이다.

'도로'는 3유연이거나, 2유연이거나, 1유연이거나, 반 유연이거나, 1구로사이거나, 반 구로사이고, 나아가 취락의 중간에 이르렀다면 바야제를 범한다.

'바야제'는 앞의 설명과 같다.

도둑과 함께 약속하고 도로를 다닐 수 없다. 만약 비구가 다니고자 하는 때에는 마땅히 반려인 수레와 반려인 사람을 구하여야 한다. 도둑의 모습에는 세 가지의 일이 있으니, 냄새와 빛깔과 장엄인 것을 알아야 한다.

'냄새'는 광야의 가운데에 있으면서 익힌 고기와 생고기를 먹은 것이다.

'빛깔'은 항상 두려운 빛깔이다.

'장엄'은 하룻동안 띠를 묶고 얼굴은 검고 머리카락은 노란색이며 흉악하여 염라(閻羅)의 사람과 비슷하다. 이 세 종류를 도둑의 모습이라고 말하니, 마땅히 함께 다니지 말라.

만약 도둑이 좋은 사람이라고 사칭(詐稱)하며 지었고 좋은 의복을 입었으나 텅빈 곳으로 향하여 이르면서 전전하여 서로에게 "오늘은 마땅히 취락에 들어가서 담장을 파괴하고 재물을 겁탈하면서 사문과 바라문을 묻지 않고 일체를 취하겠다."라고 말한다면, 마땅히 도둑이라고 알 수 있다. 이때에는 곧바로 버리고 떠날 수 없고, 잠시 수순하여 따라가면서 만약 취락이 가깝다면 방편으로 버리고 떠나가야 하며, 만약 도둑이 알았다면 마땅히 "장수여. 나는 이곳에 이르고자 하였소."라고 말하여야 한다.

만약 도둑과 함께 약속하고 도로를 다니면 바야제를 범한다. 여적(女賊)과 함께 다녀도 이와 같고, 금을 훔친 도둑과 같이 다니면 바야제를 범하며, 부채를 짊어지고 도망가는 사람과 함께 다닌다면 월비니죄를 범한다.

이러한 까닭으로 설하였노라.

세존께서는 광야정사에 머무셨으며, 자세한 설명은 앞에서와 같다.

그때 일을 경영하던 비구가 스스로가 땅을 파내고 기초를 지었으며 벽돌을 짓고 진흙을 지었으므로, 세상 사람들에게 비난을 받았다.

"사문 구담은 무량한 방편으로 살생을 꾸짖었고 살생하지 않음을 찬탄하였나. 그러나 지금 자기 손으로 땅을 파내고 기초를 지었으며 벽돌을 짓고 진흙을 지었던 까닭으로 상하게 하고 명근(命根)을 파괴하는구나. 이 자는 패배한 사람인데 무슨 도가 있겠는가?"

여러 비구들이 이 인연으로써 가서 세존께 아뢰었고, 세존께서는 말씀

하셨다.
 "일을 경영하던 비구를 불러오라."
 왔으므로, 세존께서는 물으셨다.
 "그대가 진실로 그러하였는가?"
 대답하여 말하였다.
 "진실로 그렇습니다."
 세존께서 비구에게 말씀하셨다.
 "비구여. 이 가운데에 비록 명근이 없더라도 출가인으로 마땅히 짓지 않을 것이니라. 마땅히 일을 적은 일과 적은 소임으로 세상 사람들에게 비난을 받아서 다른 선한 복을 잃게 말라. 오늘부터는 자기 손으로 땅을 파낼 수 없느니라."
 세존께서는 여러 비구들에게 알리셨다.
 "광야정사를 의지하여 머무르는 여러 비구들을 모두 모이게 하라. 열 가지의 이익을 까닭으로써 여러 비구들을 위하여 계율을 제정하겠나니, 나아가 이미 들었던 자들도 마땅히 거듭하여 들을지니라. 만약 비구가 자기 손으로 땅을 파내거나, 만약 사람을 시켜 땅을 파게 하였거나, 지시하여 파내라고 말하였다면 바야제를 범하느니라."
 '비구'는 앞의 설명과 같다.
 '스스로의 손'은 만약 몸이거나, 몸의 부분이거나, 몸의 방편이다.
 '몸'은 일체의 몸이니, 이것을 몸이라고 이름한다.
 '몸의 부분'은 만약 손이거나, 만약 다리이거나, 만약 팔꿈치이거나, 만약 무릎이거나, 만약 이빨이거나, 만약 손톱이니, 이것을 몸의 부분이라고 이름한다.
 '몸의 방편'은 만약 가래이거나, 괭이거나, 도끼이거나, 끌이거나, 대나무이거나, 나무 등으로 자기 손으로 땅을 파내서 만약 멀리 던지고자 하면서 파괴하는 것이니, 파괴하는 자는 바야제를 범한다.
 '땅'은 생(生)과 작(作)이다.
 '생'은 대지(大地)이니, 이것을 생이라고 이름한다.

'작'은 기작(基作)과 상작(上作)이다.

'기작'은 노지에 담을 쌓는 것이다.

'상작'은 중각(重閣)의 지붕 위에 흙을 덮는 것이다. 이것을 상작이라고 이름한다.

'스스로가 파내다.'는 스스로 땅을 파거나, 사람을 시켜 파내거나, 나아가 이곳을 파내라고 말하는 것이니, 바야제를 범한다.

'바야제'는 앞의 설명과 같다.

만약 스스로가 방편으로 많이 파냈다면 하나의 바야제를 범하지만, 만약 중간에 멈추었다면 하나·하나가 바야제를 범한다.

'사람을 시키다.'는 다른 사람을 시켜서 파내는 것이니, 앞의 사람이 많이 파냈다면 하나의 바야제를 범하지만, 만약 거듭하여 파내게 말하였거나, 빠르게 파내라고 말하는 때마다 바야제를 범한다.

만약 비구가 땅을 평평하게 하고자 방편을 지어서 땅을 쓸었다면 월비니죄를 범하고, 만약 모기의 다리와 같게 상하여도 바야제를 범하며, 방편을 짓지 않았다면 무죄이다. 만약 방편으로 나무를 끌면서 땅을 파괴하고자 끌었다면 월비니죄를 범하고, 만약 모기의 다리와 같게 상하여도 바야제를 범하며, 방편을 짓지 않았다면 무죄이다. 만약 소나 말을 몰아서 땅을 파괴하고자 하였어도 역시 이와 같고, 방편을 짓지 않았다면 무죄이다. 만약 땅을 평평하게 하려는 까닭으로 경행을 행하는 때라면 월비니죄를 범하고, 만약 모기의 다리와 같게 상하여도 바야제를 범하며, 머물고 앉고 누웠어도 역시 이와 같고, 고의가 아닌 자는 무죄이다.

만약 비구가 강가에서 구덩이 위를 발로써 밟았고 흙을 떨어트렸다면 밟는 때마다 바야제를 범하고, 연못의 구덩이에서 언덕의 주변으로 다니면서 흙이 무너졌다면 무죄이다. 만약 흙덩이를 한 사람이 깨트리지 못한 자는 바야제를 범하고, 깨뜨려서 한 사람의 무게를 줄이는 것은 무죄이다. 만약 비구가 만약 나무·돌·벽돌·기와·가래·괭이를 잡고서 땅에 던졌어도 고의가 아니라면 비록 상하였어도 무죄이다.

만약 일을 경영하던 비구가 탑의 물건과 승가의 물건이 많아서 땅속에 감추고자 하면서, 만약 드러난 곳인 생지(生地)에 있었더라도 스스로가 파낼 수 없고, 마땅히 정인에게 알아서 하게 하라. 만약 덮인 곳인 사지(死地)에 있었다면 스스로가 파내서 감출 수 있다. 만약 땅에 말뚝을 박으면 월비니죄를 범하고, 만약 모기의 다리와 같게 상하여도 바야제를 범한다. 말뚝을 뽑았다면 월비니죄를 범하고, 만약 모기의 다리와 같게 상하여도 바야제를 범한다.

만약 비구가 모직물과 면직물을 늘리고자 하면서 네 귀퉁이에 못을 박으면서, 만약 덮인 곳이고 사지에 스스로가 못을 박았다면 무죄이지만, 만약 노지이고 생지라면 마땅히 정인이 알아서 하게 하고, 뽑아내는 때에도 마땅히 정인이 알아서 하게 해야 한다. 만약 비구가 방안에 못을 박아서 벽이 허물어지고 손상되면 월비니죄를 범하고, 만약 먼저 구멍이 있었던 까닭이라면 무죄이다. 만약 비구가 밖의 땅에 빗물로 모기의 다리와 같게 상하게 하였다면 바야제를 범한다. 만약 땅에 그림을 그렸다면 월비니죄를 범하고, 모기다리 만큼 상하여도 바야제를 범하며, 말토(末土)에 그림을 그렸다면 무죄이다.

만약 일을 경영하는 비구가 모습(模式)을 짓고자 하였다면 마땅히 널판자 위나 벽돌 위에 그림을 그려야 한다. 만약 진흙이 덮여서 썩고 낡은 방사를 철거하고자 하는 때에도 스스로 철거할 수 없고 마땅히 정인을 시켜야 하며, 만약 벽을 부수고자 하는 때에는 마땅히 정인을 시켜서 진흙을 없애고서 그러한 뒤에 스스로가 벽돌을 들어내고 기초에 이르렀다면 정인을 시켜서 들어내야 한다. 만약 벽에 진흙을 바르지 않았는데 일찍이 비에 젖었다면 정인을 시켜서 두·세 겹을 들어내고서 그러한 뒤에 스스로가 들어내고 땅에 이르렀다면 다시 정인을 시켜서 들어내야 한다.

만약 벽돌이나 기와 무더기가 비에 젖었다면 스스로 취할 수 없고 정인을 시켜서 위의 두·세 겹을 들어내고서 그러한 뒤에 스스로가 취하고 땅에 이르렀다면 다시 정인을 시켜서 취해야 하며, 벽돌 무더기도 역시 이와 같다. 만약 죽은 흙이 비에 젖었다면 비구가 스스로 취할 수 없고 정인을 시켜서 비에 젖은 것을 모두 취하고 그러한 뒤에 스스로가 취하였다면 무죄이다. 만약 쥐가 파괴하고 비에 젖었어도 취할 수 없고 마땅히 정인을 시켜서 취해야 한다.

만약 새롭게 비가 내린 뒤에는 비구 스스로가 우물을 퍼낼 수 없고 마땅히 정인을 시켜서 퍼내야 하며, 만약 정인이 어려서 능히 퍼낼 수 없다면 마땅히 먼저 정인을 내려보내 물을 휘저어 흐리게 하고서 그러한 뒤에 스스로가 퍼내야 한다. 만약 연못이 깨끗한 물이거나, 새롭게 비가 내린 뒤에는 스스로가 취할 수 없고, 만약 소나 말이 먼저 건너갔다면 스스로 퍼내야 한다.

만약 진흙이 비에 젖은 뒤에는 스스로가 취할 수 없고. 정인을 시켜서 취해야 한다. 만약 연못의 진흙이 깊이 있거나, 진흙이 새로운 비에 젖은 뒤에는 스스로가 취할 수 없고. 정인을 시켜서 취해야 한다. 만약 물도랑이거나, 만약 집에 물이 흘러서 길이 생겨났거나, 새롭게 비가 내린 뒤에는 비구가 스스로 물을 퍼내지 못하고 정인을 시켜 퍼내야 한다.

만약 대·소변을 행하고 물을 사용하는 때에 손으로 땅을 만지면 바야제를 범하나니, 마땅히 회토(灰土)나 콩가루를 사용해야 한다. 만약 비에 큰 물길로 흙더미가 한곳에 모였더라도 비구가 스스로 취할 수 없고, 정인을 시켜서 취해야 한다. 만약 질그릇·병·그릇·물건 등이 노지에 있었고 비가 지나갔어도 비구가 스스로 취할 수 없고, 정인을 시켜서 취해야 한다.

만약 다리를 씻는 나무에 비가 지나갔어도 스스로 취할 수 없다. 만약 나무나 돌이나 벽돌이나 기와 등 여러 종류의 물건이 노지에 있더라도 비가 내린 뒤에는 비구가 스스로 취할 수 없고, 정인을 시켜서 알아서 하게 해야 한다. 땅을 피낸다면 바아제를 범하고, 절반이 모래이면 월비니죄를 범하며, 순수하게 모래라면 무죄이다. 돌자갈이거나, 돌가루이거나, 석회(石灰)도 역시 이와 같다.

이러한 까닭으로 설하였노라.

마하승기율 제20권

동진 천축삼장 불타발타라·법현 공역
석보운 번역

9) 단제 92사의 법을 밝히다 ⑨

세존께서는 사위성에 머무셨으며, 자세한 설명은 앞에서와 같다.

그때 리차(梨車) 마하남(摩訶男)은 승가를 청하여 약을 보시하였다. 이때 육군비구들은 마하남이 승가를 청하여 약을 보시한다는 것을 듣고서, 마땅히 시험삼아 그를 괴롭히고자 다음 날에 일찍이 일어나서 취락에 들어가는 옷을 입고서 그의 집에 이르렀으며, 함께 서로가 문신하였다.

"우리들이 듣건대, 단월께서 승가를 청하여 약을 보시한다고 하였습니다. 진실로 그렇습니까?"

대답하여 말하였다.

"진실로 그렇습니다. 존자께서 필요한 것이 있습니까?"

대답하여 말하였다.

"필요한 약이 있습니다."

"무슨 약들이 필요합니까?"

대답하여 말하였다.

"그곳의 소(酥)·그곳의 기름·그곳의 꿀·그곳의 석밀·그곳의 근약(根藥)·엽약(葉藥)·화약(花藥)·과약(果藥)이 필요합니다."

그가 말하였다.

"오늘은 갖추지 못했으니, 반드시 준비하여 마땅히 주겠습니다."

비구가 말하였다.

"그대는 마땅히 약을 갖추고서 그러한 뒤에 승가를 청해야 하오. 한 비구에게 약을 공양하는 것이 한 마리의 큰 코끼리에게 공급하는 것과 같구려. 내가 지금 한 사람이 약을 찾았어도 오히려 능히 얻지 못하였는데, 하물며 다시 많은 사람이겠소. 그대는 다만 명예를 구하였고 진실한 마음이 없소."

그가 말하였다.

"존자여. 왕가의 창고에도 오히려 그러한 약들은 없습니다. 하물며 우리들의 집에 있겠습니까? 반드시 준비하여 마땅히 주겠습니다."

비구가 말하였다.

"주거나 주지 않는 것은 마땅히 그대의 뜻에 맡기겠소."

말을 마치고서 떠나갔다. 단월은 뒤에 곧 여러 약을 준비하였고 스스로가 가서 알려 말하였다.

"이전에 찾았던 약을 지금 준비하였으니, 곧 와서 취하십시오."

육군비구들이 듣고 모두 웃으면서 말하였다.

"내가 이전에 다만 그대를 시험했을 뿐이오. 진실로 약이 필요하지 않습니다."

그가 말하였다.

"무슨 까닭으로 서로를 시험합니까? 우리 집안에서 소유한 것은 세존과 비구승가에 아끼는 것이 없습니다."

비구가 말하였다.

"단월께서는 화나셨습니까?"

대답하여 말하였다.

"진실로 화났습니다."

"만약 화났다면 우리들이 마땅히 참회하겠습니다."

그가 말하였다.

"나는 참회를 받지 않겠습니다. 스스로가 세존을 향하여 참회하십시오."

육군비구들이 곧 세존을 향하여 참회하였고, 세존께서는 말씀하셨다.
"무슨 까닭인가?"
곧 앞의 일을 갖추어 세존께 아뢰었고, 세존께서는 말씀하셨다.
"어리석은 사람이여. 리차 마하남은 집에서 사랑하고 소중하게 소유한 것을 세존과 비구들에게 아끼는 것이 없는데, 무슨 까닭으로 요란하게 하였는가? 오늘부터는 4개월의 별도의 청(別請)을 마땅히 받도록 허락하겠노라. 다시 청하는 것(更請)과 길게 청하는 것(長請)은 제외하겠노라."
세존께서는 여러 비구들에게 알리셨다.
"사위성을 의지하여 머무르는 여러 비구들을 모두 모이게 하라. 열 가지의 이익을 까닭으로써 여러 비구들을 위하여 계율을 제정하겠나니, 나아가 이미 들었던 자들도 마땅히 거듭하여 들을지니라. 만약 비구가 4개월을 별도로 스스로가 마음대로 청하였다면 마땅히 받을 수 있으나, 만약 넘겨서 받았다면 바야제를 범하느니라. 다시 청하는 것과 길게 청하는 것, 개인의 청은 제외하겠노라."
'비구'는 앞의 설명과 같다.
'4개월'은 혹은 여름의 4개월이거나, 혹은 겨울의 4개월이거나, 혹은 봄의 4개월이다.
'별도로 청하다.'는 개인이 청하는 것이다.
'지나치다.'는 4개월이 지나간 것이다.
'다시 청하는 것을 제외하다.'는 세존께서 무죄라고 말씀하셨다.
'길게 청하는 것을 제외하다.'는 목숨을 마치도록 청하는 것이다.
'바야제'는 앞의 설명과 같다.
만약 단월이 비구에게 "존자여. 나의 여름 4개월의 청을 받으십시오."라고 말하였고, 비구가 만약 받아들였어도 마땅히 8월 16일을 넘길 수 없다. 8월 16일을 넘겨서 받는 자는 바야제를 범한다. 만약 겨울의 청이거나, 봄의 청을 받는 것도 역시 이와 같다. 단월이 청하는 것이 반드시 일정하지 않아서 혹은 4개월이거나, 혹은 한 달이거나, 혹은 보름이다. 만약 기한을 채웠다면 다시 받을 수 없다.

만약 단월이 "존자여. 항상 이곳에 머무는 자는 내가 길게 음식을 보시하겠습니다."라고 말하였다면, 만약 비구가 떠나면서 하룻밤을 묵고 가는 자는 다시 음식을 받을 수 없다. 만약 단월이 "존자여. 무슨 까닭으로 오지 않습니까?"라고 말하였다면, "그대는 먼저 '항상 이곳에 머무는 자에게 음식을 베풀겠다.'라고 말하였는데, 나는 이미 떠나가서 묵었습니다. 이러한 까닭으로 오지 않았습니다."라고 대답하여 말해야 한다. 단월이 "떠났거나, 떠나지 않았거나, 오늘부터 다만 오십시오."라고 말하였고, 이와 같아서 받는 자는 무죄이다.

단월이 "존자여. 이 창고의 곡식이 없어질 때까지 내가 청하는 음식을 받아 주십시오."라고 말하였다면, 비구가 그의 청을 받고서 마땅히 자주자주 창고 맡은 자에게 물을 것이며, 만약 "모두 먹었습니다."라고 말하였다면, 다시 음식을 받을 수 없다. 만약 단월이 "존자여. 무슨 까닭으로 오지 않습니까?"라고 말하였다면, "나는 먼저 이 창고의 곡식이 없을 때까지 청을 받았습니다. 이 창고의 곡식이 이미 없어졌고 이러한 까닭으로 오지 않았습니다."라고 대답하여 말해야 한다. 만약 "존자여. 나는 하나의 창고를 말한 것이 아니었고 다시 다른 창고가 있습니다. 오늘부터 다만 오십시오."라고 말하였고, 이와 같아서 받는 자는 무죄이다. 소와 사탕수수의 음식을 청하는 것도 역시 이와 같다.

만약 단월이 "존자여. 이 우유가 없어질 때까지 내가 청하는 음식을 받아 주십시오."라고 말하였다면, 비구는 그의 청을 받고서 자주자주 우유를 짜는 자에게 물을 것이고, 우유 짜는 자가 "우유를 모두 짰습니다."라고 말하였다면, 다시 음식을 받을 수 없다. 만약 "무슨 까닭으로 오지 않습니까?"라고 말하였다면, "나는 먼저 이 우유가 없을 때까지 청을 받았습니다. 이 우유는 이미 없어졌고 이러한 까닭으로 오지 않았습니다."라고 대답하여 말해야 한다. 만약 "나는 한 마리의 소를 말한 것이 아니었고 다시 소가 있습니다. 오늘부터 다만 오십시오."라고 말하였고, 이와 같아서 받는 자는 무죄이다.

만약 단월이 "존자여. 여인이 남편이 머무는 때까지 내가 청하는 음식을 받아 주십시오."라고 말하였다면, 비구가 마땅히 청을 받아들였어도 여인의 남편이 떠나가면 다시 받을 수 없다. 만약 "무슨 까닭으로 오지 않습니까?"라고 말하였다면, "나는 먼저 그대의 남편이 머물 때까지 청을 받았습니다. 그대의 남편은 지금 떠나갔으니 이러한 까닭으로 오지 않았습니다."라고 대답하여 말해야 한다. 만약 "다시 나의 청을 받으십시오."라고 말하였고, 이와 같아서 받는 자는 무죄이다.

만약 "존자여. 나의 전식(前食)을 받으십시오."라고 말하였다면, 후식(後食)을 찾아서 얻을 수 없고, 만약 후식을 청하였으면 전식을 찾아서 얻을 수 없으며, 만약 비시장(非時漿)을 주겠다고 청하였다면 약이나 다른 물건을 찾아서 얻을 수 없고, 만약 발에 바르는 기름을 주겠다고 청하였다면 비시장을 찾아서 얻을 수 없으며, 만약 약을 주겠다고 청하였다면 마땅히 약을 쫓아서 찾아야 한다.

만약 "존자여. 목숨을 마칠 때까지 옷과 음식 와구와 의약을 받도록 나는 청합니다."라고 말하였다면, 그때 뜻을 따라서 찾고 얻더라도 무죄이다.

이러한 까닭으로 설하였노라.

세존께서는 구섬미국(拘睒彌國)에 머무셨으며, 자세한 설명은 앞에서와 같다.

그때 여러 비구들이 천타(闡陀)에게 말하였다.

"장로여. 마땅히 배워서 5중죄(衆罪)를 범하지 마십시오."

대답하여 말하였다.

"나는 지금 그대들의 말을 따르지 않겠소. 내가 만약 적정한 근기이고 다문(多聞)이며 법을 지녔고 깊게 이해한 다른 장로를 본다면, 내가 마땅히 따르면서 자세히 묻겠고, 그 장로가 만약 말한 것이 있다면 내가 마땅히 받아서 행하겠소."

여러 비구들이 이 인연으로써 가서 세존께 아뢰었고, 세존께서는 말씀하셨다.

"천타 비구를 불러오라."
왔으므로, 세존께서는 물으셨다.
"그대가 진실로 그러하였는가?"
대답하여 말하였다.
"진실로 그렇습니다."
세존께서 비구에게 말씀하셨다.
"천타여. 이것은 악한 일이니라. 그대는 항상 무량한 방편으로 내가 수순함을 찬탄하고 어긋나고 거역하는 것을 꾸짖었던 것을 듣지 않았는가? 그대는 어찌하여 어리석음과 서러움을 스스로가 이용하는가? 이것은 비법이고, 계율이 아니며, 세존의 가르침이 아니니라. 이것으로써 선법을 크게 장양하지 못하느니라."
세존께서는 여러 비구들에게 알리셨다.
"구섬미국을 의지하여 머무르는 비구들을 모두 모이게 하라. 열 가지의 이익을 까닭으로써 여러 비구들을 위하여 계율을 제정하겠나니, 나아가 이미 들었던 자들도 마땅히 거듭하여 들을지니라. 만약 여러 비구들이 가르치면서 '마땅히 배워서 5중죄를 범하지 마십시오.'라고 말하였는데, 만약 '나는 지금 그대들의 말을 따르지 않겠습니다. 내가 만약 적정한 근기이고 다문이며 법을 지녔고 깊게 이해한 다른 장로를 본다면, 내가 마땅히 따르면서 자세히 묻겠고, 그 장로가 만약 말하는 것이 있다면 내가 마땅히 받아서 행하겠습니다.'라고 이렇게 말을 지었다면, 이렇게 말을 짓는 자는 바야제를 범하느니라. 비구가 법의 이익을 얻고자 하는 자는 마땅히 배워야 하고, 역시 다른 비구에게도 물어야 하느니라."
'비구'는 앞의 설명과 같다.
'5중죄'는 바라이·승가바시사·바야제·바라제제사니·월비니죄이다.
'범하지 말라.'는 가르쳐서 12사(事)를 배우게 하는 것이다.
'12사'는 이를테면 계서·4바라이·13승가바시사·2부정·30니살기바야제·92바야제·4바라제제사니·중학법·7멸쟁법·수순법이고, '마땅히 배우고 범하지 마십시오.'라고 이렇게 말을 짓는 때에 "나는 지금 그대들의 말을 따르지 않겠습니다. 내가 만약 적정한 근기이고 다문이며 법을 지녔고 깊게 이해한 다른 장로를 본다면, 내가 마땅히 따르면서 자세히 묻겠고, 그 장로가 만약 말하는 것이 있다면 내가 마땅히 받아서 행하겠습니다."라고 대답하여 말하였다면, 이렇게 말을 짓는 자는 바야제를 범한다.

만약 "장로여. 5중죄의 가운데에서 바라이·승가바시사·바야제·바라제제사니·월비니죄를 마땅히 배워서 범하지 마십시오."라고 이렇게 말을 짓는 때에 "나는 지금 그대들의 말을 따르지 않겠습니다. 내가 만약 적정한 근기이고 다문이며 법을 지녔고 깊게 이해한 다른 장로를 본다면, 내가 마땅히 따르면서 자세히 묻겠고, 그 장로가 만약 말한 것이 있다면 내가 마땅히 받아서 행하겠습니다."라고 대답하여 말하였다면, 이렇게 말을 짓는 자는 바야제를 범한다.

이와 같이 "4중죄(衆罪)·3중죄·2중죄·1중죄와 4바라이를 마땅히 배워서 범하지 마십시오."라고 이렇게 말을 짓는 때에 "나는 지금 그대들의 말을 따르지 않겠습니다. 내가 만약 적정한 근기이고 다문이며 법을 지녔고 깊게 이해한 다른 장로를 본다면, 내가 마땅히 따르면서 자세히 묻겠고, 그 장로가 만약 말하는 것이 있다면 내가 마땅히 받아서 행하겠습니다."라고 대답하여 말하였다면, 이렇게 말을 짓는 자는 바야제를 범한다.

만약 "장로여. 여섯 가지의 버리는 법을 짓는다면 이를테면, 절복갈마(折伏羯磨)·불어갈마(不語羯磨)·구출갈마(驅出羯磨)·발희갈마(發喜羯磨)·거갈마(擧羯磨)·별주갈마(別住羯磨)입니다. 마땅히 배워서 범하지 마십시오."라고 이렇게 말을 짓는 때에 "나는 지금 그대들의 말을 따르지 않겠습니다. 내가 만약 적정한 근기이고 다문이며 법을 지녔고 깊게 이해한 다른 장로를 본다면, 내가 마땅히 따르면서 자세히 묻겠고, 그 장로가 만약 말하는 것이 있다면 내가 마땅히 받아서 행하겠습니다."라고 대답하여 말하였다면, 이렇게 말을 짓는 자는 바야제를 범한다.

만약 "장로여. 이 여섯 가지의 버리는 법에서 절복갈마를 이미 지었는데,

행법(行法)을 수순한다면 절복되어 유연합니다. 이와 같이 마땅히 버리십시오. 나아가 별주갈마도 역시 이와 같으니 마땅히 배워서 범하지 마십시오."라고 이렇게 말을 짓는 때에 "나는 지금 그대들의 말을 따르지 않겠습니다. 내가 만약 적정한 근기이고 다문이며 법을 지녔고 깊게 이해한 다른 장로를 본다면, 내가 마땅히 따르면서 자세히 묻겠고, 그 장로가 만약 말하는 것이 있다면 내가 마땅히 받아서 행하겠습니다."라고 대답하여 말하였다면, 이렇게 말을 짓는 자는 바야제를 범한다.

만약 "장로여. 마땅히 어질고 선하며 지계하고 송경법을 받는다면 마땅히 수다원(須陀洹)·사다함(斯陀含)·아나함(阿那含)·아라한(阿羅漢)의 과위를 얻을 것입니다."라고 말하면서 이와 같은 가르침을 짓는 때에 "평소처럼 마땅히 배우겠습니다."라고 대답할 수 없고, "내가 이것을 위한 까닭으로 출가하였습니다."라고 대답해야 한다.

이러한 까닭으로 설하였노라.

세존께서는 구섬미국에 머무셨으며, 자세한 설명은 앞에서와 같다.

그때에 구섬미의 경계에 악한 용이 있어 암바라(菴婆羅)라고 이름하였다. 능히 비가 내리지 않게 하여 매우 메말랐으므로, 곡식을 거둘 수 없어서 백성들은 기근(飢饉)이었다. 이와 같은 여러 종류의 재난으로 근심하였고, 이때 존자 선래(善來) 비구가 가서 악한 용에게 항복받았다.

[『선래비구경(善來比丘經)』의 가운데에서 자세히 설명하였다.]

악한 용의 항복을 받았으므로, 나아가 국토는 풍요로웠고, 백성들은 은덕에 감응하여 은혜를 알았고 은혜에 보답하였다. 500의 큰 집에서 선래 비구를 위하였던 까닭으로 각자 항상 당번(幢幡)을 세워서 베풀었고 평상과 자리를 시설(施設)하여 승가를 청하여 공양하였고 별도로 선래 비구를 청하였다.

선래 비구에게 그 지었던 집에서 곧 여러 종류의 맛있는 음식을 베풀었다. 이때 한 집에서 음식을 베풀고 뒤에 갈증을 인연하여 술을 베풀었는데 색깔과 맛이 물과 비슷하여 그것을 마셨으며 정사를 향하여 돌아왔다.

그때 세존께서는 대회에서 설법하셨는데, 선래는 술기운이 치성하게 일어나서 혼미하여 땅에 넘어졌고 세존의 앞에 다리를 뻗고 누웠다. 세존께서는 아시면서도 일부러 말씀하셨다.

"어느 비구가 여래의 앞에서 다리를 펴고 누웠는가?"

비구들이 대답하여 말하였다.

"선래 비구가 술을 지나치게 마셨고, 이러한 까닭으로 취해서 누웠습니다."

세존께서 여러 비구들에게 물으셨다.

"이 선래 비구가 먼저 일찍이 낮잠을 잤는가?"

"아닙니다. 세존이시여."

다시 비구들에게 물으셨다.

"선래 비구가 취하지 않았던 때에도 일찍이 세존의 앞에서 다리를 펴고 누웠던가?"

"아닙니다. 세존이시여."

다시 비구들에게 물으셨다.

"만약 많은 술을 마시고서 취하지 않으려고 하였다면 그렇게 되겠는가?"

"아닙니다. 세존이시여."

다시 여러 비구들에게 물으셨다.

"설사 선래 비구라면 술을 마시지 않았던 때에는 미묘한 불사의 법을 설하는 것을 들었는데, 이러한 선한 이익을 잃고자 하면서 받아들이지 않겠는가?"

"아닙니다. 세존이시여."

세존께서는 여러 비구들에게 말씀하셨다.

"선래 비구는 본래 능히 악한 용에게 항복을 받았으나 지금은 능히 두꺼비와 개구리에게 항복을 받을 수 있겠는가?"

"능히 할 수 없습니다."

세존께서는 말씀하셨다.

"설사 암바라 용이 들었더라도 그는 즐겁지 않을 것이다. 오늘부터는 술 마시는 것을 허락하지 않겠노라."

다시 다음으로 세존께서는 사위성에 머무셨으며, 자세한 설명은 앞에서와 같다.

그때 존자 나이시(那夷翅)가 석밀주(石蜜酒)를 많이 마시고서 정사를 향하여 돌아왔다. 그때 세존께서는 대회에서 설법하셨는데, 나이시는 술기운이 치성하게 일어나서 혼미하여 땅에 넘어졌고 세존 앞에 다리를 뻗고 누웠다. 세존께서는 아시면서도 일부러 말씀하셨다.

"어느 비구가 여래의 앞에서 다리를 펴고 누웠는가?"

대답하여 말하였다.

"이 나이시 비구는 석밀주를 지나치게 마셨고, 이러한 까닭으로 취해서 누웠습니다."

세존께서 여러 비구들에게 물으셨다.

"이 나이시 비구가 먼저 일찍이 낮잠을 잤는가?"

"아닙니다. 세존이시여."

다시 비구들에게 물으셨다.

"나이시 비구가 취하지 않았던 때에도 일찍이 세존의 앞에서 다리를 펴고 누웠던가?"

"아닙니다. 세존이시여."

다시 비구들에게 물으셨다.

"만약 많은 술을 마시고서 취하지 않으려고 하였다면 그렇게 되겠는가?"

"아닙니다. 세존이시여."

다시 여러 비구들에게 물으셨다.

"설사 나이시 비구라면 술을 마시지 않았던 때에는 미묘한 불사의 법을 설하는 것을 들었는데, 이러한 선한 이익을 잃고자 하면서 받아들이지 않겠는가?"

"아닙니다. 세존이시여."

세존께서는 말씀하셨다.

"오늘부터는 석밀주를 마시는 것을 허락하지 않겠노라."

세존께서는 여러 비구들에게 알리셨다.

"사위성을 의지하여 머무르는 여러 비구들을 모두 모이게 하라. 열 가지의 이익을 까닭으로써 여러 비구들을 위하여 계율을 제정하겠나니, 나아가 이미 들었던 자들도 마땅히 거듭하여 들을지니라. 만약 비구가 석밀주를 마시는 자는 바야제를 범하느니라."

'비구'는 앞의 설명과 같다.

'술'은 10종류가 있으니, 화합(和)하고, 달며(甛), 이루고(成), 움직이며(動), 시고(酢), 적시며(漬), 누렇고(黃), 가루가 있으며(屑), 앙금이 있고(澱), 맑은(淸) 것이다.

'화합하다.'는 밥가루와 누룩과 물을 화합하여 그릇 안에서 술을 빚는 것이니, 이것이 풀잎의 물방울이나, 머리카락 방울만큼이라도 입에 넣을 수 없는데, 하물며 그릇으로 마시는 자는 바야제를 범한다. 이것을 화합이라고 이름한다.

'달다.'는 화합하여 술을 빚어 마친다면 처음부터 변하여 단맛이 생겨나는데, 마시는 자는 바야제를 범한다. 이것을 달다고 이름한다.

'이루었다.'는 기운과 맛이 성취된 것이니, 마시는 자는 바야제를 범한다. 이것을 이루었다고 이름한다.

'움직이다.'는 술의 세력이 이미 파괴된 것이고, 나아가 마시는 자는 바야제를 범한다. 이것을 움직인다고 이름한다.

'시다.'는 술맛이 파괴되고 변하여 시게 이루어진 것이니, 나아가 마시는 자는 바야제를 범한다. 이것을 시다고 이름한다.

'적시다.'는 깨끗이 씻은 흰 면직물을 술 가운데 담가 놓고서 자주 꺼내 햇빛에 말리고서 다시 적셔서 먼 광야를 다니는 때에 적셨던 면직물을 짜내어 취하는 것이니, 마시는 자는 바야제를 범한다. 이것을 적신다고 이름한다.

'누렇다.'는 맑고 누르므로 아직 맑지 않은 것이니, 마시는 자는 바야제를 범한다. 이것을 누렇다고 이름한다.

'앙금이다.'는 술의 아래가 흐리고 앙금이 있는 것이니, 마시는 자는 바야제를 범한다. 이것을 앙금이라고 이름한다.

'맑다.'는 위가 맑고 깨끗하여 기름 색깔과 같은 것이니, 이것이 풀잎의 물방울이나, 머리카락 방울만큼이라도 입에 넣을 수 없는데, 하물며 다시 그릇으로 마시는 자는 바야제를 범한다. 이것을 맑다고 이름한다.

'석밀주'는 10종류가 있으니, 화합하고, 달며, 이루고, 움직이며, 시고, 적시며, 누렇고, 가루가 있으며, 앙금이 있고, 맑은 것이다.

'화합하다.'는 석밀과 물을 화합하여 그릇 안에서 술을 빚는 것이니, 이것이 풀잎의 물방울이나, 머리카락 방울만큼이라도 입에 넣을 수 없는데, 하물며 다시 그릇으로 마시는 자는 바야제를 범한다. 나머지의 아홉 가지의 일은 앞에서 이미 말하였다.

'바야제'는 앞의 설명과 같다.

보릿겨와 보리알(麥人)의 술·쌀밥의 술·보리밥의 술·메밀(木麥)의 술·보릿가루의 술이다.

'보릿겨와 보리알의 술'은 보릿겨와 보리알을 화합하여 그릇 안에서 술을 빚는 것이니, 이것이 풀잎의 물방울이나, 머리카락 방울만큼이라도 입에 넣을 수 없는데, 하물며 다시 그릇으로 마시는 자는 바야제를 범한다.

'쌀밥의 술'은 쌀밥과 누룩과 물을 그릇 안에서 술을 빚는 것이다. 나아가 마시는 자는 바야제를 범한다.

'보리밥의 술'은 보리밥과 누룩과 물을 그릇 안에서 술을 빚는 것이니, 나아가 마시는 자는 바야제를 범한다.

'메밀의 술'은 메밀밥과 누룩과 물을 그릇 안에서 술을 빚는 것이다. 나아가 마시는 자는 바야제를 범한다.

'보릿가루의 술'은 보릿가루와 누룩과 물을 그릇 안에서 술을 빚는 것이니, 이것이 풀잎의 물방울이나, 머리카락 방울만큼이라도 입에 넣을 수 없는데, 하물며 다시 그릇으로 마시는 자는 바야제를 범한다.

식후에 물을 마신다면 무죄이나, 누룩을 먹었다면 월비니죄를 범하고, 밥과 누룩을 화합한 것을 마신다면 바야제를 범한다. 석밀을 먹었고 물을 마신다면 무죄이나, 누룩을 먹었다면 월비니죄를 범하고, 세 가지를 화합하여 마신다면 바야제를 범한다. 곡주(穀酒)와 석밀주를 마신다면 바야제를 범하고, 포도주를 마신다면 월비니죄를 범하며, 수루(修樓)를 마셨고 난제(難提)를 먹었으며 술찌꺼기를 먹었다면 모두 월비니죄를 범한다. 허라(墟邏) 열매·가비치(迦比哆) 열매·비라바(比邏婆) 열매·구다라(拘陀羅) 열매 등의 이러한 열매들을 먹는다면 사람을 취하게 하므로, 먹는 자는 월비니죄를 범한다.

14종류의 장(漿)은 제외하나니, 암바라장(菴婆羅漿)과 나아가 야바(耶婆) 열매의 장들이 맑고 깨끗하다면 일체를 마시는 것을 허락한다. 만약 술 빛깔·술 맛·술 냄새가 변하였다면, 일체 마시는 것을 허락하지 않는다. 신맛의 장이 사람을 취하게 하는 것도 역시 마시는 것을 허락하지 않는다. 사탕수수의 식초(苦酒)와 포도 식초와 초장(酢漿)은 제외한다.

이러한 까닭으로 설하였노라.

세존께서는 구섬미국에 머무셨으며, 자세한 설명은 앞에서와 같다. 그때 승가는 화합하여 갈마를 짓고자 하였다. 이때 존자 천타(闡陀)가 오지 않았으므로 사자를 보냈고 가서 천타를 부르면서 말하게 하였다.

"비구승가는 화합하여 갈마를 짓고자 합니다. 장로여. 오십시오."

즐거이 오지 않았으므로, 여러 비구들이 말하였다.

"천타는 악독하고 괴팍하므로, 만약 오라고 부르면 반드시 오지 않을 것이고, 만약 오지 말라고 하여야 오는 이치를 벗어날 것입니다."

곧 사자를 보내어 말하였다.

"장로여. 오지 마십시오."

그가 말하였다.

"잠깐 머무시오. 그대들은 모두 가면서 나보고 오지 말라고 말합니까?"

곧바로 와서 승가의 가운데에 들어왔고, 비구들이 앉게 말하였으나, 즐거이 앉지 않았으므로 여러 비구들이 다시 말하였다.

"장로여. 앉지 마시오."

곧 말하였다.
"그대들은 모두 앉으면서 나에게 앉지 말라고 말하는가?"
곧 앉았으므로 비구들이 다시 말하였다.
"장로여. 그대가 이 일을 의논하겠습니까?"
대답하여 말하였다.
"나는 말하지 않겠소."
비구들이 다시 말하였다.
"장로여. 말하지 마시오."
"그대들은 모두가 말하는데, 나는 말하지 못하는가?"
곧 말을 멈추지 않고서 다른 사람을 방해하였고, 여러 비구들이 다시 말하였다.
"장로여. 잠시 나가십시오."
즐거이 나가지 않았으므로 비구들이 다시 말하였다.
"장로여. 나가지 마시오."
곧바로 나가서 떠나갔던 까닭으로 승가는 화합하지 못하여 각각 일어나서 떠나갔으며 갈마를 지을 수 없었다. 여러 비구들이 이 인연으로써 가서 세존께 아뢰었고, 세존께서는 말씀하셨다.
"천타 비구를 불러오라."
왔으므로, 세존께서는 앞의 일을 갖추어 물으셨다.
"그대가 진실로 그러하였는가?"
대답하여 말하였다.
"진실로 그렇습니다."
세존께서 말씀하셨다.
"이것은 악한 일이니라. 천타여. 그대는 항상 무량한 방편으로 내가 수순하고 유연하게 말함을 찬탄하고 악독하고 괴팍하게 말하는 것을 꾸짖는 것을 듣지 않았는가? 그대는 어찌하여 악독하고 괴팍함을 스스로가 이용하는가? 이것은 비법이고, 계율이 아니며, 세존의 가르침이 아니니라. 이것으로써 선법을 크게 장양하지 못하느니라."

세존께서는 여러 비구들에게 알리셨다.

"사위성을 의지하여 머무르는 여러 비구들을 모두 모이게 하라. 열 가지의 이익을 까닭으로써 여러 비구들을 위하여 계율을 제정하겠나니, 나아가 이미 들었던 자들도 마땅히 거듭하여 들을지니라. 만약 비구가 다른 사람을 경시하였다면 바야제를 범하느니라."

'비구'는 앞의 설명과 같다.

'사람을 경시하다.'는 여덟 가지의 일이 있으니, '오시오.'라고 말하였는데 오지 않고, '오지 마시오.'라고 말하였는데 오며, '앉으시오.'라고 말하였는데 앉지 않고, '앉지 마시오.'라고 말하였는데 앉으며, '말하시오.'라고 말하였는데 말하지 않고, '말하지 마시오.'라고 말하였는데 말하며, '떠나시오.'라고 하였는데 떠나가지 않고, '떠나가지 마시오.'라고 말하였는데 따나가는 것이니, 바야제를 범한다.

'바야제'는 앞의 설명과 같다.

만약 비구승가가 모여서 절복갈마와 불어갈마·빈출갈마·발희갈마·거갈마·별주갈마를 짓고자 하였다면 일체가 모두 마땅히 와야 하나니, 만약 다른 사람을 경시하면서 오지 않는 자는 바야제를 범한다. 만약 비구들이 옷과 발우의 불사를 지었는데, 만약 병의 인연으로 오지 못하는 자가 욕(欲)을 주었다면 무죄이다. 만약 "오지 마시오."라고 말하였는데, 다른 사람을 경시하면서 오는 자는 바야제를 범한다. 만약 승가의 가운데에 일이 있어서 반드시 승가를 보고 아뢰고자 하였고 승가에서 허락하였으므로 왔다면 무죄이다.

만약 "장로여. 앉으시오."라고 말하였는데, 다른 사람을 경시하면서 앉지 않는 자는 바야제를 범하지만, 만약 앉는 곳에 부스럼과 종기가 있어서 승가에게 아뢰고 허락하였으므로 앉지 않았다면 무죄이다. 만약 "앉지 마시오."라고 말하였는데, 다른 사람을 경시하면서 앉는 자는 바야제를 범하지만, 만약 늙고 병들었으며 수척하고 약하여 오래서 있는 것이 매우 어려워서 승가에게 아뢰고 허락하였으므로 앉았다면 무죄이다.

만약 "말하시오."라고 말하였는데, 다른 사람을 경시하면서 말하지 않는 자는 바야제를 범하지만, 만약 재주가 용렬하고 말이 가벼워서 사람들에게 공경하게 사용하지 않고, 설사 갈마를 말하여도 성취되지 않으며, 승가가 화합하지 않아서 승가에게 아뢰고 허락하였으므로 말하지 않았다면 무죄이다. 만약 "말하지 마시오."라고 말하였는데, 다른 사람을 경시하면서 말하는 자는 바야제를 범하지만, 만약 '설사 말하지 않는다면 갈마가 성취되지 않고, 승가가 화합하지 않으며, 일에 필요하므로 내가 말하겠다.'라고 이렇게 생각을 짓고서 승가에게 아뢰고 허락하였으므로 말하였다면 무죄이다.

만약 "떠나가시오."라고 말하였는데, 다른 사람을 경시하면서 떠나가지 않는 자는 바야제를 범하지만, 만약 '내가 떠나가면 이 가운데에서 갈마가 성취되지 않고 일이 판결되지 않을 것이니, 마땅히 아뢰겠다.'라고 이렇게 생각을 짓고서 승가에게 아뢰고 허락하였으므로 떠나가지 않았다면 무죄이다.

만약 "떠나가지 마시오."라고 말하였는데, 다른 사람을 경시하면서 떠나가는 자는 바야제를 범하지만, 만약 '내가 떠나가지 않으면 갈마가 성취되지 않고, 일이 판결되지 않을 것이니, 마땅히 아뢰겠다.'라고 이렇게 생각을 짓고서 승가에게 아뢰고 허락하였으므로 떠나갔다면 무죄이다.

만약 승가의 가운데에서 "오시오."라고 말하였는데, 오지 않고, "오지 마시오."라고 말하였는데 오며, "앉으시오."라고 말하였는데 앉지 않고, "앉지 마시오."라고 말하였는데 앉으며, "말하시오."라고 말하였는데 말하지 않고, "말하지 마시오."라고 말하였는데 말하며, "떠나가시오."라고 말하였는데 떠나가지 않고, "떠나가지 마시오."라고 하였는데 떠나가는 것은 하나·하나가 바야제를 얻는다. 만약 많은 대중들의 가운데에서, 스승의 도중(徒衆)의 가운데에서 "오게."라고 말하여도 오지 않고, 나아가 "떠나가게."라고 말하여도 떠나가지 않는다면 하나·하나가 월비니죄를 범한다. 만약 화상과 아사리가 "오게."라고 말하여도 오지 않고, 나아가 "떠나가게."라고 말하여도 떠나가지 않는다면 하나·하나가 월비니죄를 범한다.

이러한 까닭으로 설하였노라.

세존께서는 사위성에 머무셨으며, 자세한 설명은 앞에서와 같다. 그때 여러 비구들이 투쟁하고 송사하여서 함께 머물면서도 화합하지 못하였다. 이때 육군비구들은 가려진 곳에서 이 사람들의 말을 엿듣고서 그 사람들을 향하여 말하였고 그 사람들의 말을 듣고서 이 사람들을 향하여 말하였다. 이것으로 이자들과 그자들에게 투쟁과 송사가 생겨나서 함께 머물면서도 화합하지 못하였고, "이것은 법이고 비법이며, 이것은 율이고 율이 아니며, 나아가 이것은 마땅히 갈마를 해야 하고, 마땅히 갈마를 하지 않아야 한다."라고 말하였다. 여러 비구들이 이 인연으로써 가서 세존께 아뢰었고, 세존께서는 말씀하셨다.

"육군비구들을 불러오라."

왔으므로, 세존께서는 앞의 일을 갖추어 물으셨다.

"그대들이 진실로 그러하였는가?"

대답하여 말하였다.

"진실로 그렇습니다."

세존께서 말씀하셨다.

"육군비구들이여. 이것은 악한 일이니라. 비법이고, 계율이 아니며, 세존의 가르침이 아니니라. 이것으로써 선법을 크게 장양하지 못하느니라."

세존께서는 여러 비구들에게 알리셨다.

"사위성을 의지하여 머무르는 여러 비구들을 모두 모이게 하라. 열 가지의 이익을 까닭으로써 여러 비구들을 위하여 계율을 제정하겠나니, 나아가 이미 들었던 자들도 마땅히 거듭하여 들을지니라. 만약 비구가 여러 비구들과 투쟁하고 송사하는 때에는 묵연히 서서 들으면서 그들이 말하는 것을 내가 마땅히 기억하고 지녀야 한다. 이러한 인연을 지으면서 달라지지 않는 자는 바야제를 범하느니라."

'비구'는 앞의 설명과 같다.

'투쟁하고 송사하다.'는 이것은 법이고 비법이며, 이것은 비니이고 비니가 아니며, 나아가 마땅히 갈마해야 하고, 이것은 마땅히 갈마해서는 아니되는 것이다.

'서 있으며 듣다.'는 만약 벽으로 막혀 있거나, 만약 울타리로 막혀 있거나, 만약 문의 주변이거나, 만약 장막으로 막혀 있거나, 만약 돌로 막혀 있거나, 만약 풀로 막혀 있는 곳에 서 있으며 듣는 것이니, 그가 말하는 것을 내가 마땅히 기억하여 지녀야 한다. 이러한 인연을 지으면서 달라지지 않은 자는 바야제의 죄를 범한다.

'바야제'는 앞의 설명과 같다.

만약 두 비구가 집 안에서 개인적으로 말하는데, 만약 비구가 들어가고자 한다면 마땅히 손가락을 튕기고 다리를 움직여서 소리를 짓도록 하고, 만약 앞의 사람들이 묵연하면 마땅히 다시 나와야 하며, 만약 앞의 사람들이 고의로 말을 멈추지 않으면 들어가도 무죄이다. 만약 한 비구가 먼저 집 안에 앉아 있었고, 두 비구가 개인적으로 말하면서 밖에서 들어왔다면, 집 안에 있던 비구는 묵연할 수 없고 마땅히 손가락을 튕기고 다리를 움직여서 소리를 짓도록 하라. 만약 묵연하였다면 집 안에 있던 비구는 마땅히 나가야 한다.

만약 비구가 다른 비구와 함께 투쟁하면서 원한을 맺고서 "내가 반드시 마땅하게 이 악인을 죽이고서 그러한 뒤에 버리고서 떠나가겠다."라고 이렇게 욕설을 지었고, 비구가 이미 들었다면 그 사람에게 "장로여. 스스로가 잘 경비(警備)하십시오. 내가 아한 소리기 있는 것을 들었습니다."라고 말해야 한다.

여러 객비구들이 와서 머물렀고, 만약 강당이나 온실이나 선방의 가운데에 있었으며, 만약 마마제(摩摩帝)이거나, 만약 지사인이 가서 객비구들을 보았으며 객비구들이 객비구들에게 "장로여. 우리들은 마땅히 어느 창고·어느 탑물·어느 승단의 부엌·어느 비구의 옷과 발우를 훔칩시다."라고 이렇게 말을 지었고, 이러한 말을 들었다면, 묵연히 마땅히 돌아올 것이고, 이미 돌아왔다면 대중승가의 가운데에서 창언해야 한다.

"여러 대덕이여. 어느 창고·어느 탑물·어느 승단의 부엌·어느 비구의 옷과 발우를 마땅히 경비하십시오. 내가 악한 소리를 들었습니다."

마땅히 앞의 사람들에게 알게 해야 한다.

만약 비구에게 많은 제자들이 있었으므로 날이 저무는 때에 조용히 와서 여러 방사가 여법한가를 알아보고자 살피고 돌아다니면서, 만약 세속적인 이야기를 말하거나, 만약 왕의 이야기를 하고 도적의 이야기를 하거나, 이와 같은 여러 종류를 말하였어도 곧 들어가서 꾸짖을 수 없나니, 스스로 나오는 것을 기다리고 그런 뒤에 가르치면서 꾸짖어 말해야 한다.

"그대들은 신심으로 출가하였고, 사람들이 신심으로 보시한 것을 먹고 있으니, 마땅히 좌선하고 송경해야 하네. 어찌하여 세속의 법이 아닌 일들을 의논하고 말하는가? 이것은 출가인의 선법을 수순하는 것이 아니네."

만약 경을 의논하고 뜻을 말하며 어려운 것을 묻고 대답하는 것을 들었어도 곧 들어가서 찬탄할 수 없나니, 스스로 나오는 것을 기다리고서, 그러한 뒤에 찬미(讚美)해야 한다.

"그대들이 능히 함께 경을 의논하고 뜻을 말하며 불법의 일을 강론하는 것이 세존의 말씀과 같네."

비구가 모이는 때에는 마땅히 두 가지 법을 행해야 하니, 첫째는 현성(賢聖)처럼 묵연한 것이고, 둘째는 법의 뜻을 강론하는 것이다. 만약 비구가 취락에 들어가겠다고 말하고 떠나갔는데, 뒤의 비구가 왔다면 묵연할 수 없으며, 마땅히 기침하고 다리를 움직여서 소리를 지어야 한다. 만약 앞의 사람이 고의로 말하였고 따라서 나갔다면 무죄이다.

만약 비구가 앞에서 떠나갔고, 뒤에 오는 비구가 말하면서 왔다면 앞의 비구는 묵연할 수 없고, 마땅히 기침하고 다리를 움직여서 소리를 지어야 한다. 만약 비구가 탑을 돌 때이거나, 식후에 숲속의 가운데에 들어가서 좌선하고자 하는 때에도 역시 이와 같다.

이러한 까닭으로 설하였노라.

세존께서는 사위성에 머무르셨으며, 자세한 설명은 앞에서와 같다.
그때 비구승가는 모여서 우파난타의 공행제자와 의지제자에게 거갈마를 짓고자 하였다. 이때 우파난타는 거갈마를 지어서 준다는 것을 듣고 곧바로 일어나서 떠나갔다. 뒤에 비구들이 자리가 비어있는 것을 보았고 누가 왔고 누가 오지 않았는가를 검교하였다.
"이곳은 누가 앉았던 곳이오?"
비구가 말하였다.
"이곳은 우파난타가 앉았던 곳입니다."
이와 같이 승가는 화합하지 못하였고 각각 일어나서 떠나갔으며 갈마를 지을 수 없었다. 여러 비구들이 이 인연으로써 가서 세존께 아뢰었고, 세존께서는 말씀하셨다.
"우파난타를 불러오라."
왔으므로, 세존께서는 앞의 일을 갖추어 물으셨다.
"그대가 진실로 그러하였는가?"
대답하여 말하였다.
"진실로 그렇습니다."
세존께서 말씀하셨다.
"우파난타여. 이것은 악한 일이니라. 그대는 어찌하여 승가에서 일을 판결하고자 하였는데, 묵연히 일어나서 떠나갔는가? 비구에게 아뢰지 않는 것은 비법이고, 계율이 아니며, 세존의 가르침이 아니니라. 이것으로써 선법을 크게 장양하지 못하느니라."
세존께서는 여러 비구들에게 알리셨다.
"사위성을 의지하여 머무르는 여러 비구들을 모두 모이게 하라. 열가지의 이익을 까닭으로써 여러 비구들을 위하여 계율을 제정하겠나니, 나아가 이미 들었던 자들도 바깥히 거듭하여 들을지니라. 만약 비구가 승가에서 일을 판결하고자 하였는데, 묵연히 일어나서 떠나가면서 비구에게 아뢰지 않는 자는 바야제를 범하느니라."
'비구'는 앞의 설명과 같다.

'승가에서 일을 판결하는 것'은 두 종류가 있으니, 첫째는 법과 비니를 설하는 것이고, 둘째는 절복갈마와 나아가 별주갈마를 짓는 것이다.

'묵연히 일어나서 떠나가다.'는 자리를 일어나서 떠나가는 것이다.

'아뢰지 않다.'는 만약 때가 아닌 때에 취락에 들어간다고 아뢰었다면 아뢰었다고 이름하지 않고, 비구니의 정사에 가서 교계한다고 아뢰었어도 아뢰었다고 이름하지 않으며, 먹는 곳을 떠난다고 아뢰었어도 아뢰었다고 이름하지 않는다.

만약 승가가 모여서 법과 비니를 설한다면 마땅히 아뢰어 말해야 한다.

"설법하는 자리를 떠나가겠습니다."

대답하여 말한다.

"그렇게 하십시오."

만약 승가가 모여서 절복갈마와 나아가 별주갈마를 짓고자 하였다면 마땅히 아뢰고 아울러 비구에게 욕을 주어야 한다. 현전승가의 가운데에서 아뢰지 않고 떠나가는 자는 바야제를 범한다.

'바야제'는 앞의 설명과 같다.

만약 승가가 모여서 절복갈마와 나아가 별주갈마를 짓고자 하였고, 비구가 떠나가고자 하는 자는 마땅히 아뢰고 아울러 비구에게 욕을 주어야 한다. 아뢰지 않고 욕을 주는 자는 바야제를 범하고, 아뢰고 욕을 주지 않는 자는 월비니죄를 범하고, 아뢰지 않고 욕을 주지도 않았다면 하나는 바야제를 범하고, 하나는 월비니죄를 범한다. 아뢰고 아울러 욕을 주었다면 무죄이다. 만약 대소변을 하고자 하였고 잠깐 동안에 돌아와서 승단의 일이 끝나지 않았다면 무죄이다. 만약 '가령 늦게 오겠다.'라고 이렇게 생각을 지은 자는 마땅히 아뢰고 아울러 욕을 주어야 한다.

만약 법을 설하고 비니를 설한다면 마땅히 아뢰고 떠나가야 하나니, 아뢰지 않고 떠나가는 자는 월비니죄를 범한다. 만약 여러 많은 비구들이 송경하는 것을 들었다면 마땅히 아뢰고 떠나가야 하나니, 아뢰지 않고 떠나가는 자는 월비니죄를 범한다. 만약 송경하는 자가 송경을 멈추고 다른 말을 지었으므로 떠나가는 자는 무죄이다. 만약 비구가 다른 비구가 경을 받는 것을 들었다면 마땅히 아뢰고 떠나가야 하나니, 아뢰지 않고 떠나가는 자는 월비니죄를 범한다. 만약 비구가 다른 사람이 독경하는 것을 들었다면 마땅히 아뢰고 떠나가야 하나니, 아뢰지 않고 떠나가는 자는 월비니죄를 범한다.
 이러한 까닭으로 설하였노라.

 세존께서는 사위성에 머무셨으며, 자세한 설명은 앞에서와 같다.
 그때 여러 비구들이 아련야의 처소에 머물면서 때가 아니었으나 취락에 들어갔으므로 세상 사람들에게 비난받았다.
 "어찌하여 사문 석자들은 아련야의 처소에 머물면서 때가 아닌 때에 취락에 들어와 무엇을 구하고자 하는가?"
 여러 비구들이 이 인연으로써 가서 세존께 아뢰었고, 세존께서는 말씀하셨다.
 "그 비구들을 불러오라."
 왔으므로, 세존께서는 앞의 일을 갖추어 물으셨다.
 "그대들이 진실로 그러하였는가?"
 대답하여 말하였다.
 "진실로 그렇습니다."
 세존께서 말씀하셨다.
 "그대들은 어찌하여 아련야이 처소에 머물면시 때가 아닌 내에 취락에 들어가서 바로 마땅히 세상 사람들에게 비난을 받았는가? 오늘부터는 아련야의 처소에 머물면서 비구에게 아뢰지 않고 때가 아닌 때에 취락에 들어가는 것을 허락하지 않겠노라."

 세존께서는 사위성에 머무셨으며, 자세한 설명은 앞에서와 같다.
 그때 두 비구가 아련야의 주처(處住)에 있었는데 한 비구가 방을 바르면서 뱀에게 물렸으므로 도반에게 말하였다.

"장로여. 내가 뱀에게 물렸습니다."
대답하여 말하였다.
"기다리십시오. 내가 승가리를 취하고 마땅히 가서 기역(耆域) 의사를 불러오겠습니다."
옷을 취하는 중간에 곧바로 말을 잃었으나, 그는 취하고서 알려 말하였다.
"장로여. 내가 때가 아니지만 취락에 들어가겠습니다."
이때 비구가 능히 말하지 못하였으나, 이와 같이 세 번을 아뢰어 말하였다.
"장로여. 내가 때가 아니지만 취락에 들어가겠습니다."
오히려 전과 같이 말하지 못하였으므로 그는 생각을 지었다.
'세존께서는 계율을 제정하시어 아련야의 처소에서는 비구에게 아뢰지 않고 때가 아닌 때에 취락에 들어가는 것을 허락하지 않으셨다. 이 비구는 대답하지 않으니, 나는 마땅히 그의 행업(行業)을 알아서 맡기겠다. 다시 어떻게 하겠는가?'
곧바로 목숨을 마쳤다. 여러 비구들이 이 인연으로써 가서 세존께 아뢰었고, 세존께서는 말씀하셨다.
"그 비구를 불러오라."
왔으므로, 세존께서는 앞의 일을 갖추어 물으셨다.
"그대가 진실로 그러하였는가?"
대답하여 말하였다.
"진실로 그렇습니다."
세존께서 여러 비구들에게 말씀하셨다.
"그가 만약 자비한 마음으로 사대용왕(四大龍王)의 이름을 불렀다면 마땅히 죽음에 이르지 않았을 것이다. 무엇이 4대용왕인가? 지국용왕(持國龍王)·이라국용왕(伊羅國龍王)·선자용왕(善子龍王)·흑백용왕(黑白龍王)이니라. 나는 다리가 없는 중생에게 자비가 있고, 나는 다리가 두 개가 있는 중생에게 자비가 있으며, 나는 다리가 네 개가 있는 중생에게 자비가 있고, 나는 다리가 많이 있는 중생에게 자비가 있느니라.

나는 자비가 있으니, 다리가 없는 중생들이 나의 다리가 두 개가 있는 중생을 해치지 않게 하고, 나의 다리가 네 개가 있는 중생들을 해치지 않게 하며, 나의 다리가 많이 있는 중생들을 해치지 않게 하고, 나의 일체의 중생들을 해치지 않게 하고, 마땅히 무루(無漏)의 일체 현성(賢聖)을 얻게 하며, 선한 마음으로 서로를 보고 악한 뜻을 일으키지 않게 해야 한다. 만약 비구가 4대용왕의 이름을 부르는 자는 마땅히 죽음에 이르지 않았을 것이다. 오늘부터는 급한 때는 제외하도록 허락하겠노라."

세존께서는 여러 비구들에게 알리셨다.

"사위성을 의지하여 머무르는 여러 비구들을 모두 모이게 하라. 열 가지의 이익을 까닭으로써 여러 비구들을 위하여 계율을 제정하겠나니, 나아가 이미 들었던 자들도 마땅히 거듭하여 들을지니라. 만약 비구가 아련야의 처소에 머물면서 때가 아닌 때에 취락에 들어가면서 비구에게 아뢰지 않았다면 다른 때를 제외하고는 바야제를 범하느니라."

'비구'는 앞의 설명과 같다.

'아련야의 처소'는 만약 성읍과 취락에서 떠났다면 500궁(弓)이니, 활의 길이가 5주(肘)이고 그 중간에 머무는 사람이 없다면 아련야 처소라고 이름한다.

'때가 아니다.'는 후식(後食)을 이미 마친 것이니, 때가 비록 빠르더라도 오히려 때가 아닌 것이다.

'취락'은 담장으로 막혔거니, 또한 흩어져 기거하는 곳이나.

'취락을 아뢰다.'는 만약 말로 아뢰고 식가(食家)로 떠났다면 아뢰었다고 이름할 수 없고, 만약 말로 아뢰고 비구니의 정사에 가서 교계하였어도 아뢰었다고 이름할 수 없으며, 만약 말로 아뢰고 설법하는 곳을 떠났어도 아뢰었다고 이름할 수 없다. 마땅히 아뢰어 말해야 한다.

"장로여. 나는 때가 아닌 때에 취락에 들어갑니다."

앞의 사람은 말한다.

"그렇게 하십시오."

'비구'는 경계의 안(界內)에 현전한 비구이고, 도중(徒衆)을 현전하는 것은 아니다.

'다른 때를 제외하다.'는 만약 비구가 여러 종류의 병이 있었거나, 뱀에게 물렸으므로 의사를 부르려는 까닭이니, 세존께서 무죄라고 말씀하셨다.

만약 두 비구가 아련야의 처소에 머물고 있었고, 만약 함께 떠나가고자 전전하여 서로에게 아뢰었으며, 만약 한 사람이 먼저 떠나갔는데, 뒤의 사람이 다시 떠나가고자 하였다면 마땅히 다른 비구에게 아뢰어야 하고, 만약 다른 비구가 없었다면 마땅히 이렇게 생각을 지어야 한다.

'만약 도중이거나, 만약 문이거나, 만약 취락이거나, 만약 비구니의 정사에서 비구를 본다면 마땅히 아뢰겠다.'

아뢰었다면 그러한 뒤에 때가 아니더라도 취락에 들어갈 수 있다. 만약 비구가 도로를 다니면서 취락 안에서 취락 안으로 지나갔는데 도로의 주변에 탑이 있었거나, 만약 천사(天祠)가 있었다면 마땅히 길을 따라서 곧바로 지나가야 한다. 만약 길을 내려가서 왼쪽으로 돌았거나, 오른쪽으로 돌면서 지나가는 자는 바야제를 범한다. 만약 불이 났고 여러 종류의 악한 짐승들이 와서 사람을 쫓았다면 뜻을 따라서 떠나가도 무죄이다.

만약 비구가 먼 도로를 다니면서 날이 저물어 취락에 들어가서 묵고자 하였다면 발랑이나 꾸러미를 짊어지고 들어갈 수 없고, 취락 밖에 물이 있다면 마땅히 숲속에서 쉬면서 먼저 두 비구에게 깨끗이 씻게 하고 승가리를 입고 끈을 묶고 서로에게 아뢰고서 보낼 것이며, 취락에 들어가서 묵고서 쉴 곳을 구해야 한다.

만약 묵을 곳을 얻었다면 마땅히 단월을 쫓아서 편안한 곳을 따라서 구하고 다시 취락을 나와서 여러 비구들에게 말해야 한다.

"이미 묵을 곳을 얻었습니다."

그때 여러 비구들은 마땅히 손발을 깨끗이 씻어야 하고, 비시장을 마시고자 하는 자는 곧 이곳에서 마실 것이며, 만약 취락에 들어갔다면 사람들에게 사문을 비난하지 않게 해야 한다.

저녁에 음식을 먹는다면 발랑과 옷을 담는 그릇을 나누고 펼쳐서 가지고 떠나가서 승가리를 입고 편안하게 묶으며 지팡이를 잡고 가죽신을 지니고 전전하여 서로에게 아뢰고 그러한 뒤에 마땅히 들어가야 하며, 이미 묵을 곳에 이르렀고, 다시 나와서 땔나무와 풀을 취하고자 하였다면, 만약 본래의 도로를 따라서 나왔어도 무죄이다. 만약 다시 다른 도로로 다니는 자는 마땅히 아뢰고 떠나가야 하며, 아뢰지 않고 떠나가는 자는 바야제를 범한다.

만약 발에 바르는 기름을 구하였거나, 비시장을 권화하여 다음 날에 먹으려는 자는 마땅히 아뢰고서 떠나가야 하고, 아뢰지 않고 떠나가는 자는 바야제를 범한다. 만약 취락의 가운데에 승가람이 있고 도로 위에 집이 연접(連接)하여 다시 떠나가는 자는 무죄이다. 다른 도로로 떠나가는 자는 마땅히 아뢰고서 떠나가야 하고, 아뢰지 않고 떠나가는 자는 바야제를 범한다.

이러한 까닭으로 설하였노라.

불만(不滿)과 도둑과 반려인 것과
땅을 파는 것과 4개월을 청하는 것과
배우지 않는 것과 술을 마시는 것과
다른 사람을 경시하는 것과 묵연히 듣는 것과
묵연히 일어나는 것과 비시에 들어가는 것이 있다.

[여덟 번째의 발거를 마친다.]

세존께서는 사위성에 머무셨으며, 사세한 설명은 앞에서와 같다.
그때 존자 우파난타는 새벽에 일어나서 취락에 들어가는 옷을 입고 단월의 집에 이르러 우바이에게 말하였다.
"일반적으로 부인들이 만약 죽어서 목숨이 마치면 많이 악도에 떨어질 것이니, 그대는 마땅히 나의 설법을 들으시오."

이때 우바이는 집안일을 요리하고 여러 일에 바빠서 설법을 들을 겨를이 없었으므로, 우파난타를 싫어하면서 말하였다.

"가령 일반적으로 부인들이 만약 죽어서 악도에 떨어지더라도 아사리는 다만 스스로를 걱정하시고, 다른 사람을 걱정하지 마세요."

후식(後食)을 마치고 제자에게 발우를 씻게 시켰으며, 다시 그녀의 집에 들어가서 이전과 같이 말하였다.

"우바이여. 일반적으로 부인들이 만약 죽어서 목숨이 마치면 많이 악도에 떨어질 것이니, 그대는 마땅히 나의 설법을 들으시오."

이때 우바이는 남편과 아이들이 음식을 먹었고, 뒤에 스스로가 먹었으므로 들을 수가 없었다. 다시 비구를 싫어하면서 말하였다.

"가령 일반적으로 부인들이 만약 죽어서 악도에 떨어지더라도 아사리는 다만 스스로를 걱정하시고, 다른 사람을 걱정하지 마세요."

여러 비구들이 이 인연으로써 가서 세존께 아뢰었고, 세존께서는 말씀하셨다.

"우파난타를 불러오라."

왔으므로, 세존께서는 앞의 일을 갖추어 물으셨다.

"그대가 진실로 그러하였는가?"

대답하여 말하였다.

"진실로 그렇습니다."

"그대는 식후에 떠나가서 무슨 일들을 지었는가?"

대답하여 말하였다.

"일이 많습니다. 세존이시여. 저는 의료(醫療)를 짓고서 여러 병을 다스리고자 합니다."

세존께서 말씀하셨다.

"그대는 어찌하여 같이 음식을 먹는 곳을 식전과 식후에 비구에게 아뢰지 않고 다른 집에 다니면서 이르렀는가? 오늘부터는 같이 음식을 먹는 곳을 식전과 식후에 비구에게 아뢰지 않고 다른 집에 다니면서 이르는 것을 허락하지 않겠노라.”

세존께서는 사위성에 머무르셨으며, 자세한 설명은 앞에서와 같다.
그때 세존께서는 아난에게 알리셨다.
"그대는 여러 비구들에게 말하게. '안거를 이미 마쳤으니, 여러 단월이 보시한 안거의(安居衣)를 받으십시오.'"
아난은 곧 여러 비구들에게 말하였고, 여러 비구들은 다시 말하였다.
"세존께서 계율을 제정하시어 같이 음식을 먹는 곳을 식전과 식후에 비구에게 아뢰지 않고 다른 집을 다니면서 이르는 것을 허락하지 않으셨습니다. 우리들은 여러 범행인과 같이 음식을 먹고 함께 머무릅니다. 아난을 공경하는 까닭으로 감히 자주 아뢰지 못하였습니다."
아난은 이 인연으로써 가서 세존께 아뢰었고, 세존께서는 말씀하셨다.
'오늘부터는 옷을 받도록 허락하겠노라.”
세존께서는 여러 비구들에게 알리셨다.
"사위성을 의지하여 머무르는 여러 비구들을 모두 모이게 하라. 열 가지의 이익을 까닭으로써 여러 비구들을 위하여 계율을 제정하겠나니, 나아가 이미 들었던 자들도 마땅히 거듭하여 들을지니라. 만약 비구가 같이 음식을 먹는 곳을 식전과 식후에 비구에게 아뢰지 않고 다른 집에 다녔다면 다른 때를 제외하고는 바야제를 범하느니라. '다른 때'는 옷의 때이니, 이것을 다른 때라고 이름하느니라."
'비구'는 앞의 설명과 같다.
'같이 먹다.'는 혹은 쌀 4되로 밥을 지었거나, 혹은 미숫가루 8되이거나, 혹은 보리밥 1말과 2되이거나, 어육(魚肉)이 만약 반 발우이거나, 만약 한 발우이라면, 이것을 같이 먹는다고 이름한다.
'식전'은 먹지 않은 것이나.
'식후'는 음식을 이미 먹은 것이니, 비록 해가 빠른 까닭이어도 식후라고 이름한다.
'다니면서 다른 집에 이르다.'는 찰리의 집이거나, 바라문의 집이거나,

비사(毘舍)의 집이거나, 수다라(首陀羅)의 집이다.

'아뢰다.'는 만약 아뢰고서 비시에 취락에 들어갔거나, 만약 아뢰고서 비구니의 정사로 갔거나, 만약 아뢰고서 설법하는 처소를 떠났다면 아뢰었다고 이름할 수 없고, 마땅히 아뢰어 말해야 한다.

장로여. 억념(憶念)하십시오. 나 누구는 같이 먹는 곳을 떠나가서 다른 집에 이르겠습니다."

대답하여 말한다.

"그렇게 하십시오."

'다른 때를 제외하다.'는 세존께서 무죄라고 말씀하셨다.

'다른 때'는 옷의 때이다.

'옷의 때'는 가치나의(迦絺那衣)가 없는 1개월이거나, 가치나의가 있는 5개월이다. 의시(衣時)의 중간이라면 다섯 가지의 죄를 벗어나나니, 별중식(別衆食)·처처식(處處食)·이동식(離同食)·아뢰지 않고 장의(長衣)를 저축하는 것·옷을 벗어나서 묵는 것도 무죄이다.

'바야제'는 앞의 설명과 같다.

만약 비구가 같이 먹는 곳을 벗어나 다른 곳으로 떠나가려고 하였다면 마땅히 아뢰고 떠나가야 하며, 아뢰지 않고 떠나가는 자는 바야제를 범한다. 만약 다른 곳에서 다섯 가지의 정식과 다섯 가지의 잡정식을 먹었다면 두 가지의 바야제를 범하고, 아뢰지 않고 같이 먹는 곳을 벗어나서 처처식을 먹었더라도 만약 시식법(施食法)을 지었거나, 만약 옷의 때라면, 두 가지는 함께 무죄이다.

만약 비구가 머무는 처소에 음식이 없었고 만약 다른 사람이 음식의 청이 있었다면 곧 그곳을 같이 먹는 처소라고 이름한다. 만약 그곳에서 다른 곳으로 떠나가려고 하였다면 마땅히 아뢰고 떠나가야 하며, 아뢰지 않고 떠나가는 자는 앞에서 설한 것과 같다. 만약 비구가 취락 안에서 청을 받았으면 곧 그곳을 같이 먹는 처소라고 이름한다. 날이 일러서 다른 곳으로 떠나가려고 하였다면 마땅히 아뢰고 떠나가야 하며, 아뢰지 않고 떠나가는 자는 앞에서 설한 것과 같다.

만약 취락 안에서 승가에게 음식을 청하였고, 비구가 지나가면서 그 집에 이르렀는데, 단월이 "존자여. 내가 오늘 승가께 공양합니다. 존자도 역시 나의 청을 받아 주십시오."라고 말하였고, 비구가 받아들였다면 같이 먹는 처소라고 이름한다. 날과 때가 오히려 일러서 비구가 다시 다른 곳으로 떠나가려고 하였다면 마땅히 아뢰고 떠나가야 하며, 아뢰지 않고 떠나가는 자는 앞에서 설한 것과 같다.

만약 단월이 승가에게 음식을 청하였고, 비구가 걸식하며 지나가면서 그 집에 이르렀는데, 단월이 "내가 오늘 승가께 공양합니다. 존자도 역시 나의 청을 받아 주십시오."라고 말하였고, 비구가 받아들였다면 같이 먹는 처소라고 이름한다. 비구가 잠시 '단월이 신심으로 베푸는 마음이 무거워서 나는 능히 소화할 수 없다. 걸식을 행하며 목숨을 지탱하는 것보다 못하다.'라고 스스로가 사유하였으며, 버리고 떠나가고자 하였다면 마땅히 아뢰고 떠나가야 하고, 아뢰지 않고 떠나가는 자는 바야제를 범한다. 나머지는 앞에서 설한 것과 같다.

만약 두 비구가 각자 먹는 곳이 있어서 함께 취락으로 향하였는데, 도중에 "우리들은 오늘 먼저 한 집에서 먹고 그러한 뒤에는 차례로 함께 다른 집에서 후식을 먹읍시다."라고 의논하였다면, 한 비구는 마땅히 아뢰고 떠나가야 하며, 아뢰지 않고 떠나가는 자는 바야제를 범한다. 만약 먼저 먹었던 집에 이르러서 다섯 가지의 정식과 다섯 가지의 잡정식을 얻었다면 두 가지의 바야제를 범한다. 같이 먹었던 곳을 벗어나 처처식을 하였어도 만약 시식법을 지었거나, 옷의 때라면, 두 사람이 함께 무죄이다. 두 번째의 사람도 역시 이와 같다.

만약 비구가 걸식하면서 집집마다 1되이거나, 2되이거나, 나아가 10말(斛)을 취하여도 무죄이지만, 만약 한 집에서 혹은 4되의 쌀밥을 얻었거나, 혹은 미숫가루 8되를 얻었거나, 혹은 보리밥 1되이거나, 2되이거나, 혹은 어육이 절반인 발우이거나, 어육을 가득하게 발우에 얻었다면, 다시 다른 곳에서 구할 수 없다. 이 가운데에서 무엇이 범한 것이고, 무엇이 범하지 않았는가? 일체의 죽(粥)에서 어육의 죽을 제외한 것이고, 죽을 취하면서 새롭게 솥에서 퍼냈고 그림을 그렸어도 글자가 이루어지지 않는 것이다. 일체의 떡·일체의 미숫가루·일체의 과일·별중식이 아닌 것·처처식이 아닌 것·만족식(滿足食)이 아닌 것이다.
　이러한 까닭으로 설하였노라.

　세존께서는 사위성에 머무셨으며, 자세한 설명은 앞에서와 같다.
　[이 가운데 마땅히 말리(末利) 부인과의 인연은 『중아함경(中阿含經)』에서 설한 것과 같다.]
　나아가 장로 비구들이 차례로 궁전에 들어가 교계하였다. 그때 존자 우타이는 차례로 궁전에 들어가서 교계하였는데, 이때 말리부인은 금·은·구슬로 장식한 가늘고 부드러운 도시의(塗施衣)를 입고서 왕궁 안에 앉아 있었다. 그때 우타이는 궁전에 들어갔고, 부인이 보고서 공경하는 마음으로 갑자기 일어났는데, 금과 은과 구슬이 무겁고 도시의가 미끄러워서 땅에 떨어졌다. 부인이 부끄러워 곧바로 웅크려서 앉았고, 여러 모시는 사람들이 몸으로 그녀를 막아 주었다. 그때 우타이가 보고서 물러나서 나갔으며, 돌아와서 정사에 이르렀고 여러 비구들에게 말하였다.
　"장로들이여. 파사닉왕이 감춰두었던 보배그릇을 내가 지금 보았습니다."
　여러 비구들이 물어 말하였다.
　"그대는 무엇을 보았습니까?"
　대답하여 말하였다.
　"말리부인을 보았습니다."
　여러 비구들이 말하였다.
　"장로여. 그대는 출가한 사람이니, 만약 취락에 들어가도 마땅히 아련야에 있다고 뜻을 짓거나, 색(色)을 사랑하고 집착해서는 아니됩니다. 보았어도 보지 않은 것과 같아야 하고 들었어도 듣지 않은 것과 같아야 합니다."
　대답하여 말하였다.
　"나는 진실로 보았던 것을 보지 않았다고 말해야 합니까?"

여러 비구들이 이 인연으로써 가서 세존께 아뢰었고, 세존께서는 말씀하셨다.

"오늘부터는 비구가 왕궁에 들어가는 것을 허락하지 않겠노라."

비구들이 궁에 들어가지 않았던 까닭으로 여러 부인들이 말리부인을 앞혀놓고서 말하였다.

"그대는 여러 비구들이 다시 왕궁에 들어오지 못하도록 하였습니다. 우리들은 법을 듣거나, 승가께 예경할 수 없습니다."

말리부인이 말하였다.

"무슨 까닭으로 나를 원망합니까? 그대들이 스스로 가서 왕에게 구하세요."

여러 부인들이 곧 왕에게 아뢰어 말하였다.

"대왕이시여. 여러 비구들이 무슨 까닭으로 다시 왕궁에 들어와서 교계하지 않습니까?"

그때 파사닉왕은 이 말을 듣고서 세존의 처소에 나아가서 머리숙여 발에 예경하고 물러나서 한쪽에 앉았으며 세존께 아뢰어 말하였다.

"세존이시여. 여러 비구들이 무슨 까닭으로 다시 왕궁에 들어와서 교계하지 않습니까?"

세존께서 말씀하셨다.

"대왕이시여. 이 가운데에 허물이 있었고, 여래가 보고서 다시 들어가는 것을 허락하지 않았습니다."

파사닉왕이 세존께 아뢰어 말하였다.

"이 가운데에 무슨 허물과 근심이 있는가를 들을 수 있겠습니까?"

세존께서는 대왕에게 알리셨다.

"대왕이시여. 열 가지의 일에 허물과 근심이 있으므로 비구들이 왕궁에 들어갈 수 없습니다. [열 가지의 일은 『중아함연경(中阿含綖經)』의 가운데에서 설한 것과 같다.] 비구들은 왕궁에 들어갈 수 없습니다."

왕이 세존께 아뢰어 말하였다.

"세존이시여. 세존께서는 허물과 근심을 보셨고 비구들을 제어하여 왕궁에 들어가지 못하도록 하셨습니다. 나는 본래 신심이 생겨나지 않았던 때에 스스로가 오른손도 오히려 믿지 않았습니다. 하물며 다시 비구들이겠습니까? 세존께서 이미 계율을 제정하셨으니, 다만 마땅히 수순하겠습니다."

세존께서는 여러 비구들에게 알리셨다.

"사위성을 의지하여 머무르는 여러 비구들을 모두 모이게 하라. 열 가지의 이익을 까닭으로써 여러 비구들을 위하여 계율을 제정하겠나니, 나아가 이미 들었던 자들도 마땅히 거듭하여 들을지니라. 만약 비구가 찰리 관정왕(灌頂王)의 궁중에 들어가면서 왕이 부인인 보물을 아직 감추지 않았는데, 들어가면서 문의 한계를 지나간 자는 바야제를 범하느니라."

'비구'는 앞의 설명과 같다.

'왕'은 찰리의 종성이거나, 바라문의 종성이거나, 우가라왕(優伽羅王)의 종족이거나, 사가야왕(捨伽耶王)의 종족이거나, 파나왕(婆那王)의 종족이거나, 이와 같은 것이다. 혹은 왕이지만 찰리가 아니라면 들어가도 무죄이고, 혹은 왕이 찰리지만 관정왕이 아니라면 들어가도 무죄이며, 혹은 왕이고 찰리이며 관정왕이지만 국토가 없다면 들어가도 무죄이다. 왕이고 찰리이며 관정왕이고 국토가 있다면 들어갈 수 없다.

'왕궁에 들어가다.'는 내궁(內宮)에 들어가는 것이다.

'왕이 부인인 보물을 아직 감추지 못하였다.'는 왕의 부인이 아직 나오지 않은 것이다.

'보물을 감추지 않았다.'는 왕의 보물이 아직 나오지 않은 것이고, 이르러 문의 한계를 지나간 자는 바야제를 범한다.

'바야제'는 앞의 설명과 같다.

만약 왕이 새롭게 궁전을 짓고 신심으로 환희하면서 비구에게 "존자여. 나를 위하는 까닭으로 원하건대 먼저 수용하십시오."라고 말하였다면, 비구는 마땅히 "세존께서 계율을 제정하시어 왕궁에 들어가지 못하도록 하셨습니다."라고 대답해야 한다. 왕이 다시 "존자여. 어느 방편이 있으니,

개통(開通)하시겠습니까?"라고 말하였다면, 비구는 "왕의 부인인 보물이 모두 나왔다면 그러한 뒤에 들어가겠습니다."라고 대답할 것이고, 만약 모두 나왔다면 비구가 들어갈 수 있다. 그 비구가 들어가고서 왕의 부인인 보물이 뒤따라서 차례로 들어왔다면 비구는 버리고 나올 수 없고, 그때 앉았다면 무죄이다. 만약 비구가 중간에 대·소변을 위하여 나왔다면 다시 들어갈 수는 없나니, 들어가는 자는 바야제를 범한다.

만약 왕이 항상 유람(遊觀)하던 연못과 숲의 가운데에 왕의 행궁(行宮)을 지었고 왕의 부인인 보물들이 모두 나왔으며, 가운데에 일곱 겹의 문이 있었는데, 만약 첫째의 문에 들어갔거나, 둘째의 문이거나, 셋째의 문이거나, 나아가 여섯째의 문에 들어갔어도 무죄이지만, 일곱째의 문에서 하나의 다리라도 들어갔다면 월비니죄를 범하고, 두 다리가 문의 한계를 지나갔다면 바야제를 범한다. 만약 왕의 유관이 끝났고 부인인 보물이 모두 나가서 행궁이 비었으며 여러 사람들이 들어갔으므로 비구도 들어갔다면 무죄이다. 만약 왕이 신심으로 사랑하고 존경하여서 손으로 비구를 이끌고 들어갔다면 무죄이다.

이러한 까닭으로 설하였노라.

세존께서는 사위성에 머무셨으며, 자세한 설명은 앞에서와 같다.
그때 사위성의 안에는 상아(象牙) 기술자가 있어 법여(法與)라고 이름하였다. 이때 어느 비구가 그의 집에 이르러 말하였다.
"단월이여. 나를 위해서 바늘통을 지어서 주십시오."
곧바로 지었는데 크지도 않고 작지도 않으며 색깔이 빛나고 매끄러웠다. 가지고 방에 돌아왔는데, 여러 비구들이 보고서 물어 말하였다.
"장로여. 어느 곳에서 이렇게 크지도 않고 작지도 않으며 색깔이 빛나고 매끄러운 바늘통을 얻었습니까?"
대답하여 말하였다.
"법여라고 이름하는 상아 기술자가 나를 위하여 지어 주었습니다."
여러 비구들이 듣고 각자 가서 구하였으므로 상아 기술자가 생각하며 말하였다.

"여러 비구들이 모두 마땅히 필요할 것이다."

또한 생각하였다.

'대중 승가는 선량한 복전이니, 내가 마땅히 승가를 청하여 바늘통을 보시해야겠다.'

곧 기원에 나아가서 머리숙여 발에 예배하고 알려 말하였다.

"법여가 승가를 청하여 바늘통을 보시하고자 합니다."

여러 비구들이 듣고 각자 가서 취하면서 혹은 한 개를 취하여 떠나갔고, 혹은 2·3개를 취하였으며, 나아가 열 개를 취하였으므로 마침내 없어졌다. 단월이 말하였다.

"상아는 모두 없어졌고, 지금 오직 코끼리뼈가 있는데, 필요하시면 마땅히 짓겠습니다."

대답하여 말하였다.

"모두 필요합니다."

다시 알렸다.

"코끼리의 뼈도 없어졌고 지금 오직 뿔만 있는데, 필요하시면 마땅히 짓겠습니다."

대답하여 말하였다.

"모두 필요합니다."

찾는 자가 매우 많았고 이러한 까닭으로 생활이 어려웠다. 그때 존자 사리불은 때에 이르자 취락에 들어가는 옷을 입고 발우를 가지고 사위성에 들어가 차례로 걸식하다가 그의 집에 이르렀다. 이때 법여의 아내가 신심으로 환희하여 음식을 베풀면서 먼저 사리불을 알아보았고 곧 머리숙여 발에 예배하고 앞에 서 있으니, 사리불이 물었다.

"자매여. 집안이 어떻습니까? 사업은 늘어났습니까?"

대답하여 말하였다.

"집안은 그렇지만 다만 사업이 늘어나지 않습니다."

물어 말하였다.

"무슨 까닭입니까?"
대답하여 말하였다.
"존자여. 저희 남편이 여러 비구들을 청하여 바늘통을 베풀었는데, 여러 비구들이 혹은 한 개를 취하여 떠나갔고, 혹은 2·3개를 취하였으며, 나아가 열 개를 취하였으므로 마침내 없어졌고, 뼈를 취해 갔으며 없어졌으므로, 뿔까지 취하였으며, 찾는 자가 너무 많습니다. 이러한 까닭으로 생활이 어렵습니다. 존자여. 우리 집은 이것을 바라보고 생활하며 아이들에게 옷과 밥을 제공하고 관청에 세금을 바칩니다. 존자는 내가 공경하고 존중하므로 이러한 말을 지었습니다. 이것을 까닭으로 남편은 있어도 없다고 말하고 깨어났어도 잠잔다고 말합니다."

그때 존자 사리불은 이 여인을 위하여 수순하고 설법하여 환희를 일으켰다. 정사로 돌아와서 이 인연을 갖추어 세존께 아뢰었고, 세존께서는 말씀하셨다.

"여러 비구들을 불러오라."
왔으므로 세존께서는 앞의 일을 갖추어 물으셨다.
"그대들이 진실로 그러하였는가?"
대답하여 말하였다.
"진실로 그렇습니다."
세존께서 말씀하셨다.
"오늘부터는 상아와 뼈와 뿔로 바늘통을 짓는 것을 허락하지 않겠노라."
세존께서는 여러 비구들에게 알리셨다.

"사위성을 의지하여 머무르는 여러 비구들을 모두 모이게 하라. 열 가지의 이익을 까닭으로써 여러 비구들을 위하여 계율을 제정하겠나니, 나아가 이미 들었던 자들도 마땅히 거듭하여 들을지니라. 만약 비구가 이금니·뼈·뿔로 바늘통을 지었다면 깨뜨렸어도 바야제를 범하느니라."

'비구'는 앞의 설명과 같다.

'어금니'는 코끼리 어금니·생선 어금니·마가라(摩伽羅) 어금니·돼지 어금니와 같은 여러 나머지의 어금니 등이다.

'뼈'는 코끼리 뼈·말 뼈·소 뼈·낙타 뼈·용의 뼈와 같은 여러 나머지의 뼈 등이다.

'뿔'은 소 뿔·코뿔소의 뿔·사슴의 뿔·염소의 뿔과 같은 나머지의 뿔 등이다.

'짓다.'는 만약 스스로 지었거나, 만약 다른 사람을 시켜서 짓는 것이다. 이미 깨뜨렸다면 바야제를 참회해야 하나니, 깨뜨리지 않고 참회하였다면 월비니죄를 범한다.

'바야제'는 앞의 설명과 같다.

그때 세존께서는 계율을 제정하시어 어금니·뼈·뿔로써 바늘통을 짓는 것을 허락하지 않으셨다. 이때 여러 비구들은 금·은·유리(琉璃)·파리(頗梨)·옥보(玉寶)로 그것을 지었고, 세존께서는 말씀하셨다.

"금·은·보물 등으로 바늘통을 짓는 것을 허락하지 않겠노라. 마땅히 구리·철·백랍(白鑞)·아연(鉛)·주석(錫)·두석(鋀石)·백동(白銅)·대나무·흠바라(欽婆羅)·첩전(氍㲪)[1]과 새의 날개, 나아가 발랑의 띠를 사용하라."

이러한 까닭으로 설하였노라.

세존께서는 사위성에 머무셨으며, 자세한 설명은 앞에서와 같다.

그때 재일(齋日)인 매월 8일·14일·15일에 성안의 백성들이 성을 나와서 세존께 예경하였다. 이때 파사닉왕의 왕자도 역시 와서 예경하였고, 차례로 난타와 우파난타의 처소에 이르러 머리숙여 발에 예배하고서 말하였다.

"나는 구경하고자 합니다. 원하건대 나에게 처소를 보여주십시오."

대답하여 말하였다.

"매우 좋습니다."

곧 데리고 누각 위에 이르러 동자에게 말하였다.

"이   기둥(柱)·들보(梁)·서까래(榱)·용마루(棟)·두공(櫨枓)[2]·가로보

---

1) 모직물을 가리킨다.
2) 기둥 위에 놓인 방형의 나무를 가리킨다.

(枅)3)·도리(衡)4)에 조각한 무늬와 여러 종류로 채색한 그림을 보십시오."

다음으로 난타가 머무는 처소에 이르러 보았는데, 푸른색 바탕에 높고 큰 평상을 펼쳐놓고서 겹계단을 설치하였으며, 요(褥)를 묶어서 펼쳐놓았고 양 머리에는 베개를 놓아두었다. 왕자가 보고서 물었다.

"존자여. 이것은 누구의 평상과 요입니까?"

대답하여 말하였다.

"내 것이오."

왕자가 말하였다.

"이것은 크게 아름답게 장엄되어 비구의 처소에는 마땅하지 않습니다."

곧 다시 물어 말하였다.

"만약 나에게 마땅하지 않다면 누가 마땅히 저축해야 합니까?"

대답하여 말하였다.

"왕이나 왕자의 처소에 마땅한 복식(服飾)입니다."

비구가 말하였다.

"나는 왕자가 아닙니까? 만약 세존께서 출가하지 않았다면 마땅히 전륜성왕(轉輪聖王)이 되어서 4천하의 임금이 되었을 것이고, 그대들의 일체가 우리의 백성이었을 것이오. 그러나 세존께서는 이러한 처소를 즐거워하지 않으셨으므로 출가하여 성불하고 법륜왕(法輪王)이 되셨소. 우리는 법륜왕의 왕자이니, 설사 다시 복식이 이것을 넘겼어도 오히려 마땅한데, 하물며 이러한 거친 물건이겠소?"

왕자가 듣고 부끄러워서 말이 없었다.

여러 비구들이 이 인연으로써 가서 세존께 아뢰었고, 세존께서는 말씀하셨다.

"난타와 우파난타를 불러오라."

왔으므로, 세존께서는 앞의 일을 갖추어 물으셨다.

"그대들이 진실로 그러하였는가?"

---

3) 기둥이나 문에 받치는 나무를 가리킨다.
4) 서까래를 받치기 위하여 기둥 위에 건너지르는 나무를 가리킨다.

대답하여 말하였다.
"진실로 그렇습니다."
세존께서 말씀하셨다.
"그대들은 어찌하여 평상과 요를 꾸며 놓아서 세상 사람들에게 비난받았는가? 오늘부터는 양을 넘겨서 평상을 짓는 것을 허락하지 않겠노라."

세존께서는 사위성에 머무셨으며, 자세한 설명은 앞에서와 같다.
세존께서 계율을 제정하시어 양을 지나쳐서 평상을 짓는 것을 허락하지 않으셨다. 여러 비구들은 양에 맞춰 곧 평상의 위이거나, 반대로 기초인 평상 다리로써 잘라냈다. 그때의 재일인 매월 8일·14일·15일에 성안의 백성들이 성을 나와서 세존께 예경하였고, 파사닉왕의 왕자도 역시 와서 예경하였다. 차례로 난타와 우파난타의 처소에 이르러 알려 말하였다.
"존자여. 나는 구경하고자 하니, 처소를 보여주십시오."
나아가 난타의 방안에 이르러 보고서 곧 물었다.
"무슨 까닭으로 이 평상의 다리를 잘랐습니까?"
대답하여 말하였다.
"한도로 잘랐소. 이상(已上)은 세존께서 허락하신 것이오."
왕자가 말하였다.
"만약 세존께서 허락하신 이상을 잘랐는데, 그러나 지금 도리어 덧붙인 평상이니, 본래의 평상과 무엇이 다릅니까?"
여러 비구들이 이 인연으로써 가서 세존께 아뢰었고, 세존께서는 말씀하셨다.
"오늘부터는 평상 다리는 양에 마땅해야 하고 다시 덧붙이는 것을 허락하지 않겠노라."
세존께서는 여러 비구들에게 알리셨다.
"사위성을 의지하여 머무르는 여러 비구들을 모두 모이게 하라. 열 가지의 이익을 까닭으로써 여러 비구들을 위하여 계율을 제정하겠나니, 나아가 이미 들었던 자들도 마땅히 거듭하여 들을지니라. 만약 비구가 평상의 다리를 짓는다면 마땅한 양과 높이로 지을 것이고, 수가타(修伽陀)의 여덟 손가락의 길이이며, 홈에 들어가는 것은 제외하겠노라. 만약 양을 넘겨서 짓고서, 다시 자른다면 바야제를 범하느니라."

'비구'는 앞의 설명과 같다.

'와상(臥床)'과 '좌상(坐床)'은 각 14종류가 있으며, 앞의 설명과 같다. 이 가운데에서 양을 넘기는 자는 바야제를 범한다.

'짓다.'는 만약 스스로 지었거나, 만약 다른 사람을 시켜서 짓는 것이다.

'수가타'는 여래·응공·정변지이다.

'여덟 손가락의 길이'는 세존의 여덟 손가락의 길이이다.

'넘기다.'는 양을 넘기는 것이다.

'홈에 들어가다.'는 구멍과 가지런하거나, 이하이다. 잘랐다면 바야제를 참회해야 하나니, 자르지 않고 참회하였다면 월비니죄를 범한다.

'바야제'는 앞의 설명과 같다.

만약 스스로가 짓고서 위에 하루를 앉았다면 하나의 바야제를 범하고, 만약 일어나고서 다시 앉았다면 앉는 것을 따라서 하나·하나가 바야제를 범하며, 다른 사람의 평상 위에 앉았다면 월비니죄를 범한다. 다리를 덧붙인 평상도 양에 마땅해야 하고 마땅히 견고하여야 한다.

만약 객비구로 왔다면 차례로 평상과 요를 부촉하고, 양을 넘긴 평상을 얻으면 마땅히 지사인에게 "나에게 톱을 빌려주십시오."라고 말해야 하고, "무엇을 짓고자 합니까?"라고 물었다면, "이 평상은 양을 넘겼으므로 여법하게 자르고자 합니다."라고 대답해야 한다. 만약 지사인이 "자르지 마십시오. 단월이 보면 혹은 능히 기뻐하지 않을 것입니다."라고 말하였으며, 오래 머물지 않는 자라면 땅을 파고 다리를 묻어서 양과 가지런하게 맞출 것이고, 만약 오래 머물 자라면 마땅히 가지런하게 묻을 곳에 나무통을 넣고 나리를 남가서 분드러지고 썩지 않게 해야 한다.

만약 비구가 취락에 들어가서 단월의 집에 이르러 앉으면서 만약 평상의 다리가 높은 것도 다리가 매달리게 앉을 수 없고, 만약 예전부터 알았다면 마땅히 발을 받치는 상자를 찾아야 하며, 만약 예전부터 알지 못했다면 마땅히 벽돌이나 나무를 찾아서 발을 받치고 앉아야 한다. 만약 복덕사(福德舍) 가운데의 평상이 높다면 앉아도 무죄이다.
　이러한 까닭으로 설하였노라.

　세존께서는 사위성에 머무셨으며, 자세한 설명은 앞에서와 같다.
　그때 재일인 매월 8일·14일·15일에 성안의 백성들이 나와서 세존께 예경하였다. 파사닉왕의 왕자도 역시 나와서 예경하였고, 차례로 난타와 우파난타의 처소에 이르러 말하였다.
　"비구여. 나는 처소를 구경하고자 합니다."
　대답하여 말하였다.
　"매우 좋습니다."
　곧 데리고 누각 위에 이르러 동자에게 말하였다.
　"왕자여. 이 기둥·들보·서까래·용마루·두공·가로보·도리에 조각한 무늬와 여러 종류로 채색한 그림을 보십시오."
　다음으로 방에 이르러 보았는데, 푸른색 바탕에 좋은 자리와 평상을 펼쳐놓고서 도라저(兜羅紵)의 요를 펼쳐놓았고 양 머리에는 베개를 놓아두었으며, 백첩(白氎)으로써 위를 덮어 두었다. 보고서 물었다.
　"이것은 누구의 소유입니까?"
　대답하여 말하였다.
　"내 것이오."
　왕자가 말하였다.
　"이것은 크게 아름답게 장엄되어 존자의 처소에는 마땅하지 않습니다."
　대답하여 말하였다.
　"만약 나에게 마땅하지 않다면 누가 마땅히 저축해야 합니까?"
　왕자가 대답하여 말하였다.
　"왕이나 왕자와 대신의 처소에 마땅한 복식입니다."
　다시 말하였다.
　"나는 왕자가 아닙니까? 만약 세존께서 출가하지 않았다면 마땅히 전륜성왕이 되어서 4천하의 임금이 되었을 것이고, 그대들의 일체가 우리의 백성이었을 것이오. 그러나 세존께서는 이러한 처소를 즐거워하지 않으셨으므로 출가하여 성불하고 법륜왕이 되셨소. 우리는 법륜왕의 왕자이니, 설사 다시 복식이 이것을 넘겼어도 오히려 마땅한데, 하물며 이러한 거친 물건이겠소?"

왕자가 듣고서 부끄러워서 말이 없었다.

여러 비구들이 이 인연으로써 가서 세존께 아뢰었고, 세존께서는 말씀하셨다.

"난타와 우파난타를 불러오라."

왔으므로, 세존께서는 앞의 일을 갖추어 물으셨다.

"그대들이 진실로 그러하였는가?"

대답하여 말하였다.

"진실로 그렇습니다."

세존께서 말씀하셨다.

"그대들은 어찌하여 도라면저(兜羅綿紵)로 세상 사람들에게 비난받았는가? 오늘부터는 도라면저의 요를 허락하지 않겠노라."

세존께서는 여러 비구들에게 알리셨다.

"사위성을 의지하여 머무르는 여러 비구들을 모두 모이게 하라. 열 가지의 이익을 까닭으로써 여러 비구들을 위하여 계율을 제정하겠나니, 나아가 이미 들었던 자들도 마땅히 거듭하여 들을지니라. 만약 비구가 도라면저의 요에 만약 앉았거나, 만약 누웠거나, 밖으로 끼냈디먼 바야제를 범하느니라."

'비구'는 앞의 설명과 같다.

'도라(兜羅)5)'는 아가(阿伽) 도라·파가(婆伽) 도라·구탁사(鳩吒闍) 도라·각(角) 도라·초(草) 도라·사시(迦尸) 노라·화(華) 도라와 여러 나머지의 도라 등이며, 이것을 도라라고 이름한다. 이 가운데서 도라저(兜羅紵)의6)

---

5) 초목(草木)의 화서(花絮)를 가리키며 도라면(兜羅綿)은 목면(木綿)의 한 종류이다. 세면(細綿) 또는 가벼운 면(綿)으로 침구 안에 넣는 솜의 종류를 말한다.

요라면 밖으로 꺼내고서 바야제를 참회해야 한다. 끄집어내는 때에는 깨끗이 털어서 없애고, 만약 없애지 못하여 물로써 적시고 손으로 문질러 깨끗이 손질한다면 바야제를 범한다.
'바야제'는 앞의 설명과 같다.
만약 스스로가 짓고서 위에 하루를 앉았다면 하나의 바야제를 범하고, 만약 일어나고서 다시 앉았다면 앉는 것을 따라서 하나·하나가 바야제를 범하며, 다른 사람에게 앉도록 허락하였다면 월비니죄를 범한다. 만약 모시 베개의 베갯머리를 발로 밟았다면 월비니죄를 범하고, 만약 병들어 베갯머리를 발로 밟았다면 무죄이다. 만약 도라저와 가죽으로써 베개를 지었다면 두 가지의 월비니죄를 범하나니, 가죽과 도라저이다.
만약 비구가 취락에 들어가면서 도라에 바람이 불었고 비구의 옷에 붙어서 옷과 합쳐졌는데, 앉았다면 월비니죄를 범하나니, 마땅히 털어내고 앉아야 한다. 만약 수레에 도라를 실었거나, 만약 메었거나, 만약 짊어지는데 바람이 불었고 비구의 옷에 붙어서 옷과 합쳐졌는데, 앉았다면 월비니죄를 범하나니, 마땅히 털어내고 앉아야 한다. 만약 초 도라를 펼쳤다면 비구는 앉을 수 없다. 만약 비구가 각(角) 도라의 밭 가운데를 다니면서 옷에 붙었다면 앉지 못하나니, 마땅히 털어내고 떠나가야 한다.
만약 초 도라와 화 도라의 위에 앉았다면 월비니죄를 범하고, 초 도라와 화 도라를 걷어내고 앉았어도 월비니죄를 범하며, 밭 가운데서 지었어도 역시 월비니죄를 범한다. 만약 율사(律師)와 법사가 되어서 사자좌(獅子座)를 펼치고 꽃을 흩뿌렸고 꽃이 위에 붙었다면 앉을 수가 없나니, 마땅히 털어내고 떠나가서 앉았다면 무죄이다.
이러한 까닭으로 설하였노라.

세존께서는 사위성에 머무셨으며, 자세한 설명은 앞에서와 같다.
다섯 가지의 일에 요익을 까닭으로 여래·응공·정변지께서는 5일에

---

6) 모시로 만든 옷감을 말한다.

한 번을 여러 비구들의 방을 다니셨는데, 여러 비구들의 평상과 요와 와구에 때가 묻었고 깨끗하지 못하여 여러 곳이 더러워진 것이 만다라(曼陀羅)를 햇빛에서 말리는 것과 같았다. 세존께서는 여러 비구들에게 물으셨다.

"이것은 누구의 평상과 요와 와구인데 기름때로 더럽혀졌는가?"

대답하여 말하였다.

"이것은 여러 비구들의 와구인데, 물건으로 덮지 않았습니다. 이러한 까닭으로 더럽습니다."

세존께서 말씀하셨다.

"오늘부터는 니사단을 짓도록 허락하겠노라."

다시 다음으로 세존께서 니사단을 짓는 것을 허락하셨고, 여러 비구들이 실을 합하여 지었다.

다섯 가지의 일에 요익을 까닭으로 여래·응공·정변지께서는 5일에 한 번을 여러 비구들의 방을 살피셨는데, 실이 합쳐진 모직물에 때가 묻었고 깨끗하지 못하여 여러 곳이 더러워진 것이 만다라를 햇빛에서 말리는 것과 같았다. 세존께서는 아시면서도 일부러 물으셨다.

"이것은 누가 실을 합쳐서 니사단을 지었는데, 기름때로 더럽혀졌는가?"

대답하여 말하였다.

"세존께서 니사단을 짓는 것을 허락하셨으므로, 여러 비구들이 실을 합쳐서 지었습니다."

세존께서 말씀하셨다.

"그대들은 어찌하여 실을 합쳐서 니사단을 짓는가? 오늘부터는 마땅히 크기에 알맞게 지을 것이니, 길이는 수가타의 2걸수(搩手)이고, 너비는 1걸수 반이니라."

세존께서는 사위성에 머무셨으며, 자세한 설명은 앞에서와 같다.

그때 여러 많은 비구들이 강당 위에서 논의하면서 이렇게 말을 지었다.

"장로들이여. 세존께서 니사단의 크기를 제정하셨는데, 만약 앉는 곳에 펼치면 두 무릎이 곧 없고, 만약 두 무릎에 펼치면 앉을 곳이 다시 없습니다."

여러 비구들이 이 인연으로써 가서 세존께 아뢰었고, 세존께서는 비구들에게 물으셨다.

"승가의 가운데에서 상좌는 누구인가?"

대답하여 말하였다.

"사리불입니다."

세존께서 사리불에게 말씀하셨다.

"대중의 많은 범행인이 이렇게 의논을 지었는데, 그대는 어찌하여 묵연하게 들었는가? 지금 마땅히 그대에게 벌하겠나니, 햇빛의 가운데에 서 있게."

사리불이 벌을 받고서 햇빛의 가운데에 서 있었고, 이때 여러 비구들이 각자 앞으로 나와서 참회하면서 아뢰어 말하였다.

"세존이시여. 존자 사리불은 신체가 연약합니다. 원하건대 그의 허물을 용서하시어 즐겁지 않게 하지 마십시오."

세존께서 여러 비구들에게 말씀하셨다.

"그를 즐겁지 않게 하려는 것이 아니니라. 그의 몸은 바람과 냉기로 병이 있으니, 햇빛을 받는다면 오히려 즐거울 것이다. 해와 달과 별들은 허공 중에 있으면서 오히려 회전(迴轉)하는데, 사리불은 여래의 벌을 받는 것으로써 마음을 회전하지 않는구나."

여러 비구들이 세존께 아뢰어 말하였다.

"세존이시여. 어찌하여 존자 사리불의 마음은 회전하지 않습니까?"

세존께서 말씀하셨다.

"다만 오늘에 마음이 회전하지 않는 것이 아니고, 과거 세상의 때에서도 일찍이 이와 같았느니라. [『사본생경(蛇本生經)』의 가운데에서 자세히 설한 것과 같다.] 그때의 뱀은 곧 사리불이었으며, 그때에도 마음이 견고하여 회전하지 않았느니라."

다시 다음으로 세존께서는 사위성에 머무셨으며, 자세한 설명은 앞에 서와 같다.

다섯 가지의 일에 요익을 까닭으로 여래·응공·정변지께서는 5일에 한 번을 여러 비구들의 방을 살피셨는데, 승가의 요와 와구가 가운데는 선명하고 좋은데 양쪽 끝자락은 때가 묻어 더러웠다. 세존께서는 아시면서도 일부러 물으셨다.

"비구들이여. 무슨 와구인데 가운데는 선명하고 좋은데 양쪽 가장자리가 때가 묻어서 더러운가?"

대답하여 말하였다.

"세존께서 제정하신 니사단이 작고 작아서 모두 덮을 수 없는 까닭으로 덮는 곳과 가지런하면 깨끗하고 덮지 않은 곳은 더럽습니다."

세존께서는 말씀하셨다.

"오늘부터는 니사단을 두 겹으로 짓도록 허락하겠노라. 곧 그것을 싫어하여서 시험삼아 작은 것을 가지고 고의로 백첩을 덮어서 마땅히 두 겹으로 지을 수 없느니라. 만약 흠바라(欽婆羅)를 사용하였다면 한 겹으로 지어야 하고, 겁패(劫貝)를 사용하였다면 두 겹으로 짓도록 하라."

다시 다음으로 세존께서는 사위성에 머무셨으며, 자세한 설명은 앞에 서와 같다.

그때 존자 아나율은 니사단을 가지고 어깨 위에 걸치고 세존의 발에 예경하였다. 세존께서는 아시면서도 일부러 물으셨다.

"그대의 어깨 위에 있는 것이 무엇인가?"

대답하여 말하였다.

"작은 니사단입니다. 세존이시여. 이 니사단은 너무 작습니다. 오직 원하옵건대 다시 덧대게 하십시오."

세존께서 말씀하셨다.

"다시 얼마를 덧대게 허락하면 비로소 만족하겠는가?"
대답하여 말하였다.
"1걸수입니다."
세존께서 말씀하셨다.
"1걸수를 덧대는 것을 허락하겠노라."
세존께서는 여러 비구들에게 알리셨다.
"사위성을 의지하여 머무르는 여러 비구들을 모두 모이게 하라. 열 가지의 이익을 까닭으로써 여러 비구들을 위하여 계율을 제정하겠나니, 나아가 이미 들었던 자들도 마땅히 거듭하여 들을지니라. 만약 비구가 니사단을 짓는다면 마땅한 양으로 지어야 하나니, 길이는 수가타의 2걸수이고, 너비는 1걸수 절반이며, 다시 1걸수를 덧댈 수 있느니라. 만약 크기를 넘겨서 지었고 잘랐다면 바야제를 범하느니라."
'비구'는 앞의 설명과 같다.
'짓다.'는 만약 스스로 지었거나, 만약 다른 사람을 시켜서 짓는 것이다.
'니사단'은 세존께서 허락하신 것이다.
'마땅한 양'은 길이가 수가타의 2걸수이고, 너비가 1걸수와 절반이다.
'길이'는 세로(縱)이다.
'너비'는 가로(橫)이다.
'수가타'는 여래·응공·정변지이다.
'걸수'는 여래의 걸수이니, 길이가 2척(尺) 4촌(寸)이다.
'1걸수를 덧대다.'는 두·세 겹으로 끝자락에 대하여 꿰매는 것이다. 만약 양의 한계를 넘겨서 지었다면 자르고서 바야제를 참회해야 하나니, 자르지 않고서 참회하였다면 월비니죄를 범한다.
'바야제'는 앞의 설명과 같다.
길이는 양에 마땅하고 너비가 양을 넘겨서 만약 스스로가 지었거나, 만약 다른 사람을 시켜서 지었으며, 지어서 완성하였다면 바야제를 범하고, 수용하면 월비니죄를 범한다. 길이는 양에 마땅하고 너비가 양을 넘겼거나, 너비는 양에 마땅하고 길이가 양을 넘겼거나, 가운데는 양에 마땅하고 끝자락이 양을 넘겼거나, 끝자락은 양에 마땅하고 가운데는 양을 넘겼는데, 만약 스스로 지었거나, 만약 다른 사람을 시켜서 지었으며, 지어서 완성하였다면 바야제를 범하고, 수용하면 월비니죄를 범한다.

첩량(氎量)과 축량(縮量)과 수쇄량(水灑量)을 말리고자 하면서 이미 장대하였는데, 만약 지어서 완성하였다면 바야제를 범하고, 수용하면 월비니죄를 범한다. 짓는 때에 마땅히 양에 마땅하게 지어야 하고, 크기를 넘길 수 없다. 니사단은 따라서 앉는 옷이니, 3의(三衣)를 지을 수 없고 정시(淨施)할 수 없으며, 나아가 땔감과 풀과 많은 쇠똥을 취할 수 없고, 오직 펼쳐서 앉아야 한다. 만약 도로를 다니면서 긴 모직물을 얻었다면 옷의 발랑 위에, 어깨 위에 짊어져야 한다.

이러한 까닭으로 설하였노라.

세존께서는 사위성에 머무셨으며, 자세한 설명은 앞에서와 같다.

다섯 가지의 일에 요익을 까닭으로 세존께서는 5일에 한 번을 여러 비구들의 방을 살피셨는데, 피고름과 부스럼의 옷을 햇빛 가운데에서 말리는 것을 보셨다. 세존께서는 아시면서도 일부러 물으셨다.

"이것은 무슨 옷인데 이렇게 더러운가?"

대답하여 말하였다.

"세존이시여. 여러 비구들이 피부병과 부스럼을 앓고 있습니다. 이러한 까닭으로 옷이 더럽습니다."

세존께서 말씀하셨다.

"오늘부터는 부창의(覆瘡衣)를 짓도록 허락하겠노라."

다시 다음으로 세존께서는 사위성에 머무셨으며, 자세한 설명은 앞에서와 같다.

그때 세존께서는 부창의를 짓도록 허락하셨으므로, 여러 비구들이 실을 자르지 않고 실을 합쳐서 지었다. 세존께서는 다섯 가지의 일에 이익을 까닭으로 5일에 한 번을 여러 비구들의 방을 살피셨는데, 실을 합쳐서 부창의를 지으면서 피고름과 때로 더러워졌고, 햇빛에 말리는 것을 보셨다. 세존께서는 아시면서도 일부러 물으셨다.
 "이것은 무슨 옷인데 실을 합쳐서 지었고 더러워서 이와 같은가?"
 대답하여 말하였다.
 "세존께서는 부창의를 짓도록 허락하셨으므로 여러 비구들이 실을 합쳐서 지었는데 피고름과 때로 더러워졌습니다."
 세존께서 여러 비구들에게 말씀하셨다.
 "그대들은 어찌하여 실을 합쳐서 부창의를 짓는가? 오늘부터는 양에 알맞게 부창의를 짓도록 하라."
 세존께서는 여러 비구들에게 알리셨다.
 "사위성을 의지하여 머무르는 여러 비구들을 모두 모이게 하라. 열 가지의 이익을 까닭으로써 여러 비구들을 위하여 계율을 제정하겠나니, 나아가 이미 들었던 자들도 마땅히 거듭하여 들을지니라. 만약 비구가 부창의를 짓는다면 양에 알맞게 지어야 하나니, 길이는 수가타의 4걸수이고 너비가 2걸수 절반이니라. 만약 크기를 넘겨서 지었고 잘랐다면 바야제를 범하느니라."
 '비구'는 앞의 설명과 같다.
 '부창의'는 세존께서 허락하신 것이다.
 '알맞은 양의 길이와 너비, 수가타의 걸수'는 앞의 설명과 같다. 만약 크기를 넘겨서 지었다면 자르고서 바야제를 참회해야 하나니, 자르지 않고서 참회하였다면 월비니죄를 범한다.
 '바야제'는 앞의 설명과 같다.
 길이는 양에 마땅하고 너비가 양을 넘겼거나, 너비는 양에 마땅하고 길이가 양을 넘겼거나, 가운데는 양에 마땅하고 끝자락이 양을 넘겼거나, 끝자락은 양에 마땅하고 가운데는 양을 넘겼는데, 만약 스스로가 지었거나, 만약 다른 사람을 시켜서 지었으며, 지어서 완성하였다면 바야제를 범하고, 수용하면 월비니죄를 범한다.
 굴량(屈量)과 축량과 수쇄량을 말리려고 하면서 이미 장대하였는데,

만약 지어서 완성하였다면 바야제를 범하고, 수용하면 월비니죄를 범한다. 짓는 때에 마땅히 이러한 부창의와 수신의(隨身衣)로 3의를 지을 수 없고 정시할 수 없으며, 나아가 땔감과 풀과 많은 쇠똥을 취할 수 없다.

취락에 들어가고자 하는 때에는 마땅히 먼저 부창의를 입고 승가리를 입으면서 끈을 당겨야 하며, 취락에서 나왔다면 승가리를 벗고 주름을 털어내고서 평소의 장소에 걸어두어야 한다. 부창의가 말랐는데 벗어서 부스럼을 벗겨내어 피가 흐르지 않게 할 것이고, 마땅히 합쳐서 입어야 하며, 물에 들어가면서 승가가 항상 목욕하는 곳에 들어갈 수 없으며, 마땅히 가려진 곳에 있으면서 물에 적셔서 액체로 짓고서 그러한 뒤에 벗어서 세탁하고 깨끗하게 하며 목욕을 마쳤다면 몸을 닦은 뒤에 입어야 하며, 날마다 사용하는 때에도 역시 이와 같다. 나아가 부스럼이 나을 때까지 해야 하고 부스럼이 나았다면 3의로 지을 수 있으며, 또한 정시(淨施)를 없애고서 사용해야 한다.

이러한 까닭으로 설하였노라.

세존께서는 사위성에 머무셨으며, 자세한 설명은 앞에서와 같다.
30사(事) 가운데의 비사거녹모에서 자세하게 설명하였고, 나아가 12유연 안에서 비구에게 우욕의(雨浴衣)를 보시하였던 것에서 자세하게 설하였다.

다시 다음으로 세존께서는 사위성에 머무셨으며, 자세한 설명은 앞에서와 같다.
그때 세존께서는 우욕의를 짓도록 허락하셨으므로, 여러 비구들이 실을 자르지 않고 실을 합쳐서 지었다. 세존께서는 다섯 가지의 일의 이익을 까닭으로 5일에 한 번을 여러 비구들의 방을 살피셨는데, 실과 모직물이 합쳐져서 때로 더러워졌는데, 햇빛에 말리는 것을 보셨다. 세존께서는 아시면서도 일부러 물으셨다.

"이것은 무슨 옷인데 실을 합쳐서 지었고 이렇게 더러운가?"
대답하여 말하였다.
"세존이시여. 여래께서는 우욕의를 짓도록 허락하셨으므로 여러 비구들이 실을 합쳐서 지었으나 때로 더러워졌습니다."
세존께서 여러 비구들에게 말씀하셨다.
"그대들은 어찌하여 실을 합쳐서 우욕의를 짓는가? 오늘부터는 양에 마땅하게 지어야 하나니, 길이는 수가타의 6걸수이고 너비는 2걸수 절반이니라."
세존께서는 여러 비구들에게 알리셨다.
"사위성을 의지하여 머무르는 여러 비구들을 모두 모이게 하라. 열 가지의 이익을 까닭으로써 여러 비구들을 위하여 계율을 제정하겠나니, 나아가 이미 들었던 자들도 마땅히 거듭하여 들을지니라. 만약 비구가 우욕의를 짓는다면 양에 마땅하게 지어야 하나니, 길이는 수가타의 6걸수이고 너비가 2걸수 절반이니라. 만약 크기를 넘겨서 지었고 잘랐다면 바야제를 범하느니라."
'비구'는 앞의 설명과 같다.
'우욕의'는 세존께서 허락하신 것이다.
'알맞은 양'은 길이가 수가타의 6걸수이고 너비가 2걸수 절반이다.
'길이와 너비, 수가타의 걸수'는 앞의 설명과 같다. 만약 크기를 넘겨서 지었다면 자르고서 바야제를 참회해야 하나니, 자르지 않고서 참회하였다면 월비니죄를 범한다.
'바야제'는 앞의 설명과 같다.
길이는 양에 마땅하고 너비가 양을 넘겼거나, 너비는 양에 마땅하고 길이가 양을 넘겼거나, 가운데는 양에 마땅하고 끝자락이 양을 넘겼거나, 끝자락은 양에 마땅하고 가운데는 양을 넘겼는데, 만약 스스로가 지었거나, 만약 다른 사람을 시켜서 지었으며, 지어서 완성하였다면 바야제를 범하고, 수용하면 월비니죄를 범한다. 굴량과 축량과 수쇄량을 말리고자 하면서 이미 장대하였는데, 만약 지어서 완성하였다면 바야제를 범하고,

수용하면 월비니죄를 범한다.

비구가 5법을 성취하였다면 승가는 마땅히 예배하고 우욕의를 나누도록 지어야 한다. 무엇이 5법인가? 사랑을 따르지 않고, 성냄을 따르지 않으며, 두려움을 따르지 않고, 어리석음을 따르지 않으며, 얻음과 얻지 못함을 아는 것이다. 갈마하는 자는 마땅히 이렇게 말을 지어야 한다.

"대덕 승가께서는 허락하십시오. 누구 비구는 5법을 성취하였으므로 승가는 지금 어느 비구에게 예배하고 우욕의를 나누게 하십시오. 이와 같이 아룁니다.

대덕 승가께서는 허락하십시오. 누구 비구는 5법을 성취하였으므로 승가는 지금 어느 비구에게 예배하고 우욕의를 나누게 하겠습니다. 여러 대덕들께서 어느 비구가 우욕의를 나누도록 인정하신다면 승가께서는 묵연하시고, 만약 인정하지 않으신다면 곧 말씀하십시오. 승가께서 이미 인정하셨으므로 어느 비구에게 예배하고 우욕의를 나누도록 하겠습니다. 승가께서 인정하신 것은 묵연하셨던 까닭입니다. 이 일을 이와 같이 지니겠습니다."

갈마를 지어서 마쳤다면 마땅히 대중 승가의 가운데에서 창언해야 한다.

"여러 대덕들이여. 이 가운데에서 나누는 물건은 차이가 있어서 같지 않고, 모양이 4지(指)와 8지를 오르내려서 이치로는 헤아릴 수 없습니다."

만약 창언하지 않는 자는 월비니죄를 얻는다.

4월 1일부터 우욕의를 얻는데, 상좌부터 차례로 니누이 주있다면 나체로 목욕하는 것을 허락하지 않고, 또한 우욕의를 입을 수 없으며, 마땅히 나머지의 낡은 옷을 입어야 한다. 만약 가려진 곳에 있거나, 만약 깊은 물이라면 나체로 목욕하여도 무죄이고, 우욕의를 입을 수 없으며, 대중 승가의 당시(堂舍)를 수리하거나, 백회(白灰)를 반죽하거나, 진흙을 반죽하거나, 집을 덮거나, 물을 흘려보냈거나, 우물을 퍼냈다면 마땅히 나머지의 낡은 옷을 입어야 한다.

이 우욕의로써 3의를 지을 수 없고, 정시할 수 없으며, 다른 곳에서 사용할 수 없고, 가지고서 땔감과 풀과 많은 쇠똥을 취할 수 없다. 우욕의를 입고 연못 물이나 고인 물의 가운데 들어가서 목욕하지 못하고, 큰 비의 때에는 입을 수 있으나, 적은 비의 때에는 입을 수 없다. 만약 큰 비가 갑자기 멈추었고 때와 기름으로 깨끗하지 못하면 우욕의를 입고서 연못의 물이거나, 고여 있는 물의 가운데 들어가서 목욕할 수 있다. 만약 비구가 병으로 약을 복용하였는데 토하고 설사하였으므로 머리를 찔러 피를 흐르게 하였거나, 또한 노지에서 먹을 때에는 우욕의를 가지고 만장(幔障)을 지을 수 있다.

이 우욕의는 4월 보름부터 수용하고 8월 15일에 이르면 마땅히 승가의 가운데서 창언해야 한다.

"여러 대덕들이여. 오늘 이 승가에 우욕의를 버리겠습니다."

이와 같이 세 번을 창언하고서 버려야 하며 3의를 짓고서 수지해야 한다. 만약 정시하였다면 나머지를 짓고서 수용해야 한다.

이러한 까닭으로 설하였노라.

세존께서는 왕사성에 머무셨으며, 자세한 설명은 앞에서와 같다.

그때 여러 비구들은 실(縷)이 남겨진 옷을 입었는데, 여러 외도들도 역시 실이 남겨진 옷을 입었다. 이때 우바새들이 비구에게 예배하고자 하였으나, 잘못하여 외도에게 예배하고서 축원(呪願)이 다른 것을 듣고서 비구가 아닌 것을 알고서 곧 부끄러워하였다. 이때 외도의 제자들도 외도에게 예배하고자 하였으나, 어긋나게 예배하면서 이와 같이 서로가 어긋났다. 여러 비구들이 이 인연으로써 가서 세존께 아뢰었고, 세존께서는 말씀하셨다.

"오늘부터는 비구의 옷을 마땅히 실을 잘라서 작정하고 염색하여 작정하라."

외도들도 비구들과 다르게 지으려는 까닭으로 주라(朱羅)를 남겨놓았고 적석(赤石)으로 옷을 염색하였으며 3기(三奇)의 지팡이를 잡았고 군지(軍持)를 지녔다.

다시 다음으로 세존께서는 사위성에 머무셨다.

광야(曠野)의 비구들이 구사야의(拘舍耶衣)7)를 얻었고 염색하려고 염즙을 끓인 것은 앞에서 세 종류로 옷의 색깔을 염색하는 가운데에서 자세히 설한 것과 같다.

다시 다음으로 세존께서는 사위성에 머무셨다.

비사리의 비구가 흠바라(欽婆羅)를 얻었으며, 역시 앞에서 설한 것과 같다.

다시 다음으로 세존께서는 사위성에 머무시는 때에 존자 손타라난타(孫陀羅難陀)는 세존의 이모의 아들이었고 32상이 있었다. 식후에 사위성에서 나왔고 아난이 뒤를 따르는 것도 앞에서 세 종류로 옷의 색깔을 염색하는 가운데에서 자세히 설한 것과 같다.

다시 다음으로 세존께서는 사위성에 머무셨다.

그때 존자 아라군다(阿羅軍茶)는 세존 옷의 크기를 본떠서 옷을 지었고, 옷을 입고서 사위성에 들어갔다. 이 비구의 몸은 작았고 옷은 길어서 땅을 끌면서 다녔으므로 세상 사람들이 비난하였다.

"사문 석자가 옷을 끌면서 다니는구나!"

또한 사람이 꾸짖어 말하였다.

"그대는 알지 못하는가? 구담 사문의 옷은 부모가 지은 것이 아니니, 패배하고서 다시 거듭하여 얻은 것이다. 이러한 까닭으로 이와 같소."

여러 비구들이 이 인연으로써 가서 세존께 아뢰었고, 세존께서는 말씀하셨다.

"아리군다를 불러오라."

왔으므로, 세존께서는 앞의 일을 갖추어 물으셨다.

---

7) 산스크리트어 kauśeya의 음사로서 교사야(憍奢耶) 또는 교사야(憍賖耶)로 음역되며 비단을 가리킨다.

"그대가 진실로 그러하였는가?"
대답하여 말하였다.
"진실로 그렇습니다."
세존께서 말씀하셨다.
"오늘부터는 마땅히 스스로가 몸의 크기를 따라서 옷을 짓도록 하라."
세존께서는 여러 비구들에게 알리셨다.
"사위성을 의지하여 머무르는 여러 비구들을 모두 모이게 하라. 열 가지의 이익을 까닭으로써 여러 비구들을 위하여 계율을 제정하겠나니, 나아가 이미 들었던 자들도 마땅히 거듭하여 들을지니라. 만약 비구가 여래 옷의 크기를 본떠서 옷을 지었고 만약 크기를 넘겨서 잘랐다면 바야제를 범하느니라."

'여래 옷의 크기'는 길이가 수가타의 9걸수이고, 너비는 수가타의 6걸수이니, 이것을 여래의 옷의 크기라고 이름한다.

'비구'는 앞의 설명과 같다.

'여래 옷의 크기'는 길이가 수가타의 9걸수이고, 너비는 수가타의 6걸수이다.

'길이'는 세로이다.

'너비'는 가로이다.

'수가타'는 여래·응공·정변지이다.

'걸수'는 여래의 걸수이니, 길이가 2척 4촌이다. 만약 넘겼다면 자르고서 바야제를 참회해야 하나니, 자르지 않고 참회하면 월비니죄를 범한다.

'바야제'는 앞의 설명과 같다.

길이는 양에 마땅하고 너비가 양을 넘겼거나, 너비는 양에 마땅하고 길이가 양을 넘겼거나, 가운데는 양에 마땅하고 끝자락이 양을 넘겼거나, 끝자락은 양에 마땅하고 가운데는 양을 넘겼는데, 만약 스스로가 지었거나, 만약 다른 사람을 시켜서 지었으며, 지어서 완성하였다면 바야제를 범하고, 수용하면 월비니죄를 범한다.

너비가 양에 마땅하고 길이는 양을 넘겼거나, 가운데는 양에 마땅하고 끝자락은 양을 넘겼거나, 끝자락은 양에 마땅하고 가운데는 양을 넘겼거나, 만약 굴량과 축량과 수쇄량을 말리려고 하면서 이미 장대한데, 만약 지어서 완성하였다면 바야제를 범하고, 수용하면 월비니죄를 범한다. 짓는 때에는 마땅히 크기를 줄이거나 크기를 넘길 수 없고 마땅히 스스로 몸의 크기를 따라야 한다.

승가리에는 세 종류가 있으니, 상·중·하이다.

'상'은 길이가 5주(肘)이고, 너비가 3주이다.

'중'은 길이가 5주이니 하나의 불서수(不舒手)이고, 너비가 3주이니, 하나의 불서수이다.

'하'는 길이가 4주 절반이고, 너비가 3주이니 하나의 불서수이다. 옷을 입는 때에 연(緣)의 모양이 내려와서 2지(指)로 지어야 한다.

울다라승에는 세 종류가 있으니, 상·중·하이다.

'상'은 길이가 5주이고, 너비가 3주이다.

'중'은 길이가 5주 1불서수이고, 너비가 3주 2불서수이다.

'하'는 길이가 4주 절반이고, 너비가 3주 1불서수이다.

안타회에는 세 종류가 있으니, 상·중·하이다.

'상'은 길이가 5주이고, 너비가 3주이다.

'중'은 길이가 5주 1불서수이고, 너비가 3주 1불서수이다.

'하'는 길이가 4주 절반이고, 너비가 3주 1불서수이다.

아래로 이르면 세 개의 만다라를 덮는 것이고, 니원승(泥洹僧)을 짓는 것이다.

이러한 까닭으로 설하였노라.

마하승기율 제21권

동진 천축삼장 불타발타라·법현 공역
석보운 번역

10) 단제 92사의 법을 밝히다 ⑩

세존께서는 사위성에 머무셨으며, 자세한 설명은 앞에서와 같다.
그때 존자 타표마라자(陀驃摩羅子)에게 승가는 예배하고 9사(事)를 전지(典知)한 것은 앞의 설명과 같다. 나아가 타표마라자가 오른손의 새끼손가락으로 방광(放光)하여 빛을 지었고, 차례를 따라서 방사를 부촉하면서 아련야의 비구들은 아련야의 비구들과 부촉하였고, 걸식하는 자는 걸식하는 자와 부촉하였으며, 분소의(糞掃衣)의 비구는 분소의의 비구와 부촉하였고, 일좌식(一座食)의 비구는 일좌식의 비구와 부촉하였으며, 상좌불와(常坐不臥)의 비구는 상좌불와의 비구와 부촉하였고, 노좌(露坐) 비구는 노좌 비구와 부촉하였으며, 초욕(草蓐) 비구는 초욕 비구와 부촉하였고, 경패(經唄) 비구는 경패 비구와 부촉하였으며, 법사(法師) 비구는 법사 비구와 부촉하였고, 율학(律學) 비구는 율학 비구와 부촉하였으며, 아라한(阿羅漢)은 아라한과 부촉하였고, 3명(明) 비구는 3명 비구와 부촉하였으며, 6통(通) 비구는 6통 비구와 부촉하였고, 위의(威儀)가 없는 비구는 위의가 없는 비구와 부촉하였다.
그때 육군비구들이 타표에게 말하였다.
"장로여. 우리들 여섯 사람을 함께 한곳에 머물게 하십시오."
대답하여 말하였다.

"기다리십시오. 그대들은 도반 가운데에서 가장 하좌이니, 차례로 방을 얻고서 뜻을 따라서 함께 머무십시오."
이때 도반의 하좌이어서 차례로 피폐한 방사를 얻었고 와상(臥床)과 좌상(坐床)과 요와 베개 등의 여러 물건도 피폐하였으며, 또한 별방식(別房食)도 역시 다시 거칠고 나빴다. 스스로 서로에게 의논하여 말하였다.
"장로 타표마라자가 우리에게 원한이 생겨났소. 우리들에게 피폐한 방사와 거친 음식을 주었는데, 이 장로가 만약 오랫동안 범행자로 머문다면 곧 우리들에게 큰 고뇌(苦惱)를 얻게 하겠구려. 그러나 세존께서 계율을 제정하시어 근거없는 바라이법(婆羅夷法)으로 비방할 수 없으니, 지금 마땅히 승가바시사법(僧伽婆尸沙法)으로 비방해야 하오."
곧 갔고 그의 처소에 이르렀으며 이렇게 말을 지었다.
"장로여. 그대는 승가바시사를 범하였소."
대답하여 말하였다.
"나에게 이러한 죄는 없소."
그들이 말하였다.
"누가 다시 도둑이 되었는데 내가 도둑이라고 말하겠습니까? 다만 그대는 승가바시사를 범하였소."
곧 가려진 곳에서 비난하였고 많은 대중의 가운데에서 비난하였으며 승가의 가운데에서 비난하여 말하였다.
"타표마라자 비구가 승가바시사를 범하였소."
이때 타표 비구는 이 인연으로써 기서 세존께 아뢰었고, 세존께서는 말씀하셨다.
"그대에게 이러한 일이 있었는가?"
대답하여 말하였다.
"없었습니다."
"그대가 이러한 죄가 없고, 세존은 그대의 청정함을 아느니라."
타표가 말하였다.
"세존께서는 비록 저의 무죄를 아시더라도 오직 바라옵건대 세존께서는 마땅히 그들에게 말씀하시어 신심이 생겨나게 하시고, 비난하여 장야(長夜)에 요익하지 않는 것을 얻지 않도록 하십시오."

세존께서는 말씀하셨다.

"육군비구들을 불러오라."

왔으므로, 세존께서는 앞의 일을 갖추어 물으셨다.

"그대들이 진실로 그러하였는가?"

대답하여 말하였다.

"진실로 그렇습니다."

세존께서 육군비구들에게 말씀하셨다.

"이것은 악한 일이니라. 그대들은 항상 내가 무량한 방편으로 범행인에게 마땅히 공경을 일으키고 몸으로 자비를 행하며 입으로 자비를 행하고 마음으로 자비를 행하라고 설하는 것을 듣지 않았는가? 그대들은 지금 어찌하여 근거없는 승가바시사법으로 비난하였는가? 이것은 비법이고, 계율이 아니며, 세존의 가르침이 아니니라. 이것으로써 선법을 크게 장양하지 못하느니라."

세존께서는 여러 비구들에게 알리셨다.

"사위성을 의지하여 머무르는 비구들을 모두 모이게 하라. 열 가지의 이익을 까닭으로써 여러 비구들을 위하여 계율을 제정하겠나니, 나아가 이미 들었던 자들도 마땅히 거듭하여 들을지니라. 만약 비구가 성내고 원망하며 기뻐하지 않으면서 근거없는 승가바시사법으로써 다른 비구를 비방하였다면 바야제를 범하느니라."

'비구'는 앞의 설명과 같다.

'성내다.'는 아홉 번뇌의 일과 또한 처소가 아닌데 성냄을 일으키는 것이다.

'열 번째의 원망'은 범부와 학인(學人)에게 있다.

'기뻐하지 않다.'는 나아가 아라한에게도 있다.

'근거없다.'는 일의 근원이 나타나지 않았거나, 또한 그 일을 보지 않았거나, 그 일을 듣지 않았거나, 그 일을 의심하지 않은 것이다.

'승가바시사'는 13사(事)의 가운데에서 만약 하나·하나를 비방한다면 바야제를 범한다.

'바야제'는 앞의 설명과 같다.

만약 비구가 성내고 원망한다면 두 가지의 모습이 비슷한 것이 있으니, 청정한 것과 부정한 것이다.

'청정한 것'은 "그대는 내가 범하는 것을 보았다면, 13사의 가운데에서 만약 첫째인가? 만약 둘째인가?"라고 말하였고, 그는 보지 못하였고 듣지 못하였으며 의심하지 않았고 명료하게 결정되지 않았는데, 만약 가려진 곳이거나, 만약 대중이 많았거나, 만약 승사의 가운데에서 "나는 그대가 승가바시사를 범함을 보았고, 나는 그대가 승가바시사를 범함을 들었으며, 나는 그대가 승가바시사를 범하였다고 의심하오."라고 말하였다면, 들었더라도 진실로 듣지 않았으므로 근거가 진실하지 못하고, 의심하였더라도 진실로 의심하지 않았으므로 근거가 진실하지 못하며, 본래 일찍이 보았어도 잊었고 일찍이 들었어도 잊었으며 일찍이 의심하였어도 잊었거나, 보았어도 그렇지 않고 들었어도 그렇지 않으며, 의심하였어도 그렇지 않았는데, 대면(對面)하거나, 사방에 비난하여 말한다면 말마다 바야제를 범한다.

청정하였으나 부정하다고 생각하여 비난한다면 투란차죄를 범하고, 쫓아내고자 하였다면 바야제를 범한다. 부정하였으나 청정하다고 생각하여 비난한다면 월비니죄를 범하고, 쫓아내고자 하였다면 투란차죄를 범한다. 청정하였고 청정하다고 생각하여 비난한다면 투란차죄를 범하고, 쫓아내고자 하였다면 바야제를 범한다. 부정하였고 부정하다고 생각하여 비난한다면 바야제를 범한다.

비구를 비방한다면 바야제를 범하고, 비구니를 비난한다면 투란차죄를 범하며, 식차마니·사미·사미니를 비난한다면 월비니죄를 범하고, 세속 사람을 비난한다면 월비니죄를 마음으로 참회해야 한다.

이러한 까닭으로 설하였노라.

세존께서는 사위성에 머무셨으며, 자세한 설명은 앞에서와 같다.

이때 어느 걸식비구가 때에 이르자 옷을 입고 발우를 지니고 사위성에 들어가서 차례로 걸식하면서 한 집에 이르렀는데, 부인이 말하였다.

"존자여. 우리들이 어느 날에 이르면 마땅히 승가께 공양하고 아울러 옷을 보시하겠습니다."

비구가 대답하여 말하였다.

"옳습니다. 우바이여. 마땅히 때에 이르면 몸과 목숨과 재물을 위하여 세 가지의 견고한 법을 익히고 항상 수습을 행하여 어려움을 남기지 마십시오."

걸식비구가 정사에 돌아와서 여러 비구들에게 말하였다.

"장로들이여. 내가 그대들에게 좋은 일을 말하겠습니다."

물어 말하였다.

"무슨 좋은 일입니까?"

대답하여 말하였다.

"어느 집에서 그날에 이르면 마땅히 승가께 공양하고 아울러 옷을 보시할 것입니다."

이때 난타와 우파난타가 멀지 않았는데 말하는 것을 듣고서 곧 물었다.

"그 집은 어느 곳에 있고, 성과 이름은 무엇이며, 대문은 어디로 향하였습니까?"

갖추어 물었고 알았으므로 다음날 새벽에 가서 집에 이르렀으며 우바이에게 말하였다.

"내가 좋은 소리를 들었소."

"존자여. 무슨 소리를 들었습니까?"

"그대가 승가께 공양하고 아울러 옷을 보시하고자 하는데, 그것이 사실입니까?"

대답하여 말하였다.

"처음에는 이러한 마음이 있었는데, 다만 중간에 어려움이 남아있어 마땅한 결과를 알 수 있을지 두렵습니다."

우파난타가 그 우바이에게 말하였다.
"그대가 그 옷을 가지고 난타에게 보시하여 주시오."
대답하여 말하였다.
"우리 집에는 다시 나머지의 물건은 없고 바로 이 옷인데 본래 승가께 베풀기로 하였으므로 지금 회전시키는 것은 어렵습니다."
우파난타가 곧 헐뜯어 말하였다.
"무엇이 승가이오? 늙은 까마귀도 역시 승가이고 늙은 솔개도 승가인가? 승가는 뚫어진 절구이고 새어나가는 큰 통과 같아서 만족시킬 수 없소. 승가가 그대에게 무슨 이익을 주겠소? 능히 그대를 위하여 활기찬 남자와 여자라야 하오. 능히 왕가(王家)에 이르러서 관청의 일을 처리한다면 난타가 능히 그대를 위하여 이익 많은 일을 지을 것이오. 다만 이 옷을 난타에게 주시오."
우바이가 대답하는 말은 처음과 같았다. 이때 난타가 다시 우파난타에게 주라고 권유하였으므로 우바이는 오히려 말하였다.
"우리 집에는 다시 나머지의 물건이 없습니다. 바로 존자에게 되돌려서 베풀고자 할지라도 먼저 승가께 허락하였으므로 회전시킬 수 없습니다."
우파난타가 말하였다.
"주거나 주지 않는 것을 그대의 뜻에 맡기겠소."
이렇게 말을 짓고서 곧 버리고 떠나갔다.
이때 그 우바이는 이렇게 생각을 지었다.
'이 옷을 곧 난타에게 주고자 하여도 승가는 선량한 복전(福田)이므로 승가께 베풀고자 한다. 그러나 난타는 큰 세력이 있으니 나에게 요익하지 않는 일을 짓는 것이 두렵구나.'
이렇게 사유하고서 마침내 다시 보시하지 않았다. 여러 비구들이 이 인연으로써 가서 세존께 아뢰었고, 세존께서는 말씀하셨다.
"우파난타를 불러오라."
왔으므로, 세존께서는 앞의 일을 갖추어 물으셨다.
"그대가 진실로 그러하였는가?"

대답하여 말하였다.
"진실로 그렇습니다."
세존께서 말씀하셨다.
"어리석은 사람이여. 이것을 짓는다면 세 가지의 악한 일이니라. 베푸는 자는 복을 잃고, 받는 자도 이익을 잃으며, 대중승가를 경시하고 헐뜯는 것이다."
세존께서 우파난타에게 말씀하셨다.
"그대는 항상 내가 무량한 방편으로써 욕심이 적음을 찬탄하고 욕심이 많음을 꾸짖는 것을 듣지 않았는가? 이것은 비법이고, 계율이 아니며, 세존의 가르침이 아니니라. 이것으로써 선법을 크게 장양하지 못하느니라."
세존께서는 여러 비구들에게 알리셨다.
"사위성을 의지하여 머무르는 비구들을 모두 모이게 하라. 열 가지의 이익을 까닭으로써 여러 비구들을 위하여 계율을 제정하겠나니, 나아가 이미 들었던 자들도 마땅히 거듭하여 들을지니라. 만약 비구가 물건이 승가에게 향하는 것을 알면서 다른 사람에게 회향하였다면 바야제를 범하느니라."
'비구'는 앞의 설명과 같다.
'알다.'는 만약 스스로가 알았거나, 만약 다른 사람에게 들어서 아는 것이다.
'물건'은 여덟 종류가 있으니, 청정한 것과 부정한 것이다.
'향하다.'는 물건을 나눌 곳이 이미 정해진 것이다.
'승가'는 여덟 종류가 있으니, 앞의 설명과 같다.
'회향하다.'는 바꾸어서 다른 사람에게 주는 것이니, 바야제의 죄를 범한다.
'바야제'는 앞의 설명과 같다.
만약 사람이 물건을 가지고 와서 비구에게 "존자여. 내가 이 물건을 보시하고자 합니다. 마땅히 어느 곳에 보시해야 합니까?"라고 말한다면,

마땅히 "그대의 마음에 즐거운 곳을 따르십시오."라고 대답해야 하며, 곧 그것을 주면서 "어느 곳에 보시하여야 큰 과보(果報)를 얻겠습니까?"라고 만약 다시 물었다면, 마땅히 "승가께 보시하여야 큰 과보를 얻습니다."라고 말해야 한다.

"어느 곳의 승가는 지계입니까? 내가 그곳에 보시하고자 합니다."라고 다시 물었다면, 마땅히 "계율을 범한 승가는 없습니다."라고 말할 것이고, "어느 곳의 비구는 정근으로 업을 닦고 능히 물건을 아끼고 보호하며 항상 이곳에 머물러서 제가 항상 볼 수 있습니까?"라고 만약 다시 물었다면, "어느 비구가 정근으로 업을 닦고 능히 물건을 아끼고 보호하며 항상 이곳에 머물고 있으니, 그 비구에게 보시하십시오. 항상 볼 수 있을 것입니다."라고 말해야 한다.

만약 "내가 이 물건을 가지고 존자께 베풀어 주고자 합니다."라고 말하였고, 마땅히 "승가께 보시하십시오."라고 말하였으며, 만약 "나는 이미 승가께 보시하려는 생각이었고 존자께 보시하고자 하오니, 원하건대 그것을 받아 주십시오."라고 말하여 취하였다면 무죄이다.

만약 비구가 물건이 승가에게 향한다고 알면서도 자기에게 회향하였다면 니살기바야제(尼薩耆波夜提)를 범하고, 다른 사람에게 회향하였다면 바야제를 범한다. 만약 비구가 물건이 승가에게 향한다고 알면서도 다른 승가에게 회향하였다면 월비니죄를 범하고, 많은 사람의 물건을 다른 많은 사람에게 회향하였다면 월비니죄를 범하며, 나아가 축생에게 향한다고 알면서도 다른 축생에게 회향하였다면 월비니죄를 마음으로 참회해야 한다.

이러한 까닭으로 설하였노라.

세존께서는 사위성에 머무셨으며, 자세한 설명은 앞에서와 같다.
그때 보름마다 바라제목차를 설하는 때에 육군비구들이 4사(事)를 설하는 때에는 묵연하였고 13사를 설하는 때에는 성내었으며, 30사를 말하는 때와 92바야제를 말하는 때에는 곧 일어나서 말하였다.

"장로여. 이것을 세존께서 설하셨소? 세존께서 어느 곳에서 설하셨소? '만약 내가 세상에 오래 머무른다면'의 이와 같은 일을 듣는다면, 이것이 곧 법의 어머니이고, 다시 금계(禁戒)가 생겨나서 마침내 증가하는 것이오."

여러 비구들이 이 말을 듣고서 부끄러워하였고, 여러 비구들이 이 인연으로써 가서 세존께 아뢰었다. 세존께서는 말씀하셨다.

"육군비구들을 불러오라."

왔으므로, 세존께서는 앞의 일을 갖추어 물으셨다.

"그대들이 진실로 그러하였는가?"

대답하여 말하였다.

"진실로 그렇습니다."

세존께서 말씀하셨다.

"육군비구들이여. 이것은 악한 일이니라. 여래는 요익하게 하려는 까닭으로 여러 제자들을 위하여 계율을 제정하였고, 보름마다 바라제목차를 설하였느니라. 그대들은 어찌하여 싫어하면서 막는가? 이것은 비법이고, 계율이 아니며, 세존의 가르침이 아니니라. 이것으로써 선법을 크게 장양하지 못하느니라."

세존께서는 여러 비구들에게 알리셨다.

"사위성을 의지하여 머무르는 비구들을 모두 모이게 하라. 열 가지의 이익을 까닭으로써 여러 비구들을 위하여 계율을 제정하겠나니, 나아가 이미 들었던 자들도 마땅히 거듭하여 들을지니라. 만약 비구가 보름마다 바라제목차를 설하는 때에 '나는 지금 처음으로 이 법이 수다라에 보름마다 바라제목차를 설하는 가운데에 들어있다고 알았소.'라고 이렇게 말을 지었다면, 여러 비구들은 그 비구가 본래 만약 두 번이거나 만약 세 번의 바라제목차를 설하는 가운데 앉아 있었다고 알았는데, 오히려 다시 많은 비구들이겠는가!

그 비구는 알지 못하는 까닭으로 벗어나지 못하였고 따라서 죄를 범하는 것이니, 여법하게 다스리면서 '장로여. 그대는 선한 이익을 잃었습니다. 보름마다 바라제목차를 설하는 때에 그대는 존중하지 않고 일심(一心)으로 생각하지 않으며 귀를 기울여 법을 듣지 않았구려.'라고 마땅히 꾸짖어 말하라. 이미 꾸지람을 받았다면 바야제를 범하느니라."

'비구'는 앞의 설명과 같다.

'보름'은 만약 14일이거나 15일이다.

'바라제목차'라는 것은 열두 종류의 수다라이다.

'말하다.'는 "나는 지금 처음으로 이 법이 수다라에 보름마다 바라제목차를 설하는 가운데에 들어있다고 알았소."라고 이렇게 말을 짓는 것이다. 이 비구는 그것을 만약 두 번이거나 만약 세 번의 바라제목차를 설하는 가운데에 앉아서 알았는데 하물며 다시 많은 비구이겠는가? 그 비구는 이것을 알지 못하는 까닭으로 무죄일지라도 따르는 것에서 죄를 범한다.

'여법하다.'는 비니와 같이 다스리는 것이다. 마땅히 꾸짖어 말해야 한다. "장로여. 그대는 선한 이익을 잃었습니다. 보름마다 바라제목차를 설하는 때에 그대는 존중하지 않고 일심으로 생각하지 않으며 귀를 기울여 법을 듣지 않았습니다." 꾸지람을 받았다면 바야제를 참회해야 한다.

'바야제'는 앞의 설명과 같다.

구족계를 받았다면 마땅히 2부(部)의 비니를 외워야 고며, 만약 능히 2부의 비니를 외우지 못하는 자는 마땅히 1부를 외워야 하며, 만약 능히 1부도 외우지 못하는 자는 마땅히 5중계를 외워야 하고, 만약 능히 외우지 못하는 자는 마땅히 4중계를 널리 외워야 하며, 만약 다시 능히 외우지 못하는 자는 마땅히 3중계를 외워야 하고, 만약 다시 능히 외우지 못하는 자는 마땅히 2중계를 외워야 하며 만약 다시 능히 외우지 못하는 자는 마땅히 널리 1중계와 게송을 외워야 한다.

만약 포살하는 때라면 널리 5중계를 설해야 하고, 만약 다시 능히 설하지 못하는 자는 마땅히 4중계를 설해야 하며, 만약 다시 능히 설하지 못하는 자는 마땅히 3중계를 설해야 하고, 만약 다시 능히 설하지 못하는 자는 마땅히 2중계를 설해야 하며, 만약 다시 능히 설하지 못하는 자는 마땅히 1중계와 게송을 외워야 하고, 나머지의 승가는 항상 들어야 하나니,

외우지 않는 자는 월비니죄를 범한다. 승가의 가운데에서 마땅히 외우게 하였다면 예리한 자는 설하고, 나머지의 사람은 전심(專心)으로 들어야 한다.

세존께서 말씀하셨다.

"바라제목차를 외우는 때에 다른 비구는 좌선할 수 없고 또한 다른 일을 할 수 없으며, 모두가 마땅히 전심으로 함께 들어야 한다. 만약 4사는 13사를 듣지 않으면 월비니죄를 범하고, 13사는 듣고 2부정법을 듣지 않으면 월비니죄를 범하며, 2부정법은 듣고 30사를 듣지 않으면 월비니죄를 범하고, 30사는 듣고 92사를 듣지 않으면 월비니죄를 범하며, 92사는 듣고 4바라제제사니를 듣지 않으면 월비니죄를 범하고, 4바라제제사니는 듣고 중학을 듣지 않으면 월비니죄를 범하며, 중학은 듣고 7멸쟁을 듣지 않으면 월비니죄를 범하느니라."

만약 중간에 듣지 않았다면 그에 따라서 월비니죄를 얻고, 일체를 듣지 않았다면 바야제를 범한다. 이 죄는 다른 사람을 향하여 참회할 수는 없고 마땅히 대중의 가운데에서 지계이고 위덕(威德)이 있는 처소에서 참회해야 한다. 공경하기 어려운 자는 참회하는 사람 앞에서 마땅히 꾸짖어 말해야 한다.

"장로여. 그대는 선한 이익을 잃었습니다. 보름마다 바라제목차를 설하는 때에 그대는 존중하지 않고 일심으로 생각하지 않으며 귀를 기울여 법을 듣지 않았습니다."

꾸지람을 받았다면 바야제를 참회해야 한다.

이러한 까닭으로 설하였노라.

식가와 왕궁에 들어가는 것과
바늘통과 평상과 두 개의 요와
좌구와 부창의와
우의와 여래의 옷과
근거없이 비방하는 것과 제10의 허물과

회향을 막는 것과 포살이 있다.

[아홉 번째의 발거(跋渠)를 마친다.]

6. 4바라제제사니(波羅提提舍尼)의 법을 밝히다

1) 4바라제제사니(波羅提提舍尼)의 법을 밝히다 ①

세존께서는 가유라위(迦維羅衛)의 석씨정사(釋氏精舍)에 머무르셨으며, 자세한 설명은 앞에서와 같다.

그때 여러 비구들이 아련야의 처소에 있었던 때에 여러 석종의 부모와 자매와 친족들이 사자를 보내어 음식을 주면서 비구들의 처소에 보냈는데, 보냈던 음식을 사람들이 도중(道中)에서 절반을 먹었고, 혹은 3분의 1을 먹었으며, 혹은 모두 먹었다. 이 여러 비구들이 있었고 집에 돌아와서 보았는데 친족들이 물어 말하였다.

"우리들이 먼저 보냈던 여러 음식들은 모두 받았습니까?"

그 가운데에 이르렀다면 "이르렀습니다."라고 말하였고, 절반이 이르렀다면 "절반이 이르렀습니다."라고 말하였으며, 3분의 1이 이르렀다면 "3분의 1이 이르렀습니다."라고 말하였고, 이르지 않았다면 "이르지 않았습니다."라고 말하였다. 친족들이 듣고 곧 성내면서 말하였다.

"폐악하고 죽일 놈이구나. 그대에게 음식을 보냈는데 어찌하여 감히 먹었는가?"

곧 채찍으로 이 사자를 때렸고, 사자는 고통스러웠으므로 크게 울면서 말하였다.

"이 사문들이 나에게 매를 맞게 하였다."

여러 비구들이 이 인연으로써 가서 세존께 아뢰었다. 세존께서는 말씀하셨다.

"여러 비구들을 불러오라."

왔으므로, 세존께서는 앞의 일을 갖추어 물으셨다.

"그대들이 진실로 그러하였는가?"

대답하여 말하였다.

"진실로 그렇습니다."

세존께서 말씀하셨다.

"비구들이여. 그대들은 어찌하여 아련야의 처소에 머물면서 먼저 밖에서 말할 수 없는데, 밖에서 받지 않고 안에서 스스로가 손으로 취하여 먹었는가? 오늘부터는 아련야의 처소에 머물면서 먼저 밖으로 말할 수 없고, 밖에서 받지 않고 안에서 스스로가 손으로 취하는 것을 허락하지 않겠노라."

세존께서는 가유라위의 석씨정사에 머무셨으며, 자세한 설명은 앞에서와 같다.

여래·응공·정변지께서는 다섯 가지의 일에 이익을 까닭으로 5일에 한 번을 여러 비구들의 방을 살피셨는데, 비구가 여위고 병들어서 안색이 누렇게 떠 있는 것을 보셨으며, 아시면서도 일부러 물으셨다.

"비구여. 기력(氣力)은 만족하는가?"

대답하여 말하였다.

"병으로 고통스럽습니다. 세존이시여."

세존께서는 비구에게 물으셨다.

"그대는 능히 병을 따라서 약을 복용하였고, 병을 따라서 음식을 먹었는가?"

아뢰어 말하였다.

"세존께서 계율을 제정하시어 아련야의 처소에 머문다면 먼저 밖에서 말할 수 없고, 밖에서 받지 않았다면 안에서 스스로가 손으로 취하는 것을 허락하지 않으셨습니다. 세존이시여. 저는 병들어서 밖으로 나가지 못합니다. 이러한 까닭으로 여위고 병으로 고통스럽습니다."

세존께서 말씀하셨다.
"오늘부터는 병든 비구는 안에서 취하는 것을 허락하겠노라."
세존께서는 여러 비구들에게 알리셨다.
"가유라위를 의지하여 머무르는 비구들을 모두 모이게 하라. 열 가지의 이익을 까닭으로써 여러 비구들을 위하여 계율을 제정하겠나니, 나아가 이미 들었던 자들도 마땅히 거듭하여 들을지니라. 만약 비구가 아련야의 처소에 머문다면 먼저 밖에서 말할 수 없는데, 밖에서 받지 않고 안에서 스스로가 손으로 취하여, 만약 씹었거나, 만약 먹었다면 이 비구는 마땅히 다른 비구의 주변에서 참회하며 이와 같이 말하여야 한다. '장로여. 나는 꾸지람을 받을 법에 떨어졌습니다.' 이 법으로 참회하였다면 첫 번째의 바라제제사니법(波羅提提舍尼法)이니라."

'비구'는 앞의 설명과 같다.

'아련야의 처소'는 앞의 설명과 같다.

'먼저 말하지 않다.'는 말에는 두 종류가 있으니, 숫자를 구분하거나, 숫자를 구분하지 않는 것이다.

'숫자를 구분하다.'는 그렇게 허락되고 그렇게 허락되었던 종류의 음식을 마땅히 보내겠다고 말하는 것이다.

'숫자를 구분하지 않다.'는 마땅히 음식을 보내겠다고 곧 말하면서 종류의 숫자를 나열하지 않는 것이다.

'밖에서 받지 않다.'는 정사 밖에서 받지 않는 것이다.

'안'은 정사의 안이다.

'병'은 실사병·냉병·풍병이니, 이와 같은 병은 밖으로 나가서 음식을 취할 수 없다. 이러한 까닭으로 세존께서는 무죄라고 말씀하셨다.

'스스로의 손으로 받다.'는 손에서 손으로 받고 그릇에서 그릇으로 받는 것이다.

'씹다.'는 떡과 과일 등이다.

'먹다.'는 다섯 가지의 정식(正食)이니, 만약 씹었거나, 만약 먹었다면 이 비구는 마땅히 다른 비구를 향하여 참회하며 말하여야 한다.

"장로여. 나는 꾸지람을 받을 법에 떨어졌습니다. 이 법을 참회합니다."
앞의 사람은 마땅히 묻도록 한다.
"그대는 죄를 알았습니까?"
대답하여 말한다.
"알았습니다."
마땅히 말한다.
"삼가하여 다시 짓지 마십시오."
대답하여 말한다.
"정대(頂戴)하여 지니겠습니다."
'바라제제사니'는 이것의 죄는 사람들을 향하여 드러내고 덮어서 감추지 않는 것이다.
 만약 이 비구를 위하여 음식을 보내면서 다른 비구에게 말하였고 다른 비구가 받았다면 무죄이다. 만약 이 비구를 위하여 음식을 보내면서 이 비구에게 말하였고 다른 비구가 받았어도 무죄이다. 만약 이 비구를 위하여 음식을 보내면서 이 비구에게 말하였고 이 비구가 받았다면 무죄이다. 만약 다른 비구를 위하여 음식을 보내면서 다른 비구에게 말하였고 다른 비구가 받았다면 무죄이다.
 만약 음식을 보내면서 숫자를 구분하였거나, 숫자를 구분하지 않았다면 먼저 말해야 한다. 숫자를 구분하였고 비구가 안에 있으면서 얻었다면 마땅히 숫자를 기억하여 상응(相應)한다면 취하고 상응하지 않는다면 말하여 돌려보내야 한다. 만약 적어서 왔던 것이 있었고, 보아서 적은 것과 상응한다면 취하고 상응하지 않는다면 말하여 돌려보내야 한다. 만약 봉인(封印)하여 왔다면 보아서 봉인이 완전하다면 취하고 완전하지 않다면 돌려보내야 한다.
 만약 먼저 숫자를 말하지 않고 온 것은 마땅히 정사의 문밖으로 나가서 받아야 하고, 만약 갑자기 왔고 문에 들어왔으면 받을 수 없으며, 만약 정인(淨人)이 있다면 마땅히 정인에게 주라고 말해야 하고, 만약 정인이 없다면 땅에 놓아두게 말하고서 정인이 오는 것을 기다려서 마땅히 정인에게 말하여야 한다.

"이 음식을 가지고 밖으로 나가십시오."

이미 밖으로 나갔다면 비구가 마땅히 받도록 할 것이며, 만약 비구가 병이 있어서 밖에 나갈 수 없어서 안에서 받더라도 무죄이다.

만약 비구의 친척이 음식을 가지고 사찰에 이르렀고, 만약 연못이나, 숲속의 유람하는 곳에서 음식을 가지고 비구에게 주었다면 뜻을 따라서 받아도 무죄이다. 만약 비구가 도로를 다니는 때에 '어느 정사에 이르러서 마땅히 음식을 먹겠다.'라고 이렇게 생각을 지었으나, 지나가서 다른 곳에서 음식을 먹는 자는 마땅히 참회해야 한다. 만약 어느 정사에 이르렀고 그곳 승가의 청을 따라서 떠나갔다면 무죄이다.

이러한 까닭으로 설하였노라.

세존께서는 비사리성에 머무셨으며, 자세한 설명은 앞에서와 같다. 시리마(尸利摩) 비구니의 인연을 마땅히 자세히 설하셨으며, 나아가 세존께서는 여러 비구들에게 말씀하셨다.

"나의 성문 비구니 가운데에서 복덕의 제일은 시리마 비구니이니라."

이때는 세상이 기근(飢儉)이어서 걸식하여도 얻기가 어려웠다. 그때 시리마 비구니는 때에 이르자 취락에 들어가는 옷을 입고 발우를 지니고 비사리성에 들어가서 차례로 걸식하면서 비구를 보면 곧 물어 말하였다.

"존자여. 음식을 얻었습니까?"

그 비구가 곧 빈 발우를 그녀에게 보여주었고, 비구니는 보고서 이렇게 생각을 지었다.

'이 자는 내가 존중하는데도 음식을 얻지 못하였구나.'

곧 자기의 발우 속의 음식을 가지고 비구에게 주었고, 비구는 음식을 얻고 정사에 돌아와서 여러 비구들을 불러서 함께 먹었다. 여러 비구들이 물었다.

"장로여. 어느 곳에서 이렇게 좋은 음식을 얻었습니까?"

대답하여 말하였다.

"시리마 비구니의 주변에서 얻었습니다."

여러 비구들은 듣고서 각자 가서 구하였고, 이와 같이 차례로 500의 비구들이 모두 음식을 얻었다. 그러한 뒤에 스스로가 음식을 구하였는데, 날의 때가 이미 지났으므로 음식을 못 얻고 정사에 돌아왔다. 다음 날 새벽에 여러 비구들은 다시 옷을 입고 발우를 지니고 비구니 정사의 문앞에 이르러 서 있었고, 비구니들이 보고 곧 안에 들어가서 시리마에게 말하였다.

"여러 비구들이 지금 문밖에서 서로 기다립니다."

시리마가 듣고서 제자들에게 말하였다.

"옷과 발우를 취하여 가져오라. 내가 여러 상존(上尊)들을 위하여 걸식하겠다."

이와 같이 차례대로 500명에게 음식을 공급하였고, 그러한 뒤에 스스로가 음식을 구하였는데 날의 때가 지나 다시 음식을 못 얻고 돌아왔으며, 셋째날도 이와 같이 나아가 차례로 500명에게 음식을 제공하였는데 오직 한 사람만이 얻지 못하였다. 이 비구는 시리마의 뒤를 따라서 한 집에 들어갔는데, 이전에 3일 동안 음식을 못 얻었던 까닭으로 신체가 굶고 야위어 혼절하여 땅에 쓰러졌다. 이때 여러 부인들이 이를 보고 놀라서 붙잡고 일으키고자 하였는데, 비구니가 말하였다.

"잠깐 멈추세요. 나는 무슨 까닭으로 땅에 넘어졌는가를 사유하겠습니다."

곧바로 억념하여서 여러 상존을 위하여 걸식하면서 스스로는 음식을 못 얻었던 까닭으로 혼절하여 땅에 쓰러졌다는 것을 알았다. 일어나서 스스로 먼지와 흙을 털었고 의복을 바르게 입고서 이렇게 사유를 지었다.

'능히 보시하는 자는 무상(無上)의 이익이 있다.'

보시를 억념하여 환희심이 생겨났고, 환희를 인연하였던 까닭으로 청정한 삼매(三昧)를 얻었으며, 삼매로써 5음(陰)의 생멸을 관찰(觀見)하였고, 보시로 장엄한 마음으로 여러 근(根)을 조복하였으며, 곧 금강삼매(金剛三昧)에 들어가서 일체의 번뇌를 없앴고 불법의 가운데에서 삼명(三

明)[1]을 증득하였다. 시리마 비구니가 증득하였고, 그때 부인들이 그를 데리고 들어가서 목욕을 시키고 평상을 펼쳐서 앉게 하였으며 그러한 뒤에 음식을 주었다. 그 비구가 문밖에 서 있었는데, 부인들이 보고서 다시 음식을 찾는 것이 염려되어 마땅히 문에 서 있었다. 비구니는 문을 막고 서 있는 것을 보고서 마음에 의심이 생겨나서 무슨 까닭으로 문을 막았는가를 머리를 들어서 보았는데, 비구의 옷자락이 보였으므로 말하였다.

"이분은 나의 상존인데 걸식하여도 음식을 얻지 못하였습니다."
곧 말하였다.
"존자여. 들어와서 음식을 취하십시오."
부인이 말하였다.
"아니(阿尼)께서는 또한 드십시오. 내가 마땅히 다시 구하여 그에게 주겠습니다."
비구니가 말하였다.
"지금 세상은 기근이니, 어느 곳에서 다시 얻겠습니까?"
다시 음식을 가져다가 주었다. 부인이 비난하여 말하였다.
"사문 석자는 자비한 마음이 없구나. 어찌하여 3일 동안에 음식을 못 얻었고 매우 굶주려서 죽음에 이르렀는데 다시 따라와 음식을 찾는가?"
여러 비구들이 이 인연으로써 가서 세존께 아뢰었다. 세존께서는 말씀하셨다.
"이 비구들을 불러오라."
왔으므로, 세존께서는 앞의 일을 갖추어 물으셨다.
"그대들이 진실로 그러하였는가?"
대답하여 말하였다.

---

1) 산스크리트어 tri-vidya의 번역으로 아라한이 지니는 숙명지명(宿命智明)·천안지명(天眼智明)·누진지명(漏盡智明)을 말한다. 지명(智明)은 '꿰뚫어 알다.'라는 의미이고, 다른 용어로 숙명통(宿命通)·천안통(天眼通)·누진통(漏盡通)이라고도 한다.

"진실로 그렇습니다."

세존께서 말씀하셨다.

"오늘부터는 백의의 집안에서 친족이 아닌 비구니 옆에서 스스로가 손으로 음식을 취하는 것을 허락하지 않겠노라."

세존께서는 비사리성에 머무셨으며, 자세한 설명은 앞에서와 같다. 그때 존자 아리타(阿利吒)는 몸에 종기가 있어서 사람들이 싫어하고 경멸하였으며 사람들은 음식을 주지 않았다. 매번 걸식하는 때에 만약 문 안에 들어가지 않았어도 문을 닫아서 앞으로 나가지 못하도록 하였고, 만약 이미 문 안에 들어갔더라도 쫓아내고 주지 않았다. 여래·응공·정변지께서는 다섯 가지의 일에 이익을 까닭으로 5일에 한 번을 여러 비구들의 방을 살피셨는데, 아리타의 몸에 종기가 있는 것을 보셨으며, 아시면서도 일부러 물으셨다.

"비구여. 몸의 기력은 조화로운가?"

대답하여 말하였다.

"세존이시여. 다만 병으로 굶주려서 고통스럽습니다."

세존께서는 비구에게 물으셨다.

"비구여. 그대는 능히 걸식할 수 없는가?"

대답하여 말하였다.

"세존이시여. 저는 걸식을 할 수는 있으나 다만 몸에 종기가 있어서 사람들이 싫어하고 경멸하여 매번 걸식하러 다녔더라도, 만약 문 안에 들어가지 않았어도 문을 닫아서 앞으로 나가지 못하도록 하였고, 만약 이미 문 안에 들어갔더라도 쫓아내고 주지 않았습니다."

세존께서 말씀하셨다.

"그대는 능히 시리마 비구니의 주변으로 가서 걸식하지 않았는가?"

대답하여 말하였다.

"세존께서 계율을 제정하셔서 백의의 집안에서 친족이 아닌 비구니의 주변에서 스스로가 손으로 음식을 받을 수 없게 하셨습니다. 그 비구니는 저의 친족이 아니고, 이러한 까닭으로 가지 않았습니다."
세존께서 말씀하셨다.
"오늘부터는 병든 비구가 비구니에게 가는 것은 허락하겠노라."
세존께서는 여러 비구들에게 알리셨다.
"비사리성을 의지하는 비구들을 모두 모이게 하라. 열 가지의 이익을 까닭으로써 여러 비구들을 위하여 계율을 제정하겠나니, 나아가 이미 들었던 자들도 마땅히 거듭하여 들을지니라. 만약 비구가 병들지 않았는데도 백의의 집안에서 친족이 아닌 비구니의 주변에서 스스로가 손으로 음식을 받고서 만약 씹었거나, 만약 먹었다면, 이 비구는 마땅히 다른 비구의 주변에서 참회하며 이와 같이 말하여야 한다. '장로여. 나는 꾸지람을 받을 법에 떨어졌습니다.' 이 법으로 참회하였다면 이것을 바라제제사니법이라고 이름하느니라."

'비구'는 앞의 설명과 같다.

'친족이 아니다.'는 아버지의 친족과 어머니의 친족이 아닌 것이다.

'병'은 세존께서 무죄라고 말씀하셨다. 아주 작은 병을 말하지 않으며 이를테면, 옴·황란·창이·옹좌 등이고, 사람들이 싫어하고 경멸하였다면, 이것을 병이라고 이름한다.

'백의의 집안'은 세속 사람의 집안이다.

'비구니'는 2부중(二部衆)의 가운데에서 구족계를 받은 자이다.

'스스로가 손으로 받다.'는 손에서 손으로 받거나, 그릇에서 그릇으로 받는 것이다.

'씹다.'는 떡과 과일 등이고, '먹다.'는 다섯 가지의 정식이며, 이 비구는 마땅히 다른 비구를 향하여 참회하며 말해야 한다.

"장로여. 나는 꾸지람을 받을 법에 떨어졌습니다. 이 법을 참회합니다."

앞의 사람은 마땅히 물어야 한다.

"그대는 죄를 보았습니까?"

대답하여 말한다.

"보았습니다."

마땅히 말한다.

"삼가하여 다시 짓지 마십시오."

대답하여 말한다.

"정대하여 지니겠습니다."

'바라제제사니'는 앞의 설명과 같다.

만약 비구가 병들지 않았는데 세속 사람의 집안에 있으면서 친족이 아닌 비구니의 주변에서 스스로가 손으로 음식을 받은 때라면 월비니죄를 범하고, 먹는 때에는 회과법(悔過法)[2]을 범하며, 친족이 아닌데 친족이 아니라고 생각하면서 음식을 받는 자도 회과법을 범하고, 친족이 아니라고 의심하면서 음식을 받는 자도 회과법을 범하며, 친척이 아닌데 친족이라고 생각하면서 음식을 받는 자는 월비니죄를 범하고, 친족인데 친족이 아니라고 생각하면서 음식을 받는 자는 월비니죄를 범하며, 친족이라고 의심하면서 음식을 받는 자는 월비니죄를 범한다.

친족을 친족이라고 생각하였고 음식을 받는 자는 무죄이고, 다른 사람을 위해 받는 자는 월비니죄를 범하지만, 병든 사람은 무죄이며, 병든 사람을 위해 받는 것도 무죄이고, 병든 사람이 먹고 남기는 것도 무죄이다.

만약 식차마니와 사미니가 음식을 가지고 왔다면 말하여 땅에 내려놓게 하고, 그러한 뒤에 사람의 주변에서 받았다면 무죄이다. 비구니가 스스로 가지고 왔고 땅에 내려놓으면서 "존자여. 나를 위하여 받아 주십시오."라고 이렇게 말하였다면 받았어도 무죄이고, 비구니의 주처에서 받았다면 무죄이다.

이러한 까닭으로 설하였노라.

세존께서는 왕사성 가란타(迦蘭陀)의 죽원정사(竹園精舍)에 머무셨으며, 자세한 설명은 앞에서와 같다.

---

2) 제사니죄(提舍尼罪) 또는 바라제제사니법(波羅提提舍尼法)을 가리키며 회과법(悔過法)으로 번역된다. 이것을 범한 자는 법랍 10년 이상의 대비구(大比丘) 한 사람에게 참회하면 출죄가 가능하다.

그때 투란난타(偸蘭難陀) 비구니의 지식인 집에서 승가를 청하여 음식을 주었다. 투란난타 비구니는 육군비구들의 앞에 서 있으며 가리켜서 보이면서 단월에게 말하였다.

"이 비구에게 밥을 주십시오. 이 비구에게 죽을 주십시오. 이 비구에게 어육(魚肉)을 주십시오."

단월은 듣고서 육군비구들에게 치우치게 더하여 주었다. 여러 비구들이 싫어하면서 말하였다.

"어찌하여 육군비구들은 비구니에게 치우치게 음식을 받고서도 음식을 더하여 주는 것을 가르쳐서 꾸짖지 않는가?"

여러 비구들이 이 인연으로써 가서 세존께 아뢰었다. 세존께서는 말씀하셨다.

"육군비구들을 불러오라."

왔으므로, 세존께서는 앞의 일을 갖추어 물으셨다.

"그대들이 진실로 그러하였는가?"

대답하여 말하였다.

"진실로 그렇습니다."

세존께서 말씀하셨다.

"그대들은 어찌하여 비구니에게 치우치게 받고서도 음식을 더하여 주는 것을 꾸짖지 않았는가?"

세존께서는 여러 비구들에게 알리셨다.

"왕사성을 의지하여 머무르는 비구들을 모두 모이게 하라. 열 가지의 이익을 까닭으로써 여러 비구들을 위하여 계율을 제정하겠나니, 나아가 이미 들었던 자들도 마땅히 거듭하여 들을지니라. 만약 비구가 백의의 집안에서 음식을 청하였고 비구니가 서 있으면서 '이 사람에게 밥을 주십시오. 이 사람에게 국과 어육을 수십시오.'라고 가리켜서 말하였다면, 여러 비구들은 마땅히 이 비구니에게 '자매여. 여러 비구들이 음식을 먹도록 잠시 기다리시오.'라고 말해야 한다. 만약 여러 비구 가운데서, 나아가 한 비구도 이 비구니에게 '자매여. 여러 비구들이 음식을 먹도록 잠시 기다리시오.'라고 말하는 자가 없었다면, 이 여러 비구들은 마땅히 다른 비구를 향하여 참회하면서 말하여야 한다. '장로여. 우리들은 꾸지람을 받을 법에 떨어졌습니다.' 이 법으로 참회하였다면 이것을 바라제제사니법이라고 이름하느니라."

'비구'는 앞의 설명과 같다.

'백의의 집'은 재가인의 집이다.

'청하다.'는 만약 오늘이거나, 만약 내일이다.

'먹다.'는 다섯 가지의 정식과 다섯 가지의 잡정식이다.

'비구니'는 2부중(部衆)의 가운데에서 구족계를 받은 자이다.

'주다.'는 이것은 밥을 더하여 주었거나, 이것은 국을 더하여 주었거나, 이것은 어육을 더하여 주는 것이다.

'마땅히 비구니에게 말하다.'는 가지런하게 보았고 들었으며 알았다면, 마땅히 가르쳐서 '자매여. 여러 비구들이 음식을 먹도록 잠시 기다리시오.'라고 이렇게 말을 지어야 한다. 만약 멈춘다면 좋으나, 만약 멈추지 않는다면, 두 번·세 번째도 말해야 한다. 만약 말하지 않고 음식을 받는 자는 월비니죄를 범하고, 먹는 자는 회과법을 범한다.

이 비구는 마땅히 다른 비구를 향하여 참회하며 말하여야 한다.

"장로여. 나는 꾸지람을 받을 법에 떨어졌습니다. 이 법을 참회합니다."

앞의 사람은 마땅히 묻도록 한다.

"그대는 죄를 보았습니까?"

대답하여 말한다.

"보았습니다."

마땅히 말한다.

"삼가하여 다시 짓지 마십시오."

대답하여 말한다.

"정대하여 지니겠습니다."

'바라제제사니'는 앞의 설명과 같다.

세 번을 꾸짖지 않고서 먹는 자는 월비니죄를 범하고, 세 번을 꾸짖었으나 멈추지 않아서 먹었다면 무죄이다. 한 사람이 꾸짖고서 일체의 사람이 먹었다면 무죄이고, 보지 않았고 듣지 않고 먹었다면 무죄이며, 비구니가 스스로 단월을 지었으면 무죄이고, 만약 단월이 일찍이 승가를 청하지 않아서 위의와 법을 알지 못하였으며, 그때 비구니가 안치하는 모습을 가르쳐 주었거나, 음식을 더하여 주는 법을 가르쳐 주고서 그러한 뒤에 마땅히 앉게 하였거나, 만약 청하지 않았거나, 만약 다섯 가지의 정식이 아니어서 가르쳤다면 무죄이다.
　이러한 까닭으로 설하였노라.

　세존께서는 사위성에 머무셨으며, 자세한 설명은 앞에서와 같다.
　비사대신(毘闍大臣)의 인연은 이 가운데에서 자세히 설명하였고, 나아가 선미찰리(仙彌利利)에 대하여 말하겠노라.
　세존께서는 여러 비구들에게 말씀하셨다.
　"대신인 비사(毘闍)는 보시가 너무 지나쳐서 금전과 재물이 모두 없어졌으니, 승가는 마땅히 학가갈마(學家羯磨)를 짓도록 하라. 갈마법은 마땅히 이렇게 말해야 한다.
　'대덕 승가께서는 허락하십시오. 대신인 비사의 보시가 너무 지나쳐서 금전과 재물이 모두 없어졌습니다. 만약 승가께서 때에 이르렀다면 승가는 대신 비사를 위하여 학가갈마를 짓게 하십시오. 이와 같이 아룁니다.'
　'대덕 승가께서는 허락하십시오. 대신인 비사의 보시가 너무 지나쳐서 금전과 재물이 모두 없어졌습니다. 승가는 지금 대신인 비사를 위하여 학가갈마를 짓겠습니다. 여러 대덕들께서 대신인 비사에게 학가갈마를 짓는 것을 인정하신다면 묵연하시고, 만약 인정하지 않으신다면 말씀하십시오.'
　이것이 첫 번째의 갈마이다. 두 번·세 번째도 역시 이와 같다.
　'승가시여. 이미 대신인 비사에게 학가갈마를 지어서 마쳤습니다. 승가께서 인정하신 것은 묵연하였던 까닭입니다. 이 일을 이와 같이 지니겠습니다.'"

대신 비사가, 나아가 선미찰리에게서 돌아와서 피로가 심하고 몸에 먼지와 흙이 묻었으나 먼저 집안일을 물었다.

"여러 아사리들이 대체적으로 자주 오는가?"

대답하여 말하였다.

"왔습니다. 다만 보시가 있는 때에 전혀 받지 않았습니다."

비사가 듣고서 마음이 즐겁지 않아서 마침내 목욕하지도 않고 가서 세존께 나아갔으며 머리숙여 발에 예경하고 물러나서 한쪽에 머무르며 세존께 아뢰어 말하였다.

"세존이시여. 여러 비구들은 무슨 까닭으로 우리 집의 공양을 받지 않습니까?"

세존께서는 비사에게 알리셨다.

"그대의 보시가 너무 지나쳐서 금전과 재물이 모두 없어졌으므로 여래가 요익하게 하려는 까닭으로 그대를 위하여 학가갈마를 지었습니다. 이러한 까닭으로 여러 비구들이 그대의 보시를 받지 않는 것이오."

비사가 곧 세존께 아뢰어 말하였다.

"세존이시여. 우리 집은 지금 부유하고 넉넉하여 지나간 옛날보다 세 배입니다. 오직 원하옵건대 세존이시여. 오늘부터는 여러 비구들이 우리 집의 보시를 받는 것을 허락하십시오."

세존께서는 비사에게 알리셨다.

"오늘은 보름이니, 그대는 잠시 집에 돌아가서 몸을 씻고 새로 깨끗한 옷을 입고서 여러 권속(眷屬)들과 함께 와서 대중 승가께 그대의 소원을 애원하시오."

비사가 이렇게 가르침을 받고 돌아갔으며, 돌아간 뒤에 세존께서는 여러 비구들에게 알리셨다.

"비사는 본래 보시가 너무 지나쳤으므로 승가에서 요익하게 하려는 까닭으로 학가갈마를 지었으나, 비사는 지금 스스로가 '기거와 가업이 부유하여 이전보다 세 배입니다.'라고 말하였고, 지금 승가를 쫓아서 학가갈마를 버리도록 애원하였으므로 승가는 마땅히 버리도록 하라."

비사는 집에 돌아가서 목욕하고 새로운 옷으로 갈아입고서 여러 권속들과 함께 승방(僧房)에 들어와서 앞의 일을 갖추어 말하였다. 그때 승가는 학가갈마를 버리도록 지어서 주었고, 마땅히 구청갈마(求聽羯磨)를 지었으며, 이와 같이 말하였다.

"대덕 승가께서는 허락하십시오. 대신인 비사의 보시가 너무 지나쳐서 금전과 재물이 모두 없어졌고, 승가는 요익하게 하려는 까닭으로 학가갈마를 지어서 주었으나, 지금은 재물과 가업이 부유하고 넉넉합니다. 만약 승가께서 때에 이르렀다면 승가께서는 대신인 비사를 위하여 승가의 가운데에서 학가갈마를 버리도록 애원하게 하십시오. 여러 대덕들께서 대신인 비사가 학가갈마를 버리게 애원하는 것을 인정하신다면 묵연하시고, 만약 인정하지 않으신다면 말씀하십시오. 승가께서 인정하신 것은 묵연하였던 까닭입니다. 이 일을 이와 같이 지니겠습니다.'"

그때 대신 비사가 왔으며, 승가의 가운데에 들어와서 머리숙여 발에 예배하고 호궤 합장하고서 이와 같이 아뢰어 말하였다.

"대덕 승가께서는 허락하십시오. 나 비사는 이전에는 부유하였으나 뒤에 가난해졌고 승가께서 연민(憐愍)하였던 까닭으로 나에게 학가갈마를 지어서 주었습니다. 나는 지금 생업(生業)이 구족되어 이전보다 세 배입니다. 지금 승가를 쫓아서 학가갈마를 버리도록 애원합니다. 오직 원하건대 승가께서는 나에게 학가갈마를 버려 주십시오."

이와 같이 세 번을 애원하였다. 그때 비사가 눈으로 보이고 들리지 않는 곳에 마땅히 있게 하고서 갈마자가 마땅히 이렇게 말을 지었다.

"대덕 승가께서는 허락하십시오. 대신인 비사의 보시가 너무 지나쳐서 금전과 재물이 모두 없어졌고, 승가는 요익하게 하려는 까닭으로 학가갈마를 지어서 주었습니다. 이 비사는 스스로가 '가업이 구족되어 이전보다 세 배입니다.'라고 말하였고, 승가의 가운데에서 학가갈마를 버리도록 애원하고 있습니다. 승가시여, 지금 비사에 학가갈마를 버려서 주겠습니다. 여러 대덕들께서 대신 비사에게 학가갈마를 버려서 주는 것을 인정하신다면 묵연하시고, 만약 인정하지 않으신다면 말씀하십시오.'"

이것이 첫 번째의 갈마이다. 두 번·세 번째도 역시 이와 같다.

"승가시여. 이미 대신 비사에게 학가갈마를 버려서 주는 것을 마쳤습니다. 승가께서 인정하신 것은 묵연하였던 까닭입니다. 이 일을 이와 같이 지니겠습니다.'"

이 학가갈마를 버리는 것은 대중(大衆)의 현전(現前)이고, 도중(徒衆)의 현전이 아니다.

세존께서는 여러 비구들에게 알리셨다.

"왕사성을 의지하여 머무르는 비구들을 모두 모이게 하라. 열 가지의 이익을 까닭으로써 여러 비구들을 위하여 계율을 제정하겠나니, 나아가 이미 들었던 자들도 마땅히 거듭하여 들을지니라. 여러 학가(學家)가 있다면 승가는 학가갈마를 지어야 한다. 비구를 먼저 청하지 않았는데 가서 스스로가 손으로 음식을 받아서 만약 씹었거나, 만약 먹었다면 이 비구는 마땅히 다른 비구를 향하여 참회하면서 말하여야 한다. '장로여. 나는 꾸지람을 받을 법에 떨어졌습니다.' 이 법으로 참회하였다면 이것을 바라제제사니법이라고 이름하느니라."

'학가'는 부인은 수다원(須陀洹)이고 남편은 사다함(斯陀含)이거나, 부인은 수다원이고 남편은 아나함(阿那含)이거나, 부인은 사다함이고 남편은 수다원이거나, 부인은 사다함이고 남편은 아나함이거나, 부인은 아나함이고 남편은 수다원이거나, 부인은 아나함이고 남편은 사다함이거나, 남편은 수다원이고 부인은 사다함이거나, 남편은 수다원이고 부인은 아나함이거나, 남편은 사다함이고 부인은 수다원이거나, 남편은 사다함이고 부인은 아나함이거나, 남편은 아나함이고 부인은 수다원이거나, 남편은 아나함이고 부인은 사다함이거나로, 둘이 함께 수다원이거나, 둘이 함께 사다함이거나, 둘이 함께 아나함이다.

'집'은 4성(姓)으로 찰제의 집·바라문의 집·비사(毘舍)의 집·수다라(首陀羅)의 집이다.

'비구를 먼저 청하지 않았다.'는 먼저 청하지 않았는데 청하였다고 생각하거나, 다른 사람을 청하였는데 자기라고 생각하고 가는 것이니,

만약 집안이거나, 만약 동산 안이거나, 만약 밭의 가운데로 가는 것이다.
 '스스로가 손으로 취하다.'는 손에서 손으로 받고 그릇에서 그릇으로 받는 것이다.
 '씹다.'는 떡과 과일 등이다.
 '먹다.'는 다섯 가지의 정식(正食)이다.
 이 비구는 마땅히 다른 비구를 향하여 참회하며 말하여야 한다.
 "장로여. 나는 꾸지람을 받을 법에 떨어졌습니다. 이 법을 참회합니다."
 앞의 사람은 마땅히 묻도록 한다.
 "그대는 죄를 보았습니까?"
 대답하여 말한다.
 "보았습니다."
 마땅히 말한다.
 "삼가하여 다시 짓지 마십시오."
 대답하여 말한다.
 "정대하여 지니겠습니다."
 '바라제제사니'는 앞의 설명과 같다.
 만약 승가에서 이미 학가갈마를 지었다면 새가 화살을 쏘는 방향을 피하는 것과 같이 곧 발길을 끊고서 가지 않아서는 아니되고, 마땅히 때때로 가서 보아야 한다. 그를 위하여 설법하고 법사를 의논할 것이며, 만약 학가에서 보시하고자 하였다면, 마땅히 "잠시 그대의 곁에 놓아두십시오. 내가 스스로 때를 알겠습니다."라고 말해야 한다.
 만약 먼저 승가를 청하였고 뒤에 갈마를 지었다면 비싸고 무거운 물건을 취할 수 없고 작고 가벼운 물건을 취해야 하며, 만약 학가에서 "존자여. 무슨 까닭으로 이 보시를 받지 않습니까? 나를 가난하다고 생각합니까?"라고 말하였다면, 그때에는 마땅히 "그대는 가난하지 않습니다. 세존께서 '수다원인 사람은 네 가지의 법을 성취하여서 성문(聲聞) 가운데서 최고 큰 부자이다.'라고 말씀하신 것과 같습니다."라고 말해야 한다.

무엇이 네 가지인가? 첫째는 여래·응공·정변지께 견고한 신근(信根)이 생겨나서 사문·바라문·여러 천인·세상 사람들이 능히 파괴하지 못하는 것이고, 둘째는 법에 있어서 견고한 신근이 생겨나는 것이며, 셋째는 승가의 가운데에서 견고한 신근이 생겨나는 것이고, 넷째는 계에 있어서 견고한 신근이 생겨나서 사문·바라문·여러 천인·세상 사람들이 능히 파괴하지 못하는 것이다. 이것을 네 가지 법의 성취라고 이름하며, 여래 성문의 가운데에서 가난하지 않아서 최고로 크게 부유한 것이다.

만약 정사의 가운데에 와서 승가에게 공양하였고 대중에게 공양하였으며, 더불어 비시장이라면, 버리고 떠나갈 수 없고 마땅히 평상과 요를 펼치고 공양구를 베풀어 마땅히 수용하고서 그를 위하여 널리 설법해야 한다.

이러한 까닭으로 설하였노라.

아련야의 처소에 머무는 것과
병이 없는데 비구니의 음식을 받는 것과
비구니의 지시를 받는 것과
학가갈마의 음식이 있다.

[네 가지의 회과법을 마친다.]

7. 중학법(衆學法)을 밝히다

1) 중학법(衆學法)을 밝히다 ①

세존께서는 사위성에 머무셨으며, 자세한 설명은 앞에서와 같다.
그때 육군비구들이 내의(內衣)를 내려서 입었고, 내의를 올려서 입었으며, 내의를 들쭉날쭉하게 입었고, 내의를 100개의 주름으로 입었으며,

내의를 석류꽃의 모양으로 입었고, 내의를 보리밥을 뭉친 모양으로 입었으며, 내의를 물고기의 꼬리 모양으로 입었고, 내의를 다라수(多羅樹) 잎의 모양으로 입었으며, 내의를 코끼리 코의 모양으로 입었다.

'내리다.'는 발꿈치와 가지런한 것이다.

'높다.'는 무릎과 가지런한 것이다.

'들쭉날쭉하다.'는 가지런하지 않은 것이다.

'100개의 주름'은 주름을 많이 지은 것이다.

'석류꽃 모양'은 하나의 옆 부분이 꽃모양인 것이다.

'보리밥을 뭉친 것'은 윗자락이 보리밥을 뭉친 것과 같은 것이다.

'물고기의 꼬리'는 두 모서리가 늘어져서 물고기의 꼬리와 같은 것이다.

'다라수의 잎'은 조(䶌)3)가 일어난 것이 다라수의 잎과 같은 것이다.

'코끼리의 코'는 한 모서리가 치우쳐 늘어진 것이다.

이와 같은 허물을 까닭으로 세상 사람들에게 비난받았다.

"사문 석자들이 옷을 입은 것을 보건대 왕자와 대신과 음욕인(婬欲人)과 같아서, 이와 같이 높이고 내렸으며 들쭉날쭉하게 입었으며, 나아가 코끼리의 코처럼 입었으니, 이렇게 무너지고 패배한 사람에게 무슨 도가 있겠는가?"

여러 비구들이 이 인연으로써 가서 세존께 아뢰었고, 세존께서는 말씀하셨다.

"육군비구들을 불러오라."

왔으므로, 세존께서 물으셨다.

"그대들이 진실로 그러하였는가?"

대답하여 말하였다.

"진실로 그렇습니다."

세존께서 말씀하셨다.

"그대들은 어찌하여 올리고 내리며, 나아가 코끼리의 코처럼 내의를

---

3) 할절하여 꿰매는 때에 면의 옆으로 튀어나오게 남겨둔 옷감이다.

입어서 세속 사람들의 비난을 받았는가? 오늘부터는 이와 같이 내의를 입는 것을 허락하지 않는다."

세존께서는 여러 비구들에게 알리셨다.

"사위성을 의지하여 머무르는 비구들을 모두 모이게 하라."

모두 모였으므로, 세존께서는 승가의 앞에서 스스로가 내의를 입으셨으며 여러 비구들에게 알리셨다.

"그대들은 마땅히 이와 같이 내의를 입도록 하라. 정거천(淨居天)의 법과 같이 오른쪽을 굽히고 왼쪽을 주름잡아서 내의를 입도록 하라. 열 가지의 이익을 까닭으로써 여러 비구들을 위하여 계율을 제정하겠나니, 나아가 이미 들었던 자들도 마땅히 거듭하여 들을지니라. 내의를 가지런하게 정리하여 입도록 마땅히 배울지니라. 내의를 가지런하게 정리하여 입는 때에 수레의 굴대(軸)를 얽어맨 것과 같지 않을 것이고, 마땅히 반대로 오른쪽을 끝자락을 잡고서 왼쪽의 위쪽 모서리를 잡아서 굽혀서 안으로 입어야 하느니라."

'마땅히 가지런하게 정리하여 입다.'는 음녀의 법에서 색(色)을 파는 것과 같이, 좋은 것과 좋지 않은 것을 돌아보지 않은 것이니, 마땅히 바라보아도 여법하고 가지런하게 정리하여 입어야 한다. 만약 여러 근(諸根)이 방자하여 가지런하게 정리하여 내의를 입는 법을 배우려고 하지 않는 자는 학법(學法)을 어기는 것이고, 미쳤거나, 어리석거나, 마음이 어지러운 자는 무죄이다.

이러한 까닭으로 설하였노라.

내의를 가지런하게 정리하여 입는 것을 마땅히 배울지니라.

세존께서는 사위성에 머무셨으며, 자세한 설명은 앞에서와 같다.

그때 육군비구들이 옷을 내려서 입었고, 옷을 올려서 입었으며, 옷을 바라천(婆羅天)처럼 입었고, 옷을 바수천(婆藪天)처럼 입었다.

'옷을 내려서 입다.'는 발꿈치와 가지런한 것이다.

'옷을 올려서 입다.'는 무릎과 가지런한 것이다.

'옷을 바라천처럼 입다.'는 옷을 정수리 위까지 올려서 입고 두 겨드랑이를 따라서 아래를 밖으로 드러내는 것이다. 이것을 옷을 바라천처럼 입었다고 이름한다.

'옷을 바수천처럼 입다.'는 옷을 등 위에 입고서 두 겨드랑이를 따라서 아래로 넣어서 두 어깨 위에 입는 것이다. 이것을 옷을 바수천처럼 입었다고 이름한다.

이와 같은 허물을 까닭으로 세상 사람들에게 비난받았다.

"어찌하여 사문 석자들은 왕과 대신과 동자와 오락인(貴樂人)과 같아서, 이와 같이 옷을 올려서 입고, 옷을 아래로 내려서 입는가? 이렇게 무너지고 패배한 사람에게 무슨 도가 있겠는가?"

여러 비구들이 이 인연으로써 가서 세존께 아뢰었고, 세존께서는 말씀하셨다.

"육군비구들을 불러오라."

왔으므로, 세존께서는 물으셨다.

"그대들이 진실로 그러하였는가?"

대답하여 말하였다.

"진실로 그렇습니다."

세존께서 말씀하셨다.

"오늘부터는 옷을 올려서 입거나, 아래로 내려서 입는 것을 허락하지 않겠으며, 나아가 바수천처럼 옷을 입는 것을 허락하지 않겠노라. 마땅히 옷을 가지런하게 정리하여 입도록 하리."

세존께서는 여러 비구들에게 알리셨다.

"사위성을 의지하여 머무르는 비구들을 모두 모이게 하라. 열 가지의 이익을 까닭으로써 여러 비구들을 위하여 계율을 제정하겠나니, 나아가 이미 들었던 자들도 마땅히 거듭하여 들을지니라. 옷을 가지런하게 정리하여 입는 것을 마땅히 배울지니라."

가지런하게 정리하여 옷을 입을 때에는 수레의 굴대를 얽어맨 것과 같지 않을 것이고, 마땅히 어깨를 통하여 옷을 입고 옷의 고리를 걸고서 가지런하게 양쪽 모서리를 왼쪽 손으로 잡도록 하라. 잡는 때에는 손의 가운데 모서리 끝이 양(羊)의 귀처럼 나와서는 아니되고, 또한 음녀들이 색을 파는 법과 같이 왼쪽과 오른쪽으로 좋은 것과 좋지 않은 것을 돌아볼 수 없다. 마땅히 보아서 여법하게 가지런하게 정리하여 올리지 않고 내리지 않으며, 만약 진흙이 있는 때에는 손으로 걷어 올릴 수 있다. 만약 여러 근이 방자하여서 여법하지 않게 옷을 입는 자는 학법을 어기는 것이고, 미쳤거나, 어리석거나, 마음이 어지러운 자는 무죄이다.

이러한 까닭으로 설하였노라.

옷을 가지런하게 정리하여 입는 것을 마땅히 배울지니라.

세존께서는 사위성에 머무셨으며, 자세한 설명은 앞에서와 같다.

그때 난타와 우파난타가 가늘고 성긴 옷을 입었으므로 형체가 드러났고, 또한 다시 육군비구들이 기름때로 더럽고 찢어진 옷을 입었으므로 허리·옆구리·등·팔꿈치가 드러났는데, 함께 단월의 집에 들어갔으므로 세상 사람들에게 비난받았다.

"사문 석자들을 보건대 왕과 대신과 같이 가늘고 성긴 옷을 입었으므로 형체가 드러났소."

찢어진 옷을 입은 자를 보고서 이렇게 말을 지었다.

"사문 석자들을 보건대 이와 같은 옷을 입어서 형체가 드러났으니, 모습이 노복(奴僕)과 같고 나그네 같고 천박한 사람과 같이 보이는데 단월의 집에 들어왔구려. 이렇게 무너지고 패배한 사람에게 무슨 도가 있겠는가?"

여러 비구들이 이 인연으로써 가서 세존께 아뢰었고, 세존께서는 말씀하셨다.

"육군비구들을 불러오라."

왔으므로, 세존께서는 물으셨다.

"그대들이 진실로 그러하였는가?"

대답하여 말하였다.

"진실로 그렇습니다."

세존께서 말씀하셨다.

"오늘부터는 마땅히 몸을 잘 덮고서 단월의 집에 들어가야 하느니라."

세존께서는 여러 비구들에게 알리셨다.

"사위성을 의지하여 머무르는 비구들을 모두 모이게 하라. 열 가지의 이익을 까닭으로써 여러 비구들을 위하여 계율을 제정하겠나니, 나아가 이미 들었던 자들도 마땅히 거듭하여 들을지니라. 마땅히 몸을 잘 덮고서 단월의 집에 들어가는 것을 마땅히 배울지니라."

만약 안타회를 짓는다면 마땅히 촘촘한 물건을 사용하여 짓도록 하라. 만약 성기었다면 마땅히 두·세 겹으로 지어야 하고, 만약 안타회가 성기었다면 울다라승은 마땅히 촘촘한 물건을 사용하여 짓도록 하고, 만약 울다라승이 성기었다면 승가리는 촘촘한 물건을 사용하여 지어야 한다. 만약 여러 근이 방자하여서 몸을 좋게 감싸지 않고서 단월의 집에 들어가는 자는 학법을 어기는 것이고, 만약 미쳤거나, 어리석거나, 마음이 어지러운 자는 무죄이다.

이러한 까닭으로 설하였노라.

몸을 잘 덮고서 단월의 집에 들어가는 것을 마땅히 배울지니라.

세존께서는 사위성에 머무셨으며, 자세한 설명은 앞에서와 같다.

그때 육군비구들이 백의의 집에 들어가면서 코끼리를 보았고, 말을 보았으며, 낙타를 보았고, 새를 보았으며, 광대(伎兒)들의 노래와 춤을 보았으므로 세상 사람들에게 비난받았다.

"어찌하여 사문 석자들은 동서(東西)로 돌아보면서 세작(細作)[4]과 같게 보이는가? '존자여. 무슨 물건을 잃어버려서 좌우를 돌아보니 찾는 것이 있는 것과 같소.'라고 묻이 말하는구나. 출가인은 마땅히 자세히 살펴보고서 집안에 들어가야 한다. 이렇게 무너지고 패배한 사람에게 무슨 도가

---

4) 비밀 수단을 써서 적의 정보를 탐지하여 알리는 사람으로 간첩(間諜)과 같은 의미이다.

있겠는가?"
　여러 비구들이 이 인연으로써 가서 세존께 아뢰었고, 세존께서는 말씀하셨다.
　"육군비구들을 불러오라."
　왔으므로, 세존께서는 물으셨다.
　"그대들이 진실로 그러하였는가?"
　대답하여 말하였다.
　"진실로 그렇습니다."
　세존께서 말씀하셨다.
　"오늘부터는 마땅히 자세하게 살펴보고 집안에 들어가야 하느니라."
　세존께서는 여러 비구들에게 알리셨다.
　"사위성을 의지하여 머무르는 비구들을 모두 모이게 하라. 열 가지의 이익을 까닭으로써 여러 비구들을 위하여 계율을 제정하겠나니, 나아가 이미 들었던 자들도 마땅히 거듭하여 들을지니라. 마땅히 자세하게 살펴보고 집안에 들어가는 것을 마땅히 배울지니라."
　다니는 때에는 말과 같이 머리를 숙이고서 다니지 않을 것이고, 마땅히 바르게 보고 다니며, 사나운 코끼리와 말과 소를 막아야 하고, 연(輦)을 메고 다니는 사람과 같이 다니면서 동서를 바라볼 수 없느니라. 만약 보고자 하는 때에는 몸을 돌려서 보려는 곳을 향해야 한다. 만약 여러 근이 방자하여서 자세히 살피는 것을 배우지 않고 집안에 들어가는 자는 학법을 어기는 것이고, 만약 미쳤거나, 어리석거나, 마음이 어지러운 자는 무죄이다.
　이러한 까닭으로 설하였노라.
　자세하게 살펴보고 집안에 들어가는 것을 마땅히 배울지니라.

　세존께서는 사위성에 머무셨으며, 자세한 설명은 앞에서와 같다.
　그때 육군비구들이 높은 소리로 크게 부르면서 백의의 집안에 들어갔으므로 세상 사람들이 비난하면서 이렇게 말을 지었다.

"존자가 장사꾼이 반려를 잃은 것과 같고, 방목인(放牧人)이 높은 소리로 크게 부르는 것과 같구나. 그대들은 출가인이니 마땅히 작은 음성으로 집 안에 들어가야 하오. 이렇게 무너지고 패배한 사람에게 무슨 도가 있겠는가?"

여러 비구들이 이 인연으로써 가서 세존께 아뢰었고, 세존께서는 말씀하셨다.

"육군비구들을 불러오라."

왔으므로, 세존께서는 물으셨다.

"그대들이 진실로 그러하였는가?"

대답하여 말하였다.

"진실로 그렇습니다."

세존께서 말씀하셨다.

"오늘부터는 마땅히 작은 음성으로 집안에 들어가야 하느니라."

세존께서는 여러 비구들에게 알리셨다.

"사위성을 의지하여 머무르는 비구들을 모두 모이게 하라. 열 가지의 이익을 까닭으로써 여러 비구들을 위하여 계율을 제정하겠나니, 나아가 이미 들었던 자들도 마땅히 거듭하여 들을지니라. 마땅히 작은 음성으로 집안에 들어가는 것을 마땅히 배울지니라."

높은 소리로 크게 부르면서 집안에 들어갈 수 없고, 만약 부르고자 하는 때에는 마땅히 손가락을 튕겨야 하며, 만약 앞의 사람이 듣지 못하였다면 마땅히 옆의 사람에게 말해야 한다. 만약 여러 근이 방자하여서 작은 음성으로 말하는 것을 배우지 않고 집안에 들어가는 자는 학법을 어기는 것이고, 만약 미쳤거나, 어리석거나, 마음이 어지러운 자는 무죄이다.

이러한 까닭으로 설하였노라.

작은 음성으로 집안에 들어가는 것을 마땅히 배울지니라.

세존께서는 사위성에 머무셨으며, 자세한 설명은 앞에서와 같다. 그때 육군비구들이 서로를 희롱하고 말하며 웃으면서 백의의 집안에 들어갔으므로 세상 사람들에게 비난받았다.

"어찌하여 사문 석자들은 왕자와 대신과 음욕으로 방일(放逸)한 사람과 같이 함께 서로가 희롱하고 말하며 웃으면서 백의의 집안에 들어오는가? '존자여. 무슨 까닭으로 욕심을 끊는다고 표현하면서 이빨을 드러내고 웃는가? 이 가운데에는 역시 광대들도 없는데, 무엇 등으로 웃었소?'라고 물어 말하는구나. 이렇게 무너지고 패배한 사람에게 무슨 도가 있겠는가?"

여러 비구들이 이 인연으로써 가서 세존께 아뢰었고, 세존께서는 말씀하셨다.

"육군비구들을 불러오라."

왔으므로, 세존께서는 물으셨다.

"그대들이 진실로 그러하였는가?"

대답하여 말하였다.

"진실로 그렇습니다."

세존께서 말씀하셨다.

"그대들이 어찌하여 성인 계율의 가운데에서 욕심을 끊는다고 표현하면서 웃으면서 서로가 함께 희롱하는가? 오늘부터는 희롱하고 웃으면서 집안에 들어갈 수 없느니라."

세존께서는 여러 비구들에게 알리셨다.

"사위성을 의지하여 머무르는 비구들을 모두 모이게 하라. 열 가지의 이익을 까닭으로써 여러 비구들을 위하여 계율을 제정하겠나니, 나아가 이미 들었던 자들도 마땅히 거듭하여 들을지니라. 마땅히 웃지 않으면서 집안에 들어가지 않는 것을 마땅히 배울지니라."

만약 웃을 일이 있더라도 이빨을 드러내고서 '하하(呵呵)'라고 웃을 수 없다. 마땅히 제어하여 그것을 참을 것이고 마땅히 무상(無常)·고(苦)·공(空)·무아(無我)라는 생각을 일으켜서 사상(四想)을 사유해야 한다. 만약 웃음을 멈출 수 없다면 마땅히 스스로가 혀를 깨물어야 하고, 만약 다시 멈출 수 없다면 마땅히 옷자락으로 입을 막아서 서서히 웃음을 억제해야 한다.

만약 여러 근이 방자하여서 크게 웃으면서 집안에 들어가는 자는 학법을 어기는 것이고, 만약 미쳤거나, 어리석거나, 마음이 어지러운 자는 무죄이다.

이러한 까닭으로 설하였노라.

웃으면서 집안에 들어가지 않는 것을 마땅히 배울지니라.

세존께서는 사위성에 머무셨으며, 자세한 설명은 앞에서와 같다.

그때 육군비구들이 머리를 덮고서 백의의 집안에 들어갔으므로 세상 사람들에게 비난받았다.

"어찌하여 사문 석자들은 방일한 음녀와 같이, 도둑이나 세작과 같이, 신부와 같이, 꿀을 채집하는 사람과 같이, 머리를 덮고 다니면서 집안에 들어오는가? '존자여. 눈병으로 고통스럽습니까? 햇볕의 그을림이 무섭습니까? 무슨 까닭으로 머리를 덮었습니까?'라고 묻는구나. 이렇게 무너지고 패배한 사람에게 무슨 도가 있겠는가?"

여러 비구들이 이 인연으로써 가서 세존께 아뢰었고, 세존께서는 말씀하셨다.

"육군비구들을 불러오라."

왔으므로, 세존께서는 물으셨다.

"그대들이 진실로 그러하였는가?"

대답하여 말하였다.

"진실로 그렇습니다."

세존께서 말씀하셨다.

"오늘부터는 머리를 덮고서 백의의 집안에 들어갈 수 없느니라."

세존께서는 여러 비구들에게 알리셨다.

"사이성을 의지하여 머무르는 비구들을 모두 모이게 하라. 열 가지의 이익을 까닭으로써 여러 비구들을 위하여 계율을 제정하겠나니, 나아가 이미 들었던 자들도 마땅히 거듭하여 들을지니라. 머리를 덮지 않고서 집안에 들어가는 것을 마땅히 배울지니라."

'머리를 덮다.'는 모두 덮어서 두 귀까지 미치는 것이다.

머리를 덮고서 백의의 집에 들어갈 수 없으나, 만약 매우 춥고 비와 눈이 오고 머리가 아프며 바람이 불었다면 머리의 반과 하나의 귀는 덮을 수 있다. 만약 여러 근이 방자하여서 머리를 덮고서 집안에 들어가는 자는 학법을 어기는 것이고, 만약 미쳤거나, 어리석거나, 마음이 어지러운 자는 무죄이다.

이러한 까닭으로 설하였노라.

머리를 덮고서 집안에 들어가지 않는 것을 마땅히 배울지니라.

세존께서는 사위성에 머무셨으며, 자세한 설명은 앞에서와 같다.

그때 육군비구들이 반대로 옷을 돌려서 입고서 백의의 집안에 들어갔으므로 세상 사람들에게 비난받았다.

"어찌하여 사문 석자들은 왕자나 대신과 같이, 음녀들이 색을 파는 것과 같이, 옷을 돌려서 입고서 집안에 들어와 앉으면서 팔꿈치와 옆구리를 드러내는가? '존자여. 함께 싸우고자 왔습니까? 무슨 까닭으로 들추어 옷을 입고 옆구리를 드러내고 있습니까?'라고 물어 말하는구나. 이렇게 무너지고 패배한 사람에게 무슨 도가 있겠는가?"

여러 비구들이 이 인연으로써 가서 세존께 아뢰었고, 세존께서는 말씀하셨다.

"육군비구들을 불러오라."

왔으므로, 세존께서는 물으셨다.

"그대들이 진실로 그러하였는가?"

대답하여 말하였다.

"진실로 그렇습니다."

세존께서 말씀하셨다.

"오늘부터는 옷을 돌려서 입고서 집안에 들어갈 수 없느니라."

세존께서는 여러 비구들에게 알리셨다.

"사위성을 의지하여 머무르는 비구들을 모두 모이게 하라. 열 가지의

이익을 까닭으로써 여러 비구들을 위하여 계율을 제정하겠나니, 나아가 이미 들었던 자들도 마땅히 거듭하여 들을지니라. 옷을 돌려서 입고서 집안에 들어가지 않는 것을 마땅히 배울지니라."

'옷을 돌려서 입다.'는 두 모서리를 돌려서 어깨 위에 입는 것이니, 옷을 돌려서 입고서 집 안에 들어갈 수 없다.

만약 바람과 비가 오는 때에는 한쪽을 돌려서 입을 수 있고, 만약 오른쪽 어깨를 드러냈다면 왼쪽을 돌려서 입을 수 있으며, 만약 어깨를 통하여 옷을 입었다면 오른쪽을 돌려서 입을 수 있으나 팔꿈치가 드러낼 수 없다. 걸식하는 때에 옷이 더러워지는 것이 두려웠던 까닭으로 반대로 돌려 입었다면 팔꿈치가 드러나지 않으면 무죄이다. 만약 여러 근이 방자하여서 반대로 옷을 돌려서 입고 집안에 들어가는 자는 학법을 어기는 것이고, 만약 미쳤거나, 어리석거나, 마음이 어지러운 자는 무죄이다.

이러한 까닭으로 설하였노라.

옷을 돌려서 입고 집안에 들어가지 않는 것을 마땅히 배울지니라.

세존께서는 사위성에 머무셨으며, 자세한 설명은 앞에서와 같다.

그때 육군비구들이 발가락으로 걸어서 백의의 집안에 들어갔으므로 세상 사람들에게 비난받았다.

"어찌해서 사문 석자들은 음녀와 같고, 도둑과 같고, 두꺼비와 청개구리의 걸음과 같은가? 이렇게 무너지고 패배한 사람에게 무슨 도가 있겠는가?"

여러 비구들이 이 인연으로써 가서 세존께 아뢰었고, 세존께시는 말씀하셨다.

"육군비구들을 불러오라."

왔으므로, 세존께서는 물으셨다.

"그대들이 진실로 그러하였는가?"

대답하여 말하였다.

"진실로 그렇습니다."

세존께서 말씀하셨다.

"오늘부터는 발가락으로 걸어서 백의의 집에 들어갈 수 없느니라."
세존께서는 여러 비구들에게 알리셨다.
"사위성을 의지하여 머무르는 비구들을 모두 모이게 하라. 열 가지의 이익을 까닭으로써 여러 비구들을 위하여 계율을 제정하겠나니, 나아가 이미 들었던 자들도 마땅히 거듭하여 들을지니라. 발가락으로 걸어서 집에 들어가지 않는 것을 마땅히 배울지니라."
집안에 들어가면서 만약 진흙물의 때에도 먼저 발가락을 밟고 뒤에 발뒤꿈치를 밟을 수 없으며, 마땅히 먼저 발뒤꿈치를 밟고서 그러한 뒤에 발가락을 밟아야 한다. 만약 발바닥에 부스럼이 있다면 마땅히 발을 기울여서 다녀야 하고, 부스럼을 덮을 물건으로 그곳을 묶고서 먼저 발뒤꿈치를 밟고서 그러한 뒤에 발가락을 밟아야 한다. 만약 여러 근이 방자하여서 발바닥으로 다니는 것을 배우지 않는 자는 학법을 어기는 것이고, 만약 미쳤거나, 어리석거나, 마음이 어지러운 자는 무죄이다.
이러한 까닭으로 설하였노라.
발가락으로 다니면서 집안에 들어가지 않는 것을 마땅히 배울지니라.

세존께서는 사위성에 머무셨으며, 자세한 설명은 앞에서와 같다.
그때 육군비구들이 허리에 손을 얹고서 백의의 집안에 들어갔으므로 세상 사람들에게 비난받았다.
"어찌해서 사문 석자들은 왕자와 같이, 대신과 같이, 역사(力士)와 같이, 허리에 손을 얹고서 집안에 들어가는가? 이렇게 무너지고 패배한 사람에게 무슨 도가 있겠는가?"
여러 비구들이 이 인연으로써 가서 세존께 아뢰었고, 세존께서는 말씀하셨다.
"육군비구들을 불러오라."
왔으므로, 세존께서는 물으셨다.
"그대들이 진실로 그러하였는가?"
대답하여 말하였다.

"진실로 그렇습니다."

세존께서 말씀하셨다.

"이것은 악한 일이니라. 오늘부터는 허리에 손을 얹고서 백의의 집에 들어갈 수 없느니라."

세존께서는 여러 비구들에게 알리셨다.

"사위성을 의지하여 머무르는 비구들을 모두 모이게 하라. 열 가지의 이익을 까닭으로써 여러 비구들을 위하여 계율을 제정하겠나니, 나아가 이미 들었던 자들도 마땅히 거듭하여 들을지니라. 허리에 손을 얹고서 백의의 집에 들어가지 않는 것을 마땅히 배울지니라."

'허리에 손을 얹다.'는 두 손을 허리에 얹는 것이니, 허리에 손을 얹고서 집 안에 들어갈 수 없다. 만약 허리와 척추가 아팠거나, 만약 풍병(風病)이거나, 부스럼이라면 허리에 손을 얹었어도 무죄이고, 만약 옹창(癰瘡)이거나, 창선(瘡癬)5)이었고 약으로써 위를 발랐으며 옷이 더럽혀지는 것이 염려되어 허리에 손을 얹었다면 무죄이다. 만약 여러 근이 방자하여서 허리에 손을 얹고서 집안에 들어가는 자는 학법을 어기는 것이고, 만약 미쳤거나, 어리석거나, 마음이 어지러운 자는 무죄이다.

이러한 까닭으로 설하였노라.

허리에 손을 얹고서 집안에 들어가지 않는 것을 마땅히 배울지니라.

내의와 위에 옷을 입는 것과
잘 덮는 것과 자세하게 보고서 들어가는 것과
작은 소리와 웃지 않는 것과
머리를 덮는 것과 옷을 돌려서 입는 것과
발가락으로 다니는 것과 허리에 손을 얹는 것이 있다.

[첫 번째의 발거를 마친다.]

---

5) 피부병의 한 종류인 부스럼과 종기를 가리킨다.

세존께서는 사위성에 머무셨으며, 자세한 설명은 앞에서와 같다.

그때 육군비구들이 몸을 흔들면서 백의의 집안에 들어갔으므로 세상 사람들에게 비난받았다.

"어찌하여 사문 석자들은 왕자와 같이, 대신과 같이, 음녀와 같이, 몸을 흔들면서 집안에 들어가는가? 이렇게 무너지고 패배한 사람에게 무슨 도가 있겠는가?"

여러 비구들이 이 인연으로써 가서 세존께 아뢰었고, 세존께서는 말씀하셨다.

"육군비구들을 불러오라."

왔으므로, 세존께서는 물으셨다.

"그대들이 진실로 그러하였는가?"

대답하여 말하였다.

"진실로 그렇습니다."

세존께서 말씀하셨다.

오늘부터는 몸을 흔들면서 백의의 집에 들어갈 수 없느니라."

세존께서는 여러 비구들에게 알리셨다.

"사위성을 의지하여 머무르는 비구들을 모두 모이게 하라. 열 가지의 이익을 까닭으로써 여러 비구들을 위하여 계율을 제정하겠나니, 나아가 이미 들었던 자들도 마땅히 거듭하여 들을지니라. 몸을 흔들면서 백의의 집에 들어가지 않는 것을 마땅히 배울지니라."

만약 늙고 병들어 몸이 떨렸거나, 바람이 불고 비가 와서 추우며 눈이 와서 떨렸다면 몸을 흔들어도 무죄이다. 만약 여러 근이 방자하여서 몸을 흔들면서 집안에 들어가는 자는 학법을 어기는 것이고, 만약 미쳤거나, 어리석거나, 마음이 어지러운 자는 무죄이다.

이러한 까닭으로 설하였노라.

몸을 흔들면서 집안에 들어가지 않는 것을 마땅히 배울지니라.

세존께서는 사위성에 머무셨으며, 자세한 설명은 앞에서와 같다.

그때 육군비구들이 머리를 흔들면서 백의의 집안에 들어갔으므로 세상 사람들에게 비난받았다.

"어찌하여 사문 석자들은 음행인(婬劮人)과 같이, 쥐(鼠)와 늑대(狼)와 같이, 머리를 흔들면서 집안에 들어가는가? 이렇게 무너지고 패배한 사람에게 무슨 도가 있겠는가?"

여러 비구들이 이 인연으로써 가서 세존께 아뢰었고, 세존께서는 말씀하셨다.

"육군비구들을 불러오라."

왔으므로, 세존께서는 물으셨다.

"그대들이 진실로 그러하였는가?"

대답하여 말하였다.

"진실로 그렇습니다."

세존께서 말씀하셨다.

오늘부터는 머리를 흔들면서 백의의 집에 들어갈 수 없느니라."

세존께서는 여러 비구들에게 알리셨다.

"사위성을 의지하여 머무르는 비구들을 모두 모이게 하라. 열 가지의 이익을 까닭으로써 여러 비구들을 위하여 계율을 제정하겠나니, 나아가 이미 들었던 자들도 마땅히 거듭하여 들을지니라. 머리를 흔들면서 백의의 집에 들어가지 않는 것을 마땅히 배울지니라."

만약 늙고 여위었으며 병들었거나, 만약 상처가 있는 머리이거나, 만약 바람이 불고 비가 와서 추워서 떨렸다면 몸을 흔들어도 무죄이다. 만약 여러 근이 방자하여서 머리를 흔들면서 집안에 들어가는 자는 학법을 어기는 것이고, 만약 미쳤거나, 어리석거나, 마음이 어지러운 자는 무죄이다.

이러한 까닭으로 설하였노라.

머리를 흔들면서 집안에 들어가지 않는 것을 마땅히 배울지니라.

세존께서는 사위성에 머무셨으며, 자세한 설명은 앞에서와 같다.

그때 육군비구들이 어깨를 흔들면서 백의의 집안에 들어가면서 단월의 얼굴에 부딪혔고 그의 손안에 있던 소유(酥油)의 병과 그릇을 깨뜨렸으므로 세상 사람들에게 비난받았다.

"어찌하여 사문 석자들은 역사와 같이 흉악한 사람과 같이, 어깨를 흔들면서 남의 집안에 들어오는가? 이렇게 무너지고 패배한 사람에게 무슨 도가 있겠는가?"

여러 비구들이 이 인연으로써 가서 세존께 아뢰었고, 세존께서는 말씀하셨다.

"육군비구들을 불러오라."

왔으므로, 세존께서는 물으셨다.

"그대들이 진실로 그러하였는가?"

대답하여 말하였다.

"진실로 그렇습니다."

세존께서 말씀하셨다.

오늘부터는 어깨를 흔들면서 백의의 집에 들어갈 수 없느니라."

세존께서는 여러 비구들에게 알리셨다.

"사위성을 의지하여 머무르는 비구들을 모두 모이게 하라. 열 가지의 이익을 까닭으로써 여러 비구들을 위하여 계율을 제정하겠나니, 나아가 이미 들었던 자들도 마땅히 거듭하여 들을지니라. 어깨를 흔들면서 백의의 집에 들어가지 않는 것을 마땅히 배울지니라."

어깨를 흔들면서 집안에 들어갈 수 없으나, 만약 이전에 왕자이었고 대신이었으므로 본래의 습관을 없애지 못하였다면 마땅히 가르쳐서 말해야 한다.

"그대는 지금 출가하였으니, 마땅히 이러한 세속의 위의를 버리고 비구법을 따르십시오."

만약 사람을 부르고자 하였다면 두 어깨이거나, 두 손을 올릴 수 없고 마땅히 한 손으로써 불러야 한다. 만약 여러 근이 방자하여서 어깨를 흔들면서 집안에 들어가는 자는 학법을 어기는 것이고, 만약 미쳤거나, 어리석거나, 마음이 어지러운 자는 무죄이다.

이러한 까닭으로 설하였노라.
어깨를 흔들면서 집안에 들어가지 않는 것을 마땅히 배울지니라.

세존께서는 사위성에 머무셨으며, 자세한 설명은 앞에서와 같다.
그때 육군비구들이 기름때로 더럽고 찢어진 옷을 입어서 팔꿈치와 허리와 옆구리가 드러났으며, 난타와 우파난타는 가늘고 성긴 옷을 입어서 형체가 드러났어도 집에 함께 앉았으므로 세상 사람들에게 비난받았다.
"어찌하여 사문 석자들은 왕자와 같이, 대신과 같이, 귀인(貴人)과 같이, 가늘고 성긴 옷을 입었는가?"
찢어진 옷을 입은 것을 보고서 다시 말하였다.
"노복(奴僕)과 같고 나그네와 같고 천박한 사람과 비슷한데, 찢어지고 더러운 옷을 입고 팔꿈치와 옆구리를 드러내고 집안에 앉아 있구려. 이렇게 무너지고 패배한 사람에게 무슨 도가 있겠는가?"
여러 비구들이 이 인연으로써 가서 세존께 아뢰었고, 세존께서는 말씀하셨다.
"육군비구들을 불러오라."
왔으므로, 세존께서는 물으셨다.
"그대들이 진실로 그러하였는가?"
대답하여 말하였다.
"진실로 그렇습니다."
세존께서 말씀하셨다.
"오늘부터는 마땅히 몸을 잘 덮고서 집안에 앉아야 하느니라."
세존께서는 여러 비구들에게 알리셨다.
"사위성을 외지하여 미무르는 비구들 모누 모이게 하라. 열 가지의 이익을 까닭으로써 여러 비구들을 위하여 계율을 제정하겠나니, 나아가 이미 들었던 자들도 마땅히 거듭하여 들을지니라. 마땅히 몸을 잘 덮고서 집안에 앉는 것을 마땅히 배울지니라."

'몸을 잘 덮다.'는 마땅히 촘촘한 물건을 사용하여 내의를 지어야 한다. 만약 성긴 물건을 사용하였다면 마땅히 두 겹이나 세 겹으로 지어야 한다. 만약 내의가 성기었다면 울다라승은 마땅히 촘촘한 물건을 사용하여 짓도록 하고, 만약 울다라승이 성기었다면 승가리는 촘촘한 물건을 사용하여 지어야 한다. 앉는 때에는 옷 위에 앉지 않을 것이고 마땅히 한 손으로 옷을 걷고 한 손으로 좌구를 정돈하고서 그러한 뒤에 안상(安詳)하게 앉아야 한다. 만약 정사의 가운데에서 음식을 주면서 화상과 아사리와 장로 비구들의 앞에서는 마땅히 단정하게 몸을 덮고서 앉아야 한다.

만약 여러 근이 방자하여서 몸을 좋게 덮지 않고서 집안에 앉는 자는 학법을 어기는 것이고, 만약 미쳤거나, 어리석거나, 마음이 어지러운 자는 무죄이다.

이러한 까닭으로 설하였노라.

몸을 좋게 덮고서 집안에 앉는 것을 마땅히 배울지니라.

세존께서는 사위성에 머무셨으며, 자세한 설명은 앞에서와 같다.

그때 육군비구들이 백의의 집안에 들어가 앉았으며, 다른 사람의 부녀(婦女)와 어린이들이 드나들면서 누각에 올라가고 내려가는 것을 보았으므로 세상 사람들에게 비난받았다.

"어찌하여 사문 석자들은 음행인과 같이, 도둑과 같이, 다른 사람의 집안에 앉아서 다른 사람의 부녀자들을 바라보는가? '존자여. 무엇을 잃었으므로 동서로 돌아봅니까?'라고 물어 말하는구나. 이렇게 무너지고 패배한 사람에게 무슨 도가 있겠는가?"

여러 비구들이 이 인연으로써 가서 세존께 아뢰었고, 세존께서는 말씀하셨다.

"육군비구들을 불러오라."

왔으므로, 세존께서는 물으셨다.

"그대들이 진실로 그러하였는가?"

대답하여 말하였다.

"진실로 그렇습니다."

세존께서 말씀하셨다.

"오늘부터는 마땅히 자세하게 살펴보고 집안에 앉아야 하느니라."

세존께서는 여러 비구들에게 알리셨다.

"사위성을 의지하여 머무르는 비구들을 모두 모이게 하라. 열 가지의 이익을 까닭으로써 여러 비구들을 위하여 계율을 제정하겠나니, 나아가 이미 들었던 자들도 마땅히 거듭하여 들을지니라. 자세하게 살펴보고 집안에 앉는 것을 마땅히 배울지니라."

자세하게 살펴보고 집안에 앉는 때에 말처럼 목을 늘여서 낮게 보지 않을 것이고 마땅히 얼굴을 바르게 보아서 깨닫지 못한 단월이 뜨거운 그릇을 가지고 오면서 뜨거운 물로 손과 얼굴을 부딪치지 않게 해야 한다. 만약 정사의 가운데 앉는 때에는 화상과 아사리와 장로 비구들의 앞에서 좌우로 돌아보지 않을 것이고, 마땅히 얼굴을 바르게 보아야 한다. 만약 여러 근이 방자하여서 자세하게 살펴보지 않고서 집안에 앉는 자는 학법을 어기는 것이고, 만약 미쳤거나, 어리석거나, 마음이 어지러운 자는 무죄이다.

이러한 까닭으로 설하였노라.

자세하게 살펴보고서 집안에 앉는 것을 마땅히 배울지니라.

세존께서는 사위성에 머무셨으며, 자세한 설명은 앞에서와 같다.

그때 육군비구들이 백의의 집안에 들어가 앉았으며 높은 소리로 크게 부르면서 서로 조롱하며 말하였으므로 세상 사람들에게 비난받았다.

"어찌하여 사문 석자들은 높은 소리로 크게 떠들면서 장사꾼이 반려를 잃은 것과 같고, 방목인이 높은 소리로 크게 부르는 것과 같은가? '존자여. 무슨 까닭으로 크게 부릅니까?'라고 물어 말하는구나. 줄가인은 마땅히 작은 음성으로 부르며 앉아 있어야 하는데, 어찌하여 크게 부르는가? 이렇게 무너지고 패배한 사람에게 무슨 도가 있겠는가?"

여러 비구들이 이 인연으로써 가서 세존께 아뢰었고, 세존께서는 말씀

하셨다.

"육군비구들을 불러오라."

왔으므로, 세존께서는 물으셨다.

"그대들이 진실로 그러하였는가?"

대답하여 말하였다.

"진실로 그렇습니다."

세존께서 말씀하셨다.

"오늘부터는 마땅히 작은 음성으로 집안에 앉아야 하느니라."

세존께서는 여러 비구들에게 알리셨다.

"사위성을 의지하여 머무르는 비구들을 모두 모이게 하라. 열 가지의 이익을 까닭으로써 여러 비구들을 위하여 계율을 제정하겠나니, 나아가 이미 들었던 자들도 마땅히 거듭하여 들을지니라. 마땅히 작은 음성으로 집안에 앉는 것을 마땅히 배울지니라."

높은 소리로 크게 부르면서 집안에 앉을 수 없나니, 만약 부르고자 하는 때에는 마땅히 손가락을 튕겨야 하고, 만약 앞의 사람이 듣지 못하였다면 마땅히 옆의 사람에게 말해야 한다. 만약 정사의 가운데에서 음식을 주면서 화상과 아사리와 장로 비구들의 앞에서 높은 소리로 크게 부를 수 없고, 만약 비구에게 말하고자 하는 때에는 이와 같이 전전하여 두 번·세 번째에서 그가 알게 해야 한다.

만약 여러 근이 방자하여서 높은 소리로 크게 부르면서 집안에 앉는 자는 학법을 어기는 것이고, 만약 미쳤거나, 어리석거나, 마음이 어지러운 자는 무죄이다.

이러한 까닭으로 설하였노라.

작은 음성으로 집안에 앉는 것을 마땅히 배울지니라.

세존께서는 사위성에 머무셨으며, 자세한 설명은 앞에서와 같다.

그때 육군비구들이 백의의 집안에 앉아서 전전하여 서로가 희롱하였고 함께 크게 웃었으므로 세상 사람들에게 비난받았다.

"어찌하여 사문 석자들은 왕자와 같이, 대신과 같이, 음행의 여인과 같이, 제멋대로 웃음을 지으면서 집안에 앉았는가? '존자여. 이 가운데에 무슨 웃을 일이 있습니까? 무슨 까닭으로 이빨을 드러냈습니까? 이빨을 자랑하려는 것입니까?'라고 물어 말하는구나. 이렇게 무너지고 패배한 사람에게 무슨 도가 있겠는가?"

여러 비구들이 이 인연으로써 가서 세존께 아뢰었고, 세존께서는 말씀하셨다.

"육군비구들을 불러오라."

왔으므로, 세존께서는 물으셨다.

"그대들이 진실로 그러하였는가?"

대답하여 말하였다.

"진실로 그렇습니다."

세존께서 말씀하셨다.

"그대들은 출가인인데 어찌하여 현성의 비니 가운데에서 이빨을 드러내고 크게 웃었는가? 오늘부터는 집안에 앉아서 웃을 수 없느니라."

세존께서는 여러 비구들에게 알리셨다.

"사위성을 의지하여 머무르는 비구들을 모두 모이게 하라. 열 가지의 이익을 까닭으로써 여러 비구들을 위하여 계율을 제정하겠나니, 나아가 이미 들었던 자들도 마땅히 거듭하여 들을지니라. 집안에 앉아서 웃지 않는 것을 마땅히 배울지니라."

백의의 집인에서 웃으며 앉을 수 없다.

만약 정사의 가운데에서 음식을 주면서 화상과 아사리와 장로 비구들의 앞에서 웃을 수 없다. 만약 웃을 일이 있더라도 이빨을 드러내고 웃을 수 없나니, 마땅히 그것을 참을 것이고 마땅히 무상·고·공·무아라는 생각을 일으켜서 사상을 사유해야 한다. 만약 웃음을 멈출 수 없다면 마땅히 스스로가 혀를 깨물어야 하고, 만약 다시 멈출 수 없다면 마땅히 옷자락으로 입을 막아서 서서히 웃음을 억제해야 한다.

만약 여러 근이 방자하여 백의의 집안에 앉아서 웃는 자는 학법을 어기는 것이고, 만약 미쳤거나, 어리석거나, 마음이 어지러운 자는 무죄이다.

이러한 까닭으로 설하였노라.

백의의 집안에 앉아서 웃지 않는 것을 마땅히 배울지니라.

세존께서는 사위성에 머무셨으며, 자세한 설명은 앞에서와 같다.

그때 육군비구들이 머리를 덮고서 백의의 집안에 앉았으므로 세상 사람들에게 비난받았다.

"어찌하여 사문 석자들은 음해의 여인과 같이, 꿀을 채집하는 사람과 같이, 머리를 덮고서 집안에 앉아 있는가? '존자여. 눈병으로 고통스럽습니까? 햇볕의 그을림이 무섭습니까? 무슨 까닭으로 머리를 덮었습니까?'라고 물어 말하는구나. 이렇게 무너지고 패배한 사람에게 무슨 도가 있겠는가?"

여러 비구들이 이 인연으로써 가서 세존께 아뢰었고, 세존께서는 말씀하셨다.

"육군비구들을 불러오라."

왔으므로, 세존께서는 물으셨다.

"그대들이 진실로 그러하였는가?"

대답하여 말하였다.

"진실로 그렇습니다."

세존께서 말씀하셨다.

"오늘부터는 머리를 덮고서 백의의 집안에 앉을 수 없느니라."

세존께서는 여러 비구들에게 알리셨다.

"사위성을 의지하여 머무르는 비구들을 모두 모이게 하라. 열 가지의 이익을 까닭으로써 여러 비구들을 위하여 계율을 제정하겠나니, 나아가 이미 들었던 자들도 마땅히 거듭하여 들을지니라. 머리를 덮지 않고서 집안에 앉는 것을 마땅히 배울지니라."

'머리를 덮다.'는 모두 덮어서 두 귀까지 미치는 것이니, 머리를 덮고서 백의의 집에 앉을 수 없다.

만약 정사의 가운데에서 음식을 주면서 화상과 아사리와 장로 비구들의 앞에서 앉을 수 없다. 만약 바람이 불어서 추웠고 비가 왔으며, 만약 병이었거나, 만약 머리가 아프며 바람이 불었다면 머리 전부는 덮을 수 없고, 마땅히 머리 절반과 하나의 귀는 덮을 수 있다. 만약 장로와 비구를 보는 때에는 마땅히 덮었던 것은 벗어야 하고, 만약 가려진 곳이거나, 개인의 방에서 머리를 덮었다면 무죄이다.

만약 여러 근이 방자하여서 머리를 덮고서 집안에 앉는 자는 학법을 어기는 것이고, 만약 미쳤거나, 어리석거나, 마음이 어지러운 자는 무죄이다.

이러한 까닭으로 설하였노라.

머리를 덮고서 집안에 앉지 않는 것을 마땅히 배울지니라.

세존께서는 사위성에 머무셨으며, 자세한 설명은 앞에서와 같다.

그때 육군비구들이 옷을 돌려서 입고 백의의 집안에 앉았으므로 세상 사람들에게 비난받았다.

"어찌하여 사문 석자들은 왕자와 같이, 대신과 같이, 색을 파는 음행의 여인과 같이, 옷을 돌려서 입고 집안에 앉아서 팔꿈치와 옆구리를 드러내는가? 이렇게 무너지고 패배한 사람에게 무슨 도가 있겠는가?"

여러 비구들이 이 인연으로써 가서 세존께 아뢰었고, 세존께서는 말씀하셨다.

"육군비구들을 불러오라."

왔으므로, 세존께서는 물으셨다.

"그대들이 진실로 그러하였는가?"

대답하여 말하였다.

"진실로 그렇습니다."

세존께서 말씀하셨다.

"오늘부터는 옷을 돌려서 입고서 집안에 들어갈 수 없느니라."

세존께서는 여러 비구들에게 알리셨다.

"사위성을 의지하여 머무르는 비구들을 모두 모이게 하라. 열 가지의 이익을 까닭으로써 여러 비구들을 위하여 계율을 제정하겠나니, 나아가 이미 들었던 자들도 마땅히 거듭하여 들을지니라. 옷을 돌려서 입고서 집안에 들어가지 않는 것을 마땅히 배울지니라."

'옷을 돌려서 입다.'는 한 모서리이거나, 두 모서리를 돌려서 어깨 위에 입는 것이니, 옷을 돌려서 입고서 집 안에 들어갈 수 없다.

만약 걸식하는 때이거나, 만약 음식을 취하는 때에 옷이 더러워지는 것이 두려웠던 까닭으로 반대로 돌려 입었으며 팔꿈치가 드러나지 않으면 무죄이다. 만약 정사의 가운데에서 음식을 주면서 화상과 아사리와 장로 비구들의 앞에 앉았다면 옷을 돌려서 입을 수 없고, 만약 돌려서 입더라도 한쪽을 돌려서 입을 수 있으며 양쪽을 돌려서 입을 수 없다. 만약 오른쪽 어깨를 드러냈다면 왼쪽을 돌려서 입을 수 있으며, 만약 어깨를 통하여 옷을 입었다면 오른쪽을 돌려서 입을 수 있으나, 만약 장로나 비구를 보았다면 마땅히 다시 되돌려서 내려야 한다.

만약 여러 근이 방자하여서 반대로 옷을 돌려서 입고 집안에 들어가는 자는 학법을 어기는 것이고, 만약 미쳤거나, 어리석거나, 마음이 어지러운 자는 무죄이다.

이러한 까닭으로 설하였노라.

옷을 돌려서 입고 집안에 들어가지 않는 것을 마땅히 배울지니라.

세존께서는 사위성에 머무셨으며, 자세한 설명은 앞에서와 같다.

그때 육군비구들이 무릎을 감싸고서 백의의 집안에 앉았으므로 세상 사람들에게 비난받았다.

"어찌하여 사문 석자들은 왕자와 같이, 대신과 같이, 교만하고 방일한 속인과 같이 무릎을 감싸고서 앉아 있는가? 이렇게 무너지고 패배한 사람에게 무슨 도가 있겠는가?"

여러 비구들이 이 인연으로써 가서 세존께 아뢰었고, 세존께서는 말씀

하셨다.

"육군비구들을 불러오라."

왔으므로, 세존께서는 물으셨다.

"그대들이 진실로 그러하였는가?"

대답하여 말하였다.

"진실로 그렇습니다."

세존께서 말씀하셨다.

"오늘부터는 무릎을 감싸고서 집안에 앉을 수 없느니라."

세존께서는 여러 비구들에게 알리셨다.

"사위성을 의지하여 머무르는 비구들을 모두 모이게 하라. 열 가지의 이익을 까닭으로써 여러 비구들을 위하여 계율을 제정하겠나니, 나아가 이미 들었던 자들도 마땅히 거듭하여 들을지니라. 무릎을 감싸고 집안에 앉지 않는 것을 마땅히 배울지니라."

'무릎을 감싸다.'는 손으로 감싸고 옷으로 감싸는 것이니, 무릎을 감싸고 집안에 앉을 수 없다.

만약 정사의 가운데에서 음식을 주면서 화상과 아사리와 장로 비구들의 앞에서 무릎을 감싸고 앉을 수 없다. 만약 병이 있는 때에는 옷 안에 선대(禪帶)6)를 묶을 수 있으나, 만약 장로나 비구를 보았다면 마땅히 벗어야 한다. 만약 가려진 곳이거나, 개인의 방에서는 무릎을 감싸고 앉을 수 있으나, 만약 장로나 비구가 오는 것을 보았다면 다시 바르게 앉아야 한다.

만약 여러 근이 방자하여서 무릎을 감싸고 집안에 앉는 자는 학법을 어기는 것이고, 만약 미쳤거나, 어리석거나, 마음이 어지러운 자는 무죄이다.

이러한 까닭으로 설하였노라.

무릎을 감싸고 집안에 앉지 않는 것을 마땅히 배울지니라.

---

6) 선조(善助)라고도 부르며, 좌선하면서 피로를 막기 위하여 두 무릎을 감싸고 묶어서 기운을 돕는데 쓰던 끈을 가리킨다.

몸을 흔드는 것과 아울러 머리를 흔드는 것과
팔을 휘젓는 것과 몸을 잘 덮는 것과
자세하게 보는 것과 아울러 작은 소리와
웃지 않는 것과 머리를 덮고 앉는 것과
옷을 돌려서 입는 것과 무릎을 감싸는 것이 있다.

[두 번째의 발거를 마친다.]

마하승기율 제22권

동진천축삼장 불타발타라·법현 공역
석보운 번역

2) 중학법을 밝히다 ②

세존께서는 사위성에 머무셨으며, 자세한 설명은 앞에서와 같다.
그때 육군비구들이 다리를 교차시키고 백의의 집안에 앉았으므로 세상 사람들에게 비난받았다.
"어찌하여 사문 석자들은 왕자와 같이, 대신과 같이, 다리를 교차시키고 집안에 앉아 있는가? 이렇게 무너지고 패배한 사람에게 무슨 도가 있겠는가?"
여러 비구들이 이 인연으로써 가서 세존께 아뢰었고, 세존께서는 말씀하셨다.
"육군비구들을 불러오라."
왔으므로, 세존께서는 물으셨다.
"그대들이 진실로 그러하였는가?"
대답하여 말하였다.
"진실로 그렇습니다."
세존께서 말씀하셨다.
"오늘부터는 다리를 교차하고서 집안에 앉을 수 없느니라."
세존께서는 여러 비구들에게 알리셨다.
"사위성을 의지하여 머무르는 비구들을 모두 모이게 하라. 열 가지의

이익을 까닭으로써 여러 비구들을 위하여 계율을 제정하겠나니, 나아가 이미 들었던 자들도 마땅히 거듭하여 들을지니라. 다리를 교차시키고 집안에 앉지 않는 것을 마땅히 배울지니라."

'다리를 교차하다.'는 넓적다리를 넓적다리 위에 붙이고, 무릎을 무릎 위에 붙이며, 팔뚝을 종아리 위에 붙이고, 다리를 발등 위에 붙이는 것이니, 다리를 교차하고서 집안에서 앉지 못하고, 마땅히 두 발을 바르게 해야 한다.

만약 정사의 가운데에서 음식을 주면서 화상과 아사리와 장로 비구들의 앞에서는 다리를 교차하고서 앉을 수 없고, 만약 병으로 다리를 교차하고서 앉았더라도 상좌가 오는 것을 보았다면 마땅히 바르게 앉아야 한다. 만약 발에 발랐거나, 또는 가시를 뽑아내고자 다리를 교차하고서 앉았다면 무죄이다.

만약 여러 근이 방자하여서 다리를 교차하고서 집안에 앉는 자는 학법을 어기는 것이고, 만약 미쳤거나, 어리석거나, 마음이 어지러운 자는 무죄이다.

이러한 까닭으로 설하였노라.

다리를 교차하고서 집안에 앉지 않는 것을 마땅히 배울지니라.

세존께서는 사위성에 머무셨으며, 자세한 설명은 앞에서와 같다.

그때 육군비구들이 허리에 손을 얹고서 백의의 집안에 앉았으므로 세상 사람들에게 비난받았다.

"어찌하여 사문 석자들은 왕자와 같이, 대신과 같이, 역사와 같이, 허리에 손을 얹고서 집안에 앉아 있는가? 이렇게 무너지고 패배한 사람에게 무슨 도가 있겠는가?"

여러 비구들이 이 인연으로써 가서 세존께 아뢰었고, 세존께서는 말씀하셨다.

"육군비구들을 불러오라."

왔으므로, 세존께서는 물으셨다.

"그대들이 진실로 그러하였는가?"
대답하여 말하였다.
"진실로 그렇습니다."
세존께서 말씀하셨다.
"오늘부터는 허리에 손을 얹고서 집안에 앉을 수 없느니라."
세존께서는 여러 비구들에게 알리셨다.
"사위성을 의지하여 머무르는 비구들을 모두 모이게 하라. 열 가지의 이익을 까닭으로써 여러 비구들을 위하여 계율을 제정하겠나니, 나아가 이미 들었던 자들도 마땅히 거듭하여 들을지니라. 허리에 손을 얹고서 집안에 앉지 않는 것을 마땅히 배울지니라."
'허리에 손을 얹다.'는 한 손을 얹었거나, 두 손을 얹는 것이니, 허리에 손을 얹고서 집안에 앉을 수 없다. 만약 정사의 가운데에서 음식을 주면서 화상과 아사리와 장로 비구들의 앞에서는 허리에 손을 얹을 수 없고, 만약 늙었고 병이 있으며, 만약 바람이 불었고 허리가 아파서 허리에 손을 얹었다면 무죄이다. 만약 옹창이거나, 창선이었고 약으로써 위를 발랐으며 옷이 더럽혀지는 것이 염려되어 허리에 손을 얹었다면 무죄이고, 만약 상좌가 오는 것을 보았다면 마땅히 내려야 한다.
만약 여러 근이 방자하여서 허리에 손을 얹고서 집안에 앉는 자는 학법을 어기는 것이고, 만약 미쳤거나, 어리석거나, 마음이 어지러운 자는 무죄이다.
이러한 까닭으로 설하였노라.
허리에 손을 얹고서 집안에 앉지 않는 것을 마땅히 배울지니라.

세존께서는 사위성에 머무셨으며, 자세한 설명은 앞에서와 같다.
그때 육군비구들이 백의의 집에 발을 흔들면서 앉았고 손으로 춤을 추면서 역시 풀을 부러뜨렸으므로 세상 사람들에게 비난받았다.
"어찌하여 사문 석자들은 방일한 광대와 같이 집안에 앉아 있으면서 손과 발을 가만두지 않는가? 이렇게 무너지고 패배한 사람에게 무슨 도가 있겠는가?"

여러 비구들이 이 인연으로써 가서 세존께 아뢰었고, 세존께서는 말씀하셨다.

"육군비구들을 불러오라."

왔으므로, 세존께서는 물으셨다.

"그대들이 진실로 그러하였는가?"

대답하여 말하였다.

"진실로 그렇습니다."

세존께서 말씀하셨다.

"오늘부터는 손과 발을 움직이면서 백의의 집안에 앉을 수 없느니라."

세존께서는 여러 비구들에게 알리셨다.

"사위성을 의지하여 머무르는 비구들을 모두 모이게 하라. 열 가지의 이익을 까닭으로써 여러 비구들을 위하여 계율을 제정하겠나니, 나아가 이미 들었던 자들도 마땅히 거듭하여 들을지니라. 허리에 손을 얹고서 집안에 앉지 않는 것을 마땅히 배울지니라."

'손과 발을 움직이면서 집안에 앉을 수 없다.'는 손을 움직일 수 없고, 발을 움직일 수 없으며, 손으로 춤추고 발로 춤추면서 아울러 풀을 부러뜨리면서 앉을 수 없나니, 마땅히 안상하고 고요하게 머물러야 하고, 만약 물을 것이 있다면 마땅히 먼저 호계(護戒)하고 수순하여 대답해야 한다. 만약 네 곳의 탑을 물으면 '이곳은 세존께서 탄생하신 곳이고, 이곳은 득도(得道)하신 곳이며, 이곳은 법륜을 굴리신 곳이고, 이곳은 반니원(般泥洹)하신 곳이다.'라고 말하였다면 무죄이다. 만약 단월이 비구에게 정사를 일으키고자 하였다면 마땅히 땅의 형세를 보고 따라서 방편을 지어서 "이 가운데에는 정사를 일으켜야 하고, 이 가운데에는 강당을 일으켜야 하며, 이 가운데에는 온실(溫室)을 일으켜야 하고, 이 가운데에는 승방을 일으켜야 한다."라고 지시하였다면 무죄이다.

만약 여러 근이 방자하여서 손과 발을 움직이면서 집안에 앉는 자는 학법을 어기는 것이고, 만약 미쳤거나, 어리석거나, 마음이 어지러운 자는 무죄이다.
 이러한 까닭으로 설하였노라.
 손과 발을 움직이면서 집안에 앉지 않는 것을 마땅히 배울지니라.

 세존께서는 사위성에 머무셨으며, 자세한 설명은 앞에서와 같다.
 그때 어느 단월이 정사의 가운데에서 공양을 베풀어서 승가께 음식을 주었고 아래쪽에서 음식을 먹었다. 이때 육군비구들이 곧 물을 찾아서 손을 씻고 발우를 씻었으므로, 단월이 듣고서 곧 뜨거운 밥 광주리를 가지고 땅을 치면서 비난하여 말하였다.
 "나는 집안일을 그만두고 사찰에 나아가 공양을 베풀면서 대중 승가께 음식을 주었고 같이 청정한 마음으로 복을 닦고자 바라면서 지금 아래쪽에서 먹으려고 하였는데, 널리 구하는 것이 있구나. 출가인은 마땅히 한마음(專心)으로 음식을 받아야 한다. 어찌하여 음식을 주었는데 구하는 것이 많은가?"
 여러 비구들이 이 인연으로써 가서 세존께 아뢰었고, 세존께서는 말씀하셨다.
 "육군비구들을 불러오라."
 왔으므로, 세존께서는 물으셨다.
 "그대들이 진실로 그러하였는가?"
 대답하여 말하였다.
 "진실로 그렇습니다."
 세존께서 말씀하셨다.
 "오늘부터는 마땅히 일심(一心)으로 음식을 받아야 하느니라."
 세존께서는 여러 비구들에게 알리셨다.
 "사위성을 의시하여 머무르는 비구들을 모두 모이게 하라. 열 가지의 이익을 까닭으로써 여러 비구들을 위하여 계율을 제정하겠나니, 나아가 이미 들었던 자들도 마땅히 거듭하여 들을지니라. 일심으로 음식을 받는 것을 마땅히 배울지니라."

한마음으로 음식을 받는 때에는 양손으로 발우를 누르면서 다리의 앞에 놓아두지 않을 것이고, 마땅히 먼저 깨끗이 손을 씻고 발우를 씻고서 음식을 돌렸다면 마땅히 한마음으로 받아야 한다. 만약 직월(直月)이거나, 감식인(監食人)이 뒤에 왔다면, 물을 구하여 손을 씻고 발우를 씻더라도 무죄이다. 만약 여러 근이 방자하여서 한마음으로 음식을 받지 않는 자는 학법을 어기는 것이고, 만약 미쳤거나, 어리석거나, 마음이 어지러운 자는 무죄이다.

이러한 까닭으로 설하였노라.

일심으로 음식을 받는 것을 마땅히 배울지니라.

세존께서는 사위성에 머무셨으며, 자세한 설명은 앞에서와 같다.

그때 어느 장자가 정사의 가운데에 나아가서 공양을 베풀어 승가에게 음식을 주었다. 육군비구들이 먼저 국을 많이 받았고 뒤에 밥을 받았다. 이때 발우의 가운데가 넘쳐서 땅에 떨어졌다. 단월이 보고서 비난하여 말하였다.

"내가 아내와 자식들의 몫을 빼앗아 대중 승가께 음식을 주었고, 모두가 먹도록 하였는데, 지금 땅에 버리는구나. 존자여. 이 하나의 알갱이의 가운데에 100가지의 공력이 있는 것을 알지 못합니까?"

여러 비구들이 이 인연으로써 가서 세존께 아뢰었고, 세존께서는 말씀하셨다.

"육군비구들을 불러오라."

왔으므로, 세존께서는 물으셨다.

"그대들이 진실로 그러하였는가?"

대답하여 말하였다.

"진실로 그렇습니다."

세존께서 말씀하셨다.

"오늘부터는 국과 밥을 균등하게 받아야 하느니라."

세존께서는 여러 비구들에게 알리셨다.

"사위성을 의지하여 머무르는 비구들을 모두 모이게 하라. 열 가지의 이익을 까닭으로써 여러 비구들을 위하여 계율을 제정하겠나니, 나아가 이미 들었던 자들도 마땅히 거듭하여 들을지니라. 국과 밥을 균등하게 받는 것을 마땅히 배울지니라."

'국과 밥을 균등하게 받다.'는 먼저 국을 받고 뒤에 밥을 받는 것이 아니고, 마땅히 먼저 밥을 받고서 뒤에 국을 받는 것이다. 만약 나라의 풍속과 법이 먼저 국을 돌리고 뒤에 밥을 돌린다면 마땅히 건자구발(揵鎡拘鉢)로 받아서 취할 것이고, 만약 없다면 마땅히 수엽완(樹葉碗)을 사용하여 받을 것이며, 다시 없다면 발우로써 국을 받아야 한다. 다만 밥을 받는 때에 마땅히 손으로써 가리고 천천히 받아서 발우의 가운데에 내려오게 할 것이고, 넘쳐서 흐르지 않게 해야 한다. 만약 비구가 병으로 마땅히 많은 국이 필요하다면 많이 취하여도 무죄이다.

만약 여러 근이 방자하여서 국과 밥을 균등하게 받지 않는 자는 학법을 어기는 것이고, 만약 미쳤거나, 어리석거나, 마음이 어지러운 자는 무죄이다.

이러한 까닭으로 설하였노라.

국과 밥을 균등하게 받는 것을 마땅히 배울지니라.

세존께서는 사위성에 머무셨으며, 자세한 설명은 앞에서와 같다.

그때 어느 장자가 정사의 가운데에 나아가서 공양을 베풀어 승가에게 음식을 주었다. 이때 육군비구들은 사방(四方)으로 노려내어 음식을 먹었고 중앙을 남겨두었으므로 세상 사람들에게 비난받았다.

"어찌해서 사문 석자들은 방일한 사람과 같이 주위를 한 바퀴 돌아가면서 사방으로 도려내어 음식을 먹으면서 중앙을 남겨두었는가? 이렇게 무너지고 패배한 사람에게 무슨 도가 있겠는가?"

여러 비구들이 이 인연으로써 가서 세존께 아뢰었고, 세존께서는 말씀하셨다.

"육군비구들을 불러오라."

왔으므로, 세존께서는 물으셨다.
"그대들이 진실로 그러하였는가?"
대답하여 말하였다.
"진실로 그렇습니다."
세존께서 말씀하셨다.
"오늘부터는 치우쳐 도려내면서 음식을 먹을 수 없느니라."
세존께서는 여러 비구들에게 알리셨다.
"사위성을 의지하여 머무르는 비구들을 모두 모이게 하라. 열 가지의 이익을 까닭으로써 여러 비구들을 위하여 계율을 제정하겠나니, 나아가 이미 들었던 자들도 마땅히 거듭하여 들을지니라. 치우쳐 도려내면서 음식을 먹지 않는 것을 마땅히 배울지니라."
'도려내어 먹다.'는 네 면으로 도려내어 먹고서 중앙을 남겨두는 것이니, 마땅히 먼저 밥을 받아서 한쪽에 놓아두고 뒤에 국을 받아 섞어서 먹어야 한다. 만약 소와 기름이 밥의 가운데에 들어갔다면 국으로써 고의로 치우쳐서 도려내어 먹을 수 없고 마땅히 차례로 취하여 먹도록 하라. 만약 사람에게 주려고 하였던 자는 잘라서 절반을 줄 수 있다.
만약 여러 근이 방자하여서 주위를 도려내어 먹는 자는 학법을 어기는 것이고, 만약 미쳤거나, 어리석거나, 마음이 어지러운 자는 무죄이다.
이러한 까닭으로 설하였노라.
치우쳐서 도려내어 먹지 않는 것을 마땅히 배울지니라.

세존께서는 사위성에 머무셨으며, 자세한 설명은 앞에서와 같다.
그때 어느 거사(居士)가 정사의 가운데에 나아가서 공양을 베풀어 승가에게 음식을 주었다. 이때 육군비구들이 입안에서 음식을 돌리면서 먹었으므로 세상 사람들에게 비난받았다.
"어찌하여 사문 석자들은 방일한 사람과 같이, 낙타·소·양 등과 같이 입안에서 음식을 돌리면서 먹는가? 이렇게 무너지고 패배한 사람에게 무슨 도가 있겠는가?"

여러 비구들이 이 인연으로써 가서 세존께 아뢰었고, 세존께서는 말씀하셨다.

"육군비구들을 불러오라."

왔으므로, 세존께서는 물으셨다.

"그대들이 진실로 그러하였는가?"

대답하여 말하였다.

"진실로 그렇습니다."

세존께서 말씀하셨다.

"오늘부터는 입안에서 음식을 돌리면서 먹을 수 없느니라."

세존께서는 여러 비구들에게 알리셨다.

"사위성을 의지하여 머무르는 비구들을 모두 모이게 하라. 열 가지의 이익을 까닭으로써 여러 비구들을 위하여 계율을 제정하겠나니, 나아가 이미 들었던 자들도 마땅히 거듭하여 들을지니라. 입안에서 음식을 돌리면서 먹지 않는 것을 마땅히 배울지니라."

'입안에서 음식을 돌리다.'는 밥덩어리를 머금고서 한 뺨에서 돌리면서 다른 뺨에 이르면 마땅히 한쪽에 씹고서 곧 씹었다면 삼키는 것이다. 만약 비구가 보릿가루나 멥쌀을 먹었다면 마땅히 한쪽으로 적시면서 한쪽으로 씹었다면 무죄이다.

만약 여러 근이 방자하여서 입안에서 음식을 돌리면서 먹는 자는 학법을 어기는 것이고, 만약 미쳤거나, 어리석거나, 마음이 어지러운 자는 무죄이다.

이러한 까닭으로 설하였노라.

입안에서 음식을 돌리면서 먹지 않는 것을 마땅히 배울지니라.

세존께서는 사위성에 머무셨으며, 자세한 설명은 앞에서와 같다.

그때 거사가 정사의 가운데에 나아가서 공양을 베풀어 승가에게 음식을 주었다. 이때 육군비구들이 혀를 내밀면서 음식을 먹었으므로 세상 사람들에게 비난받았다.

"어찌하여 사문 석자들은 방일한 사람과 같이, 뱀·쥐·개·고양이 등과 같이 혀를 내밀면서 음식을 먹는가? 이렇게 패배한 사람에게 무슨 도가 있겠는가?"

여러 비구들이 이 인연으로써 가서 세존께 아뢰었고, 세존께서는 말씀하셨다.

"육군비구들을 불러오라."

왔으므로, 세존께서는 물으셨다.

"그대들이 진실로 그러하였는가?"

대답하여 말하였다.

"진실로 그렇습니다."

세존께서 말씀하셨다.

"오늘부터는 혀를 내밀면서 음식을 먹을 수 없느니라."

세존께서는 여러 비구들에게 알리셨다.

"사위성을 의지하여 머무르는 비구들을 모두 모이게 하라. 열 가지의 이익을 까닭으로써 여러 비구들을 위하여 계율을 제정하겠나니, 나아가 이미 들었던 자들도 마땅히 거듭하여 들을지니라. 혀를 내밀면서 음식을 먹지 않는 것을 마땅히 배울지니라."

'혀를 내밀면서 먹다.'는 혀를 내밀고서 음식으로써 혀 위에 올려두고서 그러한 뒤에 입을 다무는 것이다.

만약 월직이었거나, 또는 감식인이 익지 않았거나, 익었거나, 짜거나, 담담하거나, 달거나, 시었는가를 알고자 하였으므로 손바닥 위에 올려두고 핥았다면 무죄이고, 만약 병자가 소금을 올려두고 핥았다면 무죄이다. 만약 여러 근이 방자하여서 혀를 내밀면서 음식을 먹는 자는 학법을 어기는 것이고, 만약 미쳤거나, 어리석거나, 마음이 어지러운 자는 무죄이다.

이러한 까닭으로 설하였노라.

혀를 내밀면서 음식을 먹지 않는 것을 마땅히 배울지니라.

세존께서는 사위성에 머무셨으며, 자세한 설명은 앞에서와 같다.
그때 어느 거사가 정사의 가운데에 나아가서 공양을 베풀어 승가에게 음식을 주었다. 이때 육군비구들이 크게 밥을 뭉쳐서 먹었으므로 세상 사람들에게 비난받았다.
"어찌하여 사문 석자들은 방일한 사람과 같이, 쥐(鼠)·양·낙타와 같이, 감옥 가운데에서 굶주린 죄수와 같이 크게 밥을 뭉쳐서 먹는가? 이렇게 무너지고 패배한 사람에게 무슨 도가 있겠는가?"
여러 비구들이 이 인연으로써 가서 세존께 아뢰었고, 세존께서는 말씀하셨다.
"육군비구들을 불러오라."
왔으므로, 세존께서는 물으셨다.
"그대들이 진실로 그러하였는가?"
대답하여 말하였다.
"진실로 그렇습니다."
세존께서 말씀하셨다.
"오늘부터는 크게 밥을 뭉쳐서 먹을 수 없느니라."
세존께서는 여러 비구들에게 알리셨다.
"사위성을 의지하여 머무르는 비구들을 모두 모이게 하라. 열 가지의 이익을 까닭으로써 여러 비구들을 위하여 계율을 제정하겠나니, 나아가 이미 들었던 자들도 마땅히 거듭하여 들을지니라. 크게 밥을 뭉쳐서 먹지 않는 것을 마땅히 배울지니라."
크게 뭉치지 않을 것이고 작게 뭉치지 않을 것이며, 음녀와 같이 두 알(粒)·세 알을 먹을 수 없고, 입에 알맞게 먹어야 한다. 만약 비구가 멥쌀을 입에 가득 먹었다면 무죄이다. 만약 여러 근이 방자하여서 크게 뭉쳐서 먹는 자는 학법을 어기는 것이고, 만약 미쳤거나, 어리석거나, 마음이 어지러운 자는 무죄이다.
이러한 까닭으로 설하였노라.
크게 밥을 뭉쳐서 먹지 않는 것을 마땅히 배울지니라.

세존께서는 사위성에 머무셨으며, 자세한 설명은 앞에서와 같다.
그때 어느 거사가 정사의 가운데에 나아가서 공양을 베풀어 승가에게 음식을 주었다. 이때 육군비구들은 입을 벌리고 음식을 기다렸다 먹었으므로 세상 사람들에게 비난받았다.
"어찌하여 사문 석자들은 방일한 사람들과 같이, 거북·자라·두꺼비 등과 같이 입을 벌리고서 음식을 기다리는가? 이렇게 무너지고 패배한 사람에게 무슨 도가 있겠는가?"
여러 비구들이 이 인연으로써 가서 세존께 아뢰었고, 세존께서는 말씀하셨다.
"육군비구들을 불러오라."
왔으므로, 세존께서는 물으셨다.
"그대들이 진실로 그러하였는가?"
대답하여 말하였다.
"진실로 그렇습니다."
세존께서 말씀하셨다.
"오늘부터는 입을 벌리고 음식을 기다릴 수 없느니라."
세존께서는 여러 비구들에게 알리셨다.
"사위성을 의지하여 머무르는 비구들을 모두 모이게 하라. 열 가지의 이익을 까닭으로써 여러 비구들을 위하여 계율을 제정하겠나니, 나아가 이미 들었던 자들도 마땅히 거듭하여 들을지니라. 입을 벌리고 음식을 기다려서 먹지 않는 것을 마땅히 배울지니라."
'입을 벌리고 음식을 기다려서 먹을 수 없다.'는 비구가 음식을 먹는 때에는 마땅히 설산(雪山)의 코끼리왕이 음식을 먹는 법과 같이 음식이 입에 들어갔다면 코와 나란히 짓고 뒤에 입의 부분과 가지런하게 전식(前食)을 삼키고, 이어서 입안과 뒤가 둥글어야 하며, 입을 벌리고 음식을 기다려서 먹을 수 없다. 만약 입에 부스럼이 있어서 미리 입을 벌렸다면 무죄이다. 만약 여러 근이 방자하여서 입을 벌리고 음식을 기다려서 먹는 자는 학법을 어기는 것이고, 만약 미쳤거나, 어리석거나, 마음이 어지러운 자는 무죄이다.
이러한 까닭으로 설하였노라.
입을 벌리고 음식을 기다려서 먹지 않는 것을 마땅히 배울지니라.

세존께서는 사위성에 머무셨으며, 자세한 설명은 앞에서와 같다.
그때 어느 거사가 정사의 가운데에 나아가서 공양을 베풀어 승가에게 음식을 주었다. 이때 육군비구들이 입을 벌리고 음식의 덩어리를 던져서 먹었으므로 세상 사람들에게 비난받았다.
"어찌하여 사문 석자들은 음행인과 같이 음식의 덩어리를 던져서 먹는가? 이렇게 무너지고 패배한 사람에게 무슨 도가 있겠는가?"
여러 비구들이 이 인연으로써 가서 세존께 아뢰었고, 세존께서는 말씀하셨다.
"육군비구들을 불러오라."
왔으므로, 세존께서는 물으셨다.
"그대들이 진실로 그러하였는가?"
대답하여 말하였다.
"진실로 그렇습니다."
세존께서 말씀하셨다.
"오늘부터는 음식의 덩어리를 던질 수 없느니라."
세존께서는 여러 비구들에게 알리셨다.
"사위성을 의지하여 머무르는 비구들을 모두 모이게 하라. 열 가지의 이익을 까닭으로써 여러 비구들을 위하여 계율을 제정하겠나니, 나아가 이미 들었던 자들도 마땅히 거듭하여 들을지니라. 음식의 덩어리를 던지지 않는 것을 마땅히 배울지니라."
'음식 덩어리를 넣시다.'는 음식 덩어리를 멀리서 입안으로 던지지 못하는 것이다. 만약 멧대추나 포도와 같은 여러 종류와 나아가 삶은 팥은 던져서 씹더라도 무죄이다. 만약 여러 근이 방자하여서 음식의 덩어리를 던져서 먹는 자는 학법을 어기는 것이고, 만약 미쳤거나, 어리석거나, 마음이 어지러운 자는 무죄이다.
 이러한 까닭으로 설하였노라.
 음식 덩어리를 던져서 먹지 않는 것을 마땅히 배울지니라.

 세존께서는 사위성에 머무셨으며, 자세한 설명은 앞에서와 같다.
 그때 어느 거사가 정사의 가운데에 나아가서 공양을 베풀어 승가에게 음식을 주었다. 이때 육군비구들은 음식의 절반은 먹었고 절반은 다시 발우 가운데에 남겨두었으므로 세상 사람들에게 비난받았다.
 "어찌하여 사문 석자들은 방일한 사람과 같이 음식의 절반을 먹는가? 이렇게 무너지고 패배한 사람에게 무슨 도가 있겠는가?"
 여러 비구들이 이 인연으로써 가서 세존께 아뢰었고, 세존께서는 말씀하셨다.
 "육군비구들을 불러오라."
 왔으므로, 세존께서는 물으셨다.
 "그대들이 진실로 그러하였는가?"
 대답하여 말하였다.
 "진실로 그렇습니다."
 세존께서 말씀하셨다.
 "오늘부터는 음식의 절반만을 먹을 수는 없느니라."
 세존께서는 여러 비구들에게 알리셨다.
 "사위성을 의지하여 머무르는 비구들을 모두 모이게 하라. 열 가지의 이익을 까닭으로써 여러 비구들을 위하여 계율을 제정하겠나니, 나아가 이미 들었던 자들도 마땅히 거듭하여 들을지니라. 음식의 절반만을 먹지 않는 것을 마땅히 배울지니라."
 음식을 절반은 먹고 절반은 다시 발우에 남겨둘 수 없다. 마땅히 조금씩 입에 알맞게 먹을 것이고, 만약 미숫가루의 덩어리가 크다면 마땅히 손으로 나누어서 입에 알맞게 해야 한다. 만약 과일·열매(蓏)·사탕수수를 먹고자 하였거나, 만약 무우의 뿌리 등을 씹었다면 무죄이고, 만약 떡이라면 마땅히 손으로 나누어서 입에 알맞게 해야 한다.

만약 여러 근이 방자하여서 음식을 절반만을 먹는 자는 학법을 어기는 것이고, 만약 미쳤거나, 어리석거나, 마음이 어지러운 자는 무죄이다.

이러한 까닭으로 설하였노라.

음식을 절반만을 먹지 않는 것을 마땅히 배울지니라.

세존께서는 사위성에 머무셨으며, 자세한 설명은 앞에서와 같다.

그때 어느 거사가 정사의 가운데에 나아가서 공양을 베풀어 승가에게 음식을 주었다. 이때 육군비구들이 음식을 머금고 말하였으므로 세상 사람들에게 비난받았다.

"어찌해서 사문 석자들은 방일한 사람과 같이, 낙타·소·염소·나귀와 같이 음식을 머금고 소리치는가? 이렇게 무너지고 패배한 사람에게 무슨 도가 있겠는가?"

여러 비구들이 이 인연으로써 가서 세존께 아뢰었고, 세존께서는 말씀하셨다.

"육군비구들을 불러오라."

왔으므로, 세존께서는 물으셨다.

"그대들이 진실로 그러하였는가?"

대답하여 말하였다.

"진실로 그렇습니다."

세존께서 말씀하셨다.

"오늘부터는 음식을 머금고 말할 수 없느니라."

세존께서는 여러 비구들에게 알리셨다.

"사위성을 의지하여 머무르는 비구들을 모두 모이게 하라. 열 가지의 이익을 까닭으로써 여러 비구들을 위하여 계율을 제정하겠나니, 나아가 이미 들었던 자들도 마땅히 거듭하여 들을지니라. 음식을 머금고 말하지 않는 것을 마땅히 배울지니라."

'음식을 머금고 말할 수 없다.'는 만약 음식을 먹는데 화상과 아사리와 장로와 비구가 부르는 때에 모두 삼키지 못하였어도 능히 음성이 다르지 않다면 마땅히 대답해야 한다. 만약 능히 대답하지 못한다면 삼키고서 그러한 뒤에 대답해야 한다. 만약 앞의 사람이 꾸짖었다면 마땅히 대답해야 한다.

"나의 입안에 음식이 있었고, 이러한 까닭으로 곧 대답하지 못하였습니다."

만약 여러 근이 방자하여서 음식을 머금고 말하는 자는 학법을 어기는 것이고, 만약 미쳤거나, 어리석거나, 마음이 어지러운 자는 무죄이다.

이러한 까닭으로 설하였노라.

음식을 머금고 말하지 않는 것을 마땅히 배울지니라.

다리를 겹쳐서 집안에 앉는 것과
허리에 손을 얹는 것과 손발을 흔드는 것과
한마음으로 밥과 국을 균등하게 받는 것과
치우쳐 도려내어 먹는 것과 입안에서 돌려서 먹는 것과

혀를 내미는 것과 밥을 크게 뭉치는 것과
입을 벌리는 것과 멀리 던져서 먹는 것과
절반만을 먹는 것과 음식을 머금고 말하는 것이 있다.

[세 번째의 발거를 마친다.]

세존께서는 사위성에 머무셨으며, 자세한 설명은 앞에서와 같다.

그때 어느 거사가 정사의 가운데에 나아가서 공양을 베풀어 승가에게 음식을 주었다. 이때 육군비구들이 손가락으로 발우를 닦으면서 먹었으므로 세상 사람들에게 비난받았다.

"어찌하여 사문 석자들은 어린아이들이 먹는 것과 같이, 감옥에 갇혀 굶주린 죄수와 같이 먹는가? '존자여. 음식이 매우 풍부한데 무슨 까닭으로 발우를 닦으면서 먹습니까?'라고 물어 말하는구나. 이렇게 무너지고 패배한 사람에게 무슨 도가 있겠는가?"

여러 비구들이 이 인연으로써 가서 세존께 아뢰었고, 세존께서는 말씀하셨다.

"육군비구들을 불러오라."

왔으므로, 세존께서는 물으셨다.

"그대들이 진실로 그러하였는가?"

대답하여 말하였다.

"진실로 그렇습니다."

세존께서 말씀하셨다.

"오늘부터는 손가락으로 발우를 닦으며 먹을 수 없느니라."

세존께서는 여러 비구들에게 알리셨다.

"사위성을 의지하여 머무르는 비구들을 모두 모이게 하라. 열 가지의 이익을 까닭으로써 여러 비구들을 위하여 계율을 제정하겠나니, 나아가 이미 들었던 자들도 마땅히 거듭하여 들을지니라. 손가락으로 발우를 닦으면서 먹지 않는 것을 마땅히 배울지니라."

'손가락으로 발우를 닦으면서 먹을 수 없다.'는 손가락을 구부려 발우를 닦으면서 먹지 못하는 것이다. 만약 소(酥)·기름·꿀이 발우에 붙었더라도 손가락을 굽혀서 발우를 닦을 수 없고, 마땅히 손가락을 모으고서 그러한 뒤에 먹어야 한다. 만약 여러 근이 방자하여서 손가락으로 발우를 닦으면서 먹는 자는 학법을 어기는 것이고, 만약 미쳤거나, 어리석거나, 마음이 어지러운 자는 무죄이다.

이러한 까닭으로 설하였노라.

손가락으로 발우를 닦으면서 먹지 않는 것을 마땅히 배울지니라.

세존께서는 사위성에 머무셨으며, 자세한 설명은 앞에서와 같다. 그때 어느 거사가 정사의 가운데에 나아가서 공양을 베풀어 승가에게 음식을 주었다. 이때 육군비구들이 손을 핥으면서 먹었으므로 세상 사람들에게 비난받았다.

"어찌하여 사문 석자들은 어린아이들이 손을 핥으면서 먹는 것과 같이 핥으면서 먹는가? '존자여. 나는 스스로가 뜻으로 배부르게 먹게 하는데, 무슨 까닭으로 손을 핥습니까?'라고 물어 말하는구나. 이렇게 무너지고 패배한 사람에게 무슨 도가 있겠는가?"

여러 비구들이 이 인연으로써 가서 세존께 아뢰었고, 세존께서는 말씀하셨다.

"육군비구들을 불러오라."

왔으므로, 세존께서는 물으셨다.

"그대들이 진실로 그러하였는가?"

대답하여 말하였다.

"진실로 그렇습니다."

세존께서 말씀하셨다.

"오늘부터는 손을 핥으면서 먹을 수 없느니라."

세존께서는 여러 비구들에게 알리셨다.

"사위성을 의지하여 머무르는 비구들을 모두 모이게 하라. 열 가지의 이익을 까닭으로써 여러 비구들을 위하여 계율을 제정하겠나니, 나아가 이미 들었던 자들도 마땅히 거듭하여 들을지니라. 손을 핥으면서 먹지 않는 것을 마땅히 배울지니라."

반복(反覆)하여 손을 핥으면서 먹을 수 없다. 만약 소·기름·꿀이 발우에 붙었다면 마땅히 발우의 가장자리 위에 대약 한곳으로 모아놓고 그러한 뒤에 먹어야 한다. 만약 여러 근이 방자하여서 손가락으로 손을 핥으면서 먹는 자는 학법을 어기는 것이고, 만약 미쳤거나, 어리석거나, 마음이 어지러운 자는 무죄이다.

이러한 까닭으로 설하였노라.

손을 핥으면서 먹지 않는 것을 마땅히 배울지니라.

세존께서는 사위성에 머무셨으며, 자세한 설명은 앞에서와 같다.

그때 어느 거사가 정사의 가운데에 나아가서 공양을 베풀어 승가에게 음식을 주었다. 이때 육군비구들이 손가락을 빨면서 먹었으므로 세상 사람들에게 비난받았다.

"어찌하여 사문 석자들은 어린아이들과 손가락을 빨면서 먹는가? '존자여. 나는 스스로가 뜻으로 배부르게 먹게 하는데, 무슨 까닭으로 손가락을 빨면서 먹습니까?'라고 물어 말하는구나. 이렇게 무너지고 패배한 사람에게 무슨 도가 있겠는가?"

여러 비구들이 이 인연으로써 가서 세존께 아뢰었고, 세존께서는 말씀하셨다.

"육군비구들을 불러오라."

왔으므로, 세존께서는 물으셨다.

"그대들이 진실로 그러하였는가?"

대답하여 말하였다.

"진실로 그렇습니다."

세존께서 말씀하셨다.

"오늘부터는 손가락을 빨면서 먹을 수 없느니라."

세존께서는 여러 비구들에게 알리셨다.

"사위성을 의지하여 머무르는 비구들을 모두 모이게 하라. 열 가지의 이익을 까닭으로써 여러 비구들을 위하여 계율을 제정하겠나니, 나아가 이미 들었던 자들도 마땅히 거듭하여 들을지니라. 손가락을 빨면서 먹지 않는 것을 마땅히 배울지니라."

'손가락을 빨면서 먹을 수 없다.'는 만약 비구가 고깃국을 먹거나, 달고 기름진 음식을 먹으면서 손가락에 묻었더라도 빨아서 먹을 수 없고, 마땅히 발우의 가장자리 위에 대략 한곳으로 모아놓고 그러한 뒤에 먹어야 한다. 만약 꿀이나 석밀이나 소금이 손가락에 묻었다면 빨았더라도 무죄이다. 만약 여러 근이 방자하여서 손가락을 빨면서 먹는 자는 학법을 어기는 것이고, 만약 미쳤거나, 어리석거나, 마음이 어지러운 자는 무죄이다.
　이러한 까닭으로 설하였노라.
　손가락을 빨면서 먹지 않는 것을 마땅히 배울지니라.

　세존께서는 사위성에 머무셨으며, 자세한 설명은 앞에서와 같다.
　그때 어느 거사가 정사의 가운데에 나아가서 공양을 베풀어 승가에게 음식을 주었다. 이때 육군비구들이 씹으면서 큰소리를 짓고서 먹었으므로 세상 사람들에게 비난받았다.
　"어찌하여 사문 석자들은 돼지나 쥐와 같이 먹으면서 소리를 내는가? 이렇게 무너지고 패배한 사람에게 무슨 도가 있겠는가?"
　여러 비구들이 이 인연으로써 가서 세존께 아뢰었고, 세존께서는 말씀하셨다.
　"육군비구들을 불러오라."
　왔으므로, 세존께서는 물으셨다.
　"그대들이 진실로 그러하였는가?"
　대답하여 말하였다.
　"진실로 그렇습니다."
　세존께서 말씀하셨다.
　"오늘부터는 씹으면서 큰소리를 짓고서 먹을 수 없느니라."
　세존께서는 여러 비구들에게 알리셨다.
　"사위성을 의지하여 머무르는 비구들을 모두 모이게 하라. 열 가지의 이익을 까닭으로써 여러 비구들을 위하여 계율을 제정하겠나니, 나아가 이미 들었던 자들도 마땅히 거듭하여 들을지니라. 씹으면서 큰소리를 짓고서 먹지 않는 것을 마땅히 배울지니라."
　씹으면서 큰소리를 짓고서 먹을 수 없다. 만약 여러 근이 방자하여서 씹으면서 큰소리를 짓고서 먹는 자는 학법을 어기는 것이고, 만약 미쳤거나, 어리석거나, 마음이 어지러운 자는 무죄이다.
　이러한 까닭으로 설하였노라.

씹으면서 큰소리를 짓고서 먹지 않는 것을 마땅히 배울지니라.

세존께서는 사위성에 머무셨으며, 자세한 설명은 앞에서와 같다.
그때 어느 거사가 정사의 가운데에 나아가서 공양을 베풀어 승가에게 음식을 주었다. 이때 육군비구들이 음식을 들이마시면서 소리를 짓고서 먹었으므로 세상 사람들에게 비난받았다.
"어찌하여 사문 석자들은 낙타·소·나귀와 같이 음식을 들이마시면서 먹는가? 이렇게 무너지고 패배한 사람에게 무슨 도가 있겠는가?"
여러 비구들이 이 인연으로써 가서 세존께 아뢰었고, 세존께서는 말씀하셨다.
"육군비구들을 불러오라."
왔으므로, 세존께서는 물으셨다.
"그대들이 진실로 그러하였는가?"
대답하여 말하였다.
"진실로 그렇습니다."
세존께서 말씀하셨다.
"오늘부터는 음식을 들이마시면서 소리를 짓고서 먹을 수 없느니라."
세존께서는 여러 비구들에게 알리셨다.
"사위성을 의지하여 머무르는 비구들을 모두 모이게 하라. 열 가지의 이익을 까닭으로써 여러 비구들을 위하여 계율을 제정하겠나니, 나아가 이미 들었던 자들도 마땅히 거듭하여 들을지니라. 음식을 들이마시면서 소리를 짓고서 먹지 않는 것을 마땅히 배울지니라."
만약 묽은 죽이나 우유나 타락이나 국밥을 먹는다면 들이마시면서 소리를 짓지 않을 것이고, 마땅히 천천히 삼켜야 한다. 만약 여러 근이 방지하여서 음식을 들이마시면서 먹는 자는 학법을 어기는 것이고, 만약 미쳤거나, 어리석거나, 마음이 어지러운 자는 무죄이다.
이러한 까닭으로 설하였노라.
음식을 들이마시면서 먹지 않는 것을 마땅히 배울지니라.

세존께서는 사위성에 머무셨으며, 자세한 설명은 앞에서와 같다.
그때 어느 거사가 정사의 가운데에 나아가서 공양을 베풀어 승가에게 음식을 주었다. 이때 육군비구들이 음식을 삼키면서 꿀꺽꿀꺽하는 소리를 지었으므로 세상 사람들에게 비난받았다.
"어찌하여 사문 석자들은 낙타·소·나귀와 같이 음식을 먹으면서 꿀꺽꿀꺽하는 소리를 짓는가? 이렇게 무너지고 패배한 사람에게 무슨 도가 있겠는가?"
여러 비구들이 이 인연으로써 가서 세존께 아뢰었고, 세존께서는 말씀하셨다.
"육군비구들을 불러오라."
왔으므로, 세존께서는 물으셨다.
"그대들이 진실로 그러하였는가?"
대답하여 말하였다.
"진실로 그렇습니다."
세존께서 말씀하셨다.
"오늘부터는 완전히 삼키면서 먹을 수 없느니라."
세존께서는 여러 비구들에게 알리셨다.
"사위성을 의지하여 머무르는 비구들을 모두 모이게 하라. 열 가지의 이익을 까닭으로써 여러 비구들을 위하여 계율을 제정하겠나니, 나아가 이미 들었던 자들도 마땅히 거듭하여 들을지니라. 완전히 삼키면서 먹지 않는 것을 마땅히 배울지니라."
음식을 완전히 삼켜서 꿀꺽거리는 소리를 짓지 못한다. 만약 비구가 목구멍의 병으로 소리를 짓는다면 무죄이다. 만약 목구멍이 건조(乾燥)하다면 마땅히 물로써 통하게 하고 그러한 뒤에 삼켜서 먹어야 한다. 만약 여러 근이 방자하여서 완전히 삼키면서 먹는 자는 학법을 어기는 것이고, 만약 미쳤거나, 어리석거나, 마음이 어지러운 자는 무죄이다.
이러한 까닭으로 설하였노라.
완전히 삼키면서 먹지 않는 것을 마땅히 배울지니라.

세존께서는 사위성에 머무르셨으며, 자세한 설명은 앞에서와 같다.

그때 어느 거사가 정사의 가운데에 나아가서 공양을 베풀어 승가에게 음식을 주었다. 이때 육군비구들이 음식을 떨어뜨리고 먹었는데, 절반은 입에 들어갔고 절반은 땅에 떨어졌으므로 세상 사람들에게 비난받았다.

"어찌하여 사문 석자들은 방일한 사람과 같이 음식을 떨어뜨리면서 먹는가? '대덕이여. 이 음식은 어느 종류의 금전도 없이 지었다고 생각합니까? 나는 아내와 자식의 몫을 빼앗아 보시하면서 복을 구하고 있고, 이러한 하나의 낱알을 헤아려도 온갖 공력이 나아가 성취되었으니, 마땅히 모두 먹어야 합니다. 무슨 까닭으로 땅에 버립니까?'라고 물어 말하는구나. 이렇게 무너지고 패배한 사람에게 무슨 도가 있겠는가?"

여러 비구들이 이 인연으로써 가서 세존께 아뢰었고, 세존께서는 말씀하셨다.

"육군비구들을 불러오라."

왔으므로, 세존께서는 물으셨다.

"그대들이 진실로 그러하였는가?"

대답하여 말하였다.

"진실로 그렇습니다."

세존께서 말씀하셨다.

"오늘부터는 음식을 떨어뜨리면서 먹을 수 없느니라."

세존께서는 여러 비구들에게 알리셨다.

"사위성을 의지하여 머무르는 비구들을 모두 보이게 하라. 열 가지의 이익을 까닭으로써 여러 비구들을 위하여 계율을 제정하겠나니, 나아가 이미 들었던 자들도 마땅히 거듭하여 들을지니라. 음식을 떨어뜨리면서 먹지 않는 것을 마땅히 배울지니라."

음식을 받는 때에는 한 알이라도 땅에 떨어뜨릴 수 없다. 만약 정인(淨人)이 쏟았던 때에는 땅에 떨어뜨려도 무죄이지만, 음식이 입에 있는 때에는 땅에 떨어뜨릴 수 없다. 잘못하여 땅에 떨어졌다면 무죄이다. 만약 물고기·고기·과일·열매·사탕수수를 먹는 때에 껍질·씨·찌꺼기·뼈 등을 제멋대로 땅에 버릴 수 없나니, 마땅히 발의 주변에 모아야 한다.

만약 여러 근이 방자하여서 음식의 조각을 땅에 떨어뜨리면서 먹는 자는 학법을 어기는 것이고, 만약 미쳤거나, 어리석거나, 마음이 어지러운 자는 무죄이다.

이러한 까닭으로 설하였노라.

음식을 땅에 떨어뜨리면서 먹지 않는 것을 마땅히 배울지니라.

세존께서는 사위성에 머무셨으며, 자세한 설명은 앞에서와 같다.

그때 어느 거사가 정사의 가운데에 나아가서 공양을 베풀어 승가에게 음식을 주었다. 이때 육군비구들이 손을 흔들면서 음식을 먹었고, 나란히 앉은 비구의 옷을 더럽혔으므로 나란히 앉은 비구가 곧 물었다.

"장로여. 무슨 까닭으로 손을 흔듭니까? 지네나 벌이나 전갈에게 물렸습니까?"

여러 비구들이 이 인연으로써 가서 세존께 아뢰었고, 세존께서는 말씀하셨다.

"육군비구들을 불러오라."

왔으므로, 세존께서는 물으셨다.

"그대들이 진실로 그러하였는가?"

대답하여 말하였다.

"진실로 그렇습니다."

세존께서 말씀하셨다.

"오늘부터는 손을 흔들면서 먹을 수 없느니라."

세존께서는 여러 비구들에게 알리셨다.

"사위성을 의지하여 머무르는 비구들을 모두 모이게 하라. 열 가지의 이익을 까닭으로써 여러 비구들을 위하여 계율을 제정하겠나니, 나아가 이미 들었던 자들도 마땅히 거듭하여 들을지니라. 손을 흔들면서 먹지 않는 것을 마땅히 배울지니라."

만약 손을 흔들면서 음식을 먹는 때에 옆의 자리를 향하여 손을 흔들

수 없고, 만약 손으로 음식을 잡았다면 마땅히 자기를 향하여 흔들어야 하며, 만약 발우의 가운데서는 털어낼 수 있다. 만약 여러 근이 방자하여서 손을 흔들면서 먹는 자는 학법을 어기는 것이고, 만약 미쳤거나, 어리석거나, 마음이 어지러운 자는 무죄이다.

이러한 까닭으로 설하였노라.

손을 흔들면서 먹지 않는 것을 마땅히 배울지니라.

세존께서는 사위성에 머무셨으며, 자세한 설명은 앞에서와 같다.

그때 어느 거사가 정사의 가운데에 나아가서 공양을 베풀어 승가에게 음식을 주었다. 이때 육군비구들이 싫어하는 마음으로 나란히 앉아서 발우를 바라보았고 만약 적다면 곧 말하였다.

"올바르고 검소하며 스스로가 절제하는구려. 만약 배불러서 소용이 없다면 나에게 주시오."

만약 큰 발우를 잡은 자라면 다시 말하였다.

"쯧쯧. 이렇게 음식을 탐하는 사람의 발우이구려. 큰 가마솥과 같으니, 단월이 공양하는 것을 곧 채운다면 우리들의 나머지 사람은 마땅히 다시 무엇을 얻겠소?"

여러 비구들이 이 인연으로써 가서 세존께 아뢰었고, 세존께서는 말씀하셨다.

"육군비구들을 불러오라."

왔으므로, 세존께서는 물으셨다.

"그대들이 진실로 그러하였는가?"

대답하여 말하였다.

"진실로 그렇습니다."

세존께서 말씀하셨다.

"오늘부터는 싫어하는 마음으로 앉은 비구의 발우를 바라볼 수 없느니라."

세존께서는 여러 비구들에게 알리셨다.

"사위성을 의지하여 머무르는 비구들을 모두 모이게 하라. 열 가지의 이익을 까닭으로써 여러 비구들을 위하여 계율을 제정하겠나니, 나아가 이미 들었던 자들도 마땅히 거듭하여 들을지니라. 싫어하는 마음으로 앉은 비구의 발우를 바라보지 않는 것을 마땅히 배울지니라."

'싫어하는 마음으로 앉은 비구의 발우를 바라볼 수 없다.'는 만약 감식인이 "음식을 어느 곳에서 얻었고, 어느 곳에서 얻지 못하였다."라고 보았다면, 보았더라도 무죄이다. 만약 공행제자이거나, 만약 의지제자가 병이 있어서 그의 발우 안을 바라보고서 "이것은 병에 마땅한 음식인가?"라고 보았다면, 보았더라도 무죄이다. 만약 "상좌와 하좌가 얻었는가?"라고 보았더라도 무죄이다.

만약 여러 근이 방자하여서 싫어하는 마음으로 앉은 비구의 발우를 바라보는 자는 학법을 어기는 것이고, 만약 미쳤거나, 어리석거나, 마음이 어지러운 자는 무죄이다.

이러한 까닭으로 설하였노라.

싫어하는 마음으로 앉은 비구의 발우를 바라보지 않는 것을 마땅히 배울지니라.

세존께서는 사위성에 머무르셨으며, 자세한 설명은 앞에서와 같다.

그때 어느 거사가 정사의 가운데에 나아가서 공양을 베풀어 승가에게 음식을 주었다. 이때 어느 비구가 발우를 앞에 놓아두고 뒤를 돌아보면서 비구와 함께 말하였는데, 육군비구들이 발우를 취하여 다른 곳에 놓아두었다. 음식을 돌리는 차례에 이르렀고 자기 발우가 보이지 않아서 땅을 더듬었고 손이 더럽혀져서 단월을 쫓아서 물을 구하여 손을 씻었다. 이때 단월이 음식 광주리를 버려두고서 땅에 주저앉아 싫어하며 말하였다.

"나는 집안일을 그만두고 복을 닦고자 승가께 공양하였으므로 승가는 마땅히 가지런하게 모여서 음식을 받아야 하는데, 지금, 음식을 돌리는 때에 비로소 물을 구하여 손을 씻는구나. 출가인은 마땅히 단정한 마음으로 발우와 음식을 관찰해야 하는데, 이렇게 무너지고 패배한 사람에게 무슨 도가 있겠는가?"

여러 비구들이 이 인연으로써 가서 세존께 아뢰었고, 세존께서는 말씀하셨다.

"육군비구들을 불러오라."

왔으므로, 세존께서는 물으셨다.

"그대들이 진실로 그러하였는가?"

대답하여 말하였다.

"진실로 그렇습니다."

세존께서 말씀하셨다.

"오늘부터는 마땅히 단정한 마음으로 발우와 음식을 관찰해야 하느니라."

세존께서는 여러 비구들에게 알리셨다.

"사위성을 의지하여 머무르는 비구들을 모두 모이게 하라. 열 가지의 이익을 까닭으로써 여러 비구들을 위하여 계율을 제정하겠나니, 나아가 이미 들었던 자들도 마땅히 거듭하여 들을지니라. 단정한 마음으로 발우와 음식을 관찰하는 것을 마땅히 배울지니라."

'단정한 마음으로 발우를 관찰하다.'는 발우를 앞에 놓아두고서 앉은 비구와 함께 말할 수 없다. 만약 인연이 있어서 좌우의 사람들과 함께 말이 필요하다면, 왼손으로 발우 위를 만져야 하고, 만약 음식을 돌리는 사람이 세 번째의 사람에게 이른 때라면, 마땅히 발우를 씻고 미리 들고서 이르는 것을 기다려야 한다. 만약 여러 근이 방자하여서 단정한 마음으로 발우와 음식을 관찰함을 배우지 않는 자는 학법을 어기는 것이고, 만약 미쳤거나, 어리석거나, 마음이 어지러운 자는 무죄이다.

이러한 까닭으로 설하였느니라.

단정한 마음으로 발우와 음식을 관찰하는 것을 마땅히 배울지니라.

세존께서는 사위성에 머무셨으며, 자세한 설명은 앞에서와 같다.

그때 어느 거사가 정사의 가운데에 나아가서 공양을 베풀어 승가에게 음식을 주었다. 이때 육군비구들이 밥을 요구하였고 국을 요구하였으므로 단월에게 비난받았다.

"어찌하여 사문 석자들은 음식을 주는데 밥을 요구하고 국을 요구하는가? '존자여. 내가 스스로의 뜻으로 음식을 주는데 무슨 까닭으로 부르면서 요구합니까?'라고 물어 말하는구나."

여러 비구들이 이 인연으로써 가서 세존께 아뢰었고, 세존께서는 말씀하셨다.

"육군비구들을 불러오라."

왔으므로, 세존께서는 물으셨다.

"그대들이 진실로 그러하였는가?"

대답하여 말하였다.

"진실로 그렇습니다."

세존께서 말씀하셨다.

"오늘부터는 음식을 요구하는 것을 허락하지 않겠노라."

다시 다음으로 세존께서는 가유라위국의 석씨정사에 머무르셨다. 여래·응공·정변지께서는 다섯 가지 일의 이익을 까닭으로 5일에 한 번을 여러 비구들의 방을 다니셨는데, 한 병든 비구가 여위고 수척하며 마비되고 초췌한 것을 보셨다. 세존께서는 아시면서도 일부러 물으셨다.

"비구여. 그대의 병은 어떠한가?"

대답하여 말하였다.

"세존이시여. 저는 병으로 고통받아 쾌적(快適)하지 않습니다."

세존께서 말씀하셨다.

"그대는 능히 병에 따른 음식을 찾지 않았고, 병에 따른 약을 찾지 않았는가?"

대답하여 말하였다.

"세존께서 계율을 제정하시어 음식을 요구하는 것을 허락하지 않으셨습니다."
　세존께서 말씀하셨다.
　"오늘부터는 병든 비구가 음식을 요구하는 것을 허락하겠노라."
　세존께서는 여러 비구들에게 알리셨다.
　"사위성을 의지하여 머무르는 비구들을 모두 모이게 하라. 열 가지의 이익을 까닭으로써 여러 비구들을 위하여 계율을 제정하겠나니, 나아가 이미 들었던 자들도 마땅히 거듭하여 들을지니라. 병이 없는데 자기를 위하여 음식을 요구하지 않는 것을 마땅히 배울지니라."
　병이 없는데 자기를 위하여 밥과 국을 요구할 수 없다. 만약 병으로 국이 많이 필요하여 요구하였다면 무죄이다. 만약 여러 근이 방자하여서 자기를 위하여 음식을 요구하는 자는 학법을 어기는 것이고, 만약 미쳤거나, 어리석거나, 마음이 어지러운 자는 무죄이다.
　이러한 까닭으로 설하였노라.
　자기를 위하여 음식을 요구하지 않는 것을 마땅히 배울지니라.

　세존께서는 사위성에 머무셨으며, 자세한 설명은 앞에서와 같다.
　그때 어느 거사가 정사의 가운데에 나아가서 공양을 베풀어 승가에게 음식을 주었다. 이때 육군비구들이 먼저 어육의 국을 받고서 뒤에 밥으로써 위를 덮었으므로 감식인(監食人)이 보고서 곧 물어 말하였다.
　"장로여. 어육의 국을 얻었습니까?"
　대답하여 말하였다.
　"장수여. 그대가 색깔을 본다면 스스로 알 것이오. 무슨 까닭으로 다시 묻는 것이오?"
　감식인이 음식을 돌리는 사람에게 물었다.
　"어찌하여 이 가운데에서 어육의 국을 주지 않았습니까?"
　대답하여 말하였다.
　"누가 이 가운데에서 얻지 못하였습니까?"
　또한 말하였다.

"나는 이미 주었습니다. 무슨 까닭으로 얻지 못하였다고 말합니까?"
여러 비구들이 이 인연으로써 가서 세존께 아뢰었고, 세존께서는 말씀하셨다.
"육군비구들을 불러오라."
왔으므로, 세존께서는 물으셨다.
"그대들이 진실로 그러하였는가?"
대답하여 말하였다.
"진실로 그렇습니다."
세존께서 말씀하셨다.
"오늘부터는 밥으로써 국을 덮고서 다시 얻는 것을 바랄 수 없느니라."
세존께서는 여러 비구들에게 알리셨다.
"사위성을 의지하여 머무르는 비구들을 모두 모이게 하라. 열 가지의 이익을 까닭으로써 여러 비구들을 위하여 계율을 제정하겠나니, 나아가 이미 들었던 자들도 마땅히 거듭하여 들을지니라. 밥으로써 국을 덮고서 다시 얻는 것을 바라지 않는 것을 마땅히 배울지니라."
만약 비구가 앉아서 음식을 맞이하면서 옷을 더럽혀지는 것을 염려하는 자는 모두 덮지 않을 것이고 마땅히 한쪽을 드러내야 한다. 만약 일체를 덮었고 앞의 사람이 "국을 얻었습니까?"라고 물었다면, 마땅히 "이미 얻었습니다"라고 대답해야 한다.
만약 여러 근이 방자하여서 밥으로써 국을 덮고서 다시 얻는 것을 바라는 자는 학법을 어기는 것이고, 만약 미쳤거나, 어리석거나, 마음이 어지러운 자는 무죄이다.
이러한 까닭으로 설하였노라.
밥으로써 국을 덮고서 다시 얻는 것을 바라지 않는 것을 마땅히 배울지니라.

세존께서는 사위성에 머무셨으며, 자세한 설명은 앞에서와 같다. 그때 어느 거사가 정사의 가운데에 나아가서 공양을 베풀어 승가에게 음식을 주었다. 이때 육군비구들이 기름이 묻은 손으로 마시는 그릇을 잡았으므로 앉은 비구들이 싫어하면서 받지 않았다.

여러 비구들이 이 인연으로써 가서 세존께 아뢰었고, 세존께서는 말씀하셨다.

"육군비구들을 불러오라."

왔으므로, 세존께서는 물으셨다.

"그대들이 진실로 그러하였는가?"

대답하여 말하였다.

"진실로 그렇습니다."

세존께서 말씀하셨다.

"오늘부터는 기름이 묻은 손으로 마시는 그릇을 잡을 수 없느니라."

세존께서는 여러 비구들에게 알리셨다.

"사위성을 의지하여 머무르는 비구들을 모두 모이게 하라. 열 가지의 이익을 까닭으로써 여러 비구들을 위하여 계율을 제정하겠나니, 나아가 이미 들었던 자들도 마땅히 거듭하여 들을지니라. 기름이 묻은 손으로 마시는 그릇을 잡지 않는 것을 마땅히 배울지니라."

'기름이 묻은 손으로 마시는 그릇을 잡을 수 없다.'는 비구가 음식 먹는 때에는 마땅히 왼손을 보호하여 깨끗하게 하고, 마땅히 오른손으로써 마시는 그릇을 받아서 입술을 버티면서 마셔야 하며, 입안에 깊게 그릇의 테두리를 머금을 수 없고, 역시 그릇의 테두리가 코와 이마에 접촉할 수 없으며, 모두 마실 수 없고 마땅히 조금은 입에 닿았던 것을 남겨두어야 하며, 쏟아서 버린다면 다시 물로서 씻어야 한다.

다음으로 돌려서 하좌에게 주면서, 만약 왼손이 부스럼병인 자는 오른손으로 발우의 테두리 위를 잡고서 대략적으로 기름때를 버리고 깨끗한 물로 씻어야 하며, 만약 물이 깨끗하지 않다면 나뭇잎으로써 불을 받쳐서 취하여 마셔야 하는데, 앞에서의 설명과 같다. 만약 여러 근이 방자하여서 기름이 묻은 손으로 마시는 그릇을 잡는 자는 학법을 어기는 것이고, 만약 미쳤거나, 어리석거나, 마음이 어지러운 자는 무죄이다.

이러한 까닭으로 설하였노라.
기름이 묻은 손으로 마시는 그릇을 잡지 않는 것을 마땅히 배울지니라.

세존께서는 사위성에 머무셨으며, 자세한 설명은 앞에서와 같다.
그때 어느 장자가 정사의 가운데에 나아가서 승가께 음식을 주었다. 이때 육군비구들이 발우의 가운데에 남은 음식과 국을 땅에 버렸으므로 단월이 보고서 비난하여 말하였다.
"존자여. 이 음식은 어느 종류의 금전도 없이 지었다고 생각합니까? 나는 아내와 자식의 몫을 빼앗아 복을 위한 까닭이었고, 한 낱알에도 100가지의 공력이 있는데, 어찌하여 땅에 쏟아 버립니까? 이렇게 무너지고 패배한 사람에게 무슨 도가 있겠는가?"
여러 비구들이 이 인연으로써 가서 세존께 아뢰었고, 세존께서는 말씀하셨다.
"육군비구들을 불러오라."
왔으므로, 세존께서는 물으셨다.
"그대들이 진실로 그러하였는가?"
대답하여 말하였다.
"진실로 그렇습니다."
세존께서 말씀하셨다.
"오늘부터는 발우의 가운데에 남은 음식을 땅에 쏟을 수 없느니라."
세존께서는 여러 비구들에게 알리셨다.
"사위성을 의지하여 머무르는 비구들을 모두 모이게 하라. 열 가지의 이익을 까닭으로써 여러 비구들을 위하여 계율을 제정하겠나니, 나아가 이미 들었던 자들도 마땅히 거듭하여 들을지니라. 발우의 가운데에 남은 음식을 땅에 버리지 않는 것을 마땅히 배울지니라."
'발우 가운데 남은 음식을 땅에 버릴 수 없다.'는 음식을 먹는 때에 마땅히 배를 채우게 취하고 많이 받을 수 없는 것이다. 만약 정인이 갑자기 많이 주었다면 먹지 않은 때에 마땅히 나란히 앉은 사람에게 덜어서 주어야 하고, 만약 나란히 앉은 사람이 취하지 않았다면 마땅히 사미이거나, 또한 원민(園民)에게 주어야 하며, 만약 발우를 씻는 때에도 한 낱알이라도 땅에 쏟을 수 없다. 만약 남은 것이 있다면 마땅히 모아서 판자의 위나 나뭇잎 위에 놓아두어야 한다. 만약 미세한 낱알이거나, 만약 미숫가루이어서 모을 수 없다면 무죄이다.

만약 여러 근이 방자하여서 발우의 가운데에 남은 음식을 땅에 쏟는 자는 학법을 어기는 것이고, 만약 미쳤거나, 어리석거나, 마음이 어지러운 자는 무죄이다.

이러한 까닭으로 설하였노라.

발우의 가운데에 남은 음식을 땅에 쏟지 않는 것을 마땅히 배울지니라.

닦는 것과 핥는 것과 빠는 것과 소리를 짓는 것과
꿀꺽 삼키는 것과 아울러 낱알을 떨어뜨리는 것과
손을 흔드는 것과 남의 발우를 바라보는 것과
단정한 마음과 자기를 위하여 요구하는 것과
국을 덮는 것과 기름이 묻은 손과 버리는 것 등이 있다.

[네 번째의 발거를 마친다.]

세존께서는 비사리성에 머무셨으며, 자세한 설명은 앞에서와 같다.

그때 난타와 우파난타가 서 있으며 앉아 있는 리차(梨車) 동자를 위하여 설법하였으므로 세상 사람들에게 비난받았다.

"어찌하여 사문 석자들은 그 광대(伎人)와 같이 서 있으며 앉아 있는 사람을 위하여 설법하는가? 이렇게 무너지고 패배한 사람에게 무슨 도가 있겠는가? 이 동자는 공경하는 마음이 없어서 이와 같은 미묘한 법을 설하는 때에 마땅히 걸상을 주어서 앉게 해야 하는데, 어찌하여 앉아서 들으면서 그에게 서 있으며 설법하게 하는가?"

여러 비구들이 이 인연으로써 가서 세존께 아뢰었고, 세존께서는 말씀하셨다.

"난타와 우파난타를 불러오라."

왔으므로, 세존께서는 물으셨다.

"그대들이 진실로 그러하였는가?"

대답하여 말하였다.

"진실로 그렇습니다."

세존께서 말씀하셨다.

"그대들은 어찌하여 병이 없이 앉아 있는 사람을 위하여 서 있으며 설법하였는가? 오늘부터는 서 있으며 앉아 있는 사람을 위하여 설법할 수 없느니라."

세존께서는 여러 비구들에게 알리셨다.

"비사리성을 의지하여 머무르는 비구들을 모두 모이게 하라. 열 가지의 이익을 까닭으로써 여러 비구들을 위하여 계율을 제정하겠나니, 나아가 이미 들었던 자들도 마땅히 거듭하여 들을지니라. 사람이 앉아 있고 비구가 서 있다면 병든 자를 제외하고서 설법하지 않는 것을 마땅히 배울지니라."

'병든 자'는 세존께서 무죄라고 말씀하셨다.

'설하다.'는 앞의 사람을 위하여 그 뜻을 열어서 해석하고 분별하며 연설하여 설한 것과 같이 수행하도록 하려는 것이다.

'법'은 세존께서 설하신 것과 세존께서 인가하신 것이다.

'세존께서 설하신 것'은 여래·응공·정변지께서 스스로가 말씀하신 것이다.

'세존께서 인가하신 것'은 성문 제자들이 말한 것을 세존께서 옳다고 찬탄하신 것이니, 이것을 인가라고 이름한다.

서 있으며 앉은 사람을 위하여 설법할 수 없으나, 앞 사람이 병자라면 무죄이다. 만약 비구가 탑사(塔事)를 위하였거나, 승사(僧事)를 위하여 왕에게 나아갔거나, 만약 지주(地主)에게 나아갔는데, 그들이 "비구여,

나를 위하여 설법하십시오."라고 말하였다면, 그들에게 '일어나시오.'라고 말할 수 없나니, 의심이 생겨남이 두려운 까닭이다. 만약 그 주변에 서 있는 사람이 있었고, 곧 서 있는 사람들을 위하여 설법한다고 뜻을 지었다면 왕이 비록 들었더라도 무죄이다.

만약 여러 근이 방자하여서 서 있으며 병이 없이 앉은 사람을 위하여 설법하는 자는 학법을 어기는 것이고, 만약 미쳤거나, 어리석거나, 마음이 어지러운 자는 무죄이다.

이러한 까닭으로 설하였노라.

사람이 앉아 있었다면 병자를 제외하고 서 있으며 설법하지 않는 것을 마땅히 배울지니라.

세존께서는 비사리성에 머무셨으며, 자세한 설명은 앞에서와 같다.
그때 난타와 우파난타가 앉아서 누워있는 사람을 위하여 설법하였으므로 세상 사람들에게 비난받았다.

"어찌하여 사문 석자들은 광대와 같이 앉아서 누워있는 사람을 위하여 설법하는가? 이렇게 무너지고 패배한 사람에게 무슨 도가 있겠는가? 이렇게 법을 듣는 사람은 공경심이 없어서 이와 같은 미묘한 법을 설하는 때에 어찌하여 누워서 듣는가?"

여러 비구들이 이 인연으로써 가서 세존께 아뢰었고, 세존께서는 말씀하셨다.

"난타와 우파난타를 불러오라."

왔으므로, 세존께서는 물으셨다.

"그대들이 진실로 그러하였는가?"

대답하여 말하였다.

"진실로 그렇습니다."

세존께서 말씀하셨다.

"그대들은 어찌하여 앉아서 누워있는 사람을 위하여 설법하였는가? 오늘부터는 앉아서 병자를 제외하고 누워있는 사람을 위하여 설법할 수 없느니라."
　세존께서는 여러 비구들에게 알리셨다.
　"비사리성을 의지하여 머무르는 비구들을 모두 모이게 하라. 열 가지의 이익을 까닭으로써 여러 비구들을 위하여 계율을 제정하겠나니, 나아가 이미 들었던 자들도 마땅히 거듭하여 들을지니라. 사람이 누워있고 비구는 앉았다면 병든 자는 제외하고서 설법하지 않는 것을 마땅히 배울지니라."
　'병든 자'는 세존께서 무죄라고 말씀하셨다.
　'설법'은 앞의 설명과 같다.
　만약 비구가 탑사를 위하였거나, 승사를 위하여, 만약 왕에게 나아갔거나, 만약 지주에게 나아갔는데, 그들이 "비구여. 나를 위하여 설법하십시오."라고 말하였는데, 그들에게 '일어나시오.'라고 말할 수 없나니, 의심이 생겨남이 두려운 까닭이다. 만약 그 주변에 앉아 있는 사람이 있었고, 마땅히 앉아 있는 사람들을 위하여 설법하였다면 왕이 비록 들었더라도 무죄이다.
　만약 여러 근이 방자하여서 앉아서 누워있는 사람을 위하여 설법하는 자는 학법을 어기는 것이고, 만약 미쳤거나, 어리석거나, 마음이 어지러운 자는 무죄이다.
　이러한 까닭으로 설하였노라.
　사람이 누워있고 비구는 앉았다면 병든 자는 제외하고서 설법하지 않는 것을 마땅히 배울지니라.

　세존께서는 비사리성에 머무셨으며, 자세한 설명은 앞에서와 같다.
　그때 난타와 우파난타가 작고 낮은 평상에 앉아서 높은 평상 위에 있는 군대의 장수들을 위하여 설법하였으므로 세상 사람들에게 비난받았다.
　"어찌하여 사문 석자들은 광대와 같이 스스로가 작고 낮은 평상에 앉아서 높은 평상 위의 사람을 위하여 설법하는가? 이렇게 무너지고 패배한 사람에게 무슨 도가 있겠는가? 또한 이 군대의 장수는 공경심이 없어서 이렇게 미묘한 법을 듣는 때에 어찌하여 스스로가 높은 평상에 앉고 비구에게 낮고 작은 평상에 앉아서 설법하게 하는가?"
여러 비구들이 이 인연으로써 가서 세존께 아뢰었고, 세존께서는 말씀하셨다.
"난타와 우파난타를 불러오라."
왔으므로, 세존께서는 물으셨다.
"그대들이 진실로 그러하였는가?"
대답하여 말하였다.
"진실로 그렇습니다."
세존께서 말씀하셨다.
"그대들은 어찌하여 낮은 평상의 아래에 앉아서 높은 평상 위의 사람을 위하여 설법하였는가? 오늘부터는 사람이 높은 평상의 위에 있고 비구가 낮은 평상에 있었다면 병자를 제외하고 설법할 수 없느니라."
세존께서는 여러 비구들에게 알리셨다.
"비사리성을 의지하여 머무르는 비구들을 모두 모이게 하라. 열 가지의 이익을 까닭으로써 여러 비구들을 위하여 계율을 제정하겠나니, 나아가 이미 들었던 자들도 마땅히 거듭하여 들을지니라. 사람이 높은 평상 위에 있고 비구가 낮은 평상에 있었다면 병자를 제외하고 설법하지 않는 것을 마땅히 배울지니라."
'낮은 평상'은 두 종류가 있으니, 첫째는 하(下)의 평상이라면 낮다고 이름하고, 둘째는 거칠고 낡았다면 역시 낮다고 이름한다.
'높은 평상'은 두 종류가 있으니, 첫째는 높고 크다면 높다고 이름하고, 둘째는 묘하고 좋다면 역시 높다고 이름한다.
'병든 자'는 세존께서 무죄라고 말씀하셨다.
'설법'은 앞의 설명과 같다.
낮은 평상에 앉아서 높은 평상 위에 앉은 사람을 위하여 설법할 수 없고, 병든 자라면 무죄이다. 만약 비구가 탑사를 위하였거나, 승사를

위하여, 만약 왕에게 나아갔거나, 만약 지주에게 나아갔는데, 그들이
"비구여. 나를 위하여 설법하십시오."라고 말하였는데, 그때에 '자리를
바꾸어 일어나시오.'라고 말할 수 없나니, 의심이 생겨남이 두려운 까닭이
다. 만약 주변에 낮은 사람이 있었고, 마땅히 낮은 사람을 위하여 설법하겠
다고 마음을 지었다면 왕이 비록 들었더라도 무죄이다.

만약 여러 근이 방자하여서 낮은 평상에 있으면서 높은 평상의 사람을
위하여 설법하는 자는 학법을 어기는 것이고, 만약 미쳤거나, 어리석거나,
마음이 어지러운 자는 무죄이다.

이러한 까닭으로 설하였노라.

사람이 높은 평상의 위에 있고 비구가 낮은 평상에 있었다면 병자를
제외하고 설법하지 않는 것을 마땅히 배울지니라.

세존께서는 비사리성에 머무셨으며, 자세한 설명은 앞에서와 같다.

그때 난타와 우파난타가 가죽신을 신은 리차 동자를 위하여 설법하였으
므로 세상 사람들에게 비난받았다.

"어찌하여 사문 석자들은 광대와 같이 가죽신을 신은 사람을 위하여
설법하는가? 이렇게 무너지고 패배한 사람에게 무슨 도가 있겠는가?
그리고 이 동자는 미묘한 법을 듣는 때에 공경심이 없어서 가죽신을
벗지 않고 설법을 듣는구나!"

여러 비구들이 이 인연으로써 가서 세존께 아뢰었고, 세존께서는 말씀
하셨다.

"난타와 우파난타를 불러오라."

왔으므로, 세존께서는 물으셨다.

"그대들이 진실로 그러하였는가?"

대답하여 말하였다.

"진실로 그렇습니다."

세존께서 말씀하셨다.

"그대들은 어찌하여 병이 없는데 가죽신을 신은 사람을 위하여 설법하

였는가? 오늘부터는 가죽신을 신었다면 병자를 제외하고 설법할 수 없느니라."

세존께서는 여러 비구들에게 알리셨다.

"비사리성을 의지하여 머무르는 비구들을 모두 모이게 하라. 열 가지의 이익을 까닭으로써 여러 비구들을 위하여 계율을 제정하겠나니, 나아가 이미 들었던 자들도 마땅히 거듭하여 들을지니라. 가죽신을 신었다면 병자를 제외하고 설법하지 않는 것을 마땅히 배울지니라."

'가죽신'은 만약 하나를 겹쳤거나, 두 개를 겹친 것이다.

'설법'은 앞의 설명과 같다.

병이 없이 가죽신을 신은 사람을 위하여 설법할 수 없고, 병든 자는 세존께서 무죄라고 말씀하셨다. 만약 비구가 탑사를 위하였거나, 승사를 위하였거나, 나아가 주변에 정인이 있었고, 마땅히 그 사람을 위하여 설법하겠다고 뜻을 세웠다면, 왕이 들었더라도 무죄이다. 만약 비구가 험한 도로이거나, 두려운 곳에 있었으며, 방위하는 사람이 "존자여. 나를 위하여 설법하십시오."라고 말하였다면, 그가 비록 가죽신을 신었어도 그들을 위하여 설법하였다면 무죄이다.

만약 여러 근이 방자하여서 병이 없이 가죽신을 신은 사람을 위하여 설법하는 자는 학법을 어기는 것이고, 만약 미쳤거나, 어리석거나, 마음이 어지러운 자는 무죄이다.

이러한 까닭으로 설하였노라.

가죽신을 신었다면 병자를 제외하고 실법하시 않는 것을 마땅히 배울지니라.

세존께서는 비사리성에 머무셨으며, 자세한 설명은 앞에서와 같다.

그때 난타와 우파난타가 나막신(木屐)을 신은 리차 동자를 위하여 설법하였으므로 세상 사람들에게 비난받았다.

"어찌하여 사문 석자들은 광대와 같이 가죽신을 신은 사람을 위하여 설법하는가? 이렇게 무너지고 패배한 사람에게 무슨 도가 있겠는가?

그리고 이 동자는 공경심이 없어서 이와 같은 미묘한 법을 듣는 때에 마땅히 나막신을 벗어야 하는데, 어찌하여 나막신을 신고서 설법을 듣는가?"

여러 비구들이 이 인연으로써 가서 세존께 아뢰었고, 세존께서는 말씀하셨다.

"난타와 우파난타를 불러오라."

왔으므로, 세존께서는 물으셨다.

"그대들이 진실로 그러하였는가?"

대답하여 말하였다.

"진실로 그렇습니다."

세존께서 말씀하셨다.

"그대들은 어찌하여 병이 없는데 나막신을 신은 사람을 위하여 설법하였는가? 오늘부터는 나막신을 신었다면 병자를 제외하고 설법할 수 없느니라."

세존께서는 여러 비구들에게 알리셨다.

"비사리성을 의지하여 머무르는 비구들을 모두 모이게 하라. 열 가지의 이익을 까닭으로써 여러 비구들을 위하여 계율을 제정하겠나니, 나아가 이미 들었던 자들도 마땅히 거듭하여 들을지니라. 나막신을 신었다면 병자를 제외하고 설법하지 않는 것을 마땅히 배울지니라."

'병든 자'는 세존께서 무죄라고 말씀하셨다.

'신(屣)'은 열네 종류가 있으니, 금신(金屣)·은신(銀屣)·마니신(摩尼屣)·상아신(牙屣)·나막신(木屣)·다라신(多羅屣)·가죽신(皮屣)·흠바라신(欽婆羅屣)·연신(緂屣)·억새신(芒屣)·나무껍질신(樹皮屣)·파가신(婆迦屣)·풀신(草屣) 등이다. 이와 같은 여러 가지의 신발을 신발이라고 이름한다.

'설법'은 앞의 설명과 같다.

만약 비구가 탑사를 위하였거나, 승사를 위하여, 만약 왕에게 나아갔거나, 만약 지주에게 나아갔는데, 그들이 "비구여. 나를 위하여 설법하십시오."라고 말하였는데, 그들에게 '신발을 벗으시오.'라고 말할 수 없나니,

의심이 생겨남이 두려운 까닭이다. 만약 주변에 정인이 있었고, 마땅히 정인을 위하여 설법하겠다고 마음을 지었다면 왕이 비록 들었더라도 무죄이다.

만약 여러 근이 방자하여서 병이 없이 나막신을 신은 사람을 위하여 설법하는 자는 학법을 어기는 것이고, 만약 미쳤거나, 어리석거나, 마음이 어지러운 자는 무죄이다.

이러한 까닭으로 설하였노라.

나막신을 신었다면 병자를 제외하고 설법하지 않는 것을 마땅히 배울지니라.

세존께서는 비사리성에 머무셨으며, 자세한 설명은 앞에서와 같다.

그때 난타와 우파난타가 머리를 덮은 리차 동자를 위하여 설법하였으므로 세상 사람들에게 비난받았다.

"어찌하여 사문 석자들은 광대와 같이 머리를 덮은 사람을 위하여 설법하는가? 이렇게 무너지고 패배한 사람에게 무슨 도가 있겠는가? 그리고 이 동자는 공경심이 없어서 이와 같은 미묘한 법을 들는 때에 마땅히 머리를 덮은 것을 없애야 하는데, 어찌하여 머리를 덮고서 법을 듣는가?"

여러 비구들이 이 인연으로써 가서 세존께 아뢰었고, 세존께서는 말씀하셨다.

"난타와 우파난타를 불러오라."

왔으므로, 세존께서는 물으셨다.

"그대들이 진실로 그러하였는가?"

대답하여 말하였다.

"진실로 그렇습니다."

세존께서 말씀하셨다.

"그대들은 어찌하여 병이 없는데 머리를 덮은 사람을 위하여 설법하였는가? 오늘부터는 머리를 덮었다면 병자를 제외하고 설법할 수 없느니라."

세존께서는 여러 비구들에게 알리셨다.

"비사리성을 의지하여 머무르는 비구들을 모두 모이게 하라. 열 가지의 이익을 까닭으로써 여러 비구들을 위하여 계율을 제정하겠나니, 나아가 이미 들었던 자들도 마땅히 거듭하여 들을지니라. 머리를 덮었다면 병자를 제외하고 설법하지 않는 것을 마땅히 배울지니라."

'병든 자'는 세존께서 무죄라고 말씀하셨다.

'머리를 덮다.'는 일체의 머리를 덮은 것이다.

'설법'은 앞의 설명과 같다.

병든 사람을 위하여 머리를 덮었어도 설법하였다면 무죄이다. 만약 비구가 탑사를 위하였거나, 승사를 위하여 왕에게 나아갔거나, 만약 지주에게 나아가는 때에, 나아가 주변에 정인이 있었고, 마땅히 그 사람을 위하여 설법하겠다고 마음을 세웠다면 왕이 비록 들었더라도 무죄이다. 만약 비구가 두려움이 있고 험한 도로를 다니는 때에, 방위하는 사람이 "존자여. 나를 위하여 설법하십시오."라고 말하였다면, 그가 비록 머리를 덮었어도 그를 위하여 설법하였다면 무죄이다.

만약 여러 근이 방자하여서 병이 없이 머리를 덮은 사람을 위하여 설법하는 자는 학법을 어기는 것이고, 만약 미쳤거나, 어리석거나, 마음이 어지러운 자는 무죄이다.

이러한 까닭으로 설하였노라.

머리를 덮었다면 병자를 제외하고 설법하지 않는 것을 마땅히 배울지니라.

세존께서는 비사리성에 머무셨으며, 자세한 설명은 앞에서와 같다.

그때 난타와 우파난타가 머리를 묶은 리차 동자를 위하여 설법하였으므로 세상 사람들에게 비난받았다.

"어찌하여 사문 석자들은 광대와 같이 머리를 묶은 사람을 위하여 설법하는가? 이렇게 무너지고 패배한 사람에게 무슨 도가 있겠는가? 그리고 이 동자는 공경심이 없어서 이와 같은 미묘한 법을 듣는 때에 마땅히 머리를 묶고서 설법을 듣는가?"

여러 비구들이 이 인연으로써 가서 세존께 아뢰었고, 세존께서는 말씀하셨다.

"난타와 우파난타를 불러오라."

왔으므로, 세존께서는 물으셨다.

"그대들이 진실로 그러하였는가?"

대답하여 말하였다.

"진실로 그렇습니다."

세존께서 말씀하셨다.

"그대들은 어찌하여 병이 없는데 머리를 묶은 사람을 위하여 설법하였는가? 오늘부터는 머리를 묶었다면 병자를 제외하고 설법할 수 없느니라."

세존께서는 여러 비구들에게 알리셨다.

"비사리성을 의지하여 머무르는 비구들을 모두 모이게 하라. 열 가지의 이익을 까닭으로써 여러 비구들을 위하여 계율을 제정하겠나니, 나아가 이미 들었던 자들도 마땅히 거듭하여 들을지니라. 머리를 묶었다면 병자를 제외하고 설법하지 않는 것을 마땅히 배울지니라."

'병든 자'는 세존께서 무죄라고 말씀하셨다.

'머리를 묶다.'는 만약 옷으로 묶었거나, 만약 비단으로 묶는 것이다.

'설법'은 앞의 설명과 같다.

병든 사람을 위하여 머리를 묶었어도 설법하였다면 무죄이다. 만약 비구가 탑사를 이하였거나, 승사를 위하여, 만약 왕에게 나이갔기니, 만약 지주에게 나아갔으며, 그들이 "비구여. 나를 위하여 설법하십시오."라고 말하였는데, 그들에게 '머리를 푸시오.'라고 말할 수 없나니, 의심이 생겨남이 두려운 까닭이다. 만약 주변에 정인이 있었고, 마땅히 정인을 위하여 설법하겠다고 마음을 세웠다면 왕이 비록 들었더라도 무죄이다. 만약 비구가 두려움이 있고 험한 도로를 다니는 때에, 방위하는 사람이 "존자여. 나를 위하여 설법하십시오."라고 말하였다면, 그가 비록 머리를 묶었어도 그를 위하여 설법하였다면 무죄이다.

만약 여러 근이 방자하여서 병이 없이 머리를 묶은 사람을 위하여 설법하는 자는 학법을 어기는 것이고, 만약 미쳤거나, 어리석거나, 마음이 어지러운 자는 무죄이다.

이러한 까닭으로 설하였노라.

머리를 묶었다면 병자를 제외하고 설법하지 않는 것을 마땅히 배울지니라.

세존께서는 비사리성에 머무셨으며, 자세한 설명은 앞에서와 같다.

그때 난타와 우파난타가 무릎을 안고 웅크리고 앉은 사람인 리차 동자를 위하여 설법하였으므로 세상 사람들에게 비난받았다.

"어찌하여 사문 석자들은 광대와 같이 무릎을 안고 웅크리고 앉은 사람을 위하여 설법하는가? 이렇게 무너지고 패배한 사람에게 무슨 도가 있겠는가? 그리고 이 동자는 공경심이 없어서 이와 같은 미묘한 법을 듣는 때에 마땅히 여법하게 앉아야 하는데, 어찌하여 무릎을 안고 웅크리고 앉아서 설법을 듣는가?"

여러 비구들이 이 인연으로써 가서 세존께 아뢰었고, 세존께서는 말씀하셨다.

"난타와 우파난타를 불러오라."

왔으므로, 세존께서는 물으셨다.

"그대들이 진실로 그러하였는가?"

대답하여 말하였다.

"진실로 그렇습니다."

세존께서 말씀하셨다.

"그대들은 어찌하여 병이 없는데 무릎을 안고 웅크리고 앉은 사람을 위하여 설법하였는가? 오늘부터는 무릎을 안고 웅크리고 앉았다면 병자를 제외하고 설법할 수 없느니라."

세존께서는 여러 비구들에게 알리셨다.

"비사리성을 의지하여 머무르는 비구들을 모두 모이게 하라. 열 가지의 이익을 까닭으로써 여러 비구들을 위하여 계율을 제정하겠나니, 나아가 이미 들었던 자들도 마땅히 거듭하여 들을지니라. 무릎을 안고서 웅크리고 앉았다면 병자를 제외하고 설법하지 않는 것을 마땅히 배울지니라."

'병든 자'는 세존께서 무죄라고 말씀하셨다.

'무릎을 안다.'는 손으로 안았거나, 옷으로 안았거나, 띠로써 안은 것이다.

'설법'은 앞의 설명과 같다.

병든 사람을 위하여 설법하였다면 무죄이다. 만약 비구가 탑사를 위하였거나, 승사를 위하여 왕에게 나아갔거나, 만약 지주에게 나아가는 때에, 나아가 주변에 정인이 있었고, 마땅히 정인을 위하여 설법하겠다고 마음을 세웠다면 왕이 비록 들었더라도 무죄이다. 만약 비구가 두려움이 있고 험한 도로를 다니는 때에, 방위하는 사람이 "존자여. 나를 위하여 설법하십시오."라고 말하였다면, 그가 비록 무릎을 안고서 웅크리고 앉았어도 그를 위하여 설법하였다면 무죄이다.

만약 여러 근이 방자하여서 병이 없이 무릎을 안고 웅크리고 앉은 사람을 위하여 설법하는 자는 학법을 어기는 것이고, 만약 미쳤거나, 어리석거나, 마음이 어지러운 자는 무죄이다.

이러한 까닭으로 설하였노라.

무릎을 안고 웅크리고 앉았다면 병자를 제외하고 설법하지 않는 것을 마땅히 배울지니라.

세존께서는 비사리성에 머무셨으며, 자세한 설명은 앞에서와 같다.

그때 난타와 우파난타가 다리를 치켜들고 앉은 리차 동자를 위하여 설법하였으므로 세상 사람들에게 비난받았다.

"어찌하여 사문 식자들은 광대와 같이 다리를 치켜들고 앉은 사람을 위하여 설법하는가? 이렇게 무너지고 패배한 사람에게 무슨 도가 있겠는가? 그리고 이 동자는 공경심이 없어서 이와 같은 미묘한 법을 듣는 때에 마땅히 바르게 앉아야 하는데, 어찌하여 다리를 치켜들고 앉아

있는가?"
 여러 비구들이 이 인연으로써 가서 세존께 아뢰었고, 세존께서는 말씀하셨다.
 "난타와 우파난타를 불러오라."
 왔으므로, 세존께서는 물으셨다.
 "그대들이 진실로 그러하였는가?"
 대답하여 말하였다.
 "진실로 그렇습니다."
 세존께서 말씀하셨다.
 "그대들은 어찌하여 병이 없는데 다리를 치켜들고 앉은 사람을 위하여 설법하였는가? 오늘부터는 다리를 치켜들고 앉았다면 병자를 제외하고 설법할 수 없느니라."
 세존께서는 여러 비구들에게 알리셨다.
 "비사리성을 의지하여 머무르는 비구들을 모두 모이게 하라. 열 가지의 이익을 까닭으로써 여러 비구들을 위하여 계율을 제정하겠나니, 나아가 이미 들었던 자들도 마땅히 거듭하여 들을지니라. 다리를 치켜들고 앉았다면 병자를 제외하고 설법하지 않는 것을 마땅히 배울지니라."
 '병든 자'는 세존께서 무죄라고 말씀하셨다.
 '다리를 치켜들다.'는 넓적다리뼈는 넓적다리뼈 위에 붙이고, 무릎은 무릎 위에 붙이며, 팔뚝은 종아리의 위에 붙이고 다리는 발등 위에 붙이는 것이다.
 '설법'은 앞의 설명과 같다.
 병이 없는데 다리를 치켜들고 앉은 사람을 위하여 설법할 수 없으나, 병든 사람을 위하여 설법하였다면 무죄이다. 만약 비구가 탐사를 위하였거나, 승사를 위하여 왕에게 나아갔거나, 만약 지주에게 나아갔으며, 그들이 "비구여. 나를 위하여 설법하십시오."라고 말하였는데, 그들에게 '바르게 앉으시오.'라고 말할 수 없나니, 의심이 생겨남이 두려운 까닭이다. 만약 주변에 정인이 있었고, 마땅히 그 사람을 위하여 설법하겠다고 마음을 지었다면 왕이 비록 들었더라도 무죄이다.
　만약 여러 근이 방자하여서 병이 없이 다리를 치켜들고 앉은 사람을 위하여 설법하는 자는 학법을 어기는 것이고, 만약 미쳤거나, 어리석거나, 마음이 어지러운 자는 무죄이다.
　이러한 까닭으로 설하였노라.
　다리를 치켜들고 앉았다면 병자를 제외하고 설법하지 않는 것을 마땅히 배울지니라.

　　앉은 자와 누운 자를 위하여 설하는 것과
　　높은 평상과 가죽신을 신은 자와
　　나막신을 신은 자와 머리를 덮은 자와
　　머리를 묶은 자와 무릎을 안고 웅크리고 앉는 자와
　　다리를 치켜들고 앉은 자를 위해 설법하지 않는 것이 있다.

[다섯 번째의 발거를 마친다.]

　세존께서는 비사리성에 머무셨으며, 자세한 설명은 앞에서와 같다.
　그때 난타와 우파난타가 칼을 지닌 리차 동자를 위하여 설법하였으므로 세상 사람들에게 비난받았다.
　"어찌하여 사문 석자들은 광대와 같이 칼을 잡은 사람을 위하여 설법하는가? 이렇게 무너지고 패배한 사람에게 무슨 도가 있겠는가? 또한 이 동자는 공경심이 없어서 이와 같은 미묘한 법을 듣는 때에 마땅히 일심으로 합장해야 한다. 어찌하여 백정(屠兒)과 같이 칼을 잡고서 설법을 듣는가?"
　여러 비구들이 이 인연으로써 가서 세존께 아뢰었고, 세존께서는 말씀하셨다.
　"난타와 우파난타를 불러오라."

왔으므로, 세존께서는 물으셨다.

"그대들이 진실로 그러하였는가?"

대답하여 말하였다.

"진실로 그렇습니다."

세존께서 말씀하셨다.

"그대들은 어찌하여 칼을 지닌 사람을 위하여 설법하였는가? 오늘부터는 칼을 지닌 사람을 위하여 설법할 수 없느니라."

세존께서는 여러 비구들에게 알리셨다.

"비사리성을 의지하여 머무르는 비구들을 모두 모이게 하라. 열 가지의 이익을 까닭으로써 여러 비구들을 위하여 계율을 제정하겠나니, 나아가 이미 들었던 자들도 마땅히 거듭하여 들을지니라. 칼을 지닌 사람을 위하여 설법하지 않는 것을 마땅히 배울지니라."

'칼을 지니다.'는 손으로 칼을 잡는 것이니, 큰 칼이거나, 작은 도검(刀劍)들이다.

'설법'은 앞의 설명과 같다.

칼을 가진 사람을 위하여 설법할 수 없다. 만약 비구가 탑사를 위하였거나, 승사를 위하여 왕에게 나아갔거나, 만약 지주에게 나아갔으며, 그들이 "비구여. 나를 위하여 설법하십시오."라고 말하였는데, 그들에게 '칼을 내려놓으시오.'라고 말할 수 없나니, 의심이 생겨남이 두려운 까닭이다. 만약 주변에 정인이 있었고, 마땅히 그 사람을 위하여 설법하겠다고 마음을 지었다면 왕이 비록 들었더라도 무죄이다. 만약 비구가 두려움이 있고 험한 도로를 다니는 때에, 방위하는 사람이 "존자여. 나를 위하여 설법하십시오."라고 말하였다면, 그가 비록 칼을 지녔어도 그를 위하여 설법하였다면 무죄이다.

만약 여러 근이 방자하여서 칼을 지닌 사람을 위하여 설법하는 자는 학법을 어기는 것이고, 만약 미쳤거나, 어리석거나, 마음이 어지러운 자는 무죄이다.

이러한 까닭으로 설하였노라.

칼을 지닌 사람을 위하여 설법하지 않는 것을 마땅히 배울지니라.

세존께서는 비사리성에 머무셨으며, 자세한 설명은 앞에서와 같다.
그때 난타와 우파난타가 활과 화살을 지닌 리차 동자를 위하여 설법하였으므로 세상 사람들에게 비난받았다.
"어찌하여 사문 석자들은 광대와 같이 활과 화살을 지닌 사람을 위하여 설법하는가? 이렇게 무너지고 패배한 사람에게 무슨 도가 있겠는가? 그리고 이 동자는 공경심이 없어서 이와 같은 미묘한 법을 듣는 때에 마땅히 활과 화살을 내려놓아야 한다. 어찌하여 사냥꾼(獵師)과 같이 활과 화살을 잡고서 설법을 듣는가?"
여러 비구들이 이 인연으로써 가서 세존께 아뢰었고, 세존께서는 말씀하셨다.
"난타와 우파난타를 불러오라."
왔으므로, 세존께서는 물으셨다.
"그대들이 진실로 그러하였는가?"
대답하여 말하였다.
"진실로 그렇습니다."
세존께서 말씀하셨다.
"그대들은 어찌하여 활과 화살을 지닌 사람을 위하여 설법하였는가? 오늘부터는 활과 화살을 지닌 사람을 위하여 설법할 수 없느니라."
세존께서는 여러 비구들에게 알리셨다.
"비사리성을 의지하여 머무르는 비구들을 모두 모이게 하라. 열 가지의 이익을 까닭으로써 여러 비구들을 위하여 계율을 제정하겠나니, 나아가 이미 들었던 자들도 마땅히 거듭하여 들을지니라. 활과 화살을 지닌 사람을 위하여 설법하지 않는 것을 마땅히 배울지니라."
'지니다.'는 손으로 잡는 것이다.
'활과 화살'은 방위하는 무기이다.
'설법'은 앞의 설명과 같다.

활과 화살을 지닌 사람을 위하여 설법할 수 없다. 만약 비구가 탑사를 위하였거나, 승사를 위하여 왕에게 나아갔거나, 만약 지주에게 나아갔으며, 그들이 "비구여. 나를 위하여 설법하십시오."라고 말하였는데, 그들에게 '활과 화살을 내려놓으시오.'라고 말할 수 없나니, 의심이 생겨남이 두려운 까닭이다. 만약 주변에 정인이 있었고, 마땅히 그 사람을 위하여 설법하겠다고 마음을 지었다면 왕이 비록 들었더라도 무죄이다. 만약 비구가 두려움이 있고 험한 도로를 다니는 때에, 방위하는 사람이 "존자여. 나를 위하여 설법하십시오."라고 말하였다면, 그가 비록 활과 화살을 지녔어도 그를 위하여 설법하였다면 무죄이다.

만약 여러 근이 방자하여서 활과 화살을 지닌 사람을 위하여 설법하는 자는 학법을 어기는 것이고, 만약 미쳤거나, 어리석거나, 마음이 어지러운 자는 무죄이다.

이러한 까닭으로 설하였노라.

활과 화살을 지닌 사람을 위하여 설법하지 않는 것을 마땅히 배울지니라.

세존께서는 비사리성에 머무셨으며, 자세한 설명은 앞에서와 같다.

그때 난타와 우파난타가 몽둥이를 잡은 리차 동자를 위하여 설법하였으므로 세상 사람들에게 비난받았다.

"어찌하여 사문 석자들은 광대와 같이 몽둥이를 잡은 사람을 위하여 설법하는가? 이렇게 무너지고 패배한 사람에게 무슨 도가 있겠는가? 그리고 이 동자는 공경심이 없어서 이와 같은 미묘한 법을 듣는 때에 마땅히 몽둥이를 버려야 한다. 어찌하여 몽둥이를 잡고서 설법을 듣는가?"

여러 비구들이 이 인연으로써 가서 세존께 아뢰었고, 세존께서는 말씀하셨다.

"난타와 우파난타를 불러오라."

왔으므로, 세존께서는 물으셨다.

"그대들이 진실로 그러하였는가?"

대답하여 말하였다.

"진실로 그렇습니다."

세존께서 말씀하셨다.

"그대들은 어찌하여 병이 없는데 몽둥이를 잡은 사람을 위하여 설법하였는가? 오늘부터는 병자를 제외하고 몽둥이를 잡은 사람을 위하여 설법할 수 없느니라."

세존께서는 여러 비구들에게 알리셨다.

"비사리성을 의지하여 머무르는 비구들을 모두 모이게 하라. 열 가지의 이익을 까닭으로써 여러 비구들을 위하여 계율을 제정하겠나니, 나아가 이미 들었던 자들도 마땅히 거듭하여 들을지니라. 병자를 제외하고 몽둥이를 잡은 사람을 위하여 설법하지 않는 것을 마땅히 배울지니라."

'병든 자'는 세존께서 무죄라고 말씀하셨다.

'몽둥이를 잡다.'는 일체의 몽둥이이다.

'설법'은 앞의 설명과 같다.

병이 없는데 몽둥이를 잡은 사람을 위하여 설법할 수 없으나, 병든 사람은 무죄이다. 만약 비구가 탑사를 위하였거나, 승사를 위하여 왕에게 나아갔거나, 만약 지주에게 나아갔으며, 그들이 "비구여. 나를 위하여 설법하십시오."라고 말하였는데, 그들에게 '몽둥이를 내려놓으시오.'라고 말할 수 없나니, 의심이 생겨남이 두려운 까닭이다. 만약 주변에 정인이 있었고, 마땅히 그 사람을 위하여 설법하겠다고 마음을 지었다면 왕이 비록 들었더라도 무죄이다. 만약 비구가 두려움이 있고 험한 도로를 다니는 때에, 방위하는 사람이 "존자여. 나를 위하여 설법하십시오."라고 말하였다면, 그가 몽둥이를 잡았어도 그를 위하여 설법하였다면 무죄이다.

만약 여러 근이 방자하여서 병이 없이 다리를 몽둥이를 잡은 사람을 위하여 설법하는 자는 학법을 어기는 것이고, 만약 미쳤거나, 어리석거나, 마음이 어지러운 자는 무죄이다.

이러한 까닭으로 설하였노라.

몽둥이를 잡았다면 병자를 제외하고 설법하지 않는 것을 마땅히 배울지 니라.

세존께서는 비사리성에 머무셨으며, 자세한 설명은 앞에서와 같다.
그때 난타와 우파난타가 일산(蓋)을 지닌 리차 동자를 위하여 설법하였으므로 세상 사람들에게 비난받았다.
"어찌하여 사문 석자들은 광대와 같이 일산을 사람을 위하여 설법하는가? 이렇게 무너지고 패배한 사람에게 무슨 도가 있겠는가? 그리고 이 동자는 공경심이 없어서 이와 같은 미묘한 법을 듣는 때에 마땅히 일산을 접어야 한다. 어찌하여 일산을 잡고서 설법을 듣는가?"
여러 비구들이 이 인연으로써 가서 세존께 아뢰었고, 세존께서는 말씀하셨다.
"난타와 우파난타를 불러오라."
왔으므로, 세존께서는 물으셨다.
"그대들이 진실로 그러하였는가?"
대답하여 말하였다.
"진실로 그렇습니다."
세존께서 말씀하셨다.
"그대들은 어찌하여 병이 없는데 일산을 지닌 사람을 위하여 설법하였는가? 오늘부터는 병자를 제외하고 일산을 지닌 사람을 위하여 설법할 수 없느니라."
세존께서는 여러 비구들에게 알리셨다.
"비사리성을 의지하여 머무르는 비구들을 모두 모이게 하라. 열 가지의 이익을 까닭으로써 여러 비구들을 위하여 계율을 제정하겠나니, 나아가 이미 들었던 자들도 마땅히 거듭하여 들을지니라. 병자를 제외하고 일산을 지닌 사람을 위하여 설법하지 않는 것을 마땅히 배울지니라."
'병든 자'는 세존께서 무죄라고 말씀하셨다.
'일산'은 나무껍질 일산·다라잎(多羅葉) 일산·대나무 일산·비단 일산·

공작의 꼬리 일산 등이니, 이와 같은 여러 종류로 능히 비와 해를 막는 것을 모두 일산이라고 이름한다.

'설법'은 앞의 설명과 같다.

병이 없는데 일산을 지닌 사람을 위하여 설법할 수 없으나, 병든 사람은 무죄이다. 만약 비구가 탑사를 위하였거나, 승사를 위하여 왕에게 나아갔거나, 만약 지주에게 나아갔으며, 그들이 "비구여. 나를 위하여 설법하십시오."라고 말하였는데, 그들에게 '일산을 접으시오.'라고 말할 수 없나니, 의심이 생겨남이 두려운 까닭이다. 만약 주변에 정인이 있었고, 마땅히 그 사람을 위하여 설법하겠다고 마음을 지었다면 왕이 비록 들었더라도 무죄이다. 만약 법사이거나, 만약 율사가 바람이 불고 비가 오며 춥고 눈이 오거나 매우 뜨거운 때에 일산을 잡고 설법하였다면 무죄이다.

만약 여러 근이 방자하여서 병이 없이 일산을 잡은 사람을 위하여 설법하는 자는 학법을 어기는 것이고, 만약 미쳤거나, 어리석거나, 마음이 어지러운 자는 무죄이다.

이러한 까닭으로 설하였노라.

일산을 지녔다면 병자를 제외하고 설법하지 않는 것을 마땅히 배울지니라.

세존께서는 비사리성에 머무셨으며, 자세한 설명은 앞에서와 같다.

그때 난타와 우파난타가 리차 동자의 뒤를 따라가며 설법하였으므로 세상 사람들에게 비난받았다.

"어찌하여 사문 석자들은 광대와 같이 사람의 뒤를 따라가며 설법하는가? 이렇게 무너지고 패배한 사람에게 무슨 도가 있겠는가? 그리고 이 동자는 공경심이 없어서 이와 같은 미묘한 법을 듣는 때에 마땅히 뒤에 있으면서 듣지 않는구나."

여러 비구들이 이 인연으로써 가서 세존께 아뢰었고, 세존께서는 말씀하셨다.

"난타와 우파난타를 불러오라."

왔으므로, 세존께서는 물으셨다.

"그대들이 진실로 그러하였는가?"

대답하여 말하였다.

"진실로 그렇습니다."

세존께서 말씀하셨다.

"그대들은 어찌하여 병이 없는데 사람의 뒤에서 설법하였는가? 오늘부터는 병자를 제외하고 사람이 앞에 있는데, 뒤를 따라가며 설법할 수 없느니라."

세존께서는 여러 비구들에게 알리셨다.

"비사리성을 의지하여 머무르는 비구들을 모두 모이게 하라. 열 가지의 이익을 까닭으로써 여러 비구들을 위하여 계율을 제정하겠나니, 나아가 이미 들었던 자들도 마땅히 거듭하여 들을지니라. 사람이 앞에 있는데, 뒤를 따라가며 설법하지 않는 것을 마땅히 배울지니라."

'병든 자'는 세존께서 무죄라고 말씀하셨다.

'뒤'는 사람이 앞에 있고, 비구가 뒤에 있는 것이다.

'설법'은 앞의 설명과 같다.

병이 없는데 사람의 뒤를 따라가며 설법할 수 없으나, 병든 사람은 무죄이다. 만약 비구가 탑사를 위하였거나, 승사를 위하여 왕에게 나아갔거나, 만약 지주에게 나아갔으며, 그들이 "비구여. 나를 위하여 설법하십시오."라고 말하였는데, 그들에게 '뒤에 있으시오.'라고 말할 수 없나니, 의심이 생겨남이 두려운 까닭이다. 만약 주변에 정인이 있었고, 마땅히 그 사람을 위하여 설법하겠다고 마음을 지었다면 왕이 비록 들었더라도 무죄이다.

만약 비구가 두려움이 있고 험한 도로를 다니는 때에, 방위하는 사람이 "이곳은 도둑들이 항상 앞에 있으면서 나타나기를 좋아하므로 우리들이 마땅히 앞에 있겠습니다. 존자는 뒤에 있으면서 우리들을 위해 설법하십시오."라고 말하였고, 설법하였다면 무죄이다. 만약 비구의 눈이 나빠서 앞 사람이 지팡이를 잡아 앞으로 이끌었고 그를 위하여 설법하였다면 무죄이다.

만약 여러 근이 방자하여서 병이 없이 뒤에서 설법하는 자는 학법을 어기는 것이고, 만약 미쳤거나, 어리석거나, 마음이 어지러운 자는 무죄이다.

이러한 까닭으로 설하였노라.

사람이 앞에 있는데 비구가 뒤에 따라가면서 병자를 제외하고 설법하지 않는 것을 마땅히 배울지니라.

세존께서는 비사리성에 머무셨으며, 자세한 설명은 앞에서와 같다. 그때 난타와 우파난타가 탈 것에 걸터앉은 리차 동자를 위하여 설법하였으므로 세상 사람들에게 비난받았다.

"어찌하여 사문 석자들은 광대와 같이 탈 것에 걸터앉은 사람을 위하여 설법하는가? 이렇게 무너지고 패배한 사람에게 무슨 도가 있겠는가? 그리고 이 동자는 공경심이 없어서 이와 같은 미묘한 법을 듣는 때에 마땅히 탈 것에서 내려야 한다. 어찌하여 탈 것에 걸터앉아서 설법을 듣는가?."

여러 비구들이 이 인연으로써 가서 세존께 아뢰었고, 세존께서는 말씀하셨다.

"난타와 우파난타를 불러오라."

왔으므로, 세존께서는 물으셨다.

"그대들이 진실로 그러히였는가?"

대답하여 말하였다.

"진실로 그렇습니다."

세존께서 말씀하셨다.

"그대들은 어찌하여 병이 없는데 탈 것에 걸터앉은 사람을 위하여 설법하였는가? 오늘부터는 병자를 제외하고 탈 것에 걸터앉은 사람을 위하여 설법할 수 없느니라."

세존께서는 여러 비구들에게 알리셨다.

"비사리성을 의지하여 머무르는 비구들을 모두 모이게 하라. 열 가지의 이익을 까닭으로써 여러 비구들을 위하여 계율을 제정하겠나니, 나아가 이미 들었던 자들도 마땅히 거듭하여 들을지니라. 병자를 제외하고 탈 것에 걸터앉은 사람을 위하여 설법하지 않는 것을 마땅히 배울지니라."

'병든 자'는 세존께서 무죄라고 말씀하셨다.

'탈 것'은 여덟 종류가 있으니, 코끼리를 타거나, 말을 타거나, 소를 타거나, 나귀를 타거나, 배를 타거나, 수레를 타거나, 가마를 타거나, 연(輦)을 타는 것이다.

'설법'은 앞의 설명과 같다.

병이 없는데 탈 것에 걸터앉은 사람을 위하여 설법할 수 없으나, 병든 사람은 무죄이다. 만약 비구가 탑사를 위하였거나, 승사를 위하여 왕에게 나아갔거나, 만약 지주에게 나아갔으며, 그들이 "비구여. 나를 위하여 설법하십시오."라고 말하였는데, 마땅히 '내려오시오.'라고 말할 수 없나니, 의심이 생겨남이 두려운 까닭이다. 만약 주변에 정인이 있었고, 마땅히 그 사람을 위하여 설법하겠다고 마음을 지었다면 왕이 비록 들었더라도 무죄이다.

만약 비구가 두려움이 있고 험한 도로를 다니는 때에, 방위하는 사람이 "존자여. 나를 위하여 설법하십시오."라고 말하였다면, 그가 탈 것에 걸터앉은 사람이라도 그를 위하여 설법하였다면 무죄이다.

만약 여러 근이 방자하여서 병이 없이 탈 것에 걸터앉은 사람을 위하여 설법하는 자는 학법을 어기는 것이고, 만약 미쳤거나, 어리석거나, 마음이 어지러운 자는 무죄이다.

이러한 까닭으로 설하였노라.

탈 것에 걸터앉은 사람이라면 병자를 제외하고 설법하지 않는 것을 마땅히 배울지니라.

세존께서는 비사리성에 머무셨으며, 자세한 설명은 앞에서와 같다. 그때 난타와 우파난타가 도로의 밖에 있으면서 도로 가운데의 리차 동자를 위하여 설법하였으므로 세상 사람들에게 비난받았다.

"어찌하여 사문 석자들은 광대와 같이 몸이 도로의 밖에 있으면서 도로 가운데의 사람을 위하여 설법하는가? 이렇게 무너지고 패배한 사람에게 무슨 도가 있겠는가? 그리고 이 동자는 공경심이 없어서 이와 같은 미묘한 법을 듣는 때에 마땅히 도로를 피하여 들어야 하고, 비구에게 도로 가운데에 있게 해야 한다. 어찌하여 스스로가 도로의 가운데에 있는가?"

여러 비구들이 이 인연으로써 가서 세존께 아뢰었고, 세존께서는 말씀하셨다.

"난타와 우파난타를 불러오라."

왔으므로 세존께서는 물으셨다.

"그대들이 진실로 그러하였는가?"

대답하여 말하였다.

"진실로 그렇습니다."

세존께서 말씀하셨다.

"그대들은 어찌하여 도로의 밖에 있으면서 도로 가운데에 있는 사람에게 설법하였는가? 오늘부터는 병자를 제외하고 도로의 밖에서 도로 가운데의 사람을 위하여 설법할 수 없느니라."

세존께서는 여러 비구들에게 알리셨다.

"비사리성을 의지하여 머무르는 비구들을 모두 모이게 하라. 열 가지의 이익을 까닭으로써 여러 비구들을 위하여 계율을 제정하겠니니, 니이가 이미 들었던 자들도 마땅히 거듭하여 들을지니라. 병자를 제외하고 도로의 밖에서 도로 가운데의 사람을 위하여 설법하지 않는 것을 마땅히 배울지니라."

'병든 사'는 세존께서 부쇠라고 말씀하셨다.

'도로의 밖'은 비구가 도로의 밖에 있는 것이다.

'도로의 가운데'는 앞에서 듣는 사람이다.

'설법'은 앞의 설명과 같다.

병이 없는데 도로의 밖에서 도로 가운데의 사람을 위하여 설법할 수 없으나, 병든 사람은 무죄이다. 만약 비구가 탑사를 위하였거나, 승사를 위하여 왕에게 나아갔거나, 만약 지주에게 나아갔으며, 그들이 "비구여. 나를 위하여 설법하십시오."라고 말하였다면, 비구는 '도로 밖으로 있으시오.'라고 말할 수 없나니, 의심이 생겨남이 두려운 까닭이다. 만약 주변에 정인이 있었고, 마땅히 그 사람을 위하여 설법하겠다고 마음을 지었다면 왕이 비록 들었더라도 무죄이다.

만약 비구가 두려움이 있고 험한 도로를 다니는 때에, 방위하는 사람이 "존자여. 도로의 밖에 있으십시오. 내가 도로 가운데에 있으면서 만약 도둑이 나왔다면 내가 막겠습니다. 존자는 나를 위하여 설법하십시오."라고 말하였다면, 그가 비록 도로의 가운데에 있었더라도 설법하였다면 무죄이다.

만약 여러 근이 방자하여서 병이 없이 도로의 밖에 있으면서 도로 가운데의 사람을 위하여 설법하는 자는 학법을 어기는 것이고, 만약 미쳤거나, 어리석거나, 마음이 어지러운 자는 무죄이다.

이러한 까닭으로 설하였노라.

도로의 밖에 있으면서 병자를 제외하고 도로 가운데의 사람을 위하여 설법하지 않는 것을 마땅히 배울지니라.

세존께서는 사위성에 머무셨으며, 자세한 설명은 앞에서와 같다.

그때 파사닉왕이 동쪽의 창고와 원림(園林)과 연못을 유람(遊觀)하고자 하였고 시자에게 말하였다.

"내일은 마땅히 부인과 채녀(婇女)들과 함께 동쪽의 원림에 나가서 유람하고자 하니, 물을 뿌려서 쓸고 장엄하고서 평상과 요를 펼쳐놓게."

이때 육군비구들이 듣고 먼저 가서 그곳에 이르렀고 부드러운 풀 위에 침을 뱉고 코를 풀었으며, 다시 나뭇잎을 취하여 부정(不淨)을 감싸서 연못의 물속에 띄어 두었다. 그날 왕은 외출하였고 부인과 채녀들이 왕궁에 있으면서 오래도록 항상 유람을 생각하였고 지금 뜻을 따라서 얻었으므로, 죄수가 감옥을 나가는 것과 같아서 동산의 가운데에 이르러 여러 부드러운 풀을 보았으며 각각 달리면서 뛰놀았으며 아울러 멀리서 가리키면서 말하였다.

"이것은 나에게 허락되었습니다. 이것은 나에게 허락되었습니다."

곧바로 그 위에 앉았는데 침과 콧물로 옷을 더럽혔으므로 각자 연못의 물에 나아가서 손을 씻고 옷을 빨면서 보았는데, 연못의 물 위에 여러 나뭇잎에 감싸인 것이 있었으므로 또한 이렇게 생각을 지었다.

'이것은 여러 젊은이가 우리들이 마땅히 외출한다는 것을 듣고서 반드시 향을 싸서 이 물에 띄워 놓고 우리를 기다린 것이다.'

각각 서로 다투어 말하였다.

"이것은 나에게 허락되었습니다. 이것은 나에게 허락되었습니다."

다투어 잎에 감싸인 것을 잡았는데 부정이 튀어서 옷을 더럽혔으므로 전전하여 서로가 의논하여 말하였다.

"이상한 일이구나. 이상한 일이구나. 본래 향이라고 말하였는데, 나아가 부정이구나."

곧 왕에게 아뢰어 말하였다.

"이것은 기괴(奇怪)합니다. 대왕께서 먼저 칙명하시어 물을 뿌려서 쓸게 하셨는데, 지금 더러움이 이와 같습니다."

왕이 동산의 백성에게 물었다.

"누가 이 동산을 더럽혔는가?"

동사의 백성 왕에게 아뢰었다.

"어제 육군비구들이 여기에서 희롱하면서 오래 있었고, 또한 떠나갔습니다. 혹은 그들이 더럽혔을 것입니다."

여러 비구들이 이 인연으로써 가서 세존께 아뢰었고, 세존께서는 말씀하셨다.

"육군비구들을 불러오라."

왔으므로, 세존께서는 물으셨다.

"그대들이 진실로 그러하였는가?"

대답하여 말하였다.

"진실로 그렇습니다."

세존께서 말씀하셨다.

"그대들은 어찌하여 살아있는 풀 위와 물의 가운데 대·소변을 행하고 콧물과 침을 뱉었는가? 오늘부터는 살아있는 풀 위와 물의 가운데 대소변을 행하고 콧물과 침을 뱉는 것을 허락하지 않겠노라."

세존께서는 여러 비구들에게 알리셨다.

"사위성을 의지하여 머무르는 비구들을 모두 모이게 하라. 열 가지의 이익을 까닭으로써 여러 비구들을 위하여 계율을 제정하겠나니, 나아가 이미 들었던 자들도 마땅히 거듭하여 들을지니라. 살아있는 풀 위에 대·소변을 행하거나 콧물과 침을 뱉지 못하는 것을 마땅히 배워야 하고, 물의 가운데 대·소변을 행하거나, 콧물과 침을 뱉지 못하는 것을 마땅히 배울지니라."

살아있는 풀 위에 대·소변을 행하거나 콧물과 침을 뱉지 못하고, 마땅히 풀이 없는 곳에서 행해야 한다. 만약 여름이었고 풀이 널리 무성하여 빈 곳이 없다면 마땅히 낙타·소·말·나귀·양 등이 행하는 곳에서 행하라. 만약 다시 이러한 곳이 없다면 마땅히 벽돌·기와·돌 위에서 행해야 하고, 만약 다시 이러한 곳이 없다면 마땅히 마른 풀잎 위에서 행해야 하며, 만약 다시 이러한 곳이 없다면 마땅히 나뭇가지를 걸쳐놓아서 대변이 먼저 나뭇가지 위에 떨어지고 뒤에 땅에 떨어지게 해야 한다.

만약 비구가 경행하는 때에는 살아있는 풀 위에 콧물과 침을 뱉을 수 없고, 경행한다면 처음부터 마땅히 침을 담는 병·기와·돌·풀잎을 지녀야 하며, 미세한 재나 흙을 침을 담는 병 속에 담고서 그러한 뒤에 그 위에 침을 뱉도록 하라. 만약 대소변·침·콧물로써 손과 다리가 더러워졌다면 살아있는 풀로 닦을 수 없다. 물은 열 종류가 있으니, 앞의 설명과 같다.

대소변·침·콧물은 물 안에서 행할 수 없고 마땅히 육지에서 행하여야 한다. 만약 비가 오는 때에 물이 갑자기 불어났고 채워져서 떴다면 마땅히 흙덩이 위에서 행해야 하고, 만약 이것도 없다면 마땅히 기와나 돌 위에서 행해야 하며, 만약 대나무였다면 먼저 나무 위에 떨어지게 하고 그러한 뒤에 물에 떨어지게 해야 한다.

만약 땅을 파서 측간(圊廁)을 짓는데 바닥에서 물이 솟았다면 비구가 먼저 위에 있으면서 일어나서 멈추게 할 수 없고, 마땅히 먼저 정인을 시켜 행한 뒤에 비구가 행한다면 무죄이다. 만약 측간의 바닥에 흐르는 물이 있다면 마땅히 나무로써 이어지고 뒤에 물에 떨어지게 해야 한다. 만약 대소변·콧물·침으로 손발이 더러워졌다면 물로 씻을 수 있고, 물의 가운데서 대소변을 행한 것을 씻었다면 무죄이다. 만약 비구가 물에 들어가서 목욕하는 때에는 물의 가운데 침을 뱉을 수 없고, 만약 언덕이 멀리 있다면 마땅히 손안에 뱉어서 그러한 뒤에 그것을 버리게 해야 한다.

만약 여러 근이 방자하여서 살아있는 풀 위에 대소변을 보았거나, 콧물과 침을 뱉는 자는 학법을 어기는 것이고, 만약 미쳤거나, 어리석거나, 마음이 어지러운 자는 무죄이다.

이러한 까닭으로 설하였노라.

살아있는 풀 위에 대소변을 행하거나, 콧물과 침을 뱉지 않게 하는 것을 마땅히 배울지니라.

세존께서는 사위성에 머무셨으며, 자세한 설명은 앞에서와 같다.

그때 육군비구들이 서서 대·소변을 보아서 세상 사람들에게 비난받았다.

"어찌하여 사문 석자들은 소·나귀·낙타와 같이 서서 대·소변을 보는가? 이렇게 무너지고 패배한 사람에게 무슨 도가 있겠는가?"

여러 비구들이 이 인연으로써 가서 세존께 아뢰있고, 세존께서는 말씀하셨다.

"육군비구들을 불러오라."

왔으므로, 세존께서는 물으셨다.

"그대들이 진실로 그러하였는가?"
대답하여 말하였다.
"진실로 그렇습니다."
세존께서 말씀하셨다.
"그대들은 어찌하여 서서 대·소변을 보는가? 오늘부터는 서서 대·소변을 볼 수 없느니라."
세존께서는 여러 비구들에게 알리셨다.
"사위성을 의지하여 머무르는 비구들을 모두 모이게 하라. 열 가지의 이익을 까닭으로써 여러 비구들을 위하여 계율을 제정하겠나니, 나아가 이미 들었던 자들도 마땅히 거듭하여 들을지니라. 서서 대·소변을 보지 않는 것을 마땅히 배울지니라."
서서 대·소변을 볼 수 없으나, 만약 다리에 진흙이 있어서 옷을 더럽히는 것이 두려워서 서서 보았다면 무죄이고, 다리에 만약 병이 있거나, 만약 부스럼이 있거나, 만약 종기가 있는 자는 서서 보았더라도 무죄이다.
만약 여러 근이 방자하여서 서서 대·소변을 보는 자는 학법을 어기는 것이고, 만약 미쳤거나, 어리석거나, 마음이 어지러운 자는 무죄이다.
이러한 까닭으로 설하였노라.
서서 대·소변을 보지 않는 것을 마땅히 배울지니라.

칼을 잡은 것과 활과 화살을 지닌 것과
몽둥이를 지닌 것과 아울러 일산을 덮은 것과
뒤에 다니는 것과 탈 것을 걸터앉은 사람과
도로의 밖과 살아있는 풀 위와
물의 가운데와 서서 대소변을 보는 것이 있다.

[여섯 번째의 발거를 마친다.]

세존께서는 사위성에 머무셨으며, 자세한 설명은 앞에서와 같다.
그때 세존께서는 아난에게 알리셨다.
"승가에 분쟁의 일이 있다면 그대가 가서 판결(斷滅)하여 분쟁의 일을 멈추게 하라."
아난이 아뢰어 말하였다.
"어떻게 승가의 분쟁의 일을 판결하여 마땅히 없앨 수 있습니까?"
세존께서 말씀하셨다.
"육군비구들은 승가의 여법하고 계율과 같음을 알 것이니, 비니와 같아 분쟁을 판결하여 없애야 하느니라. 뒤에 다시 여러 비구들에게 분쟁의 일을 거론해야 하고, 다시 일어났다면 이렇게 말을 짓도록 하라. '이것이 법인가? 비법인가? 나아가 이곳이 갈마의 처소인가? 처소가 아닌가?' [바야제의 가운데에서 자세히 설한 것과 같다.] 나아가 세존의 제자로서 승가의 무량하고 항상 행하는 일을 일체의 칠지쟁법(七止諍法)으로 멸(滅)해야 한다. 이것을 항상 행하는 일을 칠지쟁법으로 멸한다고 이름한다.
이러한 까닭으로 설하였노라.
만약 비구가 승가의 여법하고 비니와 같이 멸하는 것을 알아야 하고, 나아가 뒤에 다시 거론한다면 바야제이니라. 칠멸쟁법을 마치겠노라."
'법'은 수순하는 법이니, 2부(部)의 비니와 같다.
'수순하다.'는 이 법을 따라서 행하는 것이다.

[바라제목차의 분별을 마친다.]

건도(犍度)

마하승기율 제23권

동진천축삼장 불타발타라·법현 공역
석보운 번역

1. 잡송(雜誦)의 발거법(跋渠法)을 밝히다

1) 잡송(雜誦)의 발거법(跋渠法)을 밝히다 ①

세존께서 성도하시고 5년은 비구승가가 모두 청정하였다.
 이때부터 이후에 점차로 비법이었고, 세존께서는 일을 따라서 계율을 제정하시어 바라제목차(波羅提木叉)를 세우셨다. 네 종류를 구족한 법은 자구족(自具足)·선래구족(善來具足)·십중구족(十衆具足)·오중구족(五衆具足)이다.
 '자구족'은 세존께서 보리수 아래 머무시면서 최후의 마음을 확연(廓然)하게 크게 깨달아서 스스로 묘증선(妙證善)을 구족하셨고, [『선경(線經)』의 가운데에서 자세하게 설한 것과 같다.] 이것을 자구족이라고 이름한다.
 '선래구족'은 세존께서 왕사성 가란타죽원(迦蘭陀竹園)에 머무셨고, 세존께서는 여러 비구들에게 알리셨다.
 "여래가 여러 곳에서 사람들인 비구와 비구니와 우바새와 우바이들을 제도하였나니, 그대들도 역시 여래를 본받아서 널리 다니면서 사람들을 제도하라."
 그때 여러 비구들이 세존의 가르침을 받고서 여러 나라를 유행하면서 믿음이 있는 선남자이며 출가를 구하는 자를 보았다면 여러 비구들이 역시 여래를 본받아서 '잘 왔느니라. 비구여(善來比丘)'라고 부르면서 사람을 제도하여 출가시켰으나, 위의(威儀)가 나아가고 머무르며 좌우를 돌아보는 것과 옷을 입고 발우를 지니는 것이 모두 여법하지 않아서 세상 사람들이 비난하였고, 이렇게 말을 지었다.

"세존께서 '잘 왔느니라. 비구여'라고 제도하신 비구는 위의가 나아가고 머무르며 좌우를 돌아보는 것과 옷을 입고 발우를 지니는 것이 모두 여법하였으나, 여러 비구들이 제도하였다면 역시 '잘 왔느니라. 비구여'라고 이름할지라도 위의가 나아가고 머무르며 좌우를 돌아보는 것과 옷을 입고 발우를 지니는 것이 모두 여법하지 못하구나."

그때 존자 사리불은 이러한 말을 듣고서 한적(閑靜)한 곳에 있으면서 가부좌하고 앉았으며 이렇게 생각을 지었다.

'함께 이것은 〈잘 왔느니라.〉이다. 무슨 까닭으로 세존께서 제도하신 〈잘 왔느니라.〉의 비구들은 모두 여법하고, 여러 비구들이 제도한 〈잘 왔느니라.〉의 비구들은 모두 여법하지 않는가? 어떻게 해야 여러 비구들이 제도하였던 사람들이 구족계를 잘 받아서 모두가 여법하고 함께 하나의 계이고 하나로 마치며 하나로 머무르고 하나로 먹으며 하나로 배우고 하나로 말하겠는가?'

사리불이 포시(晡時)에 선정에서 깨어났고 세존의 처소에 나아가서 머리 숙여 발에 예경하고 물러나서 한쪽에 앉았으며 세존께 아뢰어 말하였다.

"세존이시여. 저는 이번에 고요한 처소에서 이렇게 생각을 지었습니다. '함께 〈잘 왔느니라.〉라고 이름하였는데, 무슨 까닭으로 세존께서 제도하신 〈잘 왔느니라.〉의 비구는 모두 여법하고, 여러 비구들이 제도한 비구들은 모두 여법하지 않는가? 어떻게 해야 여러 비구들이 제도하였던 사람들이 구족계를 잘 받아서 모두가 여법하고 함께 하나의 계이고 하나로 마치며 하나로 머무르고 하나로 먹으며 하나로 배우고 하나로 말하겠는가?' 오직 원하옵건대, 세존께서는 모두 해설(解說)하여 주십시오."

세존께서 사리불에게 알리셨다.

"여래가 제도한 아야교진여(阿若憍陳如) 등의 다섯 사람은〈잘 왔느니라.〉로 출가하였고 구족계를 잘 받아서 함께 하나의 계이고 하나로 마치며 하나로 머무르고 하나로 먹으며 하나로 배우고 하나로 말하느니라. 다음으로 만자(滿慈)의 아들 등의 30명을 제도하였고, 다음으로 바라나성(波羅奈城)의 선승(善勝)의 아들을 제도하였으며, 다음으로 우루빈라가섭(優樓頻螺迦葉) 등의 500명을 제도하였고, 다음으로 나제가섭(那提迦葉) 등의 300명을 제도하였으며, 다음으로 가야가섭(伽耶迦葉) 등의 200명을 제도하였고, 다음으로 우파사나(優波斯那) 등의 250명을 제도하였으며, 다음으로 그대와 대목련(大目連) 등의 250명을 제도하였고, 다음으로 마하가섭(摩訶迦葉)·천타(闡陀)·가류타이(迦留陀夷)·우바리(優波離) 등을 제도하였으며, 다음으로 석종자(釋種子) 등의 500명을 제도하였고, 다음으로 발도제(跋度帝) 등의 500명을 제도하였으며, 다음으로 여러 도둑인 500명을 제도하였고, 다음으로 장자의 아들 선래(善來)를 제도하였느니라.
 이와 같은 여래가 제도한〈잘 왔느니라.〉의 비구로 출가하였고 구족계를 잘 받아서 함께 하나의 계이고 하나로 마치며 하나로 머무르고 하나로 먹으며 하나로 배우고 하나로 말하였느니라. 사리불이여. 여러 비구들이 제도하는 사람들도 역시〈잘 왔느니라.〉의 비구로 출가하였고 구족계를 잘 받아서 나아가 함께 하나로 말한다면, 이것을〈잘 왔느니라.〉로 구족계를 받았다고 이름하느니라."
 '10명의 비구에게 구족계를 받다.(十衆具足)'는 세존께서 사리불에게 알리셨다.
 "오늘부터 구족계를 받는 법을 제정하겠노라. 10명의 비구가 화합하여 한 번을 아뢰고, 세 번을 갈마하면서 막는 법이 없어야 한다. 이것을 구족계를 잘 받았다고 이름하느니라."
 구족계를 받고자 하는 사람은 처음에 승가의 가운데에 들어와서 한 명·한 명에게 머리숙여 승가의 발에 예배하고, 먼저 화상을 구하면서 오른쪽 어깨를 드러내고 호궤하며 발을 마주하고 이렇게 말을 지어야 한다.

"저는 존자를 쫓아서 화상으로 구하고자 애원합니다. 존자께서는 저를 위하여 화상으로 지어주시고, 저에게 구족계를 주십시오."

이와 같이 세 번에 이르렀다면 화상이 마땅히 말해야 한다.

"환희심을 일으키시오."

대답하여 말한다.

"저는 정대하여 지니겠습니다."

화상은 먼저 옷과 발우를 구하여 줄 것이고, 대중을 구하여 주며, 계사(戒師)를 구하여 주고, 텅비고 고요한 곳에서 가르치는 스승(敎師)을 대중과 함께 뽑아서 주어야 한다.

갈마사(羯磨師)는 마땅히 물어야 한다.

"누구께서 누구에게 텅비고 고요한 곳에서 가르치는 스승이 되겠습니까?"

대답하여 말한다.

"내가 하겠습니다."

갈마사는 말해야 한다.

"대덕 승가께서는 허락하십시오. 누구는 누구를 쫓아서 구족계를 받고자 합니다. 만약 승가께서 때에 이르렀다면 승가는 누구에게 누구를 화상으로 삼아서 누구를 텅비고 고요한 곳에서 가르치는 스승으로 짓겠습니다. 여러 대덕들께서 누구에게 누구를 화상으로 삼아서 누구를 능히 텅비고 고요한 곳에서 가르치는 스승으로 짓는 것을 허락하십시오. 승가께서 인정하신 것은 묵연하신 까닭입니다. 이 일은 이와 같이 지니겠습니다."

가르치는 스승은 마땅히 데리고 대중과 가깝지도 않고 멀지도 않은 곳에서 가르치는 두 종류가 있으니, 만약 간략하거나, 만약 자세한 것이다. 무엇이 간략한 것인가? "지금 승가의 가운데에서 마땅히 물을 것이니, 그대는 있다면 있다고 말하고 없다면 없다고 말하라."고 가르치는 것이다.

무엇이 자세한 것인가? 뒤에 승가의 가운데에서 하나·하나를 말하는 것이다.

가르치는 스승은 승가의 가운데에 들어와서 아뢰어 말해야 한다.
"누구에게 물어서 마쳤으며, 스스로가 청정하여 차법(遮法)이 없다고 말하였습니다."

갈마사는 마땅히 이렇게 말을 지어야 한다.

"대덕 승가께서는 허락하십시오. 누구는 누구를 쫓아서 구족계를 받고자 합니다. 누구에게 이미 텅비고 고요한 곳에서 가르치고 묻는 것을 마쳤습니다. 만약 승가께서 때에 이르렀다면 승가께서는 (갈마사) 누구에게 누구의 화상과 누구를 승가의 가운데에 들어오게 허락하십시오. 여러 대덕들께서 화상인 누구와 누구를 승가의 가운데에 들어오도록 승가께서 인정하신 것은 묵연하셨던 까닭입니다. 이 일은 이와 같이 지니겠습니다."

수계를 받고자 하는 사람은 마땅히 승가의 가운데에 들어와서 한 명·한 명에게 머리 숙여 승가의 발에 예배하고, 계사(戒師)의 앞에서 있어서 호궤 합장하였다면 옷과 발우를 주면서 가르침을 받게 할 것이고, 이렇게 말을 지어야 한다.

"이것은 저의 발다라(鉢多羅)이니, 마땅한 양으로 수용하겠습니다. 걸식하는 그릇으로 지금 수지하겠습니다."

이와 같이 세 번을 말한다.

"이것은 승가리(僧伽梨)이고, 이것은 울다라승(鬱多羅僧)이며, 이것은 안타회(安陀會)이고, 이것은 저의 3의(衣)입니다. 이 3의를 떠나서 묵지 않고 수지하겠습니다."

이와 같이 세 번을 말해야 한다.

갈마사는 마땅히 이렇게 말을 지어야 한다.

"대덕 승가께서는 허락하십시오. 누구는 누구를 쫓아서 구족계를 받고자 합니다. 누구에게 이미 텅비고 고요한 곳에서 가르치고 묻는 것을 마쳤습니다. 만약 승가께서 때에 이르렀다면 승가는 (갈마사인) 누구에게 화상인 누구와 누구가 구족계를 받고자 승가를 쫓아서 애원하고 있습니다. 여러 대덕들께서 화상인 누구와 누구가 구족계를 받고자 승가를 쫓아서 애원하도록 승가께서 인정하신 것은 묵연하셨던 까닭입니다.

이 일은 이와 같이 지니겠습니다."

계사(戒師)는 마땅히 애원하도록 가르치면서 이렇게 말을 지어야 한다.

"대덕 승가께서는 허락하십시오. 저 누구는 화상인 누구를 쫓아서 구족계를 받고자 합니다. 아사리 누구에게 이미 텅비고 고요한 곳에서 가르치고 묻는 것을 마쳤습니다. 저 누구는 화상인 누구를 쫓아서 지금 승가께 구족계를 받는 것을 애원합니다. 오직 원하건대 승가께서는 애민하게 생각하시는 까닭으로 저에게 구족계를 주십시오."

이와 같이 세 번을 말한다.

갈마사는 마땅히 이렇게 말을 지어야 한다.

"대덕 승가께서는 허락하십시오. 누구는 화상인 누구를 쫓아서 구족계를 받고자 합니다. 누구는 이미 텅비고 고요한 곳에서 가르치고 묻는 것을 마쳤고, 이미 승가를 쫓아서 구족계를 받는 것을 애원하였습니다. 만약 승가께서 때에 이르렀다면 승가는 (갈마사인) 누구에게 누구의 화상과 누구를 승가의 가운데에 차법을 묻겠습니다. 여러 대덕들께서 (갈마사인) 누구에게 누구의 화상과 누구를 승가의 가운데에 차법을 묻도록 승가께서 인정하신 것은 묵연하셨던 까닭입니다. 이 일은 이와 같이 지니겠습니다."

계사는 마땅히 애원하도록 가르치면서 이렇게 말을 지어야 한다.

"선남자는 들으라. 지금은 지성스러운 때이고, 지금이 진실하게 말할 때이니라. 제천(諸天)과 세간·천마(天魔)·여러 범천·사문·바라문·천상과 세간 사람·아수라들에게 만약 진실하지 않는다면 곧 그 가운데에서 속이는 것이고, 역시 다시 여래·응공·정변지·성문 등의 대중 가운데에서 속이는 것이니, 이것은 큰 죄이니라. 지금 승가의 가운데에서 묻겠으니, 그대는 있다면 있다고 말하고, 없다면 없다고 말하라.

'부모가 허락하였는가? 화상에게 구하였는가? 3의(衣)와 발우를 갖추었는가? 남자인가? 나이는 20세가 되었는가? 비인(非人)은 아닌가? 불능남(不能男)은 아닌가? 그대의 이름은 무엇인가?'"

만약 이름을 말하면, "화상의 이름이 무엇인가?"라고 묻고, "누구입니다."라고 대답할 것이며 다시 묻는다.

"비구니의 정정한 행을 파괴하지 않았는가? 도둑으로 머물지는 않았는 가? 월제인(越濟人)은 아닌가? 스스로 출가하였는가? 부모를 죽이지 않았는가? 아라한을 죽이지 않았는가? 승가를 파괴하지 않았는가? 악한 마음으로 세존의 몸에 피를 흐르게 하지 않았는가? [세존께서는 이미 반니원(般泥洹)을 하신 까닭으로 옛 문장에 의지하였다.] 그대는 본래 일찍이 구족계를 받았는가?"

"일찍이 받았습니다."라고 대답하였다면, "네 가지의 일을 범하였는 가?"라고 말할 것이고, 만약 "범하였습니다."라고 말한다면, 마땅히 "떠나 가라."고 말할 것이며, 구족계를 받을 수 없다.

"범하지 않았습니다."라고 말한다면 다음으로 13사의 하나·하나를 일 의 가운데에서 "범하였는가?"라고 물을 것이고, 만약 "범하였습니다."라 고 말한다면 구족계를 받아서 마치고서 "이 죄를 여법하게 지었는가?"라 고 물을 것이며, 만약 "그렇습니다.(能)"라고 대답하였다면, "본래의 계를 버렸는가?"라고 물을 것이고, "버렸습니다."라고 대답하여 말하였다면, "그대는 노예가 아닌가? 양아(養兒)는 아닌가? 빚진 사람은 아닌가? 왕의 신하는 아닌가? 왕가를 음모(陰謀)하지 않았는가? 그대는 황문(黃門)은 아닌가? 그대는 2근(根)이 아닌가? 그대는 장부(丈夫)인가? 그대는 이와 같은 병인 선개(癬疥)·황란(黃爛)·나병(癩病)·옹좌(癰痤)·치병(痔病)·불 금(不禁)·황병(黃病)·학병(瘧病)·해수(欬嗽)·소진(消盡)·전광(癲狂)·열병 (熱病)·풍종(風腫)·수종(水腫)·복종(腹腫) 등의 이와 같은 여러 종류의 나 시 다른 병이 몸에 있는가?"라고 물을 것이며, "없습니다."라고 대답하여 말하였다면, 갈마사는 마땅히 이렇게 말을 지어야 한다.

"대덕 승가께서는 허락하십시오. 누구는 화상인 누구를 쫓아서 구족계 를 받고자 누구는 이미 텅비고 고요한 곳에서 가르치고 묻는 것을 마쳤고, 누구는 이미 승가의 가운데를 쫓아서 구족계를 받는 것을 애원하였으며, 부모가 이미 허락하였고, 화상에게 3의와 발우를 이미 구하였으며, 이자는 남자이고, 나이 20세를 채웠으며, 스스로가 청정하여 차법이 없다고 말하였습니다. 만약 승가께서 때에 이르렀다면 승가는 지금 누구에게 화상을 누구로 삼아서 구족계를 주겠습니다. 이와 같이 아룁니다."
 아뢰고서 백사갈마를 짓는다.
 "승가께서 인정하신 것은 묵연하셨던 까닭입니다. 이 일은 이와 같이 지니겠습니다."

 세존께서는 사위성에 머무셨으며, 자세한 설명은 앞에서와 같다.
 그때 법랍이 없는 비구가 좋고 깨끗이 염색한 새 옷을 입고 세존의 처소에 나아가서 예경하고 문신하였으나, 이 비구가 뒤의 다른 때에 기름때가 있고 찢어진 옷을 입고 세존의 처소에 나아가서 예경하고 문신하였다. 세존께서는 아시면서도 일부러 물으셨다.
 "비구여. 그대는 먼저 좋고 깨끗이 염색한 새 옷을 입고서 나의 처소에 이르렀는데, 지금 입은 옷은 무슨 까닭으로 그렇게 찢어졌는가?"
 아뢰어 말하였다.
 "이것은 옛날에 먼저 입었던 옷입니다. 다만 세월이 오래되어 찢어졌습니다."
 세존께서 말씀하셨다.
 "그대는 능히 수선하지 않았는가?"
 세존께 아뢰어 말하였다.
 "능히 수선할 수 있으나, 다만 수선할 물건이 없습니다."
 세존께서 말씀하셨다.
 "그대는 능히 취락에서 낡고 찢어진 옷을 주워서 깨끗이 빨아서 염색하여 수선하지 않았는가?"
 아뢰어 말하였다.
 "세존이시여. 분소의는 깨끗하지 못하여 그것을 제가 매우 싫어하므로 능히 수지하지 않습니다."
 세존께서 말씀하셨다.
 "비구여. 멈추게! 멈추게! 이러한 말을 짓지 말라. 분소의는 작은 일이어서 얻기가 쉬우며 마땅히 청정하고 여러 허물이 없어서 사문의 법복(法服)에 수순하나니, 이것을 의지하여 출가하느니라."

그때 세존께서는 대중이 많은 비구들의 처소에 가셨고 니사단(尼師壇)을 펼치고 앉으셨으며 여러 비구들을 위하여 앞의 일을 갖추어 말씀하셨다. 세존께서는 여러 비구들에게 알리셨다.

"여래·응공·정변지는 요익하게 하려는 까닭으로 성문 대중들의 가운데에서 바르게 설하면서 처음의 의지를 제정하겠노라. 만약 참고 견디면서 바르게 믿는 선남자에게는 구족계를 주어서 수지하게 하고, 참고 견디지 못하는 자는 마땅히 구족계를 받을 수 없느니라."

세존께서는 가유라위국(迦維羅衛國) 니구율수(尼拘律樹)의 석씨정사(釋氏精舍)에 머무셨으며, 자세한 설명은 앞에서와 같다.

여래·응공·정변지께서는 다섯 가지 일의 이익을 까닭으로 5일에 한 번을 여러 비구들의 방사를 돌아보셨다. 무엇이 다섯 가지의 일인가? 첫째는 나의 성문 제자의 가운데에서 유위(有爲)의 일을 좋아하지 않는 것인가를 돌아보시는 것이었고, 둘째는 무익(無益)하게 말하면서 즐거워하지 않는가를 돌아보시는 것이었으며, 셋째는 잠자면서 즐거워하지 않는가를 돌아보시는 것이었고, 넷째는 병든 비구가 있는가를 돌아보시려는 까닭이었고, 다섯째는 신심있는 선남자가 여래의 위의와 상서(祥序)를 보고 환희심을 일으키게 하려는 까닭이었다.

이 다섯 가지의 일로써 여러 비구들의 방을 돌아보시면서 한 비구가 병으로 몸이 마비되어 누렇게 들뜨고 여위었으며 초췌한 것을 보셨다. 세존께서는 아시면서도 일부러 물으셨다.

"비구여. 그대는 기력이 조화로운가?"

세존께 아뢰어 말하였다.

"세존이시여. 저는 병으로 굶주려서 기력이 부족합니다."

세존께서 말씀하셨다.

"비구여. 그대는 능히 걸식할 수 없는가?"

아뢰어 말하였다.

"세존이시여. 이 구살라국(拘薩羅國)에서는 다만 사람이 남긴 음식을 걸식하고, 남은 음식이 아니면 걸식할 수 없습니다. 이 남은 음식은 깨끗하지 못하여서 제가 능히 먹을 수 없으니, 이러한 까닭으로 여위고 수척합니다."

세존께서 말씀하셨다.

"비구여. 멈추게! 멈추게! 이러한 말을 짓지 말라. 남은 음식을 걸식하는 것은 작은 일이어서 얻기가 쉬우며, 마땅히 청정하여 여러 허물이 없고 사문법에 수순하나니, 이것을 의지하여 출가하느니라."

그때 세존께서는 대중이 많은 비구들의 처소에 가셨고 니사단을 펼치고 앉으셨으며 여러 비구들을 위하여 앞의 일을 갖추어 말씀하셨다. 세존께서는 여러 비구들에게 알리셨다.

"여래·응공·정변지는 요익하게 하려는 까닭으로 성문 대중들의 가운데에서 바르게 설하면서 둘째의 의지를 제정하겠노라. 만약 참고 견디면서 바르게 믿는 선남자에게는 구족계를 주어서 수지하게 하고, 참고 견디지 못하는 자는 마땅히 구족계를 받을 수 없느니라."

세존께서는 사위성에 머무셨으며, 자세한 설명은 앞에서와 같다.

여래·응공·정변지께서는 다섯 가지 일의 이익을 까닭으로 5일에 한 번을 여러 비구들의 방사를 돌아보셨고, 한 비구가 나무 밑에 앉아서 이렇게 말을 짓는 것을 보셨다.

"사문으로 출가하여 범행을 닦으며 나무 아래에 머무는 것은 괴롭구나. 낮에는 곧 바람이 불고 햇볕에 구워지며 밤에는 곧 모기와 등에가 깨물어서 나는 견디기 힘들구나."

"비구여. 멈추게! 멈추게! 이러한 말을 짓지 말라. 나무 아래에 앉는 것은 작은 일이어서 얻기가 쉬우며, 마땅히 청정하여 여러 허물이 없고 사문법에 수순하나니, 이것을 의지하여 출가하느니라."

그때 세존께서는 대중이 많은 비구들의 처소에 가셨고 니사단을 펼치고 앉으셨으며 여러 비구들을 위하여 앞의 일을 갖추어 말씀하셨다. 세존께서는 여러 비구들에게 알리셨다.

"여래·응공·정변지는 요익하게 하려는 까닭으로 성문 대중들의 가운데에서 바르게 설하면서 셋째의 의지를 제정하겠노라. 만약 참고 견디면서 바르게 믿는 선남자에게는 구족계를 주어서 수지하게 하고, 참고 견디지 못하는 자는 마땅히 구족계를 받을 수 없느니라."

세존께서는 가유라위국 니구율수의 석씨정사에 머무셨으며, 자세한 설명은 앞에서와 같다.

여래·응공·정변지께서는 다섯 가지 일의 이익을 까닭으로 5일에 한 번을 여러 비구들의 방을 돌아보셨으며, 한 비구가 병으로 몸이 마비되어 누렇게 들뜨고 여위었으며 초췌한 것을 보셨다.

한 비구가 병으로 몸이 마비되어 누렇게 들뜨고 여위었으며 초췌한 것을 보셨다. 세존께서는 아시면서도 일부러 물으셨다.

"비구여. 그대는 기력이 조화로운가?"

세존께 아뢰어 말하였다.

"세존이시여. 저는 병으로 굶주려서 기력이 부족합니다."

세존께서 물으셨다.

"비구여. 그대는 능히 병을 따라서 약을 복용하고, 병을 따라서 음식을 먹지 않았는가?"

아뢰어 말하였다.

세존이시여. 저는 약값이 없고 다시 약을 베푸는 자도 없으며, 이러한 까닭으로 병에 고통받습니다."

세존께서 물으셨다.

"비구여. 그대는 능히 진기약(陳棄藥)을 복용하지 않는가?"

아뢰어 말하였다.

"세존이시여. 진기약은 부정하여 제가 복용할 수 없습니다."

세존께서 말씀하셨다.

"비구여. 멈추게! 멈추게! 이러한 말을 짓지 말라. 진기약은 작은 일이어서 얻기가 쉬우며, 마땅히 청정하여 여러 허물이 없고 사문법에 수순하나니, 이것을 의지하여 출가하는 것이니라."

그때 세존께서는 대중이 많은 비구들의 처소에 가셨고 니사단을 펼치고 앉으셨으며 여러 비구들을 위하여 앞의 일을 갖추어 말씀하셨다. 세존께서는 여러 비구들에게 알리셨다.

"여래·응공·정변지는 요익하게 하려는 까닭으로 성문 대중들의 가운데에서 바르게 설하면서 넷째의 의지를 제정하겠노라. 만약 참고 견디면서 바르게 믿는 선남자에게는 구족계를 주어서 수지하게 하고, 참고 견디지 못하는 자는 마땅히 구족계를 받을 수 없느니라."

세존께서는 사위성에 머무셨으며, 자세한 설명은 앞에서와 같다.

그때 도이(都夷) 취락에 어느 나이가 젊은 바라문이 여러 비구에게 출가를 구하여 구족계를 받았고, 그러한 뒤에 4의지를 받았다. 분소의는 작은 일로 얻기가 쉬우며 마땅히 청정하고 여러 허물이 없어서 사문법에 수순하였고, 이것을 의지하여 출가하였다. 구족계를 받았으므로 물어 말하였다.

"이 가운데에 출가하여 목숨을 마치도록 능히 참고 견디겠는가?"

대답하여 말하였다.

"능히 참고 견디지 못하겠습니다."

물어 말하였다.

"그대는 무슨 까닭으로 출가하였는가?"

대답하여 말하였다.

"나는 비구인 사문 석자가 좋고 세밀하며 가벼운 옷을 입는 것을 보았고, 나는 이러한 옷에 탐착(貪着)하였으며, 이러한 까닭으로 출가하였습니다."

여러 비구들이 말하였다.

"어찌하여 일체의 어느 비구들이 출가하여도 모두 이렇게 좋은 옷을 얻겠는가?"

다시 두 번째의 의지를 주었다.

"남은 밥을 걸식하는 것은 작은 일이어서 얻기 쉬우며, 마땅히 청정하고 여러 허물이 없어서 사문법에 수순하나니, 이것을 의지하고 출가하여 구족계를 받고서 이 가운데에서 목숨을 마치도록 능히 참고 견디겠는가?"

대답하여 말하였다.

"능히 참고 견디지 못하겠습니다."

물어 말하였다.

"그대는 무슨 까닭으로 출가하였는가?"

대답하여 말하였다.

"나는 비구인 사문 석자가 흰 멥쌀밥과 여러 종류의 떡과 고기와 음식을 먹는 것을 보았고, 나는 이러한 좋은 음식에 탐착하였으며, 이러한 까닭으로 출가하였습니다."

여러 비구들이 말하였다.

"어찌하여 일체의 어느 비구들이 출가하여도 모두 이렇게 좋은 음식을 얻겠는가?"

다시 세 번째의 의지를 주었다.

"나무의 아래에 앉는 것은 작은 일이어서 얻기 쉬우며, 마땅히 청정하고 여러 허물이 없어서 사문법에 수순하나니, 이것을 의지하고 출가하여 구족계를 받고서 이 가운데에서 목숨을 마치도록 능히 참고 견디겠는가?"

대답하여 말하였다.

"능히 참고 견디지 못하겠습니다."

물어 말하였다.

"그대는 무슨 까닭으로 출가하였는가?"

대답하여 말하였다.

"나는 비구인 사문 석자가 큰 방사와 2층누각(重樓閣舍)에 앉아 있는 것을 보았고, 나는 이러한 집에 머무는 것을 탐착하였으며, 이러한 까닭으로 출가하였습니다.'"

여러 비구들이 말하였다.

"어찌하여 일체의 어느 비구들이 출가하여도 모두 이렇게 좋은 집을 얻겠는가?"

다시 네 번째의 의지를 주었다.

"진기약은 작은 일이어서 얻기 쉬우며, 마땅히 청정하고 여러 허물이 없어서 사문법에 수순하나니, 이것을 의지하고 출가하여 구족계를 받고서 이 가운데에서 목숨을 마치도록 능히 참고 견디겠는가?"

대답하여 말하였다.

"능히 참고 견디지 못하겠습니다."

물어 말하였다.

"그대는 무슨 까닭으로 출가하였는가?"

대답하여 말하였다.

"나는 비구인 사문 석자가 소(酥)·기름·꿀·석밀과 다른 여러 종류의 약을 먹는 것을 보았고, 나는 이러한 약을 복용하는 것을 탐착하였으며, 이러한 까닭으로 출가하였습니다.'"

"어찌하여 일체의 어느 비구들이 출가하여도 모두 이렇게 좋은 약을 얻겠는가?"

여러 비구들이 이 인연으로써 가서 세존께 아뢰었고, 세존께서는 말씀하셨다.

"그대들이 어찌하여 먼저 구족계를 주고서 뒤에 4의지를 주었는가? 오늘부터는 먼저 구족계를 받았다면 뒤에 4의지를 주지 못하느니라. 마땅히 먼저 4의지를 주고서 능히 참고 견디는 자에게 구족계를 주어서 받게 하라. 만약 4의지를 참고 견디지 못하겠다고 말한다면 마땅히 구족계를 주지 못하고, 만약 먼저 구족계를 주고 뒤에 4의지를 주었다면 구족계를 받았다고 이름하지만, 일체의 승가는 월비니죄를 범하느니라. 4의지를 주는 때에는 마땅히 먼저 구청갈마(求聽羯磨)를 짓도록 하라."

"대덕 승가께서는 허락하십시오. 누구는 누구를 쫓아서 구족계를 받습니다. 누구는 이미 텅비고 고요한 곳에서 가르쳐서 묻는 것을 마쳤으며, 승가의 가운데에서 구족계 받는 것을 애원하고 있습니다. 부모는 이미 허락하였고 화상과 3의와 발우를 구하여 갖추었으며 남자이고 나이를 20세를 채웠으며, 스스로가 '청정하여 차법이 없습니다.'라고 말하였습니다. 만약 승가께서 때가 이르렀다면 승가께서는 화상 누구가 누구에게 승가의 가운데에서 4의지를 설하겠습니다. 여러 대덕들께서 화상 누구가 누구에게 승가의 가운데에서 4의지를 설하는 것을 승가께서 허락하십시오. 승가께서 묵연하셨던 까닭으로 이 일을 이와 같이 지니겠습니다."

"선남자는 들으라. 이것은 여래·응공·정변지께서 요익하게 하려는 까닭으로 성문 대중의 가운데에서 바르게 설하시어 4의지를 제정하셨느니라. 만약 참고 견디며 바르게 믿는 선남자는 구족계를 주어서 받게 할 것이고, 참고 견디지 못하는 자는 마땅히 받지 못하느니라. 분소의에 의지하는 것은 작은 일이어서 얻기가 쉬우며, 마땅히 청정하고 여러 허물이 없으며 사문법에 수순하나니, 이것을 의지하여 출가하여 구족계를 받고 비구가 되어 이 가운데에서 목숨을 마치도록 능히 참고 견디면서 분소의를 지니겠는가?"

대답하여 말한다.

"능히 지니겠습니다."

길이 흠바라의(欽婆羅衣)·첩의(疊衣)·추마의(芻摩衣)·구사야의(拘舍耶衣)·사나의(舍那衣)·마의(麻衣)·구모제의(丘牟提衣)를 얻는 것과 같다.

"남은 음식을 구걸하여 의지하는 것은 작은 일이어서 얻기 쉬우며, 마땅히 청정하고 여러 허물이 없으며 사문법에 수순하나니, 이것을 의지하여 출가하여 구족계를 받고 비구가 되어 이 가운데에서 목숨을 마치도록 능히 참고 견디면서 걸식하겠는가?"

대답하여 말한다.

"능히 걸식하겠습니다."

길이 매월 8일·14일·15일에 계를 설하면서 주식(籌食)과 청식(請食)을 얻는 것과 같다.

"나무 아래에 앉음을 의지하는 것은 사소한 일이어서 얻기 쉬우며, 마땅히 청정하고 여러 허물이 없으며 사문법에 수순하나니, 이것을 의지하여 출가하여 구족계를 받고 비구가 되어 이 가운데에서 목숨을 마치도록 능히 참고 견디면서 나무의 아래에 앉겠는가?"

대답하여 말한다.

"능히 앉겠습니다."

길이 큰 방사·이층 누각·문을 가진 집·굴의 집(窟舍)을 얻는 것과 같다.

"진기약을 의지하는 것은 사소한 일이어서 얻기 쉬우며, 마땅히 청정하고 여러 허물이 없으며 사문법에 수순하나니, 이것을 의지하여 출가하여 구족계를 받고 비구가 되어 이 가운데에서 목숨을 마치도록 능히 참고 견디면서 진기약을 복용하겠는가?"

대답하여 말한다.

"능히 복용하겠습니다."

길이 소·기름·꿀·석밀·생소(生酥)·지방(脂)을 얻는 것과 같다.

이 네 가지의 성스러운 종자를 의지하여 마땅히 수순하여 배울지니라.

갈마사는 마땅히 이렇게 말을 지어야 한다.

"대덕 승가께서는 허락하십시오. 누구는 누구를 쫓아서 구족계를 받습니다. 누구는 이미 텅비고 고요한 곳에서 가르쳐서 묻는 것을 마쳤으며, 누구는 승가의 가운데에서 구족계를 받는 것을 애원하고 있습니다. 부모는 이미 허락하였고 이미 화상과 3의와 발우를 구하여 갖추었으며 남자이고 나이를 20세를 채웠으며, 스스로가 '청정하여 차법이 없고, 이미 4의지를 참고서 견디겠습니다.'라고 말하였습니다. 만약 승가께서 때가 이르렀다면 승가께서는 지금 누구에게 구족계를 주십시오. 화상은 누구입니다. 이와 같이 아룁니다.

대덕 승가께서는 허락하십시오. 누구는 누구를 쫓아서 구족계를 받습니다. 누구는 이미 텅비고 고요한 곳에서 가르쳐서 묻는 것을 마쳤으며, 누구는 승가의 가운데에서 구족계 받는 것을 애원하고 있습니다. 부모는 이미 허락하였고 이미 화상과 3의와 발우를 구하여 갖추었으며 남자이고 나이를 20세를 채웠으며, 스스로가 '청정하여 차법이 없고, 이미 4의지를 참고서 견디겠습니다.'라고 말하였습니다. 만약 승가께서 때가 이르렀다면 승가께서는 지금 누구에게 구족계를 주십시오. 화상은 누구입니다. 여러 대덕들께서 승가가 누구에게 구족계를 주고 화상이 누구라고 인정하신다면 묵연하시고, 인정하지 않으신다면 곧 말씀하십시오."

이것이 첫 번째의 갈마이다. 성취되지 않았다면 두 번·세 번째도 이와 같이 말해야 한다.

"승가께서 이미 인정하셨으므로 누구에게 구족계를 주어서 마쳤습니다. 화상은 누구입니다. 승가께서 묵연하셨던 까닭으로 이 일을 이와 같이 지니겠습니다."

"선남자여. 그대는 이미 구족계를 받았고, 잘 구족계를 받아서 한 번을 아뢰고 백사갈마를 하였으며 차법이 없었고 대중 승가가 화합하였으니, 10명의 대중이거나 10명 이상의 대중이 화합하지 않는다면 아니된다. 그대는 지금 세존을 공경하고 존중하며, 법을 공경하고 존중하며, 비구 승가를 공경하고 존중하며, 화상을 공경하고 존중하며, 아사리를 공경하고 존중하라.

그대가 이미 (삼보를) 만났으니, 다시는 잃지 않아야 하나니, 사람의 몸은 얻기 어렵고, 세존의 세상을 만나기 어려우며, 법을 듣기가 어렵고, 대중승가가 화합하여 원하는 뜻을 성취하기도 어려우니라. 석사자(釋師子)와 여러 성문들에게 정례(頂禮)하여 이미 구족함을 얻었으니, 무우수화(無憂樹華)가 진흙물을 벗어나는 것과 같으니라. 마땅히 의지하여 옆으로 니원(泥洹)의 선법(善法)을 수습하라.

이미 구족계를 받았으니, 이 게시법(戒序法)과 4바라이(波羅夷)와 13승가바시사(僧伽婆尸沙)와 2부정법(不定法)과 30니살기바야제(尼薩耆波夜提)와 92순바야제(純波夜提)와 4바라제제사니(波羅提提舍尼)와 중학법(衆學法)과 7멸쟁법(滅諍法)과 수순하는 법을 내가 지금 간략히 설하여 그대를 교계하나니, 이와 같고 뒤에 화상과 아사리가 마땅히 자세하게 그대를 위하여 설할 것이다."

이것을 10중수계(衆受戒)라고 이름하느니라.

5중수계라고 이름하는 것은 세존께서는 왕사성의 시다림(尸陀林)에 머무르셨다.

이때 성안에 어느 거사가 울건(鬱虔)이라고 이름하였고, 종실(宗室)이어서 호강(豪强)하였고 재산이 무량하였다. 여래께서 세상에 출현하시어 시다림의 가운데에 머무신다고 듣고서 환희하고 용약(踊躍)하면서 세존과 승가를 청하여 음식을 베풀고자 하였으므로, 집안을 장엄하고 물을 뿌려 땅을 쓸었다.

이때 사위성 안에 어느 거사는 아나빈저(阿那邠抵)[1]라고 이름하였고, 본래 울건과는 특별히 서로 친한 벗이었는데, 그의 집에 이르러 그 집안을 바쁘게 장엄하고 물을 뿌려서 쓰는 것을 보고 물었다.

"거사여. 무슨 까닭으로 집안일에 바쁜가? 딸을 시집보내거나, 며느리를 맞이하고자 바라문을 청하고 왕과 대신들을 청하려는 것인가?"

대답하여 말하였다.

"내가 딸을 시집보내거나, 며느리를 맞이하고자 바라문을 청하고 왕과 대신들을 청하려는 것이 아니네. 그대는 듣지 못하였는가? 정반왕(淨飯王)의 아들이 출가하여 성불하였고, 여래·응공·정변지라는 명호로 불리며 세간에 출현하였네. 지금 시다림의 가운데에 머무시므로 내가 물을 뿌려서 쓸고 장엄하고서 바로 세존과 승가를 청하고자 하네. 이러한 까닭으로 집안일에 바쁘네."

아나빈저가 듣고 마음으로 크게 기뻐하면서 곧바로 물었다.

"나도 예경하고자 하네. 만나볼 수 있겠는가?"

대답하여 말하였다.

"만나볼 수 있네. 세존께서는 널리 윤택하시니, 만나본다면 이익이 아닌 것이 없을 것이네. 마땅히 때인 것을 아시게."

아나빈저는 듣고서 공경심이 마음에서 일어나서 날이 밝기를 기다렸다. 세존께서 그의 마음을 관조하셨고 밤에 광명을 밝혀 널리 성안을 비추었

---

[1] 급고독장자를 다르게 부르는 말이다.

다. 아나빈저는 밝음을 보고서 '이것은 하늘이 밝은 것이다.'라고 생각하였고 곧 일어나서 갔는데 문이 자연스럽게 열렸고, 곧바로 성문을 향하였는데, 성문이 다시 열렸다. 성문을 나왔는데 하나의 천사(天祠)가 있어서 길에서 가까운 주변이어서 먼저 예배하고서, 그 뒤에 세존께 나아가고자 돌아서 천사의 문을 향하였는데, 그때 하늘과 땅이 다시 어두워졌다. 그는 곧 두려워하면서 나아가고 물러났으나 미혹(迷惑)하여 향할 곳을 알지 못하였다. 이때 공중(空中)에 천인(天人)이 있어서 아나빈저에게 말하였다.

"지금이 바른 때이니, 다만 나아가고 두려워하지 말라."

곧 게송을 설하여 말하였다.

소와 말이 끄는 일백의 수레를
모두 칠보로 장엄하고서
모두 가지고 사용하여 보시하였어도
그것의 공덕을 헤아린다면
그대가 가는 한 걸음과 비교하여
16분의 1에도 미치지 못한다네.

설산(雪山)의 백 마리 용과 코끼리를
역시 칠보로 장엄하고서
모두 가지고 사용하여 보시하였어도
그것의 공덕을 헤아린다면
그대가 가는 한 걸음과 비교하여
16분의 1에도 미치지 못한다네.

일백의 좋은 천상의 옥녀(玉女)가
칠보와 영락의 몸을 가지고
사용하여 보시를 행하였어도

그것의 공덕을 헤아린다면
그대가 가는 한 걸음과 비교하여
16분의 1에도 미치지 못한다네.

그때 아나빈저가 이 게송을 듣고서 공경과 신심이 두 배로 생겨나서 세존의 처소를 찾아서 나아갔으며 머리숙여 발에 예경하고 물러나서 한쪽에 앉았다. 세존께서 설법하시어 보여주셨고 가르치셨으며 이익되고 기쁘게 하셨으므로 세존께 아뢰어 말하였다.

"세존이시여. 저는 사위성에 돌아가서 정사를 일으켜 세우고 세존과 승가를 청합니다. 오직 원하옵건대 세존께서 애민하게 생각하시어 저의 청을 받아주십시오. 다시 원하옵건대 세존께서 한 비구를 보내시어 감리(鑑理)하여 처분(處分)하십시오."

[『비라경(比羅經)』의 가운데에서 자세하게 설한 것과 같다.]

나아가 세존께서는 사리불과 목련에게 알리셨다.

"그대들이 그곳에 가서 땅의 형세를 살펴보고 승가가 머무는 곳을 따라서 곧 요리(料理)하여 처분하고 방사를 안치(安置)하게."

사리불과 목련이 가르침을 받고 곧 갔으며 그곳에 이르렀다.

이때 아나빈저 거사는 18억금(金)으로 땅을 샀고, 18억금으로 승가의 방사를 지었으며, 18억금으로 대중 승가를 공양하였으므로, 그 합계가 54억금이었다. 거사는 곧 다시 크게 공양하려는 까닭으로 부루나(富樓那)를 보냈고 바다에 들어가서 보물을 캐냈는데, 세존께서는 위신력으로 보호하고자 생각하셨고, 사대천왕(四大天王)과 제석(帝釋) 및 범천왕(梵天王)들이 이 사람을 호위(衛護)하여 일곱 번을 가고 돌아오면서 진귀한 보물을 크게 얻었어도 어려움을 만나지 않았다. 부루나가 아나빈저에게 알려 말하였다.

"오직 원하건대 거사께서는 나의 출가를 허락하십시오."

거사는 곧 허락하였고 부루나를 데리고 세존의 처소에 이르러 머리숙여 발에 예경하고 물러나서 한쪽에 머물면서 세존께 아뢰어 말하였다.

"이 사람이 출가하고자 하옵니다. 오직 원하옵건대 세존께서 애민하게 생각하시어 도탈(度脫)시켜 주십시오."

세존께서는 곧 그를 제도하셨고, 이미 출가하였으므로 세존께 아뢰어 말하였다.

"세존이시여. 오직 원하옵건대 저를 위하여 간략하게 교계(敎誡)하고 설하여 주십시오. 저는 수나국(輸那國)에 이르러 말과 같이 수행하겠습니다."

세존께서 곧 그를 위하여 수순하여 교계하셨으며, [『연경(鋋經)』의 가운데에서 자세하게 설한 것과 같다.] 부루나가 교계를 받고서 수나국에 이르렀다. 그 나라 안에 어느 장자는 달바(闥婆)라고 이름하였고, 그를 위하여 전단(栴檀)의 방사를 지었다. [이 가운데에서 억이(億耳)의 인연을 자세하게 설명하였다.] 나아가 출가를 청하였고 부루나가 제도하여 출가시켰으며 사미로 지었는데, 나아가 7년이 지났으나 대중 승가를 얻기가 어려워서 구족계를 받을 수 없었다.

7년이 지나 달바는 전단으로 지은 방사를 완성하여 장엄하게 꾸몄으며, 널리 대중 승가를 청하여 공양을 베풀었고 전단의 방사를 부루나에게 보시하였다. 그때 대중 승가는 지율(持律)인 10명을 통하였고, 부루나가 승가의 모임을 인연한 까닭으로 억이에게 구족계를 주었다. 구족계를 받고서 곧 화상에게 아뢰어 말하였다.

"제가 사위국에 이르러서 세존께 예경하고자 합니다. 오직 원하건대 허락하여 주십시오."

대답하여 말하였다.

"그대의 뜻을 따르게. 그대는 나의 이름을 지니고 세존께 문신하고 아울러 다섯 가지의 원을 애원하게."

억이기 가르침을 받고 곧 깄으며 세존의 처소에 이르러 머리숙여 발에 예경하고 물러나서 한쪽에 머물렀다. 세존께서는 아난에게 말씀하셨다.

"객비구를 위하여 평상과 요를 펼치게."

만약 아난에게 "평상과 요를 펼치게."라고 말하였다면, 마땅히 세존과 같은 방에서 묵는 것이라고 알아야 하고, 만약 존자 타표마라자에게 말하였다면 마땅히 차례에 따라 방을 준다고 알아야 한다. 여래께서 초야(初夜)에 여러 성문들을 위하여 설법하셨고, 중야에 방사로 돌아오셨는데 원광(圓光)이 항상 밝으셨다. 세존께서는 비구에게 물으셨다.

"그대가 경을 독송하는가?"

대답하여 말하였다.

"독송합니다."

"어느 경전 등을 독송하는가?"

"8발지경(跋祇經)을 독송합니다."

세존께서 말씀하셨다.

"그대는 그것을 독송하여 보게."

곧 가는 소리로 외웠고, 그 구절의 뜻을 물으셨으며, 하나·하나를 능히 대답하였다. 세존께서 말씀하셨다.

"옳도다. 비구여. 그대가 독송한 것은 문자와 구절의 뜻이 내가 먼저 설하였던 것과 같구려."

그때 세존께서 곧 게송을 설하여 말씀하셨다.

성인은 악인을 즐거워하지 않고
악인은 성인을 즐거워하지 않나니
만약 세간의 허물을 보았다면
발심하여 열반으로 나아간다네.

세존께서 말씀하셨다.

"옳도다. 나의 제자들 가운데에서 빠르게 이해하고 깨닫는 자는 억이가 제일이니라."

억이는 곧 일어나서 머리숙여 세존의 발에 예경하고 화상의 이름을 가지고 세존께 다섯 가지의 원(願)을 애원하였다. 여래께서는 이 말을 들으시고서 새벽에 일어나시어 대중이 많은 비구들의 처소에 가셨으며 니사단을 펼치고 앉으셨다. 세존께서는 여러 비구들에게 알리셨다.
"부루나는 수나변국(輸那邊國)에 있으면서 억이를 보내었는데, 와서 나에게 다섯 가지의 원을 애원하였느니라. 오늘부터는 수나변국의 다섯 가지의 원을 허락하겠노라. 무엇이 다섯 가지인가? 첫째는 수나변국의 땅이 청결(淨潔)해서 스스로가 환희하므로 날마다 목욕하도록 허락하겠으나, 이곳에서는 보름이니라. 둘째는 수나변국의 땅은 단단하고 돌과 흙덩이와 가시나무가 많으므로 두 겹의 가죽신을 신도록 허락하겠으나, 이곳에서는 한 겹이니라. 셋째는 수나변국의 땅에는 여러 부구(敷具)가 적고 여러 가죽이 많으므로 그곳에서는 가죽으로 부구를 짓도록 허락하겠으나, 이곳에서는 허락하지 않겠노라. 넷째는 수나변국의 땅에는 옷과 물건이 적고 죽은 사람의 옷이 많으므로 그곳에서 죽은 사람의 옷을 입도록 허락하겠고, 이곳에서도 역시 허락하겠노라. 다섯째는 수나변국의 땅은 비구가 적으므로 그곳에서는 다섯의 대중이라면 구족계를 받도록 허락하겠으나, 이곳에서는 10명의 대중이니라.
'자수구족'과 '선래수구족' '십중백삼갈마수구족'과 '수나변지오중백삼갈마수구족(輸那邊地五衆白三羯磨受具足)의 네 종류를 구족계를 받는 것이라고 이름한다."

다시 다음으로 세존께서는 사위성에 머무셨으며, 자세한 설명은 앞에서와 같다.
그때 우바리(優波離)에게 두 사미가 있었는데, 첫째는 타파가(陀婆伽)라고 이름하였고, 둘째는 파라가(婆羅伽)라고 이름하였다. 이 두 사미가 점차로 장성하여 나이가 20세를 채웠으며, 구족계를 받고자 하였으므로 이렇게 생각을 지었다.
'만약 마땅히 먼저 한 사람이 받고서, 뒤에 받는 자는 반드시 원망하는 마음이 있을 것이다. 같이 한 명의 화상과 하나의 대중과 한 명의 계사와 한 때라면 아울러 구족계를 받게 해야겠다.'

우바리는 이렇게 생각을 짓고서 세존의 처소로 갔으며 머리숙여 발에 예경하고 물러나서 한쪽에 앉았으며 앞의 일을 갖추어 세존께 아뢰어 말하였다.

"세존이시여. 함께 한 명의 화상과 한 명의 계사와 하나의 대중이더라도 아울러 구족계를 받을 수 있습니까?"

세존께서 말씀하셨다.

"받을 수 있네."

이와 같이 두 명이거나, 세 명도 역시 아울러 받을 수 있으나, 대중은 받을 수 없나니, 이것을 구족계를 받는다고 이름한다. 한 사람이 두 명의 화상이거나, 세 명의 화상이거나, 여러 화상이라면 구족계를 받는다고 이름할 수 없고, 갈마사가 없다면 구족계를 받는다고 이름할 수 없으며, 두 명의 사람이거나, 세 명의 사람이 함께 한 명의 갈마사와 별도의 화상과 함께 하나의 대중에게 아울러 받았어도 구족계를 받았다고 이름할 수 없고, 두 사람의 갈마를 두 사람이거나, 세 사람이 갈마하였고 세 사람이 별도의 화상인데, 함께 하나의 대중에게 아울러 받았어도 구족계를 받았다고 이름할 수 없다.

다시 구족계를 받았다고 이름할 수 없는 것이 있으니, 화상이 10명의 수에 있다면 구족계를 받았다고 이름할 수 없고, 구족계를 받으려고 하는 사람으로 10명의 수를 채웠거나, 비구니로서 10명의 수를 채웠거나, 구족계를 주려는 사람으로 10명의 수를 채웠다면 구족계를 받는다고 이름할 수 없다. 만약 화상의 이름을 말하지 않았거나, 구족계를 받을 사람의 이름을 말하지 않았거나, 승가의 이름을 말하지 않았다면 구족계를 받았다고 이름할 수 없다. 만약 화상이 갈마를 설하였거나, 구족계를 받을 사람이 갈마를 설하였거나, 비구니가 갈마를 설하였다면 모두 구족계를 받았다고 이름할 수 없다.

만약 화상이 공중(空中)에 있었거나, 계를 받을 사람이 공중에 있었거나, 승이 공중에 있었거나, 일체가 공중에 있었다면 구족계를 받았다고 이름할 수 없고, 만약 절반은 땅에 있고 절반은 공중에 있었어도 구족계를 받았다고 이름할 수 없다. 만약 칸막이로 막혔다면 구족계를 받았다고 이름할 수 없고, 절반은 덮인 곳에 있고 중간은 칸막이로 막혔다면 구족계를 받았다고 이름할 수 없으며, 절반은 덮여 있고 절반은 노지(露地)에 있어서 손을 펼쳐도 서로 미치지 못하였다면 구족계를 받았다고 이름할 수 없고, 일체가 드러난 처소에 앉았어도 몸과 손이 서로 미치지 못하고 일체가 덮여 있는 곳이며 보고 듣는 것을 벗어날 수 없고, 보고 들을 수 없다면 구족계를 받았다고 이름할 수 없다.

다시 다음으로 구족계를 받았다고 이름할 수 없는 것은, 만약 잠을 잤거나, 만약 어리석었거나, 만약 미쳤거나, 만약 마음이 혼란하였거나, 만약 병으로 괴로움에 얽혔다면 구족계를 받았다고 이름할 수 없다. 다시 다음으로 구족계를 받았다고 이름할 수 없는 것은, 만약 구족계를 받을 사람이 말하지 않았거나, 만약 마음으로 생각하였거나, 만약 큰 소리로 떠들었다면 구족계를 받았다고 이름할 수 없다. 다시 다음으로 구족계를 받았다고 이름할 수 없는 것은, 만약 유서(遺書)를 썼거나, 인장(印)을 남겼거나, 손을 들어서 모양을 지었다면 구족계를 받았다고 이름할 수 없다. 사람이 앞에 나타나지 않았고, 앞의 사람에게 묻지 않았으며, 비법(非法)으로 대중을 화합하지 않게 하였고, 아뢰는 것이 성취되지 않았으며, 갈마가 성취되지 않았고, 만약 하나·하나가 성취되지 않았다면 구족계를 받았다고 이름할 수 없다.

다시 다음으로 구족계를 받았다고 이름할 수 없는 것은, 비구니의 정행(正行)을 파괴하였거나, 적도(賊盜)로 머물렀거나, 월제인(越濟人)이거나, 오역죄(五逆罪)이거나, 여섯 종류의 불능남이거나, 너무 젊었거나, 너무 늙었거나, 손이 잘렸거나, 발이 잘렸거나, 손과 발이 잘렸거나, 귀가 잘렸거나, 코가 잘렸거나, 귀와 코가 잘렸거나, 만약 눈이 멀었거나, 만약 귀가 먹었거나, 만약 눈이 멀고 귀기 먹었거나, 만약 벙어리었거나, 만약 절름발이였거나, 만약 벙어리이고 절름발이였거나, 만약 채찍의 흉터와 낙인의 흔적이 있거나, 만약 힘줄을 뽑히고 힘줄이 잘렸거나, 꼽추이거나, 왕의 신하이거나, 빚을 진 자이거나, 병든 자이거나, 외도이거나, 아이였거나, 노비이거나, 불구자(不具者)이거나, 얼굴빛이 추루하고 무너졌거나, 비구니의 정행을 파괴한 자이다.

세존께서는 비사리성에 머무르셨다.
그때 암바라(庵婆羅)의 리차(離車) 동자가 법예(法豫) 비구니 제자의 범행을 무너뜨렸다. 이때 법예 비구니가 세존의 처소로 가서 머리숙여 발에 예경하고 물러나서 한쪽에 머물렀으며 세존께 아뢰어 말하였다.
"세존이시여. 리차 동자가 내 제자의 범행을 무너뜨렸습니다."
이렇게 말을 지었고 세존께 예경하고 떠나갔으며, 세존께서는 아난에게 말씀하셨다.
"그대는 나의 승가리를 가져오게. 비사리에 들어가겠네."
아난은 승가리를 취하여 가져왔고 세존께 드렸다. 여래·응공·정변지께서는 성불하신 이래로 일찍이 식후에 성읍과 취락에 들어가시지 않으셨으나, 그때 세존께서는 아난과 함께 비사리에 들어가셨다. 그때 500명의 리차들은 논의당(論議堂)에서 다른 일을 논의하고자 하였는데 멀리서 세존께서 오시는 것을 보았고 전전하여 서로가 의논하여 말하였다.
"여래께서 무슨 일이 있는 까닭으로 식후에 성에 들어오시는가? 마땅히 무슨 까닭이 있는 것이다."
이때 리차들이 곧 일어나서 세존께서 앉으실 자리를 펼쳤고 가서 세존을 맞이하였으며 호궤 합장하고서 세존께 아뢰어 말하였다.
"잘 오셨습니다. 세존이시여. 오직 원하옵건대 세존께서 이 자리 위에 앉으십시오."
그때 세존께서는 니사단을 펼쳐서 앉으셨고, 여러 리차들은 머리숙여 세존의 발에 예경하고 물러나서 한쪽에 머물렀으며, 세존께서는 말씀하셨다.
"리차들이여. 그대들의 권속을 그대들이 마땅히 방호(防護)하는 것과 같이, 나의 제자인 비구니도 역시 마땅히 방호하여서 설사 사람들이 침범하여 만약 원하였거나, 원하지 않았거나, 범행을 파괴하는 자는 나의 법의 가운데에서 목숨을 마치도록 함께 말하지 않고 함께 머물지 않으며 함께 먹지 않는 것이오."

리차들이 세존께 아뢰었다.

"세존의 법에서 범행을 무너뜨린 자와는 함께 말하지 않고 함께 머물지 않으며 함께 먹지 않는 것과 같이 우리들의 세속법도 역시 이와 같아서, 목숨을 마칠 때까지 함께 말하지 않고 함께 머물지 않으며 함께 먹지 않습니다."

그때 세존께서는 여러 리차들을 위하여 수순하여 설법하였고, 리차들은 환희심을 일으키고 떠나갔다. 떠나가고 오래지 않아서 법예 비구니가 리차들의 처소에 이르러 이렇게 말을 지었다.

"여러 거사들이여. 암바라의 리차 동자가 내 제자의 범행을 파괴하였습니다. 이것은 선하지 못하고 수순하는 법이 아닙니다."

여러 리차들이 듣고서 자기들끼리 의논하여 말하였다.

"세존께서 이전에 말씀하신 것이 바로 이것이었구나."

곧 크게 부끄러워하면서 비구니에게 말하였다.

"우리들이 무엇 등을 지어서 다스리게 하겠습니까?"

비구니가 말하였다.

"마땅히 그의 성(姓)을 바꾸고 '리차가 아니다.'라고 외치며 문을 돌려서 서쪽으로 향하게 하고 그의 부엌을 파괴하며 그 집의 처마를 무너뜨리고 주위를 1주(肘)로 두르세요."

대답하여 말하였다.

"가르침을 받겠습니다."

곧 리차가 아니라고 외쳤고 대문을 돌려서 서쪽으로 향하게 하였으며, 나아가 그 집의 처마를 헐었다. 그때 세존께서는 대중이 많은 비구들의 처소에 가셨고 니사단을 펼치고 앉으셨으며 잎의 일로써 갖추어 여러 비구들을 위하여 말씀하셨다.

"비구니의 청정한 행을 파괴한 자는 만약 아라한의 비구니이거나, 아나함의 비구니이거나, 만약 처음과 중간과 뒤의 일체를 모두 비구니의 청정한 행을 파괴하였다고 이름하고, 만약 사다함의 비구니이거나, 수다원의 비구니이거나, 범부의 계율을 지닌 비구니는 처음에 만약 즐거움을 받았다면 이것을 비구니의 청정한 행을 파괴하였다고 이름하며, 중간과 뒤는 파괴하였다고 이름하지 않느니라."

그때 마하라가 있었는데 본래 세속 사람이었던 때에 비구니의 청정한 행을 파괴하였으므로 마음에 의혹이 생겨나서 세존께 아뢰어 말하였다.

"세존이시여. 제가 세속 사람이었던 때에 비구니의 청정한 행을 파괴하였습니다."

세존께서는 여러 비구들에게 알리셨다.

"이 마하라가 스스로 '비구니의 청정한 행을 파괴하였다.'라고 말하였으므로 쫓아내도록 하라."

여러 비구들은 쫓아냈다. 만약 비구니의 청정한 행을 파괴하였다면 마땅히 그를 출가시킬 수 없고, 만약 이미 출가한 자는 마땅히 쫓아내야 한다. 만약 제도하여 출가시키고 구족계를 받게 하였으면 월비니죄를 범한다. 이것을 비구니의 청정한 행을 파괴하였다고 이름한다.

(1) 도주자(盜住者)

세존께서는 사위성에 머무셨으며, 자세한 설명은 앞에서와 같다.

그때 어느 단월이 정사의 가운데에 나아가서 승가에게 음식을 주었다. 이때 어느 한 사람은 얼굴빛이 검고 배가 컸는데 와서 상좌의 자리에 앉았다. 잠시 뒤에 승가의 상좌가 와서 물었다.

"그대의 법랍(法臘)이 얼마인가?"

대답하여 말하였다.

"앉은 곳에서 음식을 먹는 것은 한 가지인데 괴롭게 나이는 묻습니까?"

상좌는 위덕이 엄숙하였는데 말하였다.

"쯧쯧. 그대는 내려가게."

다시 두 번째 상좌의 자리에 앉았고 잠시 뒤에 두 번째 상좌가 와서 물었다.

"그대의 법랍이 몇 살이오?"

대답하여 말하였다.

"앉은 곳에서 음식을 먹는 것은 한 가지인데 괴롭게 나이는 묻습니까?"

이와 같이 전전하였고, 나아가 사미의 가운데까지 밀려났으므로 물어 말하였다.

"누가 그대의 화상이고 누가 그대의 스승이며 사미계에는 몇 계가 있고, 사미계는 마땅히 숫자가 몇이 있습니까? 처음은 무엇이라고 이름합니까? 1은 일체의 중생들이 모두 바라는 음식이고, 2는 두 가지 명색(名色)이며, 3은 세 가지의 아프다는 생각이고, 4는 4성제(聖諦)이며, 5는 5음(陰)이고, 6은 6입(入)이며, 7은 7각의(覺意)이고, 8은 8정도(正道)이며, 9는 아홉 부류의 중생(衆生)이 사는 곳이고, 10은 열 번째로 일체가 들어가는 것이 사미법이라고 마땅히 이와 같이 세어야 합니다."

대답하여 말하였다.

"나는 난타와 우파난타의 상중(上衆) 제자입니다."

여러 비구들은 이 인연으로써 가서 세존께 아뢰었고, 세존께서는 말씀하셨다.

"난타와 우파난타의 상중 제자가 아니고, 이 자는 스스로 출가한 사람이다. 만약 이와 같은 사람들은 일찍이 포살(布薩)과 자자(自恣)의 가운데에 들어가지 못하였고, 뒤에 좋은 마음이 있어서 함께 출가하여 구족계를 받았느니라. 만약 일찍이 포살의 가운데에 들어갔다면 이것을 도주(盜住)라고 이름하고, 출가하여 구족계를 받는 것을 허락하지 않겠노라.

만약 왕자이거나, 만약 대신의 아들이고 피난하였던 까닭으로 스스로 가사를 입었으나, 포살과 자자를 거치지 않은 자는 출가할 수 있다. 만약 일찍이 포살과 자자를 거친 자는 출가를 허락하지 않는다. 만약 시미가 '계를 설하는 때에 무엇을 논설(論說)하는가?'라고 이렇게 생각을 지었고, 곧 먼저 상좌의 평상 아래에 들어가서 도청(盜聽)하였는데, 만약 사미가 총명하였거나, 만약 처음과 중간과 뒤의 말을 깨달아 알았던 자는 뒤에 구족계를 받을 수 없다. 만약 어리석었거나, 만약 잠을 잤거나,

만약 뜻이 다른 생각을 인연하여 처음과 중간과 뒤의 말을 기억하지 못하는 자는 뒤에 구족계를 받을 수 있다.

만약 도주(盜住)라면 마땅히 출가시킬 수 없고, 이미 출가한 자는 마땅히 쫓아내야 한다. 만약 제도하여 출가시켰고 구족계를 받았다면 월비니죄를 범한다. 이것을 도주라고 이름하느니라."

(2) 월제자(越濟者)

세존께서는 사위성에 머무셨으며, 자세한 설명은 앞에서와 같다.

그때 어느 사람이 식전에는 사문의 표시(標幟)를 입고 손에 검은 발우를 잡고 취락에 들어가서 걸식하였고, 식후에는 외도의 표시를 입고 손에 나무 발우를 잡고 다시 사람들을 쫓아서 숲속과 연못과 동산 등의 유람하는 곳으로 들어가서 걸식하였으므로 세상 사람들에게 비난받았다.

"어찌하여 사문 석자들은 취락의 가운데 들어와서 우리 집에서 걸식하고 지금 와서 숲에 들어왔으니, 다시는 벗어나지 못하는구나."

다시 어느 사람이 말하였다.

"그대는 알지 못하는가? 이 사문은 구차하게 입고 먹으려는 까닭으로 겸해서 양쪽으로 들어가는구나."

여러 비구들이 듣고 이 인연으로써 가서 세존께 아뢰었고, 세존께서는 말씀하셨다.

"이자는 월제인이라고 이름하느니라. 사문의 표시를 버리고 외도의 표시를 잡으며, 외도의 표시를 버리고 다시 사문의 표시를 잡나니, 이와 같은 월제인은 마땅히 출가시킬 수 없고, 이미 출가한 자는 마땅히 쫓아내야 한다. 만약 제도하여 출가시켰고 구족계를 받았다면 월비니죄를 범한다. 이것을 월제인이라고 이름하느니라."

(3) 오무간자(五無間者)

세존께서는 사위성에 머무셨으며, 자세한 설명은 앞에서와 같다.

그때 도이(都夷)라는 바라문은 사리불과 옛부터 선지식(善知識)이었는데, 사리불의 처소에 와서 이르렀고 이렇게 말을 지었다.

"존자여. 나를 출가시켜 주십시오."

사리불이 대답하여 말하였다.

"이것은 좋은 일이오. 그대들 바라문은 항상 사문과 서로가 반대였는데, 어느 곳에서 신심을 얻었고, 누구를 쫓아서 법을 들었고 환희심을 일으켰습니까? 세존의 주변입니까? 여러 비구들의 주변입니까?"

바라문이 말하였다.

"나는 역시 믿는 마음이 없고 다시 환희심도 없으며, 역시 다른 사람을 쫓아서 듣지 않았습니다. 다만 내가 어머니를 죽였고 이러한 죄를 없애고자 하며, 이러한 까닭으로 출가하려는 것입니다."

사리불이 말하였다.

"기다리시오. 내가 세존께 묻고 돌아오겠습니다."

사리불이 이 인연으로써 가서 세존께 아뢰었고, 세존께서는 말씀하셨다.

"이 사람은 어머니를 죽여서 무간죄(無間罪)를 지었고, 종자가 썩고 부패하여 정법의 가운데에서 성스러운 법이 생겨나지 못하므로 마땅히 출가시킬 수 없느니라."

세존께서는 사위성에 머무셨으며, 자세한 설명은 앞에서와 같다.

도이(都夷) 바라문은 아난과 옛부터 선지식이었는데, 아난의 처소에 와서 이르렀고 이렇게 말을 지었다.

"존자여. 나를 출가시켜 주십시오."

아난이 말하였다.

"이것은 좋은 일입니다."

나아가 세존께서 아난에게 말씀하셨다.

"이 사람은 아버지를 죽여서 무간죄를 지어서 종자가 썩고 부패하여 정법의 가운데에서 능히 도의 뿌리를 생겨나서 자랄 수 없나니, 바로 7불(佛)을 일시에 세상에 출현시키고 그를 위하여 설법하여도 정법의 가운데에서 결국 선근이 생겨나지 못하는 것이, 비유하면 다라수의 머리를 자르면 곧 생겨나지 않고 푸르지도 않으며, 역시 중간에 심을 수도 없는 것과 같나니, 이러한 5무간죄도 이와 같아서 정법에서 성스러운 종자가 생겨나지 못하느니라. 만약 5무간죄를 지은 자는 마땅히 출가시킬 수 없고, 이미 출가한 자는 마땅히 쫓아내도록 하라. 만약 제도하여 출가시켰고 구족계를 받았다면 월비니죄를 범하고, 나머지의 3무간죄도 역시 이와 같다. 이것을 5무간죄라고 이름하느니라."

(4) 여섯 종류의 불능남자(不能男子)

세존께서는 사위성에 머무셨으며, 자세한 설명은 앞에서와 같다.

그때 여러 비구들이 밤에 방사의 가운데에서 잠자는데 어느 사람이 와서 다리를 더듬었고 넓적다리와 배를 더듬었으며 다시 비처(非處)에 이르렀으므로 비구가 잡고자 하였다. 곧 달아나서 밖으로 나갔고 다시 다른 곳인 당상(堂上)과 온실(溫室)의 여러 곳에 이르러 이와 같았다. 다음날 여러 비구들이 함께 한곳에 모여서 자신들끼리 의논하여 말하였다.

"여러 장로들이여. 어젯밤 잠자는 때에 어느 사람이 와서 여러 곳을 더듬었으며, 나아가 비처에 이르렀으므로 바로 붙잡고자 하였는데 곧바로 달아났습니다."

다시 어느 비구가 말하였다.

"나도 역시 이와 같습니다."

나아가 많은 대중이 역시 이와 같았다. 어느 한 비구가 이렇게 생각을 지었다.

'내가 오늘 밤에는 반드시 마땅하게 엿보아서 붙잡겠다.'

이 비구가 날이 저물어 먼저 자면서 그것을 엿보았다. 여러 비구들은 잠들었고 다시 와서 이전과 같이 더듬었으므로 곧바로 붙잡고 나서 이렇게 말을 지었다.

"여러 장로들이여. 등불을 가져오십시오."

등불을 가져왔으므로 물어 말하였다.
"그대가 누구인가?"
대답하여 말하였다.
"나는 왕의 딸입니다."
다시 물었다.
"어찌하여 여자라고 말하는가?"
대답하여 말하였다.
"나는 양종(兩種)이어서 남자도 아니고 여자도 아닙니다."
다시 물었다.
"그대는 무슨 까닭으로 출가하였는가?"
대답하여 말하였다.
"나는 사문은 아내가 없다고 들었으므로 와서 아내가 되고자 하였습니다."
여러 비구들이 이 인연으로써 가서 세존께 아뢰었고, 세존께서는 말씀하셨다.
"이 자는 불능남이니라. 불능남은 여섯 종류가 있으니, 무엇이 여섯 종류인가? 첫째는 태어난 것이고, 둘째는 눌러서 깨뜨린 것이며, 셋째는 잘라서 없앤 것이고, 넷째는 다른 사람과 인연이며, 다섯째는 질투하는 것이며, 여섯째는 보름에 생겨나는 것이다.

'태어난 것'은 태어나면서 불능남이니, 이것을 태어난 것이라고 이름한다.

'눌러서 깨뜨리다.'는 아내와 첩이 아이를 낳았는데 함께 서로 질투하여 어릴 때에 눌러서 깨뜨리는 것이니, 이것을 눌러서 깨뜨렸다고 이름한다.

'잘라서 없애다.'는 만약 왕과 대신들이 사람을 취하여 남근(男根)을 잘라서 없애고 문지기로서 삼는 것이니. 이것을 잘라서 없앴던 불능남이라고 이름한다.

'다른 사람과 인연'은 앞의 사람과 접촉하는 까닭으로 몸의 부분이 일어나는 것이다. 이것을 다른 사람과 인연인 불능남이라고 이름한다.

'질투하다.'는 다른 사람이 음욕의 일을 행하는 것을 보고서 그러한 뒤에 몸의 부분이 일어나는 것이다. 이것을 질투하는 불능남이라고 이름한다.

'보름'은 보름은 능히 남자이고, 보름은 불능남이니, 이것을 보름의 불능남이라고 이름한다.

이 가운데에서 태어나면서 불능남이거나, 눌러서 깨뜨려서 불능남이거나, 잘라서 없앴으므로 불능남인 이러한 세 종류의 불능남은 마땅히 출가시킬 수 없고, 이미 출가한 자는 마땅히 쫓아내야 한다. 다른 사람과 인연인 불능남이거나, 질투하는 불능남이거나, 보름의 불능남인 세 종류의 불능남은 마땅히 출가시킬 수 없고, 이미 출가한 자는 마땅히 쫓아낼 수 없으며, 만약 뒤에 음욕이 일어났다면 마땅히 쫓아내야 한다. 이러한 여섯 종류의 불능남은 마땅히 출가시킬 수 없나니, 만약 제도하여 출가시켰고 구족계를 받았다면 월비니죄를 범한다. 이것을 여섯 종류의 불능남이라고 이름하느니라."

(5) 너무 어린 자

세존께서는 사위성에 머무셨으며, 자세한 설명은 앞에서와 같다.

그때 여러 비구들이 어린아이를 제도하여 출가시켰는데, 눕고 일어나면서 사람들의 부축이 필요하였고, 출입하면서 대·소변의 부정으로 승가가 눕는 요를 더럽혔으며, 잠잔 뒤에 일어나서 울부짖었으므로 세상 사람들에게 비난받았다.

"어찌하여 사문 석자들은 어린아이를 제도하여 출가시키는가? 마땅히 법어(法語)와 좋고 싫은 말을 알지 못한다. 이렇게 무너지고 패배한 사람들에게 무슨 도가 있겠는가?"

다시 어느 사람이 말하였다.

"그대는 아는가? 이 사문들은 아이가 없으므로 다른 사람의 아이를 기르면서 자기가 낳았다고 생각함으로써 스스로가 즐기는 것이다."

다시 어느 사람이 말하였다.

"이 여러 사문들이 제도하지 못하는 두 종류의 사람이 있으니, 첫째는 죽은 사람이고, 둘째는 앞의 사람들이 출가를 즐거워하지 않는 것이다. 만약 어린아이라도 제도하지 못하면 대중이 늘어나지 않는다. 이러한 까닭에 많이 제도하는 것이다."

여러 비구들이 이 인연으로써 가서 세존께 아뢰었고, 세존께서는 말씀하셨다.

"이 비구들을 불러오라."

왔으므로, 세존께서는 앞의 일을 갖추어 물으셨다.

"그대들이 진실로 그러하였는가?"

대답하여 말하였다.

"진실로 그렇습니다."

세존께서 말씀하셨다.

"오늘부터는 너무 어린아이는 마땅히 제도하여 출가시킬 수 없느니라."

'너무 어린아이'는 만약 7살 이하이거나, 만약 7살을 채웠더라도 좋고 나쁨을 알지 못하였다면 모두 마땅히 출가시킬 수 없고, 만약 7살을 채웠고 좋고 나쁨을 알았다면 마땅히 출가시킬 수 있느니라. 만약 어린아이로서 이미 출가하였다면 마땅히 쫓아낼 수 없으나, 만약 제도하여 출가시켰고 구족계를 받았다면 월비니죄를 범한다. 이것을 너무 어리다고 이름한다.

(6) 너무 늙은 자

세존께서는 사위성에 머무르셨으며, 자세한 설명은 앞에서와 같다.

그때 여러 비구들이 80살 혹은 90살인 사람을 제도하여 출가시켰는데, 머리가 하얗고 등은 굽었으며 척추가 휘어져서 숨고 나타나는 여러 근(根)을 단속하지 못하여 혹은 소변의 때에 내변이 새어 나왔고, 나아가고 멈추는 데 사람이 필요하였으며, 능히 스스로 일어나지 못하였고, 만약 방사의 가운데이거나, 온실 가운데의 발을 씻는 곳과 경행하는 곳에서 기력이 달려서 계속 기침하였고 눈물과 콧물이 흐르고 쏟아져서 승가의 깨끗한 땅을 더럽혔으므로 세상 사람들에게 비난받았다.

"어찌하여 사문 석자들은 이렇게 늙어서 머리가 하얗고 등이 굽었으며 기침하고, 흔들리며 일어나고 멈추면서 사람이 필요한 자를 제도하여 출가시키는가? 출가인은 마땅히 강건(康健)하여 좌선(坐禪)과 송경(誦經)으로 여러 업(業)을 수습해야 한다. 이렇게 무너지고 패배한 사람들에게 무슨 도가 있겠는가?"

다시 어느 사람이 말하였다.

"그대는 알지 못하는가? 사문 석자는 출가하여 부모를 봉양하지 않으므로 이 늙은이들을 봉양하며 아버지라고 생각하는 것이다."

다시 어느 사람이 말하였다.

"이 여러 사문들이 제도하지 못하는 두 종류의 사람이 있으니, 첫째는 죽은 사람이고, 둘째는 앞의 사람들이 출가를 즐거워하지 않는 것이다. 만약 늙은이라도 제도하지 못하면 대중이 늘어나지 않는다. 이러한 까닭에 많이 제도하는 것이다."

여러 비구들이 이 인연으로써 가서 세존께 아뢰었고, 세존께서는 말씀하셨다.

"이 비구들을 불러오라."

왔으므로, 세존께서는 앞의 일을 갖추어 물으셨다.

"그대들이 진실로 그러하였는가?"

대답하여 말하였다.

"진실로 그렇습니다."

세존께서 말씀하셨다.

"오늘부터는 너무 늙었다면 마땅히 제도하여 출가시킬 수 없느니라."

'너무 늙었다.'는 70살이 지난 사람이다. 만약 70살보다 적더라도 일을 감당할 수 없고, 눕고 일어나면서 사람이 필요한 자이니, 이러한 사람에게는 출가를 허락하지 않으며, 만약 70살이 지났다면 능히 일을 지을 수 있더라도 이 역시 출가를 허락하지 않으며, 나이가 70살을 채웠어도 강건하여 능히 여러 업을 수습(修習)한다면 출가를 허락한다. 만약 너무 늙었으면 출가시킬 수 없고 이미 출가한 자는 마땅히 쫓아낼 수 없으나, 만약 제도하여 출가시켰고 구족계를 받았다면 월비니죄를 범한다. 이것을 너무 늙었다고 이름한다.

(7) 손이 잘린 자

세존께서는 사위성에 머무셨으며, 자세한 설명은 앞에서와 같다.

그때 어느 비구가 손이 잘린 사람을 제도하여 출가시켰으므로 세상 사람들에게 비난받았다.

"어찌하여 사문 석자는 왕법(王法)을 범하여 손이 잘린 사람을 제도하여 출가시켰는가? 출가한 사람은 마땅히 신체를 완전히 갖추어야 한다. 이렇게 무너지고 패배한 사람들에게 무슨 도가 있겠는가?"

여러 비구들이 이 인연으로써 가서 세존께 아뢰었고, 세존께서는 말씀하셨다.

"이 비구를 불러오라."

왔으므로, 세존께서는 비구에게 물으셨다.

"그대가 진실로 그러하였는가?"

대답하여 말하였다.

"진실로 그렇습니다."

세존께서 말씀하셨다.

"오늘부터는 손이 잘린 사람을 마땅히 제도하여 출가시킬 수 없느니라."

'손이 잘리다.'는 만약 손이 잘렸거나, 만약 팔목이 잘렸거나, 만약 새끼손가락이 잘렸거나, 만약 엄지손가락이 잘렸다면, 마땅히 출가시킬 수 없으나, 이미 출가한 자는 마땅히 쫓아낼 수 없다. 만약 제도하여 출가시켰고 구족계를 받았다면 월비니죄를 범한다. 이것을 손이 잘렸다고 이름한다.

(8) 발이 잘린 자

세존께서는 사위성에 머무셨으며, 자세한 설명은 앞에서와 같다.

그때 어느 비구가 발이 잘린 사람을 제도하여 출가시켰으므로 세상 사람들에게 비난받았으며, 나아가 세존께서 말씀하셨다.
"오늘부터는 발이 잘린 사람을 마땅히 제도하여 출가시킬 수 없느니라."
'발이 잘린 사람은 만약 발이 잘렸거나, 만약 발목이 잘렸거나, 만약 새끼발가락이 잘렸거나, 만약 엄지발가락이 잘렸다면 마땅히 출가시킬 수 없으나, 이미 출가한 자는 마땅히 쫓아낼 수 없으며, 나아가 월비니죄를 범한다. 이것을 발이 잘렸다고 이름한다.

(9) 손과 발이 잘린 자
세존께서는 사위성에 머무르셨으며, 자세한 설명은 앞에서와 같다.
그때 어느 비구가 손과 발이 잘린 사람을 제도하여 출가시켰으므로 세상 사람들에게 비난받았다.
"어찌하여 사문 석자는 왕법을 범하여 손과 발이 잘린 사람을 제도하여 출가시켰는가? 한 가지의 일도 갖추지 못한다면 오히려 출가시킬 수 없는데 하물며 두 가지의 일이겠는가? 이렇게 무너지고 패배한 사람들에게 무슨 도가 있겠는가?"
여러 비구들이 이 인연으로써 가서 세존께 아뢰었고, 세존께서는 말씀하셨다.
"이 비구를 불러오라."
왔으므로, 세존께서는 비구에게 물으셨다.
"그대가 진실로 그러하였는가?"
대답하여 말하였다.
"진실로 그렇습니다."
세존께서 말씀하셨다.
"오늘부터는 손과 발이 잘린 사람을 마땅히 제도하여 출가시킬 수 없느니라."
'손과 발이 잘리다.'는 만약 오른손과 왼발이 잘렸거나, 만약 왼손과 오른발이 잘렸거나, 만약 왼손과 왼발이 잘렸거나, 만약 오른손과 오른발이 잘렸다면 마땅히 출가시킬 수 없으나, 이미 출가한 자는 마땅히 쫓아낼 수 없다. 만약 제도하여 출가시켰고 구족계를 받았다면 월비니죄를 범한다. 이것을 손과 발이 잘렸다고 이름한다.

(10) 귀가 잘린 자

세존께서는 사위성에 머무셨으며, 자세한 설명은 앞에서와 같다.

그때 어느 비구가 귀가 잘린 사람을 제도하여 출가시켰으므로 세상 사람들에게 비난받았다.

"어찌하여 사문 석자들은 왕법을 범하여 귀가 잘린 사람을 제도하였는가?"

나아가 세존께서 말씀하셨다.

"오늘부터는 귀가 잘린 사람을 마땅히 제도하여 출가시킬 수 없느니라."

'귀가 잘린 자'는 만약 귀가 잘렸거나, 만약 귓바퀴가 잘렸거나, 만약 먼저 귀를 뚫고서 결국 능히 다시 합한 자를 출가시키는 것이니, 귀가 잘린 사람은 마땅히 출가시킬 수 없으나, 이미 출가한 자는 마땅히 쫓아낼 수 없다. 만약 제도하여 출가시켰고 구족계를 받았다면 월비니죄를 범한다. 이것을 귀가 잘렸다고 이름한다.

(11) 코가 잘린 자

세존께서는 사위성에 머무셨으며, 자세한 설명은 앞에서와 같다.

그때 어느 비구가 코가 잘린 사람을 제도하여 출가시켰으므로 세상 사람들에게 비난받았다.

"어찌하여 사문 석자들은 왕법을 범하여 코가 잘린 사람을 제도하였는가? 이렇게 무너지고 패배한 사람들에게 무슨 도가 있겠는가?"

나아가 세존께서 말씀하셨다.

"오늘부터는 코가 잘린 사람을 마땅히 제도하여 출가시킬 수 없느니라."

'코가 잘리다.'는 만약 코가 잘렸거나, 만약 코를 뚫고서 결국 능히 다시 합하였다면 마땅히 출가시킬 수 없으나, 나아가 이것을 코가 잘렸다고 이름한다.

(12) 귀와 코가 잘린 자

세존께서는 사위성에 머무셨으며, 자세한 설명은 앞에서와 같다.

그때 어느 비구가 귀와 코가 잘린 사람을 제도하여 출가시켰으므로 세상 사람들에게 비난받았다.

"어찌하여 사문 석자는 귀와 코가 잘린 사람을 제도하여 출가시켰는가? 한 가지라도 잘렸다면 오히려 출가시킬 수 없는데 하물며 다시 두 가지가 잘린 일이겠는가? 이렇게 무너지고 패배한 사람들에게 무슨 도가 있겠는가?"

여러 비구들이 이 인연으로써 가서 세존께 아뢰었고, 나아가 세존께서는 말씀하셨다.

"오늘부터는 귀와 코가 잘린 사람을 마땅히 제도하여 출가시킬 수 없느니라."

나아가 이것을 귀와 코가 잘렸다고 이름한다.

(13) 맹인인 자

세존께서는 사위성에 머무셨으며, 자세한 설명은 앞에서와 같다.

그때 어느 비구가 맹인인 사람을 제도하여 출가시켰고 팔을 이끌어 데리고 다녔으므로 세상 사람들에게 비난받았다.

"어찌하여 사문 석자는 맹인인 사람을 제도하여 출가시켰는가? 능히 스스로가 다니지 못하여 손을 잡고서 이끄는구나. 출가인은 마땅히 여러 근을 구족해야 한다. 이렇게 무너지고 패배한 사람들에게 무슨 도가 있겠는가?"

여러 비구들이 이 인연으로써 가서 세존께 아뢰었고, 세존께서는 말씀하셨다.

"이 비구를 불러오라."

왔으므로, 세존께서는 비구에게 물으셨다.

"그대가 진실로 그러하였는가?"
대답하여 말하였다.
"진실로 그렇습니다."
세존께서 말씀하셨다.
"오늘부터는 맹인을 마땅히 제도하여 출가시킬 수 없느니라."
'맹인'은 눈으로 일체의 색깔을 보지 못하는 것이다. 만약 손바닥의 무늬를 보고서 참새의 눈과 같다고 말하였다면 마땅히 출가시킬 수 없으나, 이미 출가한 자는 마땅히 쫓아낼 수 없다. 만약 제도하여 출가시켰고 구족계를 받았다면 월비니죄를 범한다. 이것을 맹인이라고 이름한다.

(14) 귀머거리인 자

세존께서는 사위성에 머무셨으며, 자세한 설명은 앞에서와 같다.
그때 어느 비구가 귀머거리인 사람을 제도하여 출가시켰으므로 세상 사람들에게 비난받았다.
"어찌하여 사문 석자는 귀머거리를 제도하여 출가시켰는가? 선하고 악한 말을 듣지 못하는데, 어떻게 능히 법을 듣겠는가? 이렇게 무너지고 패배한 사람들에게 무슨 도가 있겠는가?"
여러 비구들이 이 인연으로써 가서 세존께 아뢰었고, 나아가 세존께서는 말씀하셨다.
"오늘부터는 귀머거리를 마땅히 제도하여 출가시킬 수 없느니라."
'귀머거리'는 일체의 소리를 듣지 못하는 자이고, 만약 큰 소리를 듣는 자라면 출가시킬 수 있으며, 나아가 이것을 귀머거리이라고 이름한다.

(15) 맹인이고 귀머거리인 자

세존께서는 사위성에 머무셨으며, 자세한 설명은 앞에서와 같다.
그때 어느 비구가 맹인이고 귀머거리인 사람을 제도하여 출가시켰으므로 세상 사람들에게 비난받았다.
"어찌하여 사문 석자는 맹인이고 귀머거리인 자를 제도하여 출가시켰는가? 능히 보지도 듣지도 못하는구나. 출가인은 마땅히 여러 근이 구족해야 한다. 맹인은 출가를 할 수 없는데 하물며 다시 맹인이고 귀머거리인 자이겠는가? 이렇게 무너지고 패배한 사람들에게 무슨 도가 있겠는가?"

여러 비구들이 이 인연으로써 가서 세존께 아뢰었고, 나아가 세존께서는 말씀하셨다.

"오늘부터는 맹인이고 귀머거리인 사람을 마땅히 제도하여 출가시킬 수 없느니라."

나아가 이것을 맹인이고 귀머거리이라고 이름한다.

(16) 벙어리인 자

세존께서는 사위성에 머무셨으며, 자세한 설명은 앞에서와 같다.

그때 어느 비구가 벙어리인 사람을 제도하여 출가시켰고, 손으로 모습을 지어서 말하였으므로 세상 사람들에게 비난받았다.

"어찌하여 사문 석자는 벙어리인 사람을 제도하여 출가시켰는가? 능히 말하지 못하여 손으로 모습을 지어서 말하는구나. 이렇게 무너지고 패배한 사람들에게 무슨 도가 있겠는가?"

여러 비구들이 이 인연으로써 가서 세존께 아뢰었고, 나아가 세존께서는 말씀하셨다.

"오늘부터는 벙어리인 사람을 마땅히 제도하여 출가시킬 수 없느니라."

'벙어리'는 능히 말을 사용하지 못하여 손으로 모양을 표시하여 말하는 자이니, 마땅히 출가시킬 수 없으나, 이미 출가한 자는 마땅히 쫓아낼 수 없다. 나아가 이것을 벙어리이라고 이름한다.

(17) 앉은뱅이인 자

세존께서는 사위성에 머무셨으며, 자세한 설명은 앞에서와 같다.

그때 어느 비구가 앉은뱅이인 사람을 제도하여 출가시켰고, 손으로 모습을 지어서 말하였으므로 세상 사람들에게 비난받았다.

"어찌하여 사문 석자는 앉은뱅이인 사람을 제도하여 능히 다니지 못하는 사람을 출가시켰는가? 이렇게 무너지고 패배한 사람들에게 무슨 도가 있겠는가?"
여러 비구들이 이 인연으로써 가서 세존께 아뢰었고, 나아가 세존께서는 말씀하셨다.
"오늘부터는 앉은뱅이인 사람을 마땅히 제도하여 출가시킬 수 없느니라."
'앉은뱅이'는 두 손으로 신발을 잡고 엉덩이를 끌고 다니는 자이니, 마땅히 출가시킬 수 없으나, 이미 출가한 자는 마땅히 쫓아낼 수 없다. 나아가 이것을 앉은뱅이라고 이름한다.

(18) 벙어리이고 앉은뱅이인 자

세존께서는 사위성에 머무셨으며, 자세한 설명은 앞에서와 같다.
그때 여러 비구들이 벙어리이고 앉은뱅이인 사람을 제도하여 출가시켰다. 나아가 출가시켰고 구족계를 받았다면 월비니죄를 범한다. 이것을 벙어리이며 앉은뱅이라고 이름한다.

(19) 채찍의 자국이 있는 자

세존께서는 사위성에 머무셨으며, 자세한 설명은 앞에서와 같다.
그때 어느 비구가 채찍의 자국이 있는 사람을 제도하여 출가시켰으므로 세상 사람들에게 비난받았다.
"어찌하여 사문 석자는 왕법을 범하여 채찍이 자국이 있는 사람을 제도하여 출가시켰는가? 출가인은 마땅히 신체가 완전하고 청정해야 한다. 이렇게 무너지고 패배한 사람들에게 무슨 도가 있겠는가?"
여러 비구들이 이 인연으로써 가서 세존께 아뢰었고, 나아가 세존께서는 말씀히 셨다.
"이 비구를 불러오라."
왔으므로, 세존께서는 비구에게 물으셨다.
"그대가 진실로 그러하였는가?"

대답하여 말하였다.
"진실로 그렇습니다."
세존께서 말씀하셨다.
"오늘부터는 채찍의 자국이 있는 사람은 마땅히 제도하여 출가시킬 수 없느니라."

'채찍 자국'은 만약 요철(凹凸)인 것이니, 만약 능히 치료하여 다시 평평하게 회복되어 피부와 다르지 않은 자는 출가시킬 수 있다. 채찍 자국이 있는 사람은 마땅히 출가시킬 수 없으나, 이미 출가한 자는 마땅히 쫓아낼 수 없다. 만약 제도하여 출가시켰고 구족계를 받았다면 월비니죄를 범한다. 이것을 채찍의 자국이라고 이름한다.

(20) 낙인의 흔적이 있는 자

세존께서는 사위성에 머무셨으며, 자세한 설명은 앞에서와 같다.

그때 어느 비구가 낙인의 흔적이 있는 사람을 제도하여 출가시켰으므로 세상 사람들에게 비난받았다.

"어찌하여 사문 석자는 왕법을 범하여 낙인의 흔적이 있는 사람을 제도하여 출가시켰는가? 출가인은 마땅히 신체가 완전하고 청정해야 한다. 이렇게 무너지고 패배한 사람들에게 무슨 도가 있겠는가?"

여러 비구들이 이 인연으로써 가서 세존께 아뢰었고, 나아가 세존께서는 말씀하셨다.

"오늘부터는 낙인의 흔적이 있는 사람은 마땅히 제도하여 출가시킬 수 없느니라."

'낙인의 흔적'은 살을 뭉개고, 공작의 쓸개나 청동(銅靑) 등으로 글자를 짓거나, 여러 종류의 새나 짐승의 모습(像) 등을 지어서 그리는 것이니, 마땅히 출가시킬 수 없으나, 이미 출가한 자는 마땅히 쫓아낼 수 없다. 만약 출가시켰고 구족계를 받았다면 월비니죄를 범한다. 이것을 낙인의 흔적이라고 이름한다.

(21) 힘줄이 잘린 자

세존께서는 사위성에 머무셨으며, 자세한 설명은 앞에서와 같다.

그때 어느 비구가 힘줄이 잘린 사람을 제도하여 출가시켰으므로 세상 사람들에게 비난받았다.

"어찌하여 사문 석자는 힘줄이 잘린 사람을 제도하여 출가시켜 다리를 끌고 다니게 하는가? 출가인은 마땅히 신체를 완전하게 갖추어야 한다. 이렇게 무너지고 패배한 사람들에게 무슨 도가 있겠는가?"

여러 비구들이 이 인연으로써 가서 세존께 아뢰었고, 나아가 세존께서는 말씀하셨다.

"오늘부터는 힘줄이 잘린 사람은 마땅히 제도하여 출가시킬 수 없느니라."

'힘줄이 잘리다.'는 발뒤꿈치의 힘줄이 잘린 것이고, 마땅히 출가시킬 수 없으며, 나아가 월비니죄를 범한다. 이것을 힘줄이 잘렸다고 이름한다.

(22) 힘줄이 뽑힌 자

세존께서는 사위성에 머무셨으며, 자세한 설명은 앞에서와 같다.

그때 어느 비구가 힘줄이 뽑힌 사람을 제도하여 출가시켰으므로 세상 사람들에게 비난받았다.

"어찌하여 사문 석자는 힘줄이 뽑힌 사람을 제도하여 출가시켰는가? 출가인은 마땅히 신체를 완전하게 갖추어야 한다."

여러 비구들이 이 인연으로써 가서 세존께 아뢰었고, 나아가 세존께서는 말씀하셨다.

"오늘부터는 힘줄이 뽑힌 사람은 마땅히 제도하여 출가시킬 수 없느니라."

'힘줄이 뽑히다.'는 발뒤꿈치로부터 목덜미와 이마에 이르기까지, 또 목덜미와 이마에서 발뒤꿈치의 힘줄을 뽑힌 것이고, 마땅히 출가시킬 수 없으며, 나아가 월비니죄를 범한다. 이것을 힘줄이 뽑혔다고 이름한다.

(23) 척추가 굽은 자

세존께서는 사위성에 머무셨으며, 자세한 설명은 앞에서와 같다.

그때 어느 비구가 꼽추이고 난쟁이이며 광대인 사람을 제도하여 출가시켰으므로 세상 사람들에게 비난받았다.

"어찌하여 사문 석자는 왕가의 광대인 꼽추인 사람을 제도하여 출가시켰는가? 출가인은 마땅히 신체가 조화롭고 곧아야 한다. 한다. 이렇게 무너지고 패배한 사람들에게 무슨 도가 있겠는가?"

여러 비구들이 이 인연으로써 가서 세존께 아뢰었고, 나아가 세존께서는 말씀하셨다.

"오늘부터는 꼽추인 사람은 마땅히 제도하여 출가시킬 수 없느니라."

'꼽추'는 등이 바르고 곧지 않은 사람이다.

'난쟁이'는 혹은 상체가 길고 하체가 짧거나, 혹은 상체가 짧고 하체가 길거나, 일체가 최고로 짧은 자이니, 마땅히 출가시킬 수 없으며, 나아가 월비니죄를 범한다. 이것을 꼽추와 난쟁이라고 이름한다.

마하승기율 제24권

동진천축삼장 불타발타라·법현 공역
석보운 번역

2) 잡송의 발거법을 밝히다 ②

(24) 왕의 신하

세존께서는 왕사성의 가란타죽원(迦蘭陀竹園)에 머무셨으며, 자세한 설명은 앞에서와 같다.

그때 어느 비구가 왕의 신하를 제도하여 출가시켰으므로 구족계를 받았다. 금관(禁官)이 보고 비구와 합쳐서 잡았고 함께 단사관(斷事官)의 처소에 보내면서 이렇게 말을 지었다.

"이 사문이 개인적으로 왕의 신하를 제도하였습니다."

단사관이 말하였다.

"화상을 취하여 세 번을 때려서 갈빗대를 부러뜨리고, 계사(戒師)를 취하여 혀를 뽑아내며, 10명의 대중을 추려내어 각기 여덟 번을 채찍으로 때리고, 구족계를 받은 자는 극한(極限)의 법으로 죄를 다스리시오."

그때 많은 대중들이 호송되어 성 밖으로 보내는 때에 빈바사라왕(頻婆娑羅王)은 세존께 나아가고자 하였고, 이 대중들을 보았다. 왕이 물었다.

"이들은 어떤 사람들인가?"

곧 앞의 일로써 갖추어 왕에게 아뢰었다. 왕은 듣고서 크게 성내면서 칙령(勅令)으로 풀어주었다.

"오늘부터는 출가하려는 자는 마음대로 스승의 제도를 받는 것을 허락하겠노라."
 왕이 말하였다.
 "단사관을 불러오라."
 왔으므로, 왕은 물어 말하였다
 "이 나라에서 누가 왕인가?"
 신하가 대답하여 말하였다.
 "대왕께서 왕이십니다."
 다시 물었다.
 "만약 내가 왕이라면 무슨 까닭으로 아뢰지 않고 곧 사람들의 죄를 다스리는가?"
 왕은 곧시 유사(有司)에게 칙명하여 그 단사관의 지위를 빼앗아 취하였고, 집안의 재물을 몰수하여 관청의 창고에 들여놓게 하였다. 여러 사관(司官)들은 왕의 가르침과 같이 그 관원의 지위를 빼앗았고, 그 집안의 재산을 몰수하여 관청의 창고에 들여놓았다. 여러 비구들이 이 인연으로써 가서 세존께 아뢰었고, 세존께서는 말씀하셨다.
 "어느 처소에서 일체의 왕이 모두 신심이 이와 같겠는가? 오늘부터는 왕의 신하는 출가를 허락하지 않겠노라."
 '신하'는 네 종류가 있으니, 혹은 이름이 있고 녹봉(祿俸)이 없거나, 혹은 녹봉은 있고 이름이 없거나, 혹은 녹봉도 있고 이름도 있거나, 혹은 이름도 없고 녹봉도 없는 것이다. 이 가운데에서 이름이 있고 녹봉이 없거나, 혹은 이름도 있고 녹봉도 있는 자는 이 나라에서는 출가를 허락하지 않고, 다른 나라에서도 역시 허락하지 않는다. 녹봉은 있으나 이름이 없는 자는 이 나라에서는 출가를 허락하지 않으나, 다른 나라에서는 허락한다. 이름도 없고 녹봉도 없는 자는 이 나라에서 출가를 허락하고, 다른 나라에서도 허락한다.
 왕의 신하는 마땅히 출가시킬 수 없으나, 나아가 월비니죄를 범한다. 이것을 왕의 신하라고 이름한다.

(25) 빚진 자(負債者)

세존께서는 사위성에 머무셨으며, 자세한 설명은 앞에서와 같다.

그때 어느 비구가 빚진 사람을 제도하여 출가시켰는데, 빚을 받을 사람이 와서 보았고 곧 붙잡아 데리고 단사관의 처소에 나아가서 이렇게 말을 지었다.

"이 사람이 나에게 빚을 갚지 않고 곧 출가하였습니다."

단사관은 불법을 마음으로 믿었으므로 빚을 받을 사람에게 말하였다.

"이 사람은 재산을 버리고서 출가하였는데 무슨 까닭으로 다시 빚을 받고자 하시오?"

곧바로 풀어주어 떠나보냈으므로, 빚을 받을 사람이 비난하여 말하였다.

"어찌하여 사문 석자들은 이 빚진 사람이 나의 금전과 재산을 없앴는데도 제도하여 출가시켰구나. 이렇게 무너지고 패배한 사람들에게 무슨 도가 있겠는가?"

여러 비구들이 이 인연으로써 가서 세존께 아뢰었고, 나아가 세존께서는 말씀하셨다.

"이 비구를 불러오라."

왔으므로, 세존께서는 비구에게 물으셨다.

"비구여. 그대가 진실로 그러하였는가?"

대답하여 말하였다.

"진실로 그렇습니다."

세존께서 말씀하셨다.

"오늘부터는 빚진 사람은 마땅히 제도하여 출가시킬 수 없느니라."

만약 출가하려고 왔던 자라면 먼저 "그대는 다른 사람에게 빚지지 않았는가?"라고 물을 것이고, "빚졌으나 나의 집안에는 아내·아들·밭·집·재물이 있습니다."라고 대답하였으며, 스스로 갚을 수 있다면 마땅히 출가시킬 것이고, 만약 빚지지 않았다고 말한다면 마땅히 출가시켜야 한다.

출가하였으나 빚을 받을 사람이 왔고 만약 이것이 매우 적다면 그의 옷과 발우로써 갚아주고, 만약 다시 부족하다면 마땅히 스스로가 옷과 발우로써 갚아야 한다. 만약 구걸하고 구하여 빚을 갚게 도와주었는데, 만약 많아서 능히 갚을 수 없다면 마땅히 말해야 한다.

"내가 이전에 그대에게 '빚진 사람이 아닌가?'라고 물었고, 그대는 스스로가 '빚지지 않았습니다.'라고 말하였으니, 그대가 스스로 떠나가서 구걸하고 구하여 그에게 갚도록 하라."

만약 빚진 사람이라면 마땅히 출가시킬 수 없으나, 이미 출가한 자는 마땅히 쫓아낼 수 없으며, 나아가 월비니죄를 범한다. 이것을 빚졌다고 이름한다.

(26) 병(病)

세존께서는 사위성의 가란타죽원(迦蘭陀竹園)에 머무셨으며, 자세한 설명은 앞에서와 같다.

그때 어느 병든 사람이 기역(耆域)의 처소에 이르러 이렇게 말을 지었다.

"기역이여. 나의 병을 치료하여 주십시오. 마땅히 5백 냥(兩)의 금과 두 장의 세밀한 모직물(氈)을 주겠습니다."

대답하여 말하였다.

"치료할 수 없소. 나는 오직 두 종류의 사람의 병을 치료하오. 첫째는 세존과 비구승가이고, 둘째는 왕과 왕의 후궁(後宮)인 부인들이오."

병든 사람은 곧 난타와 우파난타의 방을 향하였고 이르렀는데 난타가 물어 말하였다.

"장수여. 사대(四大)가 조화로우신가?"

대답하여 말하였다.

"병으로 조화롭지 못합니다. 나는 기역의 처소로 가서 5백냥 금과 두 장의 세밀한 모직물로서 병을 치료하고자 하였으나 즐거이 치료하지 않고 말하였습니다. '나는 오직 두 종류의 사람의 병을 치료하오. 첫째는 세존과 비구승가이고, 둘째는 왕과 왕의 후궁(後宮)인 부인들이오.'"

난타가 말하였다.

"그대는 5백 냥의 금과 두 장의 모직물을 사용하여 버리고자 하였으나, 그대를 위하여 다만 두 종류의 일을 버린다면 되네. 첫째는 머리카락을 버리는 것이고, 둘째는 세속의 옷을 버리는 것이오."

병든 사람이 말하였다.

"아사리여. 나를 출가시키고자 합니까?"

대답하여 말하였다.

"그렇소."

곧 그 병든 사람을 제도하여 출가시키고 구족계를 받게 하였으며, 새벽에 일어나서 취락에 들어가는 옷을 입고 기역의 처소에 이르러 이렇게 말을 지었다.

"동자(童子)여. 나의 공행제자가 병이 있으니 함께 그를 치료합시다."

대답하여 말하였다.

"그렇게 하겠습니다. 바로 마땅히 약을 가지고 가겠습니다."

곧 약을 가지고 가서 보았고 곧 알았으므로 물었다.

"존자여. 이미 출가하였습니까?"

대답하여 말하였다.

"그렇소."

찬탄하여 말하였다.

"잘하였습니다. 지금 마땅히 치료겠습니다."

약을 주어서 치료하였고 두 장이 세밀한 모직물을 베풀어 주면서 이렇게 말을 지었다.

"존자여. 불법의 가운데에서 청정하게 범행을 수행하십시오."

받아서 취하고서 곧 도를 파괴하였고 가사를 벗고 떠나갔으며 두 장의 세밀한 모직물을 가지고 서리의 가운데에서 이와 같이 욕하면서 말하였다.

"기역 의사는 여러 사람의 아들이다. 내가 500냥의 금과 두 장의 세밀한 모직물로 고용하고자 하였어도 치료하지 않았는데, 내가 출가한 것을 보고서 곧 나를 치료하였고 반대로 다시 모직물을 얻었구나."

　기역이 듣고서 마음에 슬픔과 원한을 품고서 세존의 처소에 가서 머리 숙여 발에 예경하고 물러나서 한쪽에 있으면서 세존께 아뢰어 말하였다.

　"세존이시여. 이 사람은 나에게 목숨을 얻었으나 반대로 꾸짖고 욕하였습니다. 세존이시여. 저는 우바새이고, 불법을 증장하려는 까닭입니다. 오직 바라옵건대 세존께서는 오늘부터는 여러 비구들이 병든 사람을 제도하여 출가시키지 않도록 하십시오."

　그때 세존께서 기역 동자를 위하여 수순하여 설법하시어 보여주셨고 가르치셨으며 이익되고 기쁘게 하셨으므로, 발에 예경하고 물러갔다. 그때 세존께서 대중이 많은 비구들의 처소로 가셨고 니사단을 펼치고 앉으셨으며, 앞의 일을 갖추어 여러 비구들을 위하여 말씀하셨다. 세존께서 말씀하셨다.

　"오늘부터는 병든 사람은 마땅히 제도하여 출가시킬 수 없느니라."

　'병'은 선개·황란·나병·옹좌·치병·불금·황병·학병·해수·소진·전광·열병·풍종·수종·복종, 나아가 약을 복용하였어도 평소처럼 회복되지 않았다면 마땅히 출가시킬 수 없다. 만약 학병이거나, 만약 하루·이틀·사흘·나흘이거나, 중간에 병에 발생하지 않은 때에는 출가시킬 수 있다.

　만약 병이 있다면 마땅히 출가시킬 수 없으나, 이미 출가한 자는 마땅히 쫓아낼 수 없다. 만약 병든 사람을 제도하여 출가시켰고 구족계를 받았다면 월비니죄를 범한다. 이것을 병이라고 이름한다.

(27) 외도(外道)

　세존께서는 사위성에 머무셨으며, 자세한 설명은 앞에서와 같다.

　그때 어느 비구가 외도를 제도하여 출가시켰고, 출가한 뒤에 그의 앞에서 외도의 허물을 말하였다.

　"외도는 믿을 수 없고, 삿된 견해로 계를 범하여도 참괴(慚愧)[1]도 없다."

　이와 같이 외도의 허물을 헐뜯었고 그가 듣고서 이렇게 말을 지었다.

"장로여. 이렇게 말을 짓지 마십시오. 그들의 가운데에도 역시 어질고 착한 자도 있고, 역시 지계인 자도 있으며, 일체를 마친 수다원(須陀洹)·사다함(斯多舍)·아나함(阿那舍)·아라한(阿羅漢)이 있습니다."

여러 비구들이 이 인연으로써 가서 세존께 아뢰었고, 나아가 세존께서는 말씀하셨다.

"이 비구를 불러오라."

왔으므로, 세존께서는 앞의 일을 갖추어 물으셨다.

"비구여. 그대가 진실로 그러하였는가?"

대답하여 말하였다.

"진실로 그렇습니다."

세존께서 말씀하셨다.

"그대는 어찌 외도를 시험하지 않고 출가시켰는가? 오늘부터는 외도를 시험하지 않고서 마땅히 출가시킬 수 없느니라."

만약 외도가 와서 출가하고자 하였다면 마땅히 함께 머물면서 4개월을 시험하여야 하고, 받아들였던 비구가 마땅히 승단에 아뢰어야 하며, 승가에 아뢰었다면 승가는 먼저 마땅히 구청갈마를 지어서 줄 것이고, 그러한 뒤에 허락해야 한다. 구청갈마를 하는 사람은 마땅히 이렇게 말을 지어야 한다.

"대덕 승가께서는 허락하십시오. 어느 외도가 여래 법의 가운데에서 출가하고자 합니다. 만약 승가께서 때에 이르렀으면 승가는 누구 외도에게 승가의 가운데에서 4개월의 시험을 애원하게 하십시오. 여러 대덕들께서 누구 외도가 승가의 가운데에서 4개월을 시험삼아 머무는 것을 애원하는 것을 승가께서 인정하신 것은 묵연하셨던 까닭입니다. 이 일을 이와 같이 지니겠습니다."

이 사람은 마땅히 승가의 가운데에서 애원하면서 이렇게 말해야 한다.

---

1) 산스크리트어 hrī-apatrāpya의 번역으로 자신의 죄나 허물을 스스로 부끄러워하는 마음의 작용은 참(慚)이고, 자신의 죄나 허물에 대하여 다른 사람을 향하여 부끄러워하는 마음의 작용은 괴(愧)라고 말한다.

"대덕 승가께서는 허락하십시오. 나 외도 누구는 여래 법의 가운데에서 출가하여 구족계를 받고자 합니다. 나 누구는 승가를 쫓아서 시험삼아 4개월을 머물고자 애원합니다. 오직 원하건대 대덕 승가께서는 나를 애민하게 생각하시는 까닭으로 나에게 4개월을 머무는 법을 주십시오."

이와 같이 세 번을 애원해야 한다.

갈마인은 마땅히 이렇게 말을 지어야 한다.

"'대덕 승가께서는 허락하십시오. 누구 외도가 여래 법의 가운데에서 출가하여 구족계를 받고자 하였고, 이미 승가의 가운데에서 4개월을 머물고자 애원하였습니다. 만약 승가께서 때에 이르렀으면 승가는 지금 외도 누구에게 승가의 가운데에서 4개월을 시험삼아 머물게 하십시오. 이와 같이 아룁니다.'

'대덕 승가께서는 허락하십시오. 외도 누구가 여래 법의 가운데에서 출가하여 구족계를 받고자 하였고, 이미 승가의 가운데에서 4개월을 머물고자 애원하였습니다. 승가시여. 지금 외도 누구에게 시험삼아 4개월을 머물도록 여러 대덕들께서는 인정하십시오. 승가시여. 외도 누구에게 시험삼아 4개월을 머물게 주도록 인정하신다면 묵연하시고, 인정하지 않으신다면 곧 말씀하십시오. 외도 누구에게 4개월을 시험삼아 머물도록 주어서 마쳤습니다. 승가께서 인정하신 것은 묵연하셨던 까닭입니다. 이 일을 이와 같이 지니겠습니다."

갈마를 지어서 마쳤고, 만약 능히 사미와 같이 승가를 따라서 소임을 지을 수 있다면, 사미의 아래에 있으면서 차례로 취하여 먹을 것이고, 능하지 못한 자이라면 마땅히 말해야 한다.

"그대가 스스로 음식을 구하시오."

마땅히 날마다 그의 앞에 있으면서 "외도는 믿을 수 없고, 삿된 견해로 계를 범하여도 참괴도 없다."라고 비난하였고, 이와 같이 여러 종류로 비만하였는데 만약 "장로여. 이렇게 말을 짓지 마십시오. 그들의 가운데에도 역시 어질고 착한 자도 있고, 역시 지계인 자도 있으며, 일체를 마친 수다원·사다함·아나함·아라한이 있습니다."라고 말하였다면, 마땅히 그에게 "그대는 돌아서 떠나가고 그곳에서 아라한을 구하라."라고 말해야 한다.

만약 "진실로 장로의 말씀과 같이 외도는 삿된 견해이고, 나아가 참괴도 없어 지옥에 가는 것을 짓습니다. 장로여 원하건대 저를 건져내어 구제하십시오."라고 말하였고, 만약 시험삼아 4개월을 채웠어도 마음을 움직여서 옮겨가지 않는 자라면 마땅히 출가시켜야 한다.

만약 중간에 성스러운 법을 얻은 자는 시험을 마쳤다고 이름한다. 만약 외도의 표식(幖幟)을 버리고 세속의 옷을 입고 왔던 자는 마땅히 출가시켜야 하지만, 만약 외도의 표식을 입고 왔던 자에게 4개월을 시험하지 않고 출가시켜 구족계를 받게 하였다면 월비니죄를 범한다. 이것을 외도라고 이름한다.

(28) 아이(兒者)

세존께서는 가유라위국의 니구율수 석씨정사에 머무셨으며, 자세한 설명은 앞에서와 같다.

그때 석씨(釋氏) 집안의 동자를 부모가 놓아주지 않았으나, 여러 비구들이 제도하여 출가시켰다. 뒤에 여러 아이들을 부모가 가르쳐서 인도하였으나 성내고 원망하며 말하였다.

"세존께서는 전륜성왕(轉輪聖王)에 도달할 수 있었으나, 오히려 버리고 출가하셨는데, 내가 무엇을 돌아보고 그리워하면서 출가하지 않겠습니까?"

그때 석가 종족은 백정왕(白淨王)의 처소로 갔고 아뢰어 말하였다.

"대왕이시여. 제가 아들을 놓아주지 않았으나, 여러 비구들이 곧 제도하여 출가시켰으며, 나머지의 집에 있는 아이들을 가르쳐서 인도할 수 없습니다. 설사(設加) 인도하여도 출가를 후회하고 한탄하며 말하였습니다. '세존께서는 전륜성왕에 도달할 수 있었으나, 오히려 버리고 출가하셨는데, 내가 무엇을 돌아보고 그리워하면서 출가하지 않겠습니까?' 오직 원하옵건대 대왕께서는 세존을 쫓아서 애원하시어 부모가 놓아주지 않는다면 출가하지 못하도록 하십시오."

그때 백정왕이 대중의 많은 석가 종족들과 함께 세존의 처소로 갔고 머리 숙여 발에 예경하고 한쪽으로 물러나서 앉았다. 왕은 세존께 아뢰어 말하였다.

"세존이시여. 여러 비구들이 석가 종족의 동자들을 부모가 풀어주지 않았으나 출가시켰고, 나머지가 집에 있더라도 설사 가르쳐서 인도하면 출가를 후회하고 한탄하며 말하였습니다. '세존께서는 전륜성왕에 도달할 수 있었으나, 오히려 버리고 출가하셨는데, 내가 무엇을 돌아보고 그리워하면서 출가하지 않겠습니까?' 세존이시여. 부모가 자식을 생각하고 사랑함은 골수에 사무쳤고 나도 역시 이와 같습니다. 세존께서 출가하시고 7년 동안 앉고 일어나고 먹고 마시면서 매일 울지 않은 날이 없었습니다. 오직 원하건대 세존께서 여러 비구들에게 (계율을) 제정하시어 부모가 허락하지 않는다면 출가하지 못하도록 하십시오."

그때 세존께서는 백정왕을 위하여 수순하여 설법하시어 환희심을 일으키게 하셨고, 머리숙여 발에 예경하고 물러갔다. 백정왕이 떠나고 오래지 않아서 세존께서 대중이 많은 비구들의 처소에 가셨고 니사단을 펼치고 앉으셨으며 앞의 일을 갖추어 여러 비구들을 위하여 설하셨다. 세존께서는 말씀하셨다.

"오늘부터는 부모가 풀어주지 않았다면 마땅히 출가시킬 수 없느니라."

'아이'는 세 종류가 있으니, 낳은 아이, 기른 아이, 스스로가 왔던 아이이다.

'낳은 아이'는 부모가 낳은 아이이다.

'기른 아이'는 어릴 때부터 애원하여 기른 아이이다.

'스스로가 왔던 아이'는 스스로가 와서 의지하고 아이를 지은 자이다.

이 가운데에서 낳은 아이는 부모가 이 나라에서는 허락하지 않고, 다른 나라에서도 역시 허락하지 않는다. 기른 아이와 스스로가 왔던 아이는 이 나라에서는 허락하지 않으나, 다른 나라에서는 허락한다. 만약 부모가 풀어주지 않은 아이는 마땅히 출가시킬 수 없으나, 이미 출가한 자는 마땅히 쫓아낼 수 없다. 만약 출가시켰고 구족계를 받았다면 월비니죄를 범한다. 이것을 아이라고 이름한다.

(29) 노비(奴)

세존께서는 가유라위국의 니구율수 석씨정사에 머무셨으며, 자세한 설명은 앞에서와 같다.

그때 석가 종족의 집안이 노비를 풀어주지 않았으나 여러 비구들이 제도하여 출가시켰다. 뒤에 여러 노비들을 대가(大家)들이 가르쳐서 인도하였고 처분(處分)하여 일을 짓게 하였으나, 즐거이 순종하지 않았고 원망하고 한탄하며 말하였다.

"존자 천타(闡陀)도 오히려 출가하였는데 내가 무엇을 돌아보면서 그리워하겠는가? 마땅히 버리고 출가하여 반대로 예배와 공경과 공양을 받아야겠다."

이때 여러 석가 종족들이 백정왕의 처소로 갔고 아뢰어 말하였다.
"대왕이시여. 저희들의 집안의 노비를 풀어주지 않으나 여러 비구들이 제도하여 출가시켰습니다. 다른 자들도 처분하여 일을 지을 수 없으며, 원망하고 한탄하며 말하였습니다. '존자 천타도 오히려 출가하였는데 내가 무엇을 돌아보면서 그리워하겠는가? 마땅히 버리고 출가하여 반대로 예배와 공경과 공양을 받아야겠다.' 대왕이시여. 저희들 석가 종족은 여러 노복(奴僕)을 의지하여 이러한 일을 짓고 시킵니다. 오직 원하옵건대 대왕께서는 세존께 애원하시어 주인이 풀어주지 않는다면 출가하지 못하도록 하십시오."

그때 백정왕이 대중의 많은 석가 종족들과 함께 세존의 처소로 갔고 머리 숙여 발에 예경하고 한쪽으로 물러나서 앉았으며, 곧 앞의 일로써 갖추어 세존께 아뢰었다.

"오직 원하건대 세존께서 여러 비구들에게 (계율을) 제정하시어 주인이 풀어주지 않는다면 출가하지 못하도록 하십시오."

그때 세존께서는 백정왕을 위하여 수순하여 설법하시어 환희심을 일으키게 하셨고, 머리숙여 발에 예경하고 물러갔다. 백정왕이 떠나고 오래지 않아서 세존께서 대중이 많은 비구들의 처소에 가셨고 니사단을 펼치고 앉으셨으며 앞의 일을 갖추어 여러 비구들을 위하여 설하셨다. 세존께서는 여러 비구들에게 알리셨다.

"오늘부터는 주인이 풀어주지 않았다면 마땅히 출가시킬 수 없느니라."

'노비'는 다섯 종류가 있으니, 집에서 태어난 자이거나, 사서 얻은 자이거나, 빼앗아서 얻은 자이거나, 다른 사람이 주었던 자이거나, 스스로가 왔던 자이다.

'집에서 태어난 자'는 집안의 여노비가 낳은 자이다.

'사서 얻은 자'는 금전을 주고 사서 얻은 자이다.

'빼앗아서 얻은 자'는 이웃 나라를 침략해서 얻은 자이다.

'다른 사람이 주었던 자'는 다른 사람이 주었던 자이다.

'스스로가 왔던 자'는 자기 스스로 와서 노비로 지은 자이다.

이 가운데에서 집에서 태어났거나, 사서 얻었거나, 빼앗아서 얻었던 이 세 종류는 이 나라에서는 허락하지 않겠고, 다른 나라에서도 허락하지 않겠노라. 다른 사람이 주었거나, 스스로가 왔던 이 두 종류는 이 나라에서는 출가를 허락하지 않고, 다른 나라에서는 허락한다.

만약 주인이 풀어주지 않았다면 마땅히 출가시킬 수 없으나, 이미 출가한 자는 마땅히 쫓아낼 수 없다. 만약 출가시켰고 구족계를 받았다면 월비니죄를 범한다. 이것을 노비라고 이름한다.

(30) 몸의 부분이 단정하지 못한 자

세존께서는 사위성에 머무셨으며, 자세한 설명은 앞에서와 같다.

그때 여러 비구들이 여러 종류의 몸의 부분이 단정하지 못한 자를 출가시켰으므로, 세상 사람들에게 비난받았다.

"어찌하여 사문 석자들은 몸의 부분이 단정하지 못한 자를 출가시키는가? 출가인은 마땅히 몸이 단정하고 엄숙해야 한다. 이렇게 무너지고 패배한 사람들에게 무슨 도가 있겠는가?"

여러 비구들이 이 인연으로써 가서 세존께 아뢰었고, 나아가 세존께서는 말씀하셨다.

"이 비구들을 불러오라."

왔으므로, 세존께서는 앞의 일을 갖추어 물으셨다.

"그대들이 진실로 그러하였는가?"

대답하여 말하였다.

"진실로 그렇습니다."

세존께서 말씀하셨다.

"오늘부터는 몸의 부분이 단정하지 않은 사람은 마땅히 출가시킬 수 없느니라."

'몸이 단정하지 않은 자'는 눈이 멀었고 척추가 굽었으며 절름발이이고 꽁무니뼈에 발이 붙었으며 이빨이 빠졌고 표주박 머리 등이니, 이와 같이 여러 종류의 몸의 부분이 단정하지 않은 자는 마땅히 출가시킬 수 없으나, 이미 출가한 자는 마땅히 쫓아낼 수 없다. 만약 출가시켰고 구족계를 받았다면 월비니죄를 범한다. 이것을 몸의 부분이 단정하지 않은 자라고 이름한다.

(31) 추한 모습인 자(陋形者)

세존께서는 사위성에 머무셨으며, 자세한 설명은 앞에서와 같다.

여러 천인들과 세상 사람들에게 공양을 받으셨다. 그때 여러 비구들이 추한 모습의 사람을 제도하여 출가시켰는데, 그들은 너무 검었고, 너무 희었으며, 너무 누렇고, 너무 붉었으며, 너무 키가 컸고, 너무 키가 작았으며, 너무 뚱뚱하였고, 너무 말랐으므로, 세상 사람들에게 비난받았다.

"어찌하여 사문 석자들은 추한 모습인 사람을 제도하여 출가시키는가? 출가인의 모습은 마땅히 단정하고 엄숙해야 한다. 이 사람들은 추루(醜陋)한 사람으로 보아도 기쁘지 않구나. 이렇게 무너지고 패배한 사람들에게 무슨 도가 있겠는가?"

다시 어느 사람이 말하였다.

"이 사문들이 제도하지 못하는 두 종류의 사람이 있으니, 첫째는 죽은 자이고, 둘째는 앞의 사람들이 출가를 즐거워하지 않는 자이다. 만약 이 사람이라도 제도하지 못하면 대중이 늘어나지 않는다. 이러한 까닭에 많이 제도하는 것이다."

여러 비구들이 이 인연으로써 가서 세존께 아뢰었고, 세존께서는 말씀하셨다.

"이 비구들을 불러오라."

왔으므로, 세존께서는 앞의 일을 갖추어 물으셨다.

"그대들이 진실로 그러하였는가?"

대답하여 말하였다.

"진실로 그렇습니다."

세존께서 말씀하셨다.

"오늘부터는 추한 모습의 사람은 출가시킬 수 없느니라."

'추한 모습의 자'는 너무 검었고, 너무 희었으며, 너무 누렇고, 너무 붉었으며, 너무 키가 컸고, 너무 키가 작았으며, 너무 뚱뚱하였고, 너무 마른 자이다. 다시 추한 모습의 자는 기뻐하여도 오히려 기쁘게 보이지 않는데, 하물며 다시 성내는 때이겠는가? 이렇게 추한 모습의 사람은 마땅히 출가시킬 수 없으나, 이미 출가한 자는 마땅히 쫓아낼 수 없다. 만약 제도하여 출가시켰고 구족계를 받았다면 월비니죄를 범한다. 이것을 추한 모습이라고 이름하고, 이것을 구족계를 받지 못한다고 이름한다. 이 가운데에서 청정하고 여법한 자는 구족계를 받을 수 있다고 이름한다.

(32) 갈마와 갈마사(羯磨事)

세존께서는 사위성에 머무르셨다.

그때 첨파(瞻波)의 비구들에게 쟁송(諍訟)이 일어나서 화합하지 못하고 머물렀다. 한 비구가 한 비구의 허물을 들추었고, 두 비구가 두 비구의 허물을 들추었으며, 대중의 많은 비구들이 대중의 많은 비구들의 허물을 들추었다. 여러 비구들이 이 인연으로써 가서 세존께 아뢰었고, 세존께서는 말씀하셨다.

"오늘부터는 한 비구가 한 비구의 허물을 들추거나, 나아가 대중의 많은 사람들이 대중의 많은 사람들의 허물을 들추는 것을 허락하지 않겠노라."

세존께서는 여러 비구들에게 알리셨다.

"오늘부터는 마땅히 갈마를 짓도록 하라."

'갈마'는 4갈마(四羯磨)·2갈마(二羯磨)·백일갈마(白一羯磨)·백삼갈마(白三羯磨)·사중작갈마(四衆作羯磨)·오중작갈마(五衆作羯磨)·십중작갈마(十衆作羯磨)·이십중작갈마(二十衆作羯磨) 등이다. 다섯의 비법(非法)을 성취하고 화합하지 못하면서 갈마를 지었다면 뒤에 참회해야 하고, 다섯의 여법(如法)을 성취하고 화합하면서 갈마를 지었다면 뒤에 참회하지 않는다.

'4갈마'는 비법이고 화합하는 갈마가 있고, 여법하고 화합하지 못하는 갈마가 있으며, 여법하고 화합하는 갈마가 있고, 여법하지 못하고 화합하지 못하는 갈마가 있다. 이것을 4갈마라고 이름한다.

'2갈마'는 포살(布薩)갈마와 공경(恭敬)갈마이다. 이것을 2갈마라고 이름한다.

'백일갈마'는 28종류가 있으니, 무엇이 28종류인가? 출갈마(出羯磨)·불리의숙(不離衣宿)·이의숙(離衣宿)·시방처(示房處)·시작대방처(示作大房處)·유시작전방처(有示作前房處)·행발인(行鉢人)·행사라인(行舍羅人)·시외도(試外道)·지장락낭(持杖絡囊)·전지상욕(典知床褥)·전지감식(典知鹽食)·전지차차식(典知差次食)·전지분방(典知分房)·전지취의(典知取衣)·전지장의(典知掌衣)·전지분의(典知分衣)·전지취전(典知取氎)·전지거전(典知舉氎)·전지분전(典知分氎)·전지분화(典知分華)·전지분향(典知分香)·전지분과(典知分果)·전지분온수(典知分溫水)·전지분잡병(典知分雜餅)·전지수의거(典知隨意舉)·전지분죽인(典知分粥人)·전지분소소잡물(典知分小小雜物) 등이다. 이것을 28종류라고 이름한다.

'백삼갈마'는 여덟 종류가 있으니, 무엇이 여덟 종류인가? 첫째는 절복

(折伏)이고, 둘째는 불어(不語)이며, 셋째는 빈출(擯出)이고, 넷째는 발희(發喜)이며, 다섯째는 거(擧)이고, 여섯째는 별주(別住)이며, 일곱째는 마나타(摩那埵)이고, 여덟째는 아부가나(阿浮呵那)이니, 이것을 백삼갈마라고 이름한다.

'사중작갈마'는 포살갈마(布薩羯磨)이거나, 일체가 사람에게 예배하고 네 사람이 지을 수 있는 것이다. 이것을 사중작갈마라고 이름한다.

'오중작갈마'는 자자를 받거나, 수나변지(輸那邊地)에서 구족계를 받거나, 일체의 니살기(尼薩耆)를 다섯 사람이 짓는 것이다. 이것을 오중작갈마라고 이름한다.

'십중작갈마'는 비구가 구족계를 받거나, 비구니가 구족계를 받으면서 10명이 짓는 것이다. 이것을 십중작갈마라고 이름한다.

'이십중작갈마'는 비구의 아부가나와 비구니의 아부가나를 20명이 짓는 것이다. 이것을 이십중작갈마라고 이름한다.

'다섯의 비법을 성취하고 갈마를 짓고서 뒤에 참회하다.'는 사람이 현전하지 않았거나, 묻지 않았거나, 허물을 이끌어내지 않았거나, 비법이었거나, 화합하지 않는 것이다. 이것을 다섯의 비법으로써 갈마를 짓고서 뒤에 참회한다고 이름한다.

'다섯의 여법을 성취하고 갈마를 짓고서 뒤에 참회하지 않다.'는 사람이 현전하였거나, 물었거나, 허물을 이끌어냈거나, 여법하였거나, 화합한 것이다. 이것을 다섯의 여법으로써 갈마를 짓고서 뒤에 참회하지 않는다고 이름한다.

이 가운데에서 마땅히 이십중작갈마를 십중작갈마로 짓는다면 성취되지 못하고, 마땅히 십중작갈마를 오중작갈마로 짓는다면 성취되지 못하며, 마땅히 오중작갈마를 사중작갈마로 짓는다면 성취되지 못하고, 마땅히 백삼갈마를 백일갈마로 짓는다면 성취되지 못하며, 백일갈마를 백갈마로 짓는다면 성취되지 못하고, 마땅히 백갈마를 구청갈마로 짓는다면 성취되지 못한다.

마땅히 구청갈마를 백갈마로 짓는다면 성립되고, 마땅히 백갈마를 백일갈마로 짓는다면 성립되며, 마땅히 백일갈마를 백삼갈마로 짓는다면 성립되고, 사중갈마를 만약 오중작갈마로 짓는다면 성립되며, 마땅히 오중작갈마를 십중작갈마로 짓는다면 성립되고, 마땅히 십중작갈마를 이십중작갈마로 짓는다면 성립된다. 이것을 갈마라고 이름한다.

'갈마사'는 비구가 구족계를 받는 갈마사이거나, 비구니가 구족계를 받는 갈마사이거나, 지만(支滿) 갈마사이거나, 차법청정(遮法淸淨) 갈마사이거나, 불구족청정(不具足淸淨) 갈마사이거나, 불생계(不生戒) 갈마사이거나, 죄근(罪根) 갈마사이거나, 불사근(不捨根) 갈마사이거나, 사근(捨根) 갈마사이거나, 화합근(和合根) 갈마사이다.

'비구가 구족계를 받는 갈마사'는 구족계를 받는 사람이 화상을 구하였다면 화상은 그에게 옷과 발우를 구해주어야 하고 대중을 구해주어야 하며 계사(戒師)를 구해주고 텅비고 고요한 곳에서 가르치는 스승을 구해주는 것이고, 이 여러 일은 능히 갈마로서 생겨나며, 아뢰는 것과 가부를 묻는 갈마의 두 가지를 함께 비구가 구족계를 받는 갈마사라고 이름한다.

'비구니가 구족계를 받는 갈마사'는 비구니가 이미 구족계를 받아서 마쳤으며 비구승가의 가운데로 향하였다면 승가는 마땅히 비구니에게 물어야 한다.

"청정하여 차법(遮法)이 없습니까?"

대답하여 말한다.

"이미 청정합니다."

이 여러 일은 능히 갈마로씨 생겨니며, 이뢰는 것과 가부를 묻는 갈마의 두 가지를 함께 비구니가 구족계를 받는 갈마사라고 이름한다.

'지만 갈마사'는 구족계를 받는 사람이 이미 화상을 구하였고, 화상이 이미 옷과 발우를 구하여 주었고 대중을 구하여 주었으며 계사를 구하여 주었고, 텅비고 고요한 곳에서 가르치는 스승을 구하여 주었다면, 가르치는 스승은 승가에게 추천하여서 승가의 가운데를 쫓아서 구족계 받는 것을 애원하였으며, 차법을 물었다면 4의지를 설한다. 이 여러 일은 능히 갈마로서 생겨나며, 아뢰는 것과 가부를 묻는 갈마의 두 가지를 함께 지만 갈마사라고 이름한다.

'차법청정 갈마사'는 차법의 가운데에서 청정한 것이다. 이 여러 일은 능히 갈마로서 생겨나며, 아뢰는 것과 가부를 묻는 갈마의 두 가지를 함께 차법청정 갈마사라고 이름한다.

'불구족청정 갈마사'는 지분(支分)이 구족되지 않고 청정하지 않은 것이다. 이 여러 일은 능히 갈마로써 생겨나며, 아뢰는 것과 가부를 묻는 갈마의 두 가지를 함께 불구족청정 갈마사라고 이름한다.

'불생계 갈마사'는 비구니의 청정한 행을 더럽혔거나, 도주(盜住)하였거나, 월제인이었거나, 5무간죄(無間罪)로써 바라이를 범하였거나, 사미의 악하고 삿된 견해 등이다. 이 여러 일은 능히 갈마로서 생겨나며, 아뢰는 것과 가부를 묻는 갈마의 두 가지를 함께 불생계 갈마사라고 이름한다.

'죄근 갈마사'는 5중죄·바라이·승가바시사·바야제·바라제제사니·월비니죄 등이다. 이 여러 일은 능히 갈마로써 생겨나며, 아뢰는 것과 가부를 묻는 갈마의 두 가지를 함께 죄근 갈마사라고 이름한다.

'불사근 갈마사'는 비구가 다른 사람이 가려진 곳에서 세 번을 충고하고, 많은 사람 가운데에서 세 번을 충고하며, 대중 승가의 가운데에서 세 번을 충고하여도 버리지 않는 것이다. 이 여러 일은 능히 갈마로써 생겨나며, 아뢰는 것과 가부를 묻는 갈마의 두 가지를 함께 불사근 갈마사라고 이름한다.

'사근 갈마사'는 가려진 곳에서 세 번을 충고하고, 많은 사람 가운데에서 세 번을 충고하며, 대중 승가의 가운데에서 세 번을 충고하여도 버리는 것이다. 이 여러 일은 능히 갈마로써 생겨나며, 아뢰는 것과 가부를 묻는 갈마의 두 가지를 함께 사근 갈마사라고 이름한다.

'화합근 갈마사'는 비구 승가가 모여서 사라(舍羅)[2]를 행하였다면 오지 못하는 사람은 욕(欲)을 주고 승가의 화합을 창언하는 것이다. 이 여러

---

2) 산스크리트어 śalākā의 음사로서 주(籌)라고 번역되며 '산가지'를 가리킨다. 대·나무·뼈 등으로 만든 작고 평평한 조각으로, 의식을 행하는 장소에 모인 승가의 수를 계산하거나 다수결로 결정할 때의 투표 등에 사용한다.

일은 능히 갈마로써 생겨나며, 아뢰는 것과 가부를 묻는 갈마의 두 가지를 함께 화합근 갈마사라고 이름한다.

이것을 갈마사라고 이름한다.

(33) 절복갈마사(折伏羯磨事)

세존께서는 사위성에 머무르셨다.

첨파(瞻波)의 비구들은 쟁송하여 서로를 비난하였고 화합하지 못하고 머물렀다. 여러 비구들이 이 인연으로써 가서 세존께 아뢰었고, 세존께서는 말씀하셨다.

"마땅히 절복갈마(折伏羯磨)를 지어서 주도록 하라."

'절복갈마'는 다섯 가지의 일이 있고, 일체가 절복갈마이며, 세존께서 사위성에 머무시면서 제정하셨다. 무엇이 다섯 가지인가? 첫째는 여덟 가지 일을 익혀서 가까운 것이고, 둘째는 자주자주 죄를 범하는 것이며, 셋째는 너무 일찍 들어오고 너무 어두운 때 나가서 악한 벗과 악한 도반과 마땅하지 않은 곳을 다니는 것이고, 넷째는 쟁송하고 서로를 비난하는 것이며, 다섯째는 나이 어린 자들을 공경하는 것이다

'여덟 가지의 일을 익히면서 가깝다.'는 세존께서 사위성에 머무르셨다.

그때 자지(慈地) 비구가 몸으로 익히면서 가까이 머물렀고 입으로 익히면서 가까이 머물렀으며 몸과 입으로 익히면서 가까이 머물렀다.

'몸으로 익히면서 가까이 머무르다.'는 함께 평상에 앉았고, 함께 평상에서 잠잤으며, 함께 그릇으로 먹었고, 번갈아 가면서 서로의 옷을 입었으며, 함께 나갔고 함께 들어왔던 것이다. 이것을 몸으로 익히면서 가까이 머물렀다고 이름한다.

'입으로 익히면서 가까이 머무르다.'는 번갈아 가면서 서로가 염오(染汚)된 마음으로 말하는 것이다. 이것을 입으로 익히면서 가까이 머물렀다고 이름한다.

'몸과 입으로 익히면서 가까이 머무르다.'는 함께 평상에 앉았고, 함께 평상에서 잠잤으며, 함께 그릇으로 먹었고, 번갈아 가면서 서로의 옷을

입었으며, 함께 나갔고 함께 들어왔으며, 말하는 때에 번갈아 가면서 서로가 염오된 마음으로 말하는 것이다. 이것을 몸과 입으로 익히면서 가까이 머문다고 이름한다.

여러 비구들이 충고하여 말하였다.

"장로 자지 비구여. 몸으로 가까이 머무르면서 익히지 말고, 입으로 가까이 머무르면서 익히지 말며, 몸과 입으로 가까이 머무르면서 익히지 마십시오."

한 번을 충고하여도 멈추지 않았고, 나아가 세 번을 충고하였어도 멈추지 않았다. 여러 비구들이 이 인연으로써 가서 세존께 아뢰었고, 세존께서는 말씀하셨다.

"이 자지 비구는 몸으로 익히면서 가까이 머물렀고 입으로 익히면서 가까이 머물렀으며 몸과 입으로 익히면서 가까이 머물면서, 세 번을 충고하여도 멈추지 않는다면 승가는 마땅히 몸으로 익히면서 가까이 머무는 것에 절복갈마를 지어서 주도록 하라."

갈마인은 마땅히 이렇게 말해야 한다.

"대덕 승가께서는 허락하십시오. 자지 비구는 몸으로 익히면서 가까이 머물렀고 세 번을 충고하여도 멈추지 않았습니다. 만약 승가께서 때에 이르렀다면 승가는 자지 비구에게 몸으로 익히면서 가까이 머무는 것에 절복갈마를 지어서 주겠습니다. 이와 같이 아룁니다.'

'대덕 승가께서는 허락하십시오. 자지 비구는 몸으로 익히면서 가까이 머물렀고 세 번을 충고하여도 멈추지 않았습니다. 승가는 지금 자지 비구에게 몸으로 가까이 익히면서 머무는 것에 절복갈마를 지어서 주도록 여러 대덕들께서는 인정하십시오. 승가시여. 자지 비구에게 몸으로 익히면서 가까이 머무는 것에 절복갈마를 지어서 주겠습니다. 승가께서 인정하신다면 묵연하시고, 만약 인정하지 않으신다면 곧 말씀하십시오.'"

이것이 첫 번째의 갈마이다. 두 번·세 번째의 갈마에서도 역시 이와 같이 말해야 한다.

"승가시여. 이미 지지 비구에게 몸으로 익히면서 머무는 것에 절복갈마를 지어서 주는 것을 마쳤습니다. 승가께서 인정하신 것은 묵연하였던 까닭입니다. 이 일은 이와 같이 지니겠습니다."
　입으로 익히면서 가깝게 머무르는 것과 몸과 입으로 익히면서 가깝게 머무르는 것도 역시 앞의 설명과 같다.

　다시 다음으로 세존께서 사위성에 머무르셨다.
　그때 우타이(優陀夷)는 호생(好生) 비구니와 몸으로 익히면서 가까이 머물렀고 입으로 익히면서 가까이 머물렀으며 몸과 입으로 익히면서 가까이 머물렀다.
　'몸으로 익히면서 가까이 머무르다.'는 뻗은 손의 안에서 함께 앉았고 번갈아 가면서 서로가 옷을 입는 것이다. 이것을 몸으로 익히면서 가까이 머물렀다고 이름한다.
　'입으로 익히면서 가까이 머무르다.'는 전전하여 염오의 마음으로 말하는 것이다. 이것을 입으로 익히면서 가까이 머물렀다고 이름한다.
　'몸과 입으로 익히면서 가깝게 머무르다.'는 뻗은 손의 안에서 함께 앉았고 번갈아 가면서 서로가 옷을 입었고, 다시 서로가 말하면서 염오의 마음으로 말하는 것이다. 이것을 몸과 입으로 익히면서 가까이 머물렀다고 이름한다.
　여러 비구들이 충고하여 말하였다.
　"장로 우타이여. 호생 비구니와 함께 몸으로 익히면서 몸으로 가까이 머무르면서 익히지 말고, 입으로 가까이 머무르면서 익히지 말며, 몸과 입으로 가까이 머무르면서 익히지 마십시오."
　한 번을 충고하여도 멈추지 않았고, 나아가 세 번을 충고하였어도 멈추지 않았다. 여러 비구들이 이 인연으로써 가서 세존께 아뢰었고, 세존께서는 말씀하셨다.
　"이 장로 우타이가 호생 비구니와 함께 몸으로 익히면서 가까이 머물렀고 입으로 익히면서 가까이 머물렀으며 몸과 입으로 익히면서 가까이 머물면서, 세 번을 충고하여도 멈추지 않는다면 승가는 마땅히 몸으로 익히면서 가까이 머무는 것에 절복갈마를 지어서 주도록 하라."

갈마인은 마땅히 이렇게 말해야 한다.

"대덕 승가께서는 허락하십시오. 자지 비구는 몸으로 익히면서 가까이 머물렀고 세 번을 충고하여도 멈추지 않았습니다. 만약 승가께서 때에 이르렀다면 승가는 우타이에게 몸으로 익히면서 가까이 머무는 것에 절복갈마를 지어서 주십시오. 이와 같이 아룁니다."

세 번째의 갈마에서도 역시 이와 같이 말해야 한다.

"나아가 승가께서 인정하신 것은 묵연하였던 까닭입니다. 이 일은 이와 같이 지니겠습니다."

입으로 익히면서 가깝게 머무르는 것과 몸과 입으로 익히면서 가깝게 머무르는 것도 역시 앞의 설명과 같다.

다시 다음으로 그때 발타리(跋陀梨) 비구가 발타시리(跋陀尸梨) 비구니와 함께 몸으로 익히면서 가까이 머물렀고 입으로 익히면서 가까이 머물렀으며 몸과 입으로 익히면서 가까이 머물렀으며, 역시 앞의 우타이의 가운데에서 자세히 설한 것과 같다.

다시 다음으로 세존께서 사위성에 머무르셨다.

그때 소비제(蘇毘提) 비구가 소비제이(蘇毘提夷) 비구니와 함께 몸으로 익히면서 가까이 머물렀고 입으로 익히면서 가까이 머물렀으며 몸과 입으로 익히면서 가까이 머물렀으며, 호생 비구니의 가운데에서 자세히 설한 것과 같다.

다시 다음으로 그때 어느 비구가 거사의 집안에 이르러 부인과 함께 몸으로 익히면서 가까이 머물렀고 입으로 익히면서 가까이 머물렀으며 몸과 입으로 익히면서 가까이 머물렀다.

'몸으로 익히면서 가까이 머무르다.'는 여인과 함께 손을 뻗는 거리 안에 앉아서 향과 꽃과 과일과 풀 열매를 서로에게 주었으며, 그의 도사(走

使)³⁾가 되었다. 이것을 몸으로 익히면서 가까이 머물렀다고 이름한다.
 '입으로 익히면서 가까이 머무르다.'는 함께 염오의 마음으로 말하는 것이다. 이것을 입으로 익히면서 가까이 머물렀다고 이름한다.
 '몸과 입으로 익히면서 가깝게 머무르다.'는 앞의 두 가지의 일을 함께 하는 것이다. 이것을 몸과 입으로 익히면서 가까이 머물렀다고 이름한다.
 여러 비구들이 충고하여 말하였다.
 "장로여. 부인과 함께 몸으로 익히면서 몸으로 가까이 머무르면서 익히지 말고, 입으로 가까이 머무르면서 익히지 말며, 몸과 입으로 가까이 머무르면서 익히지 마십시오."
 이와 같이 세 번을 충고하여도 멈추지 않았으며, 여러 비구들이 이 인연으로써 세존께 가서 아뢰었으며, 역시 앞의 우타이의 가운데에서 자세히 설한 것과 같다.

 다시 다음으로 세존께서 사위성에 머무르셨다.
 그때 어느 비구가 불능남과 함께 몸으로 익히면서 가까이 머물렀고 입으로 익히면서 가까이 머물렀으며 몸과 입으로 익히면서 가까이 머물렀다.
 '몸으로 익히면서 가까이 머무르다.'는 여인과 함께 손을 뻗는 거리 안에 앉았고 함께 나갔으며 함께 들어오는 것이다. 이것을 몸으로 익히면서 가까이 머물렀다고 이름한다.
 '입으로 익히면서 가까이 머무르다.'는 함께 염오의 마음으로 말하는 것이다. 이것을 입으로 익히면서 가까이 머물렀다고 이름한다.
 '몸과 입으로 익히면서 가깝게 머무르다.'는 앞의 두 가지의 일을 함께 하는 것이다. 이것을 몸과 입으로 익히면서 가까이 머물렀다고 이름한다.
 여러 비구들이 충고하여 말하였다.
 "장로여. 불능남과 함께 몸으로 익히면서 몸으로 가까이 머무르면서

---

3) 급사(急使)를 다르게 부르는 말이다.

익히지 말고, 입으로 가까이 머무르면서 익히지 말며, 몸과 입으로 가까이 머무르면서 익히지 마십시오."

이와 같이 세 번을 충고하여도 멈추지 않았으며, 여러 비구들이 이 인연으로써 세존께 가서 아뢰었으며, 역시 앞의 우타이의 가운데에서 자세히 설한 것과 같다.

다시 다음으로 세존께서 사위성에 머무르셨다.
그때 우타이가 동행 제자와 함께 몸으로 익히면서 가까이 머물렀고 입으로 익히면서 가까이 머물렀으며 몸과 입으로 익히면서 가까이 머물렀으며, 역시 앞의 자지 비구의 가운데에서 자세히 설한 것과 같다.

다시 다음으로 세존께서 사위성에 머무르셨다.
그때 천타(闡陀)는 동자와 함께 몸으로 익히면서 가까이 머물렀고 입으로 익히면서 가까이 머물렀으며 몸과 입으로 익히면서 가까이 머물렀으며, 역시 앞의 자지 비구의 가운데에서 자세히 설한 것과 같다.
이것을 여덟 가지의 일을 익히면서 가까이 머물렀다고 이름한다.

(34) 자주자주 죄를 범하는 자
세존께서는 사위성에 머무르셨다.

그때 시리야바(尸利耶婆) 비구가 5중(衆)에서 하나·하나의 죄를 자주자주 범하였으므로, 여러 비구들이 충고하여 말하였다.

"장로여. 5중에서 하나·하나의 죄를 자주자주 범하지 마십시오."
한 번을 충고하였어도 멈추지 않았고 두 번을 충고하였어도 멈추지 않았으며 세 번을 충고하였어도 멈추지 않았다. 여러 비구들이 이 인연으로써 가서 세존께 아뢰었고, 세존께서는 말씀하셨다.

"이 시리야바가 5중에서 하나·하나의 죄를 자주자주 범하니, 자주자주 죄를 범하는 것에 절복갈마를 지어서 주도록 하라."
갈마인은 마땅히 이렇게 말해야 한다.

"대덕 승가께서는 허락하십시오. 이 시리야바 비구는 5중에서 하나·하나의 죄를 자주자주 범하였고 세 번을 충고하였어도 멈추지 않았습니다. 만약 승가께서 때에 이르렀다면 승가께서는 이 시리야바 비구가 5중에서 하나·하나의 죄를 자주자주 범하는 것에 절복갈마를 지어서 주겠습니다. 이와 같이 아룁니다.

대덕 승가께서는 허락하십시오. 이 시리야바 비구는 5중에서 하나·하나의 죄를 자주자주 범하였고 세 번을 충고하였어도 멈추지 않았습니다. 승가께서는 지금 시리야바 비구에게 5중에서 하나·하나의 죄를 자주자주 범하는 것에 절복갈마를 지어서 주도록 여러 대덕들께서는 인정하십시오. 승가시여. 시리야바 비구에게 5중에서 하나·하나의 죄를 자주자주 범하는 것에 절복갈마를 지어서 주겠습니다. 승가께서 인정하신다면 묵연하시고, 만약 인정하지 않으신다면 곧 말씀하십시오."

이것이 첫 번째의 갈마이다. 두 번·세 번째의 갈마에서도 역시 이와 같이 말해야 한다.

"승가시여. 이미 시리야바 비구에게 5중에서 하나·하나의 죄를 자주자주 범하는 것에 절복갈마를 지어서 주는 것을 마쳤습니다. 승가께서 인정하신 것은 묵연하였던 까닭입니다. 이 일은 이와 같이 지니겠습니다."

이것을 자주자주 범하는 죄라고 이름한다.

(35) 너무 일찍 들어오고 너무 어두울 때 나가며 악한 벗과 악한 반려와 처소가 아닌데 다니는 자

세존께서는 사위성에 머무르셨다.

그때 가로(迦露) 비구가 너무 일찍 취락에 들어왔고, 너무 어두울 때 취락을 나갔으며 악한 벗과 악한 반려와 처소가 아닌 곳을 다녔다.

'너무 일찍 취락에 들어오다.'는 너무 일찍 취락에 들어와서 걸식하는 것이다.

'너무 어두울 때 취락을 나가다.'는 어두워서 취락을 나가는 것이다.

'악한 벗'은 코끼리 조련사(象子)·말 조련사(馬子)·도둑(偸兒)·강도(劫

賊)·노름꾼(摶蒱兒)이니, 이와 같은 자들과 서로 친근한 것이다.

'악한 반려'는 악한 벗과 같은 자이다.

'같이 처소가 아닌 곳을 다니다.'는 과부의 집·대동녀(大童女)의 집·음녀(婬女)의 집·불능남의 집·추악한 이름의 비구니·추악한 이름의 사미니 등이니, 이와 같이 처소가 아닌 곳을 다니는 것이다.

여러 비구들이 충고하여 말하였다.

"장로여. 너무 일찍 들어가지 않을 것이고 너무 어두울 때 나가지 않을 것이며, 나아가 추악한 이름의 사미니 처소를 다니지 마십시오."

한 번을 충고하였어도 멈추지 않았고 두 번을 충고하였어도 멈추지 않았으며 세 번을 충고하였어도 멈추지 않았다. 여러 비구들이 이 인연으로써 가서 세존께 아뢰었고, 세존께서는 말씀하셨다.

"이 가로 비구가 너무 일찍 들어가지 않을 것이고 너무 어두울 때 나가지 않을 것이며, 나아가 추악한 이름의 사미니 처소를 다녔고, 나아가 마땅하지 않은 처소를 다녔으며, 세 번을 충고하였어도 멈추지 않았다면 승가는 마땅히 너무 일찍 들어가는 것을 절복갈마를 지어서 주도록 하라."

갈마인은 마땅히 이렇게 말해야 한다.

"대덕 승가께서는 허락하십시오. 이 가로 비구는 너무 일찍 취락에 들어갔고, 세 번을 충고하였어도 멈추지 않았습니다. 만약 승가께서 때에 이르렀다면 승가께서는 지금 가로 비구에게 너무 일찍 취락에 들어가는 것에 절복갈마를 지어서 주겠습니다. 이와 같이 아룁니다."

세 번째의 갈마에서도 역시 이와 같이 말해야 한다.

"나아가 승가께서 인정하신 것은 묵연하였던 까닭입니다. 이 일은 이와 같이 지니겠습니다."

이와 같이 너무 어두운 때에 취락을 나갔거나, 악한 벗이었거나, 악한 반려이었거나, 처소가 아닌데 다니는 것도, 역시 이와 같다.

(36) 서로 다투고 시비하는 것

세존께서는 사위성에 머무르셨다.

그때 마숙(馬宿) 비구가 스스로가 높이고 스스로가 쟁송에 이용하면서 서로를 비난하였다. 여러 비구들이 충고하여 말하였다.

"장로 마숙 비구여. 쟁송하며 서로를 비난하지 마십시오."

한 번을 충고하였어도 멈추지 않았고 두 번을 충고하였어도 멈추지 않았으며 세 번을 충고하였어도 멈추지 않았다. 여러 비구들이 이 인연으로써 가서 세존께 아뢰었고, 세존께서는 말씀하셨다.

"5법을 성취하였다면 마땅히 쟁송을 다시 일으킨다고 마땅히 알지니라. 무엇이 5법인가? 갈마를 비법이라고 말하고, 법집(法集)을 비법이라고 말하는 것과 같으며, 여법하게 허물을 드러냈는데 비법이라고 말하고, 여법하게 버렸는데 비법이라고 말하며, 여법하게 주었는데 비법이라고 말하는 것이다. 이것을 다섯 가지의 비법이라고 이름한다. 앞의 다섯 가지와 반대라면 이것을 여법하다고 이름하나니, 여러 비구들에게 마땅히 이와 같이 가르쳐야 하느니라.

장로 비구가 반드시 5법을 성취하면 대중에 들어갈 수 있으니, 무엇이 5법인가? 소리를 작게 하고 대중에 들어가는 것, 갈마를 듣고서 마땅히 믿는 것, 믿고 받들어 행하는 것, 만약 갈마가 여법하지 못하였고 능히 막을 수 없다면 마땅히 욕(欲)을 주는 것, 만약 능히 욕을 주지 않겠다면 마땅히 앉은 비구에게 욕을 주지 않는다고 보여주는 것이니라."

비구들에게 이러한 가르침을 듣는 때에 곧 말하였다.

"나는 능히 말을 잘하는데, 무슨 까닭으로 작은 소리로 대중에 들어가겠는가? 나는 역시 다문(多聞)인데, 무슨 까닭으로 갈마를 듣고 마땅히 믿어야 하는가? 나는 법을 잘 아는데, 무슨 까닭으로 듣고서 마땅히 행하겠는가? 나는 역시 갈마를 잘하는데, 무슨 까닭으로 갈마의 여법하지 않는 것을 듣고서 능히 막지 않고 마땅히 욕을 주겠는가? 나는 마땅히 스스로 가겠는데, 무슨 까닭으로 앉은 비구에게 욕을 주지 않겠다고 보이겠는가? 내가 마땅히 막겠다."

세존께서 여러 비구들에게 알리셨다.

"5법을 성취하였어도 쟁송이 다시 일어났다면 승가는 마땅히 절복갈마를 짓도록 하라. 무엇이 5법인가? 첫째는 스스로가 높이는 것이고, 둘째는 거칠고 피폐한 흉악한 성품이며, 셋째는 의미가 없는 말이고, 넷째는 때가 아닌 말이며, 다섯째는 선한 사람을 친근하고 부촉하지 않는 것이다. 이것을 5법의 성취라고 이름한다. 승가는 마땅히 절복갈마를 지어서 주도록 하라."

갈마인은 마땅히 이렇게 말해야 한다.

"'대덕 승가께서는 허락하십시오. 이 마숙 비구는 스스로가 높이고 스스로가 쟁송에 이용하면서 서로를 비난하였고, 세 번을 충고하였어도 멈추지 않았습니다. 만약 승가께서 때에 이르렀다면 승가께서는 지금 마숙 비구에게 스스로를 높이는 것에 절복갈마를 지어서 주십시오. 이와 같이 아룁니다.'

'대덕 승가께서는 허락하십시오. 이 마숙 비구는 스스로가 높이고 스스로가 쟁송하면서 서로를 비난하였고, 세 번을 충고하였어도 멈추지 않았습니다. 승가께서는 지금 이 마숙 비구에게 스스로가 높이는 것에 절복갈마를 지어서 주도록 여러 대덕들께서는 인정하십시오. 승가시여. 마숙 비구에게 스스로가 높이는 것에 절복갈마를 지어서 주겠습니다. 승가께서 인정하신다면 묵연하시고, 만약 인정하지 않으신다면 곧 말씀하십시오.'"

이것이 첫 번째의 갈마이다. 두 번·세 번째의 갈마에서도 역시 이와 같이 말해야 한다.

"승가시여. 이미 마숙 비구에게 스스로가 높이는 것에 절복갈마를 지어서 주는 것을 마쳤습니다. 승가께서 인정하신 것은 묵연하셨던 까닭입니다. 이 일은 이와 같이 지니겠습니다."

뒤의 네 가지의 일도 역시 이와 같이 말해야 한다.

(37) 소년을 공경하는 자

세존께서는 사위성에 머무셨으며, 자세한 설명은 앞에서와 같다. 그때 천타 비구는 소년을 제도하여 출가시켰는데, 스스로가 몸으로 공급하였으며, 새벽에 일어나서 문신하였고, 더불어 대소변을 행하는 그릇과 침을 뱉는 그릇을 일상의 장소에 놓아두었고, 신체를 안마하여 주었으며, 옷과 발우를 주었고, 함께 취락에 들어가면서 앞에서 다니게 하였으며, 단월의 집에 이르러 상좌의 자리에 앉게 하여 먼저 공양을 받게 하였고, 공양을 마치면 발우를 거두어 깨끗이 씻고서 일상의 장소에 놓아두었으며, 식후에는 염의(染衣)를 주어서 발우를 말리게 하였고, 평상에 요를 펼쳤으며, 날이 어두우면 등불을 켜주었고 침을 뱉는 그릇과 대소변을 행하는 그릇을 주었다. 여러 비구들이 충고하여 말하였다.

"장로여. 소년에게 공급하지 마십시오. 소년이 마땅히 장로에게 공급해야 합니다."

대답하여 말하였다.

"장로의 말씀과 같습니다. 다만 이 소년은 먼저 사람을 즐거워하여서 출가하였습니다. 이러한 까닭으로 내가 애념(愛念)하고 공경하며 참괴(慚愧)하면서 따라서 공급하는 것입니다."

한 번을 충고하였어도 멈추지 않았고 두 번을 충고하였어도 멈추지 않았으며 세 번을 충고하였어도 멈추지 않았다. 여러 비구들이 이 인연으로써 가서 세존께 아뢰었고, 세존께서는 말씀하셨다.

"천타를 불러오라."

왔으므로, 세존께서는 앞의 일을 갖추어 물으셨다.

"그대가 진실로 그러하였는가?"

대답하여 말하였다.

"진실로 그렇습니다."

세존께서 말씀하셨다.

"어리석은 사람이여. 그대는 여래의 처소에서는 애념하고 공경하며 참괴하면서 좇아서 따르지 않았는데, 소년의 저소에는 애념하고 공경하며 참괴하면서 좇아서 따랐구려."

세존께서 여러 비구들에게 알리셨다.

"이 천타 비구가 소년의 처소에서 애념하므로 승가는 마땅히 애념하며 소년에게 공급하는 것에 절복갈마를 지어서 주도록 하라."

갈마인은 마땅히 이렇게 말을 지어야 한다.

"대덕 승가께서는 허락하십시오. 이 천타 비구는 소년을 애념하고 공경하며 공급하면서 모셨으므로, 세 번을 충고하였어도 멈추지 않았습니다. 만약 승가께서 때에 이르렀다면 승가께서는 지금 천타 비구에게 소년을 애념하고 공경하며 공급하면서 모시는 것에 절복갈마를 지어서 주십시오. 이와 같이 아룁니다.'

'대덕 승가께서는 허락하십시오. 이 천타 비구는 소년을 애념하고 공경하며 공급하면서 모셨으므로, 세 번을 충고하였어도 멈추지 않았습니다. 승가께서는 지금 이 천타 비구에게 소년을 애념하고 공경하며 공급하면서 모시는 것에 절복갈마를 지어서 주도록 여러 대덕들께서는 인정하십시오. 승가시여. 천타 비구에게 소년을 애념하고 공경하며 공급하면서 모시는 것에 절복갈마를 지어서 주겠습니다. 승가께서 인정하신다면 묵연하시고, 만약 인정하지 않으신다면 곧 말씀하십시오.'"

이것이 첫 번째의 갈마이다. 두 번·세 번째의 갈마에서도 역시 이와 같이 말해야 한다.

"승가시여. 이미 천타 비구에게 소년을 애념하고 공경하며 공급하면서 모시는 것에 절복갈마를 지어서 주는 것을 마쳤습니다. 승가께서 인정하신 것은 묵연하셨던 까닭입니다. 이 일은 이와 같이 지니겠습니다."

공경하고 참괴하며 쫓아서 따르는 것도, 역시 이와 같이 말해야 한다. 이것을 절복갈마라고 이름한다.

(38) 불공어갈마(不共語羯磨)

세존께서는 사위성에 머무르셨다.

그때 마숙 비구에게 절복갈마를 지어서 마쳤으나, 수순하여 행하지 않았고, 마땅히 행할 일도 행하지 않았으며, 마땅히 버려야 하는 일도 버리지 않았다. 여러 비구들이 이 인연으로써 가서 세존께 아뢰었고, 세존께서는 말씀하셨다.

"이 마숙 비구에게 절복갈마를 지어서 마쳤으나, 수순하여 행하지 않았고, 마땅히 행할 일도 행하지 않았으며, 마땅히 버려야 하는 일도 버리지 않았다면, 승가는 마땅히 불공어갈마를 지어서 주도록 하라."

갈마인은 마땅히 이렇게 말해야 한다.

"대덕 승가께서는 허락하십시오. 이 마숙 비구는 절복갈마를 지어서 마쳤으나, 수순하여 행하지 않았고, 마땅히 행할 일도 행하지 않았으며, 마땅히 버려야 하는 일도 버리지 않았습니다. 만약 승가께서 때에 이르렀다면 승가께서는 지금 마숙 비구에게 불공어갈마를 지어서 주십시오. 이와 같이 아룁니다."

아뢰고서 백사갈마를 짓는다.

나아가 승가께서 인정하신 것은 묵연하셨던 까닭입니다. 이 일은 이와 같이 지니겠습니다."

다시 다음으로 세존께서는 사위성에 머무르셨다.

그때 어느 마하라가 출가하였는데 자주 작은 계율을 범하였다. 별중식을 먹었고, 여러 곳에서 먹었으며, 정사식(停食食)과 공기식(共器食)을 먹었고, 여인과 같은 방에서 묵었으며, 3일이 지나도록 묵었고, 함께 평상에서 잤으며, 함께 평상에 앉았고, 부정한 과일을 먹었으며, 날고기를 받았으며, 날곡식을 받았고 금과 은을 받았으므로, 여러 비구들이 충고하여 말하였다.

"장로여. 마땅히 이러한 일을 짓지 마십시오."

대답하여 말하였다.

"장로여. 나에게 마땅히 말한다면 내가 마땅히 받아서 행하겠습니다."

여러 비구들이 말하였다.

"이 마히라는 수희(修學)할 뜻이 있습니다."

뒤에 다시 자주자주 작고 작은 계를 범하면서 별중식을 먹거나, 나아가 금과 은을 받았으므로, 여러 비구들이 다시 충고하여 말하였다.

"마하라여. 마땅히 이러한 일을 짓지 마십시오."

대답하여 말하였다.

"장로여. 나에게 마땅히 말한다면 내가 마땅히 받아서 행하겠습니다."
뒤에 다시 자주자주 범하였으므로, 여러 비구들이 말하였다.

"이 마하라는 출가하였으나 은혜로운 가르침을 알지 못하여 가르침에 수순하며 참회하지 않고 아첨하며 진실하지 않고 수학하려고 하지 않는다."

여러 비구들이 이 인연으로써 가서 세존께 아뢰었고, 세존께서는 말씀하셨다.

"이 마하라는 출가하였으나 은혜로운 가르침을 알지 못하여 가르침에 수순하며 참회하지 않으니, 승가는 마땅히 불공어갈마를 지어서 주도록 하라."

갈마인은 마땅히 이렇게 말해야 한다.

"대덕 승가께서는 허락하십시오. 이 마하라는 출가하였으나 은혜로운 가르침을 알지 못하여 가르침에 수순하며 참회하지 않았습니다. 만약 승가께서 때에 이르렀다면 승가께서는 지금 마하라에게 불공어갈마를 지어서 주십시오. 이와 같이 아룁니다."

아뢰고서 백사갈마를 짓는다.

"나아가 승가께서 인정하신 것은 묵연하셨던 까닭입니다. 이 일은 이와 같이 지니겠습니다."

이것을 불공어갈마라고 이름한다.

(39) 빈출갈마(擯出羯磨)

세존께서는 사위성에 머무르셨다.

그때 육군비구들은 가시읍(迦尸邑)에 머물면서 몸으로 위의가 아니게 지었고 입으로 위의가 아니게 지었으며 몸과 입으로 위의가 아니게 지었고, 몸으로 해롭게 지었고 입으로 해롭게 지었으며 몸과 입으로 해롭게 지었고, 몸으로 삿된 생활을 지었고 입으로 삿된 생활을 지었으며 몸과 입으로 삿된 생활을 지었던 것은, 앞의 승가바시사에서 흑산(黑山) 취락의 가운데에서 자세한 설명과 같다. 이것을 빈출갈마라고 이름한다.

* '발희갈마(發喜羯磨)'는 우바이가 기쁘게 하는 것, 사나계(舍那階), 기름으로 볶은 생선, 가로(迦露), 마하남(摩訶男), 육군비구들이다.

(40) 우바이를 기쁘게 하는 것

세존께서는 사위성에 머무르셨다.

그때 난타(難陀)가 여러 나라를 유행하고서 사위국에 돌아와서 이르렀다. 이때 난타가 취락에 들어가는 옷을 입고 발우를 지니고서 갔고 우바이의 집에 이르렀고, 우바이가 보고 환희하면서 문신하며 말하였다.

"잘 오셨습니다. 아사리여. 무슨 까닭으로 뜸하게 다니셨습니까?"

곧 앉기를 청하였고 앉고서 난타가 말하였다.

"내가 뜸하게 다녔구려. 나에게 무슨 물건을 주겠소?"

대답하여 말하였다.

"필요한 것을 따라서 주겠습니다. 만약 전식(前食)이거나, 만약 후식(後食)이거나, 만약 죽이거나, 만약 떡이거나, 만약 과일이거나 필요한 것을 따라서 마땅히 짓겠습니다."

난타가 말하였다.

"나는 전식이 필요하오. 마땅히 잘 지으시오."

대답하여 말하였다.

"가르친처럼 내가 잘 짓겠습니다. 오직 원하건대 내일 일찍 오십시오."

이렇게 말을 지었고 곧 떠나갔다. 뒤에 우바이는 새벽에 일어나서 좋은 전식을 짓고 자리를 펼치고서 서성이며 기다렸으나, 난타는 일이 많아서 마침내 잊고서 가지 않았다. 우바이는 기다리면서 때가 지나도 오시 않은 것을 보았고, 곧 이 음식 가운데에서 남겨눌 것은 남겨두었고 남겨두지 못할 것은 먹었다. 이와 같이 2·3일을 기다렸으나 오지 않았으므로 곧 모두 취하여 먹었다. 4일에 이르러 난타가 비로소 왔고 물었다.

"우바이여. 병은 적으시오?"

우바이가 싫어하면서 말하였다.

"아사리는 나의 전식의 청을 받고서 무슨 까닭으로 오지 않았습니까?"

대답하여 말하였다.

"우바이여. 성났습니까?"

그녀가 말하였다.

"성났습니다."

"만약 그와 같다면 내가 참회하겠소."

우바이가 말하였다.

"세존을 향하여 참회하십시오."

떠나갔고, 난타는 곧 세존을 향하여 참회하였다. 세존께서 말씀하셨다.

"무슨 까닭으로 참회하는가?"

난타가 앞의 일로써 갖추어 세존께 아뢰었고, 세존께서는 말씀하셨다.

"어리석은 사람이여. 이 우바이는 세존과 비구 승가에게 아끼는 것이 없느니라. 그대는 무슨 까닭으로 요란(擾亂)시켰는가?"

세존께서는 여러 비구들에게 알리셨다.

"이 우바이는 집에 있으면서 돈독하게 믿었는데 요란시켜서 그녀를 기쁘지 않게 하였으니, 승가는 지금 마땅히 난타에게 발희갈마를 지어서 주도록 하라."

갈마인은 마땅히 이렇게 말해야 한다.

"대덕 승가께서는 허락하십시오. 이 난타 비구는 세속 사람을 요란시켜서 기쁘지 않은 마음을 생겨나게 하였습니다. 만약 승가께서 때에 이르렀다면 승가께서는 지금 난타 비구에게 발희갈마를 지어서 주십시오. 이와 같이 아룁니다.'

'대덕 승가께서는 허락하십시오. 이 난타 비구는 세속 사람을 요란시켜서 기쁘지 않은 마음을 생겨나게 하였습니다. 승가께서는 지금 이 난타 비구가 세속 사람에게 발희갈마를 지어서 주도록 여러 대덕들께서는 인정하십시오. 승가시여. 난타 비구가 세속 사람에게 발희갈마를 지어서 주도록 인정하신다면 묵연하시고, 만약 인정하지 않으신다면 곧 말씀하십시오.'"

이것이 첫 번째의 갈마이다. 두 번·세 번째의 갈마에서도 역시 이와 같이 말해야 한다.

"승가시여. 이미 난타 비구가 세속 사람에게 발희갈마를 지어서 주도록 마쳤습니다. 승가께서 인정하신 것은 묵연하셨던 까닭입니다. 이 일은 이와 같이 지니겠습니다."

이것을 우바이를 기쁘게 하는 것이라고 이름한다.

(41) 사나계(舍那階)

세존께서는 사위성에 머무르셨다. 그때 질제예(質帝隸) 거사가 승가를 청하여 약을 주었다. 그때 육군비구들이 이것을 듣고서 서로가 의논하여 말하였다.

"거사가 스님들을 청하여 약을 주는구려. 마땅히 가서 그를 시험하세."

때에 이르자 취락에 들어가는 옷을 입고 발우를 지니고 갔고 그의 집에 이르러 서로 함께 문신하였다. 서로에게 문신하고서 이렇게 말을 지었다.

"우리들이 듣건대, 거사께서 승가를 청하여 약을 준다고 합니다. 그것이 사실입니까?"

대답하여 말하였다.

"그렇습니다. 아사리께서 필요한 약이 있습니까?"

육군비구들이 말하였다.

"우리들은 사나계(舍那階) 한 짐이 필요하오."

거사가 말하였다.

"필요하면 내가 마땅히 준비하여 주겠습니다."

육군비구들이 말하였다.

"기괴(奇怪)하구려. 먼저 약을 준비하지 않고 승가를 청하였소? 그대는 알지 못하시오? 한 비구가 복용하는 약은 설산의 큰 용이나 코끼리 등이 먹는 양과 같소. 그대가 진실로 베풀지 않으면서 다만 명예를 구하는

구려."

거사가 말하였다.

"아사리여. 왕가의 창고 가운데에도 오히려 이러한 약이 없는데, 하물며 다시 나의 집이겠습니까? 기다리시면 준비하여 서로에게 주겠습니다."

육군비구들이 말하였다.

"주거나, 주지 않거나, 스스로가 그대의 뜻을 따르시오."

말을 마치고서 곧 나갔다. 뒤에 거사는 사람을 구린제국(拘隣提國)의 코끼리 취락에 보내어 사나계를 구하여 왔으며 육군비구에게 알렸다.

"아사리여. 사나계를 얻었습니다. 와서 그것을 취하십시오."

이 말을 듣고 서로 바라보며 웃었으므로, 거사가 싫어하며 말하였다.

"무슨 까닭으로 서로 바라보며 웃습니까? 내가 준비되지 않았던 때에는 은근히 괴롭히며 요구하더니 지금은 이미 준비되었는데 웃으면서 취하지 않습니까? 우리 집에서 소유한 것은 세존과 비구승가에게 아끼는 것이 없는데, 존자는 무슨 까닭으로 서로를 시험합니까?"

육군비구들이 말하였다.

"거사여. 성났습니까?"

대답하여 말하였다.

"성났습니다."

육군비구들이 말하였다.

"그대가 성났다면 우리들이 참회하겠소."

거사가 말하였다.

"세존을 향하여 참회하십시오."

나아가, 역시 우바이를 기쁘게 하는 가운데에서 자세하게 설한 것과 같다.

(42) 기름으로 볶은 생선

세존께서는 사위성에 머무르셨다.

그때 질제예 거사는 백가지의 좋은 음식을 지었고, 승가를 청하여 승가에게 음식을 주었다. 음식을 먹고서 정사에 돌아갔고 거사는 집안의 아내와 아이들에게 칙명하여 말하였다.

"남은 음식들은 요리하여 여러 집에 주시오. 나는 세존께 가서 문신하겠소."

그때 육군비구들이 기원의 문간에 있으면서 세속을 논의하고 말하였으므로 거사가 보고서 이렇게 생각을 지었다.

'이들은 비니의 사람이 아니구나. 설사 내가 그들에게 가지 않는다면 혹은 원한이 있겠다.'

곧 가서 화남(和南)하고 문신하였다. 육군비구들이 말하였다.

"잘 오셨소. 단월이여. 큰 용이나 코끼리와 같구려."

거사가 물었다.

"존자들이여. 오늘 우리집에서 음식을 드셨습니까?"

대답하여 말하였다.

"가서 먹었소."

다시 물었다.

"음식이 뜻에 맞았습니까?"

대답하여 말하였다.

"매우 좋았소. 다만 한 가지가 부족하였소."

물었다.

"무엇이 부족하였습니까?"

육군비구들이 내답하여 말하였나.

"만약 기름과 소금으로 볶은 생선이 있었다면 곧 이것을 좋은 음식이었고 시주가 좋은 명예를 얻었을 것이오."

거사가 말하였다.

"존자들이여. 제가 먼저 알지 못하였습니다. 만약 알았더라면 마땅히 많이 지어서 사람마다 한 발우씩 주었을 것입니다."

질제예 거사가 다시 말하였다.

"존자들이여. 내가 비유로 말하겠으니 들어보십시오. 과거 세상의 때에 닭의 무리가 내림(捺林)을 의지하고 있었는데, 여우가 있어서 침범하였고 수탉은 잡아먹고 오직 암탉만이 남았습니다. 뒤에 까마귀가 와서 암탉을 덮쳐서 한 병아리를 낳았는데, 병아리가 소리를 짓는 때에 아비가 게송을 설하여 말하였습니다.

　이 병아리는 내 새끼가 아니고
　들판의 아비와 취락의 어미가
　함께 합쳐서 낳은 새끼이며
　까마귀도 아니고 다시 닭도 아니라네.

　만약 아비의 소리를 배우고자 할지라도
　다시 이것은 닭이 낳은 자이고
　만약 어미의 소리를 배우고자 할지라도
　그 아비는 다시 까마귀라네.

　까마귀를 배우려고 하니 닭의 울음 같고
　닭을 배우려고 하여도 까마귀 소리이며
　까마귀와 닭의 두 가지를 배우고자 할지라도
　이 두 가지를 모두 이루지는 못한다네.

이와 같이 존자들은 세속인도 아니고, 다시 출가자도 아닙니다."
육군비구들이 말하였다.
"거사여. 성났습니까?"
대답하여 말하였다.
"성났습니다."
육군비구들이 말하였다.
"그대가 성났다면 우리들이 참회하겠소."
거사가 말하였다.

"사과는 세존을 향하여 참회하십시오."

육군비구들은 곧 세존의 처소로 가서 세존을 향하여 참회하였고, 세존께서는 말씀하셨다.

"무슨 까닭으로 참회하는가?"

육군비구들이 그 앞의 일을 갖추어 세존께 아뢰었고, 세존께서는 말씀하셨다.

"어리석은 사람이여. 이 질제에 거사는 집안에 소유한 것을 세존과 비구 승가에게 아끼는 것이 없느니라. 무슨 까닭으로 요란시켰는가?"

세존께서는 여러 비구들에게 알리셨다.

"이 거사는 숙명통(宿命通)으로써 육군비구들이 본래 옛날의 때에 일찍이 닭과 까마귀의 새끼를 지었던 것을 보았으며, 이러한 까닭으로 이와 같은 말을 지었느니라."

세존께서 말씀하셨다.

"승가는 마땅히 육군비구들이 세속 사람을 기쁘지 않게 하였으니, 발희갈마를 지어서 주도록 하라."

나아가, 역시 우바이를 기쁘게 하는 가운데에서 자세하게 설한 것과 같다.

(43) 가로(迦露)

세존께서는 사위성에 머무르셨다.

그때 어느 걸식하는 비구가 때에 이르자 옷을 입고 발우를 지니고 사위성에 들어가 차례대로 걸식하면서 어느 집의 문에 이르렀다. 이때 남편은 중정(中庭)에 앉아 있으면서 아내에게 말하였다.

"그대는 출가인에게 음식을 보시하시오."

아내가 말하였다.

"무슨 도에 출가한 사람입니까?"

남편이 말하였다.

"석종에 출가한 사람이오."

아내가 말하였다.
"주지 않겠습니다."
남편이 말하였다.
"무슨 까닭으로 주지 않는 것이오?"
아내가 말하였다.
"이 사람은 범행인이 아닙니다."
비구가 말하였다.
"자매여. 나는 범행인입니다."
아내가 말하였다.
"존자여. 가로 비구도 오히려 범행을 닦지 못하는데, 하물며 그대가 범행을 닦겠습니까?"
비구가 이 말을 듣고 실망하였고 한탄하였으며 즐겁지 않았으므로 마침내 걸식하지 않고 곧 돌아와서 좌선하였고 포시에 선정에서 깨어났는데 몸이 매우 굶주렸다. 세존의 처소로 가서 머리 숙여 발에 예경하고 물러나서 한쪽에 머물렀다. 세존께서는 아시면서도 일부러 물으셨다.
"비구여. 무슨 까닭으로 굶주린 얼굴빛인가?"
아뢰어 말하였다.
"음식을 잃었습니다. 세존이시여."
세존께서 말씀하셨다.
"그대가 능히 걸식하지 않았는가?"
곧 앞의 일을 갖추어 세존께 아뢰었고, 세존께서는 여러 비구들에게 알리셨다.
"이 가로 비구는 세속 사람을 기쁘지 않게 하였으니, 승가는 마땅히 발희갈마를 지어서 주도록 하라."
나아가, 역시 우바이를 기쁘게 하는 가운데에서 자세하게 설한 것과 같다. 이것을 가로라고 이름한다.

(44) 마하남

세존께서는 사위성에 머무르셨다.

그때 석종(釋種) 마하남(摩訶男)이 승가를 청하여 약을 보시하는 때에 난타와 우파난타가 듣고서 스스로가 의논하여 말하였다.

"마땅히 가서 그를 시험해야겠네."

때에 이르러, 취락에 들어가는 옷을 입고 그 집에 이르러 함께 서로가 문신하고서 말하였다.

"우리들은 단월께서 승가를 청하여 약을 보시한다고 들어서 알고 있는데, 그렇습니까?"

대답하여 말하였다.

"그렇습니다. 존자여. 약이 필요합니까?"

대답하여 말하였다.

"한 항아리의 소(酥)·한 항아리의 기름·한 항아리의 꿀·한 항아리의 석밀·한 항아리의 뿌리 약·한 항아리의 잎 약·한 항아리의 꽃 약·한 항아리의 열매·약이 필요합니다."

마하남이 대답하였다.

"존자여. 오늘은 그만한 약이 없습니다. 반드시 준비하여 드리겠습니다."

육군비구들이 말하였다.

"이상한 일이오. 단월께서 먼저 약을 준비하지 않고 비구 승가를 청했습니까? 그대는 알지 못하시오? 한 비구가 복용하는 약은 설산의 큰 용이나 코끼리 등이 먹는 양과 같소. 그대가 진실로 베풀지 않으면서 다만 명예를 구하는구려"

거사가 말하였다.

"아사리여. 왕가의 창고 가운데에도 오히려 이러한 약이 없는데, 하물며 다시 나이 집이겠습니까? 마땅히 준비하여 드리겠습니다."

난타가 말하였다.

"주거나, 주지 않거나, 스스로가 그대의 뜻을 따르시오."

말을 마치고서 곧 나갔다. 거사는 뒤에 약을 준비하였으며 알려 말하였다.
"지금 와서 그것을 취하십시오."
그들이 듣고 서로 바라보며 웃었으므로, 단월이 싫어하며 말하였다.
"무슨 까닭으로 나를 시험하였고 서로를 바라보며 웃습니까? 준비되지 않았던 때에는 은근히 괴롭히며 요구하더니 지금은 이미 준비되었는데 취하지 않습니까?"
난타가 말하였다.
"거사여. 성났습니까?"
대답하여 말하였다.
"성났습니다."
육군비구들이 말하였다.
"그대가 성났다면 우리들이 참회하겠소."
거사가 말하였다.
"세존을 향하여 참회하십시오."
난타는 곧 세존의 처소로 가서 참회하였고, 세존께서는 말씀하셨다.
"무슨 까닭으로 참회하는가?"
곧 앞의 일을 갖추어 세존께 아뢰었고, 세존께서는 말씀하셨다.
"어리석은 사람이여. 이 마하남은 집안에서 소유한 것을 세존과 비구 승가에게 아끼는 것은 없느니라. 무슨 까닭으로 요란시켰는가?"
세존께서는 여러 비구들에게 알리셨다.
"승가는 마땅히 난타가 세속 사람을 기쁘지 않게 하였으니, 발희갈마를 지어서 주도록 하라."
나아가, 역시 우바이를 기쁘게 하는 가운데에서 자세하게 설한 것과 같다. 이것을 마하남이라고 이름한다.

(45) 육군비구

세존께서는 사위성에 머무르셨다.
그때 육군비구들은 가시읍에 머물면서 몸으로 위의가 아니게 지었고 입으로 위의가 아니게 지었으며 몸과 입으로 위의가 아니게 지었고, 몸으로 해롭게 지었고 입으로 해롭게 지었으며 몸과 입으로 해롭게 지었고, 몸으로 삿된 생활을 지었고 입으로 삿된 생활을 지었으며 몸과 입으로 삿된 생활을 지었으며, 나아가 세속 사람들을 기쁘지 않게 하였다. 세존께서는 여러 비구들에게 알리셨다.

"승가는 마땅히 육군비구들이 세속 사람을 기쁘지 않게 하였으니, 발희갈마를 지어서 주도록 하라."

나아가, 역시 우바이를 기쁘게 하는 가운데에서 자세하게 설한 것과 같다. 이것을 육군비구라고 이름하고, 이것을 발희갈마라고 말한다.

구족계를 받았다고 이름할 수 없는 것과
지만(支滿)과 청정하지 않은 것과
갈마를 주는 것과 절복갈마와 불공어갈마와
빈출갈마와 발희갈마 등이 있다.

[첫 번째의 발거를 마친다.]

(46) 거갈마(擧羯磨)

세존께서는 사위성에 머무셨으며, 자세한 설명은 앞에서와 같다.
그때 천타 비구가 5중죄의 가운데에서 하나·하나의 죄를 범하였으므로, 여러 비구들이 말하였다.

"장로여. 이러한 죄를 보았습니까?"

대답하여 말하였다.

"보지 않았습니다. 그대가 나에게 보았거나 보지 않았냐고 물어도 소용이 있겠습니까?"

여러 비구들이 이 인연으로써 가서 세존께 아뢰었고, 세존께서는 여러 비구들에게 알리셨다.

"이 천타 비구는 5중죄의 가운데에서 하나·하나의 죄를 범하였으나,

스스로가 '보지 못하였습니다.'라고 말하였으니, 승가는 마땅히 죄를 보지 못하는 것에 거갈마를 지어서 주도록 하라."

갈마인은 마땅히 이렇게 말을 지어야 한다.

"대덕 승가께서는 허락하십시오. 이 천타 비구는 5중죄의 가운데에서 하나·하나의 죄를 범하였으나, 스스로 '보지 못하였습니다.'라고 말하였습니다. 만약 승가께서 때에 이르렀다면 승가께서는 지금 천타 비구에게 죄를 보지 못한 것에 거갈마를 지어서 주십시오. 이와 같이 아룁니다.'

'대덕 승가께서는 허락하십시오. 이 천타 비구는 5중죄의 가운데에서 하나·하나의 죄를 범하였으나, 스스로 '보지 못하였습니다.'라고 말하였습니다. 승가께서는 지금 이 천타 비구에게 죄를 보지 못한 것에 거갈마를 지어서 주도록 여러 대덕들께서는 인정하십시오. 승가시여. 천타 비구에게 죄를 보지 못한 것에 절복갈마를 지어서 주겠습니다. 승가께서 인정하신다면 묵연하시고, 만약 인정하지 않으신다면 곧 말씀하십시오.'"

이것이 첫 번째의 갈마이다. 두 번·세 번째의 갈마에서도 역시 이와 같이 말해야 한다.

"승가시여. 이미 천타 비구에게 죄를 보지 못한 것에 거갈마를 지어서 주는 것을 마쳤습니다. 승가께서 인정하신 것은 묵연하셨던 까닭입니다. 이 일은 이와 같이 지니겠습니다."

거갈마를 지어서 마쳤으므로 여러 비구들에게 말하였다.

"장로여. 나는 이러한 죄를 보았으므로 마땅히 행할 일을 나는 수순하여 행하겠습니다. 이를 애민하게 생각하는 까닭으로 저에게 죄를 보지 못한 것의 거갈마를 버려 주십시오."

여러 비구들이 이 인연으로써 가서 세존께 아뢰었고, 세존께서는 여러 비구들에게 알리셨다.

"이 천타 비구는 5중죄의 가운데에서 하나·하나의 죄를 범하였고, 스스로가 '보지 못하였습니다.'라고 말하였으며, 승가는 요익하게 하려는 까닭으로 거갈마를 지었으나, 그가 마땅히 행할 일을 수순하여 행하였고 스스로가 '죄를 보았습니다.'라고 말하였으니, 승가는 마땅히 죄를 보지 못하였던 것의 거갈마를 버리는 갈마를 짓도록 하라."

갈마인은 마땅히 이렇게 말을 지어야 한다.

"대덕 승가께서는 허락하십시오. 이 천타 비구는 5중죄의 가운데에서 하나·하나의 죄를 범하였고, 스스로가 '보지 못하였습니다.'라고 말하였으며, 승가는 요익하게 하려는 까닭으로 거갈마를 지어서 주었으므로, 그는 마땅히 행할 일을 수순하여 행하였고 스스로가 '죄를 보았습니다.'라고 말하였습니다. 만약 승가께서 때에 이르렀다면 승가께서는 천타 비구가 승가의 가운데에서 죄를 보지 못한 것에 거갈마를 버리는 갈마를 애원하도록 지어서 주십시오. 여러 대덕 승가께서 허락하셨으므로 천타 비구가 승가의 가운데에서 죄를 보지 못한 것의 거갈마를 버리는 갈마를 애원하도록 짓고서 마치겠습니다. 승가께서 인정하신 것은 묵연하셨던 까닭입니다. 이 일은 이와 같이 지니겠습니다."

이 사람은 마땅히 승가의 가운데를 쫓아서 애원하면서 이렇게 말을 지어야 한다.

"대덕 승가께서는 허락하십시오. 나 천타 비구는 5중죄의 가운데에서 하나·하나의 죄를 범하였고, 스스로가 '보지 못하였습니다.'라고 말하였습니다. 승가는 요익하게 하려는 까닭으로 죄를 보지 못한 것에 거갈마를 지어서 주었으므로, 그는 마땅히 행할 일을 수순하여 행하였고 스스로가 '죄를 보았습니다.'라고 말하였으며, 지금 승가를 쫓아서 보지 못한 죄의 거갈마를 버리는 갈마를 애원합니다. 오직 원하건대 대덕 승가께서는 애민하게 생각하시는 까닭으로 나에게 보지 못한 죄의 거갈마를 버리는 갈마를 지어서 주십시오."

이와 같이 세 번을 애원하였다면 갈마인은 마땅히 이렇게 말을 지어야 한다.

"대덕 승가께서는 허락하십시오. 이 천타 비구는 5중죄의 가운데에서 하나·하나의 죄를 범하였고, 스스로가 '보지 못하였습니다.'라고 말하였으며, 승가는 요익하게 하려는 까닭으로 거갈마를 지어서 주었으므로, 그는 마땅히 행할 일을 수순하여 행하였고 스스로가 '죄를 보았습니다.'라고 말하였으며, 지금 승가를 쫓아서 보지 못한 죄의 거갈마를 버리는 갈마를 애원하고 있습니다. 만약 승가께서 때에 이르렀다면 승가께서는 천타 비구가 승가의 가운데에서 죄를 보지 못한 것의 거갈마를 버리는 갈마를 지어서 주십시오. 이와 같이 아룁니다.'

'대덕 승가께서는 허락하십시오. 이 천타 비구는 5중죄의 가운데에서 하나·하나의 죄를 범하였고, 스스로가 '보지 못하였습니다.'라고 말하였으며, 승가는 요익하게 하려는 까닭으로 거갈마를 지어서 주었으므로, 그는 마땅히 행할 일을 수순하여 행하였고 스스로가 '죄를 보았습니다.'라고 말하였으며, 지금 승가를 쫓아서 보지 못한 죄의 거갈마를 버리는 갈마를 애원하고 있습니다. 승가시여. 천타 비구에게 보지 못한 죄의 거갈마를 버리는 갈마를 지어서 주도록 여러 대덕들께서는 인정하십시오. 승가시여. 천타 비구에게 보지 못한 죄의 거갈마를 버리는 갈마를 지어서 주는 것을 승가께서 인정하신다면 묵연하시고, 만약 인정하지 않으신다면 곧 말씀하십시오.'"

이것이 첫 번째의 갈마이다. 두 번·세 번째의 갈마에서도 역시 이와 같이 말해야 한다.

"승가시여. 이미 천타 비구에게 보지 못한 죄의 거갈마를 버리는 갈마를 지어서 주는 것을 마쳤습니다. 승가께서 인정하신 것은 묵연하셨던 까닭입니다. 이 일은 이와 같이 지니겠습니다."

승가는 이미 천타 비구에게 보지 못한 죄의 거갈마를 버리는 갈마를 지어서 주어서 마쳤으므로, 여러 비구들이 말하였다.

"장로여. 이 죄는 마땅히 여법하게 지으십시오."

대답하여 말하였다.

"그대들이 나에게 여법하게 지으라고 가르쳤어도, 나는 능히 여법하게 지을 수 없습니다."

여러 비구들이 이 인연으로써 가서 세존께 아뢰었고, 세존께서는 여러 비구들에게 알리셨다.

"이 천타 비구는 5중죄의 가운데에서 하나·하나의 죄를 범하였으나,

능히 여법하게 지을 수 없으니, 승가는 마땅히 범한 죄를 여법하게 짓지 못하는 거갈마를 지어서 주도록 하라."

갈마인은 마땅히 이렇게 말을 지어야 한다.

"대덕 승가께서는 허락하십시오. 이 천타 비구는 5중죄의 가운데에서 하나·하나의 죄를 범하였으나, 즐거이 여법하게 지으려고 하지 않습니다. 만약 승가께서 때에 이르렀다면 승가께서는 천타 비구에게 죄를 범하였으나, 즐거이 여법하게 지으려고 하지 않는 것의 거갈마를 지어서 주십시오. 이와 같이 아룁니다.'

'대덕 승가께서는 허락하십시오. 이 천타 비구는 5중죄의 가운데에서 하나·하나의 죄를 범하였으나, 즐거이 여법하게 지으려고 하지 않습니다. 승가께서는 지금 천타 비구에게 죄를 범하였으나, 즐거이 여법하게 지으려고 하지 않는 거갈마를 지어서 주도록 여러 대덕들께서는 인정하십시오. 승가시여. 지금 천타 비구에게 죄를 범하였으나, 즐거이 여법하게 지으려고 하지 않는 거갈마를 지어서 주는 것을 승가께서 인정하신다면 묵연하시고, 만약 인정하지 않으신다면 곧 말씀하십시오.'"

이것이 첫 번째의 갈마이다. 두 번·세 번째의 갈마에서도 역시 이와 같이 말해야 한다.

"승가시여. 이미 천타 비구에게 죄를 범하였으나, 즐거이 여법하게 지으려고 하지 않는 거갈마를 지어서 주는 것을 마쳤습니다. 승가께서 인정하신 것은 묵연하셨던 까닭입니다. 이 일은 이와 같이 지니겠습니다."

마하승기율 제25권

동진천축삼장 불타발타라·법현 공역
석보운 번역

3) 잡송의 발거법을 밝히다 ③

다시 다음으로 세존께서는 사위성에 머무르셨다.
그때 아리타(阿梨吒) 비구가 계경(契經)을 비방하여 이렇게 말을 지었다.
"장로여. 세존께서 하신 설법을 내가 이해하는데, 도를 장애하는 법을 행하여도 능히 도를 장애하지 않습니다."
여러 비구들이 그에게 말하였다.
"장로여. 경전을 비방하지 마십시오. 경전을 비방한다면 이것이 악하고 삿된 견해이므로 악도에 떨어져서 니리(泥犁)의 가운데에 들어갑니다."
대답하여 말하였다.
"이것은 좋은 견해이고, 착한 견해이며, 부모와 선사(先師)가 서로 이어오면서 이와 같이 견해를 지었습니다."
여러 비구들이 이 인연으로써 가서 세존께 아뢰었고, 세존께서는 여러 비구들에게 알리셨다.
"이 아리타 비구가 '세존께서 하신 설법을 내가 이해하는데, 도를 장애하는 법을 행하여도 능히 도를 장애하지 않습니다.'라고 이렇게 말을 지었다면 마땅히 가려진 곳에서 세 번을 충고할 것이고 많은 사람의 가운데에서 세 번을 충고할 것이며 대중 승가의 가운데에서 세 번을 충고하라."
그때 가려진 곳에서 충고하는 자는 마땅히 먼저 물어야 한다.

"아리타 장로여. 그대가 진실로 경전을 비방하면서 '세존께서 하신 설법을 내가 이해하는데, 도를 장애하는 법을 행하여도 능히 도를 장애하지 않습니다.'라고 말하였습니까?"

대답하여 말하였다.

"진실로 그렇습니다."

그때 가려진 곳에서 마땅히 이렇게 말을 지어야 한다.

"장로여. 경전을 비방하지 마십시오. 경전을 비방한다면 이것이 악하고 삿된 견해이므로 악도에 떨어져서 니리의 가운데에 들어갑니다. 우리들은 자비한 마음으로 그대를 요익하게 하고자 충고합니다. 그대는 마땅히 이러한 일을 버리십시오."

"한 번의 충고는 지나갔고 두 번의 충고가 남아있습니다. 이러한 일을 버리겠습니까?"

대답하여 말하였다.

"이것은 좋은 견해이고, 착한 견해이며, 부모와 선사가 서로 이어오면서 이와 같이 견해를 지었으므로, 나는 능히 버릴 수 없습니다."

이와 같이 두 번을 충고하였고 세 번을 충고하였어도 버리지 않는다면 많은 사람의 가운데서 세 번을 충고할 것이고, 만약 버리지 않는다면 승가의 가운데에서 마땅히 갈마를 지어야 한다.

갈마인은 마땅히 이렇게 말을 지어야 한다.

"대덕 승가께서는 허락하십시오. 이 아리타 비구가 경전을 비방하면서 '세존께서 하신 설법을 내가 이해하는데, 도를 장애하는 법을 행하여도 능히 도를 장애하지 않습니다.'라고 이렇게 말을 지었습니다. 이미 가려진 곳에서 세 번을 충고하였고 많은 사람의 가운데서 세 번을 충고하였으나, 버리지 않았습니다. 만약 승가께서 때에 이르렀다면 승가는 역시 세 번을 충고하겠습니다."

승가의 가운데에서 마땅히 물어야 한다.

"장로여. 그대는 진실로 경전을 비방하면서 '세존께서 하신 설법을 내가 이해하는데, 도를 장애하는 법을 행하여도 능히 도를 장애하지 않습니다.'라고 이렇게 말을 지었고, 이미 가려진 곳에서 세 번을 충고하였으며, 많은 사람의 가운데에서 세 번을 충고하였으나, 버리지 않았습니까?"

대답하여 말하였다.

"그렇습니다."

승가의 가운데에서 마땅히 충고하여 말해야 한다.

"장로여. 경전을 비방하지 마십시오. 경전을 비방한다면 이것이 악하고 삿된 견해이므로 악도에 떨어져서 니리의 가운데에 들어갑니다. 승가는 지금 자비한 마음으로 요익하게 하고자 그대에게 충고합니다. 한 번의 충고는 지나갔고, 두 번의 충고가 남아있습니다. 그대는 마땅히 이러한 일을 버리겠습니까?"

대답하여 말하였다.

"이것은 좋은 견해이고, 착한 견해이며, 부모와 선사가 서로 이어오면서 이와 같이 견해를 지었으므로, 나는 능히 버릴 수 없습니다."

이와 같이 두 번째 충고하였고, 세 번째 충고하였어도 멈추지 않았다. 여러 비구들이 이 인연으로써 가서 세존께 아뢰었고, 세존께서는 여러 비구들에게 알리셨다.

"이 아리타 비구가 경전을 비방하였으므로, 이미 가려진 곳에서 세 번을 충고하였고, 여러 많은 사람들 가운데에서 세 번을 충고하였어도 버리지 않았다면 승가는 마땅히 경전을 비방한 것의 불사거갈마(不捨擧羯磨)를 짓도록 하라."

갈마인은 마땅히 이렇게 말을 지어야 한다.

"대덕 승가께서는 허락하십시오. 이 아리타 비구가 경전을 비방하면서 '세존께서 하신 설법을 내가 이해하는데, 도를 장애하는 법을 행하여도 능히 도를 장애하지 않습니다.'라고 이렇게 말을 지었습니다. 이미 가려진 곳에서 세 번을 충고하였고 많은 사람의 가운데에서 세 번을 충고하였으며, 승가의 가운데에서 세 번을 충고하였으나, 버리지 않았습니다. 만약 승가께서 때에 이르렀다면 승가는 지금 아리타 비구에게 경전을 비방한 것의 불사거갈마를 짓겠습니다. 이와 같이 아룁니다."

아뢰고서 백사갈마를 짓는다.

다시 다음으로 세존께서는 사위성에 머무르셨다.

그때 시리야바(尸利耶婆)가 악하고 삿된 소견으로 일으켜서 이렇게 말을 지었다.

"살생하면서 스스로가 죽였거나, 다른 사람을 시켜서 죽였거나, 나아가 악을 짓더라도 재앙이 없고 선을 쌓아도 복이 없으며, 금세와 후세에 선악의 과보가 없다."

여러 비구들이 말하였다.

"장로 시리야바여. 악한 견해를 일으키지 마십시오. 악한 견해를 일으키는 자는 이것이 선하지 않고 악도에 떨어져서 니리로 들어갑니다."

대답하여 말하였다.

"이것은 좋은 견해이고, 착한 견해이며, 부모와 선사가 서로 이어오면서 이와 같이 견해를 지었습니다."

여러 비구들이 이 인연으로써 가서 세존께 아뢰었고, 세존께서는 여러 비구들에게 알리셨다.

"이 시리야바가 악하고 삿된 견해를 일으켰고, 나아가 선악의 과보가 없다고 말하였으니, 마땅히 가려진 곳에서 세 번을 충고할 것이고 많은 사람의 가운데에서 세 번을 충고할 것이며 대중 승가의 가운데에서 세 번을 충고하라."

가려진 곳에서 세 번을 충고하는 자는 마땅히 먼저 물어야 한다.

"장로 시리야바여. 그대는 진실로 악하고 삿된 견해를 일으켜서 '살생하면서 스스로가 죽였거나, 다른 사람을 시켜서 죽였거나, 나아가 악을 짓더라도 재앙이 없고 선을 쌓아도 복이 없으며, 금세와 후세에 선악의 과보가 없다.'라고 말하였습니까?"

대답하여 말하였다.

"그렇습니다."

이때 마땅히 충고하여 말해야 한다.

"장로여. 악한 견해를 일으키지 마십시오. 악한 견해를 일으키는 자는 이것이 불선이어서 악도에 떨어져서 니리로 들어갑니다. 우리들은 지금 자비한 마음으로 요익하게 하고자 그대에게 충고합니다. 한 번의 충고는 지나갔고, 두 번의 충고가 남아있습니다. 그대는 마땅히 이러한 일을 버리겠습니까?"

대답하여 말하였다.

"이것은 좋은 견해이고, 착한 견해이며, 부모와 선사가 서로 이어오면서 이와 같이 견해를 지었으므로, 나는 능히 버릴 수 없습니다."

이와 같이 두 번·세 번을 충고하였어도 멈추지 않았고, 여러 많은 사람들 가운데에서 세 번을 충고하였어도 멈추지 않는 자는 승가의 가운데에서 마땅히 거갈마를 지어야 한다.

갈마인은 마땅히 이렇게 말을 지어야 한다.

"대덕 승가께서는 허락하십시오. 이 시리야바 비구가 진실로 악하고 삿된 견해를 일으켜서 '살생하면서 스스로가 죽였거나, 다른 사람을 시켜서 죽였거나, 나아가 악을 짓더라도 재앙이 없고 선을 쌓아도 복이 없으며, 금세와 후세에 선악의 과보가 없다.'라고 이렇게 말을 지었습니다. 이미 가려진 곳에서 세 번을 충고하였고 많은 사람의 가운데에서 세 번을 충고하였으며, 승가의 가운데에서 세 번을 충고하였으나, 버리지 않았습니다. 만약 승가께서 때에 이르렀다면 승가는 지금 마땅히 충고하겠습니다."

이때 승가의 가운데에서 마땅히 물어야 한다.

"장로 시리야바여. 그대는 진실로 악하고 삿된 견해를 일으켜서 '살생하면서 스스로가 죽였거나, 다른 사람을 시켜서 죽였거나, 나아가 악을 짓더라도 재앙이 없고 선을 쌓아도 복이 없으며, 금세와 후세에 선악의 과보가 없다.'라고 말하였습니까?"

대답하여 말하였다.

"그렇습니다."

이때 마땅히 충고하여 말해야 한다.

"장로여. 악한 견해를 일으키지 마십시오. 악한 견해를 일으키는 자는 이것이 불선이어서 악도에 떨어져서 니리에 들어갑니다. 승가는 지금 자비한 마음으로 요익하게 하고자 그대에게 충고합니다. 한 번의 충고는 지나갔고, 두 번의 충고가 남아있습니다. 그대는 마땅히 이러한 일을 버리겠습니까?"

대답하여 말하였다.

"이것은 좋은 견해이고, 착한 견해이며, 부모와 선사가 서로 이어오면서 이와 같이 견해를 지었으므로, 나는 능히 버릴 수 없습니다."

이와 같이 두 번째에 충고하였고 세 번째에 충고하였어도 멈추지 않았다. 여러 비구들이 이 인연으로써 가서 세존께 아뢰었고, 세존께서는 여러 비구들에게 알리셨다.

"이 시리야바가 악하고 삿된 견해를 일으켰고, 세 번을 충고하였어도 멈추지 않으니, 승가는 마땅히 불사악사견거갈마(不捨惡邪見擧羯磨)를 지어서 주도록 하라."

갈마인은 마땅히 이렇게 말을 지어야 한다.

"대덕 승가께서는 허락하십시오. 이 시리야바 비구가 악하고 삿된 견해를 일으켰으므로, 이미 가려진 곳에서 세 번을 충고하였고 많은 사람의 가운데에서 세 번을 충고하였으며, 승가의 가운데에서 세 번을 충고하였으나, 버리지 않았습니다. 만약 승가께서 때에 이르렀다면 승가는 지금 시리야바에게 불사아사견거갈마를 짓겠습니다. 이와 같이 이룹니다."

아뢰고서 백사갈마를 짓는다.

"나아가 승가께서 인정하신 것은 묵연하셨던 까닭입니다. 이 일은 이와 같이 지니겠습니다."

다시 다음으로 세존께서는 사위성에 머무르셨다.

그때 마루가자(摩樓伽子) 비구는 변견(邊見)[1]을 일으켜서 이렇게 말을 지었다.

"세계는 끝이 있는가? 세계는 끝이 없는가?"

여러 비구들이 말하였다.

"장로여. 변견을 일으키지 마십시오. 이것은 악한 견해이므로 악도에 떨어져서 니리로 들어갑니다."

대답하여 말하였다.

"이것은 좋은 견해이고, 착한 견해이며, 부모와 선사가 서로 이어오면서 이와 같이 견해를 지었으므로, 나는 능히 버릴 수 없습니다."

여러 비구들이 이 인연으로써 가서 세존께 아뢰었고, 세존께서는 여러 비구들에게 알리셨다.

"이 마루가자 비구가 변견을 일으켜서 '세계가 끝이 있는가? 세계가 끝이 없는가?'라고 이렇게 말을 지었다면, 승가는 마땅히 가려진 곳에서 세 번을 충고할 것이고 많은 사람의 가운데에서 세 번을 충고할 것이며 대중 승가의 가운데에서 세 번을 충고하라."

가려진 곳에서 세 번을 충고하는 자는 마땅히 먼저 물어야 한다.

"장로여. 그대는 진실로 변견을 일으켜서 '세계가 끝이 있는가? 세계가 끝이 없는가?'라고 말하였습니까?"

대답하여 말하였다.

"진실로 그렇습니다."

그때에 마땅히 충고하여 말해야 한다.

"장로여. 악한 견해를 일으키지 마십시오. 악한 견해를 일으키는 자는 이것이 불선이어서 악도에 떨어져서 니리에 들어갑니다. 우리들은 지금 자비한 마음으로 요익하게 하고자 그대에게 충고합니다. 한 번의 충고는 지나갔고, 두 번의 충고가 남아있습니다. 그대는 마땅히 이러한 일을 버리겠습니까?"

대답하여 말하였다.

---

1) 오견(五見)의 하나로서 중도(中道)를 알지 못하고, 상견(常見)이나 단견(斷見)처럼 한쪽으로 치우친 견해를 가리킨다.

"이것은 좋은 견해이고, 착한 견해이며, 부모와 선사가 서로 이어오면서 이와 같이 견해를 지었으므로, 나는 능히 버릴 수 없습니다."

이와 같이 두 번·세 번을 충고하였어도 멈추지 않았고, 여러 많은 사람들 가운데에서 세 번을 충고하였어도 멈추지 않는 자는 승가의 가운데에서 마땅히 거갈마를 지어야 한다.

갈마인은 마땅히 이렇게 말을 지어야 한다.

"대덕 승가께서는 허락하십시오. 이 마루가자 비구가 진실로 변견을 일으켜서 '세계가 끝이 있는가? 세계가 끝이 없는가?'라고 말하였습니다. 이미 가려진 곳에서 세 번을 충고하였고, 많은 사람의 가운데에서 세 번을 충고하였으나, 멈추지 않았습니다. 만약 승가께서 때에 이르렀다면 승가는 역시 마땅히 충고하겠습니다."

이때 승가의 가운데에서 마땅히 물어야 한다.

"장로여. 그대는 진실로 변견을 일으켜서 '세계가 끝이 있는가? 세계가 끝이 없는가?'라고 말하였습니까? 이미 가려진 곳에서 세 번을 충고하였고, 많은 사람의 가운데에서 세 번을 충고하였으나, 버리지 않았습니까?"

대답하여 말하였다.

"그렇습니다."

이때 마땅히 승가의 가운데에서 충고하여 말해야 한다.

"장로여. 변견을 일으키지 마십시오. 악한 견해를 일으키는 자는 이것이 불선이어서 악도에 떨어져서 니리에 들어갑니다. 우리들은 지금 자비한 마음으로 요익하게 하고자 그대에게 충고합니다. 한 번의 충고는 지나갔고, 두 번의 충고가 남아 있습니다. 그대는 마땅히 이러한 일을 버리겠습니까?"

대답하여 말하였다.

"이것은 좋은 견해이고, 착한 견해이며, 부모와 선사가 서로 이어오면서 이와 같이 견해를 지었으므로, 나는 능히 버릴 수 없습니다."

이와 같이 두 번째에 충고하였고 세 번째에 충고하였어도 멈추지 않았다. 여러 비구들이 이 인연으로써 가서 세존께 아뢰었고, 세존께서는 여러 비구들에게 알리셨다.

"이 마루가자 비구가 변견을 일으켰고, 이미 가려진 곳과 여러 사람 가운데에서 세 번을 충고하였어도 멈추지 않으니, 승가는 마땅히 불사악 사견거갈마를 지어서 주도록 하라."

이것은 앞의 설명과 같다. 이것을 거갈마라고 이름한다.

세존께서는 사위성에 머무르셨다.

그때 시리야바 비구가 자주 승가바시사를 범하였으며 여러 비구들에게 말하였다.

"장로여. 나에게 마나타(摩那埵)를 주십시오."

여러 비구들이 물어 말하였다.

"장로여. 무슨 까닭으로 마나타를 구합니까?"

대답하여 말하였다.

"내가 승가바시사를 범하였습니다."

여러 비구들은 먼저 자주 승가바시사를 범한 것을 알았으므로 말하였다.

"장로 시리야바여. 승가가 화합하여 함께 모여서 갈마를 짓는 것은 어렵습니다. 장로가 범한 것의 일체를 모두 말하십시오. 마땅히 일시에 갈마를 짓고자 합니다."

이와 같이 두 번·세 번을 말하였고, 대답하여 말하였다.

"내가 바로 이러한 죄를 범하였습니다."

갈마를 짓고서 이렇게 생각을 지었다.

'내가 무슨 까닭으로 다시 갈마를 짓겠는가? 마땅히 일체를 모두 말하여 일시에 갈마를 지어야겠다.'

여러 비구들에게 말하였다.

"장로여. 나에게 마나타를 주십시오."

여러 비구들이 물었다.

"내가 무슨 까닭으로 다시 마나타를 구합니까?"

대답하여 말하였다.

"내가 승가바시사를 범하였습니다."

여러 비구들이 물었다.

"장로여. 어느 때에 범했습니까?"

대답하여 말하였다.

"그때에 범했습니다.

여러 비구들이 말하였다.

"우리들이 이전에 장로에게 '승가가 화합하여 함께 모여서 갈마를 짓는 것은 어렵습니다. 장로가 범한 것의 일체를 모두 말하십시오. 마땅히 일시에 갈마를 짓고자 합니다.'라고 말하였습니다. 그때에는 무슨 까닭으로 말하지 않았습니까?"

대답하여 말하였다.

"내가 부끄러웠던 까닭으로 모두 말하지 못하였습니다."

여러 비구들이 이 인연으로써 가서 세존께 아뢰었고, 세존께서는 여러 비구들에게 알리셨다.

"시리야바를 불러오라."

왔으므로, 세존께서는 앞의 일을 갖추어 물으셨다.

"그대가 진실로 그러하였는가?"

대답하여 말하였다.

"진실로 그렇습니다."

세존께서 말씀하셨다.

"어리석은 사람이여. 범하는 때는 부끄러운 것을 알지 못하였고, 청정함을 구하는 때에는 어찌하여 부끄러웠는가? 이것은 법이 아니고, 율이 아니며, 세존의 가르침이 아니니라. 이것으로써 선법을 장양하지 못하느니라."

세존께서는 여러 비구들에게 알리셨다.

"지율(持律)인 비구가 다른 비구에게 출죄(出罪)를 주는 때에 다른 사람이 말하였는데, 죄가 있다고 역시 알았거나, 죄가 없다고 역시 알았거나,

덮었다고 역시 알았거나, 덮지 않았다고 역시 알았거나, 드러냈다고 역시 알았거나, 드러내지 않았다고 역시 알았거나, 마땅히 별주(別住)를 주어야 한다고 역시 알았거나, 마땅히 별주를 주지 않아야 한다고 역시 알았거나, 여법하게 별주를 주어야 한다고 역시 알았거나, 여법하지 않게 별주를 주어야 한다고 역시 알았거나, 여법하게 파리바사(波利婆沙)2)를 행하였다고 역시 알았거나, 여법하지 않게 파리바사를 행하였다고 역시 알았거나, 중간에 죄가 있다고 역시 알았거나, 중간에 죄가 없다고 역시 알았거나, 밤에 판결해야 한다고 역시 알았거나, 밤에 판결하지 않아야 한다고 역시 알았거나, 수순하여 행하였다고 역시 알았거나, 수순하여 행하지 않았다고 역시 알았거나, 마땅히 마나타를 주어야 한다고 역시 알았거나, 마땅히 마나타를 주지 않아야 한다고 역시 알았거나, 여법하게 마나타를 주어야 한다고 역시 알았거나, 여법하게 마나타를 주지 않아야 한다고 역시 알았거나, 결국 마나타를 마쳤다고 역시 알았거나, 결국 마나타를 마치지 않았다고 역시 알았거나, 중간에 죄가 있다고 역시 알았거나, 중간에 죄가 없다고 역시 알았거나, 밤에 판결하여야 한다고 역시 알았거나, 밤에 판결하지 않아야 한다고 역시 알았거나, 수순하여 행하였다고 역시 알았거나, 수순하여 행하지 않았다고 역시 알았거나, 마땅히 아부가나(阿浮呵那)3)를 주어야 한다고 역시 알았거나, 마땅히 아부가나를 주지 않아야 한다고 역시 알았거나, 여법하게 아부가나를 주어야 한다고 역시 알았거나, 여법하게 아부가나를 주지 않아야 한다고 역시 알았거나, 함께 죄를 숨겼다고 역시 알았거나, 함께 죄를 숨기지 않았다고 역시 알았거나, 무량하게 죄를 숨겼다고 역시 알았거나, 비사차각(比舍遮脚)도 역시 알았거나, 혹은 죄가 있다면 합하고 밤은 합하는 것이 아니며, 혹은 밤은

---

2) 산스크리트어로 Parivāsa의 음사로 별주(別住) 또는 별숙(別宿)으로도 번역된다. 13승잔죄(僧殘罪)를 어긴 비구에게 정해진 기간에 권리를 박탈하고 별도로 머물도록 하는 갈마이다.
3) 출죄(出罪)라고 번역된다. 승가에 잔류하는 죄를 저지른 자가 참회와 처벌이 끝나서 청정한 비구로 복귀하는 것이다.

합하고 죄는 합하는 것이 아니며, 혹은 죄는 합하고, 밤에도 합하며, 혹은 죄를 합하는 것도 아니고, 밤에 합하는 것도 아니며, 근본죄이거나, 중간죄이므로, 이러한 4법을 비구가 성취하였다면 지율이라고 이름하느니라."

무엇 등을 성취하면 지율이라고 이름하는가? 유죄를 알고, 무죄를 알며, 무거움을 알고, 가벼움을 아는 것이다. 이것을 4법이라고 이름한다.

다시 4법을 성취하였다면 지율이라고 이름하나니, 유죄를 알고, 무죄를 알며, 무거운 죄로써 가볍게 짓지 않고, 가벼운 죄로써 무겁게 짓지 않는 것이다. 이것을 4법이라고 이름한다.

다시 4법을 성취하였다면 지율이라고 이름하나니, 유죄를 알고, 무죄를 알며, 무죄인 사람을 유죄라고 말하지 않고, 유죄인 사람을 무죄라고 말하지 않는 것이다. 이것을 4법이라고 이름한다.

다시 4법을 성취하였다면 지율이라고 이름하나니, 무거운 죄로써 가볍게 짓지 않고, 가벼운 죄로써 무겁게 짓지 않으며, 범하지 않은 죄로써 죄를 범한 사람으로 짓지 않고, 범한 죄로써 범하지 않은 사람으로 짓지 않는 것이다. 이것을 4법이라고 이름한다.

다시 5법을 성취하였다면 지율이라고 이름하나니, 투쟁을 잘 알고, 투쟁의 연기와 처소를 잘 알며, 투쟁의 일을 잘 판결하는 것을 알고, 투쟁을 분별하여 잘 판결하는 것을 알며, 투쟁을 판결하여 멈추게 하는 것을 잘 아는 것이다. 이것을 5법이라고 이름한다.

다시 6법을 성취하였다면 지율이라고 이름하나니, 앞의 5법에 다시 투쟁을 판결하는 결집(結集)을 더한 것이다. 이것을 6법이라고 이름한다.

다시 7법을 성취하였다면 지율이라고 이름하나니, 유죄를 알고, 무죄를 알며 무거움을 알고 가벼움을 알며, 무거움으로써 가볍게 짓지 않고 가벼움으로써 무겁게 짓지 않으며 갈마를 잘 이는 것이다. 이것을 7법이라고 이름한다.

다시 8법을 성취하였다면 지율이라고 이름하나니, 앞의 7법에 다시 바라제목차를 잘 외우는 것을 더하고, 자세하고 간략한 비니에서 연기(緣

起)를 아는 것이다. 이것을 8법이라고 이름한다.

다시 9법을 성취하였다면 지율이라고 이름하나니, 무엇이 9법인가? 앞의 8법에 다시 비니를 잘 외워서 뜻을 잘 알고, 망령된 견해가 투철하지 않으며, 갈마를 잘 아는 것이다. 이것을 9법이라고 이름한다.

다시 10법을 성취하였다면 지율이라고 이름하나니, 앞의 9법에 다시 여러 근을 조복하는 것을 더하고, 범행이 만족하고 깊이 갈마를 아는 것이다. 이것을 10법이라고 이름한다.

다시 5법을 성취하였다면 지율이라고 이름하나니, 무엇이 5법인가? 지계이고 유죄를 알며 무죄를 알고 바라제목차를 외워서 간략하고 자세한 뜻과 그 연기를 알며 갈마를 잘 아는 것이다. 이것을 5법이라고 이름한다.

다시 4법을 성취하였다면 지율이라고 이름하나니, 무엇이 4법인가? 지계이고 유죄를 알며 무죄를 알고 갈마를 잘 아는 것이다. 이것을 4법이라고 이름한다.

다시 3법을 성취하였다면 지율이라고 이름하나니, 무엇이 3법인가? 유죄를 알고 무죄를 알며 갈마를 잘 아는 것이다. 이것을 3법이라고 이름한다.

다시 2법을 성취하였다면 지율이라고 이름하나니, 무엇이 2법인가? 유죄를 알고 무죄를 잘 아는 것이다. 이것을 2법이라고 이름한다.

다시 1법을 성취하였다면 지율이라고 이름하나니, 무엇이 법인가? 갈마를 잘 아는 것이다. 이것을 지율이라고 이름한다.

나아가 14법을 성취하였다면 지율이라고 이름한다. 이것을 지율이 여래·응공·정변지를 제외하고서 최고로 제일이라고 이름한다. 무엇이 14법인가? 유죄를 알고 무죄를 알며 무거움을 알고 가벼움을 알며, 숨겼다고 알고 숨기지 않았다고 알며, 다스릴 수 있다고 알고 다스릴 수 없다고 알며, 청정을 얻었다고 알고 청정하지 않음을 얻었다고 알며, 4선(禪)의 공덕을 얻고서 현재 법락에 머무르는 것을 알고 천안통·천이통·숙명통을 얻었다고 알며, 유루(有漏)를 마쳐서 무루(無漏)를 얻었다고 아는 것이다. 이것을 14법이라고 이름하고, 지율의 가운데에서 여래·응공·정변지를 제외하고서 최고로 제일이라고 이름한다.

세존께서는 여러 비구들에게 알리셨다.
"우바리(優波離) 비구는 이 14법을 성취하여 지율이 제일이고 유죄를 역시 알고 무죄를 역시 알며, 나아가 유루가 없어져서 무루의 지혜와 해탈을 얻었느니라."
'유죄를 알다.'는 다섯 가지의 죄를 아는 것이니, 바라이·승가바시사·바야제·바라제제사니·월비니죄이다.
'바라이'는 음행·도둑질·사람의 목숨을 끊는 것·스스로가 과인법(過人法)이라고 말하는 것이다.
'승가바시사'는 고의로 출정(出精)하거나, 서로 접촉하면서 악하게 말하며, 나아가 취락의 가운데에서 다른 사람의 집을 더럽히는 것이다.
'바야제'는 30니살기(尼薩耆)와 92가지의 순바야제(純波若提)이다.
'바라제제사니'는 아련야의 처소에서 병이 없는데 비구니의 주변에서 음식을 취하였거나, 비구니가 지시한 음식이거나, 학가(學家)에 예배하는 것이다.
'월비니죄'는 13사(事)가 있으니, 아차여(阿遮與)·투란차(偸蘭遮)·추투란(醜偸蘭)·부작(不作)·불어(不語)·돌길라(突吉羅)·악한소리(惡聲)·위의(威儀)·비위의(非威儀)·악위의(惡威儀)·악사명(惡邪命)·악견(惡見)·마음에 참회가 생겨나는 비니이다.
'아차여'는 외도 수심마(須深摩)와 존자 발타리(跋陀梨)와 같고, 왕사성의 비구니와 같으며, 이와 같이 세존을 향하여 허물을 참회하였다. 이것을 아차여라고 이름한다.
'투란차'는 훔치면서 5전(錢)을 채우지 못하였거나, 5전의 물건을 움직였는데 땅에서 떠나지 않은 것이다. 이것을 두린차라고 이름한다.
'추투란'은 염오의 마음으로 몸의 생지(生支)를 희롱하는 것이다. 이것을 추투란이라고 이름한다.
'부작'은 화상과 아사리에게 '이 일을 공법(共法)의 가운데에서 짓겠습니다.'라고 말하였다면 마땅히 지어야 한다. 만약 짓지 않는 자는 월비니죄이다. 만약 '부인을 불러서 술을 가지고 오게.'라고 말하였다면 마땅히 화상과 아사리에게 말해야 한다.

"제가 들은 법의 가운데에서는 지을 수 없습니다."

이것을 부작이라고 이름한다.

'불어'는 화상과 아사리가 함께 말하였고 들었으나, 대답하지 않는다면 월비니죄이다. 만약 입안에 음식이 있어도 능히 음성을 낼 수 있다면 마땅히 대답해야 하고, 만약 능히 할 수 없다면 삼키고서 그러한 뒤에 대답해야 한다. 만약 화상과 아사리가 "어찌하여 내 말을 듣고도 대답하지 않았는가?"라고 이렇게 말을 지었다면, "저의 입안에 음식이 있었고, 이것을 까닭으로 대답하지 못하였습니다."라고 마땅히 화상과 아사리에게 말해야 한다. 이것을 불어라고 이름한다.

'돌길라'는 세존께서 우타이에게 "육군비구들과 다른 비구들이 이러한 일을 지었다면 좋지 않으니라."라고 말씀하신 것과 같다. 이것을 돌길라이라고 이름한다.

'악한 소리'는 코끼리와 말과 소와 나귀와 낙타 등의 이와 같은 일체의 축생의 소리이고, 길게 끌고서 짧게 끊었거나, 짧게 끌고서 길게 끊는 것이다. 이것을 악한 소리라고 이름한다.

'위의'는 새벽에 일어나면 마땅히 세숫물을 버릴 것이고, 대소변을 행하는 곳에서 마땅히 대소변을 행하는 것을 더해야 하며, 옹기의 물로써 마땅히 탑원(塔院)과 승방원(僧房院)을 청소해야 한다. 만약 취하여 일을 짓는데 주었거나, 나아가 노끈의 한 올이라도 화상이나 의지 아사리에게 알리지 않는다면 월비니죄이다. 이것을 위의라고 이름한다.

'비위의'는 머리를 빗었거나, 눈을 장엄하였거나, 좋은 얼굴빛을 지었거나, 옷을 다듬질하여 입었거나, 빛나는 비단 띠로 허리를 묶었거나, 발우를 훈증하여 빛나게 하였거나, 거울로써 얼굴을 비추었다면, 이것을 위의가 아니라고 이름한다.

'악위의'는 몸이 악한 위의이거나, 입이 악한 위의이거나, 몸과 입이 악한 위의이거나, 몸에 해롭거나, 입에 해롭거나, 몸과 입에 해롭거나, 몸이 삿된 생활이거나, 입이 삿된 생활이거나, 몸과 입이 삿된 생활이라면, 이것을 악한 위의라고 이름한다.

'악사명'은 몸이 이치에 알맞지 않거나, 입이 이치에 알맞지 않거나, 마음이 이치에 알맞지 않으면서, 친근하고 사랑하면서 공양을 희망하는 것이다. 이것을 악사명이라고 이름한다.

'악견'은 단견(斷見)과 상견(常見) 등의 일체의 견해이다. 이것을 악견이라고 이름한다.

'마음에 참회가 생겨나는 비니'는 중학(衆學)의 위의를 마음으로 악하게 생각하였으나, 고의로 여인과 접촉하지 않는 것이니, 이와 같다면 이것을 모두 마음으로 참회한다고 이름하며, 이것을 마음에 참회가 생겨나는 비니라고 이름한다.

다시 다음으로 혹은 욕망을 따라서 생겨난 죄가 있고, 혹은 진에(瞋恚)를 따라서 생겨난 죄가 있으며, 혹은 우치(愚癡)를 따라서 생겨난 죄가 있고, 혹은 유죄가 욕심과 진에와 우치를 따라서 생겨난 죄가 있으며, 혹은 몸으로 행하고 입으로 행하지 않은 죄가 있고, 혹은 입으로 행하고 몸으로 행하지 않은 죄가 있으며, 혹은 몸과 입으로 행하는 죄가 있고, 혹은 몸과 입으로 행하지 않은 죄가 있으며, 혹은 자신을 따라서 생겨나고 다른 사람의 몸에서 생겨나지 않은 죄가 있고, 혹은 다른 사람의 몸을 쫓아서 생겨나고 자기 몸에서 생겨나지 않은 죄가 있으며, 혹은 자기 몸과 다른 사람의 몸을 쫓아서 생겨나는 죄가 있고, 혹은 자기 몸이 아니고 다른 사람의 몸에서도 생겨나지 않은 죄가 있으며, 혹은 자기의 입을 쫓아서 생겨나고 다른 사람의 입에서 생겨나지 않은 죄가 있고, 혹은 다른 사람의 입을 쫓아서 생겨나고 자기의 입에서 생겨나지 않은 죄가 있으며, 혹은 자기의 입을 쫓아서 생겨나고 역시 다른 사람의 입을 쫓아서 생겨나는 죄가 있고, 혹은 자기 입을 쫓아서 생겨나지 않고 다른 사람의 입을 쫓아서 생겨나지 않은 죄가 있으며, 혹은 마음으로 취하고 일을 취하지 않은 죄가 있고, 혹은 일을 취하고 마음으로 취하지 않은 죄가 있다.

혹은 일이 무겁고 마음이 무겁지 않은 죄가 있고, 혹은 마음이 무겁고 일이 무겁지 않은 죄가 있으며, 혹은 일이 무겁고 마음도 무거운 죄가 있고, 혹은 일이 무겁지 않고 마음도 역시 무겁지 않은 죄가 있으며, 혹은 자기 물건이고 다른 사람의 물건이 아닌 죄가 있고, 혹은 다른 사람의 물건이고 자기 물건이 아닌 죄가 있으며, 혹은 자기 물건이고 역시 다른 사람의 물건인 죄가 있고, 혹은 자기 물건이 아니고 다른 사람의 물건도 아닌 죄가 있으며, 혹은 한 처소에서 많이 범한 죄가 있고, 혹은 많은 처소에서 하나의 죄를 범한 것이 있으며, 혹은 많은 처소에서 많은 죄를 범한 것이 있고, 혹은 하나의 처소에서 하나의 죄를 범한 것이 있으며, 혹은 무죄를 인연하여 유죄에 이른 것이 있고, 혹은 유죄를 인연하여 무죄에 이른 것이 있으며, 혹은 유죄를 인연하여 유죄에 이른 것이 있고, 혹은 무죄를 인연하여 무죄에 이른 것이 있으며, 혹은 죄는 무거운데 인연은 가벼움이 있고, 혹은 죄는 가벼운데 인연은 무거움이 있으며, 혹은 죄가 무겁고 인연도 역시 무거움이 있고, 혹은 죄가 가볍고 인연도 역시 가벼움이 있으며, 받는 때에 유죄이고, 먹는 때에 유죄이며, 일이 성취되면 유죄이고, 받지 않았다면 죄를 얻고 받았다면 무죄인 것이 있으며, 주지 않았다면 죄를 얻고 주었다면 무죄인 것이 있다.

혹은 취락에서는 유죄이고 아련야에서는 무죄인 것이 있고, 혹은 아련야에서는 유죄이고 취락에서는 무죄인 것이 있으며, 혹은 취락에서는 유죄이고 역시 아련야에서도 유죄인 것이 있고, 혹은 취락에서는 무죄이고 아련야에서도 무죄인 것이 있으며, 혹은 때라면 유죄이고 때가 아니라면 무죄인 것이 있고, 혹은 때가 아니라면 유죄이고 때라면 무죄인 것이 있으며, 혹은 때에도 유죄이고 때가 아니어도 유죄인 것이 있고, 혹은 때에도 무죄이고 때가 아니어도 무죄인 것이 있으며, 혹은 밤에는 유죄이고 낮에는 무죄인 것이 있고, 혹은 낮에는 유죄이고 밤에는 무죄인 것이 있으며, 혹은 밤에도 유죄이고 낮에도 유죄인 것이 있고, 혹은 밤에도 무죄이고 낮에도 무죄인 것이 있으며, 혹은 덮인 곳에서는 유죄이고 드러난 곳에서는 무죄인 것이 있고, 혹은 드러난 곳에서는 유죄이고 덮인 곳에서는 무죄인 것이 있으며, 혹은 덮인 곳에서는 유죄이고 드러난 곳에서도 유죄인 것이 있고, 혹은 드러난 곳에서 무죄이고 덮인 곳에서도 무죄인 것이 있다.

혹은 행하였다면 유죄이고 머문다면 무죄인 것이 있고, 혹은 머물렀다면 유죄이고 행하였다면 무죄인 것이 있으며, 혹은 행하였다면 유죄이고 머물렀어도 유죄인 것이 있고, 혹은 역시 행하지 않았다면 유죄이고 역시 머물렀다면 무죄인 것이 있으며, 혹은 머물렀다면 유죄이고 앉았다면 무죄인 것이 있고, 혹은 앉았다면 유죄이고 머물렀다면 무죄인 것이 있으며, 혹은 앉았다면 무죄이고 머물렀어도 유죄인 것이 있고, 혹은 앉았다면 무죄이고 머물렀어도 무죄인 것이 있으며, 혹은 앉았다면 유죄이고 잠잤다면 무죄인 것이 있고, 혹은 잠잤다면 유죄이고 앉았다면 무죄인 것이 있으며, 혹은 앉았다면 유죄이고 잠잤어도 유죄인 것이 있고, 혹은 앉았다면 무죄이고 잠잤어도 무죄인 것이 있으며, 혹은 잠잤다면 유죄이고 다녔다면 무죄인 것이 있고, 혹은 다녔다면 유죄이고 잠잤다면 무죄인 것이 있으며, 혹은 역시 다녔어도 유죄이고 역시 잠잤어도 유죄인 것이 있으며, 혹은 잠잤다면 무죄이고 다녔어도 무죄인 것이 있다.

혹은 가려진 곳이라면 유죄이고 대중이 많았다면 무죄인 것이 있고, 혹은 대중이 많았다면 유죄이고 가려진 곳에서는 무죄인 것이 있으며, 혹은 역시 가려진 곳에서는 유죄이고 역시 대중이 많았어도 유죄인 것이 있고, 혹은 가려진 곳에서는 무죄이고 역시 대중이 많았어도 무죄인 것이 있으며, 혹은 대중이 많았다면 유죄이고 승가의 가운데에서는 무죄인 것이 있고, 혹은 승가의 가운데에서는 유죄이고 대중이 많았다면 무죄인 것이 있으며, 혹은 역시 대중이 많았다면 유죄이고 승가의 가운데에서는 유죄인 것이 있고, 혹은 대중이 많았다면 무죄이고 역시 승가의 가운데에서도 무죄인 것이 있으며, 혹은 승가의 가운데에서는 유죄이고 가려진 곳에서는 무죄인 것이 있고, 혹은 가려진 곳에서는 유죄이고 승가의 가운데에서는 무죄인 것이 있으며, 혹은 승가의 가운데에서는 유죄이고 역시 가려진 곳에서도 유죄인 것이 있고, 혹은 승가의 가운데에서는 무죄이고 가려진 곳에서도 무죄인 것이 있다.

혹은 겨울에는 유죄이고 봄에는 무죄인 것이 있고, 혹은 봄에는 유죄이고 겨울에는 무죄인 것이 있으며, 혹은 역시 겨울에도 유죄이고 역시 봄에도 유죄인 것이 있고, 혹은 역시 겨울에도 무죄이고 역시 봄에도 무죄인 것이 있으며, 혹은 봄에는 유죄이고 여름은 무죄인 것이 있고, 혹은 여름은 유죄이고 봄은 무죄인 것이 있으며, 혹은 봄에는 유죄이고 여름에도 유죄인 것이 있고, 혹은 봄에는 무죄이고 여름에도 무죄인 것이 있으며, 혹은 여름에는 유죄이고 겨울에는 무죄인 것이 있고, 혹은 겨울에는 유죄이고 여름에는 무죄인 것이 있으며, 혹은 여름에는 유죄이고 겨울에도 유죄인 것이 있고, 혹은 여름에도 무죄이고 겨울에도 무죄인 것이 있다.

'욕심을 쫓아서 생겨나는 죄가 있다.'는 고의로 몸의 생지를 희롱하고 어루만졌거나, 악구(惡口)를 스스로가 말하거나, 중매하였거나, 일체 염오의 마음으로 말하였다면, 이것을 욕망을 쫓아서 생겨났다고 이름한다.

'진에를 쫓아서 생겨나는 죄가 있다.'는 근거없이 비방하고 헐뜯거나, 양설(兩舌)로 싸우고 어지럽히며 쫓아내거나, 만족하게 먹은 것을 알면서도 고의로 괴롭히거나, 취락에서 쫓아내거나, 주먹으로 때리고 손으로 잡거나, 가려진 곳에서 들은 것 등이다. 이것을 진에를 쫓아서 생겨났다고 이름한다.

'어리석음을 쫓아서 생겨나는 죄가 있다.'는 어리석은 마음으로 "진실로 세계는 유상(有常)한가? 무상(無常)한가?"라고 말하는 이와 같은 일체의 견해이니, 이것을 어리석음을 쫓아서 생겨났다고 이름한다.

'욕망과 진에와 어리석음을 쫓아서 생겨나지 않은 죄가 있다.'는 아라한이 범하는 것이다. 이것을 욕심과 진에와 어리석음을 쫓아서 생겨나지 않았다고 이름한다.
　'몸은 죄가 있고 입은 죄가 없다.'는 여인과 같은 방에 묵었거나, 구족계를 받지 않은 사람과 3일을 지나도록 묵었거나, 같은 평상에서 잠잤거나, 같은 평상에서 앉았거나, 여러 곳에서 먹었거나, 별중식을 하였거나, 같은 그릇에 먹는 것이다. 이것을 몸은 죄가 있고 입은 죄가 없다고 이름한다.
　'입은 죄가 있고 몸은 죄가 없다.'는 일체를 입으로 발거(跋渠)4)한 것이다. 이것을 입은 죄가 있고 몸은 죄가 없다고 이름한다.
　'몸과 입에 죄가 있다.'는 근거 없이 비방하고 헐뜯거나, 양설로 싸우고 어지럽히며 쫓아내거나, 만족하게 먹은 것을 알면서도 고의로 괴롭히거나, 취락에서 쫓아내거나, 주먹으로 때리고 손으로 잡거나, 가려진 곳에서 듣는 것 등이다. 이것을 몸과 입으로 몸과 입에 죄가 있다고 이름한다.
　'몸과 입은 죄가 없다.'는 마음을 쫓아서 생겨나는 것이다. 이것을 몸과 입은 죄가 없다고 이름한다.
　'자기 몸을 쫓아서 죄가 있고 다른 사람의 몸은 죄가 없다.'는 진에로 자기 몸을 때리는 것이다. 이것을 자기 몸을 쫓아서 죄가 있고 다른 사람의 몸은 죄가 없다고 이름한다.
　'다른 사람의 몸을 쫓아서 죄가 있고 자기의 몸은 죄가 없다.'는 다른 사람이 음행하고 훔치며 살인하고 덮어서 감추는 것을 보는 것이다. 이것을 다른 사람의 몸은 죄가 있고 자기의 몸은 죄가 없다고 이름한다.
　'자기 몸과 다른 사람의 몸을 쫓아서 생거나는 죄가 있다.'는 여인과 같은 방에 묵었거나, 구족계를 받지 않은 사람과 3일을 지나도록 묵었거나, 같은 평상에서 잠잤거나, 같은 평상에서 앉았거나, 여러 곳에서 먹었거나, 별중식을 하였거나, 같은 그릇에 먹는 것이다. 이것을 자기 몸과 다른 사람의 몸을 쫓아서 생겨나는 죄가 있다고 이름한다.
　'자기 몸은 죄가 없고 다른 사람의 몸도 죄가 없다.'는 일체를 입으로

---

4) varga의 음사로서 품류(品類)라고 번역된다. 같은 종류를 모아 한 부분으로 만들거나, 편장(篇章)을 나누어 의리(義理)를 차별한 것을 가리킨다.

발거하는 것이니, 구족계를 받지 않은 사람이 구법(句法)을 설하는 것을 제외한다. 이것을 자기 몸은 죄가 없고 다른 사람의 몸도 죄가 없다고 이름한다.

'자기의 입은 죄가 있고 다른 사람의 입은 죄가 없다.'는 일체 입의 죄이니, 구족계를 받지 않은 사람이 구법을 설하는 것을 제외한다. 이것을 자기의 입은 죄가 있고 다른 사람의 입은 죄가 없다고 이름한다.

'다른 사람의 입을 쫓아서 죄가 있고 자기의 입은 죄가 없다.'는 만약 비구가 승가의 가운데에서 비법(非法)으로 일을 판결하면서 욕(欲)을 주지 않거나, 다시 불욕(不欲)을 보는 것을 주지도 않았거나, 묵연히 허물을 듣는 것이다. 이것을 다른 사람의 입을 쫓아서 죄가 있고 자기의 입은 죄가 없다고 이름한다.

'자기 입은 죄가 있고 다른 사람의 입도 죄가 있다.'는 구족계를 받지 않은 사람과 더불어 구법을 설하는 것이다. 이것을 자기 입은 죄가 있고 다른 사람의 입도 죄가 있다고 이름한다.

'자기 입은 죄가 없고 다른 사람의 입도 죄가 없다.'는 몸과 마음을 쫓아서 생겨나는 것이다. 이것을 자기 입은 죄가 없고 다른 사람의 입도 죄가 없다고 이름한다.

'마음으로 취하면 죄가 있고 일을 취하지 않는다면 죄가 없다.'는 마땅히 "무슨 마음으로써 훔쳤고, 무슨 마음으로써 살인하였으며, 무슨 마음으로써 여인을 접촉하였고, 무슨 마음으로써 살아있는 풀을 잘랐으며, 무슨 마음으로써 땅을 파냈습니까?"라고 묻는 것이다. 이것을 마음으로 취하면 죄가 있고 일을 취하지 않으면 죄가 없다고 이름한다.

'일을 취하면 죄가 있고 마음을 취하지 않는다면 죄가 없다.'는 마땅히 '무슨 마음으로써 음행하였고, 무슨 마음으로써 때가 아닌 때에 먹었으며, 무슨 마음으로써 술을 마셨고, 무슨 마음으로써 여인과 한방에서 묵었고 구족계를 받지 않은 사람과 3일이 지나도록 묵었는가?'라고 묻지 않는 것이다. 만약 범한 자이라면 여법하게 다스려라. 이것을 일을 취하면 죄가 있고 마음을 취하지 않는다면 죄가 없다고 이름한다.

'일이 무거우면 죄가 있고 마음이 무거우면 죄가 없다.'는 비구가 때가 아니라고 말하면서 이때에 먹는 자는 바야제이다. 이것을 일이 무거우면 죄가 있고 마음이 무거우면 죄가 없다고 이름한다.

'마음이 무거우면 죄가 있고 일이 무거우면 죄가 없다.'는 비구가 때이라고 말하면서 때가 아닌 때에 먹는 자는 월비니죄이다. 이것을 마음이 무거우면 죄가 있고 일이 무거우면 죄가 없다고 이름한다.

'일이 무거우면 죄가 있고 마음이 역시 무거워도 죄가 있다.'는 때가 아닌 때에 때가 아니라고 말하면서 먹는 자는 바야제이다. 이것을 일이 무거우면 죄가 있고 마음이 역시 무거워도 죄가 있다고 이름한다.

'일이 가볍고 마음이 역시 가벼워도 죄가 있다.'는 중학과 위의이니, 이것을 일이 가볍고 마음이 역시 가벼워도 죄가 있다고 이름한다.

'자기의 물건을 쫓아서 생겨나면 유죄이고 다른 사람의 물건은 죄가 없다.'는 비구가 스스로 재물을 훔치려는 마음으로 취한다면 투란차죄를 범한다. 이것을 자기의 물건을 쫓아서 생겨나면 유죄이고 다른 사람의 물건은 죄가 없다고 이름한다.

'다른 사람의 물건을 쫓아서 생겨나면 유죄이고 자기의 물건은 무죄이다.'는 비구가 훔치려는 마음으로 다른 사람의 물건을 훔쳤으며 5전보다 적었다면 투란차죄를 범하고, 5전을 채웠다면 바라이를 범한다. 이것을 다른 사람의 물건을 쫓아서 생겨나면 유죄이고 자기의 물건은 죄가 없다고 이름한다.

'자기 물건과 다른 사람의 물건을 쫓아서 생겨난 죄가 있다.'는 비구가 함께 다른 사람의 물건을 훔치려는 마음으로 취하면서 5전보다 적었다면 투란차죄를 범하고, 5전을 채웠다면 바라이를 범한다. 이것을 자기 물건과 다른 사람의 물건을 쫓아서 생겨난 죄가 있다고 이름한다.

'자기 물건과 다른 사람의 물건에서 죄가 없다.'는 비구가 훔치려는 마음으로 주인이 없는 물건을 취한다면 월비니죄를 범한다. 이것을 자기 물건과 다른 사람의 물건에서 죄가 없다고 이름한다.

'한 곳에서 여러 많은 죄가 있다.'는 비구가 한 곳에서 여덟 종류의 좋은 음식을 구걸하여 각각 별도로 먹었다면 여덟 가지의 바야제를 얻는다. 이것을 한 곳에서 여러 많은 죄가 있다고 이름한다.

'여러 많은 곳에서 하나의 죄가 있다.'는 비구가 여러 많은 곳에서 걸식하여 여덟 종류의 좋은 음식을 얻었고 한 자리에서 먹었다면 하나의 바야제를 얻는다. 이것을 여러 많은 곳에서 하나의 죄가 있다고 이름한다.

'여러 많은 곳에서 여러 많은 죄가 있다.'는 비구가 여덟 곳에서 걸식하여 여덟 가지의 좋은 음식을 얻었고 각각 먹었다면 여덟 가지의 바야제를 얻는다. 이것을 여러 많은 곳에서 여러 많은 죄가 있다고 이름한다.

'한곳에서 하나의 죄가 있다.'는 한곳에서 여덟 가지의 좋은 음식을 얻었고 한곳에서 먹는 것이다. 이것을 한곳에서 하나의 죄가 있다고 이름한다.

'무죄를 인연하여 유죄에 이르다.'는 비구가 무죄인데 죄를 지었다고 허물을 참회하였다면 월비니죄를 얻는다. 이것을 무죄를 인연하여 유죄에 이른다고 이름한다.

'유죄를 인연하여 무죄에 이르다.'는 작은 방사·큰 방사·모직물 일체를 지으면서, 나아가 세 번을 충고하는 것이다. 이것을 유죄를 인연하여 무죄에 이른다고 이름한다.

'유죄를 인연하여 유죄에 이르다.'는 승가의 가운데에서 바라제목차를 설하는 때에, 나아가 세 번을 묻는 때에 죄가 있다면 여법하게 지어야 하고, 죄가 없다면 묵연해야 한다. 이때 죄가 있으면서 여법하게 짓지 않고, 다시 다른 사람에게 말하지 않으며, 또한 '내가 청정하고 뜻을 같이하는 사람을 기다려 마땅히 여법하게 지어야겠다.'라고 생각하지 않으면서 묵연하였다면 월비니죄를 얻는다. 이것을 유죄를 인연하여 유죄에 이른다고 이름한다.

'무죄를 인연하여 무죄에 이르다.'는 짓지 않고 범하지 않는 것이다. 이것을 무죄를 인연하여 무죄에 이른다고 이름한다.

'무거움을 인연하여 가벼움에 이르다.'는 비구가 바야제를 범하고서 악하고 삿된 변견으로 거갈마를 받은 사람을 향하여 허물을 참회하는 것이다. 이것을 무거움을 인연하여 가벼움에 이른다고 이름한다.

'가벼움을 인연하여 무거움에 이르다.'는 비구가 월비니죄를 범하고 경전을 비방하여 거갈마를 받은 사람을 향하여 허물을 참회하였다면 바야제를 얻는다. 이것을 가벼움을 인연하여 무거움에 이른다고 이름한다.

'무거움을 인연하여 무거움에 이르다.'는 비구가 바야제를 범하고 경전을 비방하여 거갈마를 받는 사람을 향하여 허물을 참회하였다면 바야제를 얻는다. 이것을 무거움을 인연하여 무거움에 이른다고 이름한다.

'가벼움을 인연하여 가벼움에 이르다.'는 비구가 월비니죄를 범하고 구족계를 받지 않은 사람을 향하여 허물을 참회하였다면 참회하였다고 이름하지 않으며, 다시 월비니죄를 얻는다. 이것을 가벼움을 인연하여 가벼움에 이른다고 이름한다.

'받는 때에 죄'는 날고기·날곡식·금·은·코끼리·말·낙타·나귀·소·양·노비·부녀·밭·집·주택(屋舍) 등을 받는 것이다. 이것을 받는 때에 죄라고 이름한다.

'먹는 때에 죄'는 별도로 모여서 먹었거나, 여러 곳에서 먹었거나, 같은 그릇에 먹었거나, 부정한 과일을 먹는 것이다. 이것을 먹는 때에 죄라고 이름한다.

'일이 성취되는 죄'는 작은 방과 큰 방을 지었는데 일체를 두 번에 걸쳐 충고하였다면 이것을 일이 성취되는 죄라고 이름한다.

'받지 않았다면 죄를 얻고 받았다면 죄가 없다.'는 가치나의(迦絺那衣)를 받았거나, 별도로 모여서 먹었거나, 여러 곳에서 먹었거나, 떨어졌으나 같이 먹었거나, 여분의 옷을 아뢰지 않았거나, 옷을 벗어나서 묵는 것이다. 이것을 받지 않았다면 죄를 얻고 받았다면 죄가 없다고 이름한다.

'주지 않았다면 죄를 얻고 주었다면 죄가 없다.'는 비구가 세 옷을 얻고서 세 가지의 색을 무너트리지 않고 만약 하나·하나의 색을 무너트려서 작정하고 수용하는 자는 바야제를 범한다. 이것을 주지 않았다면 죄를 얻고 주었다면 죄가 없다고 이름한다.

'혹은 취락에서는 유죄이고 아련야에서는 무죄이다.'는 승가리를 입지 않고 취락에 들어갔거나, 끈을 묶지 않고 취락에 들어갔거나, 허리띠를 묶지 않았거나, 발우를 지니지 않았거나, 아뢰지 않고 벗어나서 먹었거나, 때 아닌 때에 취락에 들어갔다면, 이것을 취락에서는 유죄이고 아련야에서는 무죄라고 이름한다.

'아련야에서는 유죄이고 취락에서는 무죄이다.'는 비구가 도둑과 함께 반려이었거나, 여인과 비구니와 함께 약속하고서 도로를 다녔다면, 이것을 아련야에서는 유죄이고 취락에서는 무죄라고 이름한다.

'역시 아련야에서는 유죄이고 취락에서도 유죄이다.'는 주먹으로 때리고 손바닥으로 칼을 흉내내는 것이다. 이것을 역시 아련야에서도 유죄이고 취락에서도 유죄라고 이름한다.

'아련야에서는 무죄이고 취락에서도 무죄다.'는 왕문(王門)의 주변을 말하며, 이것을 아련야에서는 무죄이고 취락에서도 무죄라고 이름한다.

'때라면 유죄이고 때가 아니라면 무죄다.'는 별도로 모여서 먹었거나, 여러 곳에서 먹었거나, 같은 그릇에 먹었거나, 여덟 가지의 좋은 음식을 선택하여 먹었거나, 작정하지 않은 과일을 먹는 것이다. 이것을 때라면 유죄이고 때가 아니라면 무죄라고 이름한다.

'때가 아니라면 유죄이고, 때라면 무죄다.'는 때가 아닌 때에 아뢰지 않고 취락에 들어갔거나, 때가 아닌 때에 음식을 먹었거나, 날이 저물도록 비구니들과 교계(敎誡)하는 것이다. 이것을 때가 아니라면 유죄이고, 때라면 무죄라고 이름한다.

'역시 때에도 유죄이고, 역시 때가 아니어도 유죄다.'는 주먹으로 때리고 손바닥으로 칼을 흉내내는 것이다. 이것을 때에도 유죄이고, 때가 아니어도 유죄라고 이름한다.

'때가 아니어도 유죄이고, 때가 아닌 때에도 유죄이다.'는 정중(正中)[5]의

---

5) 대낮의 12시를 가리킨다.

때이니, 이것을 역시 때가 아니고, 역시 때가 아닌 때이라도 유죄이라고 이름한다.

'밤에는 죄가 있고 낮에는 죄가 없다.'는 여인과 같은 방에서 묵었거나, 구족계를 받지 않은 사람과 3일이 지나도록 묵었거나, 해가 저물도록 비구니를 교계하는 것이다. 이것을 밤에는 죄가 있고 낮에는 죄가 없다고 이름한다.

'낮에는 죄가 있고 밤에는 죄가 없다.'는 별도로 모여서 먹었거나, 작정하지 않은 과일을 먹는 것이다. 이것을 '낮에는 죄가 있고 밤에는 죄가 없다고 이름한다.

'역시 낮에는 죄가 있고 역시 밤에도 죄가 있다.'는 주먹으로 때리고 손바닥으로 칼을 흉내내는 것이다. 이것을 역시 낮에는 죄가 있고 역시 밤에도 죄가 있다고 이름한다.

'역시 낮에도 죄가 없고, 밤에도 역시 죄가 없다.'는 밝은 상(相)이 나오는 때이니, 이것을 역시 낮에도 죄가 없고, 밤에도 역시 죄가 없다고 이름한다.

'덮인 곳에서는 죄가 있고 드러난 곳에서 죄가 없다.'는 여인과 같은 방에서 묵었거나, 구족계를 받지 않은 사람과 3일이 지나도록 묵었거나, 음란한 곳에 자리를 펴고 앉았거나, 가려진 곳에 앉는 것이다. 이것을 덮인 곳에서는 죄가 있고 드러난 곳에서 죄가 없다고 이름한다.

'드러난 곳에서는 죄가 있고 덮인 곳에서는 죄가 없다.'는 대중 승가가 평상과 요를 노지(露地)에서 스스로가 펼쳤거나, 만약 사람을 시켜서 펼치고서 알리지 않고 25주(肘)를 떠나갔다면 바야제를 범한다. 이것을 드러난 곳에서는 죄가 있고 덮인 곳에서는 죄가 없다고 이름한다.

'역시 덮인 곳에서도 죄가 있고 역시 드러난 곳에서도 죄가 있다.'는 주먹으로 때리고 손바닥으로 칼을 흉내내는 것이다.

무엇이 덮인 곳에서는 죄가 없고 드러난 곳에서도 없다고 말하는가? 지붕과 처마의 아래이다.

무엇을 행하였다면 죄가 있고 머물렀다면 죄가 없다고 말하는가?

비구가 여인과 도적과 비구니와 함께 반려로 도로를 다니겠다고 약속하였는데, 승가나, 화상이나, 아사리가 떠나지 못하게 말하였다면 떠나가는 자는 죄를 얻는다. 이것을 행하였다면 죄가 있고 머물렀다면 죄가 없다고 이름한다.

무엇을 머물렀다면 죄가 있고 다녔다면 죄가 없다고 말하는가? 음녀의 주변에 머물렀거나, 술집의 주변에 머물렀거나, 도박하는 주변에 머물렀거나, 옥에 갇힌 죄인의 주변에 머물렀거나, 마땅히 문에 이르러 주변에 머물렀거나, 승가나 화상과 아사리가 머물지 못하게 말하였는데, 머물렀다면 죄를 얻는다. 이것을 머물렀다면 죄가 있고 행하였다면 죄가 없다고 이름한다.

무엇을 역시 행하였어도 죄가 있고 머물렀어도 죄가 있다고 말하는가? 주먹으로 때리고 손바닥으로 칼을 흉내내는 것이다.

무엇을 행하였다면 죄가 없고 머물지 않았다면 죄가 없다고 말하는가? 앉았을 때이거나, 잠자는 때이다.

무엇을 서 있다면 죄가 있고 앉지 않았다면 죄가 없다고 말하는가? 음녀 주변에 서 있거나, 나아가 화상과 아사리가 서 있지 못하게 말하였는데 서 있는 자는 죄를 얻는다.

무엇을 앉았다면 죄가 있고 서 있다면 죄가 없다고 말하는가? 양을 넘긴 평상과 도라면(兜羅綿)에 앉았거나, 요와 가죽과 좌구(坐具)를 저축하였거나, 더불어 음녀의 주변에 앉았거나, 술집의 주변에 앉았거나, 도박하는 주변에 앉았거나, 옥에 갇힌 죄수 주변에 앉았거나, 승가이거나, 화상이거나, 아사리가 앉지 못하게 말하였는데, 앉았다면 죄를 얻는다.

무엇을 역시 서 있어도 죄가 있고 역시 앉았어도 죄가 있다고 말하는가? 주먹으로 때리고 손바닥으로 칼을 흉내내는 것이다.

무엇을 서 있어도 죄가 없고 앉았어도 죄가 없다고 말하는가? 만약 행하였거나, 만약 잠을 잔 것이다.

무엇을 앉았다면 죄가 있고 잠을 잤다면 죄가 없다고 말하는가? 양에 넘긴 평상에 앉았거나, 나아가 승가나 화상과 아사리가 앉아 있지 못하게 말하였는데 서 있는 자는 죄를 얻는다.

무엇을 잠을 잤다면 죄가 있고 앉았다면 죄가 없다고 말하는가? 여인과 같은 방에서 묵었거나, 구족계를 받지 않은 사람과 3일밤을 넘겼거나, 양을 넘긴 평상과 도라면의 요와 가죽의 좌구에 앉는 것이다.

무엇을 역시 앉았다면 죄가 있고 역시 잠을 잤어도 죄가 있다고 말하는가? 주먹으로 때리고 손바닥으로 칼을 흉내내는 것이다.

무엇을 앉았다면 죄가 없고 잠을 잤어도 죄가 없다고 말하는가? 만약 행하는 때였거나, 만약 서 있는 때이다.

무엇을 잠을 잤다면 죄가 있고 행하였다면 죄가 없다고 말하는가? 여인과 같은 방에서 묵고, 나아가 가죽의 요 위에서 잠자는 것이다.

무엇을 행한다면 죄가 있고 잠을 잤다면 죄가 없다고 말하는가? 비구가 여인과 도적과 반려가 되었고, 나아가 화상과 아사리가 떠나가지 못하게 말하였는데 떠나가는 자는 죄를 얻는다.

무엇을 잠을 잤다면 죄가 있고 행하였어도 죄가 있다고 말하는가? 주먹으로 때리고 손바닥으로 칼을 흉내내는 것이다.

무엇을 앉지 않고 잠자지 않았다면 죄가 있다고 말하는가? 다니는 때와 서 있는 때이다.

무엇을 가려진 곳에서는 죄가 있고 대중이 많은 곳에서는 죄가 없다고 말하는가? 가려진 곳에서 세 번을 충고하여도 버리지 않는 것이다.

무엇을 대중이 많은 곳에서는 죄가 있고 가려진 곳에서는 죄가 없다고 말하는가? 대중이 많은 곳에서 세 번을 충고하여도 버리지 않는 것이다.

무엇을 가려진 곳에서도 죄가 있고 대중이 많은 곳에서도 죄가 있다고 말하는가? 주먹으로 때리고 손바닥으로 칼을 흉내내는 것이다.

무엇을 가려진 곳에서도 죄가 없고 대중이 많은 곳에서도 죄가 없다고 말하는가? 승가의 가운데이다.

무엇을 대중이 많은 곳에서는 죄가 있고 승가의 가운데에서는 죄가 없다고 말하는가? 대중이 많은 곳에서 세 번을 충고하여도 버리지 않는 것이다.

무엇을 승가의 가운데에서는 죄가 있고 대중이 많은 곳에서는 죄가 없다고 말하는가? 승가의 가운데에서 세 번을 충고하여도 버리지 않는 것이다.

무엇을 대중이 많은 곳에서도 죄가 있고 승가의 가운데에서도 죄가 있다고 말하는가? 주먹으로 때리고 손바닥으로 칼을 흉내내는 것이다.

무엇을 대중이 많은 곳에서도 죄가 없고 승가의 가운데에서도 죄가 없다고 말하는가? 가려진 곳에서 세 번을 충고하여도 버리지 않는 것이다.

무엇을 승가의 가운데에서는 죄가 있고 가려진 곳에서는 죄가 없다고 말하는가? 승가의 가운데에서 세 번을 충고하여도 버리지 않는 것이다.

무엇을 가려진 곳에서는 죄가 있고 승가의 가운데에서는 죄가 없다고 말하는가? 가려진 곳에서 세 번을 충고하여도 버리지 않는 것이다.

무엇을 승가의 가운데에서는 죄가 있고 가려진 곳에서도 죄가 있다고 말하는가? 주먹으로 때리고 손바닥으로 칼을 흉내내는 것이다.

무엇을 승가의 가운데에서도 죄가 없고 가려진 곳에서도 죄가 없다고 말하는가? 대중이 많은 곳에서 세 번을 충고하여도 버리지 않는 것이다.

무엇을 겨울에는 죄가 있고 봄에는 죄가 없다고 말하는가? 비구가 8월 15일에 이르러 우욕의(雨浴衣)를 버리지 않았고 16일에 이르러 버렸다면 월비니죄를 얻는다.

무엇을 봄에는 죄가 있고 겨울에는 죄가 없다고 말하는가? 비구가 가치나의 옷을 받고서 다음 달 15일에 이르면 마땅히 버려야 하는데, 버리지 않고서 16일에 이른 자는 월비니죄를 얻는다.

무엇을 역시 겨울에는 죄가 있고 역시 봄에도 죄가 있다고 말하는가? 주먹으로 때리고 손바닥으로 칼을 흉내내는 것이다.

무엇을 겨울에는 죄가 없고 봄에도 죄가 없다고 말하는가? 안거의 때이다.

무엇을 봄에는 죄가 있고 여름에는 죄가 없다고 말하는가? 비구가 가치나의 옷을 받고서 버리지 않고서 다음 달 16일에 이르면 월비니죄를 얻는다.

무엇을 여름에도 죄가 없고 봄에도 죄가 없다고 말하는가? 비구가 4월 16일이 되면 마땅히 안거해야 하는데, 안거하지 않는 자는 월비니죄를 범하고, 후안거(後安居) 때에 이르러 다시 안거하지 않는 자는 두 가지의 월비니죄를 얻는다.

무엇을 역시 봄에도 죄가 있고 역시 여름에도 죄가 있다고 말하는가? 주먹으로 때리고 손바닥으로 칼을 흉내내는 것이다.

무엇을 봄에도 죄가 없고 여름에도 죄가 없다고 말하는가? 이것은 겨울의 때이다.

무엇을 여름에는 죄가 있고 겨울에는 죄가 없다고 말하는가? 두 안거 때에 안거하지 않는다면 두 가지의 월비니죄를 얻는다.

무엇을 겨울에는 죄가 있고 여름에는 죄가 없다고 말하는가? 8월 15일에 이르면 마땅히 우욕의를 버려야 하는데, 버리지 않고서 16일에 이르면 죄를 얻는다.

무엇을 여름에도 죄가 있고 겨울에도 죄가 있다고 말하는가? 주먹으로 때리고 손바닥으로 칼을 흉내내는 것이다.

무엇을 여름에도 죄가 없고 겨울에도 죄가 없다고 말하는가? 이것은 봄의 때이니, 이것을 여름에도 죄가 없고 겨울에도 죄가 없다고 이름한다.

다시 몸을 섭수하지 않고 입을 섭수하지 않으며 몸과 입을 섭수하지 않고, 몸으로 범하며 입으로 범하고 몸과 입으로 범하며, 몸으로 악행을 하고 입으로 악행을 하며 몸과 입으로 악행을 하였다면 이것을 죄라고 이름한다.

무죄는 몸을 섭수하고 입을 섭수하며 몸과 입을 섭수하고, 몸으로 범하지 않으며 입으로 범하지 않고 몸과 입으로 범하지 않으며, 몸으로 악행을 하지 않고 입으로 악행을 하지 않으며 몸과 입에 악행을 하지 않는 것이다. 이것을 무죄라고 이름한다.

세존께서 여러 비구들에게 알리셨다.

"지율 비구는 다른 사람에게 출죄(出罪)를 주는 때에는 죄가 있는 것도 역시 알아야 하고 죄가 없는 것도 역시 알아야 하며, 덮어서 감추었던 것도 역시 알아야 하고 덮어서 숨기지 않았던 것도 역시 알아야 하느니라."

'덮어서 감추었던 것을 역시 알다.'는 비구가 밝은 모습이 나타나는 때에 승가바시사를 범하였고, 이것이 죄라고 알았어도 덮어서 감추겠다는 생각을 짓지 않았으나, 해가 솟아나는 때에 이르러 죄를 덮어서 감추겠다는 생각을 지었으며, 다음 날에 밝은 모습이 나타나는 때에 이르렀다면 이것을 하룻밤을 덮어서 감추었다고 이름한다.

다시 '덮어서 감추었던 것이 있다고 이름한다.'는 비구가 밝은 모습이 나타나는 때에 승가바시사를 범하였고, 이것이 죄라고 알았어도 덮어서 감추겠다는 생각을 짓지 않았으나, 음식의 때에 이르러 죄를 덮어서 감추겠다는 생각을 지었으며, 다음 날에 밝은 모습이 나타나는 때에 이르렀다면 이것을 하룻밤을 덮어서 감추었다고 이름한다.

이와 같이 중간의 때·포시·일몰·초야·중야의 때에도 역시 같아서 비구가 밝은 모습이 나타나는 때에 승가바시사를 범하였고, 이것이 죄라고 알고서 덮어서 감추겠다는 생각을 짓지 않았으나, 나아가 후야(後夜)에 이르러서 이것이 죄라고 알고서 덮어서 감추겠다는 생각을 지었으며, 다음 날에 밝은 모습이 나타나는 때에 이르렀다면 이것을 2시(時)에 하룻밤을 덮어서 감추었다고 이름한다.

다시 '덮어서 감추었던 것이 있다고 이름한다.'는 비구가 밝은 모습이 나타나는 때에 승가바시사를 범하였고, 이것이 죄라고 알지 못하였으며, 해가 솟아나는 때에 이르러 이것이 죄라고 알았어도 덮어서 감추겠다는 생각을 짓지 않았으나, 음식의 때에 이르러 죄를 덮어서 감추겠다는 생각을 지었으며, 나아가 밝은 모습이 나타나는 때에 이르렀다면 이것을 하룻밤을 덮어서 감추었다고 이름한다.

중간의 때·포시·일몰·초야의 때에도 역시 이와 같아서 비구가 밝은 모습이 나타나는 때에 승가바시사를 범하였고, 이것이 죄라고 알지 못하였으며, 나아가 중야에 이르러 이것이 죄라고 알았어도 덮어서 감추겠다는 생각을 짓지 않았으나, 후야에 이르러 죄를 덮어서 감추겠다는 생각을 지었으며, 나아가 밝은 모습이 나타나는 때에 이르렀다면 이것을 3시에 하룻밤을 덮어서 감추었다고 이름한다.

다시 '덮어서 감추었던 것이 있다고 이름한다.'는 비구가 밝은 모습이 나타나는 때에 승가바시사를 범하였고, 이것이 죄라고 알지 못하였으며, 음식의 때에 이르러 이것이 죄라고 알았어도 덮어서 감추겠다는 생각을 짓지 않았으나, 날의 중간에 이르러 죄를 덮어서 감추겠다는 생각을 지었으며, 나아가 밝은 모습이 나타나는 때에 이르렀다면 이것을 하루를 덮어서 감추었다고 이름한다.

포시·일몰·초야의 때에도 역시 이와 같아서 비구가 밝은 모습이 나타나는 때에 승가바시사를 범하였고, 이것이 죄라고 알지 못하였으며, 나아가 중야에 이르러 이것이 죄라고 알았어도 덮어서 감추겠다는 생각을 짓지 않았으나, 후야에 이르러 죄를 덮어서 감추겠다는 생각을 지었으며, 나아가 밝은 모습이 나타나는 때에 이르렀다면 이것을 4시에 하룻밤을 덮어서 감추었다고 이름한다.

다시 '덮어서 감추었던 것이 있다고 이름한다.'는 비구가 밝은 모습이 나타나는 때에 승가바시사를 범하였고, 이것이 죄라고 알았으므로 덮었거나, 덮지 않고 유예(猶豫)하였으나, 해가 솟아나는 때에 이르러 죄를 덮어서 감추겠다는 생각을 지었으며, 나아가 밝은 모습이 나타나는 때에 이르렀다면 이것을 하룻밤을 덮어서 감추었다고 이름한다.

이와 같이 음식의 때·중간의 때·포시·일몰·초야·중야의 때에도, 나아가 후야에 이르러 죄를 덮어서 감추겠다는 생각을 지었으며, 밝은 모습이 나타나는 때에 이르렀다면 이것을 2시에 하룻밤을 덮어서 감추었다고 이름한다.

다시 '덮어서 감추었던 것이 있다고 이름한다.'는 비구가 밝은 모습이 나타나는 때에 승가바시사를 범하였고, 이것이 죄라고 알지 못하였으며, 해가 솟아나는 때에 이르러 이것이 죄라고 알았으므로 덮었거나, 덮지 않고 유예하였으나, 음식의 때에 이르러 죄를 덮어서 감추겠다는 생각을 지었으며, 나아가 밝은 모습이 나타나는 때에 이르렀다면 이것을 하룻밤을 덮어서 감추었다고 이름한다.
　중간의 때·포시·일몰·초야·중야에도 이와 같아서 비구가 밝은 모습이 나타나는 때에 승가바시사를 범하였고, 이것이 죄라고 알지 못하였으며, 나아가 중야에 이르러 이것이 죄라고 알았으므로 덮었거나, 덮지 않고 유예하였으나, 후야에 이르러 죄를 덮어서 감추겠다는 생각을 지었으며, 나아가 밝은 모습이 나타나는 때에 이르렀다면 이것을 3시에 하룻밤을 덮어서 감추었다고 이름한다.
　다시 '덮어서 감추었던 것이 있다고 이름한다.'는 비구가 밝은 모습이 나타나는 때에 승가바시사를 범하였고, 이것이 죄라고 알지 못하였으며, 나아가 음식의 때에 이르러 이것이 죄라고 알았으므로 덮었거나, 덮지 않고 유예하였으나, 중간의 때에 이르러 죄를 덮어서 감추겠다는 생각을 지었으며, 나아가 밝은 모습이 나타나는 때에 이르렀다면 이것을 하룻밤을 덮어서 감추었다고 이름한다.
　포시·일몰·초야에도 이와 같아서 비구가 밝은 모습이 나타나는 때에 승가바시사를 범하였고, 이것이 죄라고 알지 못하였으며, 나아가 중야에 이르러 이것이 죄라고 알았으므로 덮었거나, 덮지 않고 유예하였으나, 후야에 이르러 죄를 덮어서 감추겠다는 생각을 지었으며, 나아가 밝은 모습이 나타나는 때에 이르렀다면 이것을 4시에 하룻밤을 덮어서 감추었다고 이름한다.
　다시 '덮어서 감추었던 것이 있다고 이름한다.'는 비구가 밝은 모습이 나타나는 때에 승가바시사를 범하였고, 이것이 죄라고 알았어도 해가 솟아나는 때에 덮어서 감추겠다는 생각을 짓지 않았으나, 나아가 후야에 이르러 죄를 덮어서 감추겠다는 생각을 지었으며, 나아가 밝은 모습이 나타나는 때에 이르렀다면 이것을 하룻밤을 덮어서 감추었다고 이름한다.
　다시 '덮어서 감추었던 것이 있다고 이름한다.'는 비구가 밝은 모습이 나타나는 때에 승가바시사를 범하였고, 만약 가로막힌 벽이거나, 가로막힌 구덩이거나, 만약 어두운 가운데에서 작은 소리로 스스로가 다른 사람의 이름을 말하면서 "누구 비구가 승가바시사를 범하였습니다."라고 말하였다면, 이것을 드러냈다고 이름할 수 없으며, 알고서 망어하였다면 바야제를 범한다. 이것을 덮어서 감추었다고 이름한다.

다시 '덮어서 감추지 않은 것이 있다고 이름한다.'는 만약 가로막힌 벽이거나, 가로막힌 구덩이거나, 만약 어두운 가운데에서 작은 소리로 스스로가 지칭하면서 다른 사람의 이름으로 승가바시사를 범하였다고 말하였다면, 이것을 드러냈다고 이름하고, 다만 첨곡(諂曲)[6]하게 지으면 월비니죄를 얻는다.

다시 '덮어서 감추지 않은 것이 있다고 이름한다.'는 비구가 승가바시사의 죄를 범하였고, 가로막힌 벽이 아니거나, 가로막힌 구덩이가 아니거나, 어둡지 않은 가운데에서 작은 소리가 아니고, 다른 사람의 이름을 말하지 않으며, 스스로가 범한 이름을 말하였다면, 이것을 덮어서 감추지 않았다고 이름한다.

다시 '덮어서 감추지 않은 것이 있다고 이름한다.'는 죄가 아닌데 죄라고 생각하였고, 덮어 감추었는가를 의심하였거나, 덮어서 감추지 않는가를 의심하였거나, 밤이었는가를 의심하였거나, 만약 드러냈는가를 의심하였다면, 이것을 덮어서 감추지 않았다고 이름한다.

다시 '덮어서 감추지 않다.'는 덮어서 감추겠다는 마음을 짓지 않았거나, 아직 드러내지 못하고서 만약 잊어버렸거나, 만약 도를 파괴하였거나, 만약 선정에 들어갔거나, 만약 목숨을 마친 것이다. 이것을 덮어서 감추지 않았다고 이름한다.

세존께서 여러 비구들에게 알리셨다.

"지율 비구는 다른 사람에게 출죄를 주는 때에는 죄가 있는 것도 마땅히 알아야 하고 죄가 없는 것도 마땅히 알아야 하며 덮어서 감추었던 것도 마땅히 알아야 하고 덮어서 감추지 않았던 것도 마땅히 알아야 하며 드러냈던 것도 마땅히 알아야 하고 드러내지 않았던 것도 마땅히 알아야

---

6) 자신의 생각을 굽히고, 아첨하는 것을 말한다.

하느니라. 혹은 덮어서 감추었으므로 드러내지 않은 것이 있고, 혹은 드러냈으므로 덮어서 감추지 않은 것이 있으며, 혹은 덮어서 감추었고 드러냈던 것도 있고, 혹은 덮어서 감추지도 않았고 드러내지도 않은 것이 있느니라."

무엇을 덮어서 감추고 드러내지 않았다고 말하는가? 비구가 승가바시사를 범하였고, 이것이 죄라고 알고서 덮어서 감추려는 마음을 지었으며, 다른 사람을 향하여 말하지 않는 것이다. 이것을 덮어서 감추고 드러내지 않는다고 이름한다.

무엇을 드러내고 덮어서 감추지 않는다고 말하는가? 비구가 승가바시사를 범하였고, 이것이 죄라고 알고서 덮어서 감추지 않았으며, 다른 사람을 향하여 말하는 것이다. 이것을 드러내고 덮어서 감추지 않는다고 이름한다.

무엇을 덮어서 감추었고 역시 드러냈다고 말하는가? 비구가 승가바시사를 범하였고, 이것이 죄라고 알고서 덮어서 감추었으나 뒤에 다른 사람을 향하여 말하는 것이다. 이것을 덮어서 감추었고 역시 드러냈다고 이름한다.

무엇을 덮어서 감추지도 않았고 드러내지도 않았다고 말하는가? 비구가 승가바시사를 범하였고, 이것이 죄라고 알고서 덮어서 감추려는 생각을 짓지 않았으나 '때를 기다리고 방위(方位)를 기다리며 사람을 기다려서 마땅히 여법하게 짓겠다.'라고 이렇게 생각을 짓는 것이다. 이것을 덮어서 감추지도 않았고 드러내지도 않았다고 이름한다.

세존께서 여러 비구들에게 알리셨다.

"지율 비구는 다른 사람과 함께 출죄를 주는 때에는 죄가 있는 것도 마땅히 알아야 하고, 죄가 없는 것도 마땅히 알아야 하며, 덮어서 감추었던 것도 마땅히 알아야 하고, 덮어서 감추지 않았던 것도 마땅히 알아야 하며, 드러냈던 것도 마땅히 알아야 하고, 드러내지 않았던 것도 마땅히 알아야 하며, 별주(別住)를 주는 것도 마땅히 알아야 하고, 별주를 주지 않는 것도 마땅히 알아야 하느니라."

무엇을 마땅히 줄 수 없다고 말하는가? 무죄라면 마땅히 줄 수 없고, 덮어서 감추지 않았다면 마땅히 줄 수 없으며, 죄가 결정되지 않았거나, 덮어서 감추었으므로 결정되지 않았거나, 밤이 결정되지 않았거나, 앞사람이 구하지 않았고 묻지 않았다면 마땅히 줄 수 없다.

무엇을 마땅히 줄 수 있다고 말하는가? 죄가 있다면 마땅히 줄 수 있고, 덮어서 감추었다면 마땅히 줄 수 있으며, 죄가 결정되었거나, 덮는 것이 결정되었거나, 밤이 결정되었거나, 앞사람이 구하였고 물었다면 마땅히 줄 수 있다.

무엇을 여법하지 않게 주었다고 말하는가? 무죄였거나, 죄가 결정되지 않았거나, 덮어서 감추었으므로 결정되지 않았거나, 밤이 결정되지 않았거나, 앞사람이 구하지 않았고 묻지 않았거나, 대중이 성취되지 않았거나, 아뢰는 것이 성취되지 않았거나, 갈마가 성취되지 않은 것이다. 이것을 여법하지 않게 주었다고 이름한다.

무엇을 여법하게 주었다고 말하는가? 유죄였거나, 죄가 결정되었거나, 덮어서 감추었어도 결정되었거나, 밤이 결정되었거나, 앞사람이 구하였고 물었거나, 대중이 성취되었거나, 아뢰는 것이 성취되었거나, 갈마가 성취된 것이니, 만약 하나·하나가 성취되었다면 이것을 여법하게 주었다고 이름한다.

여법하지 않게 파리바사(婆利婆沙)를 행하는 것과 여법하게 바리바사를 행하는 것이 있다. 무엇을 여법하지 않게 행하였다고 말하는가? 승가람에 비구가 없었거나, 바리바사를 행하는 중간에 죄가 있었거나, 다시 거갈마를 주었는데 비구와 함께 같은 방과 같이 칸막이에 머물렀거나, 객비구가 왔는데 아뢰지 않았거나, 때에 모이거나 때가 아닌 때에 모이면서 아뢰지 않는 것이다. 이것을 여법하지 못하게 행한다고 이름한다.

무엇을 여법하게 행하였다고 말하는가? 승가람에 비구가 머물고 있었거나, 바리바사를 행하는 중간에 범하지 않았거나, 다시 거갈마를 주지 않았어도 비구와 함께 다른 방과 다른 칸막이에 머물렀거나, 객비구가 왔다면 아뢰었거나, 때에 모이거나 때가 아닌 때에 모이면서 아뢰는 것이다. 이것을 여법하게 행한다고 이름한다.

밤에 판결하는 것과 밤에 판결하지 않는 것이 있다. 무엇을 밤에 판결하지 않는다고 말하는가? 승가람에 비구가 머무르고 있고, 나아가 때에 모이거나 때가 아닌 때에 모이면서 아뢰지 않는 것이다. 이것을 밤에 판결하지 않는다고 이름한다. 무엇을 밤에 판결한다고 말하는가? 승가람에 비구가 없고, 나아가 때에 모이거나 때가 아닌 때에 모이면서 아뢰는 것이다. 이것을 밤에 판결한다고 이름한다.

중간에 유죄가 있고 중간에 무죄가 있다. 무엇을 중간에 유죄라고 말하는가? 드러내서 마쳤고 승가에서 바리바사를 주지 않았는데 다시 범하는 것이니, 바리바사를 행하는 중간에 범하였다면, 이것을 중간의 죄라고 이름한다. 무엇을 중간에 무죄라고 말하는가? 중간에 범하지 않았다면, 이것을 중간의 무죄라고 이름한다.

바리바사를 행하는 비구는 마땅히 일곱 가지의 일을 수순하여 행하여야 하나니, 무엇이 일곱 가지인가? 첫째는 비구의 일이고, 둘째는 비구니의 일이며, 셋째는 권속(眷屬)들의 일이고, 넷째는 취락에 들어가는 일이며, 다섯째는 여러 고통을 집지하는 일이고, 여섯째는 예배를 받는 일이며, 일곱째는 왕의 일이다.

무엇을 비구의 일이라고 말하는가? 비구의 예배를 받을 수 없고, 비구의 죄를 말할 수 없으며, 비구와 함께 말할 수 없고, 사미의 죄를 말할 수 없으며, 사미에게 복과 벌을 얻을 수 없으며, 사미와 함께 의논하여 말할 수 없고, 비구의 사자로 지을 수 없으며, 비구의 앞이나 뒤로 다닐 수 없고, 다만 별처(別處)는 제외하고 취락에 들어가거나, 대중이 모이는 때에 대중을 위하여 설법하는 사람이 될 수 없다. 이것을 비구의 일이라고 이름한다.

무엇을 비구니의 일이라 말하는가? 비구니의 예를 받을 수 없고, 비구니의 죄를 말할 수 없으며, 비구니와 함께 말할 수 없고, 식차마니와 사미니의 죄를 말할 수 없으며, 식차마니와 사미니에게 복과 벌을 얻을 수 없고,

식차마니와 사미니와 함께 의논하여 말할 수 없으며, 비구니의 포살과 자자를 막을 수 없고, 비구니가 문에 가지런하게 서 있는 것을 막을 수 없으며, 비구니에게 가서 교계할 수 없고, 만약 이미 받은 자도 떠나갈 수 없다. 이것을 비구니의 일이라고 이름한다.

　무엇을 권속들의 일이라고 말하는가? 사람을 제도할 수 없고, 사람에게 구족계를 줄 수 없으며, 다른 사람의 의지(依止)를 받거나 사미를 양육할 수 없고, 비구의 공급을 받을 수 없으며, 다른 사람에게 경을 줄 수 없고, 다른 사람을 쫓아서 경본(經本)과 외우는 경을 받을 수 없으며, 마땅히 세밀한 소리로 외워야 하고, 만약 먼저 의지하는 제자가 있었다면 다른 사람에게 의지하게 가르쳐서 마땅히 권속을 끊어야 범한다. 이것을 권속의 일이라고 이름한다.

　무엇을 취락에 들어가는 일이라고 말하는가? 너무 일찍이 들어가거나 너무 늦게 나오지 않을 것이고, 사문의 앞과 뒤에 다니지 않을 것이며, 취락에 들어가도 지식인 단월의 집에 이르지 않을 것이고, 비구가 없는 승가람에 머무르지 않을 것이며, 앉을 때나 음식을 먹을 때에 비구의 아래에 있어야 하고, 사람을 시켜서 음식을 맞이하지 않을 것이며, 다만 차례에 이르는 것을 제외하고 사람에게 음식을 맞이하게 할 수 없다. 이것을 취락에 들어가는 일이라고 이름한다.

　무엇을 여러 고통을 집지하는 일이라고 말하는가? 새벽에 일어나서 탑원과 승원을 쓸 것이고, 승가에게 물을 줄 것이며, 승가가 대소변을 행하는 곳을 씻을 것이고, 이와 같은 일체를 지을 수 있느 일을 마땅히 힘에 따라 지어야 하며, 욕(欲)을 줄 수 없고, 다만 차례에 이르는 것을 제외하고 다른 사람의 욕을 받을 수도 없다. 이것을 여러 고통을 집지하는 일이라고 이름한다.

　무엇을 예배를 받는 일이라고 말하는가? 일체의 예배를 받을 수 없고, 백일갈마(白一羯磨)와 백삼갈마(白三羯磨)를 모두 받을 수 없다. 이것을 예배를 받는 일이라고 이름한다.

　무엇을 왕의 일이라고 말하는가? 왕·대신·거사·흉악한 사람들의 세력을 믿을 수 없고, 세존을 싫어하거나 법을 싫어하거나 승가를 싫어하거나 갈마인을 싫어할 수 없으며, 다만 스스로를 꾸짖고 다른 사람을 싫어할 수 없다. 이것을 왕의 일이라고 이름한다.

바리바사의 비구는 이러한 일곱 가지의 일을 행하였다면 이것을 수순하는 행이라고 이름하고, 하지 않는 자는 수순하는 행이라고 이름하지 않는다.

마땅히 마나타(摩那埵)를 주지 않았거나, 마땅히 마나타를 주었던 것이 있다. 무엇을 마땅히 마나타를 주지 않아야 한다고 말하는가? 무죄라면 마땅히 주지 않아야 하고, 덮어서 감추었으나 아직 별주(別住)를 주지 않았으면 마땅히 주지 않아야 하며, 절반은 덮어서 감추었고 절반은 덮어서 감추지 않았다면 마땅히 주지 않아야 하고, 죄를 결정하지 않았거나 덮어서 감춘 것을 결정하지 않았거나 밤을 결정하지 않았다면 마땅히 주지 않아야 하고, 바리바사를 결정하지 않았다면 마땅히 주지 않아야 하고, 찾지 않고 묻지 않았다면 마땅히 주지 않아야 한다.

무엇을 마땅히 주어야 한다고 말하는가? 유죄이거나, 덮어서 감추었거나, 바리바사를 행하여 마쳤거나, 죄를 결정하였거나, 덮어서 감춘 것을 결정하였거나, 밤을 결정하였거나, 바리바사를 결정하였거나, 앞의 사람이 찾았고 물었다면 마땅히 주어야 한다.

여법하지 않게 주는 것과 여법하게 주는 것이 있다. 무엇을 여법하지 않게 주었다고 말하는가? 무죄이고 나아가 찾지 않았고 묻지 않았으며, 대중이 성취되지 않았고, 아뢰는 것이 성취되지 않았으며, 갈마가 성취되지 않았고, 하나·하나가 성취되지 않은 것이다. 이것을 여법하지 않게 주었다고 이름한다. 무엇을 여법하게 주었다고 말하는가? 무죄이고 나아가 찾았고 물었으며, 대중이 성취되었고, 아뢰는 것이 성취되었으며, 갈마가 성취되었고 하나·하나가 성취된 것이다. 이것을 여법하게 주었다고 이름한다.

결국(究竟)에 마나타를 행하지 못하는 것과 결국에 마나타를 행하는 것이 있다. 무엇을 결국에 마나타를 행하지 못한다고 말하는가? 대중을 채우지 못하였다면 마나타를 행한다고 이름할 수 없고, 중간에 죄를 범하였거나, 다시 거갈마를 하였거나, 비구가 하나의 방과 하나의 칸막이에 머물렀거나, 객비구를 아뢰지 않았거나, 때에 모였고 때에 모이지 않으면서 알리지 않았거나, 날마다 계내(界內)의 승가에 알리지 않는 것이다. 이것을 결국에 마나타를 행할 수 없다고 이름한다.

무엇을 결국 마나타를 행하였다고 말하는가? 대중을 채웠다면 이것을 마나타를 행한다고 이름하고, 중간에 죄를 범하지 않았거나, 다시 거갈마를 하지 않았거나, 비구가 하나의 방과 하나의 칸막이에 머물지 않았거나, 객비구를 아뢰었거나, 때에 모였고 때에 모이지 않으면서 알렸거나, 날마다 계내의 승가에 알리는 것이다. 이것을 결국에 마나타를 행하였다고 이름한다.

밤에 판결하는 것과 밤에 판결하지 않는 것이 있다. 무엇을 밤에 판결한다고 말하는가? 중간에 대중을 채우지 않았고, 나아가 날마다 계내의 승가께 아뢰지 않는 것이다. 이것을 밤에 판결한다고 이름한다. 무엇을 밤에 판결하지 않는다고 말하는가? 중간에 대중을 채웠고, 나아가 날마다 계내의 승가께 아뢰는 것이다. 이것을 밤에 판결하지 않는다고 이름한다.

중간에 유죄와 중간에 무죄가 있다. 무엇을 중간에 유죄라고 말하는가? 마나타를 주지 않았거나, 중간에 범하였거나, 마나타를 주었는데 중간에 범하였거나, 결국 중간에 범하는 것이다. 이것을 중간에서 죄가 있다고 이름한다. 무엇을 중간에 무죄라고 말하는가? 앞의 여러 일이 없는 것이다. 이것을 중간에 죄가 없다고 이름한다. 마나타를 행하는 비구는 마땅히 일곱 가지의 일을 수순하여 행하면서 앞에서 말한 것과 같다면, 이것을 마나타라고 이름한다. 비구가 수순하는 행을 행하지 않는다면, 이것을 수순하지 않는다고 이름한다.

마땅히 아부가나(阿浮呵那)를 주는 것과 마땅히 주지 못하는 것이 있다. '마땅히 주지 못하다.'는 무죄라면 마땅히 주지 않아야 하고, 덮어서 감추었으나 아직 별주를 주지 않았으면 마땅히 주지 않아야 하며, 마나타를 행하지 않았다면 마땅히 주지 않아야 하고, 덮어서 감추지 않았고 마나타를 행하지 않았다면 마땅히 주지 않아야 하며, 마땅히 덮어서 감추었거나 덮어서 감추지 않았다면 마땅히 주지 않아야 하고, 죄가 결정되지 않았거나, 덮어서 감추었으므로 결정되지 않았거나, 밤이 결정되지 않았거나, 별주가 결정되지 않았거나, 마나타가 결정되지 않았거나, 찾지 않았고 묻지 마땅히 주지 않아야 범한다. 이것을 마땅히 아부가나를 줄 수 없다고 이름한다.

'마땅히 주다.'는 유죄라면 마땅히 주어야 하고, 죄를 덮어서 감추었다면 마땅히 주어야 하며, 별주하고 마나타를 결국 마쳤다면 마땅히 주어야 하고, 덮어서 감추지 않고 마나타를 마쳤다면 마땅히 주어야 하며, 죄를 결정하였거나 덮어서 감추었던 것을 결정하였거나 밤을 결정하였거나 별주를 결정하였거나 마나타를 결정하였거나 앞사람이 찾았고 물었다면 마땅히 주어야 범한다. 이것을 마땅히 아부가나를 주어야 한다고 이름한다.

여법하게 아부가나를 주는 것과 여법하게 아부가나를 주지 못하는 것이 있다. '여법하게 아부가나를 주지 못하다.'는 무죄라면 주지 않아야 하고, 나아가 대중이 성취되지 않았고 아뢰는 것이 성취되지 않았으며 갈마가 성취되지 않았고, 하나·하나가 성취되지 않은 것이다. 이것을 여법하지 않게 주었다고 이름한다. '여법하게 주다.'는 유죄라면 마땅히 주어야 하고, 나아가 대중이 성취되었고 아뢰는 것이 성취되었으며 갈마가 성취되었고, 하나·하나가 성취된 것이다. 이것을 여법하게 주었다고 이름한다.

'함께 덮어서 감추다.'는 비구가 한 달의 하루에 하나의 승가바시사를 범하였고, 이것이 죄라고 알았어도 덮어서 감추겠다는 마음을 짓지 않았으나, 이와 같이 2일과 3일, 나아가 10일까지 일체를 이것이 죄라고 알았으므로 덮어서 감추겠다는 마음을 지었으며, 나아가 밝은 모습이 나타나는 때에 이르렀다면 이것을 10가지 죄의 일체를 함께 하룻밤에 덮어서 감추었던 것이니, 마땅히 10가지의 별주갈마(別住羯磨)와 10가지의 마나타와 10가지의 아부가나를 지어야 하고, 역시 하나의 별주갈마와 하나의 마나타와 하나의 아부가나를 지어야 한다. 이것을 함께 덮어서 감추었다고 이름한다.

다시 '함께 덮어서 감추다.'라고 이름하는 것은 비구가 한 달의 하루에 하나의 승가바시사를 범하였고, 이것이 죄라고 알았어도 덮어서 감추겠다는 마음을 짓지 않았으나, 이와 같이 2일과 3일, 나아가 10일까지 승가바시사를 범하였고, 일체를 이것이 죄라고 알았으므로 일체를 덮어서 감추겠다는 마음을 지었으며, 밝은 모습이 나타나는 때에 이르렀다면 이것은 55가지 승가바시사의 죄이고 일체를 함께 하룻밤에 덮어서 감추었던 것이므로 마땅히 55가지 별주갈마와 55가지 마나타와 55가지 아부가나를 지어야 하며, 역시 하나의 별주갈마와 하나의 마나타와 하나의 아부가나를 지어야 한다. 이것을 함께 덮어서 감추었다고 이름한다.

다시 '함께 덮어서 감추다.'라고 이름하는 것은 비구가 한 달의 하루에 하나의 승가바시사를 범하였고, 이것이 죄라고 알지 못하였으며, 이와 같이 2일과 3일, 나아가 10일까지 일체를 이것이 죄라고 알았으므로 일체를 덮어서 감추겠다는 마음을 지었으며, 나아가 밝은 모습이 나타나는 때에 이르렀다면 이것은 10가지 죄를 함께 하룻밤에 덮어서 감추었던 것이니, 나아가 역시 하나의 별주갈마와 하나의 마나타와 하나의 아부가나를 지어야 한다. 이것을 함께 덮어서 감추었다고 이름한다.

다시 '함께 덮어서 감추다.'라고 이름하는 것은 비구가 한 달의 하루에 하나의 승가바시사를 범하였고, 이것이 죄라고 알지 못하였으며, 나아가 10일까지 승가바시사를 범하였고, 일체를 이것이 죄라고 알았으므로 일체를 덮어서 감추겠다는 마음을 지었으며, 밝은 모습이 나타나는 때에 이르렀다면 이것은 55가지 죄를 함께 하룻밤에 덮어서 감추었던 것이니, 나아가 역시 하나의 별주갈마와 하나의 마나타와 하나의 아부가나를 지어야 한다. 이것을 함께 덮어서 감추었다고 이름한다.

'가지런하지 않게 덮어서 감추다.'는 비구가 한 달의 하루에 하나의 승가바시사를 범하였고, 이것이 죄라고 알았으므로 덮어서 감추겠다는 마음을 지었으며, 2일에 이르러 다른 사람을 향하여 말하고서 다시 승가바시사를 범하였고, 나아가 10일까지 다른 사람을 향하여 말하고서 다시 승가바시사를 범하였으며, 이것을 죄라고 알았으므로 덮어서 감추겠다는 마음을 지었으나, 11일에 이르러 다른 사람을 향하여 이러한 10가지의 승가바시사를 말하였다면, 이와 같은 일체를 각각 하룻밤에 함께 가지런하지 않게 덮어서 감추었던 것이니, 마땅히 10가지의 별주갈마와 10가지의 마나타와 10가지의 아부가나를 지어야 하고, 역시 하나의 별주갈마와 하나의 마나타와 하나의 아부가나를 지어야 한다. 이것을 가지런하지 않게 함께 덮어서 감추었다고 이름한다.

다시 '가지런하지 않게 덮어서 감추다.'라고 이름한다는 것은 비구가 한 달의 하루에 하나의 승가바시사를 범하였고, 이것이 죄라고 알았으므로 덮어서 감추겠다는 마음을 지었으며, 2일에 이르러 다른 사람을 향하여 말하고서 다시 거듭하여 이와 같이 범하였고, 나아가 10일에 승가바시사를 범하였으며, 이것을 죄라고 알았으므로 덮어서 감추겠다는 마음을 지었으나, 11일에 이르러 다른 사람을 향하여 이러한 55가지의 승가바시사를 말하였다면, 이와 같은 일체를 각각 하룻밤에 함께 가지런하지 않게 덮어서 감추었던 것이니, 마땅히 55가지의 별주갈마와 55가지의 마나타와 55가지의 아부가나를 지어야 하고, 역시 하나의 별주갈마와 하나의 마나타와 하나의 아부가나를 지어야 한다. 이것을 가지런하지 않게 함께 덮어서 감추었다고 이름한다.

'무량하게 덮어서 감추다.'는 혹은 죄를 기억하고 밤을 기억하지 못하거나, 혹은 밤을 기억하고 죄를 기억하지 못하거나, 혹은 죄를 기억하고 역시 밤도 기억하거나, 혹은 죄도 기억하지 못하고 역시 밤도 기억하지 못하는 것이다.

'죄를 기억하고 밤을 기억하지 못하다.'는 범한 죄의 많고 적음을 기억하여 알았으나 약간(若干)의 밤은 기억하지 못하는 것이다.

'밤을 기억하고 죄를 기억하지 못하다.'는 그것이 허락된 밤은 기억하여 알았으나 범한 죄의 많고 적음은 기억하지 못하는 것이다.

'역시 죄도 기억하고 역시 밤도 기억하다.'는 범한 죄의 많고 적음을 기억하여 알았고 약간의 밤도 기억하여 아는 것이다.

'죄도 기억하지 못하고 밤도 기억하지 못하다.'는 범한 죄의 많고 적음을 기억하지 못하였고 역시 약간의 밤도 기억하지 못하는 것이다.

이 가운데에서 '죄를 기억하고 밤을 기억하지 못하다.'는 마땅히 "그대가 어느 때에 범하였고 년과 때가 있지 않았는가?"라고 물었으며, 만약 앞사람이 묵연하였다면 마땅히 년수(年數)에 따라서 별주를 주어야 하고, 만약 "그렇지 않습니다."라고 말하였다면, 다시 "1년입니까? 2년입니까? 5년입니까?"라고 묻고서 묵연하였던 것을 따라서 별주를 주어야 한다. 이것을 죄를 기억하고 밤은 기억하지 못한다고 이름한다.

'밤을 기억하고 죄를 기억하지 못하다.'는 밤의 많고 적음을 따라서 마땅히 무량한 죄의 별주를 주는 것이다. 이것을 밤을 기억하고 죄를 기억하지 못한다고 이름한다.

'죄를 기억하고 밤도 기억하다.'는 죄의 많고 적음을 기억하였다면 기억하는 것의 밤을 따라서 별주를 주는 것이다. 이것을 죄도 기억하고 밤도 기억한다고 이름한다.

'죄도 기억하지 못하고 밤도 기억하지 못하다.'는 마땅히 "년과 때가 없이 범하였습니까?"라고 물었고, 만약 묵연하였다면 연수를 따라서 무량한 죄의 별주를 지어서 주어야 하며, 만약 "그렇지 않습니다."라고 말하였다면, 다시 "연수가 없습니까? 1년입니까? 2년입니까? 5년입니까?"라고 묻고서 묵연하였던 것을 따라서 별주를 주어야 한다. 이것을 무량하게 덮어서 감추는 것이라고 이름한다.

'함께 덮어 감추는 것'과 '가지런하지 않게 덮어서 감추는 것'과 '무량하게 덮어서 감추는 것'의 이 세 가지를 함께 덮어서 감추었다고 이름한다.

'별도로 덮어서 감추다.(別覆)'는 비구가 한 달의 하루에 하나의 승가바시사를 범하였고, 이것이 죄라고 알았으므로 덮어서 감추겠다는 마음을 지었으며, 다른 사람을 향하여 말하지 않고서 2일에 다시 범하였고, 이것이 죄라고 알았어도 덮어서 감추겠다는 마음을 지었으며, 다른 사람을 향하여 말하지 않고서 나아가 10일까지 다시 범하였고, 이것이 죄라고 알았어도 덮어서 감추겠다는 마음을 지었으며, 다른 사람을 향하여 말하지 않았다면, 이 10가지의 죄를 각각 별도로 덮어서 감추었고 최후의 죄를 하룻밤에 덮어서 감추었으며, 이와 같이 2일·3일 밤, 나아가 첫날 죄부터 10일 밤에 덮어서 감추었던 것이니, 마땅히 10가지의 별주갈마와 10가지의 마나타와 10가지의 아부가나를 지어야 하고, 역시 하나의 별주갈마와 하나의 마나타와 하나의 아부가나를 지어야 한다.

다시 '별도로 덮어서 감추다.'는 비구가 한 달의 하루에 하나의 승가바시사를 범하였고, 이것이 죄라고 알았으므로 덮어서 감추겠다는 마음을 지었으며, 다른 사람을 향하여 말하지 않고서 2일에 다시 범하였고, 나아가 10일까지 승가바시사를 범하였고, 이것이 죄라고 알았어도 덮어서 감추겠다는 마음을 지었으며, 다른 사람을 향하여 말하지 않았다면, 이 55가지의 죄를 각각 별도로 덮어서 감추었고 최후의 죄를 하룻밤에 덮어서 감추었으며, 이와 같이 2일·3일 밤, 나아가 첫날 죄부터 55일 밤에 덮어서 감추었던 것이니, 마땅히 55가지의 별주갈마와 55가지의 마나타와 55가지의 아부가나를 지어야 하고, 역시 하나의 별주갈마와 하나의 마나타와 하나의 아부가나를 지어야 한다.

함께 덮어서 감추는 것과 별도로 덮어서 감추는 것의 이 두 가지를 함께 덮어서 감추었다고 이름한다.

'비사차각(比舍遮脚)'은 혹은 죄는 길고 밤은 짧은 것이 있으며, 혹은 밤은 길고 죄는 짧은 것이 있으며, 혹은 죄도 길고 밤도 긴 것이 있으며, 혹은 죄도 짧고 밤도 짧은 것이 있다.

'죄는 길고 밤은 짧다.'는 비구가 날이 끝나도록 승가바시사를 범하였고, 이것이 죄라고 알고서 다른 사람을 향하여 말하는 것이다. 이것을 죄는 길고 밤은 짧다고 이름한다.

'밤은 길고 죄가 짧다.'는 비구가 하나의 승가바시사를 범하였고, 이것이 죄라고 알았어도 덮어서 감추겠다는 마음을 짓고서 다른 사람을 향하여 말하지 않는 것이다. 이것을 밤은 길고 죄는 짧다고 이름한다.

'역시 죄도 길고 역시 밤도 길다.'는 비구가 날마다 승가바시사를 범하였고, 죄라고 알았어도 절반은 덮어서 감추었고 절반은 말하는 것이다. 이것을 죄도 길고 밤도 역시 길다고 이름한다.

'죄는 짧고 역시 밤도 짧다.'는 비구가 승가바시사를 범하였고, 죄라고 알고서 덮어서 감추겠다는 마음을 짓지 않고서 다른 사람을 향하여 말하고 다시 범하지 않는 것이다. 이것을 죄가 짧고 역시 밤도 짧다고 이름한다.

이 가운데에서 죄는 길고 밤이 짧은 것과 죄도 길고 역시 밤도 길었던 것은 바리바사를 행하는 때에 마땅히 음식은 적게 주고 작무(作務)는 많이 주어야 한다. 만약 멈추지 않는 자는 마땅히 정인(淨人)을 시켜서 그의 손과 발을 평상에 묶어두고서 놓고 마땅히 말해야 한다.

"만약 다시 범한다면 승가는 다시 무겁게 그대를 다스릴 것입니다." 이것을 비사차각이라 이름한다.

혹은 죄에 알맞고 밤에 알맞지 않으며, 혹은 밤에 알맞고 죄에 알맞지 않으며, 혹은 죄에 알맞고 밤에도 알맞으며, 혹은 죄에 알맞지 않고 역시 밤에도 알맞지 않는 것이 있다.

'죄에 알맞고 밤에 알맞지 않다.'는 비구가 10가지의 승가바시사를 범하였고, 일체의 10가지를 밤에 덮어서 감추었다면, 승가는 합당하게 백일 밤의 별주갈마를 주어야 한다. 비구가 "장로여. 나는 여위고 병들어서 백일 밤의 별주갈마를 얻는다면 감당할 수 없으니, 간략하게 바리바사를 행할 수 없습니까?"라고 말하였다면, 마땅히 백일 밤의 갈마를 얻어야 한다고 말하지 않고서 10일 밤의 별주를 지어야 한다. 이것을 죄에는 알맞고 밤에는 알맞지 않다고 이름한다.

'밤에는 알맞고 죄에는 알맞지 않다.'는 비구가 10가지의 승가바시사를 범하였고, 일체의 10가지를 밤에 덮어서 감추었다면, 승가는 합당하게 10일 밤의 별주갈마를 주어야 한다. 비구가 "장로여. 나는 부끄럽습니다. 나는 널리 바리바사를 행하고자 합니다."라고 말하였고, 마땅히 그에게 "그렇게 하십시오."라고 말하였다면, 이것을 밤에는 알맞고 죄에는 알맞지 않다고 이름한다.

'죄에도 알맞고 역시 밤에도 알맞다.'는 비구가 10가지의 승가바시사를 범하였고, 일체의 10가지를 밤에 덮어서 감추었다면, 승가는 합당하게 10일 밤의 별주갈마를 주어야 한다. 이것을 죄에도 알맞고 밤에도 알맞다고 이름한다.

'죄에도 알맞지 않고 밤에도 알맞지 않다.'는 각각 별도로 바리바사의 갈마를 짓는 것이다. 이것을 죄에도 알맞지 않고 밤에도 알맞지 않다고 이름한다.

마하승기율 제26권

동진천축삼장 불타발타라·법현 공역
석보운 번역

4) 잡송의 발거법을 밝히다 ④

'본죄(本罪)'는 비구가 덮어서 감추었던 죄에 별주를 애원하고서 다시 비구에게 말하였다.
"장로여. 내가 다시 승가바시사를 범했습니다."
비구가 물어 말하였다.
"이것은 본죄입니까? 중간의 죄입니까?"
대답하여 말하였다.
"이것은 본죄입니다."
다시 물어 말하였다.
"덮어서 감추었습니까? 덮어 감추지 않았습니까?"
대답하어 말하였다.
"덮어서 감추었습니다."
비구가 말하였다.
"장로여. 이전의 별주는 이미 여법하게 행하였습니다. 지금 덮어서 감추었다고 말한 죄는 마땅히 나시 별주를 애원하고서 이 두 가지의 죄를 합하여 바리바사를 행하고서 마나타를 함께 행하며 함께 아부가나를 행하십시오."
이것을 별도로 애원하여서 함께 바리바사를 행하고서 함께 마나타를 행하며 함께 아부가나를 행한다고 이름한다.
　비구가 덮어서 감추었던 죄를 찾았고 별주를 행하면서 절반에 이르러 다시 비구에게 말하였다.
　"장로여. 내가 다시 승가바시사가 있습니다."
　비구가 물어 말하였다.
　"이것은 본죄입니까? 중간의 죄입니까?"
　대답하여 말하였다.
　"이것은 본죄입니다."
　다시 물어 말하였다.
　"덮어서 감추었습니까? 덮어 감추지 않았습니까?"
　대답하여 말하였다.
　"덮어서 감추었습니다."
　비구가 마땅히 말하였다.
　"그대가 이전의 별주는 이미 여법하게 행하였습니다. 지금 덮어서 감추었다고 말한 죄는 마땅히 다시 별주를 애원하고서 이 두 가지의 죄를 합하여 바리바사를 행하고서 마나타를 함께 행하며 함께 아부가나를 행하십시오."
　이것을 별도로 애원하여서 함께 바리바사를 행하고서 함께 마나타를 행하며 함께 아부가나를 행한다고 이름한다.
　비구가 덮어서 감추었던 죄의 별주를 행하여 마치고서 다시 비구에게 말하였다.
　"장로여. 내가 다시 승가바시사가 있습니다."
　비구가 물어 말하였다.
　"이것은 본죄입니까? 중간의 죄입니까?"
　대답하여 말하였다.
　"이것은 본죄입니다."
　다시 물어 말하였다.
　"덮어서 감추었습니까? 덮어 감추지 않았습니까?"

대답하여 말하였다.

"덮어서 감추었습니다."

마땅히 말하였다.

"이전의 별주는 이미 여법하게 행하였습니다. 지금 덮어서 감추었다고 말한 죄는 마땅히 다시 별주를 애원하고서 이 두 가지의 죄를 합하여 바리바사를 행하고서 마나타를 함께 행하며 함께 아부가나를 행하십시오."

이것을 별도로 애원하여서 함께 바리바사를 행하고서 함께 마나타를 행하며 함께 아부가나를 행한다고 이름한다.

비구가 덮어서 감추었던 죄의 바리바사를 행하여 마치고서 마나타를 애원하면서 다시 비구에게 말하였다.

"장로여. 내가 다시 승가바시사가 있습니다."

비구가 물어 말하였다.

"이것은 본죄입니까? 중간의 죄입니까?"

대답하여 말하였다.

"이것은 본죄입니다."

다시 물어 말하였다.

"덮어서 감추었습니까? 덮어 감추지 않았습니까?"

대답하여 말하였다.

"덮어서 감추었습니다."

마땅히 말하였다.

"이전의 바리바사와 마나타는 이미 여법하게 행하였습니다. 지금 덮어서 감추었다고 말한 죄는 마땅히 다시 바리바사를 애원하여 행하여 마치고서 다시 마나타를 애원하며 이 두 가지의 죄를 합하여 함께 아부가나를 행하십시오."

이것을 별도로 애원하고 별도로 바리바사를 행하며 별도로 마나타를 애원하고 합쳐서 마나타를 행하면서 함께 아부가나를 행한다고 이름한다.

비구가 덮어서 감추었던 죄를 바리바사를 행하여 마치고서, 마나타를 애원하여 행하면서 절반에 이르렀는데 다시 비구에게 말하였다.

"장로여, 나에게 다시 승가바시사가 있습니다."

나아가 마땅히 말하였다.

"이전의 마나타는 이미 여법하게 행하였습니다. 지금 덮어서 감추었다고 말한 죄는 마땅히 다시 바리바사를 애원하여 행하여 마치고서 다시 마나타를 애원하며 이 두 가지의 죄를 합하여 마나타를 행하고 함께 아부가나를 행하십시오."

이것을 별도로 애원하고 별도로 바리바사를 행하며 별도로 애원하여 함께 마나타를 행하고 함께 아부가나를 행한다고 이름한다.

비구가 덮어서 감추었던 죄를 바리바사와 마나타를 행하여 마치고서, 다시 비구에게 말하였다.

"장로여, 나에게 다시 승가바시사가 있습니다."

나아가 마땅히 말하였다.

"이전의 바리바사와 마나타는 이미 여법하게 행하였습니다. 지금 덮어서 감추었다고 말한 죄는 마땅히 다시 바리바사와 마나타를 애원하여 행하여 마치고서 이 두 가지의 죄를 합하여 마나타를 행하고 아부가나를 애원하십시오."

이것을 별도로 애원하고 별도로 바리바사와 마나타를 행하고서 함께 아부가나를 행한다고 이름한다.

비구가 덮어서 감추었던 죄를 바리바사와 마나타와 아부가나를 행하여 마치고서 다시 비구에게 말하였다.

"장로여, 나에게 다시 승가바시사가 있습니다."

나아가 마땅히 말하였다.

"이전의 바리바사와 마나타와 아부가나는 이미 여법하게 행하였습니다. 지금 덮어서 감추었다고 말한 죄는 마땅히 다시 바리바사와 마나타와 아부가나를 애원하십시오."

이것을 별도로 애원하고 별도로 바리바사와 마나타와 아부가나를 행한다고 이름한다.

비구에게 덮어서 감추었던 죄의 바리바사를 주어서 마쳤는데, 비구에게 말하였다.
"장로여. 나는 다시 두 가지의 승가바시사가 있습니다."
마땅히 물었다.
"이것은 본죄입니까? 중간의 죄입니까?"
대답하여 말하였다.
"이것은 본죄입니다."
다시 물어 말하였다.
"덮어서 감추었습니까? 덮어 감추지 않았습니까?"
대답하여 말하였다.
"하나는 덮어서 감추었고, 하나는 덮어서 감추지 않았습니다."
마땅히 말하였다.
"이전의 바리바사는 이미 여법하게 행하였습니다. 지금 덮어서 감추지 않았던 죄는 멈추고, 덮어서 감추었던 죄는 마땅히 다시 바리바사를 애원하고 합하여 행하고서 함께 마나타를 행하며 함께 아부가나를 행하십시오."

이와 같이 별주의 중간이었거나, 별주를 마쳤거나, 마나타의 처음이었거나 중간이었거나 마쳤거나 아부가나를 마쳤던 것도 역시 앞의 설명과 같다.

비구가 덮어서 감추었던 죄에 주었던 바리바사를 마치고서, 다시 여러 비구들에게 말하였다.
"장로들이여. 나는 다시 세 가지의 승가바시사가 있습니다."
마땅히 물어 말하였다.
"이것은 본죄입니까? 중간의 죄입니까?"
대답하여 말하였다.
"이것은 본죄입니다."
다시 물었다.
"덮어서 감추었습니까? 덮어 감추지 않았습니까?"
대답하여 말하였다.

"하나는 덮어서 감추었고, 하나는 덮어서 감추지 않았으며, 하나는 의심스럽습니다."

마땅히 말하였다.

"이전의 바리바사는 이미 여법하게 행하였습니다. 지금 덮어서 감추지 않았던 죄는 멈추고, 의심스러운 죄는 마땅히 결정하며, 덮어서 감추었던 죄는 마땅히 바리바사를 애원하고서 함께 마나타를 행하며 함께 아부가나를 행하십시오."

이와 같이 별주의 중간이었거나, 별주를 마쳤거나, 마나타의 처음이었거나 중간이었거나 마쳤거나 아부가나를 마치는 것도 역시 앞의 설명과 같다. 이것을 본죄라고 이름한다.

'중간죄'는 비구가 덮어서 감추었던 죄의 별주를 행하여 마치고서 비구에게 말하였다.

"장로여. 나는 다시 승가바시사가 있습니다."

마땅히 물어 말하였다.

"이것은 본죄입니까? 중간의 죄입니까?"

대답하여 말하였다.

"이것은 중간죄입니다."

물어 말하였다.

"어느 때에 범하였습니까?"

대답하여 말하였다.

"별주의 중간에 범하였습니다."

물어 말하였다.

"덮어서 감추었습니까? 덮어 감추지 않았습니까?"

대답하여 말하였다.

"덮어서 감추었습니다."

마땅히 말하였다.

"장로여. 이전의 별주는 이미 여법하게 행하였으나, 다만 하룻밤이 적어서 마나타와 아부가나가 성취되지 않았습니다. 지금 덮어서 감추었던 죄는 마땅히 다시 별주를 애원하고서 합하여 행하고 다시 합하여 마나타를 애원하고 함께 아부가나를 행하십시오."

이것을 별도로 애원하고 함께 행하고 별도로 별주하고 합하여 마나타를 애원하며 함께 아부가나를 행한다고 이름한다.

비구가 덮어서 감추었던 죄의 별주갈마를 행하였고 마나타와 아부가나를 행하여 마치고서 다시 여러 비구들에게 말하였다.

"장로들이여. 나는 다시 승가바시사가 있습니다."

마땅히 물어 말하였다.

"이것은 본죄입니까? 중간의 죄입니까?"

대답하여 말하였다.

"이것은 중간죄입니다."

물어 말하였다.

"어느 때에 범하였습니까?"

대답하여 말하였다.

"별주의 중간에 범하였습니다."

물어 말하였다.

"덮어서 감추었습니까? 덮어 감추지 않았습니까?"

대답하여 말하였다.

"덮어서 감추었습니다."

마땅히 말하였다.

"장로여. 이전의 별주와 마나타는 이미 여법하게 행하였으나, 다만 하룻밤이 적어서 마나타와 아부가나가 성취되지 않았습니다. 지금 덮어서 감추었던 죄는 마땅히 다시 별주를 애원하여 행하고서 다시 마나타를 애원하여 합쳐서 행하며 함께 아부가나를 행하십시오."

이것을 별도로 애원하고서 함께 별주를 행하며 합하여 마나타를 애원하며 함께 아부가나를 행한다고 이름한다.

비구가 덮어서 감추었던 죄의 바리바사와 마나타와 아부가나를 행하여 마치고서 다시 여러 비구들에게 말하였다.

"장로들이여. 나는 다시 승가바시사가 있습니다."
마땅히 물어 말하였다.
"이것은 본죄입니까? 중간의 죄입니까?"
대답하여 말하였다.
"이것은 중간죄입니다."
물어 말하였다.
"어느 때에 범하였습니까?"
대답하여 말하였다.
"마나타의 중간에 범하였습니다."
물어 말하였다.
"덮어서 감추었습니까? 덮어 감추지 않았습니까?"
대답하여 말하였다.
"덮어서 감추었습니다."
마땅히 말하였다.
"장로여. 이전의 별주와 마나타는 이미 여법하게 행하였으나, 다만 마나타의 중간에 하룻밤이 적어서 아부가나가 성취되지 않았습니다. 지금 덮어서 감추었던 죄는 마땅히 다시 별주를 애원하여 행하고서 다시 마나타를 애원하며 합쳐서 행하고 함께 아부가나를 행하십시오."

이것을 별도로 애원하고 별도로 별주를 행하며 별도로 애원하고 합쳐서 마나타를 행하고 함께 아부가나를 행한다고 이름한다.

비구가 덮어서 감추었던 죄의 별주를 행하는 가운데에서 비구에게 말하였다.

"장로여. 나는 다시 두 가지의 승가바시사가 있습니다."
물어 말하였다.
"이것은 본죄입니까? 중간의 죄입니까?"
대답하여 말하였다.
"이것은 중간죄입니다."
다시 물어 말하였다.

"덮어서 감추었습니까? 덮어 감추지 않았습니까?"
대답하여 말하였다.
"하나는 덮어서 감추었고, 하나는 덮어서 감추지 않았습니다."
마땅히 말하였다.
"이전의 별주는 이미 여법하게 행하였으나, 다만 하룻밤이 적습니다. 지금 덮어서 감추지 않았던 죄는 멈추고, 덮어서 감추었던 죄는 마땅히 다시 별주를 애원하고 합하여 행하고서 함께 마나타를 행하며 함께 아부가나를 행하십시오."
이것을 별도로 애원하고 합하여 행하고서 함께 마나타를 행하며 함께 아부가나를 행한다고 이름한다.
비구가 덮어서 감추었던 죄의 별주를 행하여 마치고서 마나타를 행하는 가운데에서 비구에게 말하였다.
"장로여. 나는 다시 두 가지의 승가바시사가 있습니다."
마땅히 물어 말하였다.
"이것은 본죄입니까? 중간의 죄입니까?"
대답하여 말하였다.
"이것은 중간죄입니다."
물어 말하였다.
"어느 때에 범하였습니까?"
대답하여 말하였다.
"마나타의 중간에 범하였습니다."
물어 말하였다.
"덮어서 감추었습니까? 덮어 감추지 않았습니까?"
대답하여 말하였다.
"하나는 덮어서 감추었고, 하나는 덮어서 감추지 않았습니다."
마땅히 말하였다.
"이전의 별주와 마나타는 이미 여법하게 행하였으나, 다만 마나타의 가운데에서 하룻밤이 적습니다. 지금 덮어서 감추지 않았던 죄는 멈추고,

덮어서 감추었던 죄는 마땅히 다시 별주를 애원하여 마치고서 다시 합하여 마나타를 애원하며 함께 아부가나를 행하십시오."

이것을 별도로 애원하고 별도로 별주를 행하며 합쳐서 애원하여 함께 마나타를 행하고 함께 아부가나를 행한다고 이름한다.

비구가 덮어서 감추었던 죄의 별주와 마나타와 아부가나를 행하여 마치고서 다시 비구에게 말하였다.

"장로여. 나는 다시 두 가지의 승가바시사가 있습니다."

마땅히 물어 말하였다.

"이것은 본죄입니까? 중간의 죄입니까?"

대답하여 말하였다.

"이것은 중간죄입니다."

물어 말하였다.

"어느 때에 범하였습니까?"

대답하여 말하였다.

"별주의 중간에 범하였습니다."

물어 말하였다.

"덮어서 감추었습니까? 덮어 감추지 않았습니까?"

대답하여 말하였다.

"하나는 덮어서 감추었고, 하나는 덮어서 감추지 않았습니다."

마땅히 말하였다.

"이전의 별주는 이미 여법하게 행하였으나, 다만 하룻밤이 적어서 마나타와 아부가나가 성취되지 않았습니다. 지금 덮어서 감추지 않았던 죄는 멈추고, 덮어서 감추었던 죄는 마땅히 다시 별주를 애원하여 합하여 행하고서 합하여 마나타를 애원하며 함께 아부가나를 행하십시오."

비구가 덮어서 감추었던 죄의 별주와 마나타와 아부가나를 행하여 마치고서 다시 비구에게 말하였다.

"장로여. 나는 다시 두 가지의 승가바시사가 있습니다."

마땅히 물어 말하였다.

"이것은 본죄입니까? 중간의 죄입니까?"
대답하여 말하였다.
"이것은 중간죄입니다."
물어 말하였다.
"어느 때에 범하였습니까?"
대답하여 말하였다.
"마나타의 중간에 범하였습니다."
물어 말하였다.
"덮어서 감추었습니까? 덮어 감추지 않았습니까?"
대답하여 말하였다.
"하나는 덮어서 감추었고, 하나는 덮어서 감추지 않았습니다."
마땅히 말하였다.
"이전의 별주와 마나타는 이미 여법하게 행하였으나, 다만 마나타의 중간에서 하룻밤이 적어서 아부가나가 성취되지 않았습니다. 지금 덮어서 감추지 않았던 죄는 멈추고, 덮어서 감추었던 죄는 마땅히 다시 별주를 애원하여 합하여 행하고서 합하여 마나타를 애원하며 함께 아부가나를 행하십시오."

비구가 덮어서 감추었던 죄의 별주를 행하는 중간에 비구에게 말하였다.
"장로여. 나는 다시 세 가지의 승가바시사가 있습니다."
마땅히 물어 말하였다.
"이것은 본죄입니까? 중간의 죄입니까?"
대답하여 말하였다.
"이것은 중간죄입니다."
물어 말하였다.
"어느 때에 범하였습니까?"
대답하여 말하였다.
"별주의 중간에 범하였습니다."

물어 말하였다.
"덮어서 감추었습니까? 덮어 감추지 않았습니까?"
대답하여 말하였다.
"하나는 덮어서 감추었고, 하나는 덮어서 감추지 않았으며, 하나는 의심스럽습니다."
마땅히 말하였다.
"이전의 별주는 이미 여법하게 행하였으나, 다만 하룻밤이 적습니다. 지금 덮어서 감추지 않았던 죄는 멈추고, 의심스러운 죄는 마땅히 결정하며, 덮어서 감추었던 죄는 마땅히 다시 별주를 애원하여 합하여 행하고서 함께 마나타를 행하며 함께 아부가나를 행하십시오."
나아가 마나타 가운데에서 다시 설하는 것도 역시 이와 같다.
비구가 덮어서 감추었던 죄의 별주와 마나타와 아부가나를 행하여 마치고서 비구에게 말하였다.
"장로여. 나는 다시 세 가지의 승가바시사가 있습니다."
마땅히 물어 말하였다.
"이것은 본죄입니까? 중간의 죄입니까?"
대답하여 말하였다.
"이것은 중간죄입니다."
물어 말하였다.
"어느 때에 범하였습니까?"
대답하여 말하였다.
"별주의 중간에 범하였습니다."
물어 말하였다.
"덮어서 감추었습니까? 덮어 감추지 않았습니까?"
대답하여 말하였다.
"하나는 덮어서 감추었고, 하나는 덮어서 감추지 않았으며, 하나는 의심스럽습니다."
마땅히 말하였다.

"이전의 별주는 이미 여법하게 행하였으나, 다만 하룻밤이 적어서 마나타와 아부가나가 성취되지 않았습니다. 지금 덮어서 감추지 않았던 죄는 멈추고, 의심스러운 죄는 마땅히 결정하며, 덮어서 감추었던 죄는 마땅히 다시 별주를 애원하여 합하여 행하고서 함께 마나타를 행하며 함께 아부가나를 행하십시오."

마나타의 가운데에서 다시 세 가지 죄를 범한 것도 앞에서 말한 것과 같다. 이것을 별도로 애원하고 별도로 별주를 행하며, 별도로 마나타를 행하고, 함께 아부가나를 행한다고 이름한다. 이것을 중간죄라고 이름한다.

비구가 고의로 출정(出精)하였다면 승가바시사를 범하나니, 덮어서 감추었던 죄의 별주를 행하고자 하였다면, 마땅히 갈마를 잘 아는 비구를 청하여 이렇게 말을 지어야 한다.

"장로여. 나에게 바리바사의 갈마를 지어서 주십시오."

뜻을 얻은 비구를 데리고 계장(戒場) 위에 이르러서 구청갈마를 지어야 한다. 갈마인은 이렇게 말을 지어야 한다.

"대덕 승가께서는 허락하십시오. 누구 비구가 고의로 출정하여 하나의 승가바시사를 범하였고 10일 밤을 덮어서 감추었습니다. 만약 승가께서 때에 이르렀다면 승가께서는 누구 비구가 고의로 출정하여 하나의 승가바시사를 범하였고 10일 밤을 덮어서 감추었으므로 승가를 쫓아서 10일 밤을 별주법을 애원하도록 하십시오.'

'대덕 승가께서는 허락하십시오. 누구 비구가 고의로 출정하여 하나의 승가바시사를 범하였고 10일 밤을 덮어서 감추었으며, 승가를 쫓아서 10일 밤을 별주를 애원하고 있고, 나아가 승가께서 인정하신 것은 묵연하였던 까닭입니다. 이 일을 이와 같이 지니겠습니다.'"

이 사람은 오른쪽 어깨를 드러내고 호궤 합장하고서 이렇게 말을 지이야 한다.

"대덕 승가께서는 허락하십시오. 나 누구는 고의로 출정하여 하나의 승가바시사를 범하였고 10일 밤을 덮어서 감추었으며 지금 승가를 쫓아서 10일 밤을 별주를 애원합니다. 애민하게 생각하시는 까닭으로 오직 바라건대 승가께서는 나에게 10일 밤의 별주법을 주십시오."

이와 같이 세 번을 애원해야 한다. 갈마인은 마땅히 이렇게 말을 지어야 한다.

"대덕 승가께서는 허락하십시오. 누구 비구가 고의로 출정하여 하나의 승가바시사를 범하였고 10일 밤을 덮어서 감추었으며 승가를 쫓아서 10일 밤을 별주를 애원하고 있습니다. 만약 승가께서 때에 이르렀다면 승가께서는 누구 비구가 고의로 출정하여 하나의 승가바시사를 범하였고 10일 밤을 덮어서 감추었으므로 10일 밤의 별주를 주겠습니다. 이와 같이 아룁니다.'

'대덕 승가께서는 허락하십시오. 누구 비구가 고의로 출정하여 하나의 승가바시사를 범하였고, 나아가 10일 밤을 덮어서 감추었으며, 승가를 쫓아서 10일 밤을 별주를 애원하고 있습니다. 승가시여. 지금 누구 비구가 고의로 출정하여 하나의 승가바시사를 범하였고 10일 밤을 덮어서 감추었으므로 10일 밤의 별주를 주겠습니다. 여러 대덕들께서 누구 비구가 고의로 출정하여 하나의 승가바시사를 범하였고 10일 밤을 덮어서 감추었으므로 10일 밤의 별주를 주는 것을 인정하신다면 묵연하시고 만약 인정하지 않으신다면 곧 말씀하십시오.'"

이것이 첫 번째의 갈마이다. 두 번째·세 번째에도 역시 앞에서와 같다.

"승가시여. 누구 비구가 고의로 출정하여 하나의 승가바시사를 범하였고 10일 밤을 덮어서 감추었으므로 10일 밤의 별주를 주어서 마쳤습니다. 승가께서 인정하신 것은 묵연하였던 까닭입니다. 이 일은 이와 같이 지니겠습니다."

갈마를 마쳤다면 이 사람은 곧 경계의 안에 들어와서 마땅히 승가에게 오른쪽 어깨를 드러내고 호궤 합장하고서 아뢰면서 이렇게 말을 지어야 한다.

"대덕 승가께서는 허락하십시오. 누구 비구가 고의로 출정하여 하나의 승가바시사를 범하였고 10일 밤을 덮어서 감추었으며 나는 이미 승가를 쫓아서 10일 밤의 별주를 애원하였고, 승가는 애민하게 생각하신 까닭으로 나에게 10일 밤의 별주를 주었습니다. 대덕 승가께서는 나 누구 비구가 고의로 출정하여 하나의 승가바시사를 범하였고 10일 밤을 덮어서 감추었으며 나는 지금 별주법을 행하고 있으니, 승가께서는 억념하여 지니십시오."

이와 같이 세 번을 말하고서 아뢰어 말해야 한다.

"나는 수순하여 일곱 가지의 일을 행하겠습니다."

이와 같이 만약 두 가지이거나, 만약 세 가지이거나, 나아가 열 가지의 죄를 범한 자는 마땅히 합쳐서 별주갈마를 애원해야 한다. 갈마인은 마땅히 말을 지어야 한다.

"대덕 승가께서는 허락하십시오. 누구 비구가 고의로 출정하여 10가지의 승가바시사를 범하였고, 나아가 10가지 죄의 일체를 10일 밤을 덮어서 감추었습니다. 만약 승가께서 때에 이르렀다면 승가께서는 누구 비구가 고의로 출정하여 10가지의 승가바시사를 범하였고, 나아가 10가지 죄의 일체를 10일 밤을 덮어서 감추었으므로 승가를 쫓아서 일체를 통합(通合)하여 10일 밤의 별주를 애원하고 있습니다.'

'여러 대덕들께서는 허락하십시오. 누구 비구가 고의로 출정하여 10가지의 승가바시사를 범하였고 10일 밤을 덮어서 감추었으며 승가를 쫓아서 일체를 통합(通合)하는 10일 밤의 별주를 애원하고 있습니다. 승가께서 인정하신 것은 묵연하였던 까닭입니다. 이 일을 이와 같이 지니겠습니다."

이 사람은 마땅히 승가를 쫓아서 오른쪽 어깨를 드러내고 호궤 합장하고서 이렇게 말을 지어야 한다.

"대덕 승가께서는 억념하십시오. 나 누구 비구는 고의로 출정하여 10가지의 승가바시사를 범하였고, 나아가 10가지 죄의 일체를 10일 밤을 덮어서 감추었으며 지금 승가를 쫓아서 일체를 통합하여 10일 밤의 별주를 애원합니다. 애민하게 생각하시는 까닭으로 오직 원하건대 승가께서는 일체를 통합하여 나에게 10일 밤의 별주를 주십시오."

이와 같이 세 번을 애원해야 한다. 갈마인은 마땅히 이렇게 말을 지어야 한다.

"대덕 승가께서는 허락하십시오. 누구 비구가 고의로 출정하여 10가지의 승가바시사를 범하였고, 나아가 10가지 죄의 일체를 10일 밤을 덮어서 감추었으며, 승가를 쫓아서 일체를 통합하여 10일 밤의 별주를 애원하고 있습니다. 만약 승가께서 때에 이르렀다면 승가께서는 누구 비구가 10가지의 승가바시사를 범하였고 10일 밤을 덮어서 감추었으므로 일체를 통합하여 10일 밤의 별주법을 주겠습니다. 이와 같이 아룁니다.'

'대덕 승가께서는 허락하십시오. 누구 비구가 고의로 출정하여 하나의 승가바시사를 범하였고, 나아가 10가지 죄의 일체를 10일 밤을 덮어서 감추었으며, 승가를 쫓아서 일체를 통합하여 10일 밤의 별주를 애원하고 있습니다. 승가시여. 지금 누구 비구가 10가지의 승가바시사를 범하였으므로 일체를 통합하여 10일 밤의 별주를 주겠습니다. 여러 대덕들께서 누구 비구가 10가지의 승가바시사를 범하였고, 10일 밤을 덮어서 감추었으므로 일체를 통합하여 10일 밤의 별주를 주는 것을 인정하신다면 묵연하시고 만약 인정하지 않으신다면 곧 말씀하십시오.'"

이것이 첫 번째의 갈마이다. 두 번·세 번째에도 역시 앞에서와 같다.

"승가시여. 이미 누구 비구가 10가지의 승가바시사를 범하였고 10일 밤을 덮어서 감추었으므로 일체를 통합하여 10일 밤의 별주를 주는 것을 마쳤습니다. 승가께서 인정하신 것은 묵연하였던 까닭입니다. 이 일은 이와 같이 지니겠습니다."

만약 이 가운데에서 행하는 자는 곧 날짜에 마땅히 승가에 오른쪽 어깨를 드러내고 호궤 합장하고 아뢰면서 이렇게 말을 지어야 한다.

"대덕 승가께서는 허락하십시오. 나 누구 비구는 고의로 출정하여 10가지의 승가바시사를 범하였고, 나아가 일체를 10일 밤을 덮어서 감추었으며, 승가를 쫓아서 일체를 통합하여 10일 밤의 별주를 애원하였고, 승가는 애민하게 생각하신 까닭으로 나에게 일체를 통합하여 10일 밤의 별주를 주셨습니다. 대덕 승가께서는 허락하십시오. 나 누구 비구는 고의로 출정하여 10가지의 승가바시사를 범하였고, 나아가 일체를 10일 밤을 덮어서 감추었으며, 나는 지금 통합하여 별주법을 행하고 있으니, 승가께서는 억념하여 지니십시오."

이와 같이 세 번을 말하고서, 아뢰어 말해야 한다.

"나는 수순하여 일곱 가지의 일을 행하겠습니다."

이 사람은 마땅히 날마다 숫자를 채우는 것을 억념하면서 마땅히 이와 같이 아뢰어야 한다.

"대덕 승가께서는 허락하십시오. 나 누구 비구는 고의로 출정하여 10가지의 승가바시사를 범하였고, 나아가 일체를 10일 밤을 덮어서 감추었으며, 나는 이미 승가를 쫓아서 일체를 통합하여 10일 밤의 별주를 애원하였고, 승가는 이미 나에게 일체를 통합하여 10일 밤의 별주를 주셨으며, 나는 이미 10일 밤의 별주법을 행하여 마쳤습니다. 승가께서는 억념하여 지니십시오."

이와 같이 세 번을 말해야 한다. 만약 이 사이에 대중이 채워졌다면 마땅히 마나타를 행하고, 만약 대중이 채워지지 않았다면 마땅히 대중이 채워진 처소를 구하고서 마땅히 갈마를 잘 아는 비구로서 뜻을 얻은 사람을 청하여 그를 데리고 계장 위에 이르러야 하며, 만약 계장이 없는 자이거나, 갈마하지 않는 곳이면 승사(僧事)를 지을 수 없고, 갈마하는 곳은 앞의 설명과 같다.

갈마인은 마땅히 물어야 한다.

"별주를 행하여 채웠습니까? 비어 있지 않은 승가람에서 별주를 행하였습니까? 본죄와 중간의 죄가 없었습니까? 비구와 함께 하나의 방과 하나의 칸만이 안에서 머무르지 않았습니까? 객비구가 왔다면 알렸습니까? 때에 모였거나 때 아닌데 모였다면 알렸습니까?"

이와 같이 여법하게 검교(撿挍)하였는데, 만약 한 가지를 범하였거나, 만약 두 가지를 범하였거나, 만약 세 가지를 범하였거나, 나아가 10가지의 죄를 범하였다면 마땅히 합쳐서 마나타를 애원해야 한다. 갈마인은 마땅히 이렇게 말을 지어야 한다.

"대덕 승가께서는 허락하십시오. 누구 비구가 고의로 출정하여 10가지의 승가바시사를 범하였고, 나아가 10가지 죄의 일체를 10일 밤을 덮어서 감추었으며, 승가를 쫓아서 일체를 통합하여 10일 밤의 별주를 애원하였습니다. 누구 비구는 10일 밤의 별주를 행하여 마쳤습니다. 만약 승가께서 때에 이르렀다면 승가께서는 누구 비구가 10가지의 승가바시사를 범하였고 10일 밤을 덮어서 감추었으며, 별주를 행하여 마쳤고, 승가를 쫓아서 일체를 통합하여 6일 밤의 별주를 애원하도록 하십시오.'

'대덕 승가께서는 허락하십시오. 누구 비구는 10가지의 승가바시사를 범하였고, 10일 밤을 덮어서 감추었으며, 별주를 행하여 마쳤고, 승가를 쫓아서 통합하여 6일 밤의 별주를 애원하고 있습니다. 승가께서 인정하신 것은 묵연하였던 까닭입니다. 이 일은 이와 같이 지니겠습니다."

이 사람은 마땅히 승가의 가운데를 쫓아서 오른쪽 어깨를 드러내고 호궤 합장하고 애원하면서 이렇게 말을 지어야 한다.

"'대덕 승가께서는 허락하십시오. 나 누구 비구는 고의로 출정하여 10가지의 승가바시사를 범하였고, 나아가 10가지 죄의 일체를 10일 밤을 덮어서 감추었으며, 나는 이미 승가를 쫓아서 10일 밤의 별주를 애원하였습니다. 나는 이미 별주를 행하여 마쳤고, 지금 승가를 쫓아서 통합하여 6일 밤의 마나타를 애원하오니, 애민하게 생각하시는 까닭으로 오직 원하건대 승가께서는 통합하여 나에게 6일 밤의 마나타를 주십시오."

이와 같이 세 번을 애원해야 한다. 갈마인은 마땅히 이렇게 말을 지어야 한다.

"대덕 승가께서는 허락하십시오. 누구 비구가 고의로 출정하여 10가지의 승가바시사를 범하였고, 나아가 10가지 죄의 일체를 10일 밤을 덮어서 감추었으며, 승가를 쫓아서 10일 밤의 별주를 애원하였고, 누구는 이미 10일 밤의 별주를 행하였으며, 이미 승가를 쫓아서 통합하여 6일 밤의 마나타를 애원하였습니다. 만약 승가께서 때에 이르렀다면 승가께서는 누구 비구가 고의로 출정하여 10가지의 승가바시사를 범하였고, 나아가 10가지 죄의 일체를 10일 밤을 덮어서 감추었으며, 별주를 행하여 마쳤으니, 일체를 통합하여 6일 밤의 마나타를 주겠습니다. 이와 같이 아룁니다.'

'대덕 승가께서는 허락하십시오. 누구 비구가 고의로 출정하여 10가지의 승가바시사를 범하였고, 나아가 10가지 죄의 일체를 10일 밤을 덮어서 감추었으며, 이미 승가를 쫓아서 일체를 통합하여 10일 밤의 별주를 애원하였습니다. 누구는 이미 10일 밤의 별주를 행하여 마쳤고, 이미 승가를 쫓아서 일체를 통합하여 6일 밤의 마나타를 주도록 애원하였습니다. 승가시여. 지금 누구 비구가 10가지의 승가바시사를 범하였고, 10일 밤을 덮어서 감추었으며, 별주를 행하여 마쳤으니, 통합하여 6일 밤의 마나타를 주겠습니다. 여러 대덕들께서 누구 비구가 10가지의 승가바시사를 범하였고, 10일 밤을 덮어서 감추었으며, 별주를 행하여 마쳤으니, 통합하여 6일 밤의 마나타를 주는 것을 인정하신다면 묵연하시고 만약 인정하지 않으신다면 곧 말씀하십시오.'"

이것이 첫 번째의 갈마이다. 두 번·세 번째에도 역시 앞에서와 같다.

"승가시여. 누구 비구가 10가지의 승가바시사를 범하였고, 10일 밤을 덮어서 감추었으며, 별주를 행하여 마쳤으니, 통합하여 6일 밤의 마나타를 주는 것을 마쳤습니다. 승가께서 인정하신 것은 묵연하였던 까닭입니다. 이 일은 이와 같이 지니겠습니다."

갈마를 마쳤다면 마땅히 곧 그날에 승가의 가운데에 들어가서 아뢰면서 이렇게 말을 지어야 한다.

"'대덕 승가께서는 허락하십시오. 나 누구 비구는 고의로 출정하여 10가지의 승가바시사를 범하였고, 나아가 10가지 죄의 일체를 10일 밤을 덮어서 감추었으며, 이미 승가를 쫓아서 일체를 통합하여 10일 밤의 별주법을 애원하였고, 이미 10일 밤의 별주를 행하여 마쳤으며, 이미 승가를 쫓아서 일체를 통합하여 6일 밤의 마나타를 애원하였으며, 승가께서는 이미 나에게 6일 밤의 마나타를 주셨습니다.'

'대덕 승가께서는 허락하십시오. 나 누구 비구는 고의로 출정하여 10가지의 승가바시사를 범하였고, 10일 밤을 덮어서 감추었으며, 별주를 행하여 마쳤으며, 일체를 통합하여 6일 밤의 마나타를 행하고 있습니다. 승가께서는 억념하여 지니십시오.'"

이와 같이 세 번을 말하고서, 아뢰어 말해야 한다.

"나는 수순하여 일곱 가지의 일을 행하겠습니다."

이와 같이 세 번을 말하고서, 둘째 날에 아뢰어 말해야 한다.

"대덕 승가께서는 허락하십시오. 나 누구 비구는 고의로 출정하여 10가지의 승가바시사를 범하였고, 나아가 10가지 죄의 일체를 10일 밤을 덮어서 감추었으며, 나는 이미 승가를 쫓아서 10일 밤의 별주를 애원하였고, 승가께서는 이미 나에게 10일 밤의 별주를 주셨으며, 나는 이미 10일 밤의 별주를 행하여 마쳤고, 이미 승가를 쫓아서 일체를 통합하여 6일 밤의 마나타를 애원하였으며, 승가께서는 이미 나에게 6일 밤의 마나타를 주셨습니다. 나는 마나타를 행하면서 하룻밤이 지나갔고 5일 밤이 남았습니다. 승가께서는 억념하여 지니십시오."

이와 같이 세 번을 말해야 한다. 이와 같이 날마다 아뢰어 말하고, 나아가 6일 밤에 이르렀다면 마땅히 아뢰면서 이렇게 말을 지어야 한다.

"대덕 승가께서는 허락하십시오. 나 누구 비구는 고의로 출정하여 10가지의 승가바시사를 범하였고, 나아가 10가지 죄의 일체를 10일 밤을 덮어서 감추었으며, 나는 이미 승가를 쫓아서 10일 밤의 별주를 애원하였고, 승가께서는 이미 나에게 10일 밤의 별주를 주셨으며, 나는 이미 10일 밤의 별주를 행하여 마쳤고, 이미 승가를 쫓아서 일체를 통합하여 6일 밤의 마나타를 애원하였으며, 승가께서는 이미 나에게 6일 밤의 마나타를 주셨고, 나는 이미 마나타를 행하여 마쳤으며, 아부가나에 이르렀습니다. 승가께서는 억념하여 지니십시오."

만약 이 사이에 대중이 채워졌다면 마땅히 갈마를 잘 아는 갈마인을 청하고서 이렇게 말을 지어야 한다.

"장로여. 나에게 갈마를 지어서 주십시오."

갈마인은 마땅히 물어야 한다.

"대중을 줄어들지 않고 마나타를 행하였습니까? 끝까지의 마나타를 하였습니까? 본죄와 중간의 죄가 없습니까? 비구와 함께 하나의 방과 하나의 칸만이 안에서 머무르지 않았습니까? 객비구가 왔다면 알렸습니까? 때에 모였거나 때 아닌데 모였다면 알렸습니까? 날마다 경계 안의 승가에게 알렸습니까?"

만약 하나·하나가 여법하면 갈마하는 사람은 마땅히 이렇게 말을 지어야 한다.

"대덕 승가께서는 허락하십시오. 누구 비구는 고의로 출정하여 10가지의 승가바시사를 범하였고, 나아가 10가지 죄의 일체를 10일 밤을 덮어서 감추었으며, 승가를 쫓아서 10일 밤의 별주를 애원하였고, 승가께서는 이미 10일 밤의 별주를 주셨으며, 누구 비구는 이미 10일 밤의 별주를 행하여 마쳤고, 이미 승가를 쫓아서 일체를 통합하여 6일 밤의 마나타를 애원하였으며, 승가께서는 이미 6일 밤의 마나타를 주셨고, 누구 비구는 이미 6일 밤의 마나타를 행하여 마쳤습니다. 만약 승가께서 때에 이르렀다면 승가께서는 누구 비구가 10가지의 승가바시사를 범하였고, 10일 밤을 덮어서 감추었으며, 10일 밤의 별주를 행하였고, 마나타를 마쳤으며, 승가를 쫓아서 일체를 통합하여 6일 밤의 아부가나를 애원하고 있습니다.'

'대덕 승가께서는 허락하십시오. 누구 비구가 10가지의 승가바시사를 범하였고, 10일 밤을 덮어서 감추었으며, 통합하여 별주를 행하였고, 마나타를 마쳤으며, 승가를 쫓아서 통합하여 아부가나를 애원하고 있습니다. 승가께서 인정하신 것은 묵연하였던 까닭입니다. 이 일은 이와 같이 지니겠습니다.'"

이 사람은 마땅히 승가의 가운데를 쫓아서 오른쪽 어깨를 드러내고 호궤 합장하고 애원하면서 이렇게 말을 지어야 한다.

"대덕 승가께서는 허락하십시오. 나 누구 비구는 고의로 출정하여 10가지의 승가바시사를 범하였고, 나아가 10가지 죄의 일체를 10일 밤을 덮어서 감추었으며, 승가를 쫓아서 통합하여 10일 밤의 별주를 애원하였고, 승가께서는 이미 나에게 10일 밤의 별주를 주셨으며, 나 누구 비구는 이미 10일 밤의 별주를 행하여 마쳤고, 이미 승가의 가운데를 쫓아서 통합하여 6일 밤의 마나타를 애원하였으며, 승가께서는 이미 나에게 6일 밤의 마나타를 주셨고, 나 누구 비구는 이미 6일 밤의 마나타를 행하여 마쳤습니다. 지금 승가를 쫓아서 10일 밤을 덮어서 감추었던 죄를 통합하여 아부가나를 애원하오니, 애민하게 생각하시는 까닭으로 오직 원하건대 승가께서는 10일 밤을 덮어서 감추었던 죄를 통합하여 아부가나를 주십시오."

이와 같이 세 번을 애원해야 한다. 갈마인은 마땅히 이렇게 말을 지어야 한다.

"대덕 승가께서는 허락하십시오. 누구 비구는 고의로 출정하여 10가지의 승가바시사를 범하였고, 나아가 10가지 죄의 일체를 10일 밤을 덮어서 감추었으며, 승가를 쫓아서 통합하여 10일 밤의 별주를 애원하였고, 승가께서는 이미 10일 밤의 별주법을 주셨으며, 누구 비구는 이미 10일 밤의 별주법을 행하여 마쳤고, 이미 승가를 쫓아서 통합하여 6일 밤의 마나타를 애원하였으며, 승가께서는 이미 6일 밤의 마나타를 주셨고, 누구 비구는 이미 6일 밤의 마나타를 행하여 마쳤으며, 이미 승가를 쫓아서 10일 밤을 덮어서 감추었던 죄를 통합하여 아부가나를 애원하고 있습니다. 만약 승가께서 때에 이르렀다면 승가께서는 누구 비구가 고의로 출정하여 10가지의 승가바시사를 범하였고, 나아가 10가지 죄의 일체를 10일 밤을 덮어서 감추었으며, 통합하여 10일 밤의 별주를 행하였고, 6일 밤의 마나타를 마쳤으니, 통합하여 아부가나를 주십시오. 이와 같이 아룁니다.'

'대덕 승가께서는 허락하십시오. 누구 비구는 고의로 출정하여 10가지의 승가바시사를 범하였고, 나아가 10가지 죄의 일체를 10일 밤을 덮어서 감추었으며, 승가를 쫓아서 통합하여 10일 밤의 별주를 애원하였고, 승가께서는 이미 10일 밤의 별주법을 주셨으며, 누구 비구는 이미 10일 밤의 별주법을 행하여 마쳤고, 이미 승가를 쫓아서 통합하여 6일 밤의 마나타를 애원하였으며, 승가께서는 이미 6일 밤의 마나타를 주셨고, 누구 비구는 이미 6일 밤의 마나타를 행하여 마쳤으며, 이미 승가를 쫓아서 10일 밤을 덮어서 감추었던 죄를 통합하여 아부가나를 애원하고 있습니다. 승가시여. 지금 누구 비구에게 고의로 출정하였고, 나아가 10가지 죄의 일체를 10일 밤을 덮어서 감추었으며, 통합하여 별주를 행하였고, 6일 밤의 마나타를 마쳤으니, 통합하여 아부가나를 주겠습니다. 여러 대덕들께서 누구 비구가 10가지의 승가바시사를 범하였고, 나아가 10가지 죄의 일체를 10일 밤을 덮어서 감추었으며, 통합하여 10일 밤의 별주를 행하였고, 6일 밤의 마나타를 마쳤으므로 통합하여 아부가나를 주는 것을 주는 것을 인정하신다면 묵연하시고 만약 인정하지 않으신다면 곧 말씀하십시오.'"

이것이 첫 번째의 갈마이고 두 번·세 번째에도 역시 앞에서와 같다.

"승가시여. 이미 누구 비구가 10가지의 승가바시사를 범하였고, 일체를 통합하여 10일 밤의 별주를 행하였고, 마나타를 마쳤으므로 통합하여 아부가나를 주는 것을 마쳤습니다. 승가께서 인정하신 것은 묵연하였던 까닭입니다. 이 일은 이와 같이 지니겠습니다."

선남자는 들어라. 그대가 이미 여법하게 출죄하였느니라. 일백갈마와 백삼갈마로 대중 승가가 화합하였고 20의 대중을 채웠으나, 승가가 모여서 갈마를 짓는 일을 어려우니라. 그대는 마땅히 근신(謹愼)하여 다시는 거듭하여 범하지 말라."

이것을 별주이고, 마나타이며, 아부가나라고 이름한다. 비구들을 섭수하는 것이다.

(47) 마땅히 갈마하는 것과 마땅히 갈마하지 않는 것

세존께서는 사위성에 머무셨으며, 자세한 설명은 앞에서와 같다.

첨파(瞻波) 비구들이 언쟁(言諍)하고 꾸짖으며 화합하지 않고 머물렀고 한 사람이 한 사람을 거론하였고 두 사람이 두 사람을 거론하였으며 여러 사람이 여러 사람을 거론하였다. 여러 비구들은 이 인연으로써 가서 세존께 아뢰었다.

"첨파 비구들에게 비법(非法)이 생겨나서 한 비구가 한 비구를 거론하였고 두 비구가 두 비구를 거론하였으며 여러 비구가 여러 비구를 거론하였습니다."

세존께서는 여러 비구들에게 알리셨다.

"네 종류의 갈마가 있으니, 무엇이 네 종류인가? 비법이고 화합하지 않는 갈마가 있고, 비법이고 화합하는 갈마가 있으며, 여법하고 화합하지 않는 갈마가 있고, 여법하고 화합하는 갈마가 있느니라."

'비법이고 화합하지 않는 갈마'는 비구가 일이 없는데 승가에서 절복갈마를 지어서 주었다면, 여러 비구들은 비법이라고 아는 까닭으로 막는 것이니, 오지 않는 비구는 욕(欲)을 주지 않고, 욕을 가지고 왔던 비구는 말하지 않는 것이다. 비구에게 일이 없는데 승가에서 절복갈마(折伏羯磨)를 주었다면 수순하여 행하지 않고, 버리는 갈마를 주었어도 여러 비구들은 비법이라고 아는 까닭으로 막는 것이니, 오지 않는 비구는 욕을 주지 않고, 욕을 가지고 왔던 비구는 말하지 않는 것이다. 이것을 함께 비법이고 화합하지 않는 갈마라고 이름한다.

'비법이고 화합하는 갈마'는 비구가 일이 없고 승가에서 절복갈마를 지어서 주었어도 여러 비구들은 비법이라고 알지 못하는 까닭으로 막지 않는 것이니, 오지 않는 비구는 욕을 주고, 욕을 가지고 왔던 비구는 말하는 것이다. 비구에게 일이 없는데 승가에서 절복갈마를 주었다면 수순하여 행하지 않고, 버리는 갈마를 주었어도 여러 비구들은 비법이라고 알지 못하는 까닭으로 막는 것이니, 오지 않는 비구는 욕을 주고, 욕을 가지고 왔던 비구는 말하는 것이다. 이것을 함께 비법이고 화합하는 갈마라고 이름한다.

'여법하고 화합하지 않는 갈마'는 비구에게 일이 있어서 승가에서 절복갈마를 주었고 여러 비구들이 여법하다고 알지 못하는 까닭으로 막는 것이니, 오지 않는 비구는 욕을 주지 않고, 욕을 가지고 왔던 비구는 말하지 않는 것이다. 비구에게 일이 있어서 승가에서 절복갈마를 주었다면 수순하여 행하고, 버리는 갈마를 주었다면 여러 비구들은 비법이라고 알지 못하는 까닭으로 막는 것이니, 오지 않는 비구는 욕을 주지 않고, 욕을 가지고 왔던 비구는 말하지 않는 것이다. 이것을 함께 여법이고 화합하지 않는 갈마라고 이름한다.

'여법하고 화합하는 갈마'는 비구에게 일이 있어서 승가에서 절복갈마를 주었고 여러 비구들이 여법하다고 아는 까닭으로 막지 않는 것이니,

오지 않는 비구는 욕을 주고, 욕을 가지고 왔던 비구는 말하는 것이다. 비구에게 일이 있어서 승가에서 절복갈마를 주었다면 수순하여 행하고, 버리는 갈마를 주었다면 여러 비구들은 비법이라고 아는 까닭으로 막지 않는 것이니, 오지 않는 비구는 욕을 주고, 욕을 가지고 왔던 비구는 말하는 것이다. 이것을 함께 여법하고 화합하는 갈마라고 이름한다.

이 가운데에서 여법하고 화합하는 갈마는 마땅히 갈마라고 이름할 수 있으나, 나머지는 마땅히 갈마라고 이름할 수 없다.

다시 마땅히 갈마라고 이름할 수 없는 것이 있으니, 비구가 절복할 일이 아니었는데 절복갈마를 지었다면 여러 비구들이 비법이라고 아는 까닭으로 막는 것이니, 사람이 현전(現前)하지 않았거나, 묻지 않았거나, 허물을 이끌어내지 않았거나, 비법이고 화합하지 않았거나, 대중이 성취되지 못하였거나, 아뢰는 것이 성취되지 못하였거나, 갈마가 성취되지 못하였거나, 만약 하나·하나가 성취되지 못하였다면, 이것은 마땅히 갈마할 수 없다고 이름한다.

수순하여 행하고서 마땅히 버려야 하나니, 버리는 것에 여섯 종류가 있다. 절복갈마를 지었거나, 불어갈마(不語羯磨)를 지었거나, 빈출갈마(擯出羯磨)를 지었거나, 발희갈마(發喜羯磨)를 지었거나, 거갈마(擧羯磨)를 지었거나, 별주(別住)와 마나타갈마(摩那埵羯磨)를 짓는 것이다.

'절복갈마를 짓다.'는 마땅히 수순하여 다섯 가지의 일을 행하는 것이다. 다섯 가지의 일은 비구의 일·비구니의 일·권속의 일·갈마의 일·왕의 일이며, 절복갈마를 지어서 마쳤다면 마땅히 말해야 한다.

"장로여. 그대는 다시 죄를 범하지 마십시오. 범하는 자는 승가에서 다시 무겁게 그대의 죄를 다스릴 것입니다."

이 다섯 가지의 일을 마땅히 하나·하나를 수순하여 행해야 하고, 행하고서 절복하여 마음을 낮추었다면 승가는 마땅히 버리는 갈마를 지어서 주어야 한다. 이것을 버리는 갈마를 지었다고 이름한다.

'불어갈마를 짓다.'는 마땅히 수순하여 다섯 가지의 일을 행하는 것이다. 다섯 가지의 일은 비구의 일·비구니의 일·권속의 일·갈마의 일·왕의 일이며, 갈마를 지으면 마땅히 수순하여 다섯 가지의 일을 행해야 한다. 비록 다시 1백 세(歲)이더라도 마땅히 쫓아내서 지계인 비구의 아래에 의지하게 하고, 2부(部)의 계율을 아는 10세의 비구에게 이르러서 새벽에 일어나면 마땅히 문신하며, 더불어 대소변을 행하는 그릇과 침을 뱉는 병을 꺼내서 항상 있는 곳에 놓아두고 치목을 주며 땅을 쓸고 음식을 맞이하며 옷을 세탁하고 발우를 말리는 것의 일체를 모두 공급하게 한다, 오직 예배와 안마는 제외하나, 만약 병이 있는 때라면 안마하게 해야 한다.

 마땅히 2부의 계율을 가르치는데, 만약 능히 익히지 못하는 자는 1부의 계율을 가르쳐 주고, 만약 다시 능히 익히지 못하는 자는 마땅히 자세히 5중의 계율을 가르치며, 마땅히 5음(陰)·18계(界)·12입(入)·12인연을 알도록 잘 가르치며, 마땅히 죄상(罪相)과 죄상이 아닌 것을 알도록 잘 가르쳐야 하며, 위의를 마땅히 가르치고 위의가 아닌 것을 마땅히 막아야 한다. 만약 배워서 마쳤다면 버렸다고 이름한다.

 '빈출갈마를 짓다.'는 마땅히 수순하여 다섯 가지의 일을 행하는 것이니, 비구의 일이고, 나아가 왕의 일이다. 갈마하고서 마땅히 승가람의 주변에 안착(安着)하여 머물면서 수순하여 다섯 가지의 일을 행하면서 하나·하나가 여법하였다면, 마땅히 버리는 갈마를 주어야 한다. 이것을 빈출갈마라고 이름한다.

 '발희갈마를 짓다.'는 마땅히 수순하여 다섯 가지의 일을 행하는 것이니, 비구의 일이고, 나아가 왕의 일이다. 갈마하고서 마땅히 범하였던 세속 사람의 집으로 보내고 이르러 허물을 참회하게 해야 한다. 만약 세속 사람이 "존자는 고의로 정사의 가운데에 머물고 있습니까? 만약 고의로 그곳에 머물고 있다면 나는 마땅히 그곳에 음식과 의복과 금전과 물건들을 끊겠습니다."라고 말하였다면 승가는 "이것은 승가의 허물이 아니므로 그대가 마땅히 다시 가서 그를 향하여 뜻을 낮추고 그를 기쁘게 하십시오."라고 마땅히 말해야 한다. 만약 그가 기뻐하였다면 이것을 버린다고 이름한다.

'거갈마를 짓다.'는 마땅히 수순하여 다섯 가지의 일을 행하는 것이니, 비구의 일이고, 나아가 왕의 일이다. 갈마하고서 마땅히 승가람의 바깥 문의 주변에 안착하여 아란야를 향하여야 한다. 만약 탑원이거나 승원의 가운데 들어와서 땅을 쓸었다면 비구는 마땅히 그의 발자국을 되짚어 거꾸로 쓸어야 하고, 만약 그가 와서 발을 씻는 물과 대소변을 행하는 곳의 물을 더하였다면 마땅히 다시 쏟아서 버려야 하며, 만약 공행제자와 의지제자이라면 그를 화상과 아사리의 제자라고 부를 수 없고, 마땅히 말하지 않아야 한다. 다른 사람들에게 거갈마를 받았다면 마땅히 말해야 한다.

"마땅히 수순하여 행하고 마땅히 악하고 삿된 것을 버리십시오."

악하고 삿된 비구라면 마땅히 함께 말할 수 없고 마땅히 함께 머무를 수 없으며 마땅히 함께 법식(法食)할 수 없고, 세존과 함께 할 수 없고, 세존의 법과 함께 할 수 없으며, 승가와 함께 할 수 없고, 함께 포살할 수 없으며 함께 자자할 수 없고 함께 갈마할 수 없다. 외도와 말하면서 앉고자 하였다면 곧 앉을 수 있으나 거갈마를 받은 자와 말하기 위하여 앉을 수 없다. 만약 거갈마를 받은 자가 병이 있더라도 간병하는 자와 말할 수 없고, 그의 단월이거나, 만약 친척이라면 말해야 한다.

"거갈마를 받은 자가 병이 있으니 그대가 가서 살펴보십시오."

만약 거갈마를 받은 자가 죽었더라도 마땅히 꽃이나 향으로 시체에 공양할 수 없고, 마땅히 그를 위하여 음식과 비시장(非時漿)을 지어서 공양할 수 없으며, 마땅히 승가에서 옷과 발우를 나눌 수 없고, 마땅히 몸을 화장하면서 그가 잠잤던 평상을 취하여 시체로써 위에 올려놓거나, 옷과 발우를 목에 묶고서 평상을 끌어낼 수 없으며, 이렇게 말을 지어야 한다.

"대중 승가의 일은 청정합니다. 대중 승가의 일은 청정합니다."

악하고 삿된 비구에게 마땅히 악한 마음을 일으킬 수 없다. 왜 그러한가? 나아가 불타는 기둥은 마땅히 악한 마음이 일어나지 않나니, 마땅히 이렇게 생각을 지어야 한다.

'뒤의 사람들이 이러한 삿된 견해를 익히지 않게 해야겠다.'

만약 방목하는 사람이나 땔나무나 풀을 취하는 사람이 옷과 발우를 가져와서 보시하였다면 취하면서 그들을 시주를 삼는다. 만약 거갈마를 받은 사람이라도 다섯 가지의 일을 수순하여 바른 견해를 얻고 마음이 고르고 유연한 자이라면 버리는 갈마를 주어서 바리바사와 마마타를 행하게 한다. 비구는 마땅히 수순하며 일곱 가지의 일을 행해야 하나니, 비구의 일과 나아가 왕의 일이다. 자세한 해석은 앞에서 설한 것과 같다. 이것을 버린다고 이름한다.

(48) 타라타(他邏咃)를 짓다

세존께서는 사위성에 머무셨으며, 자세한 설명은 앞에서와 같다.

그때 수달다 거사가 누이에게 말하였다.

"누이여. 취락의 가운데에서 나를 위하여 객승에게 요리하여 주십시오."

그때 첨파 비구들이 왔고 보고서 환희하며 함께 서로 문신하였다.

"잘 오셨습니다. 대덕들이여."

평상과 요를 펼쳐서 나아가서 앉게 청하였고, 앉았으므로 발을 씻는 물과 발에 바르는 기름과 비시장을 주었으며, 밤에는 등불을 주었고 머리 숙여 비구들의 발에 예배하고 호궤 합장하며 이렇게 말을 지었다.

"대덕 승가시여. 저를 위하는 까닭으로 내일 저의 음식을 받아 주십시오."

곧 청을 받아들였다. 잠시 뒤에 제2의 대중이 왔으므로, 다시 평상과 요를 펼쳐서 나아가서 앉게 청하였고, 앉았으므로 발을 씻는 물과 발에 바르는 기름과 비시장을 주었으며, 밤에는 등불을 주었고 머리 숙여 비구들의 발에 예배하고 호궤 합장하며 이렇게 말을 지었다.

"대덕 승가시여. 저를 위하는 까닭으로 내일 저의 음식을 받아 주십시오."

이 대중이 말하였다.

"우리는 그들과는 함께 먹을 수 없습니다."
물어 말하였다.
"무슨 까닭입니까?"
대답하여 말하였다.
"이 자들은 거갈마를 받은 사람들입니다."
그 대중들이 말하였다
"우리는 거갈마를 받지 않았습니다."
다시 말하였다.
"그대들은 거갈마를 받은 사람입니다. 무슨 까닭으로 아니라고 말하시오?"
이와 같이 거갈마를 받았거나, 받지 않았다고 밤새워 함께 싸웠고 이웃의 세속 사람들은 듣고서 기쁘지 않은 마음이 생겨났다. 거사의 누이가 듣고 싫어하면서 말하였다.
"어찌하여 사문들이 거갈마를 받았거나, 받지 않았다고 밤새워 함께 싸우면서 불쾌한 마음이 생겨나게 하는가?"
새벽에 일어나서 결국 전식(前食)과 후식(後食)을 주지 않았고, 초마차(草馬車)를 타고 사위성에 돌아왔으며 수달다 거사의 처소로 나아가서 앞의 일을 갖추어 말하였고, 나아가 결국 요리하지 않은 것도 말하였다. 거사가 듣고 마음에 불쾌감을 품고서 누이에게 말하였다.
"이것은 악한 일이지만, 마땅히 주어야 하는 것을 어찌하여 주지 않았습니까? 이것인 법인가? 비법인가는 사문들에게 있습니다."
그때 수달다 거사는 세존의 처소로 갔고 머리숙여 발에 예경하고 물러나서 한쪽으로 앉아서 앞의 일의 일로서 갖추어, 나아가 거갈마를 받았거나, 받지 않는 것을 갖추어 세존께 아뢰었다.
"거갈마를 받은 사람들을 어떻게 공경하고 공양해야 하는가를 오직 원하옵건대 세존께서는 자세히 분별하여 설하십시오."
세존께서는 거사에게 알리셨다.
"의리가 있는 것을 마땅히 알아야 하고 의리가 없는 것도 마땅히 알아야 하오. 이것이 법인가? 비법인가? 이것이 율인가? 율이 아닌가를 모두 마땅히 알아야 하오. 이 가운데 의리가 있고 여법하고 율과 같이 행하는 자는 마땅히 공급해야 하나니, 어느 방편도 없으니 거갈마를 받은 비구도 함께 공양하고 섬겨야 하오."

세존께서는 거사에게 알리셨다.

"다만 보시를 행하여 여러 공덕을 지을 것이고, 이것이 법인가? 비법인가는 사문들이 스스로가 때에 알 것이오."

그때 대애도(大愛道) 비구니가 세존의 처소로 갔고 머리숙여 세존의 발에 예경하고 한쪽으로 물러나서 세존께 아뢰어 말하였다.

"세존이시여. 우리들은 어떻게 하여야 합니까?"

"나아가 어느 방편도 없으니 거갈마를 받은 비구도 함께 공양하고 섬겨야 합니다."

그때 존자 아난과 우바리도 세존의 처소로 갔고 역시 이와 같이 아뢰었고, 그때 존자 사리불도 세존께 아뢰어 말하였다.

"세존이시여. 거갈마를 받은 비구를 저희들이 어떻게 알 수 있습니까?"

"나아가 어느 방편도 없으니 거갈마를 받은 비구도 함께 공양하고 섬겨야 합니다."

그때 사리불이 세존께 아뢰어 말하였다.

"세존이시여. 무엇을 타라타(他邏咃)라고 이름합니까?"

세존께서 사리불에게 말씀하셨다.

"타라타가 아니면서 타라타와 비슷한 일곱 가지의 일이 있고, 두 가지의 타라타가 있느니라. 무엇이 일곱 가지인가? 혹은 미쳤던 까닭으로 이 대중에도 안착하지 못하고 저 대중에도 안착하지 못하는 것을 타라타라고 말하느니라. 이것은 최초의 타라타가 아니고 타라타와 비슷한 것이다. 이와 같이 마음이 어지럽고 아둔하고 어리석은 병이 있는 것이니, 병을 까닭으로 이 대중에도 안착하지 못하고 저 대중에도 안착하지 못하느니라.

다시 다음으로 사리불이여. 혹은 어느 사람이 이익을 위하는 까닭으로 이렇게 생각을 짓느니라.
 '만약 내가 이 대중에게 안착하면 저 대중의 이익을 잃을 것이고, 저 대중에게 안착하면 이 대중의 이익을 잃을 것이다.'
 이것은 함께 안착하지 않는 것이다. 다시 다음으로 혹은 사람이 있어서 두 대중의 이익을 얻는 까닭으로 이렇게 생각을 짓느니라.
 '나는 두 주변의 이익을 까닭으로 이 대중에게 안착하지 않고 저 대중에게 안착하지 않는다.'
 사리불이여. 이것을 타라타가 아니면서 타라타와 비슷한 일곱 가지의 일이라고 이름한다.
 두 가지의 타라타는 스스로가 보호하려는 마음과 때를 기다리는 것이다. '스스로가 보호하는 마음'은 다른 사람의 옳고 그름을 보고서 이렇게 생각을 짓는다.
 '업행(業行)은 짓는 자는 스스로 알아야 할 것이다. 비유하면 불탄다면 다만 스스로 몸을 구할 것인데, 어찌하여 다른 사람의 일을 알겠는가?'
 이것을 스스로가 보호하는 마음이라고 이름한다.
 '때를 기다리다.'는 혹은 어느 사람이 다른 사람이 다투고 논쟁하여 서로를 비난하는 것을 보았다면 이렇게 생각을 짓는다.
 '이렇게 다투고 논쟁하여 서로를 비난하여도 때에 이르면 스스로가 마땅히 판단할 것이다.'
 이것을 두 가지의 타라타라고 이름하느니라."
 그때 사리불이 세존께 아뢰어 말하였다.
 "세존이시여. 무엇을 중간의 타라타라고 말합니까?"
 세존께서는 사리불에게 알리셨다.
 "어느 한 사람이 이 대중과 법식(法食)과 미식(味食)을 함께 하였고, 역시 저 대중과 법식과 미식을 함께 하였는데, 청하면 마땅히 일을 판단하는 것이다. 다시 다음으로 사리불이여. 중간의 타라타도 역시 대중과 법식과 미식을 함께 하였고, 역시 저 대중과 법식과 미식을 함께 하였다면, 사람들이 청하지 않더라도 마땅히 일을 판단하느니라."

그때 사리불이 세존께 아뢰어 말하였다.

"세존이시여. 타라타 비구가 거갈마를 받은 비구를 요리하고자 하였다면, 마땅히 어떻게 해야 합니까?"

세존께서는 사리불에게 알리셨다.

"거갈마를 받은 사람이 수순법을 행하여 마음이 유연하였다면, 요리하는 자는 때에 모이거나 때가 아닌 때에 모여서 판결할 수 없고, 요리하기 위하여 마땅히 먼저 방이거나, 만약 온실이거나, 만약 강당 위이거나, 만약 여러 사람이 모인 곳으로 마땅히 가서 나이가 젊은 비구를 유인하여 물어야 한다.

"장로여. 그대의 화상과 아사리의 말을 얼핏 들었을 것이오. 만약 중간에 어느 사람이 거갈마를 받은 사람을 요리한다면 마땅히 허락하겠습니까?"

"내가 화상과 아사리의 말을 듣건대, '만약 거갈마를 받은 사람이 수순법을 행하여 마음이 유연해졌고, 설사 어느 사람이 그를 위하여 말하였어도 이 사람은 다스리는 것이 합당하다.'라고 말한 것과 같습니다."

만약 이러한 말을 들었다면 묵연하게 머물러야 한다.

"내가 화상과 아사리의 말을 듣건대, '만약 거갈마를 받은 사람이 수순법을 행하여 마음이 유연해졌고, 그를 위하여 요리할 사람이 없는 것이 애석하다.'라고 말한 것과 같습니다."

만약 이러한 말을 들었던 자는 고의로 대중을 모을 수 없고, 마땅히 인연의 때에 모으거나, 때가 아닌 때의 모이는 것에 의지하여야 한다.

이와 같이 사리불이여. 거갈마를 받은 사람이 포살하고 자자하는 날에 이르렀다면 마땅히 승가의 가운데에 이르러 이렇게 말을 지어야 한다.

'나 거갈마를 받은 비구는 수순법을 행하여 마음이 유연해졌습니다. 나에게 거갈마를 버리는 갈마를 주십시오.'

이와 같이 세 번 말하고서 마땅히 다시 나와야 한다. 나오는 때에 묵연히 떠나갈 수 없고, 마땅히 오른쪽 어깨를 드러내고 합장하고 떠나가야 하며, 만약 대중에서 말하는 사람이 있었다면 타라타 비구는 마땅히 물어야 한다.

"장로여. 이 사람은 본래 무슨 일을 까닭으로 거갈마를 받았습니까?"
다시 어느 사람이 싫어하며 말하였다.

"이 사람이 거갈마를 받았는데 무슨 까닭으로 알지 못하시오? 마땅히 합당하게 다스리십시오."

만약 이러한 말을 들었다면 마땅히 묵연히 멈추어야 한다. 만약 "장로여. 이 사람은 거갈마를 받고서 수순법을 행하여 마음이 유연해졌는데도 요리할 사람이 없으니, 버리는 갈마를 주어야 합니다."라고 말하였다면, 타라타 비구는 "장로여. 세존께서는 '매우 강한 두 사람이 있으니, 다스릴 수 없는 자는 마땅히 다스려야 하고, 이미 다스려서 유연해진 자는 마땅히 버리는 갈마를 주어야 한다.'라고 말씀하셨습니다.

만약 이와 같이 여러 사람의 뜻을 얻은 자는 마땅히 구청갈마를 지어야 한다. 이미 애원하는 것을 허락하였다면 갈마인은 마땅히 이렇게 말을 지어야 한다.

"'대덕 승가께서는 허락하십시오. 누구 비구에게 이러한 일이 있었고 승가는 요익하게 하려는 까닭으로 거갈마를 지었으며, 그는 수순법을 행하여 마음이 유연해졌습니다. 만약 승가께서 때가 이르렀다면 승가는 누구 비구가 승가를 쫓아서 거갈마를 버리도록 애원하게 하십시오.

여러 대덕 승가께서는 허락하십시오. 누구 비구가 승가를 쫓아서 거갈마를 버리도록 애원하게 하겠습니다. 승가께서 인정하신 것은 묵연하였던 까닭입니다. 이 일을 이와 같이 지니겠습니다.'"

이 사람이 마땅히 애원하면서 오른쪽 어깨를 드러내고 호궤 합장하고서 이렇게 말을 지어야 한다.

"대덕 승가께서는 허락하십시오. 나 누구 비구는 이러한 일이 있었고 승가는 요익하게 하려는 까닭으로 거갈마를 시었으며, 나는 이미 수순법을 행하여 마음이 유연해졌으며 본래의 악한 견해를 버렸고, 지금 승가를 쫓아서 거갈마를 버리는 갈마를 애원합니다. 애민한 까닭으로 오직 바라건대 승가께서는 거갈마를 버리는 갈마를 나에게 주십시오."

이와 같이 세 번을 애원해야 한다. 갈마인은 마땅히 이렇게 말을 지어야 한다.
"대덕 승가께서는 허락하십시오. 누구 비구에게 이러한 일이 있었고 승가는 요익하게 하려는 까닭으로 거갈마를 지었으며, 그는 이미 수순법을 행하여 마음이 유연해졌으며 본래의 악한 견해를 버렸고, 지금 승가를 쫓아서 거갈마를 버리는 갈마를 애원하고 있습니다. 만약 승가께서 때가 이르렀다면 승가는 누구 비구에게 거갈마를 버리는 갈마를 주십시오. 이와 같이 아룁니다.'
'대덕 승가께서는 허락하십시오. 누구 비구에게 이러한 일이 있었고 승가는 요익하게 하려는 까닭으로 거갈마를 지었으며, 그는 이미 수순법을 행하여 마음이 유연해졌으며 본래의 악한 견해를 버렸고, 이미 승가의 가운데에서 거갈마를 버리도록 애원하였습니다. 승가시여. 지금 누구 비구에게 거갈마를 버리는 갈마를 주겠습니다. 여러 대덕들께서 거갈마를 버리는 갈마를 주는 것을 인정하신다면 묵연하시고 만약 인정하지 않으신다면 곧 말씀하십시오.'"
이것이 첫 번째의 갈마이다. 두 번·세 번째에도 역시 앞에서와 같다.
"승가시여. 이미 누구 비구에게 거갈마를 버리는 갈마를 주는 것을 마쳤습니다. 승가께서 인정하신 것은 묵연하였던 까닭입니다. 이 일은 이와 같이 지니겠습니다."
이것을 타라타라고 이름한다.

(49) 이주(異住)

세존께서는 사위성에 머무셨으며, 자세한 설명은 앞에서와 같다.
그때 수달다 거사가 누이에게 말하였다.
"누이여. 이 취락의 가운데에 머무르면서 오는 객승이 있다면 나를 위하여 공급하여 주십시오."
그때 첨파 비구 대중이 왔고 보고서 환희하였으며 나아가서 앉게 청하였고, 뜻을 따라서 공급하였으며 호궤 합장하고 이렇게 말을 지었다.

"오직 원하건대 대덕들께서는 내일 저의 음식을 받아 주십시오."
잠시 뒤에 제2의 대중이 왔으므로, 나아가서 앉게 청하였고, 여러 종류를 공급하였으며, 내일의 음식을 청하였는데, 이 대중이 말하였다.
"우리는 그들과는 함께 먹을 수 없습니다."
물어 말하였다.
"무슨 까닭입니까?"
대답하여 말하였다.
"그자들은 승가를 파괴하였습니다."
그들이 말하였다.
"우리들은 승가를 파괴하지 않았습니다."
다시 말하였다.
"그대들은 승가를 파괴하였던 사람들이오. 무슨 까닭으로 아니라고 말하시오?"
이와 같이 승가를 파괴하였거나, 파괴하지 않았다고 밤새워 함께 싸웠고 이웃의 세속 사람들은 듣고서 기쁘지 않은 마음이 생겨났다. 거사의 누이가 듣고 싫어하면서 결국 공급하지 않았고, 일찍 일어나서 초마차를 타고 사위성에 돌아왔으며, 수달다를 향하여 앞의 일을 갖추어 말하였고, 거사는 듣고 마음에 불쾌감을 품고서 세존의 처소로 갔고 머리숙여 발에 예경하고 물러나서 한쪽으로 앉아서 앞의 일의 일로서 갖추어 세존께 아뢰었다.
"이 승가를 파괴한 사람들을 우리들은 어떻게 공경하고 공양해야 하는가를 오직 원하옵건대 세존께서는 자세히 분별하여 설하십시오."
세존께서는 거사에게 알리셨다.
"의리가 있는 것을 마땅히 알아야 하고 의리가 없는 것도 마땅히 알아야 하오. 이것이 법인가? 비법인가? 이것이 율인가? 율이 아닌가를 모두 마땅히 알아야 하오. 이 가운데 의리가 있고 여법하고 율과 같이 행하는 자는 마땅히 공급해야 하나니, 어느 방편도 없으니 승가를 파괴한 사람들도 함께 주어야 하고 함께 머물러야 하오."

"다만 보시를 행하여 여러 공덕을 지을 것이고, 이것이 법인가? 비법인가는 사문들이 스스로가 때에 알 것이오."

그때 대애도 비구니가 세존께 아뢰어 말하였다.

"세존이시여. 이 승가를 파괴한 사람들을 우리들은 어떻게 하여야 합니까?"

[앞에서 설한 것과 같다.]

그때 존자 아난과 사리불과 우바리도 세존의 처소로 갔고 머리숙여 발에 예경하고 물러나서 한쪽으로 앉아서 앞의 일의 일로서 갖추어 세존께 아뢰었

"세존이시여. 이 승가를 파괴한 사람들을 우리들은 어떻게 하여야 합니까?"

세존께서 우바리에게 말씀하셨다.

"의리가 있는 것을 마땅히 알아야 하고 의리가 없는 것도 마땅히 알아야 하느니라. 이것이 법인가? 비법인가? 이것이 율인가? 율이 아닌가를 모두 마땅히 알아야 하오. 이 가운데 의리가 있고 여법하고 율과 같이 행하는 자는 마땅히 공급해야 하나니, 어느 방편도 없으니 승가를 파괴한 사람들도 함께 주어야 하고 함께 머물러야 하느니라."

그때 존자 우바리가 세존께 아뢰어 말하였다.

"세존이시여. 무엇을 승단을 깨뜨린다고 이름합니까?"

세존께서 우바리에게 알리셨다.

"두 가지의 일을 승단을 깨뜨린다고 이름하나니, 무엇을 두 가지인가? 첫째는 악법을 증가시키는 사람이고, 둘째는 악을 증가시키는 사람이니라."

다시 물었다.

"비법인 대중이 채워졌고, 여법한 대중이 만약 줄어들었다면 승단을 깨뜨렸다고 이름합니까?"

세존께서 말씀하셨다.

"아니니라."

다시 물었다.

"여법한 대중이 채워졌고, 비법인 대중이 만약 줄어들었다면 승단을 깨뜨렸다고 이름합니까?"

세존께서 말씀하셨다.

"아니니라."

다시 물었다.

"비법인 대중이 채워졌고, 여법한 대중이 만약 10명이나 15명으로 줄어들었다면 승단을 깨뜨렸다고 이름합니까?"

세존께서 말씀하셨다.

"아니니라."

다시 물었다.

"여법한 대중이 채워졌고, 비법인 대중이 만약 10명이나 15명으로 줄어들었다면 승단을 깨뜨렸다고 이름합니까?"

세존께서 말씀하셨다.

"아니니라."

다시 물었다.

"만약 비법인 대중이 채워졌고, 여법한 대중이 채워졌으며, 만약 10명이나 15명으로 줄어들었는데, 이 가운데에서 만약 하나·하나의 법을 사람에게 말하면서 앉도록 하지 않았고 욕(欲)을 주지 않았으며, 욕이 아닌 것을 보는 것도 주지 않았다면 승단을 깨뜨렸다고 이름합니까?"

세존께서 말씀하셨다.

"아니니라."

다시 물었다.

"만약 비법인 대중이 채워졌고, 여법한 대중이 채워졌으며, 만약 10명이나 15명으로 줄어들었는데, 이 가운데에서 만약 하나 하나의 법을 사람에게 말하면서 앉도록 하지 않았고 욕을 주지 않았으며, 욕이 아닌 것을 보는 것도 주지 않았으며, 억지로 끌어내고 구족계를 받지 않은 사람으로 숫자를 채웠다면 승단을 깨뜨렸다고 이름합니까?"

세존께서 말씀하셨다.
"아니니라."
다시 물었다.
"만약 비법인 대중이 채워졌고, 여법한 대중이 채워졌으며, 만약 10명이나 15명으로 줄어들었는데, 이 가운데에서 만약 하나·하나의 법을 사람에게 말하면서 앉도록 하지 않았고 욕을 주지 않았으며, 욕이 아닌 것을 보는 것도 주지 않았으며, 억지로 끌어내지 않았고 구족계를 받지 않은 사람으로 숫자를 채웠으며, 다시 일체가 승가를 깨뜨리고자 하였다면, 이것을 승단을 깨뜨린다고 이름합니까?"

세존께서 우바리에게 알리셨다.
"비법인 대중이 채워졌고, 여법한 대중이 채워졌으며, 만약 10명이나 15명으로 줄어들었는데, 이 가운데에서 만약 하나·하나의 법을 사람에게 말하면서 앉도록 하지 않았고 욕을 주지 않았으며, 욕이 아닌 것을 보는 것도 주지 않았으며, 억지로 끌어내지 않았고 구족계를 받지 않은 사람으로 숫자를 채웠으며, 다시 일체가 승가를 깨뜨리고자 하지 않았어도 다만 한 주처에서 함께 하나의 경계에서 다른 대중으로 포살하고 별도로 자자하며 별로 승단의 일을 행한다면, 이것을 승단을 깨뜨린다고 이름하느니라."

만약 이자가 승가를 깨뜨리고자 하는 사람이라고 알았다면 여러 비구들이 마땅히 말해야 한다.
"장로여. 승가를 깨뜨리지 마십시오. 승가를 깨뜨린 죄는 무거워서 악도에 떨어지고 니리에 들어갑니다. 나는 마땅히 그대에게 옷과 발우를 주겠고 경을 주어서 송경하도록 하겠으며 일을 물어서 교계할 것입니다."

만약 고의로 멈추지 않는다면 마땅히 세력이 있는 우바이에게 말해야 한다.
"장수여. 이 사람이 승가를 깨뜨리고자 하므로 마땅히 그대가 가서 충고하고 깨우쳐서 말하여 멈추게 하십시오."

우바이는 마땅히 말해야 한다.

"존자여. 승가를 깨뜨리지 마십시오. 승가를 깨뜨린 죄는 무거워서 악도에 떨어지고 니리에 들어갑니다. 내가 마땅히 존자께 옷과 발우를 주겠고 병으로 수척하면 탕약(湯藥)을 주겠습니다. 만약 범행을 닦는 것을 좋아하지 않는다면 환속(還俗)하십시오. 내가 마땅히 그대에게 아내가 필요하다면 공급하겠습니다."

만약 고의로 멈추지 않는다면 마땅히 사라주(舍羅籌)를 뽑아서 쫓아내야 하며, 쫓아내고서 마땅히 창언하면서 이렇게 말을 지어야 한다.

"여러 대덕들이여. 승가를 깨뜨리는 사람이 오고 있으니, 마땅히 스스로가 아십시오."

만약 이와 같이 준비하고서 오히려 고의로 승가를 파괴하였다면, 이것을 승가를 파괴하였다고 이름한다.

만약 이 가운데에서 보시하는 까닭으로 좋은 복전(福田)이라 이름하였고, 만약 이 가운데에서 구족계를 받았던 까닭으로 '선수구족(善受具足)'이라 이름하였는데, 만약 깨달았다면 마땅히 떠나가야 한다.

만약 떠나가지 않는 자는 이들을 승가를 깨뜨리는 반려라고 이름하고, 이들을 승가를 깨뜨리는 반당(伴黨)이라고 이름하나니, 목숨을 마치도록 마땅히 함께 말하지 않도록 하고, 함께 머무르지 않도록 하며, 함께 음식을 먹지 않도록 하고, 불·법·승을 함께 하지 않으며, 함께 포살하고 안거하며 자자하지 않도록 하고, 스스로가 마음대로 함께 갈마하지 않아야 하느니라. 다른 외도의 출가인과 말하고 평상과 자리가 있어서 앉고자 하였다면 곧 앉을지라도 그 자들에게 앉으라고 말할 수 없다. 이것을 이주(異住)라고 이름한다.

(50) 바라이학회(波羅夷學悔)를 주다

세존께서는 사위성에 머무셨으며, 자세한 설명은 앞에서와 같다

그때 사위성에 어느 난제(難提)가 재가를 즐거워하지 않았으므로 집을 버리고 출가하여 다니면서도 역시 선(禪)이었으며, 머무르면서도 선이었고, 앉아서도 선이었으며, 누워있으면서도 선이었다. 그때 역시 난제라는

이름이 많이 있었으므로 이 사람을 선난제(禪難提)라고 이름하였고, [바라이의 가운데에서 자세히 설한 것과 같다.] 여러 비구들이 곧 쫓아냈고 쫓겨나서 기환(祇桓)의 문간에 서서 울면서 이렇게 말을 지었다.

"장로들이여. 제가 바라이를 범하였고 한 생각에서도 덮어서 감추려는 마음이 없었으며, 저는 가사를 즐거워합니다. 불법을 버리고서 떠나가고 싶지 않습니다."

이때 난제의 어머니도 와서 다시 울면서 이렇게 말을 지었다.

"저의 아이가 출가를 즐거워하였으나, 세존께서 쫓아내셨습니다."

난제의 누이도 다시 와서 울면서 이렇게 말을 지었다.

"저의 동생이 사문이라고 즐거워하였는데, 세존께서 쫓아내셨습니다."

여러 비구들이 이 인연으로써 가서 세존께 아뢰었고, 세존께서는 여러 비구들에게 알리셨다.

"이것은 난제가 바라이를 범하고서 하나의 생각도 덮어서 감추겠다는 생각이 없는 것이다. 승가는 마땅히 그에게 바라이학회갈마(波羅夷學悔羯磨)를 주도록 하라."

이 사람은 마땅히 승가를 쫓아서 애원하면서 오른쪽 어깨를 드러내고 호궤 합장하며 이렇게 말을 지어야 한다.

"대덕 승가께서는 허락하십시오. 나 난제는 바라이를 범하고서 하나의 생각에서도 덮어서 감추겠다는 마음이 없었으며, 지금 승가를 쫓아서 바라이학회를 애원합니다. 애민하게 생각하시는 까닭으로 오직 바라건대 승가께서는 나에게 바라이학회갈마를 주십시오."

이와 같이 세 번을 애원해야 한다. 갈마인은 마땅히 이렇게 말해야 한다.

"대덕 승가께서는 허락하십시오. 난제 비구는 바라이를 범하고서 하나의 생각에서도 덮어서 감추겠다는 마음이 없었고, 이미 승가를 쫓아서 바라이학회를 애원하였습니다. 만약 승가께서 때가 이르렀다면 승가께서는 난제에게 바라이학회갈마를 주십시오. 이와 같이 아룁니다.'

'대덕 승가께서는 허락하십시오. 난제 비구는 바라이를 범하고서 하나의 생각에서도 덮어서 감추겠다는 마음이 없었고, 이미 승가를 쫓아서 바라이학회를 애원하였습니다. 승가시여. 지금 난제 비구에게 바라이학 회갈마를 주겠습니다. 여러 대덕들께서 난제 비구에게 바라이학회갈마를 주는 것을 인정하신다면 묵연하시고 만약 인정하지 않으신다면 곧 말씀하십시오.'"

이것이 첫 번째의 갈마이다. 두 번·세 번째에도 역시 이와 같이 말해야 한다.

"승가시여. 이미 난제 비구에게 바라이학회갈마를 주는 것을 마쳤습니다. 승가께서 인정하신 것은 묵연하였던 까닭입니다. 이 일은 이와 같이 지니겠습니다."

이 사람은 마땅히 일체 비구의 아래에 앉아야 하고, 일체 사미의 위에 앉으며, 비구와 함께 같은 집에서 3일 밤을 지나쳐서 묵을 수 없고, 다시 사미와 함께 같은 집에서 3일 밤을 지나쳐서 묵을 수 없다. 비구가 부정식(不淨食)을 먹는다면 그도 역시 부정식을 먹어야 하고, 그가 부정식을 먹었다면 비구도 역시 부정식을 먹으며, 비구와 함께 음식을 받는다. 오직 화정(火淨)과 다섯 가지 생종(生種)과 금과 은은 제외하며, 그는 마땅히 사미를 쫓아서 음식을 받아야 한다.

비구는 그를 향하여 바라제목차·바라이·승가바시사, 나아가 월비니죄를 설할 수 없고, 말할 수 있으나 범행이 아니라면 지을 수 없으며, 훔칠 수 없고, 살생할 수 없으며, 거짓말을 할 수 없고, 술을 마실 수 없는 깃 등의 이와 같은 하나·하나를 교수(教授)를 받아야 한다. 만약 바라제목차를 독송하는 자는 큰소리로 독송할 수 없고, 만약 법을 존경하는 자는 마음으로 외워야 한다. 포살과 자자는 허락하지 않으며, 포살과 자자하는 날이라면 승가의 가운데에 이르러서 이렇게 말을 지어야 한다.

"나는 청정한 승가를 기억하어 지니겠습니다."

이렇게 세 번을 말하고서 마땅히 돌아와야 한다. 4바라이의 가운데에서 만약 범한 것이 있으면 마땅히 쫓아내야 하고, 13승가바시사 이하의 일체는 돌길라(突吉羅)를 지어서 참회하게 해야 한다. 이것을 바라이학회갈마를 준다고 이름하나니, 수순하여 행하여야 한다.

(51) 죄상(罪相)을 찾다

세존께서는 사위성에 머무셨으며, 자세한 설명은 앞에서와 같다

그때 시리야바(尸利耶婆) 비구가 자주 승가바시사를 범하였고, 승가는 모여서 갈마를 짓고자 하였으나, 시리야바가 오지 않았으므로 곧 사자를 보내어 부르면서 이렇게 말을 지었다.

"장로여. 승가가 모여서 갈마를 짓고자 합니다. 무슨 까닭으로 오지 않습니까?"

시리야바가 말하였다.

"승가는 반드시 나를 위하는 까닭으로 갈마를 짓는 것이다."

곧 마음에 두려움이 생겨났고 왔다. 여러 비구들이 물었다.

"장로여. 승가바시사를 범하였습니까?"

대답하여 말하였다.

"범하였습니다."

그는 마음에 환희가 생겨나서 이렇게 생각을 지었다.

'여러 범행의 사람이 나에게 자비심을 일으켜서 참회할 수 있는 죄를 드러냈어도 참회할 수 없다.'

곧 아뢰었다.

"내가 잠시 나가도록 허락하시오."

나갔으므로, 여러 비구들이 뒤에서 이렇게 말을 지었다.

"이 비구는 가볍고 조급하며 안정되지 않았고 나갔으나, 잠깐사이에 마땅히 거짓말을 지을 것이니 마땅히 세 번이 지나갔다면 사실을 결정하고 그러한 뒤에 갈마를 지읍시다."

시리야바는 밖에 나가서 이렇게 생각을 지었다.

'내가 무슨 까닭으로 이러한 죄를 받아야 하는가? 여러 비구들이 자주 나의 죄를 다스리므로 나는 마땅히 받을 수 없다.'

여러 비구들이 시리야바를 불러들였고, 들어왔으므로 물었다.

"그대가 진실로 승가바시사를 범하였습니까?"
대답하여 말하였다.
"범하지 않았습니다."
다시 물었다.
"그대는 무슨 까닭으로 승가의 가운데에서는 이 죄가 있다고 말하고서 지금은 범하지 않았다고 말합니까?"
대답하여 말하였다.
"나는 이 일을 기억하지 못합니다."
여러 비구들이 이 인연으로써 가서 세존께 아뢰었고, 세존께서는 말씀하셨다.
"시리야바를 불러오라."
왔으므로, 세존께서는 앞의 일을 자세히 물으셨다.
"그대가 진실로 그러하였는가?"
대답하여 말하였다.
"진실로 그렇습니다."
세존께서는 여러 비구들에게 알리셨다.
"이 시리야바는 승가의 가운데에서 '죄를 보았다.'라고 말하고서 다시 '보지 못하였다.'라고 말하였으며, '보지 못하였다.'라고 말하고서 다시 '보았다.'라고 말하였으며, 이것을 '기억하지 못합니다.'라고 말하였으니, 승가는 마땅히 멱죄상갈마(覓罪相羯磨)를 지어서 주도록 하라."
길마인은 미땅히 이렇게 말해야 한다.
"'대덕 승가께서는 허락하십시오. 승가의 가운데에서 '죄를 보았다.'라고 말하고서 다시 '보지 못하였다.'라고 말하였으며, '보지 못하였다.'라고 말하고서 다시 '보았다.'라고 말하였으며, 이것을 '기억하지 못합니다.'라고 말하였습니다. 만약 승가께서 때에 이르렀다면 승가께서는 시리야바에게 멱죄상갈마를 지어서 주십시오. 이와 같이 아룁니다.'
'대덕 승가께서는 허락하십시오. 승가의 가운데에서 '죄를 보았다.'라고 말하고서 다시 '보지 못하였다.'라고 말하였으며, '보지 못하였다.'라고 말하고서 다시 '보았다.'라고 말하였으며, 이것을 '기억하지 못합니다.'라고 말하였습니다. 승가시여. 지금 멱죄상갈마를 지어서 주겠습니다. 여러 대덕들께서 시리야바에게 멱죄상갈마를 지어서 주는 것을 인정하신다면 묵연하시고 만약 인정하지 않으신다면 곧 말씀하십시오.'"

이것이 첫 번째의 갈마이고 두 번·세 번째에도 역시 이와 같이 말해야 한다

"승가시여. 이미 시리야바에게 멱죄상갈마를 지어서 주는 것을 마쳤습니다. 승가께서 인정하신 것은 묵연하였던 까닭입니다. 이 일은 이와 같이 지니겠습니다."

이 사람은 목숨을 마칠 때까지 마땅히 여덟 가지의 일을 행해야 하나니, 무엇이 여덟 가지인가? 다른 사람을 제도할 수 없고, 다른 사람에게 구족계를 줄 수 없으며, 다른 사람에게 의지를 줄 수 없고, 비구의 안마를 공급받을 수 없으며, 비구의 사자를 지을 수 없고, 차례로 모임에 뽑히는 것을 받을 수 없고, 다른 사람을 위하여 설법하는 사람으로 지을 수 없고, 목숨을 마치도록 승가가 화합하여 지었던 멱죄상갈마를 버릴 수 없다. 이러한 여덟 가지의 일을 행하였어도 목숨을 마치도록 마땅히 버리는 갈마를 줄 수 없다. 이것을 멱죄상이라고 이름하나니, 수순하여 행하여야 한다.

거갈마와 별주와
마나타와 출죄와
마땅하거나 마땅하지 않게 수순하는 것과
타라타와 이주(異住)와
학회(學悔)와 멱죄상 등이 있다.

[두 번째의 발거를 마친다.]

(52) 거사(擧事)

세존께서는 사위성에 머무셨으며, 자세한 설명은 앞에서와 같다.

첨파 비구들이 투쟁하고 비난하여 말하면서 화합하지 않고 머물렀고 한 사람이 한 사람을 거론하였고 두 사람이 두 사람을 거론하였으며 여러 사람이 여러 사람을 거론하면서 이렇게 말을 지었다.

"나는 장로를 거론합니다. 나는 장로를 거론합니다."

그때 존자 우바리가 이 인연을 갖추어 세존께 아뢰었다.

"첨파 비구들에게 비법이 생겨나서 한 비구가 한 비구를 거론하였고, 나아가 여러 비구들이 여러 비구들을 거론하고 있습니다. 세존이시여. 몇 가지의 일이 있다면 비구가 다른 사람을 거론할 수 있습니까?"

세존께서 우바리에게 알리셨다.

"세 가지의 일과 세 가지의 인연이 있다면 비구는 다른 사람을 거론할 수 있느니라. 무엇이 세 가지의 일인가? 계율이 부정하고 견해가 부정하며 생활이 부정한 것이다. 무엇이 세 가지의 인연인가? 보는 것과 듣는 것과 의심하는 것이다. 이것을 세 가지의 인연이라고 하느니라.

다시 다음으로 비구 자신이 5법을 성취하였다면 다른 사람을 거론할 수 있으니, 무엇이 5법인가? 진실하고 거짓이 아니며, 때이고 때가 아닌 때가 아니며, 요익하고 요익하지 않음이 없으며, 유연하고 거칠고 사납지 않으며, 자비한 마음으로 성내지 않는 것이다. 이것을 5법이라고 이름하며 다른 사람을 거론할 수 있느니라."

다시 다음으로 5법을 성취하였다면 다른 사람을 거론할 수 있으니, 무엇이 5법인가? 신업(身業)이 청정하고, 구업(口業)이 청정하며, 정명(正命)이고, 아비담(阿毘曇)을 많이 들었으며, 계율(毘尼)을 많이 들었던 것이다.

우바리여. 만약 신업이 부정한 사가 다른 사람을 거론하고자 하였다면 앞의 사람들이 마땅히 말해야 한다.

"장로여. 스스로가 신업이 부정하면서 무슨 까닭으로 다른 사람을 거론합니까? 마땅히 먼저 스스로가 신업을 청정하게 하고 그러한 뒤에 다른 사람을 거론해야 합니다."

이러한 까닭으로 우바리여. 다른 사람을 거론하고자 하였다면 먼저 마땅히 신업을 청정하게 하고, 구업을 청정하게 하며, 정명도 역시 이와 같다.

만약 아비담을 들은 것이 적으면서 다른 사람을 거론하고자 하였다면 앞의 사람들이 마땅히 말해야 한다.

"장로여. 무슨 까닭으로 아비담을 들은 것이 적으면서 다른 사람을 거론합니까? 옳은 장로라면 먼저 마땅히 아비담을 들은 것이 많았다면 그러한 뒤에 다른 사람을 거론해야 합니다."

이러한 까닭으로 우바리여. 다른 사람을 거론하고자 하였다면 먼저 마땅히 아비담을 들은 것이 많아야 하나니라.

만약 비니를 들은 것이 적으면서 다른 사람을 거론하고자 하였다면 앞의 사람들이 마땅히 말해야 한다.

"장로여. 무슨 까닭으로 비니를 들은 것이 적으면서 다른 사람을 거론합니까? 장로께서도 역시 무슨 일의 인연으로 이 계율을 제정하였는가를 알지 못하고, 어느 나라의 취락과 성읍에서 이 계율을 제정하였는가를 알지 못합니다. 옳은 장로이고 다른 사람을 거론하고자 하였다면 먼저 마땅히 비니를 들은 것이 많았다면 그러한 뒤에 다른 사람을 거론해야 합니다."

이러한 까닭으로 우바리여. 다른 사람을 거론하고자 하였다면 먼저 마땅히 비니를 들은 것이 많아야 하나니라. 이것을 자신이 5법을 성취하였다면 다른 사람을 거론할 수 있다고 이름한다.

다시 다음으로 우바리여. 다섯의 비법으로 다른 사람을 거론하나니, 무엇이 다섯의 비법인가? 꾸짖고서 뒤에 거론하는 것이 있고, 거론하고서 뒤에 꾸짖는 것이 있으며, 곧 거론하면서 꾸짖는 것이 있고, 꾸짖었으나 거론하지 않는 것이 있으며, 거론하고서 꾸짖지 않는 것이 있다.

'꾸짖고서 거론하다.'는 먼저 나쁘다고 꾸짖고서 뒤에 5중죄의 가운데에서 만약 하나·하나의 죄를 거론하는 것이다. 이것을 꾸짖고서 뒤에 거론한다고 이름한다.

'거론하고서 뒤에 꾸짖다.'는 먼저 5중죄의 가운데에서 만약 하나·하나의 죄를 거론하고서 뒤에 나쁘다고 꾸짖는 것이다. 이것을 거론하고서 뒤에 꾸짖는다고 이름한다.

'곧 거론하면서 꾸짖다.'는 나쁘다고 꾸짖고서 '그대는 바라이를 범하였습니다.'라고 하거나, 나쁘다고 꾸짖고서 '그대가 승가바시사의 죄를 범하였고, 나아가 월비니죄를 범하였습니다.'라고 말하는 것이다. 이것을 거론하는 곧 거론하면서 꾸짖는다고 이름한다.

'거론하고서 꾸짖지 않다.'는 5중죄의 가운데에서 만약 하나·하나의 죄를 거론하고서 나쁘다고 꾸짖지 않는 것이다. 이것을 거론하고서 꾸짖지 않는다고 이름한다.

'꾸짖고서 거론하지 않다.'는 여러 종류로 나쁘다고 꾸지람을 지었으나, 거론하지 않는 것이다. 이것을 꾸짖고서 거론하지 않는다고 이름한다.

이 가운데에서 먼저 꾸짖고 뒤에 거론하였거나, 거론하고서 뒤에 꾸짖었거나, 곧 거론하면서 꾸짖는 것은 승가에서 마땅히 물을 수 없고 마땅히 받아들일 수 없다. 이 가운데에서 거론하면서도 꾸짖지 않는 것은 승가에서 마땅히 검교해야 한다.

만약 다른 사람을 거론하고자 하는 때에는 마땅히 먼저 말해야 한다.

"장로여. 내가 일을 거론하고자 합니다. 일을 거론하도록 허락하겠습니까?"

앞사람은 말한다.

"일을 거론하고자 한다면 할 수 있습니다."

만약 허락을 묻지 않고 거론하는 자는 월비니죄를 범하느니라.

우바리여. 다른 사람의 계율이 부정한 것을 보지 못하였고 진실이 아니며 때가 아니고 요익하지 않으며 거칠고 사나워서 유연한 말이 아니고 성내면서 자비한 마음이 아닌데, 다른 사람을 거론하는 자는 월비니죄를 범하느니라. 듣는 것과 묻거나 의심하는 것도 역시 이와 같다.

다른 사람의 견해가 부정한 것을 보지 못하였고 진실이 아니며 때가 아니고 요익하지 않으며 거칠고 사나워서 유연한 말이 아니고 성내면서 자비한 마음이 아닌데, 다른 사람을 거론하는 자는 월비니죄를 범하느니라. 듣는 것과 묻거나 의심하는 것도 역시 이와 같다.

다른 사람의 정명이 부정한 것을 보지 못하였고 진실이 아니며 때가 아니고 요익하지 않으며 거칠고 사나워서 유연한 말이 아니고 성내면서 자비한 마음이 아닌데, 다른 사람을 거론하는 자는 월비니죄를 범하느니라. 듣는 것과 묻거나 의심하는 것도 역시 이와 같다.

우바리여. 다른 사람의 계율이 부정한 것을 보았고 진실이며 때이고 요익하며 거칠고 사나워서 유연한 말이 아니고 성내면서 자비한 마음이 아니며 앞사람에게 말하지 않았고 앞사람이 인가(印可)하지 않은 것을 거론하는 자는 월비니죄를 범하느니라. 듣는 것과 묻는 것과 의심하는 것도 역시 이와 같다.

다른 사람의 견해가 부정한 것을 보았고 진실이며 때이고 요익하며 거칠고 사나워서 유연한 말이 아니고 성내면서 자비한 마음이 아니며 앞사람에게 말하지 않았고 앞사람이 인가하지 않은 것을 거론하는 자는 월비니죄를 범하느니라. 듣는 것과 묻는 것과 의심하는 것도 역시 이와 같다.

다른 사람의 정명이 부정한 것을 보았고 진실이며 때이고 요익하며 거칠고 사나워서 유연한 말이 아니고 성내면서 자비한 마음이 아니며 앞사람에게 말하지 않았고 앞사람이 인가하지 않은 것을 거론하는 자는 월비니죄를 범하느니라. 듣는 것과 묻는 것과 의심하는 것도 역시 이와 같다.

다시 5법을 성취하였어도 대중 승가의 가운데에서 마땅히 다른 사람을 거론할 수 없나니, 무엇이 다섯 가지인가? 애욕을 따르고, 성냄을 따르며, 두려움을 따르고, 어리석음을 따르며, 이익을 위하는 까닭이다. 만약 이 5법을 성취하고서 다른 사람을 거론하는 자는 몸이 무너지고 목숨을 마쳤다면 악도에 떨어져서 니리에 들어가느니라.

다시 5법을 성취하였다면 대중 승가의 가운데에서 마땅히 다른 사람을 거론할 수 있으니, 무엇이 다섯 가지인가? 애욕을 따르지 않고, 성냄을 따르지 않으며, 두려움을 따르지 않고, 어리석음을 따르지 않으며, 이익을 위하지 않는 까닭이다. 만약 이 5법을 성취하고서 다른 사람을 거론하는 자는 몸이 무너지고 목숨을 마쳤다면 선도(善道)에 태어나서 범행인의 찬탄을 받을 것이다. 이것을 거론한다고 이름한다.

'치사(治事)'는 무엇을 다스린다고 말하는가? 바라이를 범하면 마땅히 세속 사람으로 돌아가야 하고, 사미는 승가에서 마땅히 쫓아내야 한다. 승가바시사를 범하고서 만약 덮어서 감추었던 자는 바리바사와 마나타와 아부가나를 주어야 하고, 덮어서 감추지 않은 자에게는 마나타와 아부가나를 행해야 한다.

니살기바야제를 범한 자는 이 여분의 물건을 마땅히 승가의 가운데에 버리고서 장로 비구의 앞에 있으면서 오른쪽 어깨를 드러내고 호궤 합장하고서 말해야 한다.

"저의 여분의 옷(長衣)은 10일이 지났으므로 대중 승가의 가운데에서 버리겠습니다."

바야제를 참회하는 것을 범하였다면 앞사람이 물어야 한다.

"그대는 이 죄를 보았습니까?"

대답하여 말한다.

"보았습니다."

앞사람이 말한다.

"다시는 범하지 마십시오."

대답하여 말한다.

"나는 정대하여 지니겠습니다."

나아가 갈마하여 옷은 한 사람에게 주었다가 뒤에 마땅히 돌려받는다. 바야제를 범하거나, 나아가 월비니죄를 범하는 것도 역시 이와 같아서 참회해야 한다.

'쫓아내다.'는 일곱 가지의 일이 있으니, 비구니의 청정한 행을 무너뜨렸거나, 도주(盜住)이거나, 월제(越濟)이거나, 5역(逆)이거나, 불능남이거나,

4바라이를 범하였거나, 사미의 악한 견해 등이다. 이것을 일곱 가지의 일이라고 이름하고, 마땅히 쫓아내야 한다.

(53) 이주(異住)

세존께서는 왕사성에 머무르셨으며, 제바달다(提婆達多) 인연의 가운데에서 자세히 설한 것과 같다.

나아가 제바달다가 달아나서 가야성(伽耶城)으로 향하였고, 세존께서도 뒤에 가야성으로 향하셨다. 그날은 마땅히 포살하였고, 세존께서는 아난에게 말씀하셨다.

"그대가 가서 제바달다에게 말하여 데려오도록 하게. 승가에서 포살갈마를 짓는 날이네."

아난은 곧 가서 이렇게 말을 지었다.

"장로여. 지금은 승가에서 포살갈마를 짓는 날입니다. 세존께서 부르셨습니다."

제바달다가 대답하여 말하였다.

"나는 가지 않겠네. 오늘부터는 함께 불·법·승을 하지 않고, 함께 포살과 자자갈마를 하지 않겠으며, 오늘부터는 바라제목차를 배우고 배우지 않는 것을 내가 스스로의 뜻을 따르겠네."

아난은 이러한 말을 듣고서 이렇게 생각을 지었다.

'이것은 기이한 일이다. 이렇게 악한 소리를 하였으니, 장차 승가를 파괴하는 것이 없겠는가?'

아난이 돌아와서 앞의 일로써 갖추어 세존께 아뢰었고, 세존께서는 아난에게 말씀하셨다.

"그대는 다시 제바달다의 처소에 가도록 하게."

나아가 아난은 다시 이렇게 생각을 지었다.

'이것은 기이한 일이다. 이렇게 악한 소리를 하였으니, 장차 승가를 파괴하는 것이 없겠는가?'

아난은 돌아갔고 뒤에 육군비구들은 서로가 의논하여 말하였다.

"사문 구담이 반드시 세 번에 걸쳐 사자를 보내올 것이네. 우리들이 각각 바른 뜻으로 먼저 포살사(布薩事)를 짓도록 하세. 우리들은 후세에 명예(名譽)를 짓는 것이네."

세존께서 세상에 머무시던 때에 제바달다와 육군비구들이 함께 승가를 파괴하고 곧 포살을 마쳤다. 아난은 이 인연으로써 가서 세존께 아뢰었고, 세존께서는 말씀하셨다.

"그대가 다시 세 번째로 제바달다에게 가서 말하고 오도록 하게. 오늘은 승가에서 포살갈마를 지을 것이네."

아난은 곧 가서 이렇게 말을 지었다.

"세존께서 부르십니다. 오늘은 승가에서 포살갈마를 짓고자 합니다."

대답하여 말하였다.

"나는 가지 않겠네. 스스로가 오늘부터는 함께 불·법·승을 하지 않고, 함께 포살과 자자갈마를 하지 않겠으며, 오늘부터는 바라제목차를 배우고 배우지 않는 것을 내가 스스로의 뜻을 따르겠네. 다만 우리들은 이미 포살을 지어 마쳤네."

아난은 듣고서 이렇게 생각을 지었다.

'기이한 일이다. 이미 승가를 파괴하였구나.'

곧 돌아와서 앞의 인연을 갖추어 세존께 아뢰었고, 세존께서 들으시고 곧 이렇게 게송을 설하셨다.

정정(淸淨)은 달을 채웠던 것과 같나니
청정하다면 포살할 수 있으며
몸과 입의 업이 청정하여야
이것이 곧 마땅히 포살이라네.

세존께서는 아난에게 알리셨다.

"비법의 사람들이 이미 포살을 지어서 마쳤으니, 여법한 사람들은 마땅히 포살을 짓도록 하라."

그때 제바달다가 승단을 파괴하였고 육군비구들도 승가를 파괴하여 반당(伴黨)을 지었다. 이것을 이주라고 이름한다.